공동체심리학

개인과 공동체의 연결

Bret Kloos · Jean Hill · Elizabeth Thomas
Andrew D. Case · Victoria C. Scott · Abraham Wandersman 공저
류승아 · 정안숙 · 이종한 공역

Community Psychology
Linking Individuals and Communities
Fourth Edition

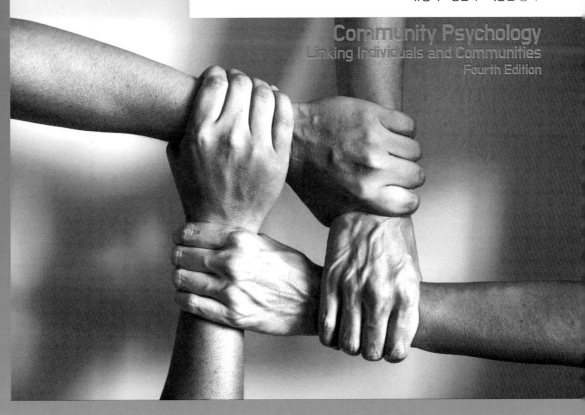

학지사

역자
서문

　사람은 혼자 살아가지 않는다. 누구나 가까이는 가족으로부터 친구, 이웃, 직장 동료들과 함께 살아간다. 좀 더 시야를 넓히면 지역사회, 나아가서 국가라는 큰 조직 속에서 생활한다. 다시 말하면, 지리적으로 가까운 이웃과 같은 지리적 공동체 또는 같은 취미활동을 함께하는 관계적 공동체와 같이 우리는 다양한 공동체 속에서 살아간다. 공동체 안에서 내가 아닌 다른 사람과 어울리며 서로 영향을 주고받으면서 살아가는 일상을 부정할 수 없을 것이다.

　심리학의 역사는 어느덧 150여 년이 되었다. 전통적으로 심리학의 관심과 연구대상은 개인이다. 각 개인의 심리 현상과 변화를 탐구하고 이상한 마음과 행동의 원인을 개인에서 찾으며 이에 대한 해결책 또한 개인 차원에서 찾아왔다. 각 개인의 심리적 속성을 파악하려는 노력이 관성처럼 이어져 온 것이다. 그러나 여러 사람이 함께 살아가는 공동체에서 일어나는 개인이나 집단의 문제를 개인 차원에서만 원인을 찾고 대응책을 마련하고자 할 때 효율적일 수 있겠는가? 나 아닌 다른 사람과 서로 영향을 주고받으면서 살아가는 공동체를 염두에 둔다면, 공동체와 연계하여 문제의 원인을 탐구하고 이에 대한 대응책을 공동체의 관점에서 강구하는 것이 더 효과적이지 않을까?

　유럽에서는 18세기 중엽부터 산업화와 도시화로 인하여 '형제애'가 사라져 가는 것을 염려하기 시작하였다. 즉, 전통적인 공동체가 무너지는 것을 우려하고 대안을 모색하기 시작하였다. 미국에서는 20세기 후반에 야기된 다양한 사회 문제를 해결하기 위하여 다수의 임상심리학자가 모여서 새롭게 제안한 것이 사회 문제에 대한 생태적 및 맥락적 접근이었다. 이제까지의 개인 중심의 접근법의 한계를 깊게 인식하게 된 것이다. 사회 문제를 겪고 있는 개인과 집단을 에워싸고 있는 생태학적 맥락 속에서 문제를 들여다볼 때 문제의 본질에 더 가까이 갈 수 있었고, 이러한 관점에서 해결 방안을 강구하는 것이 훨씬 더 효과적이라는 것을 깨닫게 되었다. 이들은 이때부터 스스로를 공동체심리학자라고 부르고 공동체 속에서 다양한 사회 문제의 원인을 규명하고 해결 방안 또한 공동체 차원에서 프로그램을 개발하고 정책을 입안하였다. 이러한 새로운 시도는 사회 문제를 보다 효과적으로 해결할 수 있다는 확신을 가지게 하였고, 미국 사회에서 사회 문제를 효과적으로 해결할 수 있는 접근법으로 인정받게 되어 다양한 개입 프로그램과 정책 개발로 이어졌다. 나아가서 여러 다른 나라에서도 현장의 사회 문제를 해결하는 데 도움이 된다는 것을 확인하게 되었다.

이 책은 우리나라에서 처음으로 번역된 '공동체심리학' 관련 교재로, 우리나라에 공동체심리학을 본격적으로 소개하는 데 기여할 것으로 기대한다. 그리고 우리나라가 직면하고 있는 여러 가지의 사회 문제에 적용하여 문제를 해결할 수 있는 한 가지 대안으로 받아들여지기 바란다. 우리나라의 역사를 돌이켜 보면 조선시대 말까지 두레와 향약과 같은 전통적인 공동체가 있었지만, 오늘날에는 그 조직과 기능이 거의 사라졌다. 도시화, 산업화, 자본주의 등 현대의 사회적 변화는 우리의 삶을 매우 각박하게 만들었고 삶의 질을 고려할 여유를 가지지 못할 정도에 이르게 되었다. 여기에 더하여 우리 사회의 그늘로 비치는 수많은 사회 문제를 양산하고 있다. 노숙자, 도박중독, 약물중독, 노인을 중심으로 한 빈곤층, 학교폭력, 장애인을 포함한 사회적 약자, 북한이탈주민과 남북통일 등 수많은 사회 문제는 우리 사회의 부담이고 해결해야 할 과제이다.

이러한 만성적 문제에 대하여 우리 사회와 국가에서는 대체로 소극적으로 대처하고 있을 뿐 아니라 문제의 원인과 대처 방법을 개인에서 찾고 있다. 법제도와 같은 규범적 접근으로 사회 문제를 해결하려 하고 있지만 그 효과는 충분하지 않아 보인다. 그렇다면 해결하기 어려운 이러한 문제의 원인을 생태학적 관점에서 바라보고 문제를 둘러싸고 있는 여러 생태적 맥락을 분석해 보면 어떨까? 예를 들어, 어느 나라보다 유병률이 높은 한국인의 도박중독의 경우 도박을 할 수 있거나 도박을 유인할 수 있는 도박장의 접근 용이성, 도박중독에 대한 주변 사람들의 인식과 태도 등에 대한 면밀한 분석은 도박중독을 미리 예방하고 조기에 대처하는 방안을 찾는 데 효과적일 것이다.

미국에서 형성되고 발전한 공동체심리학을 우리나라에 적용하는 것이 간단하고 쉬운 작업은 아닐 수 있다. 두 나라의 역사와 문화가 상당히 다르고, 개인주의 특성을 가진 미국과 집단주의 특성을 강하게 보이는 우리나라의 인간관계 또한 매우 다르기 때문이다. 하지만 사회 문제를 우리 사회와 문화의 특성에 대한 이해를 바탕으로 우리나라의 공동체 틀에서 맥락을 파악하고 생태학적 관점에서 원인과 대책을 찾는다면 공동체심리학이 우리나라의 사회 문제를 풀어갈 새로운 접근법이 될 수 있을 것이다.

공동체심리학은 여러 사람이 공동체 속에서 더불어 잘 살게 하고, 권력강화 등을 통하여 사회정의를 미래지향적으로 생활현장에서 구현하고자 노력하는 학문이다. 그래서 일반적으로 심리학은 가치중립적이지만, 공동체심리학의 접근법은 약간 진보적인 색채로 인식될 수도 있다. 하지만 "꿩 잡는 것이 매"라는 속담을 생각한다면, 우리 사회의 문제를 해결하기 위한 한 가지 방안으로 공동체심리학적 접근을 제안하고 싶다. 심리학을 사회 문제에 적용하고 싶어 하는 심리학 전공자와 사회과학 전공자는 물론이고, 국회와 중앙과 지방의 정부기관의 정책입안자, 초 · 중 · 고등학교의 교장과 같은 단위 기관의 책임자, 사회 문제에 개입하고 있는 여러 형태의 비정부조직(NGO) 지도자 등에게 공동체심리학을 소개하고 이 책을 가까이 하기를 권한다.

미국에서 공동체심리학을 전공한 세 사람이 미국심리학회에서 공식적으로 출판한 이 책을 공동으로 번역하였다. 우리나라에는 공동체심리학을 전공한 학자가 별로 없다. 미국이나 다른 서구 국가들에 비하여 공동체에 대한 관심이 매우 부족하다고 생각한다. 우리나라뿐 아니라 전 세계적으로 사회가 매우 빠르게 변화하고 인간관계가 복잡해지는 것을 염려한다면 우리의 생활공간인 공동체에 대한 일반적 관심과 깊이 있는 학문적 연구가 절실하게 필요하다고 생각한다.

이 책이 출간될 때까지 어려운 과정을 잘 진행하여 주신 학지사 김진환 사장님과 편집 팀에게 고마운 마음을 전한다.

2022. 7.

역자 류승아, 정안숙, 이종한

저자
서문

『공동체심리학: 개인과 공동체의 연결(제4판)』을 소개한다. 이 책을 통해 공동체심리학이 하는 일, 즉 연구와 실천행동에 대해서, 그리고 이 원리들이 심리학 비전공자를 포함한 우리 모두의 삶에 적용되는 지점들에 대해서 알아가기를 바란다. 특히 이전 판보다 '가치'가 작동하는 면면에 더 신경을 썼다. 따라서 사회정의, 반인종차별적 실천, 그리고 다양한 생태적 수준에서 2차적 변화를 만드는 노력 등이 얼마나 중요한지에 대해 더 분명하게 언급하였다.

이번 제4판에서는 학생들이 교과내용을 곱씹어 생각하고, 통찰을 얻어 적용하고, 실천할 수 있도록 지침을 제공하고자 한다. 말하자면, 현대 사회의 주요 이슈에 관한 예시를 더 다양하게 제시하여 토론을 활성화하고, 이로써 각자의 삶에서 주요한 적용점을 스스로 발견할 수 있도록 하였다. 물론 고학년 학부생들을 대상으로 집필하였지만, 대학원에서도 교재로 사용하기에 적절하도록 필요한 논의를 추가하였다. 나아가 공동체심리학 분야의 전문가들이 달성하고 있는 진보의 족적을 남기는 방식도 포함하였다.

공동체심리학 수업을 듣는 모든 학생이 공동체심리학자가 되는 것은 아니다. 그런 만큼 이 책의 내용을 추후 각자의 활동 영역에서 적용하기 쉽게 구성하려고 노력하였다. 공동체심리학이 사용하는 방식을 습득함으로써 사회 문제에 대해 제대로 정의하고 적절한 해법을 찾는 노력을 각자 경주할 수 있도록 하였다. 특히 사회복지학, 상담학, 교육학, 도시학, 보건학 등에 적용하기에 좋을 것이다. 더불어 공동체심리학 분야에서 우리가 하고 있는 논의와 지속적인 노력을 통해 이 영역이 발전할 수 있도록 개념적인 기여를 하고자 하였다.

제4판에서는 Andrew D. Case와 Victoria C. Scott이 새롭게 참여하였다. 제3판 이후로 계속된 수정 및 보완 작업에 참여하였다. 저자들은 꾸준한 토론으로 다양한 관점을 반영하려고 노력하였으며, 이는 집필작업에도 그대로 적용되어 생산적인 비판이 어색하지 않았다. 각 장의 수정은 다음의 주저자가 담당하였다. Bret Kloos는 2장과 14장을, Jean Hill은 1장, 6장, 10장, 11장, 13장을, Elizabeth Thomas는 3장, 4장, 8장을, Andrew Case는 Elizabeth와 함께 7장을, Bret과 함께 5장과 9장을 담당하였고, Victoria Scott은 Abe Wandersman과 12장에 주력하였다.

이 책 인세의 10%는 SCRA에 기부된다. 사회정의를 위해 노력하는 Society for Community Research and Action에 관심이 있는 사람은 http://www.scra27.org/를 방문하면 더 많은 정보를 얻을 수 있을 것이다.

제4판의 핵심 및 변화

책 전체에서 가장 신경 쓴 부분은 윤리 및 성찰이다. 사회정의가 공동체심리학의 핵심 가치임을 보여 주는 많은 예를 제시하고, 사례들에 대해 비판적 관점을 익히고 2차적 변화를 꾀하려는 마음을 품을 수 있도록 노력하였다. 이는 특히 공동체심리학이 한 영역으로 발전하는 과정에서 비제국주의적·탈식민지적 관점을 견지할 수 있도록 하자는 촉구이기도 하다. 더불어 사회적 소수자 및 이민 관련 스트레스 부분을 깊이 있게 다룸으로써, 갈등과 긴장을 통해 성숙하고 진보해 가는 '용감한 공간' 개념을 소개하고자 하였다.

교육 장면에서는 특히 학생들이 기존의 관점을 전환하여 '심리학을 이행하는' 다양한 방법에 대해 인지할 수 있도록 하였다. 더불어 각 장은 여는 글로 시작하여 내용에 대한 인지적 예열이 될 수 있도록 하였으며, 주요 개념어도 따로 정리하였다. 다만, 각 장의 요약 부분은 웹사이트(http://pubs.apa.org/books/supp/kloos4/)로 옮겨 두었다. 교수자를 위한 추가 자료도 웹사이트에서 찾을 수 있다. 각 장의 목표 및 주요 수정사항은 다음과 같다.

■ 1장. 공동체심리학의 기초: 사회변화 촉진

공동체심리학 관점에서 문제를 정의하고, 이에 대해 접근하는 개념적 전환을 도모하였다. 특히 '가치'와 공동체심리학의 연구 및 실천행동을 연결하는 실제 사례를 추가하였다. 예를 들어, 성범죄의 DNA 근거 등이다. 특히 사회정의 관점이 공동체심리학의 핵심 가치이고, 따라서 2차적 변화가 다양한 생태학적 수준에서 얼마나 필요한지 역설하기 위하여 청년의 참여적인 접근들을 소개하고자 하였다. 궁극적으로 공동체심리학이 집합적 웰빙, 다차원적인 접근, 그리고 강점을 중심으로 사고한다는 것을 역설하였다.

■ **2장. 공동체심리학의 발달과 실천**

관점의 전환을 통하여 '심리학을 이행하는' 다른 방식이 가능함을 말한다. 1장에서 소개된 이론과 실재 부분에 관점의 변화를 더하여 실천할 수 있도록 하였다. 특히 공동체심리학의 발달과 실천을 이해함으로써 사회 문제를 정의하고, 이에 대해 적절한 반응을 하도록 하였다. 현대사회에서의 윤리, 나아가 다양한 지역적 관점을 반영한 글로벌 대화를 포함하였다. 특히 이 책이 북미 지역의 관점에서 자유롭지 못한 만큼, 타 지역과의 공통성 및 차별점 등을 언급하고 공동체심리학에서 지속적으로 발전하고 있는 부분들을 포함하고자 하였다.

■ **3장. 공동체 연구의 목표**

3장과 4장은 연구 방법을 다룬다. 특히 맥락에 근거하여 질문하기, 연구자가 연구에 미치는 영향에 대한 성찰적 검토, 그리고 참여적이고 협동적인 전략 구사에서의 윤리 등을 중점적으로 다루었다. 특히 실천행동면에서, 시카고 일리노이대학교(UIC)와 생애발달 지역사회기관인 El Valor와의 오랜 파트너십에 대해서도 언급하였다.

■ **4장. 공동체심리학 연구 방법**

지역사회와의 협업, 참여적 접근, 다양한 분석수준, 질적 · 양적 · 혼합 방법 연구의 문제를 다루었다. 더불어 북미 외 지역에서의 공동체심리학자들의 노력을 다루고자 북인도의 가로힐(Garo Hills)을 예시로 제시하였다. 다양한 방법론의 근저에 있는 가치를 비롯해 혼합 방법을 사용하는 연구들을 보여 준다.

■ **5장. 환경 내의 개인 이해**

생태학적 관점으로, 공간 및 환경이 우리의 건강, 웰빙, 수명 등에 미치는 영향에 대한 논의로 시작한다. 제3판에서와 마찬가지로 여섯 가지 다른 이론을 소개하되, 각각에 대해 심화 논의를 할 수 있도록 하였다. 다른 대안이 없을 때에는 새로운 공간을 만들어 내는 것도 가능함을 역설하면서 페어웨더 랏지(Fairweather Lodge)와 같은 정신장애 관련 대안공간 운동을 예시하였다.

■ 6장. 공동체 정의

장소에 머물지 않고 공간, 즉 대안 및 대항 공간 개념을 포괄하는 의미로서의 공동체를 논의하고자 하였다. 따라서 공동체 내에서의 다양성과 그로 인한 긴장에 대해서도 논하였다.

■ 7장. 맥락에서의 다양성 이해

다양성을 이해하기 위해서 필수적인 과정이라고 할 수 있는 긴장 및 불편감에 점차적으로 익숙해지게 하는 용감한 공간을 소개하였다. 더불어 교차성 문제와 자신의 사회적 정체성에 대해 숙고해 볼 수 있도록 하였다. 알래스카 원주민 공동체의 청년자살을 예방하기 위한 노력을 예로 들어 문화공동체에서의 사회화 개념을 보여 주려고 노력하였고, 사회적 서사를 짚어 보았다. 억압과 해방 부분에서 반식민주의적 관점을 촉구하였다.

■ 8장. 권력강화와 시민참여

다양성에 대한 논의 바로 다음에 권력강화와 시민참여 내용을 이어 감으로써, 현대사회의 도전을 맞닥뜨리는 공공의 노력에 있어 참여적인 성격을 부각하고자 하였다. 그 이유는 사회적 문제와 해법, 그리고 그 과정에서의 협업 등 모든 것이 권력강화의 관점에서 새롭게 해석될 수 있기 때문이다. 미주리주 슈가 크릭(Sugar Creek) 지역의 주민들이 이끌어 가는 노력을 통해 그 실례를 보고자 하였다. 미시간주 플린트(Flint) 지역의 수자원 위기는 환경적 불공정의 예시이기도 하다. 나아가 핵에너지를 둘러싼 장기 활동들도 제시하였다.

■ 9장. 맥락에서 스트레스와 대처 이해

스트레스, 대처, 그리고 적응과 관련된 위험 요인과 보호 요인을 생태학적으로 파악하고자 하였다. 특히 위험 요인을 원거리 요인과 근거리 요인으로 분류하여 다양한 개입 프로그램과 연결할 수 있도록 하였다. 나아가 사회적 소수성, 문화적응, 외상 후 성장, 그리고 긍정적 성장 잠재력 등에 대한 논의를 추가하였다. 특히 공동체에 기반한 노력이 사회적 지지, 상호 조력, 그리고 영적-종교적 자원 등을 통해 긍정적 변화를 촉진하는 방향에 대해 논의하였다.

■ 10장. 예방과 증진의 주요 개념

당면한 문제들에 대한 대안적 방식으로서 예방과 증진을 소개하고자 하였다. 학생들이 언젠가 공동체에서 또는 기관의 예방 프로그램에 참여할 수도 있다는 것을 염두에 두고, 이와 같은 작업에 대해 기대하는 마음을 가질 수 있기를 바란다. 특히 위험 요인과 보호 요인, 그리고 다양한 분석 수준에서의 개입에 대한 방정식을 더 효과적으로 설명하기 위해 그림과 비유를 추가하였다.

■ 11장. 예방 및 증진 프로그램 실행

실행 과학에 대한 논의에 역량 및 준비도 개념을 포함해 논의하였다. 학생들에게 고등학교 시절 경험을 떠올리게 하거나 좋은 의도를 가진 예방 프로그램들이 실행에서 부딪히는 문제에 대한 질문도 포함하였다. 이를 통해 프로그램을 소개하고 적용하는 과정에 대해 구체적인 논의가 가능해질 것이다. 나아가 프로그램을 성공적으로 실행하기 위해 필요한 프로그램 내용들, 기관의 역량, 관계, 자원, 그리고 전반적인 체계까지 논의를 전개하였다.

■ 12장. 프로그램의 개발, 평가, 개선

프로그램을 개발하고 평가하고 개선하는 방법에 대하여 논의하였다. 우리의 삶 곳곳에 '프로그램의 평가와 개선' 요소가 포함되어 있다는 것에서 논의를 시작하고 예시를 제공하였다. 특히 공동체 개선 노력에 자주 사용되는 형성 평가 및 자료 수집에 자주 응용되는 혼합 연구 방법, 질의-관찰-숙고와 같은 개념틀에 대한 소개를 추가하였다. 더불어 권력강화 평가와 결과에 이르는 방법에 해당하는 예시들을 보완하였다.

■ 13장. 공동체 실천행동을 통한 사회변화

사회변화에 대한 생각을 전환함으로써 좀 더 참여적일 수 있도록 하였다.

PICO와 같은 강력한 예시를 비롯해 공동체 개발에 관한 예시를 통해 개인이 공동체의 변화에 어떻게 참여할 수 있는지 참고할 수 있도록 하였다. 예방과학 및 범죄정책 관련 예시를 추가하였다.

■ **14장. 새롭게 주목받는 과제와 기회: 변화 촉진을 위한 관점의 전환**

공동체와 사회변화에 학생들의 참여를 독려하려 노력하였다. 새로운 경향성인, ① 사회정의에 관한 노력의 증가와 ② 세계화와 맞물린 과제들에 대해 연구와 실천으로써 비제국주의화/탈식민지화의 노력에 관해서도 논의하였다. 학생들이 배운 내용을 시민 또는 전문가로서 적용하여 공동체 파트너들과 협업할 수 있도록 하였다. 나아가 공동체심리학 분야에서 더 훈련을 받고자 할 경우 가능한 일자리, 직업 계획 등에 대한 내용도 포함하였다. 무엇보다 학생들이 배운 내용을 언제 어떻게 어디에 적용할 수 있을지에 대해 생각해 보도록 하였다.

내용을 재구성해서 읽기

누구나 각자의 방식으로 개념과 주제를 구성하기를 좋아한다. 따라서 교수자는 강의의 주제에 맞게 각 장의 순서를 재구성하여 사용하면 될 것이다. 저자들이 처한 교육 환경이나 학생의 흥미, 배경 등도 다르므로 저자들도 각자의 순서를 재구성하여 사용한다. 1~3장과 5~9장은 공동체심리학의 개념들을 설명하고 관점을 전환할 수 있도록 하는 내용이고, 4장과 10~13장은 공동체심리학을 '이행하는' 방법에 관한 내용이다. 더불어 좀 더 개인, 미시체계에서 시작하여 13장처럼 더 큰 단위의 공동체와 사회변화 주제로 나아가는 순서로 구성하였다. 14장에서는 학생들이 교과내용을 실질적으로 공동체와 사회변화에 적용하는 내용을 담았다.

따라서 1장과 2장은 소개용으로 먼저 다루되, 그 후 바로 5~8장(생태학, 공동체, 다양성, 권력강화, 시민참여)으로 넘어가는 것도 좋을 것이고, 사회변화를 좀 더 일찍 다루고 싶다면 8장(권력강화와 시민참여)과 13장(공동체 사회변화)을 앞으로 가져와도 좋을 것이다. 특히 학생이 임상/상담 관점에 기울어져 있다면, 생태학적 관점을 획득하고 예방적으로 접근하는 것이 좀 더 중요해지므로 9장(맥락에서 스트레스와 대처 이해)을 일찍 다루어도 좋을 것이다. 또는 9~11장(적응과 예방/증진)을 따로 다루는 것도 가능하다. 12장은 프로그램 평가를 통해 실행과 질적 수준을 끌어올릴 수 있음을 보여 준다. 어떤 순서로 진행하든, 5~8장과 13장은 반드시 다루어야 공동체심리학의 전반을 아울렀다고 할 수 있다.

공동체 연구에 좀 더 집중한다면, 3장과 4장을 다룬 후에 12장(프로그램 개발, 평가, 개선)을 다룸으로써 과학적인 사고가 구체적이고 실질적인 공동체 프로그램을 점검하고 개선하는 데 어떻게 적용되는지를 살펴볼 수 있다. 학생들이 연구와 실천을 연결할 수 있도록 일부러 의도한 바이기도 하다. 어떤 경우에는 3장, 4장, 12장을 수업의 후반부에 배치할 수도 있는데, 이로써 생태학, 공동체, 다양성, 권력강화 등을 이미 다루고 난 후에 학습하는 연구와 실천이 또 다른 의미를 가질 수 있기 때문이다.

이상은 우리의 제안일 뿐이고, 교수자가 강의목적에 맞게 재구성하면 좋을 것이다.

추가적인 자원

교과서의 온라인 페이지(http://pubs.apa.org/books/supp/kloos4)도 활용하기를 권한다. 학생들이 강의내용을 더 깊이 있게 이해할 수 있도록 하였고, 추가적인 읽을거리 또는 영상자료 등도 제공하였다. 교수자들이 강의내용을 준비하는 데 사용할 만한 자료로서, 수업 중 활동, 강의 슬라이드, 공동체심리학의 고전적인 연구들에 대한 배경 자료, 숙제 예시, 평가 방법 등을 온라인 페이지에 넣었다.

감사의 말

여러 사람과 공동체의 도움으로 이 책을 출판할 수 있었다. Jean Ann

Linney, Jim Dalton, Maurice Elias, 그리고 Abe Wandersman이 좀 더 학생 참여적인 교수법으로 공동체심리학 교과서를 사용하자고 제안하였고, 다른 일정들 때문에 제대로 완수하지 못할 지경에서도 우리 모두를 독려해 왔다.

APA Books의 David Becker와 Elise Frasier 편집장은 출판계에서 다양한 포맷으로 운영되는 최신 방식으로 출판할 수 있도록 도와주었다. 더불어 누구인지 모른 채로 이 책을 리뷰해 준 위원 아홉 분께 심심한 감사를 전한다. 지지와 함께 날카로운 비판을 보내 주어 책의 내용을 향상시킬 수 있었다. 더불어 Rhodes College, University of North Carolina at Charlotte, 그리고 University of South Carolina 학생들이 건설적인 비판을 해 준 데 대해 깊이 감사드린다.

우리가 생각하는 공동체심리학은 우리의 멘토, 동료, 학생들에게 영향을 많이 받았다. 공동체심리학을 우리에게 소개해 주신 멘토분들인 Mark Aber, Nicole Allen, Carla Hunter, Leonard Jason, Thom Moore, 그리고 Julian Rappaport의 영향력을 책 곳곳에서 발견할 것이다. 수업, 학회, 또는 원거리에서 설문이나 이메일을 통해 제안을 아끼지 않았던 많은 동료와 학생에게도 감사드린다. 마지막으로, 다른 공동체심리학 교과서들도 다양한 관점을 제시하고 있으므로 읽어 볼 것을 권한다(Manuel Riemer, Stephanie Reich, & Scot Evans; John Moritsugu, Elizabeth Vera, Frank Y. Wong, & Karen Grover Duffy; Leonard A. Jason, Olya Glantsman, Jack F. O'Brien, & Kaitlyn, N. Ramian; Geoff Nelson & Isaac Prilleltensky; Murray Levine, Douglas Perkins, & David Perkins; Jennifer Rudkin).

Jim Dalton과 Maurice Elias가 우리에게 미래의 공동체심리학 발전을 위해 이 교과서 작업을 해야 한다고 설득했던 비전, 확신, 너그러움에 대해 언급하지 않을 수 없다. 지속적으로 독려하면서 도움을 준 이 두 분을 따라가는 것이 우리의 의무라고 생각할 정도였다. 무엇보다 이로써 현대사회적 문제들을 좀 더 수업 현장으로 가져오는 방식의 공동체심리학을 내놓을 수 있었다.

Bret: 지역사회 파트너들이 하는 사회변화 노력과 함께 학생들이 준 도전에 특히 감사드린다. 지속가능한 사회변화를 위해서는 끈기와 창의성이 동시에 필요함을 일깨워 준 공동체 파트너들에게 감사하는 바이다.

Jean: 이전 버전 작업을 하고 우리와 기꺼이 공유해 준 Jim, Mo, 그리고 Abe에게 특히 감사드린다. 지역사회 활동에 대해 학생들과 동료들이 지지해 준 것이 너무나 감사하다.

Elizabeth: 협업을 비롯해 포용적 공동체를 만들어 가는 것을 가르쳐 준 가정센터 파트너들에게 특히 감사드린다. 학생들이 지역사회 기반의 학습과 연구 노력에 에너지와 통찰로써 함께해 준 것이 감사하다.

Andrew: 이렇게 멋진 팀과 작업할 기회를 주신 신께 감사하다. 시간을 내주고 이해해 주고 지지해 준 멘토들에게 감사드린다.

Victoria: 사회의 진보에 기여할 수 있는 연구와 활동을 잇는 공동체심리학이라는 분야에 들어섰을 때 나를 반겨 준 멘토분들께 감사드린다.

Abe: 학생들이 이론과 연구, 그리고 사회적 실천을 통해 우리 사회에서 공동체심리학을 가치 있게 만들고 있음에 감사드린다.

마지막으로, 우리 삶을 항상 풍요롭게 하는 가족의 지지와 사랑 그리고 인내에 감사드린다.

차례

제2부 공동체 연구

 제3장 공동체 연구의 목표 • 119

 제4장 공동체심리학 연구 방법 • 155

제4부   도전 과제에 대한 공동체의 대응

제8장   권력강화와 시민참여 • 335

제9장   맥락에서 스트레스와 대처 이해 • 377

제 1부

공동체심리학 소개

제**1**장 공동체심리학의 기초:
사회변화 촉진

미리 보기 ▶

이 장을 마치고 나면 다음의 질문에 답할 수 있을 것이다.

1. 다른 학문과 차별성을 만드는 공동체심리학의 '관점의 전환'은 무엇을 말하는가?

2. 2차 변화의 개념과 관점의 전환은 어떻게 관련되는가?

3. 생태학적 분석 수준은 무엇이고, 이것이 공동체심리학의 이론 및 실천과 어떻게 관련되는가?

4. 공동체심리학을 가치−기반 학문이라고 하는 이유는 무엇이고, 그러한 가치에는 어떤 것이 있는가?

여는 글

디트로이트 경찰서의 보관소에는 검사하지 않고 내버려 둔 성폭행 키트(kit)가 11,000개 이상이며, 이 중 일부는 30년이 넘은 것도 있다. 증거를 얻기 위해 침습적 신체검사(invasive physical examination)[1]까지 받았던 대부분의 피해자는 그들의 가해자가 DNA 검사를 받은 적이 없다는 사실을 알지 못했다. 2009년에 이 키트를 발견했던 담당 검사를 포함하여 웨인 지역 사법부의 구성원 그 누구도 이 사실을 모르고 있었다.

검찰청은 이 문제를 알아보기 위해 다방면의 전문가들로 구성된 대책위원회를 꾸렸고, 공동체심리학자인 레베카 캠벨(Rebecca Campbell)이 이 위원회를 주도하였다. 대책위원회에 주어진 업무는 이러한 키트가 얼마나 되며 그리고 검사를 실시하지 않은 이유는 무엇인지 알아내는 것이었다. 또한 키트를 검사하여 그 결과를 피해자에게 알리는 절차에 대한 계획을 수립하는 것이었다.

검사하지 않은 키트가 쌓여 있는 이유 중 확실한 한 가지는 모든 키트를 검사할 수 있는 자금이나 자원이 부족하였기 때문일 것이다. 하지만 캠벨 박사 연구 팀은 경찰 기록의 질적 분석을 통해 자원 부족이 유일한, 또는 심지어 가장 강력한 이유가 아니라는 것을 발견하였다. 오히려 성폭력

---

1) 신체에 칼이나 주사를 행하는 외과적 검사를 말한다.

피해자에 대한 강한 편견, 특히 어린 피해자 또는 경찰관이 성매매업 종사자로 규정한 피해자의 키트의 경우에는 상당수가 창고에 그대로 보관되어 있었다.

대책위원회는 1,500개 이상의 키트를 검사하였다. 그 결과 키트의 1/4 이상이 FBI의 국가 데이터베이스에 있는 DNA와 일치하였다. 심지어 그중 540명은 상습 강간범으로 의심되었다.

오늘날 미국 전역의 경찰서는 캠벨 박사가 주도한 대책위원회에서 개발한 프로토콜과 훈련 방식을 사용하여 성폭행 키트를 검사한 후 피해자에게 지지적이고 적절한 방식으로 결과를 제공하고 있다. 이러한 노력에도 불구하고 최소 100,000개의 성폭행 키트가 여전히 검사되지 않은 채 보관소에 방치되어 있다. 그 수는 더 많을 수도 있고, 심지어 검사하지 않은 키트가 몇 개인지도 모르는 주(state)도 적지 않다. 당신이 사는 주의 쌓여 있는 성폭행 키트를 검사하기 위해 할 수 있는 일이 무엇인지에 대한 추가적 정보가 필요하다면 http://www.endthebacklog.org/를 방문하길 바란다.

당신의 생각은?

1. 디트로이트에서 발견된 검사되지 않은 11,000개 이상의 키트는 누구의 책임이라고 생각하는가?

2. 이 문제를 해결할 수 있는 가장 좋은 방법은 무엇이라고 생각하는가?

3. 공동체심리학에서는 사회정의를 아주 중요한 가치로 생각하고 중심에 두고 있다. 검사하지 않은 성폭행 키트를 사회정의의 쟁점으로 볼 수 있는 이유는 무엇인가?

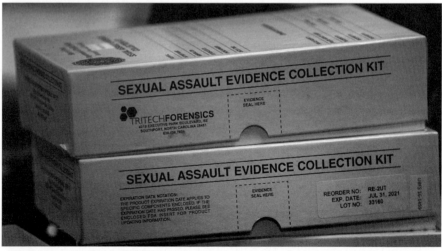

검사하지 않은 성폭행 키트는 사회정의의 문제를 보여 주는 것으로, 공동체심리학은 사회정의를 개인, 공동체, 그리고 사회 전체의 삶을 향상시키는 방향으로 다루는 데 적합한 학문이다.

출처: AP Photo/Rick Bowmer, File

공동체심리학이란 무엇인가

　공동체심리학자는 아동 발달, 정신건강, 형사 사법, 교육, 지역사회 건강, 노숙자, 약물중독 및 조직심리를 포함하여 다양한 영역에서 일한다. 공동체심리학자로 불리는 기준은 선택한 일의 영역이라기보다는 그 일을 바라보는 관점이다. 공동체심리학자는 모든 이의 삶의 질을 증진하기 위해 그들이 생활하는 사회적 맥락 안에서 사람들을 이해하려고 노력한다. 공동체심리학자는 인간의 고통을 경감시키고 사회정의를 발전시키는 가장 좋은 방법은 개인을 변화시키는 것이 아니라, 사람들과 그들이 사는 환경, 조직, 구조 간의 관계를 변화시키는 것이라고 믿고 있다. 이러한 관점은 마틴 루터 킹 주니어(Martin Luther King, Jr.) 목사가 1967년 미국심리학회(American Psychology Association)에서 발표한 "시민운동에서 행동 과학자의 역할"이라는 연설에 잘 나타나 있다.

　　나는 우리 사회에서 중요한 몇 가지를 우리가 인식하게 될 것이라고 확신한다. 우리는 결코 적응하지 말아야 할 것들이 있다. 우리가 선의를 가진 사람이 되기 위해서는 절대로 적응해서는 안 되는 것들이다. 우리는 우리 자신이 인종차별과 인종분리에 적응하도록 내버려 두어서는 안 된다. 우리는 종교적 편협에 적응해서는 안 된다. 우리는 소수의 사치를 제공하기 위해 다수의 필수품을 빼앗는 경제 상황에 적응해서는 안 된다. 우리는 군사주의의 광기와 신체적 폭력의 자기패배적 영향에 결코 적응해서는 안 된다.

　이 연설에서 킹 목사는 '창의적 부적응의 발전을 위한 국제협회(the International Association for the Advancement of Creative Maladjustment)'라는 조직의 창설을 요구하였다. 공동체심리학 분야도 이 시기에 태동하였고, 공동체심리학은 킹 목사가 언급한 사회정의의 쟁점과 관련한 것뿐만 아니라, 인간이 누려야 하는 최적의 건강과 웰빙을 방해하는 구조적 맥락에 대한 대응으로서 창의적 부적응의 개념을 수용한다. 공동체심리학자의 관심 및 개인적 견해의 다양성을 주지하면서 공동체심리학의 정의를 다음과 같이 제안한다. 공동체심리학(community psychology)은 개인, 공동체, 그리고 사회의 관계에 관한 것이다. 연구와 실천행동(action)²⁾을 함께 실시하여 개인, 공동체, 그리고 사회의 삶의

공동체심리학
개인, 공동체 및 사회의 관계에 관한 것이다. 연구와 실천행동을 함께 실시하여 개인, 공동체, 그리고 사회의 삶의 질을 이해하고 향상하려고 노력하는 학문이다.

---

2) 행동, 활동, 또는 행위로 번역할 수 있으나 공동체심리학의 기본 개념에 비추어 보아 '실천행동'으로 번역하

질을 이해하고 향상하려고 노력하는 학문이다.

이제 공동체심리학의 정의에 대하여 자세히 살펴보자. 공동체심리학은 개인, 공동체, 그리고 사회 간의 복합적 관계에 관심이 있다. 우리는 "공동체"를 광범위하게 정의한다. 개인은 다양한 수준의 많은 공동체 내에서 살아가고 있다. 가족, 친구, 직장, 학교, 자발적 모임, 이웃, 그리고 더 넓은 지역사회와 심지어 문화라는 공동체 내에서 살고 있다. 이 모든 것은 더 큰 사회 속에 존재하며, 궁극적으로 전 세계 맥락 내에 존재한다. 개인은 고립된 존재가 아닌 이러한 관계들 속에서 이해되어야 한다.

공동체심리학의 핵심은 개인 또는 공동체를 따로 떨어뜨려서 보는 것이 아니라, 이들의 관계에 관심을 둔다는 것이다. 또한 사회 구조 간의 영향력도 연구한다(예, 시민 조직이 더 큰 공동체에 어떻게 영향을 주는지). 사회학과 다른 점은 공동체심리학은 개인, 그리고 그 개인이 속한 사회 구조와의 복합적인 상호작용을 더 중요하게 강조한다는 것이다.

또한 공동체심리학은 공동체의 삶을 증진하기 위해서 연구에 참여하거나 삶에 도움이 되는 심리학 지식을 개발하려고 노력한다. 공동체심리학의 관점에서 지식은 연구와 실천행동을 통해 만들어진다. 공동체심리학자의 역할을 흔히 '참여자-개념화자(participant-conceptualizer)'(Bennett et al., 1966, pp. 7-8)로 묘사하는데, 이는 공동체의 활동 과정을 이해하고 설명하는 업무뿐만 아니라 이 일에 직접 참여하는 업무를 동시에 이행한다는 의미로 다음과 같이 설명할 수 있다.

> 사회에 대한 우리의 생각을 검토하기 위해 우리가 직접 사회에 개입하는 것이 두렵다면, 그리고 우리가 사회의 관찰자로서 떨어져서 그것에 관여하지도 참여하지도 않는다면, 우리는 학생들에게 사회 속에서의 우리의 경험이 아니라 오로지 사회에 대한 생각만 전달할 뿐이다. 우리는 학생들에게 사회가 어떻게 되어야 하는지를 말할 수 있지만, 그것을 변화시키기 위해서 무엇을 해야 하는지는 말할 수 없다. (Sarason, 1974, p. 266)

공동체심리학 연구는 공동체의 변화를 위한 노력 및 사회적 실천행동과 밀접하게 관련되어 있다. 연구로부터 얻은 결과는 이론을 정립하고 실천행동을 이끄는 데 사용된다. 예를 들면, 청소년 폭력을 예방하기 위해 고등학교에서

는 것이 가장 적절하다고 역자들은 판단하였다.

이루어지는 발달 프로그램(즉, 실천행동)은 폭력 문제, 청소년 발달, 그 지역의 학교와 공동체, 그리고 앞으로의 예방 프로그램의 설계 방법에 대한 많은 지식(즉, 연구)을 필요로 한다. 또한 공동체심리학의 연구와 실천행동은 해당 쟁점과 관련된 사람 또는 공동체와 파트너십을 기반으로 하는 협력적 성격이 있다.

글상자 1-1　관점 바꾸기: 노숙자

메이는 97세의 노숙자이다. 그녀는 60세와 62세인 두 아들과 함께 1973년도식의 쉐보레 서버번[3]에서 살고 있는데, 매일 밤 복잡한 베니스 거리에 주차한다. 메이는 60세까지 비스킷 회사에서 포장 일을 하였다. 큰아들인 찰리는 건설 공사 현장에서 일을 하였는데, 퇴행성 관절염을 앓기 전까지 페인트 도장공이었다. 둘째 아들인 래리는 요리사였지만, 등 디스크가 눌려 목의 신경이 손상되면서 그만두었다. 26년 전 그는 캘리포니아주에서 제공하는 '가정 내 지원 서비스(In-Home Supportive Services) 프로그램'을 통해 그의 어머니를 하루 종일 돌보는 일을 시작하였다. 하지만 이 일은 그들이 사는 집의 주인이 그 집을 팔아 버림으로써 4년 전에 끝났다. 동시에 정부는 집이 없는 래리와 그의 어머니를 가정 내 지원 서비스 프로그램에서 제외하였다. 세 사람은 정부가 지원하는 주택을 구하기 위해 여러 차례 노력하였지만 실패하였다. 그 이유 중 하나는 그들이 다 같이 함께 살기를 고집했기 때문이다(Pool, 2009). 풀이 『LA 타임즈』에 이 사연을 게재한 후, 메이와 그녀의 아들들은 비영리 단체인 통합복귀네트워크(The Integrated Recovery Network)의 도움으로 집을 얻을 수 있었다.

이 이야기는 메이만의 문제가 아니다. 2019년 1월 추산, 미국의 노숙자는 568,000명이다(Department of Housing and Urban Development, 2020). 이들 중 1/5이 아동이었고, 63%만이 쉼터 또는 다른 형태의 임시 주거지에 머물렀다. 나머지 37%는 길거리, 차, 또는 사람이 살만한 곳이 아닌 장소에서 생활하였다.

당신의 생각은?

1. 노숙자 문제와 관련하여 들었던 뉴스나 당신이 직접 만난 노숙자를 떠올려 보라. 당신은 이 사람들이 왜 노숙자가 되었다고 생각하는가?
2. 그중 가장 주요한 원인 세 가지만 작성해 보라.

---

3) 연식이 오래된 SUV를 뜻한다.

공동체심리학은 다음의 두 가지 측면에서 심리학의 다른 분야와 구분된다고 볼 수 있다. 첫째, 공동체심리학은 인간 행동에 대하여 기존의 심리학과 다른 해석 방법을 제시하는데, 주로 행동이 발생하는 맥락에 초점을 맞춘다. 이러한 관점의 전환(이 장에서 토론할 첫 번째 주제이다)으로 인해 심리학의 다른 분야와 구분되는 두 번째 차이가 나타난다. 그것은 심리학 연구 및 개입의 적절한 주제가 무엇인지에 대한 정의를 확장하였다는 것이다. 공동체심리학자는 어떤 문제가 발생한 이후에 그것을 다루기보다는 발생 전에 문제를 효과적으로 예방할 수 있는 방법에 관심이 있다. 다시 말하면, 공동체 구성원 중 누군가에게 문제가 생겼을 때 개입하는 것보다 공동체 구성원 전체가 건강하게 지내는 것을 강조한다. 그리고 공동체심리학자의 연구는 건강한 발달을 지원 또는 방해하는 이웃, 지역사회, 그리고 사회적 수준에서 다루어지는 요인에 관심이 있다.

당신이 다수의 사람과 비슷한 생각이라면, 아마도 노숙자가 된 이유로 그들의 약물남용, 정신장애, 가정폭력 등을 생각하였을 것이다. 실제로 이것은 관련 요인이 될 수 있다. 하지만 이것들이 주요한 이유는 아니다. 약물남용, 정신장애, 가정폭력은 노숙자보다 노숙자가 아닌 사람에게서 더 흔하게 발생한다(Shinn, 2009; Shinn et al., 2001). 미국의 노숙자 문제의 가장 중요한 요인은 노숙자의 성격이나 개인적 상황과는 무관하다. 가장 중요한 원인은 바로 지역공동체에서 제공할 수 있는 주거지의 부족 때문이다. 지역사회의 노숙자 분포에 대한 가장 좋은 예측 변인은 이용 가능한 적절한 가격의 주택을 그것을 구하는 개인 및 가족의 수로 나눈 비율이다(Shinn, 2016; Shinn et al., 2001).

노숙자를 포함한 사회 문제를 해결하는 데에는 개인 요인보다 구조적 요인의 영향력이 더 크다. 우리는 개인차를 존중하고 이러한 문제에 직접 영향을 받는 사람의 권력을 강화하면서 이 문제를 다양한 구조적 수준에서 다루어야 한다. 또한 경험적 근거는 필수적이다. 왜냐하면 타당한 과학적 근거가 없다면 이러한 문제를 연구하고 다루며, 공동체를 강화하고, 공동체의 모든 구성원의 사회정의를 이루는 것은 거의 불가능하기 때문이다. 공동체심리학의 몇 가지 기본 가치에 대해서는 이 장의 뒷부분에서 다룬다.

개인에게 초점을 맞춘 관점 대 구조에 초점을 맞춘 관점

앞서 언급한 것처럼, 대부분의 사람들은 노숙자와 같은 사회 문제의 원인을 생각할 때, 구조적 요인을 고려하기보다는 개인의 행동이나 선택에만 초점을 두는 경향이 있다. 약물남용, 정신장애, 가정폭력 등의 요인을 노숙자 문제의 주요 원인으로 생각하는 것은 문제를 개인에게 초점을 맞춘 관점(individualistic perspective)이다. 이 관점은 집이 없는 사람과 집이 있는 사람이 어떻게 다른지에 초점을 맞추는 방식으로, 발생 원인의 가장 중요한 원인을 개인에게 돌리고 있다. 하지만 우리는 당신에게 의식적으로 생각을 전환하여 구조에 초점을 맞춘 관점(structural perspective)에서 분석해 보기를 권한다. 이를 위해서 당신은 조직, 지역, 공동체 및 사회가 어떤 체제로 구조화되었는지를 살펴보아야 하고, 이 체제가 개인 및 가족의 삶에 어떻게 영향을 주는지를 생각해야 한다. 공동체심리학은 이를 보여 주기 위해 생태학적 관점을 취하고 있고, 이 관점은 이 책 전반에 걸쳐 논의되고 있다.

개인에게 초점을 맞춘 관점
사회적 문제를 다룰 때, 그 원인을 개인의 행동이나 선택에 집중하는 관점이다.

구조에 초점을 맞춘 관점
생태학적 관점을 취하여 공동체 내의 개인, 가족, 집단의 삶에 영향을 주는 원인을 다양한 수준의 체제에서 탐색하는 관점이다.

관점의 전환을 위해서 노숙자 문제를 의자 뺏기 게임에 비유해 보면 도움이 될 것이다(McChesney, 1990). 어떤 공동체를 가정해 보자. 거기에는 이용 가능한 적절한 가격의 주택이 한정되어 있다. 이것은 마치 한정된 수의 의자가 있는 것과 같다. 두 상황 모두 앉을 수 있는 의자(가용 주택)보다 그것을 차지하고자 하는 사람이 더 많다는 것이다. 개인 변인은 이 게임에서 의자를 차지하지 못하는 것(노숙자가 되는 것)에 영향을 미칠 수 있지만, 결정적 요인은 아니다. 개인 변인이 의자를 차지하는 사람과 서 있는 사람을 결정할 수는 있을지언정, 앉을 수 있는 의자의 수를 결정하지는 않는다. 이 게임은 누군가는 의자를 차지하지 못한다는 전제하에 시작된 것이다.

노숙자 문제를 단순히 개인에게서 이유를 찾고자 한다면, 실질적이고 현실적인 부분을 놓치게 된다. 개인의 정신장애 또는 구직 면접 기술 등을 다루는 것에만 중점을 두는 노숙자 지원 프로그램은 노숙자 일부를 비노숙자로 바꿀 수는 있으나(이후 다시 노숙자가 될 수도 있다), 가용 주택과는 아무 상관이 없다. 노숙자 문제를 공동체 및 사회의 문제로 주목하기 위해서는 문제의 원인을 개인에게 초점을 두는 관점에서 구조나 생태학에 초점을 두는 관점으로 전환해야 한다. 이렇게 더 넓은 관점을 가진다면, 공동체심리학자가 기여할 수

공동체심리학은 개인 요인보다 구조의 원인을 강조하는 생태학적 관점으로 노숙자 등의 사회 문제를 조사
한다.

출처: Philip Pilosian/Shutterstock.com

있는 영역은 더 많아진다(예, Bond et al., 2017).

개인 중심 관점에서 구조나 생태학적 관점으로 전환하는 것은 또 다른 쟁점
인 '문제 정의'와 관련된다. 다른 심리학 과목에서 배운 것처럼 인간은 단지 관
찰하는 것만으로 만족하지 않고, 그것을 이해하고 본능적으로 그것을 설명하
려는 욕구가 있다. 이러한 설명은 사회의 문제를 정의하는 기초가 된다. 만약
개인에게 초점을 두는 관점으로 어떤 문제를 설명하려고 한다면, 그 문제에
대한 정의는 개인 수준의 변인들에 집중될 것이다. 문제 정의의 쟁점은 지엽
적인 것이 아니다. 문제를 어떻게 정의하는지에 따라 우리가 질문해야 할 문
제가 무엇인지, 그 문제를 해결하기 위해 사용할 방법은 무엇인지, 이에 대한
대답을 어떻게 해석해야 하는지를 결정한다. 그리고 이 모든 것은 우리가 어
떤 종류의 개입을 해야 하는지에도 영향을 미친다. 문제 정의가 이렇게 광범
위한 영향력을 가지기 때문에 사회과학자는 문제 정의를 윤리적 사안이라고
주장한다(O'Neill, 2005).

문제에 대한 가정은 문제의 정의를 결정하고, 문제의 정의는 문제의 접근
방식 및 해결 방법을 결정한다. 심지어 우리가 설정한 가정을 의식적으로 인

식하지 못하는 경우에도 이것은 발생한다. 우리의 문화적 배경, 개인의 경험, 그리고 교육(때로는 교육에서 비롯되는 편향)은 어떤 가정을 설정할 때 은연중에 영향을 미치고, 문제를 효과적으로 대응하는 것을 방해하기도 한다. 그러므로 우리가 설정하는 가정 자체가 바로 문제가 될 수 있다. 우리는 우리가 어떤 시각에서 문제를 정의하였는지 간과한다면, 우리가 정의한 그 틀에 갇히게 될 것이다(Seidman & Rappaport, 1986). 이 책을 통해 문제의 개념화와 문제 정의의 과정에 대한 당신의 생각이 더 넓어지기를 기대한다. 우리는 당신이 참여자-개념화자가 되어 당신이 속한 공동체의 문제를 정의하고 해결하기를 권장한다. 공동체심리학자는 심리학의 전통적인 방식으로 문제를 정의하는 것에서 벗어나 다양한 수준에서 개입할 것을 제안한다.

온전히 개인만의 문제 또는 개인만을 위한 개입은 없다. 인간이 하는 모든 행동은 사회적 맥락, 즉 문화, 지역, 현장(직장, 학교, 가정)에서 발생하거나 인간관계 맥락에서 일어난다. 예를 들면, 아동은 그들의 발달을 형성하는 많은 사회적 맥락에서 성장한다. 내담자가 심리치료를 받을 때, 그 내담자는 사회적 맥락에서 그가 겪은 개인의 경험을 얘기한다. 그것은 치료자도 마찬가지이다. 그들은 상대방이 개인적으로 누구인지 뿐만 아니라 문화, 성별, 사회, 경제(예, 치료비는 누가 지불하는가, 그리고 그것이 미치는 영향은 어떠한가?) 및 다른 여러 맥락을 기반으로 관계를 형성한다. 심지어 상담 대기실의 분위기도 문화적 측면에서 해석할 수 있고, 대기실의 분위기로 인해 상담 결과의 차이가 나타날 수도 있다.

이 장에서는 먼저 공동체심리학이 기존의 심리학의 관점에서 어떻게 관점을 전환할 것인지에 대하여 논의할 것이다. 그런 다음, 사람, 맥락, 그리고 두 종류의 변화에 대한 기본적인 가정을 설명하면서 공동체심리학의 관점을 자세히 이야기할 것이다. 그리고 생태학적 분석 수준(사회 맥락의 다층 구조)과 여덟 가지의 핵심 가치를 살펴볼 것이다. 1장과 2장은 공동체심리학을 소개하는 장으로, 1장에서는 공동체심리학을 정의하고, 2장에서는 공동체심리학이 어떻게 심리학을 "이행하는(doing)" 다른 방식으로 발전하였는지와 현재 어떻게 실천되고 있는지를 예시를 통해 설명한다.

공동체심리학: 관점의 전환

앞서 우리는 개인에게 초점을 맞춘 관점에서 구조나 생태학에 초점을 맞춘 관점으로 전환하는 것이 문제 정의의 방식과 고려할 수 있는 개입 방법을 변화시킨다는 것을 노숙자의 예시를 통해 보여 주었다. 이 책 전반을 통해 구조에 초점을 맞춘 관점으로 문제를 해결하는 많은 접근법에 대해서 논의할 것이다. 전체적인 개요는 다음과 같다.

- **예방 및 증진 프로그램**을 통해 미래의 문제 발생 가능성을 줄인다. 예를 들어, 개인, 가족, 학교, 조직, 공동체의 보호 요인을 강화하고 위험 요인을 감소시켜서 이를 가능하게 한다(10장과 11장 참조).
- **자문**은 직원의 직업 만족도 또는 효율성을 높이기 위해 조직에서의 역할, 의사결정, 의사소통, 갈등에 중점을 둔다(12장과 13장 참조).
- **대안 세팅**은 전통적인 서비스가 특정 집단(예, 여성 센터, 강간위기센터, 특정 문제를 가진 사람들의 자조 집단)의 요구를 충족하지 않을 때 고려된다(9장과 13장 참조).
- **공동체 조직화**는 풀뿌리 집단 수준에서 시민이 지역의 현안을 확인하고 그것을 어떻게 다룰 것인지에 대한 결정을 조직화하도록 돕는다. 공동체 연합은 시민과 공동체 기관들(예, 종교 조직, 학교, 경찰, 기업, 복지 서비스, 정부)을 하나로 묶어서 공동체 문제를 각자 개별적으로 조율하거나 시행하기보다는 협력을 통해 풀어 가고자 한다(13장 참조).
- **참여 연구**는 공동체 연구자와 시민의 협력으로 이루어지며, 공동체 문제를 다룰 때 유용한 정보를 제공한다. 프로그램 평가는 공동체 프로그램이 효율적으로 목적을 달성하는지와 그것을 어떻게 개선할 수 있을지를 결정하는 데 도움을 준다(3장과 4장 참조).
- **정책 연구와 옹호**는 공동체 및 사회의 쟁점 연구, 실천행동의 과정을 정책 결정자(예, 공무원, 민간 영역 대표, 대중매체, 대중)에게 알리려는 노력, 그리고 사회 정책의 효과성 평가 등이 포함된다(13장 참조). 공동체심리학자는 노숙자 문제, 평화, 약물남용, 아동 및 가족 발달과 복지 및 그 외에 여러 현안과 관련한 옹호 활동을 한다. 이 책의 목표 중 하나는 지역 수준에서

부터 국제적인 수준에 이르기까지 시민 또는 전문가가 할 수 있는 옹호의 도구를 소개하고자 하는 것이다.

이 책을 읽는 사람은 공동체심리학자, 임상 및 상담심리학자, 또는 건강 전문가, 교육자, 연구자, 부모 또는 시민의 자격으로 미래에 다양한 공동체 문제에 참여할 가능성이 높다. 이 책의 목표 중 하나는 당신에게 그러한 업무를 하는 데 도움이 되는 도구를 제공해 주는 것이다.

자신의 문화를 포함하여 다양한 문화를 이해하는 것은 관점의 전환을 위해 필요한 또 다른 요소이다. 개인, 가족, 공동체의 문화적 전통은 효과적인 실천 행동에 필요한 개인의 강점과 자원을 제공한다. 공동체심리학은 모든 사람이 공유하는 경험에 대한 이해를 중요하게 생각하는 동시에 각 문화의 핵심 가치가 유지되는 문화의 독특성에 대한 이해를 강조한다. 이 책의 또 다른 목적은 독자에게 다양한 문화를 배우고 그 속에서 일하는 방법을 제공하는 것이다(7장 참조).

사람, 맥락, 그리고 변화

지금까지 설명한 관점의 전환은 다음 두 질문에 대한 기본 가정이 포함되어 있다. 첫 번째 질문은 '문제는 어떻게 발생하는가?'이고, 두 번째는 '변화는 어떻게 일어나는가?'이다. 우리는 이 질문에 대하여 각자가 생각한 답에 따라 행동한다. 다음에서 이 질문에 대한 공동체심리학자의 가정을 살펴보자.

사람과 맥락

문제가 발생하였을 때 공동체심리학자가 가장 중요하게 생각하는 가정 중 하나는 사람과 맥락의 중요성에 대한 것이다. 쉰과 투헤이(Shinn & Toohey, 2003)는 맥락 최소의 오류(context minimization error)라는 용어를 제안하였다. 이 용어는 개인의 삶에서 맥락의 중요성을 무시하거나 평가 절하하는 것을 뜻한다. 맥락(context)(이 책에서는 앞으로 이 용어를 사용할 것이다)은 개인이 살고 있는

맥락
맥락은 개인의 삶에 영향을 주는 모든 구조적 영향력을 압축하여 표현한 것으로, 가족 및 사회적 관계, 이웃, 학교, 종교 및 공동체 조직, 문화적 규범, 성역할, 사회경제적 지위 등이 포함된다. 이러한 구조적 영향력을 적절하게 설명하지 않는다면 연구 및 실무는 성공하지 못할 것이고, 이를 맥락 최소의 오류라고 부른다.

환경을 압축하여 표현한 것이다(예, 가족, 친구 관계, 동료 집단, 이웃, 직장, 학교, 종교 또는 공동체 조직, 지역, 문화적 전통과 규범, 성역할, 사회적·경제적 영향). 정리하면, 이것은 개인의 삶을 형성하는 구조적 힘을 구성한다. 개인의 행동에 주로 초점을 맞추면서 구조적 영향력을 간과하거나 무시하는 맥락 최소의 오류는 제한되고 한정된 상황에서만 기각 또는 채택되는 심리학의 이론 및 연구 결과들을 지지해 왔다. 또한 이 오류로 인해 실제 치료 장면에서의 개입이나 현장에 적용한 프로그램이 실패할 수 있는데, 그 이유는 그 개입이나 프로그램이 개인이 살고 있는 맥락을 이해하거나 바꾸려고 하지 않고 개인만을 바꾸려고 시도하기 때문이다.

사회심리학의 중요 개념인 기본적 귀인 오류(fundamental attribution error)(Ross, 1977)는 관찰자가 타인의 행동을 지켜볼 때, 개인의 성격은 과대 추정하면서 상황적 요인은 과소 추정하는 경향성을 의미한다. 누군가 길을 가다가 넘어졌다면, 우리는 종종 "참 이상한 사람이네." 또는 혹시 술을 마신 것은 아닌지 의심한다. 길이 움푹 패었는지를 살펴보는 일은 거의 없다. 맥락 최소의 오류에서 말하는 맥락은 이와 비슷하지만, 현재 당면한 상황을 넘어서는 더 큰 맥락이나 영향력을 의미한다. 예를 들면, 문화적 규준이나 이웃의 성격 및 직장의 분위기가 이에 해당될 수 있다. 성격이 개인의 삶에 영향을 미치는 만큼 맥락도 개인의 삶에 영향을 미친다.

공립학교에 다니는 아동에게 영향을 미칠 수 있는 다양한 맥락을 생각해 보자. 교사와 학생의 성격은 확실히 학급 맥락에 영향을 준다. 교사가 학생들과 함께하는 교육과정과 수업 방식 역시 중요하다. 또한 교장, 교사, 직원과 아동 및 그들의 부모와의 관계도 고려해 볼 수 있다. 수업은 물리적인 교실과 학교에서 이루어지지만 더 넓은 이웃과 공동체 내에 위치하고 있기 때문에 이러한 맥락이 학습을 지원할 수도 아니면 방해할 수도 있다. 교육에 대한 지역사회, 시, 도, 국가의 태도와 정책이 영향을 주는 것처럼, 관리자와 교육위원회, 그리고 시민(그리고 납세자) 간의 관계 역시 수업 환경에 영향을 준다. 이 맥락들은 각 개인이 미치는 단순 효과 이상의 중요한 영향력을 갖는다. 아동의 학습 증진을 위해서는 여러 맥락에서의 변화가 필요할 것이다(Weinstein, 2002a).

사람과 맥락의 상호 영향력 공동체심리학은 사람과 맥락의 관계에 관한 것이다. 이것은 일방향이 아니다. 사람이(특히 다른 사람과 함께 무엇을 할 때는) 맥락에 영향을 주고, 맥락을 변화시키는 동안에 맥락 역시 개인의 삶에 영향을 미친다. 리거(Riger, 2001)는 사람들이 맥락에 어떻게 반응하는지, 그리고 사람들이 그 맥락을 변화시키기 위해 어떤 행동을 하는지를 알아보는 것이 공동체심리학이라고 하였다.

주민들이 노력하여 동네의 안전을 개선하고, 주민 간의 연결망을 만들고, 가정폭력 피해 여성을 도와주고, 주거 공간을 확보하며, 인근 공장의 공해를 감소시키는 것은 사람이 맥락에 영향을 미치는 예시이다. 동일한 문제나 질병을 가진 사람들이 서로에게 도움을 주기 위해 자조 집단을 구성한다면, 복지 서비스 또는 의료 서비스의 맥락에 영향을 줄 수 있다. 공동체심리학자는 개인, 공동체, 사회 전체의 삶의 질을 이해하고 개선하기 위해서 노력한다. 이 책의 목표 중 하나는 당신이 가진 강점과 공동체의 자원을 사용하여 공동체와 사회를 위한 활동에 참여하고 싶은 생각을 가지도록 하는 것이다.

'맥락'을 중심으로 이 책 읽기 이 책을 읽는 동안, 우리는 당신이 때때로 우리가 쓴 내용에 동의하지 않거나 한계점이 있음을 인식하기를 기대한다. 공동체심리학에서는 다른 의견을 존중하는 것을 중요하게 생각하다. 공동체심리학자인 라파포트(Rappaport, 1981)는 다소 장난스럽지만 진지하게 라파포트의 법칙을 제안했다. "모든 사람이 당신의 말에 동의한다면 걱정하라"(p. 3). 서로 다른 다양한 견해는 공동체와 사회가 가진 물음의 다양한 측면을 이해하기 위해 아주 중요한 자원이다.

당신이 이 책을 읽는 동안, 이 책의 내용에 찬성 혹은 반대를 하게 된 당신의 구체적인 삶의 경험을 되짚어 보고, 그 경험을 하였을 당시의 사회적 맥락을 떠올려 보라. 수업 교재로 이 책을 사용한다면, 강사나 수업 동료와 이것을 토론하라. 우리가 지켜본 바로는 공동체와 사회에서 일어나는 많은 논쟁은 서로 다른 다양한 맥락과 서로 다른 다양한 삶의 경험이 바탕이 된다. 이러한 경험을 진지하게 토론하고 그들을 이해하는 것은 중요하다. 그 토론이 당신 자신과 상대방을 더 성숙하게 할 것이다. 당신의 관점을 공유하는 것은 당신이 속한 공동체의 다른 사람들을 더 나은 참여자-개념화자가 되도록 도울 수 있다.

구조에 초점을 맞춘 관점과 1차/2차 변화

이 장을 시작할 때 언급했던 노숙자 문제를 포괄적으로 이해하기 위해서는 개인에게 초점을 맞춘 관점에서 구조에 초점을 맞춘 관점으로의 전환이 필요하다. 이러한 관점의 전환은 개인주의에 입각한 미국 문화에서 자란 사람에게는 특히 어려울 수 있다. 미국의 개국 이념이 모든 이의 기회 균등이었기 때문에 개인은 순수하게 개인의 능력과 노력으로 자신의 삶을 꾸려 가야 한다고 미국인들은 믿고 있다. 우리는 개인의 지식, 기술, 노력의 중요성을 폄하하려는 것이 아니라(9장과 10장에서 살펴보겠지만, 공동체심리학자는 개인의 이러한 특성을 증가시키기 위한 프로그램을 개발하기 위해 적극적으로 노력한다), 인간 행동을 연구할 때 구조적 영향의 역할이 심리학 전체에서 가치 절하되어 왔다고 생각한다. 이 책을 읽은 후, 당신이 문제를 바라볼 때, 스스로에게 다음과 같이 질문할 수 있기를 바란다. "이 문제 또는 이 행동에 영향을 주는 구조적 힘은 무엇인가? 구조적 힘으로 어떻게 개인과 가족의 삶을 증진하도록 개선할 수 있을까?"

구조적 영향의 중요성을 처음으로 보여 준 주요 연구 중 하나는 20세기 전반 시카고의 범죄와 청소년 비행에 관한 연구였다. 사회학자 쇼와 맥케이(Shaw & McKay, 1969)는 시카고의 급속한 변화가 있었던 세 시기, 즉 1900~1906년, 1917~1923년, 그리고 1927~1933년 동안에 시카고에서 공식적으로 기록된 청소년 비행률(체포, 판결 등)을 조사하였다. 이 기간 동안 다른 인종 집단의 이민이 물밀듯이 밀려 왔고, 산업화가 가속화되었으며, 인구 밀도가 높아지면서 이동률도 치솟았다. 쇼와 맥케이는 이러한 변동을 겪으면서도 도심 내부 지역에서는 청소년 비행률이 계속해서 높았고, 심지어 그 지역의 모든 주민이 다른 곳으로 이주하였음에도 그곳은 여전히 높은 비행률을 기록하였음을 발견하였다. 이 지역에 거주하는 인종 집단 전체가 다른 곳으로 이주하고 새로운 이민 집단이 들어와서 주민이 완전히 바뀐 이후에도 청소년 비행률은 높은 수준으로 지속되었다. 쇼와 맥케이는 높은 수준의 범죄율은 이 지역에 사는 사람들의 특성 때문이 아니라 이 지역의 구조적 요소들, 즉 빈곤, 과밀 인구, 급격한 변화와 동반되는 사회적 해체 등이 이유라고 결론을 내렸다. 이것을 사회 해체(social disorganization)이론이라고 하며, 범죄학에서는 지금까지 중요한 이론으로 영향력을 발휘하고 있다. 이러한 구조적 힘의 중요성에 대한 전반적인 요점은 다른 학문 영역에서도 중요한 시사점이 있다. 또한 이 연구는 1차 변화와 2차 변화의 차이도 설명한다.

바츨라빅과 동료들(Watzlawick et al., 1974)은 사회의 변화를 두 종류로 구별하였다. 1차 변화(first-order change)는 집단(쇼와 맥케이 연구의 시카고 도심에 해당하는)의 구성원을 바꾸거나, 재배열하거나, 또는 재구성한다. 1차 변화로 해당 문제의 몇 가지 측면은 해결될 수 있다. 하지만 장기적으로 볼 때 동일한 문제가 성격이 다른 새로운 집단에서 또다시 발생한다. 결국 더 많이 바꿀수록 더 많은 사람이 비슷해져 가는 것이다. 가용 주택을 공급하지 않으면서 노숙자 개인을 상담하는 것으로 노숙자 문제를 해결하려는 시도는 1차 변화로 볼 수 있다. 당신이 그 개인을 도울 수 있을지는 모르지만, 그들 개개인이 가진 문제에 대한 모든 이유를 해결할 수는 없기 때문에 노숙자 문제는 여전히 사회 문제로 남아 있게 될 것이다.

집단은 단순히 개인이 뭉쳐 있는 것이 아니라 개인 간 관계의 집합체이다. 이러한 관계의 변화, 특히 공유한 목표, 역할, 규칙, 그리고 권력 관계 등의 변화가 2차 변화(second-order change)이다(Linney, 1990; Seidman, 1988). 예를 들면, 결정을 내리는 상사와 그것을 수행하는 직원 사이의 엄격한 역할 관계를 고집하는 대신에 협력적 의사결정으로 바꾸는 것은 2차 변화로 볼 수 있다. 정신건강 전문가와 환자 간에 전문 영역과 관련한 엄격한 관계 대신 장애가 있는 사람들이 자조 모임을 통해 서로에게 도움을 주는 방법을 찾는 것도 또 다른 예시이다. 중요한 것은 실행되는 구체적 개입이 아닌 그 문제를 발생시킨 원천으로 여겨지는 관계, 권력, 그리고 맥락을 함께 설명해야 한다는 것이다. 2차 변화는 개인의 삶과 그들이 살고 있는 공동체를 바꾸는 것을 도울 수 있다.

교육 체제 분석을 위해 공동체심리학자인 새러슨(Sarason, 1972)이 제안한 실험을 살펴보자. 미국에서는 학교에 대한 비평이 종종 능력 없는 교사, 동기가 없거나 준비가 되지 않은 학생, 또는 무신경한 학부모와 행정관리자 등의 개인 또는 개인이 속한 집단에 대한 비난으로 집중된다. 그렇다면 학교의 모든 구성원을 바꾼다고 생각해 보자. 모든 교사와 관리자를 해고한 후 새로운 사람으로 고용하고, 새로운 학생을 받아들이고, 학교 위원회부터 모든 학급에

1차 변화
해당 문제의 근본 원인인 사회적 쟁점을 해결하지 않고 집단의 구성원을 바꾸거나, 재배열하거나, 또는 재구성하는 것이다.

2차 변화
공동체 내의 관계를 변화시켜서 문제를 해결하는 것으로, 여기에는 공유한 목표, 역할, 규칙, 그리고 권력 관계 등이 포함된다. 이 접근법은 더 광범위하고 역동적인 노력이 필요하지만, 긍정적이고 장기적인 변화를 가져올 가능성이 높다.

이르기까지 현재의 구성원을 모두 바꾸는 것이다. 하지만 학교 운영에 관한 규칙, 기대, 정책 등의 구조는 그대로 남겨 두었다. 이런 경우, 예전과 같은 문제와 비판이 다시 제기되는 데 시간이 얼마나 걸리겠는가? 그 이유는 무엇인가? 만약 당신이 '오래지 않아.'라고 대답하였다면, 당신은 1차 변화의 한계를 인지하고 있는 것이다. 때로는 1차 변화만으로 문제를 충분히 해결할 수도 있겠지만, 대부분은 그렇지 않다.

다음에서 2차 변화의 구체적인 두 가지 예시를 살펴보자. 첫 번째 예시는 약물남용 회복과 관련된 것이고, 두 번째 예시는 공동체에서의 청소년 역할에 관한 것이다.

옥스퍼드 하우스: 약물남용 회복을 위한 2차 변화   약물남용에 대한 전통적인 치료법은 높은 재발률을 보인다. 이에 대한 대안으로 전문가의 치료에 의존하기보다는 환자들이 서로를 도와주는 동료 중심의 방법이 더 좋을 수 있다. 그러한 예시 중 하나가 알코올 중독 모임(Alcoholics Anonymous: AA)이고, 또 다른 예시가 주거지 네트워크인 옥스퍼드 하우스(Oxford House)이다(Jason, Olson, & Harvey, 2015).

많은 사회 복귀 시설은 범죄와 마약 사용이 높은 지역에 위치하고 있다. 또한 이 시설들은 항상 붐비고, 오래 머물 수 없으며, 그곳에 머무는 사람들의 의견 개진과 책임 영역은 한정되어 있다. 이들의 의견 또는 활동을 제한하는 이유를 살펴보면, 사회가 이 회복 시설에 있는 사람들을 지지하지 않거나 이들과의 일상적 접촉을 꺼리기 때문이다. 옥스퍼드 하우스는 이와 반대로 범죄율이 낮은 지역에 위치하고 있으며 매우 넓은 주거 공간이 제공된다. 이 시설에 머무는 사람들은 반드시 일을 해야 하고, 주거 비용을 지불해야 하고, 집안일을 해야 하며, 약물을 하지 않는다는 조건이 있다. 또한 이들은 전문적인 치료나 자조 집단 치료 중 한 가지, 또는 둘 모두를 선택할 수 있다. 옥스퍼드 하우스는 여성용과 남성용이 있으며, 민주적으로 운영된다. 이곳의 대표는 시설의 전문 직원이 아니라 거주자들이 직접 뽑는다. 또한 거주자들이 투표를 통해 이곳에 들어오기를 희망하는 사람을 결정한다. 약물을 또다시 사용하거나 문제를 일으키는 사람도 유사한 투표 방식으로 주거 자격을 박탈할 수 있다. 이 공동체에 새로 합류한 입주민은 이곳의 지원과 지지를 받고 책임과 의사결정을 공유한다.

옥스퍼드 하우스는 2차 변화를 표방한다. 왜냐하면 그들은 평등, 지지, 협력의 공동체 맥락에서 자기 자신과 타인의 행동에 대한 더 많은 책임을 부여하는 회복 환경을 만들어서 환자와 직원의 기존의 일반적인 역할을 바꾸었기 때문이다. 옥스퍼드 하우스의 평가 결과는 성공적이었고 재발률도 감소하였다.

많은 경우 2차 변화는 문제에 대한 생각을 전환하는 것뿐만 아니라 그 문제를 이해하고 해결하기 위해 사용하는 방법의 변화도 요구한다. 청소년 질문 접근법은 이와 관련한 예시이다.

청소년 질문 접근법: 아동과 청소년의 환경에서 2차 변화 만들기 아동과 청소년은 그들이 연구 대상인 청소년 발달의 학문 분야뿐만 아니라 사회과학 연구에서도 집중적으로 연구되는 대상이다. 하지만 모든 연구에서 청소년은 연구의 객체였지 주체는 아니었다. 이 차이는 연구 과정에서 아동과 청소년의 역할과 관련한 구조적 문제를 구체적으로 보여 준다. 그들의 역할은 성인에 의해 연구되는 대상일 뿐, 연구에 필요한 설문 내용, 연구 방법, 그리고 연구 결과로 수행되어야 할 것들을 결정할 때 그들의 목소리는 반영되지 않았다.

청소년 질문 접근법은 지난 20여 년 동안 이 연구 과정에서 나타난 청소년 역할의 구조적 문제점을 제기하였다(Kennedy et al., 2019; Labghout & Thomas, 2010a). 청소년 질문 접근법은 주요 지식 생성자와 변화 행위자를 성인이 아닌 청소년을 중심에 두는 연구 및 사회변화 방법론이다. 성인은 감독관으로서가 아니라 협력자와 지원 제공자로서 관여한다. 역할 관계에 대한 이 모든 변화는 2차 변화를 보여 준다.

청소년의 삶의 환경을 이해하고 개선하기 위한 구조적 접근인 2차 변화의 시행은 청소년 환경의 가시적인 변화를 가져왔다. 청소년 질문 접근법을 사용한 대부분의 연구는 중요한 환경의 변화를 보여 주었다(Kennedy et al., 2019; Langhout & Thomas, 2010a). 이러한 변화에는 학교와 공동체에서 성인이 청소년을 지각하고 가치를 판단하는 방식의 변화, 또래 규준의 변화, 새로운 프로그램의 개발 및 기존 프로그램의 개선, 그리고 새로운 정책의 채택 등이 포함된다.

예를 들면, 두 도시의 고등학교에서 실시한 청소년 참여 실천행동 프로젝트는 성인과 학생 간의 다양성에 대한 많은 논의를 이끌어 내었고, 학생이 직접 고용 결정, 교육 실습, 그리고 학교 정책에 정보를 제공하거나 영향을 주는 것을 통해 학교의 구조적 변화를 가져왔다(Ozer & Wright, 2012). 미니애폴리스 지역의 청소년 참여 실천행동 프로그램에 참가한 학생들은 자신들의 동네에서 청소년을 배려한 참여 기회를 조사하여 도표로 작성하였다. 그런 다음 그들은 다른 청소년과 청소년 가족이 이것에 주목할 수 있도록 하기 위해 획기적인 방식을 개발하였다. 마지막으로 그들은 청소년의 기대에 충족되지 못한 요구와 참여의 장벽을 설명하는 교육을 공동체 전체에 실시하였다. 장벽 중 하나로 청소년 프로그램에 참석할 수 있는 안전하고 믿을 만한 교통수단이 없다는 것을 확인하였고, 일부 지역의 청소년들은 청소년 프로그램을 실시하는 장소로 운행하는 새로운 2개의 버스노선을 만들어 냈다(Walker & Saito, 2011).

사회적 맥락에서 변화의 한계   2차 변화로도 공동체 및 사회의 문제를 "해결"하지 못할 수 있다. 하지만 공동체 및 사회의 문제를 해결하기 위한 시도는 문제해결 자체보다 문제를 해결하려는 의결 과정을 보여 준다. 모든 의결 과정은 오히려 새로운 문제—의도치 않은 결과, 인적 또는 물적 자원의 분배, 사람들의 요구나 가치와 관련한 새로운 갈등—를 만들어 내기도 한다. 그렇다고 이것이 2차 변화의 시도를 포기해야 할 이유는 아니다. 이 과정을 통해 공동체와 사회가 과거와 미래 모두의 결과를 신중하게 살펴본다면 진정한 변화를 가져올 수 있을 것이다(Sarason, 1978).

공동체심리학에서 생태학적 분석 수준

우리는 각자의 사회 관계망 내에서 살고 있다. 브론펜브레너(Bronfenbrenner, 1979)는 사회적 맥락의 수준을 설명하는 분석틀을 제안하였고, 이는 발달심리학과 공동체심리학에 영향을 주었다. 이 책에서 다루는 생태학적 수준은 브론펜브레너의 접근법을 기초로 하지만, 그의 접근법과 다른 점은 개인의 발달이 아닌 공동체를 참조틀로 하고 있다는 점이다. 공동체심리학은 생태학적 수준의 개념을 사용하여 분석 수준에 따라 실시하는 개입법의 가치, 목적, 전략이 다르다는 것을 명확히 보여주고자 한다(Rappaport, 1977a, 1977b; Seidman

& Rappaport, 1974). 또한 이 접근법은 각 수준 간의 상호작용에 초점을 두고 있다(생태학적 수준에 대한 다른 개념은 Maton, 2000; Moane, 2003; Nelson & Prilleltensky, 2010 참조).

생태학적 분석 수준을 고려한다면 단일 사건이나 문제가 어떻게 복합적인 다양한 원인을 갖는지 잘 알 수 있다. 예를 들면, 학교에서 발생한 아동 문제의 원인은 다양한 수준에서 그 이유가 있을 수 있다. 학교, 지역, 국가, 그리고 국제적으로 권력을 가진 기성세대가 아동 교육의 질에 영향을 미치는 정책 결정을 만들 수 있다. 가족 구성원, 친구, 교사도 큰 영향을 미칠 수 있지만, 그들의 생각이나 가치관은 학교 체제, 지역, 문화, 사회, 심지어 전 세계로부터도 영향을 받을 수 있다.

또한 생태학적 분석 수준의 측면을 고려한다면 공동체심리학의 중요한 물음인 "공동체란 무엇인가?"에 대한 다양한 답을 구할 수 있다. 원래는 "공동체"를 장소나 지역으로 한정하였지만, 이제는 장소와 관계없이 다양한 수준에서의 사람 간의 관계를 일컫는다(6장 참조). 그러므로 학급, 동아리, 종교 모임, 온라인 커뮤니티, 또는 민족 집단(예, 멕시코계 미국인 공동체)을 모두 공동체라고 할 수 있다.

[그림 1-1]은 공동체심리학에서 설명하는 생태학적 분석 수준의 유형을 분류하여 묘사한 것이다. 개인에게 아주 가까운 체계로 친밀한 면대면 접촉과 관련 있는 것은 그림의 중앙에 위치한다. 개인으로부터 아주 먼 체계로 덜 직접적이지만 여전히 광범위하게 영향을 끼치는 것은 그림의 가장자리에 위치한다.

[그림 1-1]에서 보듯이, 이들 체계의 일부는 겹치는 부분도 있다. 예를 들면, 작은 회사 또는 공동체 집단 등은 조직이지만 그보다 작은 미시체계의 성격을 띤다.

개인, 사회, 그리고 각 수준은 상호 의존의 관계에 있고, 인간의 행동과 사회 문제에 미치는 그들의 영향은 다양한 방식으로 중복되어 나타날 수 있다. 사실 공동체심리학의 기본이 되는 것은 맥락에서 발생하는 사람들의 상호 의존이다. 공동체심리학의 개입이 가장 영향을 미칠 수 있는 지점이 이러한 체계들이 연결된 곳이다. 이 곳이 바로 공동체 구성원이 문제를 인식하고, 그 문제를 해결하기 위해 다양한 사람, 집단, 공동체의 자원을 동원하여 방법을 모색할 수 있는 지점이다. 공동체심리학이 과학과 연결되었다고 언급하는 이

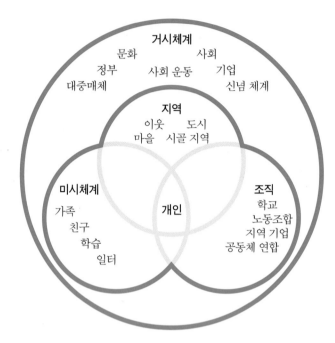

[그림 1-1] 공동체심리학에서의 생태학적 분석 수준

유가 바로 이것 때문이다(2장 참조).

개인

개인
가장 작은 생태학적 수준으로, 그 사람의 경험, 기억, 사고, 감정, 관계, 문화 및 기타 요인 모두를 총체적으로 고려하는 개념이다.

여기서 개인(individual)의 의미는 그 사람의 경험, 관계, 사고 및 감정 모두를 포함하는 개념이다. 다양한 수준 내에 포함된 개인을 생각해 보라. 이 사람은 자신의 관계 또는 환경을 선택하고 다양한 방식으로 그것에 영향을 준다. 또한 그 관계 또는 환경 역시 이 사람에게 영향을 미친다. 각 개인은 다양한 생태학적 수준(예, 가족이나 친구, 직장, 이웃)의 체계들과 관련되어 있다. 공동체심리학의 많은 연구는 개인이 자신의 삶에서 사회적 맥락과 어떻게 상호 관련되어 있는지에 관심이 있다.

공동체심리학자 및 관련 분야 전문가는 개인 중심의 예방 개입법을 발달시켰는데, 이는 개인의 능력을 증진시켜 공동체의 문제를 다룰 수 있도록 하는 것이다. 이러한 개입은 아동의 사회적 또는 학업적 발달의 고충, 청소년의 문제 행동과 비행, 성인의 신체 건강과 우울, 안체 면역결핍 바이러스(Human

Immunodeficiency Virus: HIV/후천성 면역 결핍증(Acquired Immune Deficiency Syndrome: AIDS), 양육과 이혼 등의 가족 과도기 과정에서의 어려움, 가정폭력 등의 문제를 감소시키는 데 효과적이라고 알려져 있다(이와 관련한 내용은 10장과 11장에서 자세히 다룬다). 많은 예방 접근법은 환경을 바꾸어야 하거나 입학 또는 부모가 되는 것 등의 환경이 바뀌는 생태학적 과도기에 필요한 사회-정서적 능력이나 기술을 높이는 것이다(Weissberg et al., 2003).

미시체계

미시체계(microsystems)는 다른 사람과의 직접적이고 반복적인 상호작용이 일어나는 환경을 말한다(Bronfenbrenner, 1979, p. 22). 여기에는 가족, 학급, 친구 관계, 운동 팀, 음악 동아리, 이웃, 같은 복도에 사는 주민, 그리고 자조 집단 등이 있다. 개인은 미시체계에서 대인관계를 형성하고, 사회적 역할을 수행하며, 여러 활동을 다른 사람과 함께 공유한다(Maton & Salem, 1995).

미시체계는 각 구성원의 합 이상으로, 각 집단은 자신만의 역동성을 가지고 있는 사회적 단위이다. 예를 들면, 가족 치료자는 가족이 어떻게 가족 개별 구성원 각각을 뛰어넘는 체계로서 기능하는가에 오랫동안 관심을 가져왔다(Watzlawick et al., 1974). 가족 구성원은 각자의 역할이 있고, 의사결정 시 권력의 차등이 있으며, 다른 구성원의 행동에 대응한다. 미시체계는 그 집단 구성원의 중요한 지원군이면서 또한 갈등과 부담의 원천이 될 수도 있다.

세팅(setting)[4]은 공동체심리학에서 중요한 개념이다(5장 참조). 이 용어를 심리학의 관점에서 설명하면, 단순히 물리적 장소뿐만 아니라 하나 또는 여러 장소와 관련된 개인 간의 지속적인 관계의 조합일 수 있다. 자조 집단은 그 만남의 장소가 변한다고 해도 개인에게는 여전히 세팅이다. 놀이터, 공원, 술집, 또는 커피숍 등과 같은 물리적 세팅은 미시체계를 위한 만남의 장소를 제공한다. "세팅"이라는 용어는 미시체계뿐 아니라 더 큰 조직에도 적용될 수 있다.

> **미시체계**
> 생태학적 개념틀 내의 작은 환경 또는 작은 집단으로, 개인이 다른 사람과 직접적으로 의사소통하고 상호작용하는 체계이다.

> **세팅**
> 공동체심리학에서 중요한 개념으로, 물리적 환경 및 개인 간의 관계를 포괄한다. 다수의 장소가 포함될 수 있고, 미시체계 및 더 큰 조직에도 적용할 수 있다.

---

4) 세팅은 공동체심리학에서 고유 명사처럼 쓰이기 때문에 대부분의 번역은 영어 그대로 '세팅'으로 번역하였다. 하지만 다른 단어로 해석하는 것이 의미가 더 명확히 전달된다고 판단한 문장은 환경, 상황, 장면, 공동체, 곳, 장소 등으로 번역하였다.

조직

조직
명칭, 임무, 규칙이나
정책, 일정 및 위계 등
을 가지고 있는 확실하
고 명확히 정의된 구조
를 가진 큰 수준의 생태
학적 체계이다(예, 직장,
종교 단체, 주민 협의체,
학교). 이것은 다수의 미
세체계로 구성되고 더
큰 사회 단위의 부분이
될 수 있다.

조직(organizations)은 미시체계보다 더 큰 수준으로 형식적 구조인 명칭, 임무, 규칙, 정책, 모임이나 작업 시간, 감독 관계 등을 갖추고 있다. 공동체심리학자의 연구 대상이 되는 조직에는 복지 및 보건 기관, 치료 프로그램, 학교, 직장, 이웃 관계, 주택 조합, 종교 단체, 공동체 연합 등이 있다. 이것은 공동체의 중요한 형태로 사람들이 누구와 함께 일할지, 사용 가능한 자원의 종류는 무엇인지, 그리고 스스로를 어떻게 정의하고 정체성을 세워야 하는지에 영향을 준다. 직장이 있는 사람은 자신을 소개할 때 종종 그들이 근무하는 곳이 어딘지를 말하기도 한다.

조직은 더 작은 형태인 미시체계의 조합으로 구성하는 경우가 많다. 학급, 활동, 학과, 직원, 관리자, 그리고 협의체 등이 모여 학교 또는 대학을 구성한다. 부서, 교대 근무, 또는 작업 팀은 공장이나 음식점을 구성한다. 종교 집단은 성가대, 종교 공부 모임, 기도 모임 등을 가지고 있다. 더 큰 공동체 조직은 일반적으로 위원회를 통해 운영된다. 하지만 조직은 단순히 이러한 부분의 합이라기보다 조직의 서열이나 비공식적 문화와 같은 조직 전체의 역동성을 고려하는 것이 중요하다.

결국 조직은 더 큰 사회 단위에서 보면 또 하나의 부분일 수 있다. 지역의 종교 모임은 더 큰 전국의 종교 본체의 부분이고, 소매점도 체인점의 한 부분일 수 있다. 주민 협의체는 시민이 시정부에 영향을 줄 수 있는 통로이다. 가장 큰 조직(예, 국제기구, 정치 단체 또는 종교 교파)은 다음에서 다룰 거시체계에 해당한다.

지역

지역
생태학적 개념틀 내의
지리적 세팅—군, 마을,
동네, 또는 전체 도시—
으로 다수의 조직 또는
미시체계가 자리하고 있
으며, 지방 정부, 지역 경
제, 대중매체, 교육 및 보
건 체제 등이 포함된다.

비록 "공동체"라는 용어가 다양한 수준에서 의미 있는 용어로 쓰이지만, 가장 잘 알려진 뜻은 군, 작은 마을, 도시 인근, 또는 도시 전체 등의 지리적 지역(localities)을 일컫는다. 지역은 일반적으로 개인의 삶의 질에 영향을 미치는 지방 정부, 지역 경제, 대중매체, 사회 체제, 교육, 보건 서비스, 그리고 여러 기관 등이 포함된다.

지역은 조직 또는 미시체계의 조합으로 생각할 수 있다. 개인이 자신의 지역 생활에 참여하는 것은 주로 더 작은 집단을 통해서이다. 아주 작은 마을에 사는 사람은 그들의 조직이나 미시체계를 통해 다른 도시의 사람과 협력하지 않는다면 더 큰 공동체에 영향을 미칠 수 없다. 동네의 주민 협의체는 조직이지만, 전체 동네는 지역이다. 동네는 또한 청소년, 커피 모임을 하는 성인, 그리고 놀이터로 모인 부모와 아동 등의 미시체계를 관리할 수 있다. 하지만 지역은 개인, 미시체계, 또는 공동체 조직의 단순한 합이 아니다. 전체 공동체로서의 지역이 갖는 역사, 문화적 전통, 특징 등은 하위의 각 수준을 둘러싸고 있다.

공동체 연합의 발전은 조직과 지역 사이의 연결성에 대한 예시이다. 공동체 연합은 다양한 공동체 집단과 조직의 대표로 구성되었고, 약물중독이나 건강 문제 등과 같은 더 큰 공동체 현안을 다루기 위해 형성되었다. 공동체 연합이라는 개념이 많은 사람에게 새로울 수 있지만, 이것은 공동체심리학의 실천에 중요한 요소이고, 공동체 목표를 달성하기 위한 공동체 자원을 구축하고 동원하는 데 효과적이다(Bess, 2015; Harper et al., 2014; Oesterle et al., 2018; Shapiro et al., 2015). 공동체 연합과 관련하여서는 10장, 11장, 13장에서 자세히 다룬다.

거시체계

거시체계(macrosystems)는 우리가 제시하는 체계 중 가장 큰 분석 수준이다. [그림 1-1]에 묘사한 것은 오로지 단 하나의 거시체계이지만, 사실 개인, 미시체계, 조직, 그리고 지역 모두는 복합적 거시체계에 의해 끊임없이 영향을 받고 있다. 거시체계에는 사회, 문화, 정당, 사회 운동, 기업, 국제 노동조합, 다양한 수준의 정부, 국제기구, 광범위한 경제적 또는 사회적 힘, 그리고 신념 체계 등이 포함된다. 공동체심리학자는 궁극적으로 이러한 전체적이고 포괄적인 관점을 가져야 한다.

거시체계는 법안이나 법원 결정과 같은 정책 및 구체적 결정 사항을 통해서, 그리고 진취적 이데올로기나 사회적 규범을 통해서 세력을 발휘한다. 개인의 자율성에 대한 신념은 미국 문화와 심리학 분야에 크나큰 영향을 주었다.

거시체계
생태학적 개념틀 내에서 가장 큰 체계로, 개인, 미시체계, 조직, 그리고 지역에 영향을 주는 맥락을 형성한다. 또한 서로 다른 생태학적 체계는 사회 옹호 및 실천행동의 확산을 통해서 거시체계에 영향을 줄 수 있다. 문화, 정당, 기업, 종교 및 정부가 이 체계에 해당한다.

대중매체는 은밀하게 인종 편견과 날씬함, 특히 여성에게 마른 몸에 대한 문화적 기대를 형성하도록 부추겼다. 거시체계는 그 하위 수준 체계들의 기능에 영향을 주는 맥락을 형성한다. 예를 들면, 기업에 영향을 주는 경제 분위기를 만들 수 있다. 하지만 하위 수준의 체계 역시 사회적 옹호 또는 지역에서 생산되는 먹거리를 사는 것과 같은 행동을 통해 거시체계에 영향을 미칠 수 있다.

거시체계에 포함되는 가장 중요한 분석 수준은 모집단이다. 모집단(population)은 전반적인 특징(예, 성별, 인종, 민족, 국가, 수입, 종교, 성적 지향, 또는 장애 여부)을 공유한다. 모집단은 광범위한 형태의 공동체(예, 유대인 공동체, 게이 공동체)의 근간이 된다. 하지만 모집단 내의 모든 개인이 그 공동체의 특징과 일치하는 것은 아니다.

공동체심리학의 많은 연구는 하나 이상의 분석 수준에 관심을 가지고 있다. 헤드스타트(Head Start) 프로그램에 참여한 아동의 교육적 성공과 관련한 이웃 수준, 가족 수준, 그리고 개인 수준의 요인을 조사한 연구에 의하면, 이웃 수준 요인(사회경제적 지위가 낮거나 높은 가족의 수와 영어가 제2외국어인 가정의 수를 포함)이 아동의 인지 및 행동에 유의미하게 직접적인 영향을 미친다는 것을 발견하였다(Vanden-Kiernan et al., 2010). 이러한 이웃 수준의 직접적인 영향은 가족 구조, 수입, 인종, 그리고 가족 역동(부모가 제공할 수 있는 사회적 지지의 양, 아이의 교육에 대한 부모의 관여)과 같은 가족 수준 요인에 의해 중재되지 않았다. 이것이 의미하는 바는 예를 들면, 집중 빈곤 지역에 살고 있다는 사실만으로도 아동의 인지와 행동 발달에 유의미한 부정적 영향을 끼쳤다는 것이다. 이 아동에게 아무리 수입이 좋은 부모와 자식의 교육에 높은 관심이 있는 부모가 있다고 할지라도 말이다. 이웃에 대한 부정적 수준이 너무 강하면 아동이 자신의 부모로부터 받는 모든 긍정적인 영향을 덮어 버릴 수 있다는 결과이다. 아동 발달에 있어 이웃 수준의 강한 영향력에 대해서는 5장에서 다룬다.

모집단
거시체계 내에서 함께 하는 사람들이 전반적으로 공유하는 특징으로, 이것이 공동체의 근간을 형성할 수 있다.

당신의 생각은?

1. 당신의 인생에서 가장 중요한 미시체계, 조직, 지역, 그리고 거시체계는 무엇인가? 각 세팅은 서로 어떻게 관련되는가?

2. 당신의 인생에서 구체적인 세팅 한 곳을 생각해 보라. 그것이 당신에게 제공하는 자원은 무엇인가? 어떤 도전 또는 어떤 의무를 이행하여야 하는가? 그것의 강점과 약점은 무엇인가?

3. 그 세팅에서 바꾸고 싶은 것을 말해 보라. 그 이유는 무엇인가?

4. 그 세팅은 어떤 수준(미시체계, 조직, 지역, 또는 거시체계)에 존재하는가? 그 세팅을 바꾸는 것이 다른 수준의 세팅에 어떻게 영향을 주는가? 다른 수준에서의 변화가 그 세팅에는 어떤 영향을 주는가?

개입 수준

생태학적 분석 수준은 변화를 촉진하기 위해 어디를 주목해야 하는지에 대한 관점의 전환에 도움을 준다. 각 분석 수준을 넘나드는 사안을 체계적으로 조사하여 그 사안에 복합적으로 작용하는 요인들을 밝혀 낼 수 있다. 하지만 분석 수준을 넘나드는 사회적 사안을 조사하는 것만으로는 변화를 촉진하는 데 충분하지 않다. 즉, 문제의 어느 곳을 직시해야 하는지는 공동체심리학의 관점 전환의 첫걸음에 불과하다.

분석 수준이 적절한 개입 지점을 제안할 수 있도록 하는 방법 중 하나는 매개 구조(mediating structures)의 개념을 사용하는 것이다. 매개 구조는 "개인 및 그 개인의 사적 영역과 더 큰 공적 영역 사이에 존재하는 조직이나 세팅"을 말한다(Berger & Neuhaus, 1977, p. 2) 사회학자인 피터 버거(Peter Berger)와 존 네이가우스(John Neuhaus)는 매개 구조를 이용하여 개인과 공동체의 웰빙을 증진하는 전략을 개발하였다. 이 이론의 요점은 사회가 개인에게 스트레스 상황을 안겨 주고, 이들 중 일부는 스트레스를 적절히 대처하지 못해 힘들어 한다는 것이다. 매개 구조의 발달을 촉진하는 전략은 개인이 사회가 주는 스트레스에 대처하도록 도와주는 세팅에 초점을 둔다. 생태학적 분석 구조틀에서 보면 이것은 조직(예, 학교, 자조 집단, 교회)일 수도 있고, 또는 덜 공식적인 집단일 수도 있다. 공동체심리학자는 매개 구조의 역할을 할 수 있는 세팅의 잠재력에 관심을 가져 왔다. 이러한 세팅의 대다수는 공동체에 이미 존재하지만 활용도가 낮은 자원들이다. 몇몇의 공동체심리학자는 개인의 욕구를 더 잘 충족시킬 수 있는 새로운 대안 환경을 만들어 내는 데 중점을 두기도 한다.

매개 구조
개인과 사회 생활을 연결하는 기관으로, 공식적 조직 및 세팅(예, 학교, 교회)과 덜 공식적인 공동체(예, 자조 집단, 동아리, 스포츠 팀 응원 모임)가 있다. 이것은 더 큰 기관으로부터의 스트레스(예, 실직, 차별)를 다룰 때 도움을 주는 역할을 할 수 있고, 공동체의 개입을 위한 중요한 지점이 될 수도 있다.

무엇을 변화시키고, 어떻게 변화시킬 것인지는 모든 변화 전략의 핵심 사항이다. 이에 대해서는 다음 장에서 자세하게 살펴볼 것이다. 공동체심리학의 관점을 소개하는 이 장에서는 생태학적 분석 수준의 고려사항과 함께 생각해볼 만한 두 가지 관련 사항인 문제 정의와 개입 방법의 선택에 대하여 강조하고자 한다.

어떠한 변화를 일으키기 위해서는 자원과 실천행동을 구조화하려는 문제 정의가 필요하다. 문제를 어떻게 바라보고, 이것이 개입에 어떤 영향을 주는지를 조사하는 것은 아주 중요하다. 앞서 제시했던 노숙자 문제를 살펴보면, 노숙자 문제를 단지 개인적 문제(예, 중독, 정신건강, 직업 기술의 부족)로 규정하는지 아니면 환경의 문제(예, 가용 주택의 부족)로 정의하는지에 따라 선택되는 개입 방법은 상당히 다를 것이다(예, 개인의 결함 치료 대 구할 수 있는 집을 찾기 위한 프로그램 개발). 단일 수준의 분석에만 집중하여(예, 개인의 문제) 더 높은 분석 수준에서 그 문제가 강조되지 않는다면(예, 안전하고 적절한 가격의 주택 공급), 개입 전략은 개인의 변화 노력에 대한 것에만 한정되어 더 높은 분석 수준에서 노숙자 문제를 효과적으로 정의하였다고 볼 수 없을 것이다. 어떤 쟁점에 대한 문제가 다른 분석 수준에서 발견되어도 변화 전략은 그 분석 수준을 무시하거나 또는 그 분석 수준과 맞지 않는 개입을 하는 경우가 너무나 많다. 미국의 많은 공동체가 노숙자 개인의 변화를 돕는 프로그램들은 제공하지만, 가용 주택의 부족을 해결하려는 노력은 하지 않는다. 하지만 공동체심리학의 관점에서 보면 노숙자나 실업자와 같은 문제를 해결하기 위해서는 하나 이상의 분석 수준에서 진행되는 복합적 개입이 필요하다. 만약 개입이 다양한 분석 수준에서 진행되지 않는다면 효과적인 문제 해결은 어려울 것이다.

다양한 분석 수준을 살펴보았어도 문제 해결에 실패하는 세 가지 경우가 있다. 첫째, 꼭 필요한 실천행동이 받아들여지지 않을 때이다(예, 노숙자의 치료를 위한 추가적인 지원이나 가용 주택이 제공되지 않는 경우). 둘째, 실천행동이 부적절하게 이루어질 때이다(예, 길거리의 노숙자를 체포하는 것이 노숙자를 예방하는 것은 아닐 것이다). 셋째, 아마 가장 일반적인 경우로, 실천행동이 이루어지는 분석 수준이 불일치하는 경우이다(예, 공동체 구성원이 불편해 하는 행동인 일부 노숙자의 구걸이나 배회를 막기 위해서 시 조례를 통과시키는 경우). 공동체심리학의 용어로 이것을 논리적 범주의 오류(error of logical typing)라고 한다

논리적 범주의 오류
실천행동이 이루어지는 분석 수준이 불일치하는 경우를 말한다. 예를 들면, 노숙자의 구걸을 금지하기 위해 조례를 통과시킨다면 이는 노숙자의 근본 원인인 지역이나 거시체계 내의 문제는 무시한 채 노숙자의 개인 행동에만 주목하는 것이라고 볼 수 있다.

(Rappaport, 1977b; Watzlawick et al., 1974). 구걸이나 배회가 문제이기는 하지만, 변화 노력을 개인 수준의 분석에만 집중한다면 노숙자는 줄어들지 않을 것이다. 또한 이러한 해결책으로는 문제라고 인식되었던 행동도 줄어들지 않을 것이다. 오히려 이러한 행동에 대한 근본 원인이 전혀 해결되지 않았기 때문에 문제 행동을 하는 사람은 다른 지역으로 옮겨 가서 여전히 그 행동을 하게 될 것이다.

공동체심리학자는 문제 정의를 어떻게 설정해야 하는가? 당신이라면 개입 전략에 포함되어야 할 분석 수준을 어떻게 선택하겠는가? 다음 절에서 이러한 결정에 도움을 줄 수 있는 공동체심리학의 핵심 가치를 살펴보자.

공동체심리학의 핵심 가치

> 관계, 책임, 우선되어야 할 사회변화, 개인의 정치적 견해에 대한 개인의 가치가 공동체 활동에 대한 우선순위와 안건을 형성한다.　　(Bond, 1989, p. 356)

> 우리가 하는 활동은 항상 특정 이익 집단의 목적 달성을 촉진한다. 설사 우리가 그 목적이 무엇인지를 명백히 알고 있지 못할지라도.　　(Riger, 1989, p. 382)

가치는 연구와 사회적 실천행동 모두에 중요한 역할을 한다. 어떤 현안을 조사하고, 어떻게 연구하고 개입하며, 누구를 그 활동에 참여시킬지에 대한 모든 결정은 그 업무 관계자의 가치에 의해 형성된다. 이것은 모든 연구와 실천 행동에 해당하지만, 지금까지 이러한 활동에서 가치의 중심적인 역할은 대부분 무시되었다. 미국 공공보건국(U.S. Publick Health Service)에서 1932~1972년 사이에 실시했던 터스키기(Tuskegee) 매독 실험을 살펴보자(CDC, n.d.). 가난한 흑인 공동체를 대상으로 매독 치료에 도움이 되는 자료를 얻는 것이 목적이었던 이 프로그램은 수백 명의 남성이 매독 치료를 받을 수 있었음에도 불구하고 효과적인 치료를 일부러 제공하지 않았다. 이 연구는 윤리적 재앙의 책임과 관련한 여러 체제들의 문제도 있었지만, 그 모든 것의 중심에는 이 연구를 설계하고 시행한 사람들의 가치가 자리 잡고 있다. 연구자들은 프로그램에 참가한 남성의 삶보다는 그들로부터 얻을 수 있는 자료에 더 높은 가치를 두었던 것이다.

"가치"란 정확히 무엇을 의미하는가? 가치(value)는 도덕, 옳음, 또는 선함에 대한 확고한 생각이다. 가치는 정서가 강하게 관여되어 있어서 명예롭게 여겨지며, 결코 가볍게 다루어지지 않는다. 가치는 목표(목적)나 수단(목적을 어떻게 달성할지), 또는 그 둘 모두와 관련되어 있다. 가치는 사회적인 것으로, 우리는 가치를 다른 사람과의 경험을 통해 발달시킨다. 개인도 가치를 가지지만, 가족, 공동체, 문화 역시 가치를 가진다. 가치는 영적인 믿음 또는 실천에 기반을 두고 있다고 할 수 있지만, 한편으로는 세속적이기도 하다. 가치 갈등 상황 대부분은 동시에 두가지 가치가 주어졌을 때 더 중요한 하나를 선택해야 하는 경우이다(Campbell & Morris, 2017b; Nelson & Prilleltensky, 2010; O'Neill, 2005).

공동체심리학에서 가치에 관한 토론은 여러 이유로 유용하다. 첫째, 가치는 연구와 실천행동에 대한 명확한 선택에 도움을 준다. 심지어 문제 정의 역시 가치 판단의 선택이고, 다음에 이어지는 실천행동에도 큰 영향을 준다(Seidman & Rappaport, 1986). 공동체와 사회 문제에 대한 대중적 정의는 현재 지배적인 세계관을 반영하면서 동시에 이 세계관이 계속해서 유지되도록 돕는다. 명확한 가치가 있다면 현재의 지배적인 관점에 질문을 던질 수 있다.

둘째, 가치에 관한 토론은 실천행동과 지지하는 가치가 일치하는지 확인하는 데 도움을 준다(Rappaport, 1977a). 예를 들어, 한 공동체의 대표가 주민 센터를 설립하여 게이, 레즈비언, 양성애, 또는 자신의 성정체감에 의문을 가지는 청소년의 권력을 강화하는 장소로 사용하겠다는 목표를 표방하였다. 그 대표가 공간을 어떻게 개조하고 프로그램을 어떻게 계획할지 결정하면서 청소년들의 어떤 의견도 허용하지 않는다면, 대표의 좋은 의도에도 불구하고 실제로는 청소년의 권한을 뺏는 것이다(Stanley, 2003). 대표는 말만 무성하였지 실제 행동은 전혀 그렇지 않은 것이다.

또 다른 예시로 학생, 그들의 가족, 그리고 교사의 권한을 강화하려는 대안 고등학교를 생각해 보자(Gruber & Trickett, 1987). 어떠한 결정을 하게 될 때, 교사는 실시간으로 정보를 얻을 수 있지만, 학생과 학부모는 이들에 비하여 정보가 부족하다. 그러므로 교사는 결정을 위한 토론에서 우위를 차지하게 된다. 모든 관계자의 지지를 받는 가치임에도 불구하고, 조직의 관행은 학생과

가치

도덕, 옳음, 또는 선함에 대한 개인 및 공동체가 지닌 확고한 생각이다. 가치는 목표, 수단, 또는 그 둘 모두와 관련되어 있다. 공동체심리학은 〈표 1-1〉의 여덟 가지의 핵심 가치를 따른다.

가족의 권한을 강화하지 않는다. 문제는 개인에게 있는 것이 아니라 이상과 현실의 결과 간의 구조적 차이 때문이다.

셋째, 문화 또는 공동체를 이해하는 것은 그것의 독특한 가치를 이해하는 것과 관련된다. 예를 들면, 포츠(Potts, 2003)는 아프리카계 미국인 중학생을 위하여 아프리카 민족 해방주의자가 갖는 가치의 중요성을 토의하였다. 건강에 대한 토착 하와이인의 문화적 개념은 가족 및 공동체 화합('ohana and lōkahi)의 가치와 땅, 물, 인간 공동체의 상호 의존의 가치가 밀접하게 묶여 있었다. 그러므로 토착 하와이 공동체의 건강 증진 프로그램은 이러한 가치와 관련지어 실행할 필요가 있다(Helm, 2003).

넷째, 공동체심리학은 독특한 정신이 있는데(Kelly, 2002), 그것은 목표와 의미에 관한 생각을 공유하는 것이다. 그 정신은 우리가 실행하는 일에 전념할 수 있는 기본 바탕이고, 힘든 일이 생기더라도 계속해서 그 일을 할 수 있는 원동력이 된다(Kelly, 2010). 이것은 사려 깊으면서도 열정적이고 실용적이어야 하며, 또한 연구와 실천행동으로 구현되어야 한다.

우리의 경험을 바탕으로 공동체심리학의 정신은 〈표 1-1〉에 기술된 여덟 가지 핵심 가치를 바탕으로 한다. 이 여덟 가지 가치는 프릴렐튼스키와 넬슨(Prilleltensky & Nelson, 2002; Nelson & Prilleltensky, 2010; Prilleltensky, 1997, 2001, 2012)의 의견을 바탕으로 하였지만, 그것과 동일하지는 않다. 이 여덟 가지의 가치는 단지 공동체심리학의 가치를 알리기 위해 요약해 놓은 방식일 뿐이다. 이러한 공통 가치에 더하여 이 분야에서 일하는 관계자와 집단은 반드시 어떤 가치가 그들의 활동에 중심이 되는지 결정해야 한다. 우리의 논의는 우리가 살고 있는 공동체의 가치와 쟁점에 관한 토론을 활발히 하는 데 도움을 주기 위해서이다. 이 절을 시작할 때 인용한 본드(Bond, 1989)와 리거(Riger, 1989)가 주장한 것처럼, 공동체심리학은 우리가 그것을 알든 모르든 간에 일련의 가치들이 지침이 되고, 누군가에게 이익을 제공한다. 우리의 가치와 그 가치를 어떻게 실천행동으로 옮길 것인지를 토론하고 선택한다면 우리는 더 나은 결과를 얻을 수 있을 것이다.

〈표 1-1〉 공동체심리학의 여덟 가지 핵심 가치

1. **사회정의(social justice)**는 공동체 간의 자원, 기회, 의무 및 권력의 공평하고 공정한 분배이다. 정의로운 사회의 모든 구성원은 동일한 권리를 가지고, 동일한 절차에 예속되며, 이는 그 사회의 모든 구성원이 협력적으로 노력하여 달성한다.
2. **다양성 존중(respect for human diversity)**은 성별, 민족, 또는 인종 정체성, 국가, 성적 지향성, 장애 여부, 사회경제적 지위나 소득, 나이, 종교나 영적 믿음, 또는 다른 여러 특징을 기반으로 하는 다양한 공동체와 사회 정체감을 인식하고 존중하는 것이다. 공동체는 그 공동체의 용어로 이해해야 하고, 연구, 개입, 기타 심리적 활동은 그들의 용어를 바탕으로 실행되어야 한다.
3. **공동체 의식(sense of community)**은 개인을 집단에 연결하는 소속감, 상호 의존, 그리고 상호 관여를 말한다. 공동체 및 사회의 실천행동의 핵심이며, 사회적 지지 및 분석적 업무를 위한 자원이다.
4. **집합적 웰니스(collective wellness)**는 공동체 내의 모든 개인과 집단의 객관적이고 주관적인 요구에 균형을 맞추고, 공공의 이익을 위해 충돌하는 요구를 해결하여 얻어낸 공동체 전체의 만족감이다.
5. **권력강화(empowerment)와 시민참여(citizen participation)**는 공동체심리학에서 이루어지는 모든 업무의 핵심 요소로, 의사결정 과정에는 모든 생태학적 수준에서의 관여가 있어야 하고, 공동체 구성원이 통제권을 행사할 수 있어야 한다고 주장한다.
6. **협력(collaboration)**은 공동체심리학자와 공동체 구성원 간의 동등한 관계를 의미한다. 공동체심리학자는 자신의 전문지식을 빌려 주지만, 위계적으로 우월하다고 생각하지 않고 시민이 자신의 지식, 자원, 강점을 제공할 기회를 제공한다.
7. **경험적 근거(empirical grounding)**는 경험적 연구를 사용하여 공동체 실천행동을 더 효과적으로 만들고, 다시 그 실천행동의 결과에서 얻은 교훈을 사용하여 연구가 공동체를 더 잘 이해할 수 있도록 만드는 것이다.
8. **다층적, 강점-기반 관점(multilevel, strengths-based perspective)**은 개인의 관점에만 초점을 두지 않고 각 수준의 공동체 강점을 인지하고 통합해서 모든 생태학적 분석 수준을 다루는 것이다.

사회정의

분배정의
공동체 구성원 간의 자원(예, 금전 또는 양질의 교육 및 건강 서비스에 대한 접근성)의 공평하고 공정한 분배와 관련된 사회정의의 한 측면을 말한다.

사회정의(social justice)는 우리 사회 전체의 자원, 기회, 의무, 그리고 권력에 대한 공평하고 공정한 분배의 실시를 의미한다(Prilleltensky, 2001, p. 754). 여기서 특히 중요한 사회정의의 두 가지 측면이 있다. 한 가지는 분배정의(distributive justice)로 사회 집단 구성원 간의 자원(예, 금전 또는 양질의 건강 서비스나 교육에 대한 접근성)의 공평하고 공정한 분배와 관련된다. 절차정의

(procedural justice)는 모든 사람은 동일한 권리를 가지고 동일한 절차를 따른 다는 것이다. 절차정의는 종종 사법체계에서의 적법 절차를 뜻하는 용어이지 만, 프릴렌튼스키(Prilleltensky, 2012)는 이 개념을 모든 상황과 관계로 확장할 것을 주장하였다. 만일 두 아이가 같은 잘못을 했다면, 그 둘은 그들의 부모로 부터 동일한 벌을 받고, 그 벌을 왜 받는지 이해하며, 그 벌이 합리적으로 공 정하다고 생각하는 것이다. 또는 조직이 직원의 급여를 인상할 때, 조직의 모 든 사람은 급여 인상이 어떻게 배분되는지를 이해하고 그 절차가 공정하다고 생 각하는 것이다. 사회정의에 대한 공동체심리학의 관점에서 보면, 절차가 공정하 기 위해서는 모든 사람이 그 과정에 참여해야 한다. 이 정의에 따르면, 정의로운 공동체는 모든 구성원이 자원의 공정한 몫을 배당받고, 모든 사람이 공동체를 운영하는 절차의 과정에 참여하며, 이 모든 과정은 공평하게 이루어져야 한다.

미국에서 심리학이 사회정의를 지지했는가에 대한 답변은 다소 명확하 지 않다. 1954년 학교 차별 철폐에 관한 브라운 대 교육위원회(Brown vs. Board of Education)의 사건과 관련한 연구를 실시한 심리학자 클락 부부(Kenneth Clark & Mamie Clark)와 동료들처럼 심리학자가 사회정의 투쟁의 전면에 있기도 했 다. 한편에서는 심리학 연구와 실천이 성차별주의, 인종차별주의, 그리고 여 러 영역에서의 부당함을 지지하는 결과를 내놓기도 하였는데, 지능검사의 영 역이 한 예이다(Gould, 1981; Prilleltensky & Nelson, 2002). 그럼에도 불구하고 라틴 아메리카에 뿌리를 둔 해방심리학과 비판이론 심리학 및 여성주의 심리 학과 관련한 분야는 사회정의에 대한 심리학의 실행을 확대하였다(Bond et al., 2000a, 2000b; Martín-Baró, 1994; Montero, 1996; Prilleltensky & Nelson, 2002; Watts & Serrano-García, 2003).

> **절차정의**
> 공동체 내의 모든 사람 은 동일한 권리를 가지 고 동일한 규칙과 절차 가 적용된다고 주장하는 사회정의의 한 측면을 말한다. 사법체계에서는 적법 절차를 뜻하는 용어 이지만, 다른 상황에서도 잘 적용되고 있다.

다양성 존중

다양성 존중(respect for human diversity)은 성별, 민족, 또는 인종 정체성, 국 가, 성적 지향, 장애 여부, 사회경제적 지위나 소득, 나이, 종교나 영적 믿음, 또는 다른 여러 특징을 기반으로 하는 다양한 공동체와 사회 정체성을 인식하 고 존중하는 것이다. 공동체 내의 개인을 이해하기 위해서는 사람들의 다양성 에 대한 이해는 필수적이다(Gomez & Yoshikawa, 2017; Trickett, 1996). 사람과 공동체는 다양하고, 쉽게 일반화되는 것을 거부하며, 자신의 입장에서 이해해 주기를 요구한다.

이것은 정치적인 태도를 존중하는 것과 같이 다양성에 대한 모호한 존중이 아니다. 공동체에서 일어나는 일을 효과적으로 처리하기 위해서 공동체심리학 자는 반드시 그들이 함께 일하는 어떤 문화 또는 공동체의 독특한 전통과 관 습을 이해해야 한다(Gomez & Yoshikawa, 2017; O'Donnell, 2005). 이것은 그 문 화가 어떻게 그들의 생활에 특별한 강점과 자원을 제공했는지를 이해하는 것 도 포함된다. 연구자는 또한 연구 방법과 설문이 그 문화에 맞도록 수정하는 것이 필요하다. 이것은 단순히 연구를 위한 설문지를 번역하는 수준이 아니 라, 연구하고자 하는 문화의 용어에 맞게 연구의 목적, 방법, 그리고 기대하는 바에 이르기까지 전반적인 재검토를 의미하는 것이다.

다양성 존중은 반드시 사회정의 및 공동체 의식과 균형을 맞추어야 한다. 즉, 다양한 집단과 사람을 이해하면서 공정성을 증진하고, 공통된 의견을 찾 으려고 노력하며, 사회 분열은 피해야 한다(Prilleltensky, 2001). 이러한 태도를 지니기 위해 첫 번째 할 일은 그들을 이해할 수 있는 다양성을 연구하는 것이 다. 그런 다음, 그들이 당신과 다른 의견을 지녔다고 해도 동료라고 생각하고 그들을 존중하는 것이다. 이 책 전체에 걸쳐 공동체심리학과 관련한 다양성의 가치를 탐색할 것이다. 그리고 7장에서는 다양성을 이해할 수 있는 개념틀을 제공한다.

공동체 의식

공동체 의식(sense of community)은 공동체심리학의 여러 정의 중 핵심이라 고 할 수 있다(Sarason, 1974). 이것은 단일 집단 내에서 개인 간의 연결인 소속 감, 상호 의존, 그리고 상호 관여를 의미한다(McMillan & Chavis, 1986; Sarason, 1974). 예를 들면, 공동체심리학자는 이웃, 학교와 학급, 자조 집단, 종교 단체, 직장, 그리고 인터넷 가상 환경에서의 공동체 의식을 연구한다(예, Buckingham et al., 2018; Fisher, Sonn, & Bishop, 2002; Newbrough, 1996). 공동체 의식은 공 동체 및 사회적 실천행동뿐 아니라 사회적 지지 및 분석적 업무를 위한 자원 이다. 심리적 공동체 의식은 6장에서 자세하게 다룬다.

집합적 웰니스

공동체심리학자인 프릴렐튼스키(Prilleltensky, 2012)는 웰니스(wellness)를 "개인, 관계, 조직, 그리고 공동체의 객관적이고 주관적인 다양한 요구에 대한 동시적이고 균형 잡힌 만족으로 얻어진 긍정적인 상태"(p. 2)로 정의하였다. 이 정의는 다른 정의와 다르게 복수의 생태학적 수준에 초점을 맞추고 있다. 프릴렐튼스키는 웰니스의 개념이 개인을 넘어선다고 주장했다.

또한 이 정의는 세팅의 다양성을 반영한다. 개인, 가족, 공동체, 그리고 사회의 요구는 다양하고 복잡하며 때로 충돌한다. 공동체심리학에서 "집합적 웰니스(collective wellness)"라는 용어를 선택한 것은 바로 이 점을 인식하기 때문이다. 공동체심리학의 영역에서 반영된 이 가치는 7장, 10장, 11장 및 13장에서 자세히 살펴볼 것이다.

권력강화와 시민참여

권력강화의 개념은 개인이 자신의 삶의 영향력을 통제할 수 있다는 느낌으로 정의되어 개인에게 초점을 맞춘 관점에서 주로 다루어 왔다. 공동체심리학은 권력강화를 생태학적, 협력적, 그리고 구조적 관점으로 바라보고, 다양한 수준에서 다루며, 그리고 감정보다는 절차로 간주한다(Christens, 2019). 권력강화(empowerment)[5]는 사람들이 스스로의 삶을 통제할 수 있는 가능성을 넓혀주는 과정이다(Rappaport, 1987). 이 관점에서 보면 권력강화는 경험적 구성(empirical construct)이다. 실질적인 변화는 공동체의 구성원들이 함께 공동체의 기능을 통제하는 기회를 더 많이 가질 때 나타난다.

시민참여(citizen participation)는 "개인이 자신에게 영향을 주는 제도, 프로그램 및 환경에 대한 의사결정에 참여하는 과정"(Wandersman et al., 1984, p. 339)으로 정의할 수 있다. 시민참여는 권력강화가 높아지면서 그 결과로 증가할 수도 있고, 또는 높아진 시민참여로 인해 권력강화가 증가할 수도 있다. 이 가치는 8장에서 자세히 살펴볼 것이다.

---

5) 이 단어는 한국에서 역량강화라고 많이 번역되어 사용되고 있다. 역자들은 단어의 원래 의미를 정확히 전달하기 위해 권력강화라고 번역하였다.

협력

협력(collaboration)은 아마도 공동체심리학의 가장 독특한 가치이며 이 분야에서 가장 오랫동안 강조된 것으로, 공동체심리학자와 시민 간의 관계 및 그 작업 과정을 의미한다(Case, 2017). 심리학자는 전통적으로 "전문가"의 역할을 가정한다. 이 역할은 전문가와 의뢰인의 위계적이고 평등하지 않은 관계를 구축하는데, 이 관계가 어떤 상황에서는 유용할 수 있으나 공동체 작업을 위해서는 대체로 부적절하다. 또한 심리학자는 전통적으로 개인의 결함(예, 정신장애 진단)을 강조하지만, 공동체심리학자는 변화를 촉진할 수 있는 개인과 공동체의 강점을 찾는 것을 강조한다. 공동체심리학자는 자신의 전문지식을 공동체와 공유하면서도 그 공동체에 이미 존재하는 삶의 경험, 지혜, 열정적 참여, 사회 연결망, 조직, 문화적 전통, 그리고 그 밖의 자원(요약하면, 공동체 강점)에 대한 존중 역시 필요하다. 이러한 강점을 기반으로 하는 것이 공동체 문제를 극복하는 가장 좋은 방법이다(Perkins et al., 2004).

더 나아가 공동체심리학자는 시민과 협력 관계를 구축하여 공동체 강점을 사용하기 위해 노력한다. 이러한 협력 관계는 심리학자와 시민 모두가 지식과 자원에 기여하고, 의사결정에 참여할 수 있도록 한다(Javdani et al., 2017; Kelly, 1986). 예를 들면, 연구자는 시민의 요구에 부합하도록 연구를 설계하고, 그 연구 결과를 시민이 사용할 수 있는 형태로 구성하여 시민과 공유하며, 정책 결정자에게 그 결과를 제시하여 변화를 촉구하도록 도움을 준다. 공동체 프로그램 개발자는 그것을 계획하고 실행하는 과정에서 시민과 충분히 소통하려고 한다.

경험적 근거

경험적 근거(empirical grounding)는 연구와 공동체 실천행동의 통합을 의미하는 것으로, 실천행동은 경험적 연구로부터 나온 결과에 기반한다(Rappaport, 1977a; Tebes, 2017). 이는 연구를 이용하여 공동체 실천행동을 보다 효과적으로 만들 뿐 아니라 연구를 통해 공동체를 더 잘 이해할 수 있도록 한다는 것이다. 공동체심리학자는 경험적 증거가 부족한 이론 또는 실천행동이나 공동체의 맥락 또는 관심을 무시하는 연구를 좋아하지 않는다.

공동체심리학자는 가치중립적인 연구는 없다고 믿는다. 연구는 언제나 연구자의 가치나 선입견, 그리고 연구가 이루어진 맥락의 영향을 받는다. 그러므로 연구의 결과를 기술할 때는 단순히 분석된 자료에만 의존하는 것이 아닌 가치와 맥락에 주의를 기울여야 한다(Tebes, 2017). 이는 연구자가 엄격한 연구를 내팽개치라는 뜻이 아니라, 연구 결과를 더 잘 이해할 수 있도록 하기 위해 그 연구가 영향을 줄 수 있는 가치와 공동체 문제를 열린 마음으로 논의하여야 한다는 것이다. 공동체심리학이 연구와 가치의 통합에 어떻게 접근하는지는 3장과 4장에서 다룬다.

다층적, 강점-기반 관점

이 장의 앞에서 생태학적 분석 수준의 개념을 소개하고, 각 수준에서 관심 영역을 이해하고 정의하는 것과 개입이 가능한 지점을 찾는 것에 대한 독특한 관점을 소개하였다. 개인의 분석 수준을 뛰어넘는 것과 관점의 전환은 공동체심리학의 중요한 부분이다.

맥락에 초점을 두는 것과 우리의 삶을 구성하는 다양한 세팅을 인식하는 것에 대한 필요성과 함께 공동체심리학은 다른 학문 영역에서도 강조하는 다층적, 강점-기반 관점(multilevel, strengths-based perspective)을 지향한다(Maton, Humphreys, Jason, & Shinn, 2017; Rappaport, 1977a). 이는 모든 개인, 가족, 조직 및 사회는 주목할 만한 강점을 가지고 있음을 이해하는 것으로, 집합적 웰니스를 증진하기 위해서는 이 강점을 인식하고 칭찬하며 활용해야 한다.

공동체심리학의 다층적, 강점-기반 관점의 가치는 이 책 전체에 걸쳐 반영되어 있고, 구체적으로 5장, 10장, 11장, 그리고 13장에서 자세히 소개한다.

공동체심리학의 가치 간의 관계

우리가 제시한 여덟 가지의 가치 중 어느 것도 단독으로 쓰이지 않는다. 예를 들면, 7장, 10장, 11장에서는 경험적 근거를 가진 근거-기반 예방 및 증진 프로그램이 다층적, 강점-기반 관점을 구현하는 방법, 공동체와 협력적, 권력 강화 관계를 바탕으로 설계되고 이행되는 방법, 공동체의 다양성, 역사, 그리고 문화를 반영하기 위해 조정하는 방법을 논의한다. 또한 그 결과로 높아진 공동체 의식과 집합적 웰니스가 궁극적으로 어떻게 사회정의의 증진으로 이어지는지 살펴볼 것이다.

이러한 얘기가 마치 작은 개입으로 많은 것을 기대하는 것처럼 보이지만, 이 장의 초반에 언급했던 청소년 질문 접근법을 떠올려 보라. 다양한 생태학적 수준에서 변화를 촉진하는 효율성에 대한 증거는 계속해서 나오고 있고, 이는 집합적 웰니스와 공동체 의식의 증가로 이어진다. 이 프로그램은 아동과 청소년이 보유한 강점과 그들의 다양성에 대한 명백한 인식을 기초로 하였다. 비교적 작은 방법이었지만, 결과적으로 공동체에서 청소년에 대한 변화된 역할, 높아진 영향력과 인식, 그리고 더 공정한 자원의 분배가 이루어졌다. 〈글상자 1-2〉는 공동체심리학자인 톰 울프(Tom Wolff)가 시행한 작은 성공의 예시를 보여 준다.

작은 개입만 있는 것은 아니다. 13장에서는 지역, 시도, 국가, 국제적 수준에서 영향을 줄 수 있는 공공 정책을 다룰 것이다. 하지만 크든 작든, 공동체심리학의 목표는 마틴 루터 킹 목사의 비전을 촉진하고 창의적 부적응에 관여하는 것이다. 그리고 이 목표는 사회정의를 향상할 것이다.

글상자 1-2　**공동체심리학의 실천행동: 울프와 공동체 연합**

공동체심리학자인 톰 울프는 지역사회 건강 협의체에서 지역 시민과 함께 보건 정책을 계획하는 일을 하였다. 그는 모든 시민이 참석할 수 있도록 저녁 시간에 회의를 개최하였고, 이 회의를 통해 지역사회 보건 교육 캠페인, 지역사회 병원에 대한 요구, 초기 검진 프로그램, 또는 자조 집단 등을 의논할 수 있으리라 기대하였다. 하지만 많은 시민이 요구한 것은 길거리 표지판에 대한 것이었다! 울프는 너무 놀랐다. 이 요구가 나온 이유는 최근 이 지역에서 응급 의료 치료가 여러 번 지연되었고, 그로 인해 심각한 결과가 초래되었는데, 그 이유가 응급차가 그 집을 찾을 수 없었기 때문이었다.

울프는 시민들의 요구를 어느 정도 이해하였지만, 이 회의에서는 그가 원하는 문제로 대화의 주제를 돌리려고 애썼다. 하지만 시민들은 그렇지 않았다. 그들은 길거리 표지판에 대한 실제 계획을 원했다. 시민들은 그 요구가 받아들여질 때까지는 다른 문제들에 대해서도 건강 협의체와 함께 일할 수 있는 신뢰가 생기지 않을 것이라고 결론을 내렸다. 이 회의 직후, 울프는 지방 자치 당국이 길거리 표지판을 세울 수 있도록 시민의 편에서 일을 진행하였다. 울프는 자신의 안건을 진행하는 대신 시민들의 목적을 달성하기 위해 그들과 함께 일했다. 그의 행동은 시민참여와 협력의 가치를 보여 주는 것이다(Wolff & Lee, 1997).

당신의 생각은?

1. 울프가 한 일은 공동체심리학의 가치 중 무엇을 반영한 것인가?
2. 이러한 가치를 인지하고 이행하는 것이 지역사회 건강 협의체의 효율적 업무를 위한 그의 능력에 어떤 영향을 끼쳤는가?
3. 당신이 속한 공동체의 문제를 해결하기 위해 연합체의 한 영역에서 작업하는 당신을 상상해 보라. 그 일을 해결하기 위한 당신의 접근 방식에 공동체심리학의 가치가 어떻게 영향을 미칠 것 같은가?

이 책의 개괄

이 장에서는 공동체심리학의 핵심인 관점의 전환과 공동체심리학의 가치를 살펴보았다. 2장에서는 관점의 전환을 실천하기 위한 핵심 방법과 개념이 어떻게 발달되고 적용되었는지를 알아볼 것이다. 3장과 4장에서는 공동체 연구의 기초가 되는 연구 방법들과 그것이 공동체심리학의 기본 가치에서 어떻게 파생되었는지를 다룬다. 5장에서 9장까지는 공동체심리학의 기본 개념과 그와 관련한 이론 및 연구를 소개한다. 여기서는 공동체를 이해하기 위해서 각 이론이 어떻게 접근하고 있는지를 보여 줄 것이다. 10장에서 12장까지는 공동체심리학의 개입에서 중요하게 생각하는 장애 예방, 개인, 가족 및 조직의 웰니스 증진, 이러한 목표를 충족하기 위해 설계된 프로그램의 이행과 평가 등을 다룬다. 13장에서는 공동체심리학의 접근을 확장하여 공동체 및 사회적 수준의 변화를 다룬다. 마지막 14장에서는 공동체심리학이 넘어야 할 또 다른 도전 과제와 기회를 논의하고, 시민으로서, 복지 서비스 분야에서 일하는 사람으로서, 또는 열정적인 공동체심리학자로서 공동체심리학을 어떻게 사용할 수 있는지 고민해 볼 것을 제안한다.

이 책의 모든 장은 공동체심리학을 알아가는 데 도움이 되는 '여는 글'로 시작한다. '여는 글'은 관점의 전환을 위한 기회나 심리학의 실천에 대한 확장을 제공할 것이다. 또한 공동체 업무를 하는 사람들의 개인적인 이야기를 소개하는 공동체심리학의 실천행동(community psychology in action) 코너를 마련하였다. 이외에도 세상을 다른 방식으로 볼 수 있도록 독려하고 선입견과 편견을 다시 살펴볼 수 있는 예시를 제시하는 관점 바꾸기(changing perspectives)도 소개하였다. 각 코너의 끝에는 책의 내용을 좀 더 개인적이고 의미 있는 수준에서 살펴볼 수 있도록 하기 위해 몇 가지 질문을 하고 있다.

존중의 언어를 사용하여 사회 정체성 토론하기

이 장의 앞에서 언급한 것처럼 다양성 존중은 공동체심리학의 핵심 가치이다. 특히 개인과 해당 집단이 선호하는 그들에 대한 명칭을 지칭하는 것은 이러한 존중을 전달하는 열쇠이다. 그러므로 이 책에서는 특정 개인과 집단이 스스로를 규정한 방식에 근거하여 지칭할 것이다. 하지만 때로는 그 공동체의 다른 구성원은 다른 이름을 선호하기도 한다. 예를 들면, "라티나(Latina)" "라티노(Latino)" "라틴엑스(Latinx)" "히스패닉(Hispanic)" 및 그 외 용어는 스페인어를 사용하거나 라틴 아메리카 문화를 가진 사람 중 일부 사람을 지칭할 때는 적절하지만, 그러한 배경을 가진 다른 사람을 지칭할 때는 부적절할 수 있다. 우리는 때로 성중립적으로 폭넓은 의미를 가진 "라틴엑스"를 사용하지만, 이 용어를 사용하는 것이 때로는 라틴계 여성의 경험을 약화시킬 수도 있을 것이다. 우리는 당신이 당신 자신, 동료, 또는 다른 누군가의 사회 정체성을 언급할 때, 그들의 정체성이 민족, 성별, 장애 여부, 또는 누군가에게 중요한 어떤 특성과 관련된다면 필요에 따라 더 적절한 언어를 사용할 것을 권한다.

학습 목표

우리는 당신이 이 책을 다 읽고 나면 공동체심리학에 더 깊은 관심을 가질 것이라고 희망하지만, 아마도 대부분의 사람에게 공동체심리학은 자신의 전공 영역에 형식적인 관련성 정도만 가질 것이다. 하지만 한 가지 확실한 믿음은 이 책에서 소개하는 이론, 연구, 그리고 기술로부터 얻은 활용법들은 이 책을 읽은 모든 이의 삶에 적절한 도움을 줄 것이다. 공식적으로 스스로를 공동체심리학자라고 규정할 수 있는 사람은 많지 않겠지만, 공동체심리학의 영향은 그 수보다는 훨씬 클 것이다. 공동체심리학의 이론과 연구는 공중보건 전문가, 사회복지사, 사회학자, 공무원, 그리고 기타 많은 다른 영역의 심리학자의 논문에 직접적으로 언급되거나 반영되었다. 우리는 당신이 이 책을 다 읽었을 때 다음의 몇 가지를 얻을 수 있기를 바란다.

- 공동체심리학에 대한 더 깊은 이해
- 다양한 맥락 및 공동체에 효과적으로 사용할 수 있는 기술
- 개인, 공동체, 사회가 서로 관련되어 있다는 것에 대한 깊은 이해
- 스스로에 대한 가치 인식
- 공동체와 사회의 현안을 다양한 측면에서 고려하고자 하는 의지
- 자신이 속한 공동체와 사회가 더 나은 곳이 되기 위한 변화에 동참하고자 하는 열정

우리는 공동체심리학이 우리의 정신, 우리의 가치, 우리의 삶과 맞물려 있기 때문에 공동체심리학으로 들어왔다. 당신도 이 책을 통해 그렇게 되기를 희망한다.

토론거리

1. '여는 글'을 처음 읽었을 때 '당신의 생각은?'에 대한 당신의 대답이 이 장을 다 읽은 지금 바뀐 부분이 있는가?

2. 당신이 중요하게 생각하는 가치와 공동체 심리학의 가치가 어떤 면에서 일치하는가?

3. 당신이 관심을 두는 당신의 공동체의 현안을 생각해 보라. 이 장에서 논의한 이론과 접근법을 이용한다면 그 현안을 어떻게 분석하고 정의할 수 있겠는가?

4. 그 현안을 해결하기 위해 어떻게 개입하겠는가?

제2장 공동체심리학의 발달과 실천

여는 글

"심리학을 이행하는(do psychology)" 다른 방법 찾기

1960년, 심리학자인 조지 페어웨더(George W. Fairweather)는 캘리포니아주의 재향군인 관리국에서 제안한 흥미로운 프로젝트를 수행하였다. 그와 동료들은 정신병원의 탈시설화를 위한 프로그램을 설계하는 책임을 맡았다. 많은 주립 정신병원에서 방치 및 학대의 사례가 보고되는 억압적 상황이었기 때문에 법원은 인도적인 치료를 의무화하였다(Applebaum, 1999; Chamberlin, 1978). 페어웨더와 동료들은 장기 입원 환자가 병원에 머무르기보다는 독립적으로 생활할 수 있는 지역사회 환경으로 이동하는 것을 돕고 싶었다. 그 당시 대부분의 정신건강 관리는 환자를 사회에서 격리하여 대규모 시설에서 생활하도록 하였기 때문에 이 일은 도전적인 목표였다. 그 당시 많은 환자가 오랫동안 정신병원에서 지냈다. 페어웨더와 동료들은 환자가 독립적으로 생활하는 데 필요한 생활 기술을 익히는 프로그램을 공들여 개발하였다. 그들은 환자가 자신의 집을 관리하고 병원에서 받았던 치료를 유지할 수 있도록 가르쳤고, 환자가 그러한 활동을 더 자율적으로 할 수 있도록 격려하였다. 심리학자들은 대규모 시설의 서비스에 의존하지 않는 새로운 관리모델을 만든 것에 기뻐하였다. 하지만 환자가 지역사회 생활을 준비하도록 한 그들의 노력에도 불구하고, 이 프로그램은 계획대로 진행되지 못하였다. 환자가 병원을 떠났을 때, 대부분은 어떻게 해야 할지 몰라 당황하거나 치료를 계속 이어가지 못하였고, 대부분은 스스로 잘 생활하지 못하여 보호 시설로 다시 돌아왔다.

페어웨더와 동료들은 포기하지 않았고, 지역사회에서 생활하는 퇴원 환자를 지원하려면 무엇이 필요한가에 대한 그들의 관점을 전환할 필요성을 깨달았다. 그들은 병원을 떠나기 전에 지역사회 환경에 적합하도록 준비하는 것에 초점을 두기보다 주거지의 위치를 재조정하는 것에 주목하였다. 그들은 지역사회 생활을 지원하고 퇴원 환자와 자원을 연결하는 세팅을 만드는 것의 필요성을 깨달았다. 즉, 페어웨더와 동료들은 개인의 변화에 초점을 맞추기보다 퇴원 환자를 지원하기 위한 방법을 찾는 것에 집중하였다. 이 방식은 임상심리학에서 시행하는 일반적인 관행은 아니었다. 퇴원 환자의 지역사회 생활을 지원해야 한다는 관점으로의 전환은 그들에게 심리학을 이행하는 새로운 방식을 요구하였다.

페어웨더와 동료들은 증상을 통제하고 단순히 병원 밖에서 머문다는 목표를 넘어서 새로운 세팅을 만들고, 스태프에게 새로운 역할을 부여하고, 퇴원 환자에게 새로운 역할을 격려하면서, 성공적인 주거를 위한 새로운 목표를 제안해야 한다는 것을 받아들였다. 그들은 독립적인 생활을 독려할 수 있는 지역사회 자원 프로그램을 개발하였다. 첫째, 그들은 퇴원 환자 스스로 주거 운영에 책임을 지며 함께 생활할 수 있는 "공동체 랏지(community lodge)"라는 이름의 대안 세팅을 만들었다. 심각한 심리적 장애가 있는 사람이 병원 밖에서 서로 도우며 함께 일하면서 자립적인 생활을 한다는 것은 그 당시에는 급진적인 생각이었다. 다음으로 심리학자는 그들의 역할과 활동을 임상가보다 자문가, 지지자, 옹호자로 바꾸었다. 이들은 초반에는 이 세팅의 규칙을 정하고 운영을 감독하는 것에 집중했지만, 점차 거주자들이 직접 의사결정과 운영 활동을 하도록 격려하는 것으로 전환하였고, 마침내 거주자들은 랏지의 주도권을 가지게 되었다. 거주자들은 심리학자의 자문을 받아서 랏지의 고용과 운영 관리를 제공하는 사업체를 설립하였다. 공동체 랏지의 성공으로 정신장애인의 역량에 대한 많은 정신건강 전문가의 가정이 반박당하였다. 성공의 주요 원인은 인정받지 못했던 정신장애인의 강점을 발견한 것과 그들 간의 상호 지지 덕분이었다.

모든 공동체 협력 관계에서 가장 중요한 순간은 시민이 통제권을 주장할 때 나타난다. 페어웨더는 이후 이 일을 회고하면서 첫 번째 랏지 구성원들이 그에게 감사의 인사를 전하면서 "이제 당신이 떠나야 할 때입니다."라고 말했을 때가 가장 가슴 아픈 순간이었다고 하였다. 페어웨더는 이것을 "전문가에게는 공포스러운 순간"이라고 말하였지만, 그들의 결정을 이해하고 받아들였다. 랏지는 온전히 그들만의 공동체가 되었다. 전문가의 존재는 아무리 좋은 의도와 지지를 제공하더라도 미래의 발전을 위해서는 방해가 될 수 있다. 페어웨더의 공동체 랏지 프로그램이 퇴원 환자의 "완전한 시민권" "사회에서의 의미 있는 역할", 그리고 "평등한 사회적 지위"를 획득한 바람직한 결과를 보여 주었을 때 다른 정신건강 전문가들은 충격을 받았다. 5장에서 더 자세하게 다루겠지만, 최초의 랏지와 이후의 랏지 구성원들은 그들의 성공을 계속해서 유지하며 잘 생활하고 있다 (Fairweather, 1994; Kelly, 2003).

퇴원 환자의 지역사회 생활을 지원하는 것에 대한 페어웨더의 관점의 전환은 그와 그의 동료들에게 심리학을 이행하는 새로운 방식을 찾을 것을 요구하였다. 그는 공동체 랏지의 작업으로부터 배운 교훈을 이용하여 미시간 주립 대학에 생태–공동체심리학이라는 대학원 훈련 프로그램을 설립하는 등으로 미국의 공동체심리학을 발전시켰다.

당신의 생각은?

1. 사회에서 소외되고 의미 있는 역할에서 배제된 사람(예, 노숙자)의 완전한 시민권과 평등한 사회적 지위를 어떻게 향상할 수 있는가?
2. 심리학자가 사람들을 돕는 방식에 대한 당신의 기대와 비교하여 랏지의 예시에서 나타난 심리학자의 접근법은 어떠한가?
3. 랏지 프로그램에서 얻은 교훈을 다른 사회적 현안에 어떻게 적용할 수 있을까?(예, 물질남용, 빈곤)

1장에서는 공동체심리학에서 문제를 어떻게 정의하고 해결하는지에 대한 대안적인 개념들을 소개하였다. 이러한 관점의 전환은 공동체심리학이 "심리학을 이행하는" 대안적인 방법을 개발할 것을 요구하였다. 다른 영역처럼 공동체심리학도 진공 상태에서 발달한 것은 아니다. 페더웨어의 랏지 예시와 유사하게 심리학을 이행하는 새로운 방식을 찾는 것은 현재 관행의 한계점에 대한 반응일 수 있다. 이 장에서 제시하는 것처럼, 그것은 현재 상황에 대한 불만족의 반작용일 수도 있고, 가치를 실천에 통합하려는 시도일 수도 있다. 또한 심리학을 이행하는 것은 우리에게 그 시기의 사건들과 사회의 영향력에 반응할 것을 요구한다. 맥락적 요인은 공동체심리학이 문제를 이해하고 해결하는 더 나은 방법을 개발할 것을 촉구한다. 사회의 영향력은 공동체심리학의 설립에 영향을 주었고 오늘날의 실천에도 계속해서 영향을 주고 있다.

여기서 우리가 제시하는 관점은 단지 공동체심리학의 역사와 실천만을 보여 주기 위함이 아니다. 우리의 목표는 학문으로서의 심리학에 대한 당신의 비판적 사고를 자극하여 시민으로서 그리고 전문가로서 현재의 사회적 쟁점에 어떻게 반응할 것인지에 대한 담론을 이끄는 것이다. 저자들의 경험을 바탕으로 이 책을 구성하였기 때문에 이 책에서는 미국의 공동체심리학에 초점을 둘 것이다. 하지만 우리는 전 세계의 공동체심리학자의 연구를 소개하여 국제적 근원을 인식하고, 공동체심리학이 세계적인 분야임을 보여 줄 것이다.

과학과 연결된 그리고 실천과 연결된 공동체심리학

과학과의 연결
개인, 미시체계, 지역, 거시체계를 포함하는 다층적 생태학적 수준의 요인 간의 관계성을 살펴보는 것이다. 이 접근을 통해서 공동체심리학은 개인 및 공동체의 건강과 웰빙에 영향을 줄 수 있는 요소들을 종합적으로 이해하려고 한다.

심리학을 어떻게 다르게 이행할 수 있을까? 공동체심리학은 과학과의 연결 그리고 실천과의 연결을 목표로 한다(Stark, 2012). 과학과의 연결(linking science)은 공동체심리학이 개인 및 공동체의 건강과 웰빙에 영향을 줄 수 있는 요소들에 대한 보다 종합적인 이해를 구성하기 위해서 미시 수준에서부터 거시 수준에 이르는 요인 간의 관계성을 살펴보는 것이다. 많은 사회과학 및 건강과학은 하나의 분석 수준만 강조한다(예, 개인, 사회). 실천과의 연결(linking practice)은 공동체심리학이 공동체 문제를 다루기 위해 종종 간과되었던 공동체의 다양한 이해관계자와 함께 일한다는 것이다(Dalton & Wolfe, 2012). 아동의 교육 및 행동 문제 예방을 위한 이해관계자는 학생, 학부모, 교사, 관리자뿐만 아니라 주민 대표, 종교 조직, 기업, 정부 기관에까지 이른다. 공동체심리학자의 업무는 공통의 문제를 해결하기 위해 사람들이 함께 일할 수 있도록 노력하는 것이다.

실천과의 연결
공동체 현안을 다루기 위해 종종 간과되었던 구성원을 포함하여 공동체의 다양한 이해관계자와 함께 일한다는 것이다. 공동체심리학은 이 접근법을 사용하여 종합적이고 협력적인 개입을 발달시킨다.

둘째, 공동체심리학이 문제를 정의하는 방식과 문제를 해결하는 방식을 어떻게 연결하는지 생각해 보자. 공동체심리학은 사회 문제를 정의할 때 핵심 가치와 분석 수준을 명확하게 연결한다. 예를 들면, 아동의 학업 성취를 향상하고 학업 중단을 예방하는 노력을 한다고 가정해 보자. 만일 학생에게 발생한 문제의 원인을 학교에서의 경험(즉, 조직의 분석 수준) 때문이라고 한다면, 학급의 관행 또는 학교의 정책을 바꾸려고 노력하게 될 것이다. 하지만 동일한 사안에 대해서 동네(즉, 이웃의 분석 수준) 또는 학교의 기금(즉, 지역의 정책), 또는 인종차별(예, 사회적 분석 수준)에서의 아동의 경험에 초점을 맞춘다면, 우

리는 다른 질문과 다른 개입을 취할 것이다. 문제를 정의할 때 사용하는 분석
수준에 따라 적절하다고 여겨지는 개입이 달라진다. 달리 말하면, 공동체심리
학자는 이해관계자에게 문제를 다시 정의하도록 권장함으로써 개입을 위해 선
택하는 접근법을 바꾸게 할 수 있다. 공동체심리학은 문제를 정의하고 해결하
는 방식을 분석할 때, 서로 다른 여러 분석 수준을 체계적으로 고려한다. 나아
가 공동체심리학은 가치와 실천을 명백히 연결하려고 한다. 1장에서 제안했
던 협력 및 권력강화의 핵심 가치가 강조하는 것처럼, 공동체심리학자는 공동
체-기반 문제를 다루기 위해 다른 사람과 함께 일하려고 의도적으로 그들과
손을 잡는다. 연결이라는 단어는 ① 공동체심리학의 목적을 설명하고, ② 공
동체심리학자가 무엇을 해야 하는지 설명하는 데 도움을 준다. 이것이 우리가
이 책의 제목을 『공동체심리학: 개인과 공동체의 연결(Community Psychology:
Linking Individuals and Communities)』이라고 정한 이유이다.

20세기 심리학의 실천

미국과 캐나다의 공동체심리학은 20세기 중반의 역사적 · 문화적 맥락에서
발달하였다. 학문으로서의 심리학은 2차 세계 대전의 여파와 그 당시 전 세계
에서 발생한 다양한 사회 운동의 영향을 크게 받았다. 공동체심리학의 발달을
이해하기 위해서 공동체심리학이 태동하기 전, 즉 "시작 전"으로 거슬러 올라
가 보자(Sarason, 1974). 먼저, 심리학자가 연구와 개입을 수행하기 위해 새로
운 모델을 찾으려고 했던 이유인 기존 심리학의 두 가지 특징을 살펴볼 필요
가 있다. 첫번째 특징은 지나치게 개인에게 초점을 두는 방식이 만연하였다는
것이고, 두번째는 인간 행동에 대한 문화적 이해가 부족하였다는 것이다.

개인에게 초점을 맞춘 실천

초기 심리학자가 미로에 한 마리가 아니라 두 마리 또는 세 마리의 동물을 두었다면,
우리는 인간 행동 및 학습과 관련하여 더 생산적인 개념을 찾을 수 있었을 것이다.

(Sarason, 2003b, p. 101)

미국에서의 심리학은 전통적으로 심리학을 개별 유기체의 연구라고 정의한다. 사회심리학자조차 개인의 인식과 태도에 중점을 두어 연구하였다. 환경의 중요성을 강조한 행동주의도 전통적으로 사회문화적 변인에 관한 연구는 거의 하지 않았다. 정신역동, 인본주의, 그리고 인지적 관점은 환경보다는 개인에게 초점을 맞춘다. 개인에게 초점을 맞추는 관점은 심리학의 발전에 크게 기여하였지만, 공동체심리학을 포함한 다른 대안적 견해의 필요성에 대한 출현은 제한하였다.

이와 유사하게, 전문 분야로서 심리학의 실천 역시 주로 개인에 대한 개입에 초점을 두고 있다. 개인차에 대한 심리측정 연구는 학교와 직장에서 실시하는 검사와 관련한 일을 오랫동안 해 오고 있다. 개인에게 실시하는 검사 결과를 바탕으로 이들을 특정 범주로 분류하고, 각 개인이 변화할 수 있는 여러 조치를 시행하지만, 학교나 직장 등의 환경에 대해서는 이러한 면밀한 조사를 시행해 본 적이 거의 없다. 또한 서구 심리치료의 대부분은 개인 우선이라는 기본 가정을 표방하고 있다. 의뢰인은 자신이 더 행복해질 수 있는 새로운 삶의 방식을 찾기 위해 자신의 내부에 집중한다. 타인에 대한 관심은 자신에 대한 관심에서 자동적으로 추측되는 것으로 가정한다(Bellah et al., 1985). 이 접근은 삶이 혼란스러운 사람에게는 도움이 된다. 하지만 개인, 가족, 공동체의 웰빙에 중요할 수 있는 회복을 위한 개인 간 자원, 공동체 자원, 그리고 사회의 자원을 간과할 수 있다. 일반적으로 개인에게만 집중하는 접근법은 자기충족감은 강조하지만 타인과의 연관성에 대해서는 거의 언급하지 않는다. 대부분의 서구 사회는 개인에게 초점을 두는 관점에 입각하여 우리 자신을 바라보는 방식의 틀을 형성한다. 개인에게 초점을 두는 관점을 강조하는 문화는 우리 사회에서 심리학이라는 학문이 사람들을 어떻게 도울 것인지와 심리학자의 역할을 개념화하는 방식에 강력한 영향을 미치고 있다.

다른 대안으로 우리는 조직, 공동체, 또는 사회의 변화가 개인의 삶의 질에 어떻게 영향을 줄 것인지를 생각할 수 있다. 개인에 기반한 연구, 검사 및 심리치료가 분명 도움이 되지만, 심리학이 지나치게 개인 중심의 도구에 의존한다면 사람을 이해하고 도울 수 있는 방식이 심각하게 제한될 수 있다. 공동체심리학은 우리가 심리학을 이행하는 방식을 확장하고자 노력한다.

미국에서의 심리학이 지금처럼 개인에게 너무 많은 초점을 두어 발달해야 할 배경을 가졌던 것은 아니다. 초창기에 두 명의 유명한 심리학자, 존 듀이(John Dewey)와 쿠르트 레빈(Kurt Lewin)은 심리학을 개인이 어떻게 사회문화적 환경과 관련되는지를 살펴보는 학문이라고 정의하였다(Sarason, 1974, 2003a). 심리학이 실제 현장에서 발전하게 된 계기는 1896년에 미국 최초의 심리 클리닉인 라이트너 위트머(Lightner Witmer)의 심리-교육 클리닉(Psycho-Educational Clinic)이 필라델피아 지역에 세워지면서 시작되었다. 위트머는 모든 아동은 학습이 가능하고, 아동 각자에 맞도록 교수 방법을 바꾸어야 한다고 주장하였다. 그는 또한 공립학교와 협력하여 일하였다. 비슷한 시기에 듀보이스(W. E. B. Du Bois)는 최초의 체계적인 사회과학 설문조사 중 하나를 수행하여, 필라델피아에서 "흑인 문제"에 대한 정의와 흑인 개인의 결핍에 초점을 맞추는 것에 이의를 제기하였다. 듀보이스는 필라델피아의 7번가(Seventh Ward)에 거주하는 다양한 아프리카계 미국인 공동체를 조사하였다. 그는 주민들이 하나의 문제가 아니라 차별과 불공평한 기회를 포함하여 다양한 사회 문제에 직면하고 있다고 결론을 내렸다(Sundquist, 1996). 시카고에서는 제인 애덤스(Jane Addams)와 동료들이 새로운 이민자의 요구에 대하여 공동체-기반 거주 정착 운동을 이끌었다. 그들은 개인의 요구를 해결하는 것뿐만 아니라 사회 연결망을 구축하고 공동체 생활에 참여하는 것에 초점을 맞추었다(Addams, 1910). 유럽에서 발생한 사건 또한 사회 환경과 관련한 개인 연구를 시작한 미국 심리학의 발달에 영향을 끼쳤다. 레빈과 마리 야호다(Marie Jahoda)는 나치 독일이 한창이던 유럽에서 도망쳐 왔다. 이들은 그들의 경험을 바탕으로 건강과 관련된 사회적 관계 및 맥락을 강조하는 새로운 연구 문제를 제안하였고, 자신들의 연구가 사회의 발달을 위해 중요한 영향력을 미칠수 있음을 보여 주었다. 초기 심리학자들과 사회과학자들이 세운 초석 덕분에 이후 공동체심리학이 형성될 수 있었다. 이러한 선례에도 불구하고, 대부분의 심리학의 실천은 주로 성인을 대상으로 하는 개인의 장애와 전문적 치료에 집중되었다.

문화적 관점에서의 심리학

대부분의 미국 심리학 연구의 역사를 살펴보면, 주로 유럽계 남성에 의해 개념화되고 연구되고 실행되었다. 여성에 관한 연구는 주로 남성의 관점을 바탕으로 한 이론틀 내에서 이루어졌다. 다른 인종과 민족적 배경을 가진 사람의 경험은 최근까지 거의 연구가 되지 않았다. 연구 결과를 모든 사람과 맥락으로 일반화하고자 한다면, 제한된 표본에서 도출된 인간의 경험은 문제가 될 수 있다. 연구 문제의 범위가 더 넓어지고 인간 경험에 대한 더 깊은 이해가 형성되기 위해서는 더 많은 여성과 더 다양한 인종이 심리학 연구를 실행하고 참여해야 한다. 7장에서 자세히 얘기하겠지만, 행동에 대한 문화의 영향, 관계의 상호 의존, 그리고 개인과 공동체의 관계에 대한 동시대의 토론은 공동체심리학에서 매우 중요하다. 인간 경험에 대한 다양성을 고려하는 문제는 심리학의 많은 분야에서 계속해서 진행되고 있다(예, Gone et al., 2017; Jagers et al., 2017; Sánchez et al., 2017; Tran & Chan, 2017).

비교문화의 관점에서 보면, 심리학의 많은 개념과 개입 방법은 어떤 문화적 이해를 바탕으로 하였는지에 따라 매우 다르게 해석할 수 있다(Gone, 2011). 개인주의 문화인 서구 사회에서 칭찬받는 높은 자존감은 집단 구성원 간의 상호 의존을 강조하는 문화에서는 지나치게 자신에게만 집중하는 것으로 보일 수 있다(Gergen, 1973). 유사하게, 자신의 삶에서 발생하는 사건이나 결과를 통제하려고 노력하는 것은 어떤 문화에서는 타인을 존중하는 것이 부족한 것으로 여겨질 수 있다. 또한 서구의 개인주의 시각에서 꺼리는 사회적 순응이 집합적 문화에서는 집단의 결속을 강화하는 중요한 행동으로 해석될 수 있다. 이 예시들은 개인주의 개념이 잘못되었다고 말하는 것이 아니라, 개념을 단순하게 보편화할 수 없다는 것을 말하는 것이다.

권력 및 통제는 특히 개인주의 사고에 영향을 받은 심리학의 개념이다(Christens, 2019; Gone, 2011; Riger, 1993). 심리학자는 자율적 개인이 자신의 상황을 통제할 수 있는지에 관심을 가져왔다. 개인주의 문화에서는 내적 통제에 대한 믿음이 심리적 적응과 관련되어 있다(Rotter, 1990). 내적 통제의 개념은 자신과 타인 간의 명확한 경계를 가진 독립적 자아를 가정한다. 이와 같은 적용은 개인주의 문화에서는 가능하지만, 비서구 문화 또는 서구 문화 중 끈끈한 혈족 공동체인 상호 의존적 문화에는 잘 들어맞지 않는다(van Uchelen, 2000). 집합주의가 더 강한 맥락에서는 개인이 통제권을 행사하려면 반드시 다른 사람과 협력해야 한다. 이것은 심리학에서 주장하는 "내적" 통제와 "외적" 통제의 개념과 일치하지 않는다. 또한 여성주의자(예, Miller, 1976; Riger,

1993)는 통제에 대한 심리학적 개념이 타인을 지배하는 것에 대한 관심이나 자신의 목표를 추구하는 것과 동일하다고 주장한다. 하지만 자신의 상황을 더 잘 통제하기 위해서 종종 협력을 추구할 수도 있다(Shapiro et al., 1996; van Uchelen, 2000).

이러한 예시들은 심리학에서 문화적 인식이 필요하다는 것을 보여 주는 소수의 쟁점에 불과하다. 공동체심리학을 포함한 많은 학문은 문화적 맥락과 사회적 맥락 내에서의 개인을 연구하는 것이 목표이다. 하지만 이 장과 다음 장에서 살펴보겠지만, 이러한 목표가 실제 상황에서 쉽게 실현되지 않는다. 공동체심리학은 주류 심리학의 한계점에 대한 대응뿐만 아니라 심리학의 확장도 표방하고 있다. 공동체심리학은 이러한 긴장 속에서 발달하였고, 지금도 이러한 긴장은 계속되고 있다. 미국에서 공동체심리학이 어떻게 발달하였는지 더잘 이해하기 위해서 우리는 20세기 중반에 발생한 사건들을 간략히 살펴보고자 한다.

공동체심리학의 형성 맥락

2차 세계 대전 이후 심리학의 성장

1930~1940년대를 지나는 동안에 전 세계 대부분의 국가는 극심한 경제 공황과 2차 세계 대전을 겪었고, 이것은 사회생활 전반에 영향을 미쳤다. 미국과 캐나다의 경우, 전쟁과 사상자는 많지 않았지만 대공황과 전쟁의 사회적 영향으로 인해 상상하지 못했던 방식으로 공동체 생활이 바뀌었다. 전례 없이 많은 여성이 돈을 벌기 위해 직업 전선에 뛰어들었다. 그들 대부분은 전쟁이 끝날 무렵에 해고되었지만, 그들의 능력은 이후 여성주의자가 활약할 수 있는 기반을 확립하고 도와주는 역할을 하였다. 흑인과 다른 유색인은 자신의 나라를 위해 봉사했고, 고향으로 돌아가서는 인종차별을 반대하였다. 반유대주의가 학계를 비롯한 여러 영역에서 공공연히 주장되었고 홀로코스트의 발발에 많은 영향을 미쳤다. 사람들의 일상에서 사회와 환경의 영향력이 중요하게 여겨지면서 이와 관련한 연구와 개입이 집중되었다.

한편, 1930~1940년대 동안에 이루어진 대규모의 개입은 효과적인 것처럼 보였다. 루즈벨트 대통령의 뉴딜 정책은 사회 안전망 구조를 만들었고, 오늘날까지 미국에서 지속되고 있다(예, 사회 보장 제도). 전쟁 후 GI Bill[1] 법안으로 세워진 사회 정책으로 많은 참전군인이 대학을 갔고, 대학도 관심을 넓혔으며, 경제적 발달의 융성에도 도움이 되었다. 비록 참전군인 중 유색인은 혜택에서 배제되었지만 말이다. 전쟁 후 세워진 캐나다 정부도 보건복지, 참전군인 연금, 노인을 위한 사회복지를 구축하였다. 정부의 정책은 개인과 공동체의 안녕을 증진하는 데 있어 적극적인 영향력을 미치는 것으로 보였다. 국가는 참전군인을 열심히 지원하였지만, 정부가 직접 할 수 없는 것이 있었다. 살아 돌아온 참전군인의 광범위한 심리적 문제에 대한 해결은 미국과 캐나다 정부가 직접 할 수 없었다. 따라서 보건복지의 측면에서 이 영역은 임상심리학을 지원하는 것으로 대응하였고, 이것이 현대 임상심리학 분야가 세워지게 된 실질적 계기가 되었다. 또한 이 대응에는 정책과 자원을 통해 사회를 개선할 수 있다는 만연한 믿음이 깔려 있었다. 유럽의 국가들도 경제적 그리고 정치적으로 협력 체제를 구축할 방법을 찾기 시작하였다. 그 결과, 유럽 연합(European Union)과 공동 화폐를 창설하였다. 많은 나라에서 인간의 욕구를 강조하고 경제적 위험이나 전쟁으로 인한 고통과 괴로움을 피하기 위한 새로운 계획을 수립하였다.

이러한 사건들이 1950~1980년대까지의 중요한 사회변화를 가져왔고, 이는 전 세계적으로 공동체심리학의 출현을 이끌었다(Riech et al., 2017). 우리는 미국에서 공동체심리학의 출현과 발달에 영향을 미친 다섯 가지 사건을 살펴볼 것이다. 이 책에서는 각 사건을 자세하게 다룰 수 없어 단순화한 측면이 있다. 더 자세한 설명은 레빈과 동료들(Levine et al., 2005)의 책을 참조하길 바란다. 이 영향력 있는 사건들은 개인 및 사회 문제에서 증가하고 있는 공동체 지향의 사고를 반영한 것이다.

- 예방적 관점에 대한 관심
- 정신건강 체계의 개선
- 집단 역학 연구와 실천행동의 발달

1) 참전군인에 대한 대학 교육 자금이나 주택 자금을 지원하는 정책이다.

- 사회변화와 해방을 위한 운동
- 사회변화 노력에 대한 낙관적 기류

이 영향력 중 일부는 미국 외 다른 나라의 공동체심리학 발달에 중요하게 작용하였다. 각 영향력의 상대적 중요성은 해당 국가가 처한 맥락에 따라 다르다. 공동체심리학이 그 자체로서 학문 분야와 실천 영역으로 인정되는 곳이 미국이므로 미국을 예시로 설명하고자 한다.

삶의 문제에 대한 예방적 관점

인류를 괴롭히는 어떤 질병도 고통받는 개인을 치료하는 것을 통해서 박멸되거나 제압되지 않았다.   (Gordon, Albee가 인용, 1996)

첫 번째 영향력은 정신건강 서비스에 대한 예방적 접근의 발달이다. 정신건강에 대한 대안적 사고를 찾기 위해 초기 공동체심리학자는 공중보건에서 그 개념을 끌어왔다. 공중보건은 질병을 치료하기보다 그것을 예방하는 것에 관심이 있다. 예방은 위생, 백신, 교육, 초기 발견 및 치료 등의 다양한 형태가 있다. 또한 공중보건은 각 개인에게만 치중하는 것이 아니라 공동체 또는 사회 전체 인구를 대상으로 하는 질병 통제 또는 예방에 초점을 맞춘다. 앞의 인용구에서 암시하듯이, 천연두와 소아마비 같은 질병 통제가 오랫동안 성공을 이룰 수 있었던 이유는 이미 질병을 앓고 있는 사람을 치료해서가 아니라 예방적 공중보건 프로그램을 실시했기 때문이다. (치료가 압도적이기는 하지만 질병을 광범위하게 통제하지는 못한다) 2차 세계 대전 이후 정신건강 서비스에 대한 요구가 커지자 몇몇 정신과 의사는 정신장애의 영역에 환경적 요인을 강조하는 공중보건의 관점을 적용하기 시작하였다. 그들은 심리적 문제에 대한 초기 개입과 함께 환자를 병동에 고립시키는 개입 방법보다는 지역사회를 기반으로 한 서비스를 주장하였다. 이에 더하여 생활 속의 문제를 예방할 수 있는 공동체의 강점을 사용할 것을 제안하였다(Caplan, 1961; Klein & Lindemann, 1961). 이 새로운 접근법은 삶의 위기 상황과 삶의 전환기가 정신장애 서비스의 예방적 개입이 필요한 시기라고 주장하였다. 정신건강 클리닉은 장애가 진행되어 완전히 발병하기를 기다리기보다 삶의 위기 상황에 대한 예방 효과를 가질 수 있도록 미연의 대처와 지원에 대한 교육을 발전시켰다.

또한 공중보건 예방 모델은 학교에서 아동의 정신건강 필요성을 주장하는 프로그램에도 적용되었다. 1953년 미주리주의 세인트루이스 지역에서 심리학자인 존 글라이드웰(John Glidewell)은 마거릿 길디(Margaret Gildea)와 함께 학교에서 아동의 행동장애를 예방하기 위한 프로그램을 학부모와 함께 만들었다(Glidewell, 1994). 1958년 뉴욕주의 로체스터 지역에서는 에모리 코언(Emory Cowen)과 동료들이 학생의 학교 부적응 초기 지표들을 찾아내어 문제가 완전히 발발하기 전에 개입할 수 있는 주요 정신건강 프로젝트(primary mental health project)를 초등학교에 실시하였다(Cowen et al., 1973). 비록 공중보건의 영역은 아니지만, 학교에서 실시한 또 다른 초기 프로그램은 주목할 만하다. 예일대학의 심리-교육 클리닉의 새러슨과 동료들은 1962년에 청소년을 위해 학교 및 다른 기관들과 협력을 시작하였다(새러슨은 앞서 언급한 위트머의 초기 클리닉에서 이 클리닉의 이름을 따왔다). 학교 직원들과 함께 일하면서 클리닉 직원들은 학교의 문화를 이해하려고 노력하였고, 청소년 발달을 증진하는 생산적 학습의 맥락을 인식하고 향상하기 위해 노력하였다. 클리닉은 단지 개인이 아닌 그 환경을 이해하고 바꾸는 것에 중점을 두었다. 이는 공동체심리학의 중요한 주제인 생태학적 접근을 취한 것으로 볼 수 있다(Sarason, 1972, 1995).

전통적 병원 치료를 주장하는 사람들은 예방적 관점에 크게 저항하였고, 예방적 관점은 근거-기반 심리학과 의학에 흡수되었다. 10장과 11장에서 살펴보겠지만, 공중보건 분야에서 일하는 사람과의 예방 협업은 지금도 계속되고 있다(Perkins & Schensul, 2017).

정신건강 체계의 개선

침상보다 환자가 더 많았고, 담요보다 환자가 더 많았다. 마치 봉건 시대 때 영주에게로 매년 돈이 다시 흘러 들어가는 것과 같았다. … 우리는 이 모든 것을 서류화하여서 주(state)의 입법 기관에 보냈는데, 거기에는 주의 모든 병원의 재정을 관리하는 특별 부서가 있었다. … 당신이 어떤 활동을 하고자 한다면, 이 사례는 좋은 결과를 어떻게 이끌어 낼 수 있는지에 대한 예시이다.

(Edgerton, 2000)

　공동체심리학의 발생을 이끈 두 번째 영향력은 미국 정신건강 관리 체계의 전반적인 변화와 관련이 있다. 이 활동은 제2차 세계 대전과 함께 시작되었고, 1960년대까지 계속되었다(Levine, 1981; Srason, 1988). 전쟁 이후 많은 참전군인이 정신적 외상을 입은 채 다시 일상으로 돌아왔다. 전쟁에 참가했던 전례 없이 많은 군인의 정신장애를 포함한 의학적 장애를 치료할 목적으로 미국은 재향군인 관리국(Veterans Administration)을 창설하였다. 캐나다에서는 이들의 요구를 다루기 위해 국립건강보조금 프로그램(National Health Grants Program)과 캐나다 재향군인부(Veterans Affairs Canada)가 설립되었다. 또한 정신건강 연구 및 훈련과 관련한 재정을 편성하기 위해서 국립정신보건원(National Institute of Mental Health)이 세워졌다. 이러한 연방 기구들은 심리학에 상당히 의존해 있었다(Kelly, 2003).

　이 사건들은 임상심리학 분야의 급속한 확장을 가져왔고 오늘날까지 그 영향력은 계속되고 있다. 임상 훈련은 대학의 심리학과 내에서 전문화된 프로그램이 되었다. 임상 기술은 주로 병원에서 가르쳤고, 환자는 주로 재향군인 관리국 병원의 성인 남성 참전군인이었다. 이와 같은 심리학의 의학적 접근은 1948년 볼더 회의에서 성문화되었다. 개인 중심 심리치료를 강조하게 된 것은 참전군인의 요구와 의학 모델 치료를 지향하는 분위기 때문이었다. 위트머와 다른 초기 심리학 클리닉에서 주장한 환경적 관점은 심리학의 발전을 위한 대안적인 길을 제시하였지만, 대부분 무시되었다(Humphreys, 1996; Sarason, 2003a).

　한편, 전쟁 이후 우리 사회는 정신건강 치료의 질에 대한 개선의 움직임이 일어나기 시작했다(Levine, 1981; Srason, 1974). 이러한 움직임은 개인의 정신건강 관련 치료를 대형 정신 병원에만 의존하는 것이 바뀌어야 한다고 요구하였다. 언론매체와 영화들이 정신 병동의 비인도적인 상황을 보도하였고, 시민 단체들이 개선을 주장하였다. 항정신성 약물의 발전으로 장기 입원의 필요성이 줄어들었고, 이는 개선의 노력을 더 촉진하였다. 지난 50여 년 동안 대부분의 선진 국가에서는 지역의 정신 병동이 상당히 줄어들었고, 많은 병원이 문을 닫았다(Kloos, 2010). 1972~1982년 사이에 덴마크, 잉글랜드, 아일랜드, 이탈리아, 스페인 및 스웨덴에서 1,000개 이상의 병상이 있는 병원이 50~80%까지 줄었다(Freeman et al., 1985). 북미와 호주에서도 상황은 비슷했다(Carling, 1995; Newton et al., 2000). 많은 대형 정신 병동이 문을 닫으면서 새로운 치료 모델이 요구되었다.

1960년대에 들어서면서 미국과 캐나다의 정신건강 관리 체계에 관한 구체적인 연구 결과는 변화의 필요성을 제안하였다. 캐나다의 정신건강협회에서 제출한 1963년 보고서 「More for the Mind」는 정신건강 관리 체계 역시 신체 질병의 처치처럼 전문적인 방식 및 유사한 자원으로 구성되어야 하며, 지역사회 기반의 서비스가 제공되어야 한다고 주장하였다(Lurie & Goldbloom, 2016). 미국에서는 정신건강에 관한 미국 연방 정부 지원의 합동위원회(Joint Commission on Mental Illness and Mental Health, 1961)가 정신건강 관리에 대한 대대적인 변화를 권고했다. 심리학자인 올비(Albee, 1959)는 당시의 여러 연구를 검토한 결과, 정신장애의 비율을 임상 전문가의 훈련 비용과 비교하였을 때 국가는 임상 치료가 필요한 모든 사람에게 충분히 훈련된 전문가를 투입하는 것이 불가능하다고 결론을 내렸다. 이에 올비와 동료들은 예방의 중요성을 주장하였다. 심리학자인 야호다는 정신장애의 개념을 오늘날의 안녕, 회복탄력성, 그리고 강점의 개념과 유사한 긍정적인 정신건강의 개념으로 정의함으로써 정신장애의 개념을 확장하려는 노력을 주도하였다. 야호다는 또한 ① 개인의 정신건강을 저해하는 조건을 확인하고, ② 이러한 조건을 예방과 사회변화를 통해 바꾸어야 한다고 주장하였다(Albee, 1995; Kelly, 2003). 하지만 합동위원회의 구성원 대다수는 결정의 마지막 순간에 개인에게 초점을 둔 전문적 치료에 전념하는 것으로 결론을 내렸다(Levine, 1981).

합동위원회의 이 보고서에 대한 조치로써 캐나다와 미국의 연방 정부는 국가적 체계의 지역사회 정신건강센터(Community Mental Health Centers: CMHCs)를 설립할 것을 제안하였다. 정신장애를 앓고 있는 여동생이 있었던 케네디 대통령의 지원과 의회, 국립정신 보건원 및 국립정신건강협회의 지지로 지역사회 정신건강센터 법안은 1963년에 통과되었다. 지역사회 정신건강센터는 전통적인 정신 병동에서의 치료가 아닌 다른 방식으로 운영되었는데, 지역사회 내에서 정신장애를 가진 사람을 위한 치료, 위기 개입과 응급 서비스, 지역사회 기관(예, 학교, 복지관, 경찰서)의 자문, 그리고 예방 프로그램이 포함되었다(Goldston, 1994; Levine, 1981). 실제로 많은 국가는 심각한 정신건강 문제를 치료하기 위해 주거 지역과 동떨어진 병원으로 가기보다 개인이 생활하는 지역사회 내에서 치료할 수 있도록 치료 방식을 바꾸기 위해 지역사회 정신건강센터를 설립하였다(Kloos, 2020). 지역사회 정신건강센터의 실천은 공동체심리학의 출현을 직접적으로 논의할 수 있는 장을 마련하였다.

집단 역학과 실천행동 연구

> 레빈은 심리학 내부에서 '적절'하다고 여기는 연구 주제에는 관심이 없었고, 흥미로운 상황을 이해하는 것에 관심이 있었다. … 레빈은 다른 사람을 창의적으로 만드는 것을 좋아했던 창의적인 사람이었다.
>
> (Zander, 1995)

미국의 공동체심리학 발달에 영향을 준 세 번째 영향력은 레빈이 처음 시행한 집단 역학과 실천행동 연구를 기반으로 하는 사회심리학에서 비롯되었다(Kelly, 2003; Marrow, 1969; Zander, 1995).

레빈은 실험실 기반의 심리학자와 시민에게 사회적 실천행동과 연구는 서로를 강화하는 방식으로 통합될 수 있음을 보여 주기 위해 많은 시간과 노력을 들였다. 그는 "좋은 이론만큼 실천적인 것은 없다."라는 주장을 한 것으로 알려져 있다(Marrow, 1969). 레빈은 사회 문제를 다루는 심리학 연구회(Society for the Psychological Study of Social Issues: SPSSI)를 만들었고, 오랫동안 미국 심리학의 중요한 역할을 하였다. 그는 1940년대에 나치 독일을 피해 미국으로 망명한 유대인으로 집단 역학 연구가 사회 및 공동체 문제 해결에 어떻게 사용될 수 있는지에 관심이 있었다.

레빈의 실천행동 연구 팀이 관여한 첫 번째 공동체 문제는 정신건강이 주제가 아니었다. 이 팀은 코네티컷 지역의 반유대주의를 감소시키는 방법을 개발해 달라는 요구를 받았고, 시민의 여론을 형성하기 시작했다(Marrow, 1969, pp. 210-211). 레빈은 실천행동 연구(action research)가 사회변화에 정보를 제공하고 공헌할 수 있다는 것을 처음으로 제안하였다. 공동체심리학의 가치와 유사하게 레빈은 연구와 실천행동을 연관시켰다. 코네티컷의 시민들은 심리학자가 반유대주의를 줄이는 논의 과정에 자신들을 참여시켜 달라고 요구하였다. 그들의 주장과 심리학자의 견해에서 차이를 발견한 레빈의 연구 팀은 집단 역학(group dynamic)에 관심을 가지게 되었다. 이는 집단에서 사람들이 타

실천행동 연구
긍정적인 사회변화를 위해 정보를 제공하고 기여하는 연구이다. 특히 참여 실천행동 연구는 협력이 본질이며, 공동체 구성원의 권력을 강화하여 연구 과정을 이끄는 적극적인 참여자가 되게 한다.

집단 역학
집단에서 사람들이 타인과 어떻게 상호작용하는지, 집단이 어떻게 형성되는지, 그리고 집단이 개인의 태도와 행동에 어떤 영향을 미치는지에 대한 연구이다.

인과 어떻게 상호작용하는지, 집단이 어떻게 형성되는지, 그리고 집단이 개인의 태도와 행동에 어떤 영향을 미치는지에 관한 연구이다. 레빈이 사망한 후, 그의 제자와 동료들은 메인주의 베델 지역에 국립훈련연구소(National Training Laboratories: NTL)를 세웠고, 여기서 전문가와 시민이 일상에서 발생하는 집단 간 또는 집단 내의 역동에 대해서 배울 수 있도록 하였다(Marrow, 1969; Zander, 1995). NTL 워크숍(오늘날도 여전히 진행된다)은 집단과 공동체에서 사용할 수 있는 기술을 익히는 데 중점을 둔다. 이것은 집단을 치료하거나 지지하는 기술이 아니며, 임상적 관점을 추구하지도 않는다. 오히려 집단 역학에 대한 사회-심리학적 관심이 중심 내용이다. 이것은 심리학에서 주장하는 개인주의 및 실험실 중심 개념과는 반대되지만, 전문가와 시민의 협동적 파트너십과 관련된 또 다른 접근법이다.

초기 몇몇의 공동체심리학자(Don Klein, Jack Glidewell, Will Edgerton)는 NTL에서 일했다. 이를 통해 집단 역학과 실천행동 연구의 전통은 웰빙의 증진과 사회 문제 해결 방법에 대한 새로운 사고방식을 이끌면서 예방 및 지역사회 정신건강과 연결되었다(Edgerton, 2000; Glidewell, 1994; Klein, 1995). 시민과의 협력을 바탕으로 실천행동을 연구한 레빈의 방식은 오늘날 공동체심리학 연구의 전신이 되었다. 공동체심리학의 초기의 전형적인 세팅에서는 인간관계와 집단 과정을 중요하게 다루었다.

사회변화와 해방을 위한 움직임

> 나는 변화가 없었다고 말하려는 것이 아니다. 그 모든 변화는 투쟁의 결과로 쟁취했다고 말하는 것이다. 권력 구조는 누구에게도 어떤 것도 주지 않는다.
>
> Modjeska Monteith Simkins (Robbins, 2014, p. 13)

공동체심리학의 발달에 영향을 준 네 번째 영향력은 사회변화와 해방을 위한 움직임과 관련되어 있다. 이것은 공동체심리학의 형성뿐만 아니라, 이후의 발전에도 영향을 주었다. 1960년대 미국의 공동체심리학을 살펴보면, 시민권과 여성 운동이 직접적으로 심리학에 영향을 미쳤지만, 평화, 환경, 빈곤 퇴치, 그리고 게이의 권리 운동 역시 중요한 역할을 하였다. 이러한 움직임의 역

사적 기원은 좀 더 과거로 거슬러 올라갈 수 있지만, 대중의 관심을 받게 된
것은 1960년대부터였고 1970년 초반에 이르러 많은 사람이 관심을 가지게 되
면서 전 국민이 지켜보는 쟁점이 되었다. 공동체심리학을 비롯한 여러 학문
은 이러한 쟁점에 대응해야 하는 과제를 안고 있다. 2010년대, 그리고 2020년
대에 진입하면서 전 세계에서 발생하는 활동 또는 붕괴는 변화에 대한 도전과
요구가 다시 일어나고 있음을 보여 준다.

이와 같은 사회 운동의 중심에는 몇 가지 공통점이 있었다(Kelly, 1990;
Wilson et al., 2003). 첫 번째는 백인과 유색인, 남성과 여성, 전문가와 시민, 이
성애자와 동성애자, 그리고 지배자와 피지배자 사이의 위계적이고 불평등한
역할 관계의 변화였다. 젊은이들이 리더십을 자처하면서 인종분리 반대에 동
참하고, 남부를 휩쓸고 있는 자유의 기수(Freedom Rides)에 참여하고, 반전 운
동을 주도하며, 1970년대에 지구의 날(First Earth Day)을 조직하였다. 이러한
움직임들의 공통된 가치는 공동체심리학의 핵심 가치 중 사회정의, 시민참여,
다양성 존중의 가치와 잘 부합한다(Wilson et al., 2003).

두 번째 공통점은 지역사회 수준에서의 사회 활동과 국가적 수준에서의 사
회 활동의 연결을 시도한다는 것이다. 각 운동의 옹호자는 지역 공동체에서
변화를 추구할 뿐만 아니라 전국적인 변화도 이끌려고 시도하였다. "세계적
으로 생각하고, 지역에서 활동하라."라는 말은 친숙한 문장이 되었다. 이러
한 움직임은 1장에서 언급했던 생태학적 모델의 각 수준에서 이루어지는 변
화를 지지하였다. 예를 들면, 시민 권리 운동을 하는 다양한 집단은 서로 다
른 접근법을 사용하였다. 전미 흑인지위향상협회(National Association for the
Advancement of Colored People: NAACP)는 오랫동안 정책 연구와 법적 변호
를 위해 일했다. 다른 기관들은 대중매체의 관심을 이용하여 제한된 시간 내
에 대중 시위를 하는 지역사회-동원 접근법을 사용하였다[(예, Freedom Rides,
Birmingham and Selma Campaigns, the March on Washington)]. 유명하지는 않
지만 오랫동안 공동체 변화를 주도해 왔던 사람들은 투표 등의 다른 목표를
위해 공동체 조직화를 장기간 이어 갔다(Lewis, 1998). 앨라 베이커(Ella Baker),
셉티마 클라크(Septima Clark), 패니 루 해머(Fannie Lou Hammer), 그리고 모제
스카 몬테이스 심킨스(Modjeska Monteith Simkins)를 포함한 여성들은 이 활동
에서 중요한 지도자였다(Collier-Thomas & Franklin, 2001). 이들의 옹호는 사

회 갈등을 전 국민에게 알리려는 국영 방송의 신흥 세력과 뜻을 함께하며 협력하였다. 이로써 인종차별과 성차별의 존재를 더 이상 부정하기 힘들어졌다(Wilson et al., 2003).

시민권   몇몇의 심리학자는 시민 운동에서 정책과 관련된 일을 맡았다. 1954년 대법원이 학교 분리 철폐 결정을 내리는 계기가 되었던 "브라운 대 교육위원회"의 재판은 아프리카계 미국인 심리학자인 클락 부부의 연구를 인용하였다. 클락 부인의 석사 논문을 기초로 한 이들의 연구는 자존감을 측정하기 위하여 아프리카계 미국인 아동과 유럽계 미국인 아동에게 피부색을 달리한 인형에 대한 반응을 비교한 것이었다. 클락과 SPSSI 소속 관계자들의 법정 진술을 포함한 주장 및 연구는 학교의 차별적 분리에 반대하는 NAACP의 소송에 중요한 역할을 하였다(예, Clark, 1953; Clark et al., 1952/2004). 하지만 심리전문가협회의 반응은 혼재되면서 일부 심리학자는 인종분리 정책을 지키기 위해 노력하였다. 클락은 이후 1954년 대법원 결정을 이끌었던 사회과학 분야에서의 옹호만으로 미국 사회의 인종차별이 사라졌다고 생각하기에는 차별의 역사적 깊이를 과소 평가한 것이었다고 회고하였다(Benjamin & Crouse, 2002).

여성주의   여성주의 운동은 공동체심리학의 목표와 많은 부분이 일치하고, 계속해서 공동체심리학의 발달에 기여하고 있다(Gridley & Turner, 2010; Riger, 2017). 1968년 심리학자 나오미 웨이스타인(Naomi Weisstein)은 "심리학이 여성을 잘 정의하고 있는가? 아니면 남성 심리학자의 환상인가?(Psychology constructs the female: Or the fantasy life of the male psychologist)"라는 제목의 연설을 하였다(Weisstein, 1971/1993). 웨이스타인의 연설은 "지진… 심리학의 기저를 흔들었다."(Riger, Kelly, 2003에서 인용)라고 평가되면서 공동체심리학과 여성학의 많은 여성 연구자에게 각인된 사건이다. 웨이스타인은 여성을 배제하거나 철저하게 남성의 시각에서 반영된 수십 년 간의 심리학 연구 결과들이 여성에 대하여 제대로 알고 있었는지에 의문을 제기하였다. 더욱이 그녀는 ① 선택과 행동을 형성하는 사회적 맥락의 중요성과 ② 그 맥락이 여성의 선택을 어떻게 제한하는지를 강조하였다. 그녀의 비평은 여성학의 근본 이론 중 하나가 되었고, 공동체심리학을 포함한 많은 영역의 개념과 방법론을 바꾸어

흑인 시민권과 여성주의를 포함한 1960~1970년대의 사회변화 운동은 공동체심리학의 목표와 가치에 큰 영향을 끼쳤다.
출처: Forty3Zero/Shutterstock.com

놓았다. 또한 웨이스타인과 동료들은 그들의 지역사회에서 여성 운동 활동가로 활약하면서 여성의 권력을 지지하기 위한 환경을 만들고 사회변화를 주장하였다(Dan et al., 2003). 여성주의와 공동체심리학 사이에는 실질적인 공통 가치가 존재하였지만, 여성주의는 위험을 감수하고자 하는 사회 운동으로 일어난 반면(Gridley et al., 2017; Mulvey, 1988), 공동체심리학은 학문 분야로서 시작되었다는 차이점이 있다.

　1960년대의 사회변화 운동이 진전됨에 따라 많은 심리학자는 시민과 공동체 실천행동이 여러 영역에서 사회변화를 가져오기 위해 필요하고, 이를 위한 심리학의 역할이 있다고 확신하였다(Bennett et al., 1966; Kelly, 1990; Sarason, 1974; Walsh, 1987). 1장에서 언급한 것처럼, 1967년 마틴 루터 킹 목사는 미국심리학회 연설에서 심리학자에게 아프리카계 미국인을 위한 청년 발달, 시민 리더십, 그리고 사회적 실천행동을 연구하고 촉진할 것을 요구하였다(King, 1968). 하지만 사회 문제와 관련한 심리학 비전은 그 당시에 광범위하게 지지받지 못하였다. 킹 목사의 연설은 미국심리학회 지도자들이 반대하였지만, 클락 등의 활동적인 심리학자에 의해 진행되었다(Pickren & Tomes, 2002).

낙관적 기류

우리는 역사상 가장 큰 전쟁에서 승리했다. 우리는 오래전부터 시작했고, 전방위로 활약하였다. 이것을 해냈다면 우리는 인종, 가난 등의 미국의 사회 문제를 포함하여 모든 것을 해결할 수 있을 것이다. 이는 낙관적인 감정이었다. … 메시아의 열정 … 우리는 우리가 세상을 변화시킬 수 있다고 믿었고 변화시키고 있다고 느꼈다.

사회 문제를 해결할 때는 냉철해야 한다. 전쟁에서 이기기 위해서는 사람을 죽이고, 건물을 파괴해야 한다. 사회 문제를 해결하기 위해 당신은 무언가를 건설하고, 무언가를 만들어야 한다.

(Glidewell, 1994)

글라이드웰(Glidewell, 1994)의 언급은 다섯 번째 영향력을 묘사하고 있으며, 이 영향력은 앞서 제시한 영향력들을 위한 근원적 지지를 제공한다. 이것은 사회 문제의 해결점을 찾을 수 있는 능력에 대한 낙관주의를 의미한다. 사회변화에 대한 낙관주의는 미국의 진보적 사회 규범의 일부로 생각되어 왔고 (Kelly, 1990; Levine & Levine, 1992; Sarason, 1994), 미국에서의 공동체심리학 출현을 뒷받침하였다. 1965년 린든 존슨(Lyndon Johnson) 대통령 행정부는 가난과의 전쟁으로 잘 알려진 연방 지원책인 그레이트 소사이어티(Great Society) 프로그램을 시작하였다. 이 프로그램에는 헤드스타트, 직업 훈련과 고용 프로그램, 그리고 지역 공동체 실천행동 기구와 같은 교육 계획들이 포함되었다. 이 계획에 대한 연방 기금은 심리학을 포함한 사회과학 분야로 흘러들었는데, 이는 사회과학을 사회적 문제를 풀 수 있는 과학적 해법으로 보았기 때문이다. 이 관점은 2차 세계 대전, 냉전 시대, 그리고 우주 프로그램의 경험에 기반하여 과학과 첨단 기술로 문제를 해결할 수 있다는 믿음에서 비롯되었다.

1970년대를 지나면서 사회과학이 사회변화를 효율적으로 대처할 수 있다고 인식되었던 것처럼, 현대에 이르러 사회변화의 가능성에 대한 여러 다른 관점이 널리 인식되고 있다. 비록 여전히 치료가 더 보편적이기는 하지만, 예방 역시 이제는 심리학에서 적법한 절차로 간주되고 있다. 사람들은 정신건강 체계가 병원뿐만 아니라 다양한 서비스를 제공할 것이라고 기대한다. 여전히 여성과 소외집단에 대한 불평등 사례는 보고되고 있지만, 많은 조직에서 그러한 배척이 일어나지 않아야 한다고 여긴다. 역사적이고 사회적인 영향력은 어디서 발생하든지 공동체심리학의 발달을 계속해서 만들어 가고 있다[예, 탈식민주의 실천, 경제 상황, 미투(Me Too) 운동, 블랙 라이브스 매터(Black Lives Matter)]. 이후의 장에서 살펴보겠지만, 건강, 웰빙, 그리고 기회를 제한하는 사회적 부당함에 대한 관심은 새로운 사회변화 계획의 필요성을 제안한다. 이러한 변화를 이루기 위한 사회적 실천행동과 시민의 축적된 공헌을 구조화하려는 현재의 노력은 앞선 글라이드웰의 말처럼 변화의 가능성에 대한 신념이 더 강력해진 것이라고 할 수 있다.

당신의 생각은?

1. 지금까지 제시한 사회적 영향력 중 오늘날에도 여전히 심리학에 영향을 주는 것은 어떤 것인가?
2. 사회적 영향력과 그 당시의 사건들은 현재 우리가 문제를 정의하고 다루는 것에 어떤 영향을 주는가?
3. 심리학이 현실에 실행되는 방식을 형성하는 데 정부와 시민의 역할은 무엇인가?
4. 공동체심리학을 포함한 심리학이 현재 우리 삶의 문제에 대처하기 위해서는 어떻게 변화해야 하는가?

공동체심리학: 정체성 발달

새로운 분야로서 공동체심리학은 임상심리학, 사회심리학, 사회학, 지역사회 정신건강 등의 다른 영역들과 차별성을 가진다. 관점의 전환을 표방하는 신생 영역으로서 공동체심리학은 개인의 웰빙을 더 높은 분석 수준과 연결하는 새로운 개념적 틀을 발달시켜야 했다. 이것은 연구와 개입을 수행하는 새로운 방식을 제시해야 함을 의미했고, 사회정의와 공동체-수준의 변화에 대한 합의된 관심은 이러한 방향으로 발달하는 데 도움이 되었다. 공동체심리학은 점차 개입의 영역을 넓혀 나갔고, 개인 수준의 변화만 주목하는 것은 더 이상 하지 않았다. 빈곤, 자원의 접근성 부족, 그리고 조직의 기능 등은 개입이 필요한 중요한 지점으로 생각하였다. 공동체심리학은 스스로의 정체성을 발달시키는 동시에 새로운 방식의 문제 정의 및 새로운 종류의 개입법을 제안하였다.

스왐스컷 회의

1965년 5월, 39명의 심리학자가 매사추세츠주의 스왐스컷(Swampscott)에 모였다. 이 회의의 목적은 지역사회 정신건강센터 체계에서 새로운 역할을 해야 할 심리학자를 어떻게 훈련할 것인지를 논의하는 것이었다(Bennett et al., 1966). 이들 대부분은 스스로를 비전형적 심리학자라고 지칭했는데, 그 이유는 그들이 공동체 활동에 관여하기 시작하면서 자신들의 관심과 기술이 변하였기 때문이었다(Bennett et al., 1966). 개인에게 초점을 두는 전통적인 개입법으로는 그들이 원하는 일을 수행하기에 더 이상 충분하지 않았다. 이들은 학술 연구자, 정신건강 전문가, 그리고 시민 간의 새로운 연결망을 주장하였다. 지역사회 정신건강을 위한 훈련 모델을 만들기 위해 모였던 스왐스컷 회의에서 이들은 미국에서의 공동체심리학이라는 새롭고 더 광범위한 학문 분야를 설립하였다.

이 새로운 학문 분야는 "복잡한 상호작용으로 이루어지는 사회 시스템과 개인의 행동을 연결하는 심리적 과정"에 초점을 두고자 하였다(Bennett et al., 1966, p. 7). 그리고 활동 영역도 정신건강 문제 또는 정신건강 관련 세팅으로 제한하지 않았고, 지역사회 정신건강과는 차별화하기를 원했다. 비록 이 두 영역이 겹치기는 하지만 말이다.

이 회의에 참여한 심리학자들은 심리학을 실천하는 다른 방식을 분명히 밝히면서 공동체심리학자의 역할을 참여자-개념화자(participant-conceptualizer)로 정의하는 것에 동의하였다. 즉, 공동체심리학자는 공동체를 변화시키는 데 주체적 역할을 함과 동시에 공동체 구성원과 변화 노력을 함께하는 파트너의 역할을 한다는 것을 뜻한다. 참여자-개념화자는 전문가로서의 자신의 기술을 공동체 구성원과의 파트너십의 일환으로 연구와 개입에 사용한다. 이 회의에

참여자-개념화자
공동체심리학자의 중요한 역할을 설명하는 개념으로, 연구 및 개입 방법에 그들의 전문지식을 기여하여 공동체 구성원과의 협력을 통해 긍정적 사회변화를 창출하는 사람을 일컫는다.

서 개인 수준 이상의 웰빙을 촉진하기 위해 새로운 역할과 활동을 논의하였는데, 그러한 활동에는 학교와 공동체 기관의 자문, 예방 프로그램 개발, 공동체 및 사회변화를 위한 옹호, 시민과의 협력 등이 있었다. 이들은 공동체심리학자로서 임상심리학의 활동(예, 평가, 검사, 치료)과 구별되는 새로운 방식의 활동을 제안하였다는 것을 주목하라. 또한 사회 쟁점의 다면적인 속성을 다루기 위해 다른 사회과학 및 건강 영역과 다학제적 협력을 요구하였다. 더하여 사회 문제가 관여된 복잡한 공동체 역학에 부딪힐 경우, 공동체 기반 파트너십 상황에서의 겸손을 강조하였다(Bennett et al., 1966). 이 회의에 참석했던 사람들은 그동안 기존의 전통적 학문 환경 및 임상적 환경에서 고립되는 것을 느꼈는데, 비슷한 비전과 가치를 가진 동료들을 찾은 것에 기뻐했다. "우리는 서로를 찾았다."라는 말에 그 회의에 참석한 사람 모두가 동의하였고 새로운 학문 영역의 형성에 동력을 제공하였다(Klein, 1987).

공동체심리학의 설립

미국과 캐나다의 공동체심리학은 독특한 정체성을 가지면서 지역사회 정신건강과는 다른 방식으로 점차 발전하였다. 1970년대에는 공동체심리학자들이 공동체심리학의 설립과 발전에 필요한 많은 협약과 협정을 만들었다. 여기에는 공동체심리학의 연구와 개입을 지원받기 위한 훈련 프로그램과 연방 정부의 계획들이 포함되었다(Rappaport, 1977a). 많은 대학이 이 시기에 확장되고 있었고, 공동체심리학은 대중 여론에 불거진 사회적 문제를 해결하는 데 도움이 될 수 있는 학문이 되었다. 공동체심리학을 가르칠 교재가 집필되었고, 이것은 공동체심리학의 정체성을 형성하는 데 도움을 주었다(Heller & Monaham 1977; Levine & Perkins, 1987; Rappaport, 1977a). 새로운 분야인 공동체심리학의 연구와 개입의 관점이 당시의 심리학 학술지에서 모두 받아들여지거나 이해된 것은 아니었다. 그래서 1973년에 두 개의 새로운 학술지—『미국 공동체심리학 학술지(American Journal of Community Psychology: AJCP)』와 『공동체심리학 학술지(Journal of Community Psychology: JCP)』—가 창간되었고, 이 학술지들은 공동체심리학의 연구, 이론 및 실천행동의 발달에 대한 기록으로서 지금도 그 역할을 수행하고 있다.

미국에서 공동체심리학이 형성되던 이 시기 동안 공동체심리학의 초석이 되는 몇 가지 주요 개념틀과 명확한 가치가 제안되었다. 첫째, 당시 공동체심리학자는 새로운 관점의 비전과 일치하는 새로운 방향을 정리하는 데 어려움을 겪고 있었다. 코웬(Cowen, 1973)의 「심리학 연간 보고서(Annual Review of Psychology)」에 발표한 "사회 및 공동체 개입법"을 살펴보면, 지역사회 정신건강 연구 논문 중 예방이 주제인 것은 3%가 되지 않았다. 그럼에도 불구하고, 그는 심리학에서 공중보건 관점의 초기 적용을 기대할 수 있는 예방에 중점을 둘 것을 촉구했다. 코웬은 개입의 수, 특히 아동과 청소년 발달을 다루는 개입의 수를 확인하고, 사회의 소외 집단과 지역 시민과의 협력을 강조하였다. 이는 10장과 11장에서 살펴볼 것이다. 둘째, 제임스 켈리(James Kelly), 에디슨 트리켓(Edison Trickett) 및 동료들은 생태학적 개념을 사용하면 개인의 대처와 적응이 서로 다른 심리사회적 특성을 가진 사회적 환경(예, 학교)에서 어떻게 달라지는지를 더 잘 이해할 수 있다고 제안하였다(Kelly, 1979; Trickett et al., 1972). 이 접근법은 환경과 개인이 어떻게 서로 엮여 있는지를 이해하는 것으로, 이것에 대한 자세한 설명은 5장에서 다룬다. 셋째, 새러슨(Sarason, 1974)은 『심리적 공동체 의식(The psychological sense of community)』이라는 이 분야의 또 다른 초기 비평서를 출간하였다. 그는 공동체심리학이 정신건강 서비스에서 개인 중심의 관점을 버리고 '심리적 공동체 의식'이라는 더 넓은 개념을 끌어안아야 한다고 제안하였다. 즉, 공동체심리학은 단순히 개인의 심리적 적응보다 반드시 개인과 개인이 속한 공동체의 관계를 광범위하게 살펴야 한다는 것이며, 이러한 그의 주장은 6장에서 논의한다.

넷째, 라파포트(Rappaprot, 1977a)는 공동체심리학 분야가 연구와 사회 실천행동의 지침이 되는 가치에 관심을 집중할 필요가 있다고 주장하였다. 그는 이 분야의 발전 초기 10년을 정리하면서 공동체심리학의 가치인 사회 문제의 경험적 연구에 필요한 개념으로써 다양성, 협력, 결핍이 아닌 강점, 그리고 사회정의의 가치를 제안하였다. 몇 년 후, 라파포트(Rappaport, 1981)는 이러한 생각을 확장하여 공동체의 자기-결정과 권력강화를 강조하는 것이 예방을 위한 공동체심리학의 핵심이라고 주장하였다(8장 참조). 마지막으로 도렌웬드(Dohrenwend, 1978)는 공동체 연구와 실천행동을 위한 기구(Society for Community Research and Action)의 의장 취임사에서 스트레스와 대처의 생태학 모델에 대한 개념틀을 제안하였다. 이 모델은 공동체심리학의 많은 주제를 통합하고 개입을 위한 지침을 제공하였다(9장 참조). 이러한 많은 개념이 이제는 익숙한 것들이지만 그 당시에는 신선하고 혁신적이었다. 이러한 발전은 공동체심리학자가 공동체심리학 영역을 정의하고 핵심 가치를 분명히 하는 데 결정적인 도움이 되었다.

변화하는 사회 맥락에서의 공동체심리학

공동체심리학은 자신만의 독특한 정체성을 발달시키면서 사회적 · 정치적 맥락의 변화에도 대처하였다. 공동체심리학의 태동에 도움을 주었던 1960~1970년대의 맥락과 상황들은 1980년에 들어서면서 변화가 생기기 시작하였다. 이러한 변화는 공동체심리학자가 변화하는 사회에 공동체심리학을 어떻게 관련시킬지, 그리고 그러한 변화에 어떻게 적응할지를 고민하게 하였다. 호주, 영국, 캐나다, 독일, 뉴질랜드, 그리고 미국을 포함한 공동체심리학의 활동이 활발했던 국가는 1980년대에 들어서면서 사회적으로 보수화되었다. 비록 시간이 지나면서 진보와 보수의 정의에 대한 관점이 변하기는 했지만, 각 국가는 진보의 정체성이 더 뚜렷한 대표를 선출하거나 아니면 보수의 정체성이 더 드러나는 대표를 뽑았다. 이 절에서는 경제적, 정치적, 사회적으로 계속되는 영향력이 어떻게 현재의 공동체심리학을 형성시켰는지 살펴볼 것이다.

사회 문제를 개인 수준으로 개념화하는 사회로의 이동

1980년대 미국은 공동체심리학의 설립에 도움이 되었던 사회 문제에 대한 공동체-사회적 관점이 강력한 생의학적 관점으로 대체되었다. 정치학 · 의학 · 과학 분야의 국제적 논의가 변화됨에 따라 문제 정의 방식, 중요 문제 선정, 그리고 기금이 필요한 개입에 대한 지원도 바뀌었다. 이에 따라 문제를 바라보는 관점과 문제에 개입하는 방식은 개인 수준에서 더 많이 활성화되었다. 생태학적 관점에서 생의학적 관점으로 전환된 결정적인 이유는 부분적으로 생의학적 연구 및 치료의 획기적인 발달에서 비롯된 것도 있지만, 한편으로는 사회적 영향력의 결과 때문이기도 하였다. 사회와 정부가 좀 더 보수화될수록 기금 지원 기관들은 심리학 연구가 정신장애를 사회적 원인보다 생의학적 원인으로 간주할 것을 요구하였고, 연구자의 관심은 자연히 그 방향으로 옮겨 갔다(Humphreys & Rappaport, 1993).

미국 연방 정부의 관심 또한 바뀌었다. 1960~1970년대의 진보적 시대에는 정신건강의 사회적 요인이 강조되었다. 하지만 1980년대 들어서면서 레이건 대통령은 마약과의 전쟁을 선포하였고, 약물남용의 원인을 유전자, 질병 및 의지와 같은 개인 내적 변인에서 찾기 시작하였다. 또한 정신건강의 사회적 요인에 대한 관심과 지원이 멀어지면서 경찰이 개입하여 환자를 감옥으로 보내 버리는 상황도 빈번해졌다. 연방 정부의 수감자 수는 레이건 정부를 거치면서 2배가 되었고, 이 중 마약 사범이 가장 높은 증가율을 보였다(Humphreys & Rappaport, 1993).

이런 방식으로 사회 문제를 정의하고 개입 중요도의 우선순위를 정하는 사회적 영향력에 발맞추어 학문적 연구도 그 추세를 따라갔다. 1981~1992년 동안 심리학 학술지에 게재된 약물남용과 성격의 관련성에 관한 논문은 170여 개인 반면, 약물남용과 빈곤의 관계에 대한 논문은 단 3편뿐이었다. 이처럼 노숙자 연구에 대한 연방 정부의 주된 기금은 주택도시 개발부(Department Housing and Urban Development)가 아니라 음주/약물남용정신건강청(Alcohol, Drug Abuse, and Mental Health Administration)에서 제공하였다. 그러다 보니 노숙자 문제에 관한 연구는 모든 노숙자에게 도움을 줄 수 있는 가용 주택과 고용보다는 약물남용과 정신장애를 가진 노숙자에게 집중되었다(Humphreys & Rappaport, 1993; Shimm, 1992).

빈곤 아동의 비율은 1960년대 이후 점점 감소하다가, 1970년대에는 거의 정체되었고, 1980년 이후로 다시 높아졌다. 유사하게 노숙자에 대한 문제도 1980년대에 미국 사회의 주된 문제로 떠올랐다. 공동체심리학의 실질적 실천은 정신건강에 대한 개입보다 이러한 쟁점을 다루는 것으로 초점이 옮겨 가기 시작하였다(Levine, Perkins, & Perkins, 2005).

적어도 미국 사회에서 이러한 보수적 시기는 강도의 변화와 집권당의 변화는 있었지만 21세기까지 지속되었다. 정치의 변화는 공동체심리학 입장에서 도전과 기회가 되었다. 많은 시민과 여론 주도층은 복잡한 사회 · 경제적 힘이 개인의 삶에 미치는 영향력을 인식하지 못하였다. 선출직 공무원은 정부를 의심하는 많은 유권자와 맞닥뜨리면서 세금을 삭감하고 공동체 및 사회 프로그램을 위한 많은 기금을 없애 버렸다. 공동체 프로그램은 개인과 가족의 변화를 돕는 것에 집중하는 추세가 증가하였고, 미시체계 수준의 분석을 더 높은 분석 수준보다 강조하였다. 예를 들면, 자조 집단과 영적 소모임(정부 기금에 의존하지 않는)은 급증하였지만(Kessler et al., 1997; Wuthnow, 1994), 종합적이고 통합된 정신건강 체계는 그렇지 못했다(New Freedom Commission on Mental Health, 2003). 사회적으로 보수적이지 않은 문제들도 역시 지원받기 어려웠다. 성적인 것과 관련한 지역사회 프로그램(예, 10대의 임신, HIV 예방 또는 성적 지향)은 특히 논란이 되었다.

운동으로서의 세계화 출현

일부 사람들은 세계화, 특히 경제 무역의 세계화는 21세기 초 삶의 질을 증가시키는 전략이 될 것이라고 예고하였다. 1990년대 후반과 2000년대 초, 세계화를 지지하는 사람들은 더 자유롭게 시장에 접근하게 되면 이와 관련한 모든 사람의 웰빙이 증가할 것이라는 전제를 바탕으로 자유 무역의 활성화를 위해 국가 간 연계를 결성하는 데 집중하였다. 서구 민주주의는 전 세계의 민주주의 운동을 촉진하였고, 몇몇 독재자와 전체주의 국가는 정권이 무너지면서 새로운 민주주의 운동으로 대체되었다. 하지만 세계화는 부정적인 결과도 초래하였는데, 이는 무시되고 간과되었다. 2008년 전 세계의 경제 위기는 1930년대 대공황 이후에 가장 크게 몰아닥쳤고, 많은 국가에 영향을 미쳤다. 이들 국가는 침체 위기와 국가 긴축의 여파로 사회 문제 해결을 위한 과거의 방식이 적절한가에 대한 의문을 제기하였다. 개발도상국에 해당하는 글로벌사우스(Global South; 예, 아프리카, 남아메리카, 아시아 일부) 국가의 비평가들이 지적한 것은 세계화가 산업 선진국이 위치한 글로벌노스(Global North; 예, 유럽, 북아메리카, 일본, 대한민국) 국가의 목적에는 부합하지만 글로벌사우스의 국민과 자원을 착취했다는 것이다. 글로벌사우스의 많은 국가에 남아있는 이전의 식민지 정책으로 인해 이들 국가의 발전이 제한되었기 때문에 이러한 정책과 관행을 탈피하려는 새로운 노력이 촉구되었다. 2010년대에는 전 세계의 부와 기회의 불평등에 대한 인식이 증가하면서 현상황에 대한 불만과 이 정책들의 수혜자가 누구인가에 대한 의문이 발생하기 시작하였다. 이러한 경제변화와 세계 연결망의 증가를 바탕으로 전쟁, 테러, 또는 경제적 박탈로 인해 다른 곳으로 이주하는 사람들의 대규모 이동 현상이 나타났고, 이는 많은 나라에서 사회 안전망의 중요성을 부각하는 결과로 이어졌다. 억압적 상황을 피해 이주한 사람의 대다수는 이동한 곳에서 인종, 민족, 또는 문화적 소외 집단이 되었다. 동시에 전통적인 매체 및 소셜미디어 플랫폼의 변화로 인해 차별, 학대, 경찰이 연루된 총격 및 선정적인 범죄 등은 더 눈에 띄게 되었다. 일부 매체는 불안과 불신을 조장하였다. 이민자에 대한 사회적 스트레스, 사회 불평등 및 인종/민족/성에 대한 문화적 긴장이 증가할수록 폭력과 차별행동 또한 증가하였다. 2010년대에 공동체심리학자는 사회 불평등을 해결하고(Evans et al., 2017), 반인종주의 정책을 추진하고(David et al., 2019), 탈식민지 비평을 그들의 강의, 연구 및 실천에 통합하기 위해(Dutta, 2018; Seedat & Suffla, 2017) 더 선명한 노력을 시작하였다.

진보적 시대와 보수적 시대에서 사회의 쟁점 정의하기

우리가 사회 문제를 어떻게 정의하는가는 우리가 그것을 어떻게 해결할 것인지에 대한 지침을 제공한다. 공동체심리학자이자 사회학자인 레빈과 레빈(Levine & Levine, 1970, 1992)은 미국에서 사회적이고 정치적인 영향력이 문제 정의, 사회 문제에 대한 대중의 믿음, 그리고 도움을 위한 서비스 제공 방식을 어떻게 형성하였는지에 관한 유명한 역사적 분석(historical analysis)[2]을 실시하였다. 그들의 분석 작업은 20세기 초의 아동과 가족에 대한 서비스에 관심이 있었지만, 이 분석은 또한 공동체심리학의 역사에서 볼 수 있는 몇 가지 추이를 보여 준다.

레빈과 레빈(Levine & Levine, 1992)은 간단한 가설을 제안하였다. 사회적 · 정치적으로 더 진보의 시대에는 인간의 문제를 환경적 용어(예, 공동체 또는 사회)로 개념화하는 경향을 보일 것이라고 가정하였다. 진보적 시대에는 가능성에 대한 낙관주의가 우세하기 때문에 사회 문제를 지역 또는 사회적 분석 수

---

2) 과거의 자료나 기록을 이용하여 전반적인 추세나 관련성을 분석하는 것

준(예, 정부 프로그램, 공동체 조직화)의 개입으로 다루려고 한다. 이 관점을 이해할 때 유의할 것은 "진보적"이라는 의미는 사회적으로 해결해야 할 문제를 정의하는 방식이지 특정 정치 정당과 관련되는 것은 아니라는 점이다. 진보적 사회 권력이 우세할 때는 빈곤, 약물남용, 범죄, 폭력 등에 대한 문제를 정의할 때 사회적 원인에 우선적으로 초점을 맞춘다. 그러므로 공동체 또는 사회적 분석 수준에서의 개입 노력은 적절한 대처로 인식된다. 이 관점에서 보면 개인과 가족의 웰빙은 개인의 상황 및 자원의 접근성을 향상하고 그들의 삶에 더 많은 자유와 선택을 제공하는 것이 최상의 해결 방법이다. 모든 정치적 진보 세력이 환경적 관점을 취하지는 않겠지만, 진보적 사회 권력이 더 우세한 사회에서는 다른 정치 정당을 지지하는 시민도 사회적 개입 프로그램을 더 지지할 것이다.

정치적으로 보수적인 사회 권력이 더 영향력이 있는 시대에는 같은 문제를 개인의 원인을 강조하는 개인적 용어로 개념화하고 개인의 분석을 강조할 것이다. 더 보수적인 관점에서는 문제를 개인의 생물학적, 심리학적, 또는 도덕적 특성으로 규정한다. 개인의 결함은 개인의 변화와 개선으로 치료될 수 있는 개입이 강조되어 프로그램은 개인(그리고 아마도 가족)을 변화시키도록 설계된다. 이 관점에서는 환경적 상황에 대처하기 위한 개인의 능력이 향상되면 사회 문제를 충분히 해결할 수 있다고 가정한다. 앞서 언급한 것처럼, 보수의 시대도 특정 정치 정당과 일치시킬 필요는 없지만, 개인 수준의 변화가 사회의 변화보다 더 중요하다는 믿음과 사회 문제 감소에 대한 비관적 생각이 지배적이다. 물론 모든 보수 권력이 모든 사회 문제를 개인에게 초점을 맞추는 관점을 지지하는 것은 아니지만 사회 전반의 보수적 시류는 그러한 생각을 강화하는 경향이 있다.

사회적 영향력은 공동체가 사회 문제를 어떻게 정의하고, 어떻게 다루는지에 영향을 준다. 또한 어떤 연구가 실행할 가치가 있는지(그리고 기금 지원을 받을 수 있는지)도 규정한다. 앞서 말한 것처럼, 미국의 공동체심리학은 사회 문제의 원인이 사회적이고 경제적인 것에 있다고 강조하는 진보적 시대인 1960년대에 발달하기 시작하였다. 하지만 1980년대에 접어들면서 정신건강, 약물남용, 노숙자 등의 문제 원인을 개인에게 두고 이를 다루는 연구에 대부분의 기금이 지원되었다. 여성에 대한 폭력을 해결하기 위한 법률 및 조직의 관행 변화는 진보적 시대에 제안되었고, 대인 폭력 또는 정신과적 진단에서 유전의 취약성을 찾으려는 노력은 보수적 시대에 이루어졌다. 심리학 연구와 실천은 그러한 사회정치적인 대중의 생각에서 벗어날 수 없다.

진보적 시대와 보수적 시대의 차이와 개인에게 초점을 맞춘 관점과 환경에 초점을 맞춘 관점의 차이는 절대적이지 않다(Levine & Levin, 1992). 어떤 시대에도 두 관점 모두 인간의 문제에 대응하는 방식에 부분적으로 기여한다. 심지어 어떤 시기에는 둘을 구분짓는 것이 쉽지 않을 수도 있다. 더욱이 개인의 행복과 자율성을 강조하는 개인주의 세계관은 종종 미국인의 사고를 지배한다(Bellah et al., 1985). 개인에게 초점을 두는 관점은 보수적인 시대에 가장 성행하였지만, 많은 문화적 맥락에서 심지어 진보적인 시대에도 여전히 영향력이 있다.

개인에게 초점을 맞춘 관점과 환경에 초점을 맞춘 관점 모두 가치 있는 관점이고, 어느 하나의 관점만으로 개인과 사회의 문제를 완벽히 설명할 수 없다. 두 관점을 어떻게 연결할지 숙고하는 것은 공동체심리학의 독특성을 보여 줄 수 있는 또 다른 방식일 수도 있다. 환경과 개인이 가진 요인과 그것의 선택은 우리의 삶을 형성한다. 하지만 진보의 주장과 보수의 주장은 사회 정책과 공동체 삶에 대한 서로 다른 목표를 제시하고, 이것은 우리가 얘기한 모든 점에서 차이가 나타난다. 레빈과 레빈(Levine & Levine, 1992)이 언급한 것처럼, 그 시대의 정치적 맥락은 이러한 생각 중 어느 한쪽이 더 광범위하게 사람들에게 받아들여지도록 영향을 미친다.

당신의 생각은?

1. 당신이 관여하고 있는 공동체에서 사회적 맥락이 변화한 최근의 사회 문제 중 한 가지를 선택하라. 사람들이 그 문제를 이해하는 방식에 영향을 주는 사건과 사회적 영향력은 어떤 것인가?

2. 그 사건은 문제를 정의할 때 어느 분석 수준이 강조되었는가?

3. 그 사건은 어떤 종류의 개입이 적절하다고 여겨지는가?

공동체심리학의 실천을 위한 새로운 개념틀 개발

공동체심리학은 심리학을 실천하는 새로운 방법을 발달시켜야 할 뿐 아니라, 그 작업에 대한 새로운 방식의 사고도 발달시켜야 한다는 사명으로 설립되었다. 이 절에서는 공동체심리학자를 위한 중요한 개념틀을 살펴볼 것이다.

사회 쟁점과 공평 다루기

문제 정의와 공동체 맥락의 중요성을 설명하기 위해 두 가지 예시를 살펴보고자 한다. 공동체심리학은 그동안 사회 쟁점, 특히 불평등과 관련한 쟁점의 정의와 개입을 연구하였다. 공동체심리학자는 사람들이 사회 쟁점을 어떻게 이해하는지와 개입이 어떻게 실행되는지 둘 모두를 연구한다. 다음의 두 가지 예시를 살펴보자.

피해자 비난　심리학자인 윌리엄 라이언(William Ryan)은 1971년에 『피해자 비난』이라는 책을 통해 사회 문제의 원인을 개인에게 돌리는 생각이 왜 잘못되었는지에 대하여 날카롭게 비판하였다. 이 개념은 많은 영역에 영향을 주었고, 공동체심리학의 발달에 공헌하였다. 우리가 빈곤, 약물남용, 학업 실패, 범죄, 또는 실업 등의 원인을 개인의 결점으로 돌린다고 가정하면, 경제 상황, 차별, 질 좋은 의료 시설의 접근성 부족과 같은 거시체계의 요인을 무시하는 것이다. 1장에서 제시한 생태학적 관점에서 본다면, 이것은 한 수준에만 초점을 두어 다른 분석 수준에서 찾을 수 있는 가능한 요소를 무시하였다고 볼 수 있다. 심지어 개인의 결함이 그의 가족 또는 "문화적 박탈감"에서 비롯되었다는 가정 역시, 여전히 그 결점을 개인에게서 찾고 있는 것이며 더 넓은 수준의 요인은 무시하는 것이다. 라이언(Ryan, 1971)의 이러한 생각은 이제는 대중적인 개념이 되어 버린 피해자 비난(blaming the victim)이라는 용어를 만들었다.

예를 들면, 기금지원이 부족한 지역의 학교 또는 폭력이 일상화되고 학생의 평균 학업 성적이 낮은 지역에 위치한 학교에 대하여 우리는 개별 학생 및 그들의 부모 또는 그 공동체의 문화를 비난할 수 있을까? (당신이 하나의 수준에만 집중하고 더 상위의 사회 쟁점도 원인일 수 있음을 무시한다면, 이 모두가 피해자 비

> **피해자 비난**
> 사회 문제를 개인에게 초점을 맞춘 관점에서 바라보고, 더 큰 거시체계 요인보다는 개인의 결점 및 삶의 선택을 원인으로 가정하여 여러 수준에서의 요인을 찾기보다 하나의 생태학적 수준에만 초점을 두는 것이다.

난 방식이라고 볼 수 있다) 반대로 우리는 이렇게 질문할 수도 있다. 왜 몇몇 지역의 학교는 기금지원이 부족한가? 사회는 모두를 위한 더 나은 교육환경 자원을 어떻게 자원할 수 있는가? 모든 아동이 안전하게 생활할 수 있도록 무엇을 할 수 있는가? 지역사회의 어떤 자원이 관련되는가? 그 시험이 실제로 학습능력을 측정하는 유효한 도구인가? 그 측정 도구의 사용을 결정한 사람은 누구인가? 이러한 질문은 다양한 생태학적 수준에서의 사회적 상황을 강조한다(Weinstein, 2002a 참조). 공동체심리학의 사회정의 가치는 다양한 생태학적 수준에서 사회 문제를 조사하고, 그 문제로 힘들어 하는 사람을 문제 해결을 위해 변화되어야 하는 유일한 대상으로 생각하지 않기를 요구한다. 또한 공동체심리학은 경험적 결과로부터 얻은 실용적 가치를 가지고 있기 때문에 그 상황에 필요한 요인들을 설명할 수 있는 다양한 생태학적 수준에서 체계적으로 조사할 수 있다. 단 하나의 수준만을 분석하는 것은 사회정의 가치와 경험적 근거라는 두 가치 모두에 위배되는 것이다. 오직 하나의 분석 수준만을 고려하는 개입 노력은 그 효과성이 제한될 수 있다.

라이언(Ryan, 1977)은 연구자, 정책입안자, 또는 그 사회 문제(예, 빈곤)를 한 번도 직접 경험해 보지 못한 사람이 그 문제를 제대로 분석할 만한 관점을 가질 수 있는지에 대한 의문을 제기하였다. 많은 공동체 구성원은 실제 일상에서의 가난이 무엇인지를 정확히 이해하지 못하는 중산층의 관점을 가진 경우가 많다. 축복받은 가정과 공동체의 지원을 충분히 받고 성장한 사람의 경우, 학업 및 인생의 성공이 자신의 성격 또는 노력으로 이루었다고 여길 것이다(특히 그들이 사회적 혜택이 얼마나 중요한지 인식하지 못한다면). 하지만 가난이나 여러 억압적인 상황에 있는 사람에게는 사회경제적 현실이 성공에 엄청난 영향을 끼친다. 그 요인들은 개인의 노력을 종종 무산시킨다.

라이언이 비판했던 많은 프로그램은 "자유주의적" 사회·문화 교육 프로그램이었고, 프로그램 참여자의 개인, 가족, 또는 "문화적" 결함에 초점을 맞추었다. 이 프로그램들이 사회 문제에 대한 경제적이고 사회정치적인 원인을 언급하지 않는다면 쉽게 피해자를 비난할 수 있다. 물론 개인의 노력과 책임이 삶의 중요한 요인이라는 것은 명백한 사실이다. 그리고 문제를 가진 모든 사람이 반드시 피해자가 되는 것은 아니다. "피해자"라는 용어는 처음 라이언이 사용한 의미를 뛰어넘어 확대되었다(비평은 Sykes, 1992 참조). 라이언은 사회적 조건과 문제 정의를 어떻게 하느냐에 따라 문제의 원인이 개인에게서 비롯된 것으로 인식할 수 있음에 관심을 가졌다. 그는 우리가 그러한 사회적 조건을 무시하도록 훈련받고 있다는 것을 살펴보기를 권하였다. 라이언에게 공동체 삶의 질을 향상한다는 것은 사회경제적인 근본 원인을 밝히는 것을 의미한다.

공정 경기와 공정 분배: 평등(equality)과 공평(equity)[3]의 대비되는 정의   개인에게 초점을 두는 관점과 환경에 초점을 두는 관점은 공정성에 대한 정의에도 영향을 미친다. 라이언(Ryan, 1981, 1994)은 미국인이 오랫동안 가지고 있는 평등의 가치에는 두 가지 다른 정의가 있다고 주장하였다. 평등의 공정 경기(fair play)는 경제, 교육, 또는 사회 발전을 위한 경쟁에서 공정성에 대한 규칙이 확실한지를 찾는다. 이 관점을 달리기 경기를 예시로 설명하면, 모든 사람은 같은 장소에서 출발하고 그 경기의 규칙은 모든 사람에게 동일하게 적용되어야 한다는 것이다. 만약 그 경기의 규칙이 공정하게 이루어졌다면, 경기에 참가한 선수는 경기 결과가 개인의 장점, 능력, 또는 노력 때문이라고 생각할 것이다. 평등에서 공정 경기의 관점을 강조하면 결과를 더 잘 수용할 수 있다. "공정 경기의 참여자는 동일한 기회와 가장 잘한 사람이 가장 많이 얻게 된다는 확신을 원한다"(Ryan, 1994, p. 28).

공정 경기를 지지하는 사람은 "미국인이 가장 중요하게 생각하는 것은 각 개인이 자신의 능력만큼 기회를 가질 수 있고, 열심히 일한 것에 대한 대가는 자신의 몫이 된다는 것이다."(Ryan, 1994, p. 29)라는 말에 동의한다. 공정 경기에 대한 사회 정책의 예시로는 시험 점수에 따라 입학 또는 입사를 결정하거나 단일세율(모든 소득대상자가 동일한 비율로 세금을 부과하는 것)을 적용하는 것이 있다.

라이언(Ryan, 1981, 1994)은 공정 분배(fair shares)라는 또 다른 관점도 제시하였는데, 이는 절차의 공정성뿐만 아니라 결과물이 한쪽에만 극단으로 치우친 불평등을 최소화하는 것과 관련된다. 이는 공평의 의미와 더 가깝다. 달리기 경기의 예시를 다시 가져와 보자. 공정 분배 관점은 공정한 경기 규칙도 중요하지만, 그 이전에 경기를 준비하는 데 영향을 줄 수 있는 또 다른 요소들도

> **공정 경기**
> 사회, 교육, 또는 경제 발전을 위한 경쟁에서 공정성에 대한 규칙이 확실한지를 찾는 평등의 정의 중 하나이다. 이는 모든 사람은 동일한 장소에서 출발하고, 결과의 차이는 개인의 장점, 능력, 또는 노력 때문이라고 가정한다.

> **공정 분배**
> 절차의 공정성뿐만 아니라, 결과물이 한쪽에만 극단으로 치우친 불평등을 감소시키는 것에 초점을 맞추는 또 다른 평등의 정의이다. 이는 사회·교육·경제 발전을 위한 평등한 경쟁을 보장하기 위해 개인 요인을 넘어서서 자원 또는 기회의 접근성과 같은 더 광범위한 영향력을 고려하는 것이다.

---

3) 공평은 '형평' 또는 '공정'으로 번역하여도 의미 전달의 문제는 없으나, 'fair'(공정)와 책 후반에 나오는 'inequity'(불공평)의 번역도 함께 고려하여 '공평'이라고 번역하였다.

고려한다는 것이다. 즉, 그들이 출발선에서 나가기 전에 받았던 개인의 훈련과 지원, 예를 들면 그들이 동일한 장비를 사용했는지 또는 그들이 동일한 코스를 달리는지 등을 묻는다. 이러한 자원 또는 기회에 대한 접근이 비슷하지 않다면, 그 경기는 공정하다고 간주할 수 없고 완전히 평등한 경쟁이라고 할 수 없다.

공정 분배 관점을 은유적으로 표현하면 구성원 모두를 돌보는 공동체이다. 비록 라이언은 공평이라는 용어를 사용하지는 않았지만, 그가 관심을 가졌던 것은 공평이었다. 예를 들면, 공정 분배는 합리적 가격의 주택과 양질의 교육과 관련된다. 공정 분배는 소득 불균형을 분석하고 사람들이 자원을 증가시키는 방법을 찾도록 하여 모든 사람이 경제적으로 최소한의 안전 수준을 유지하도록 한다. 많은 서구의 민주주의 국가에서 이를 실행하는 일반적인 방법은 돈을 많이 버는 사람에게 더 많은 세금(예, 높은 세율)을 내도록 하여 기본 복지 프로그램을 운영하는 것이다. 공정 분배의 관점에서 보면, 부의 축적을 제한하여 모든 사람이 경제적으로 어느 정도의 안전 수준을 누릴 수 있는 것이 합당할 수 있다. 절대적 평등을 이루는 것은 비현실적일 수 있지만, 공정 분배 접근은 극도의 불평등은 피하고자 하는 것이다(Ryan, 1994).

공정 분배는 "품위 있는 사회를 위해서 해야 할 첫 번째 작업은 모든 사람에게 음식, 주거 및 보건 복지가 충분히 보장되어야 한다.", 그리고 "소수의 사람이 거대한 부를 누리고, 다수의 사람이 살아남기 힘들 정도로 가난한 것은 공정하지 않다."는 말에 동의한다(Ryan, 1994, p. 29). 공정 분배에 대한 사회 정책의 예는 국민건강보험, 모든 학생을(능력 있는 사람만이 아니라) 위한 교육 기회의 확대, 대학 입학과 고용을 위한 차별 금지 등이 있다.

라이언(Ryan, 1981, 1994)은 비록 두 관점 모두 중요하지만 공정 경기가 평등과 기회라는 미국인의 사고를 지배한다고 강조하였다. 공정 경기의 기본 전제는 경제 및 사회적 증진이라는 경기에 참가한 모든 사람이 동일한 출발선에서 시작하고, 우리는 단지 그 경기가 공정하게 진행되는지만 잘 지켜보면 된다는 것이다. 하지만 실상은 모든 사람이 동일한 경제적 또는 교육적 자원, 높은 보수를 받는 직장의 취업 기회, 또는 미래를 위한 동일한 출발선을 가지고 있다고 믿는 사람은 거의 없다. 많은 다른 나라처럼 미국에서도 소수의 사람이 부의 대부분을 차지하고 있다. 우리의 견해는, 그리고 공동체심리학자의 견해는 공정 분배를 강화하는 것이 진실로 공정 경기를 이루는 필수 요건이라는 것이다.

하향식과 상향식: 사회변화를 이해하는 상반된 접근법

사회 문제의 원인에 대한 우리의 이론이 무엇이든 간에 우리는 그 문제를 상향식 접근법과 하향식 접근법 중 하나에 의해 정의할 수 있다. 시민과 공동체심리학자는 두 접근법 모두를 잘 이해하는 것이 중요하다. 두 접근법 모두 1960년대의 사회 개혁과 관련되고 오늘날에도 사용되고 있다. 이후의 장에서 언급하겠지만, 변화 전략의 선택은 당신이 규정하는 문제의 정의, 분석 수준, 자원, 그리고 당신이 강조하는 공동체심리학의 가치에 달려 있다.

상향식 접근법(bottom-up approach)은 전문가나 권력자가 아니라 시민들 간의 "풀뿌리 민주주의"에서 시작되었다. 평범한 사람들에 의해 사용되는 이 변화 전략은 그들의 일상에서 일어나는 일을 처리하기 위한 노력이고, 공동체 또는 사회 문제로 인해 가장 많은 영향을 받는 사람들의 경험과 생각을 바탕으로 한다(Fawcett et al., 1995). 반대로 하향식 접근법(top-down approach)은 특정 사회 현안을 오랫동안 다루었거나 관련 경력을 가진 전문가, 공동체 대표, 또는 사회 지도층이 설계한다. 이것은 일반적으로 연구 결과를 바탕으로 실행되지만, 하향식 접근법은 권력자의 경험, 가치관, 그리고 그들의 이익을 반영한다. 심지어 그들이 선의를 가지고 있더라도 대개는 사회 문제를 다룰 때 (약간의 개혁과 함께) 현재의 권력 구조를 유지하는 쪽으로 방향을 잡는다. 또한 그들은 사회변화를 위해 사용할 수 있는 공동체의 강점은 종종 간과한다(Kretzmann & McKnight, 1993).

전문가의 정신건강 관리는 하향식 접근법을 대표하고, 자조 집단은 상향식 접근법을 주로 사용한다. 시청 공무원의 중앙집권적 결정은 하향식 접근법이고, 지역의 일을 해결하기 위한 주민협의회는 상향식 접근법이다. 약물남용을 막기 위한 프로그램을 만들기 위해 심리학자 또는 다른 전문가에게만 의존하는 것은 하향식 접근법이고, 그 프로그램에 대한 의사결정에 시민을 참여시킨다면 상향식 접근법이다.

상향식 접근법
전문가 또는 이해관계자가 아닌 시민들이 사회변화를 주도하는 풀뿌리 민주주의 전략이다. 이는 공동체 또는 사회 현안에 영향을 받는 사람들의 경험과 생각을 바탕으로 한다.

하향식 접근법
전문가, 공동체 대표, 또는 사회 지도층이 사회변화를 주도하는 전략이다. 이 전략은 경험적 연구에 기반하고, 더 많은 자원이 뒷받침되지만, 힘 있는 사람들과 특권층의 시선 및 이익을 반영할 수 있다.

어떤 접근법도 항상 최상은 아니다. 권력강화, 시민참여, 협력, 그리고 공동체 강점 등의 공동체심리학의 가치는 상향식 접근법과 관련이 있고, 경험주의, 예방, 그리고 향상의 가치는 하향식 접근법과 더 관련된다. 이 두 접근법은 서로 보완할 수 있다. 정신건강 전문가와 자조 집단이 협동하거나 심리학자가 참여자-개념화자로서 시민과 함께 그 공동체를 위한 연구를 하는 경우에서처럼 말이다. 연구 결과를 다른 지역이나 영역에서 효과적으로 프로그램에 적용할 때, 필요한 외부 자원(예, 기금)은 종종 하향식 접근으로 쉽게 얻을 수 있다. 이후의 장에서 설명하겠지만, 상향식과 하향식 전략의 통합이 공동체심리학과 다른 학문 분야가 차별되는 지점이다.

서로 다른 관점, 확산적 추론, 담론

대부분의 공동체에서는 어떤 쟁점에 대한 다양한 의견이 존재한다. 종종 사회 쟁점에 대한 정반대의 의견이 나오기도 한다. 이 양극단의 견해는 둘 모두 사실일 수 있다(적어도 둘 모두 어느 정도의 중요한 진실을 가지고 있다). 공동체 구성원은 반대 의견을 토론하고, 반대 의견을 가진 사람과 함께 일할 수 있는 방법을 찾을 수 있을까? 우리는 이 책에서 이미 문제를 정의하고 다루는 데 있어 몇 가지 서로 다른 견해를 토론하였다. 예를 들면, 사람과 맥락, 1차 변화와 2차 변화, 공동체심리학의 핵심 가치 간에 일어날 수 있는 갈등, 사회 문제를 바라보는 개인에게 초점을 맞춘 관점과 환경에 초점을 맞춘 관점, 그리고 진보적 견해와 보수적 견해 등이 있었다.

서로 다른 견해에 대한 중요한 진실을 인식한다는 것은 이 두 견해를 "둘 중 하나"라기보다 "둘 모두"의 개념으로 생각해야 한다는 것을 기억하라 (Rappaport, 1981). [이러한 생각은 헤겔(Hegel)과 칼 마르크스(Karl Marx)의 변증법적 논리에 뿌리를 두지만 그것과 동일하지는 않다] 라파포트(Rappaport, 1981)는 공동체심리학이 공동체가 사회 쟁점을 다루는 방식에 관한 대화를 촉진할 때, 참여자-개념화자로서 **확산적 추론**(divergent reasoning)을 사용할 것을 권장하였다. 확산적 추론을 하기 위해서 가장 먼저 해야 할 것은 대립하는 견해가 유용하게 공존할 수 있음을 인지하는 것이다. 서로 다른 견해를 모두 경청하며 특정 견해에만 특권을 주는 방식을 지양하려고 노력하는 것이 문제 해결

확산적 추론
사회 쟁점에 대한 접근법으로, 단순히 한 방향에서의 답을 피하며 대립하는 견해가 공존할 수 있고 더 효과적인 답을 구할 수 있다는 것을 인식하는 것이다. 또한 현재의 현상 또는 일반적으로 받아들이는 견해에 의문을 제기하고 새로운 관점을 환영하는 것을 말한다.

을 위해 더 나은 방향이라는 것이다. 사회 쟁점에 대한 최상의 사고방식은 다양한 관점을 고려하여 한 방향에서만 답을 구하는 것을 피하는 것이다(Tebes, 2018).

　승자와 패자를 결정짓는 논쟁이 아니라 양쪽 입장을 모두 존중하는 대화는 확산적 추론을 높일 수 있다. 이 과정에 대한 좋은 비유는 여성주의 이론에서 자주 제안되는데(Bond et al., 2000; Reinharz, 1994), 각계각층의 사람들이 모여 솔직하지만 서로를 존중하는 대화 방식이다. 이를 위해서 자신의 목소리로 자신의 의견을 대담하고 솔직하게 제시하면서 동시에 다른 사람의 의견도 주의 깊게 경청하며, 다양한 입장은 각자의 입장에서 진실을 담고 있다는 것을 인지해야 한다. 확산적 추론은 서로를 알아가는 길을 제공하는 것으로 서로 다른 견해 사이의 갈등을 인식한다. 티끌 하나 없는 객관적 타당성을 찾는 것이 아니라 대화를 통해 배움의 과정을 겪는 것이다. 공동체심리학에서의 이러한 대화 방식은 단순히 다른 두 가지 견해에만 해당하는 것이 아니라 둘 이상의 견해가 상충할 때에도 가능하다.

　확산적 추론은 또한 쟁점에 대한 현재의 현상 또는 일반적으로 받아들이는 견해에 의문을 제기하는 것을 말한다(Rappaport, 1981). 빈곤과 같은 사회 쟁점의 논쟁에서는 현재 당연하다고 받아들이는 우세한 견해와 거의 무시되는 정반대 입장의 견해가 있을 것이다. 우세한 견해는 권력 집단이 그 현안의 쟁점과 용어를 정의하기 때문에 권력 집단에게 유리한 내용을 제공한다. 심리학은 지금까지 이런 상황에서 그것을 의심하기보다 우세한 견해를 받아들이거나 그것을 최적화해 왔다(Evans et al., 2017; Hymphres & Rappaport, 1993; Langhout, 2016; Ryan, 1971, 1994; Sarason, 1974, 2003b). 이 현상은 심리학자와 시민이 맥락의 중요성을 무시한 채 개인 요인만을 고려할 때 자주 발생한다(Shinn & Toohey, 2003). 지금의 현상에 의문을 제기하는 것은 어떤 문제를 직접적으로 경험한 사람들, 특히 그들의 견해가 무시되었던 사람들의 목소리를 주의 깊게 듣는 것과 관련되어 있다. 예를 들면, 빈곤으로 힘든 사람의 경험과 견해를 살펴보는 연구는 그들의 강점을 찾고 그들이 자신의 삶을 결정할 수 있는 그들의 권리에 초점을 맞출 수 있다(Rappaport, 1981).

　마지막으로, 확산적 추론은 겸손해야 한다. 당신이 아무리 당신의 의견에 자신이 있다고 해도, 그것은 어떤 면에서 일방적일 수 있고 반대 의견에도 일부는 진실이 있을 수 있다. 라파포트의 법칙을 기억하라. "모든 사람이 당신과 같은 의견이라면 걱정하라."

공동체심리학자는 무엇을 하는가

전통적 심리학과 다른 관점을 지향하는 공동체심리학은 기존 심리학자가 시행하고 있는 교육 및 역량 증진과는 다른 방식이 필요하였다. 공동체심리학자가 사용하는 기술 대부분은 다른 학문 영역에서 가져온 것이다. 이후의 장에서 설명하겠지만, 이 기술들은 또한 사회변화를 위한 활동에 관심 있는 시민도 활용하였다. 먼저 공동체심리학자의 훈련에 대하여 살펴보자.

공동체심리학 훈련

관점의 전환을 표방한 공동체심리학은 새로운 훈련 모델이 필요하였다. 어떤 학문이 설립될 때의 공통된 특징은 대학에 훈련 프로그램을 만드는 것이다(Reich et al., 2017). 새로운 프로그램과 교육과정을 만드는 것은 공동체심리학을 설립할 때 가장 먼저 한 일 중 하나였다. 많은 나라(예, 캐나다, 이집트, 이탈리아, 뉴질랜드, 남아프리카공화국, 영국, 그리고 미국)에서 공동체, 상담-공동체, 또는 임상-공동체 분야에서 석사 수준의 훈련 프로그램이 개설되었고, 공동체, 다학제 연구, 사회-공동체, 또는 임상-공동체 영역에서 박사 과정이 개설되었다(예, 호주, 캐나다, 뉴질랜드, 포르투갈, 푸에르토리코, 미국).

공동체심리학 학회에서는 주기적으로 교육과 훈련을 통해 공동체심리학이 발전하는 것에 주목하고 있다. 1975년 4월, 텍사스주 오스틴 지역에서 열린 첫 번째 공동체심리학 훈련을 논의한 학회에서는 심리적 문제에 대한 예방과 사회적 유능성의 증진(특히 학교에서)을 중요한 주제 중 하나로 선정하였다(Iscoe et al., 1977). 두 번째 주제는 빈곤, 인종차별, 성차별 등의 현안을 부각하는 사회 옹호와 관련된 것이었다. 오스틴 학회의 참석자들은 스왐스컷 학회의 참석자보다 더 다양한 배경을 지니고 있었고, 이 분위기는 세 번째 주제를 다양성으로 정한 것을 통해 드러난다. 스왐스컷 학회 참석자들은 단 한 명의 여성을 제외하면 모두 백인이었다. 반면, 오스틴 학회는 여성과 유색인이 다수 참석하면서 그들의 관심과 관점이 지금까지와는 다른 강도로 크게 부각되었다. 하지만 이러한 관점을 학생과 젊은 신참 교수들은 받아들였지만 선임 교수들은 이 관점을 받아들이는 데 오랜 시간이 걸렸다(Mulvey, 1988). 흑인, 라틴계 여성, 그리고 여성을 대표하는 집단은 이 분야에서 지지하는 가치를 훈련, 연구, 그리고 실천행동 등을 통해 변화를 요구하는 보고서를 제출하였다(Iscoe et al., 1977; Moore, 1977). 미국에서의 공동체심리학은 회원 자격의 측면에서는 다양성이 반영되었으나, 인종 및 소수 민족을 포용하는 것에서는 많은 사람이 기대했던 것보다 반영 속도가 느렸다. 이는 우리 사회의 포용과 통합의 문제가 공동체심리학 분야에도 유사하게 적용됨을 의미한다. 2007년 공동체심리학의 실천에 대한 회담이 공동체 연구와 실천행동 학회(Society for Community Research and Action)에서 개최되었다. 이 회담에서 공동체 실천 역량과 훈련 모델을 명료하게 보여 주는 대학원 과정에서의 공동체 실천 기술 개발을 어떻게 촉진할지를 오랜 시간 토론하였다(Scott & Wolfe, 2014). 훈련 기회에 대한 자세한 내용은 14장에서 다룬다.

공동체심리학 실천

웰빙 증진 및 사회변화를 위해서 전통적 심리학자의 역할과 기술을 어떻게 확장해야 할지 생각해 보자(Scott & Wolfe, 2014). 예상할 수 있듯이, 심리학자가 공동체 세팅(임상에 머무르는 것과는 반대로)에서 능동적인 역할을 맡고, 전문적 관계에서 지금까지와는 다른 기대와 경계의 확장을 수용하는 것이다. 공동체심리학자는 다른 사람과 협력하여 개인, 조직, 공동체 집단을 위해 기존 체계에 이의를 제기하고, 구성원을 위한 체계는 강화하고, 자원에의 접근성을 증가시키며, 서비스의 질을 최적화하는 일을 한다. 공동체심리학자는 지속 가능한 변화를 창출하기 위해 사람, 조직, 공동체가 지니는 강점을 기반으로 한다.

공동체심리학자가 선택할 수 있는 전문적 역할은 무엇인가 공동체심리학자가 할 수 있는 역할은 임상에서 내담자를 보는 것 이상이다. 그들은 공동체-기반 예방 전문가로서 서비스를 제공하는 것부터 프로그램 감독관 또는 정책 지도자로도 일할 수 있다. 어떤 경우에는 사람들의 웰빙을 증진하는 데 도움을 주는 것에 초점을 두는 자문가, 훈련가 및 프로그램 평가자로 일하기도 한다. 공동체심리학자는 공동체 조직가 및 정책 지도자와 같이 사회변화를 위해 일할 수도 있다. 또 다른 역할로는 공동체-설립이나 공동체-개발 활동에 몰두하는 일을 선택할 수 있다(Scott & Wolfe, 2014).

공동체심리학자는 어디에서 일하는가　공동체심리학자는 분석 수준과 역할을 확장하였기 때문에 다양한 세팅에서 일할 수 있다. 여기에는 사회 서비스 기관(예, 건강 형평 옹호 단체), 민간 정책 기구(예, 지역사회 재단), 정부 기관 또는 협회(예, CDC) 등이 포함된다. 이러한 곳에서는 교육, 건강, 또는 법적 제도의 변화를 도모하는 것에 집중한다. 반대로, 다른 공동체심리학자는 스스로 일할 곳을 만들기도 한다. 이것은 자체 컨설팅 업무를 시작하거나, 기존의 기관에서 해결하지 못하는 문제(예, 보호자가 없는 노숙 청소년)를 다루기 위해 비영리 단체를 설립하거나, 사회변화 조직을 창단하는 것 등이 포함된다. 대학에서 일하는 공동체심리학자의 대다수는 연구, 실천행동 및 훈련과 관련된 학습 서비스에 관여해 왔다. 공동체심리학자는 경력이 쌓여 가면서 여러 가지 다른 능력, 역할 및 세팅에서 일할 수 있다.

〈글상자 2-1〉은 포르투갈의 공동체심리학자들의 경험을 보여 준다. 그들은 정신장애인과 그들의 가족을 위해 사회변화와 지원을 촉진하는 대안 세팅을 만들기 위한 학문적 훈련을 제공하였다. 이들은 정신장애인의 관리와 자원의 접근성이 기존 세팅으로는 충분히 해결되지 않는다고 결론내렸다.

글상자 2-1　**공동체심리학 실천행동**

포르투갈의 정신건강 체계의 사회적 · 정치적 변화

José Ornelas, Maria Moniz-Vargas, Teresa Duarte (심리사회 통합연구협회)

1980년대의 포르투갈의 정신건강 체계는 대형 정신 병원, 일반 병원을 통합한 형태의 병동, 그리고 종교 단체가 운영하는 시설 위주로 조직되어 있었다. 1987년 국가의 정신건강 부서에서 적은 규모의 기금을 지원하였고, 이를 통해 우리는 리스본의 올리바이스 지역에서 퇴원한 사람들과 모임을 결성하기 시작하였다. 우리 그룹은 공동체-기반 서비스 체계를 이행하기 위해 심리사회 통합 연구협회(Association for Study and Psychosocial Integration: AEIPS)라는 이름의 비영리 조직을 창단하였다. 그리고 지금까지 750명 이상의 정신건강 서비스 사용자가 참여하고 있다.

우리는 공동체심리학의 가치와 개념을 이용하여 정신장애인도 사회 통합, 개별 주거의 확보, 전문성 있는 대안, 그리고 공동체 삶의 참여 등을 위한 기회를 높이기 위해 노력하였다. 우리가 만들고자 하는 세팅은 정신과 치료 경력이 있는 사람이 자신이 생활하고, 일하고, 공부하고, 사회화될 수 있는 지역을 직접 고르는 것이었다. 우리는 주거 분야와 관련하여 주택 관리에 초점을 두고 맞춤식 전문 개입을 집단적으로 또는 개별화하여 기회를 제공함으로써 폭넓은 선택지를 만들었다. 현재 우리 기관에서 제공하는 가장 인정받는 서비스 중 하나는 고용 지원 프로그램이다. 이것은 정신장애인이 노동 시장에서 일할 수 있도록 도와주는 것으로, 노동 시장에 나가서 사회생활에 활발하게 참여하도록 그들의 관심, 교육 배경, 또는 특화된 교육에 따라 다양한 일자리의 기회를 제공하는 것이다. 교육 지원 프로그램은 학위를 마치지 못한 정신장애인을 대상으로 학교로 돌아갈 기회를 제공한다. 우리는 정신장애를 가진 사람의 문제를 해결하기 위해 사회적 지원 체계를 구축 또는 개선하고, 공동체 삶에 참여하는 과정을 강조함으로써 개인의 삶의 변화를 지원하려고 노력한다.

지난 25년 동안 우리가 배운 교훈은 정신건강 서비스의 역량을 강화하는 패러다임을 적용하기 위해서는 지속적인 관심을 가지고 과정과 결과를 측정해야 한다는 것이다. 이 새로운 관점은 공동체 삶에 참여할 정신장애인의 이익을 도모하기 위해 새로운 세팅을 어떻게 만들어야 하는지를 이해하는 데 도움이 되었을 뿐 아니라, 개인, 가족, 그리고 공동체 웰빙을 증진하기 위해서는 모든 생태학적 수준에서 각 이해관계자(서비스, 소비자, 가족 및 피평가자)와의 협력이 필수적이라는 것을 깨닫게 해 주었다.

당신의 생각은?

1. 정신장애를 치료하기 위한 AEIPS의 접근법은 전통적인 개인에게 초점을 맞춘 접근법과 어떻게 다른가?

2. AEIPS는 개인 수준의 분석과 더 높은 수준의 분석(예, 미시체계, 조직, 지역, 거시체계)을 어떻게 연결하였나? 일대일 개입은 어떤 종류의 이익을 제공하는가? 일대일 개입은 어떻게 AEIPS와 같은 광범한 생태학적인 관점의 프로그램에 공헌할 수 있는가?

3. 많은 이해관계자와 함께 일할 때 AEIPS가 맞닥뜨린 문제는 무엇이라고 생각하는가? 그들의 접근법은 심리학의 실천 방식에 어떤 시사점을 주는가?

공동체심리학 실천 기술

공동체심리학은 다양한 분석 수준에서 변화를 촉진하는 데 필요한 광범위한 실천 기술을 훈련한다(Scott & Wolfe, 2014). 공동체심리학자는 각자 자신의 관심사에 적절히 특화된 기술을 개발한다(Stark, 2012). 달튼과 울프(Dalton & Wolfe, 2012)는 공동체심리학 실천 기술을 훈련할 수 있는 틀을 개발하였다. 여기에는 네 가지 영역이 포함되는데, ① 프로그램의 개발과 관리, ② 공동체와 조직의 역량 구축, ③ 공동체 및 사회의 변화, 그리고 ④ 공동체-기반 연구가 그것이다. 이 역량에 관련된 기술을 요약하기 위해 달튼과 울프(Dalton & Wolfe, 2012)의 설명을 조금 수정하여 다음에 제시하였다. 여기서는 이 역량과 관련된 기술을 개별적으로 제시하지만, 공동체심리학자는 둘 이상의 기술을 함께 사용하여 효과를 높인다. 다음 장에서는 공동체심리학자가 이러한 작업을 어떻게 실천했는지에 대한 예시를 제공할 것이다.

공동체 프로그램의 개발과 관리   이 기술은 경험적으로 밝혀진 연구 결과를 사용하여 실무와 정책을 알리는 데 중점을 둔다. 굳이 하향식일 필요는 없지만, 많은 경우에 새로운 공동체에 계획을 수립하고 프로그램의 소개 및 사용 방식을 결정해야 한다. 공동체심리학자는 공동체 계획을 위한 공식적인 개입 노력에 그들의 전문성을 발휘한다.

• **프로그램의 개발, 실행 및 관리**   공동체 세팅에서 개입 프로그램을 계획하고, 개발하고, 실행하고, 유지하기 위해 공동체의 이해관계자와 함께 파트너로 일하는 능력을 말한다. 이 능력에는 공동체 요구, 강점 및 자원을 평가

하는 기술이 포함된다. 이것은 프로그램의 목표를 설정하고, 그 세팅의 요구와 자원을 충족시키도록 프로그램을 수정하며, 원하는 결과가 도출되었는지를 측정하는 능력이 요구된다.

- **예방과 건강 증진** 예방 관점을 명확히 밝히고 실행하여 예방과 건강 증진 공동체 프로그램을 운영하는 능력을 말한다. 이 능력에는 공동체의 파트너와 함께 경험적으로 뒷받침되는 예방 계획과 정책의 우선순위를 연결하는 다양한 수준에서의 예방 프로그램을 개발하는 것이 포함된다. 때로 이것은 그들의 예방 노력에 효과성을 높이기 위해 앞서 언급한 프로그램 개발 및 실행 기술이 필요하다.

공동체와 조직의 역량 구축 공동체심리학자는 개인 또는 조직이 그들의 관심사를 해결할 수 있는 역량을 구축하도록 하는 것에 집중해야 한다.

- **멘토링** 공동체 구성원이 자신의 강점 및 사회적·구조적 자원을 확인할 수 있도록 도움으로써 그들이 권력강화, 공동체 참여, 그리고 리더십을 개발하고 사용할 수 있도록 도와주는 능력을 말한다. 다른 사람과 연계되는 자신의 업무를 비판적으로 성찰할 수 있는 효율적인 방식을 가르치는 것이 포함된다.
- **자원 개발** 공동체 계획을 지원하기 위한 공동체 자산 및 사회적 자본을 확인하고, 조정하며, 사용하는 능력을 말한다. 여기에는 인적, 정보적, 물질적 자원이 포함된다. 공동체심리학자는 그들의 기술과 지위를 이용하여 공동체 계획과 공동체 조직이 문제를 해결하는 데 도움이 될 수 있는 자원을 연결한다(예, 보조금 신청 도와주기, 옹호). 자원의 종류에는 물적 자원, 정보, 또는 사회 관계망 등이 있다.
- **자문과 조직 개발** 목표를 달성하기 위한 조직 역량의 성장을 촉진하는 능력을 말한다. 공동체심리학의 자문은 조직의 교육, 문제 해결, 의사결정을 촉진하는 데 집중한다. 일반적으로 이 능력은 조직의 목표, 원하는 결과, 그리고 행동 계획에 대한 협업 전략을 포함한다.

공동체 및 사회의 변화 앞서 언급한 능력들은 소수 집단 또는 조직에서 주로 사용되는 반면, 공동체 및 사회변화 능력은 보다 상위 수준의 분석에 사용되는 경향이 있다(예, 지역, 사회).

- **협력과 연합 개발** 공통의 관심과 목표를 가진 집단들이 개별적으로 해결할 수 없는 것을 함께 해결할 수 있도록 돕는 능력을 말한다. 공동체심리학자는 공동체의 쟁점, 자원, 집단행동을 위한 목표를 확인하고자 하는 공동체 구성원의 노력을 촉진한다. 공동체 이해관계자의 건설적인 업무 파트너십의 관계망을 구축하는 것과 공동체의 모든 영역의 의견을 대변할 수 있는 사람을 포섭하는 것이 필요하다.
- **공동체 조직화와 공동체 옹호** 공동체 구성원들이 공동체에 영향력을 미칠 수 있는 환경을 개선하기 위해 구성원들을 집결시키는 능력을 말한다. 이 능력은 협업 기술 및 연합체 설립 기술이 요구되며 한편에서는 공동체 구성원의 관심 문제를 해결하기 위해 필요하다면 권력 집단에 대한 대항 및 실질적인 실천행동도 요구된다. 공동체심리학자는 공동체 구성원이 시스템을 개선하려는 지속적인 집단행동을 도울 필요가 있다.
- **공공 정책 분석, 개발 및 옹호** 연구 결과 및 정책 결정이 사람들의 삶에 미치는 영향력을 정책입안자, 선출직 공무원 및 공동체 대표와 소통하는 능력을 말한다. 공동체심리학자는 연구 결과를 해석하고, 증언하며, 이를 기관의 감독자 및 선출직 공무원과 협의할 수 있다. 이 일은 정책입안자와 효율적인 업무 관계를 구축하고 유지하는 기술과 공공 정책을 수정할 기회를 포착하는 기술을 포함한다.

공동체−기반 연구 이 기술은 실천행동을 촉진하기 위한 기술을 사용하는 것에 초점을 둔다. 모든 공동체심리학자가 실천행동과 연구를 연결하려고 노력하지만, 그중 일부의 공동체심리학자만 공동체 연구 기술을 전문적으로 사용한다.

- **참여 공동체 연구** 높은 과학적 증거 기준을 충족하고 맥락적으로 적절한 연구를 계획하고 수행하기 위해 공동체의 파트너와 함께 일하는 능력을 말한다. 또한 이 기술은 연구 결과를 전달함에 있어 공동체 역량을 향상

하는 방향으로 제시하는 능력을 포함한다. 실천행동 연구에 주목한 데빈에 따르면, 공동체심리학자는 엄선된 자료 수집을 위해 공동체 구성원과 협력하는 방법과 프로그램 및 정책 결정을 위해 연구-기반 정보를 사용할 수 있는 방법을 찾는다. 공동체심리학자는 공동체 구성원, 현장 실무자 및 이해관계자에게 유용한 방식으로 결과를 전달하려고 노력한다.

• **프로그램 평가** 공동체 구성원과 협력하여 프로그램이 그들의 목표를 충족하였는지를 평가하는 능력을 말한다. 공동체 구성원은 프로그램을 개발하고 효과성을 평가받기 위해 전문가를 찾기도 한다. 프로그램 평가자는 프로그램의 실행을 계획하는 것을 돕고 이해관계자와 기금 제공자에게 책임성을 물을 수 있는 도구를 만들 수 있다. 공동체심리학자는 공동체 및 프로그램 맥락의 문화를 세심하게 살피고 배려하여 그에 적절한 프로그램 평가 방법을 개발한다. 또한 그들은 평가 결과를 현재 진행 중인 프로그램의 향상과 개선을 위해 통합하는 작업을 한다.

기술 전반에 걸친 역량 개발 어떤 공동체심리학자도 공동체심리학 실천에 필요한 모든 기술 역량을 발달시킬 수 없겠지만, 공동체심리학 실천 능력에 대한 개념틀은 그들의 직업 목표를 달성하는 데 도움을 주는 기술을 선택할 수 있는 지침을 제공한다. 또한 이러한 기술 대부분은 그들의 공동체 파트너에게도 유용하고 조직의 역량을 구축하는 데에도 활용할 수 있다. 역량에 대한 개념틀은 학생에게도 지침을 줄 수 있는데, 공동체심리학 또는 공중보건, 사회복지, 공동체 발달, 도시 계획 및 그 외 심리학 분야에서 그들이 추구하고자 하는 훈련, 학위, 경력을 선택하는 데 도움이 된다. 조직과 사회변화와 관련한 일을 하고자 한다면, 더 높은 수준의 분석 기술(예, 공동체 조직화, 정책 변화, 사회적 실천행동)이 요구된다. 미시체계 또는 조직의 변화에 업무의 초점을 두고 싶다면, 건강 증진, 프로그램의 개발 및 평가 기술이 필요할 것이다. 공동체심리학자가 연구와 실천행동을 하고자 한다면, ① 사회적 상황에 적절한 문제 정의와 분석 수준을 조직화하는 설계 기술(design skills), ② 문제를 해결하기 위해 다른 사람과 협력할 수 있는 자원을 동원하는 실천행동 기술(action skills), ③ 사람들과 협동하고 활동을 유지할 수 있는 사회적 기술(social skills)의 개발이 강조된다(Stark, 2012).

공동체심리학의 윤리

역할의 확장, 새로운 실천 기술, 그리고 더 다양한 공동체 세팅에서의 작업으로 인해 윤리적 의사결정에 대한 틀 역시 재고할 필요가 있음은 당연할 것이다. 공동체심리학자는 우리가 원하는 것, 우리의 관계를 발전시킬 방법, 그리고 문제를 회피하기보다 행동을 촉구할 수 있는 가치를 결정하기 위해 "긍정적 윤리"의 관점을 수용하여 지침으로 삼고 있다(Campbell, 2016; Knapp & VandeCreek, 2012; Morris, 2015). 윤리적 의사결정은 그 상황이 무엇을 요구하는지를 파악한 후 우리의 가치와 사회적 역할의 균형을 맞출 것을 요구한다. 공동체심리학자는 미국심리학회(APA, 2017a)의 심리학자의 윤리 원칙과 행동 강령을 따른다. 이 원칙에는 타인에게 해를 가할 수 있는 행동을 삼가고 진심을 가지고 업무를 수행하는 것에 대한 원칙뿐만 아니라, 갈등을 해결하고 능력을 키우는 업무에 종사하는 것에 관한 전문가의 행동 기준이 포함되어 있다. 지침이 특히 도움이 되는 이유는 당신이 스스로 윤리적 의사결정을 하지 않아도 된다는 기대 때문이다. 혼란스러운 상황에서는 당신의 정서, 사리사욕, 그리고 타인 및 학문에 대한 책임감을 정리하기 어려울 수 있다. 다른 사람과 상의하는 것은 피드백을 받을 수 있고, 의문점을 되짚어 볼 수 있으며, 생각하지 못한 사각지대를 살펴볼 수 있다. APA의 틀이 도움이 되기도 하지만 제한점도 있다. 공동체와 관련된 업무는 추가적으로 고려해야 할 사항들이 있는데, 캠벨과 모리스(Campbell & Morris, 2017a)는 APA의 윤리 원칙을 확장할 것을 제안하였다. 예를 들면, 인간의 권리와 위엄 존중이라는 원칙 E는 개인의 문제를 뛰어넘어 다양한 정체성, 공동체 파트너십, 그리고 집단이나 문화로 확장할 필요가 있다. 자비와 무해성의 원칙 A는 타인에게 이익을 주고 해악을 삼가는 일을 하는 것과 관련되는데, 이 원칙은 집단, 공동체, 문화 수준에서 위험과 이익을 고려하도록 개념을 확장할 수 있다. 정의의 원칙 D는 공정, 평등, 그리고 편견 금지의 제고를 넘어서 권력강화 및 해방을 촉진하고 억압적 체제와의 결탁을 피하는 것으로까지 확장할 수 있다. 더하여 APA(2017b)의 다문화 지침은 관계와 공동체의 다양성을 다루기 위해 추가적인 정보를 제공한다. APA의 윤리 코드처럼 공동체심리학에서도 성문화된 통합적이고 체계적인 윤리적 개념 틀이 필요하다. 최근의 발전은 공동체심리학의 공식적인 윤리적 틀의 초석으로 볼 수 있다(Campbell & Morris, 2017b).

공동체심리학의 세계적 맥락

문화와 공동체 간의 거리는 좁혀지고 있다. 사람들은 언론매체, 여행, 무역, 문화적 교류를 통해 예전에는 상상하지 못할 만큼 쉽게 소통할 수 있다. 슬프게도 착취와 폭력 또한 점점 더 세계화되고 있다. 공동체심리학자 역시 변화하는 맥락과 세계화된 연결을 이해하기 위해 더 큰 논의와 담론을 찾고 있다(Reich et al., 2017). 공동체심리학의 가치, 질문 및 실천행동은 국가와 지역에 따라 다양하게 나타난다. 공동체심리학이 맥락의 이해를 강조한다는 것을 생각하면, 공동체심리학에서 중요시하는 우선순위와 발달이 나라마다 다르다는 것은 놀라운 일이 아니다.

1960년대와 1970년대를 거쳐 1980년대 초기에 이르면서 세계 각국에서 공동체심리학이 부각되기 시작했다. 지역마다 발생 원인은 다소 다르다. 남아프리카공화국에서는 아파르트헤이트(apartheid)[4]를 반대하는 것이 통합을 위한 응집력이 되었다. 독일에서는 여성과 환경에 대한 사회적 움직임이 중요한 역할을 하였다. 호주, 뉴질랜드, 캐나다에서는 심리학에 대한 인간의 강점과 문제를 순전히 임상적 관점에서 보는 것에 대한 환멸이 결정적인 역할을 하였다. 오늘날 공동체심리학은 세계적으로 급증하는 분야이다. 몇몇 국가에서는, 예를 들어 뉴질랜드 원주민, 호주의 토착민, 과테말라의 마야인 등의 토착 민족과 파트너를 맺음으로써 그들로부터 배움을 얻고 협력하는 것을 중심으로 조직화되고 있다(Glover et al., 2005; Lykes, 2017). 각 지역에서는 그들의 학회지를 발달시켰고 온라인을 통해 그들의 논문은 다른 지역에서도 쉽게 볼 수 있게 되었다. 생각의 교환과 비평은 그들의 쟁점을 지역 전체로 확장하였다. 훈련 프로그램과 현장 실무자 역시 이제는 라틴 아메리카, 유럽, 뉴질랜드, 호주, 이스라엘, 남아프리카공화국, 캐나다와 미국을 포함한 세계 곳곳에서 찾을 수 있다.

---

4) 남아프리카공화국에서 실시한 인종차별 정책으로 1948년에 법제화되어 1994년에 완전히 폐지되었다.

이 책의 3판 이후(현재 4판), 전 세계의 공동체심리학자는 공동체심리학을 국제적으로 알리기 위해서 지속적인 결속을 다져 왔다. 현재 6대륙 37개국에서 공동체심리학을 다루고 있다. 전 세계 공동체심리학의 추세를 살펴본 연구는 사회정의와 불평등한 권력을 다루는 것이 공동체심리학의 핵심 연결 고리임을 발견하였다(Reich et al., 2017). 공동체심리학에 대한 국제적 담론은 점차 성장하고 있다. 한 지역에서 발달한 이론과 실천은 다른 지역의 이론과 실천의 질을 높일 수 있지만, 그것이 해당 지역의 역사와 현재 상황과 일치하는지 반드시 검토해야 한다.

공동체심리학에서 국제적 교류의 발달은 학술대회를 통해서 가장 잘 살펴볼 수 있다. 첫 번째 공동체심리학의 국제 학술대회는 2006년 푸에르토리코에서 개최되고 많은 다른 전통과 국가로부터 참석한 공동체심리학자가 함께했던 이례적인 자리였다. 라틴아메리카의 공동체 심리학 대표이자 북미 공동체심리학과의 많은 연결점을 가진 푸에르토리코의 독특한 역사는 그 외 다른 나라의 공동체심리학의 전통과 소통하는 데 도움이 되었다. 2008년 포르투갈의 리스본에서 개최된 학술대회는 유럽의 공동체심리학을 북미 지역에 연결하는 역할을 하였다. 전 세계의 공동체심리학의 활동을 보여 주는 국제 학술대회는 2년마다 개최되고 있으며, 2010년은 멕시코 푸에르토야노, 2012년은 스페인 바르셀로나, 2014년은 브라질 포르탈레자, 2016년은 남아프리카공화국의 더반, 2018년은 칠레의 산티아고에서 열렸다. 국제적 교류는 각 나라에서의 공동체심리학의 풍부한 전통을 구축하면서 국제적 공동체심리학이 무엇인지에 대한 새로운 이해를 만드는 역할을 한다. 2020년 학술대회는 호주의 멜버른에서 계획되어 있고, 호주가 사회적 불평등을 해결하는 방식에서의 독특한 맥락에 초점을 맞출 것이다.[5] 서로 다른 지역을 아우르는 발전은 전 세계를 통해 공동체심리학의 질을 높일 것이라고 기대한다. 왜냐하면 현재의 관행을 비판하는 사람들은 그들의 공동체와 문화적 맥락의 개혁을 추구하기 때문이다.

---

5) 2020년 학술대회는 COVID-19로 인해 취소되었다.

전 세계의 다양한 공동체를 대표하는 공동체심리학자는 공동체심리학 분야의 발전을 위해 서로에게서 배울 필요가 있다.
출처: Rawpixel.com/Shutterstock.com

결론

> 주요 업무는 사람들이 자신이 사용할 수 있는 권력이 있다는 것을 이해시키는 것이었다. 하지만 그 권력은 무엇이 일어나고 있는지, 그리고 집단행동이 폭력에 어떻게 대응할 수 있는지를 이해할 때에만 사용할 수 있었다.　　　　　　　　(Baker, 1970, p. 2)

> 1960년대 초반, 우리가 처음 이 분야에서 일을 시작할 때 우리는 대답뿐만 아니라 질문도 무지했다. 이제는 적어도 다양한 경험을 이치에 맞게 이해할 수 있는 학문적 개념틀을 발달시키고 있다. 우리는 적어도 예전의 우리가 질문했던 것보다는 훨씬 더 의미 있는 질문을 할 수 있다.　　　　　　　(Levine et al., 2005, p. 9)

공동체심리학은 역사적으로 개인주의에 초점을 두었던 북미 지역의 심리학에서 벗어나 새로운 학문으로 발전하고 있다. 20세기 중반의 사회적 영향력과 역사적 사건—2차 세계대전 이후의 정신건강 체계 개선, 1960년대의 시민 운동과 여성 운동, 1965년의 스왐스컷 회의 등—은 다양한 국가에서 공동체심리학이 설립되는 역할을 하였고, 공동체심리학자가 해야 하는 일이 무엇인지에 대해서도 여전히 중요한 역할을 하고 있다. 1970년대에 확립된 생태학적 관점, 공동체 권력강화와 사회정의, 다양성 가치, 예방 강조 등의 주요 원칙은 공동체심리학의 성장에 계속해서 영향을 주고 있다. 레빈과 클락 부부 등의 선구적 연구자와 같이, 대부분의 공동체심리학자는 사회 문제를 다루고 공동체 구성원을 참여시키는 것이 개인과 공동체의 웰빙을 향상시키는 중요한 측면이라고 확신한다. 앞선 엘라 베이커(Ella Baker)의 인용은 그녀가 남부 기독교 대표자 위원회(Southern Christian Leadership Conference) 및 학생 비폭력 조정 위원회(Student Non-Violent Coordinating Committee)와 함께 일하는 당시의 시대 정신을 포착하는 데 도움이 된다. 이 장에서는 과학과 연결되고 동시에 실천과 연결되는 목표를 달성하기 위해 공동체심리학의 새로운 개념(예, 피해자 비난)의 발달과 구체적인 개입 기술(예, 예방, 자문, 공동체의 조직화)의 훈련 증진에 대하여 토의하였다. 더하여 사회 문제를 해결하기 위한 상향식 접근법과 하향식 접근법의 장점 및 단점을 살펴보았고, 그것의 해법을 바라보는 보수적 관점과 진보적 관점의 차이를 알아보았다.

공동체심리학자는 다양한 세팅에서 전문적 역할을 가지고 공동체심리학을 실천한다. 공동체심리학자는 비영리 조직, 정부 기관, 또는 기업에서 일할 수 있고, 창업을 시작할 수 있으며, 교육 장면에서 일할 수 있다. 전문적 역할에는 자문, 프로그램 개발자, 정책 개발자, 공동체 조직, 공동체 개발자 및 평가 전문가 등이 있다. ① 공동체심리학자의 역할과 ② 공동체심리학 실천 기술을 고려한다면 직업을 선택할 때 도움이 될 것이다.

앞서 소개한 레빈과 동료들(Levine et al., 2005)의 인용처럼, 공동체심리학은 아직도 성장하고 있는 학문이다. 공동체심리학은 사회 쟁점을 이해하고 개입하는 데 중요한 공헌을 하였다. 하지만 경험이 풍부한 공동체심리학자조차도 여전히 다양한 생태학적 수준에서 개인의 삶과 공동체의 삶 사이의 관계를 배우는 학생이다. 모든 세대의 학생은 이전 세대의 경험을 바탕으로 새로운 맥락에서 공동체심리학을 새롭게 창출하고, 소외된 집단의 다양한 관점을 통합함으로써 끊임없이 현재의 상황에 도전한다.

토론거리

1. 당신의 나라에서 심리학을 다른 방식으로 이행할 수 있도록 지지했던 영향력 있는 사회적 사건은 무엇이었는가? 오늘날 공동체심리학의 발달을 형성하는 영향력 있는 사건은 무엇인가?

2. 그러한 발달을 이끈 공동체 심리학의 가치(1장에서 언급한)는 어떤 것이라고 생각하는가?

3. 피해자 비난에 대한 라이언의 비판이 사회 문제를 정의하는 방식과 어떻게 연결되는가?

4. 라이언의 공정 경기와 공정 분배의 개념이 오늘날 평등과 공평의 논의와 어떻게 연결되는가?

5. 당신이 속한 공동체 문제를 해결하는 데 도움이 되는 공동체심리학 실천 기술은 어떤 것인가?

6. 공동체심리학의 관점에서 볼 때 공동체심리학 실천이 나라마다 다르게 나타날 것이라고 예상하는 이유는 무엇인가?

제 2부

공동체 연구

제3장 공동체 연구의 목표

여는 글

참여 실천행동 연구에서의 성찰

제시카 페르난데스(Jesica Fernández)와 레지나 랑하우트(Regina Langhout)는 청소년과 관련한 참여 실천행동 연구에 매진하는 공동체심리학자이다. 그들은 자신의 대학과 지역 초등학교 간의 파트너십을 통해 라틴계 혈통이 대부분인 노동자 계급 가정의 초등학생과 협력하여 연구를 진행하였다(Fernández et al., 2015; Langhout & Fernández, 2014). 그들이 진행한 연구는 아동이 학교의 문제를 인식하고, 그 문제에 대하여 더 잘 알기 위해 자료를 수집하고 분석하며, 문제 인식을 높이기 위해 학교 벽에 그림을 그리는 등의 진행 과정을 돕는 것이었다. 이후 연구 팀은 그들이 겪었던 어려움을 회고했는데, 그중에는 학교 벽화를 승인받기 위해 학교 관리자들과 협상할 때 또는 논쟁의 과정을 통해 아동을 가장 잘 지원하는 방법을 찾을 때의 긴장 등이 포함되었다(Fernández, 2018b). 연구자들은 경험을 되돌아보면서 공동체 파트너와의 관계 및 자신의 가치, 가정, 그리고 지위가 연구에 어떻게 영향을 미쳤는지를 살펴보는 성찰의 시간을 가졌다(Case, 2017). 다음은 그들의 회고 중 일부이다.

공동체-기반 연구를 실행할 때, 권력, 특권, 억압의 개념은 우리가 연구자로서 어떤 지위를 가지고 있고 누구와 일하고 있는지를 끊임없이 확인하도록 촉구한다(Fernández, 2018b, p. 231).

나 자신의 행동을 살펴보면, 나는 참여 실천행동 연구에 매진할 때 가장 편안하였다. 하지만 참여 실천행동 연구는 공동체심리학자가 자신, 공동체심리학, 그리고 더 상위의 공동체에 책임을 지는 유일한 방법이 아니다. 책임을 지는 방법은 많고, 그 방법은 관련 이해관계자들과 협의를 해야만 한다. 다음의 새러슨의 질문에 답해 보라. 나는 내가 믿는 것과 일치하는 사람인가? 나는 나의 가치관대로 행동하는 사람인가? 효과적인 정치적 렌즈를 통해 머리, 손, 그리고 심장을 똑같이 관여시킨다면, 이 질문에 대한 해답을 찾는 데 도움이 될 것이다(Langhout, 2015, p. 277)

당신의 생각은?

1. 이 연구자들이 공동체-기반 연구에서 성찰을 중요하게 생각한 이유는 무엇인가?
2. 공동체-기반 연구는 파트너와의 관계 설정이 포함된다. 이 관계에서 필요한 가치는 무엇인가?
3. 연구자의 성찰은 공동체 파트너와의 연구에서 누가 혜택을 보는지에 관한 의문을 제기한다. 공동체-기반 연구의 혜택은 누구에게 주어져야 하는가?

공동체심리학에서의 실천행동 연구

공동체심리학자는 개인이 어떻게 생태학적 맥락을 형성하고, 동시에 생태학적 맥락은 어떻게 개인에게 영향을 주는지에 관한 질문의 답을 찾기 위해 실천행동 연구를 이용하고 있다. 1장에서 언급한 것처럼, 공동체심리학자는 이러한 질문에 대한 경험적인 해답을 중요하게 여기기 때문에 체계적인 관찰과 측정에 기반한 증거가 부족한 이론이나 실천행동을 좋아하지 않는다. 우리는 연구 결과에 기초하여 우리의 실천행동을 이행하고 연구를 통해 우리의 실천행동의 영향을 이해한다. 공동체 연구는 지역의 실천행동 및 공동체 변화의 노력에서부터 시, 도, 국가 및 국가 간 정책 입안에 이르기까지 다양한 수준에서 의사결정, 계획, 그리고 실천행동을 위한 유용한 지식을 제공하는 것을 목표로 한다. 또한 여는 글에서 얘기한 것처럼, 공동체심리학자는 전문가로서 그들의 가치, 편향, 지위가 그들의 연구에 어떤 영향을 주었는지를 성찰(reflexivity)을 통해 이해하려고 노력한다.

실천행동 연구는 레빈과 동료들에 의해 미국의 많은 공동체심리학자에게 소개되었다(2장의 내용을 상기해 보라). 실천행동 연구의 뿌리는 8장에서 소개하는 하이랜더(Highlander) 연구 및 교육 센터와 라틴 아메리카 학자들의 업적에서도 찾을 수 있다(Lykes, 2017; Montero et al., 2017). 공동체에서의 실천행동 연구는 다양한 수준에서 참여할 수 있는 유용한 지식을 제공한다. 이것은 기존의 심리학 연구와 다른 점이다. 심리학에서 공동체-기반 연구가 말하고자 하는 관점의 전환에 대하여 잠시 생각해 보자. 공동체 세팅에서 수행되는 연구와 실험실 세팅에서 수행되는 연구가 어떻게 다르다고 생각하는가? 공동체 세팅에서 연구를 수행할 때 부딪히게 될 새로운 문제는 무엇일까?

많은 심리학자는 대학 강의실과 지정된 실험실 공간에서 연구를 수행한다. 물론 실험자의 입장에서는 실험실 연구가 많은 변인을 통제할 수 있기 때문에 유용한 환경이다. 실험 심리학자 대부분은 연구에서 나타날 수 있는 현상, 연구의 관점, 방법론, 실험이 진행되는 동안의 참여자에 대한 처치, 참여자가 제공하는 자료의 형식, 자료 분석, 결과 해석 및 결과 보고를 통제한다. 이러한 통제는 결과의 명확성을 높이고 특정 형태의 정보를 산출한다. 물론 연구자는 반드시 용인된 윤리적 테두리 내에서 실험을 시행하지만, 실험실 내에서 심리학자가 통제할 수 있는 부분은 상당히 많다.

사람들(예, 심리학 개론 수업을 듣는 학생)은 통제가 잘 된 실험실에서 진행되는 연구에 잠시 참여하는 것은 꺼리지 않지만, 자신과 가족의 일상 환경(예, 학교, 직장, 이웃)에 대한 통제권을 연구자에게 이양해야 하는 공동체 세팅에서의 연구 대상이 되는 것은 선뜻 참여하려고 하지 않는다. 공동체심리학 연구에서 가장 중요한 공동체 세팅은 그곳에서 일하고, 생활하고, 공부하고, 즐기는 시민에게도 가장 중요한 곳이다. 공동체심리학자는 공동체 구성원으로부터 많은 것을 배울 수 있으므로 그들이 연구의 피험자라기보다는 그들 삶의 주체이자 전문가로 인식해야 한다.

이 장에서는 여는 글의 인용문에서 제기한 질문에 초점을 맞추어 공동체심

성찰
연구자가 전문가로서 자신의 가치, 편향, 지위가 그들의 연구 결과 및 공동체 파트너와의 관계에 어떤 영향을 주었는지를 이해하는 과정을 일컫는다.

리학자가 실제 연구에 필요한 가치, 가정, 목표를 토론하고자 한다. 우리는 실험실에서 사용했던 것과는 다른 통제의 관점을 제시할 것이다. 공동체 구성원과 통제권을 함께 공유한다면, 공동체 연구에서 얻은 지식을 확장할 수 있다. 공동체 파트너의 권력을 강화하는 협력적 관계 속에서 실행되는 잘 설계된 공동체 연구는 실험실에서는 발견할 수 없는 통찰을 가져올 수 있다. 통제권을 공유한다는 것이 그것을 포기한다는 의미는 아니다. 협력적 관계에서 공동체 구성원과 연구자 모두가 함께 연구를 계획하고 수행한다는 뜻이다. 이 장의 목표는 당신에게 공동체심리학 연구의 방법뿐만 아니라 공동체의 관심을 더 잘 이해하고 존중할 수 있도록 하는 것이다.

　3장과 4장은 공동체 연구와 관련된 부분으로, 4장에서는 공동체심리학 연구에 대한 구체적인 방법을 설명할 것이다. 3장과 4장을 통해서 공동체 삶의 복합성을 이해하려고 노력하는 것이 공동체 연구에 얼마나 도움이 되는지 배울 수 있기를 기대한다.

공동체 연구의 실천: 맥락에 기반한 연구에서의 책무

　연구는 공동체 구성원에게 힘이 될 수도 있고 아니면 해를 끼칠 수도 있다. 그래서 연구의 모든 단계에서 가치의 문제가 거론된다. 공동체심리학은 실천행동과 함께 연구의 가치를 중요하게 다루고, 이것이 공동체심리학자의 정체성의 핵심이다. 모든 공동체심리학자는 자신의 정체성을 연구자로 할 것인지, 실천가로 할 것인지에 대한 질문에 진지하게 임한다. 공동체심리학자가 관여하는 세팅과 유형은 다양하지만, 연구 문제에 답하기 위한 최상의 전략과 방법을 이용하여 엄격하면서도 최고의 결과를 도출하기 위해 노력하는 것은 동일하다. 우리의 연구는 문제를 정의하고 그것의 우선순위를 정하는 방식에 기반을 두고 있다. 또한 모든 공동체 연구는 반드시 다른 여러 가치—시민참여와 협력, 사회정의, 다양성 존중, 공동체 강점 찾기—의 상대적인 우선순위에 관한 질문을 해결해야 한다. 이러한 쟁점은 다음의 질문으로 요약할 수 있다. 누가, 어떤 지식을, 누구를 위해서, 그리고 무슨 목적으로 생성하였는가?

　랑하우트가 이 장의 '여는 글'에서 인용한 공동체심리학의 창시자 중 한 명인 새러슨(Sarason, 1972)은 공동체 계획을 시작하기 전의 시간이 중요하다고 하였다. 그 시기에 관계자들은 해결해야 할 문제나 도전을 인식하고, 그 문제를 정확히 이해하려고 노력하며, 무엇을 할 것인지를 결정한다. 이것은 연구의 초기 단계, 즉 계획 설계 및 자료 수집의 전 단계에도 적용할 수 있다. 공동체심리학 연구를 수행할 때는 다음의 네 가지 책무가 전반적으로 중요하게 여겨진다. 먼저 각 질문을 대략적으로 살펴본 후, 이 장의 나머지 부분에서 각 질문과 관련하여 자세히 설명할 것이다.

우리가 실행하는 연구의 가치와 가정 검토하기 심리학 연구자는 연구에 대한 기본 가치와 가정, 그리고 그것이 공동체 및 사회적 실천행동과 어떻게 연관되는지를 명확히 해야 한다. 기본적으로 연구자는 가장 먼저 자신이 왜 그 연구를 수행하는지에 대해서 이해하여야 한다. 이를 위해 연구자는 다음의 두 질문에 대답할 수 있어야 한다. 경험적 연구의 가치는 무엇인가? 구체적으로 이 연구에서 무엇을 얻을 수 있는가? 이 질문에 관한 연구자의 생각은 공동체 구성원과 함께 연구를 진행하는 동안에 다양한 경험이 반영되면서 계속해서 수정될 수 있지만, 공동체에서 연구를 수행하기 전에 이에 대한 자신의 생각을 명확히 수립해야 한다.

연구 수행에 공동체 참여와 협력 촉진하기 공동체심리학 연구의 가장 독특한 부분은 시민과 공동체가 함께 참여하고 협력적 관계를 구축하여 연구를 진행한다는 것이다. 이러한 독특한 접근은 공동체심리학자와 관련 영역의 실천행동 연구자의 현장 경험과 세심한 심사숙고를 통해 발전하였다. 그들은 다음의 질문을 치열하게 고민하였다. 연구를 계획하고 수행할 때 연구자와 시민이 구체적으로 어떻게 협력할 수 있는가? 그 협력이 양쪽 모두의 권력을 어떻게 강화하고 생산적인 결과를 도출할 수 있는가? 연구자, 공동체 구성원, 연구 참여자 간의 존중 관계를 어떻게 최상으로 수립하고 유지할 수 있는가? 이 연구를 수행하고자 할 때 윤리적 문제는 무엇인가?

연구의 문화적·사회적 맥락 살펴보기 공동체 연구는 항상 어떤 문화, 아마도 하나 이상의 문화에서 이루어진다. 연구자의 문화적 가정과 경험은 공동체 구성원의 가정 및 경험과는 다를 수 있기 때문에 초기 작업에서 연구자는 그들이 연구할 공동체에 대한 깊이 있는 학습이 필요하다. 또한 공동체 연구자는 문화를 뛰어넘는 다양성의 문제(예, 성별, 성적 지향, 장애 여부, 사회 계층)를 다루거나 해결하려고 노력해야 할 수도 있다. 이와 관련하여 연구 대상인 개인, 공동체, 문화의 강점을 항상 고려해야 한다.

생태학적 관점을 가진 연구 수행하기 공동체 연구자는 명시적으로든 암묵적으로든 그들이 초점을 두어야 할 생태학적 분석 수준을 결정한다. 지금까지의 심리학 역사와 실천은 개인 수준에 초점을 두었지만, 공동체심리학은 개인과 맥락 및 더 큰 사회 체제와의 연결에 관심을 두고 있다. 어디에 초점을 둘 것인지에 대한 선택을 명시적으로 분명히 할 때 더 좋은 연구를 수행할 수 있다.

우리가 실행하는 연구의 가치와 가정 검토하기

1장에서 논의했던 노숙자의 상황을 떠올려 보라. 문제를 제대로 인식하지 못한 가정은 문제의 해결에 방해가 된다. 또한 그러한 가정은 연구자가 연구 대상, 이론적 관점, 그리고 연구 방법을 선택할 때에도 영향을 미친다. 가정은 사회과학 지식의 구성 요소와 그것을 가장 잘 사용할 수 있는 방법에 대한 기본적인 생각에 관한 것이다. 다음에서 지식의 구성과 그것의 획득 방법에 대한 세 가지 관점 간의 차이를 살펴보자.

공동체심리학 연구를 위한 세 가지 과학철학

과학철학은 과학적 지식이 무엇이고, 과학적 지식을 추구할 때 사용하는 적절한 방법은 무엇이며, 그것과 사회적 실천행동을 어떻게 관련지을 수 있는지에 대한 개인의 믿음을 뜻한다. 당신은 자신이 가지고 있는 개인의 과학철학에 대하여 한 번도 생각해 본 적이 없을 수 있겠지만, 연구와 연구 방법(이 내용은 아마도 수강했던 심리학 수업 또는 다른 사회과학 수업에서 배웠을 것이다)에 대한 당신의 생각에는 과학철학이 반영되어 있다. 이 절에서는 공동체심리학 연구에서 사용하는 일반적인 세 가지 과학철학—후기실증주의, 구성주의, 비평이론―을 소개한다. 세 가지 과학철학의 간략한 비교는 〈표 3-1〉에 나타나 있다. 각 철학은 독립된 단일 학파가 아니라 실제로는 관련된 접근법들의 집합이고, 다른 과학철학의 영역에도 존재한다. 리거(Riger, 1990, 1992), 캠벨과 와스코(Campbell & Wasco, 2000), 넬슨과 프릴렐튼스키(Nelson & Prilleltensky, 2010)는 세 가지 과학철학에 관한 간략한 개요를 제공하였고, 다음의 내용은 이 자료에 근거하여 요약한 것이다.

심리학의 발달에 있어 실증주의(positivism)는 가장 많이 알려지고 사용되는 과학철학이다. 실증주의는 많은 형태가 있지만, 심리학에서 중요하게 생각하는 몇 가지 공통 요인이 있다. 그것은 연구에서의 객관성과 가치 중립, 인과관계의 이해라는 궁극적 목표, 명확한 인과관계를 위해 외부 요인을 통제한 가설 검증, 그리고 자료 수집을 위한 측정 등이다. 실증 과학은 연구 결과를 바탕으로 하여 다른 많은 경우에도 적용할 수 있는 일반화된 법칙을 세우려고 노력한다. 당신이 심리학 연구법을 수강하였다면, 당신이 배운 것은 실증주의의 영향을 받은 것이다.

실증주의에 대한 몇몇 비판점이 있는데, 그중 한 가지는 가치 중립적인 관찰자가 가능한가에 관한 것이다. 예를 들면, 개인은 한 문화의 구성원이고 그 문화의 영향을 받는다. 더욱이 문화의 독특한 특성과 역사적 환경 등은 어떤 한 문화에서 나온 연구 결과를 다른 문화로 "일반화"하는 것을 제한한다(Gergen, 1973, 2001; Tebes, 2017). 이러한 비판이 점점 증가하면서 어떤 연구자도 완전히 객관적일 수는 없지만, 가능한 편견을 줄이고 공유할 수 있는 합의를 세우려고 노력해야 한다는 후기실증주의(postpositivist philosophies of science)가 나오게 되었다. 공동체심리학에서의 후기실증주의 접근법은 실험 방법, 가설 검증, 심리학 측정법을 공동체 세팅에 맞도록 조정한다. 예를 들면, 후기실증주의 접근을 사용하는 공동체심리학자는 성별 · 성적 지향 연맹(Gender and Sexuality Alliances: GSAs)이 조직된 고등학교의 괴롭힘 및 사회적 분위기를 측정하여 GSAs가 없는 학교의 측정 결과와 비교하였다. 동성애 · 이성애 연맹으로도 알려진 GSAs는 LGBTQ(성소수자) 학생의 안전한 학교생활을 목표로 하는 학생 주도의 학교 기반 동아리이다. GSAs의 존재와 참여는 LGBTQ 청소년이 당하는 괴롭힘의 감소와 학교 분위기의 향상과 관련이 있었다(Marx & Kettrey, 2016).

실증주의
심리학의 발달에 있어 가장 많이 알려지고 사용되는 과학철학으로, 연구에서의 객관성과 가치 중립, 가설 검증과 외부 변인 통제를 통한 인과관계 이해, 그리고 양적 자료를 강조한다. 다양한 맥락에 적용하는 일반화된 법칙과 결과를 찾는다.

후기실증주의
완전히 객관적인 연구자는 없지만, 가능한 편견을 감소시키는 것을 목표로 한다. 연구 대상인 공동체에 맞도록 실증주의 방법을 조정한다.

구성주의
연구자의 편향을 제거하려고 하기보다 연구자의 편향을 공개적으로 알리고 평가한다. 연구자는 공동체 구성원과 함께 지식의 공동 생산자로 상정한다.

비평이론
구성주의와 유사하지만 동일하지는 않은 접근법으로, 지식은 사회 제도 및 신념 체계가 만들어서 유지하는 권력 관계로 인해 형성된다고 가정한다. 또한 진실이 무엇인지 진술할 수 있는 권력을 가진 사람은 누구인지, 연구 관계의 본질을 정의할 수 있는 사람은 누구인지, 그리고 그들의 배경이 연구 과정에 어떻게 영향을 미치는지에 대하여 연구자들이 의문을 가지기를 권한다. 비평이론 연구자는 부당함에 도전하는 활동가이다.

구성주의(constructivist philosophies of science)는 실증주의와는 다른 접근법을 취한다(Campbell & Wasco, 2000; Gergen, 2001; Montero, 2002; Nelson & Prilleltensky, 2010; Tebes et al., 2014; Trickett, 2009). 구성주의는 가치중립적인 객관성을 추구하는 대신 지식은 관계에서 발생한다고 가정한다. 구성주의는 연구자의 편향을 제거하기보다 연구자의 가설을 토의하고 평가받도록 한다. 구성주의는 연구자가 자신의 가설을 명확하게 하고 연구를 수행할 때 발생하는 관계를 자세히 살피는 것이 연구자의 책임이라고 가정한다.

구성주의 개념틀에서 보면, 연구자는 다른 사람, 주로 공동체 구성원을 지식의 공동 생산자로 상정하며 다양한 사고와 전문지식을 사용하여 연구를 강화한다(Tebes, 2017; Tebes et al., 2014). 지식은 항상 제한점과 제약이 있다. 즉, 공동체의 쟁점과 사회 문제에 대한 이해는 시간이 지남에 따라 그리고 맥락이 달라짐에 따라 변화한다. 그러므로 구성주의는 연구자로서의 각 개인이 업무를 수행할 때의 관점과 경험을 포함하여 연구의 사회적 맥락을 조사한다. 구성주의 접근법은 양적 분석을 사용할 수도 있지만(Shinn, 2016; Singh et al., 2018), 이 접근법이 강조하는 관계, 협력, 상호이해를 통한 지식은 질적 분석 및 일부 여성주의 연구자들이 중요시하는 부분이다(Campbell & Wasco, 2000; Riger, 1992; Stein & Mankowski, 2004 참조).

구성주의 접근법은 특정한 사회 맥락을 이해하려고 노력하고 그것을 경험하는 사람에게 그것이 어떤 의미인지를 찾고자 한다. 공동체 맥락에 보편주의를 실천하려고 애쓰기보다 특정한 맥락을 연구하는 것이 더 합당한 노력이라고 생각한다. 유용한 지식은 맥락 내 그리고 맥락 간 절차와 관계를 조사하여 이루어진다. 지식을 한 가지 방법으로만 얻으려고 하지 않는다면 방법론적 다원주의는 가치 있는 접근법이다. 예를 들면, 지역의 고등학교에 있는 GSAs의 사례를 연구할 때 구성주의 개념틀을 사용하는 연구자는 GSAs 참여자에게 GSAs가 학교에서의 안전과 학교 소속감에 어떻게 영향을 미치는지 얘기해 달라고 할 수 있다.

비평이론(critical philosophies of science)은 구성주의와 유사한 측면이 있지만, 그것과는 또 다른 세 번째 입장을 취한다(Campbell & Wasco, 2000; Dutta, 2016; Eagly & Riger, 2014; Nelson & Prilleltensky, 2005). 이 관점은 사회 제도 및 신념 체계가 빚어낸 권력 관계로 인해 지식이 형성된다고 가정한다. 또한

진실이 무엇인지 진술할 수 있는 권력을 가진 사람 그리고 연구 관계의 본질을 정의하는 사람이 누구인가를 질문한다. 비평이론은 사회 체제 내에서의 자신의 위치와 그것이 연구에 미치는 영향을 인식하고 의문을 제기하는 것이 연구자의 책임이라고 생각한다. 연구자와 연구 참여자의 성별, 인종, 민족, 사회 계급, 그리고 그 외 사회적 위치가 그들의 일상 경험에 강력한 영향을 끼친다. 왜냐하면 이러한 지위는 크든 작든 일정 정도의 사회 권력을 반영하기 때문이다. 또한 비평이론 연구자가 부당함에 도전하는 연구를 수행할 때는 활동가의 입장을 취한다. 비평이론을 바탕으로 하는 공동체 연구는 후기실증주의 또는 구성주의 접근법에서 도출된 구체적인 연구 방법을 사용할 수 있다. 공동체심리학에서의 몇몇 여성주의와 해방 운동, 탈식민지 접근법은 비평이론을 반영한다. 물론 활동가의 입장이 연구의 선택과 결과에 영향을 끼칠 수 있기 때문에 구성주의 접근법처럼 그들의 가설과 관점을 명확히 하는 것을 연구자의 책임으로 규정한다. 예를 들어, 구성주의 관점을 가진 연구자는 GSAs가 LGBTQ 학생의 사회적 분위기에 긍정적인 영향을 준다는 연구를 바탕으로 GSAs가 조직된 고등학교가 왜 극소수인지를 질문할 것이다. 연구자는 다양한 방법을 사용하여 학생 주도의 GSAs 동아리가 만들어지고 유지되는 데 있어 방해 요인이 무엇인지 조사할 것이다.

그러므로 연구를 "시작하기 전"부터 후기실증주의, 구성주의 및 비평이론은 다른 목표를 가진다. 각 과학철학은 연구자와 연구 참여자의 역할에 관한 생각, 연구를 어떻게 사용할지에 대한 개념, 연구자의 가치와 가정을 어떻게 다룰 것인지에 관한 생각, 그리고 심지어 "지식"이 무엇인지에 대해서도 서로 다른 생각을 취하고 있다(〈표 3-1〉 참조). 현재 많이 이용되는 공동체 연구는 후기실증주의의 특징을 사용하고, 특히 공동체 세팅에 적합하도록 수정된 측정 방법과 실험을 사용한다. 하지만 구성주의 접근법이 공동체심리학에 미치는 영향력은 점점 더 커지고 있다. 특히 협력과 참여 접근을 강조하는 공동체심리학의 주장과도 잘 부합된다. 비평이론 접근법 역시 부분적으로 영향을 주고 있는데, 이는 비평이론이 연구와 실천행동의 통합을 강조하고 사회 체제의 권력 역동의 중요성을 주장하기 때문이다. 이 세 가지 과학철학은 모두 공동체심리학 연구에 유용하며, 이 세 가지 과학철학 중 하나 이상을 병합하여 연구할 수도 있다.

　　예를 들면, 마을 공동체가 아동의 삶에 어떤 영향을 주는지에 관한 연구를 계획한다고 생각해 보자(Necotera, 2007). 연구자는 세 가지 과학철학에서 발달해 온 방법을 포함하여 다양한 방법을 사용할 수 있다. 후기실증주의 접근법을 사용한다면, 마을의 인구학적 정보와 사회경제적 구성을 밝혀 낼 수 있는 인구 조사 자료 등과 같이 구조적 특징을 측정할 것이다. 하지만 연구자는 인구 조사만으로는 구성주의에서 강조하는 이웃 간의 사회화 과정의 측정이 생략된다는 것이 신경 쓰일 수 있다. 사회화 과정을 측정한다면, 주민들이 자신의 이웃을 어떻게 이해하고 있는지를 알 수 있을 것이다. 다시 말하면, 주민에게 이 마을에 사는 것이 실제로 어떤 의미인가를 묻는 것이다. 이것을 통해 당신은 규준, 기회, 장애물, 위험, 그리고 사용 가능한 자원에 대한 주민의 인식을 엿볼 수 있다. 또한 비평이론의 초점은 권력을 살펴보는 데 유용하다. 이것은 서로 다른 이해관계자가 이웃을 어떻게 정의하고자 하는지(예, 안전한 지역, 이용 가능한 자원), 그리고 성인뿐만 아니라 아동은 마을을 어떻게 지각하는지에 대하여 살펴볼 수 있도록 도와준다. 우리가 말하고자 하는 것은 연구자가 모든 것을 측정해야 한다는 것이 아니라, 각 접근법이 연구 문제와 전략을 어떻게 이끌고 있는지를 보여 주고자 하는 것이다. 티끌 하나 없이 완벽한 연구 설계는 없다. 연구를 수행할 때는 항상 타협해야 한다. 다만, 우리는 공동체 연구자가 연구를 계획할 때 그들의 선택을 명확히 해야 한다고 말하고 있는 것이다.

〈표 3-1〉 공동체심리학 연구를 위한 세 가지 과학철학

과학철학	인식론	방법론
후기실증주의	지식은 과학의 엄격한 방법과 표준을 적용하여 공유된 이해를 통해 정립	인과관계, 가설 검증, 모델링 및 실험적 방법의 이해를 강조
구성주의	지식은 연구자와 참여자 간의 협력적 관계에서 창출	참여자의 맥락, 의미, 삶의 경험을 중심으로 한 질적 방법의 이해를 강조
비평이론	지식은 사회 체제 내의 권력 관계와 위치에 의해 정립	연구와 실천행동의 통합, 소외된 목소리 경청, 그리고 다양한 방법을 사용하여 부당함에 도전하는 것을 강조

연구에서의 문제 정의

공동체 연구자는 그들의 연구가 사회의 실천행동과 어떻게 관련될 것인지를 결정해야 한다. 사회 문제에 대한 후기실증주의 접근은 연구 결과를 바탕으로 구체적이고 실용적이며 일반화할 수 있는 답을 찾으려고 노력한다. 이것은 심리학의 과학적 방법과 결과를 정책입안자나 기금제공자가 정의한 용어로 사회에 적용하는 것이다. 많은 사회과학 연구는 이러한 자세를 취하고 있고 공동체심리학 역시 초창기에는 이러한 접근이 지배적이었다.

문제를 정의할 때 후기실증주의 접근법은 매우 유용할 수 있다. 예를 들면, 국가 또는 공동체가 어떻게 AIDS의 확산을 예방하고, 아동의 건강을 증진하며, 학교 폭력을 감소시킬 것인가에 대하여 생각해 보자. 공동체 연구는 이러한 문제의 원인을 확인하고 그 요인을 다루기 위해 프로그램 또는 사회 정책을 개발하여 그것의 효과성을 평가할 수 있다. 예방과학에 대한 미국 의학연구소의 접근에는 이 과정이 포함되어 있다. 이들은 건강 또는 행동 문제를 유발하는 요인의 연구를 수행하고, 이 결과를 바탕으로 예방 프로그램을 개발하고, 대조군 연구를 통해 프로그램의 효과성을 검증하고, 이후 가장 효과적인 프로그램을 배포하여 이것이 다른 세팅에서도 같은 결과가 나타나는지를 알아보았다(Hawkins et al., 2015). 예방과학 접근법의 장점 및 단점은 9장과 10장에서 자세하게 다룬다.

하지만 지금부터는 이러한 연구의 유용성이 문제, 원인, 그리고 적절한 대응을 어떻게 규정하는지에 달렸다는 것을 지적하고자 한다(Price, 1989). 문제 정의와 해결을 위한 사회적 합의가 존재하지 않는 경우가 종종 있다. 심지어 명확히 정의되어 있고 유발 요인이 잘 알려진 보건 의료 문제(예, HIV 감염의 진단과 전염)조차도 예방법(예, 주사 바늘 교환, 콘돔 및 콘돔 사용 협상에 대한 교육)과 관련한 논란이 종종 발생한다. 만일 시민들이 문제 정의와 그것의 원인에 동의조차 못하는 상황이라면 논란은 증폭된다. 성 문제, 아동 및 가족 문제, 약물 사용 등의 쟁점에서 이런 현상을 볼 수 있다.

그렇다면 이러한 갈등이 사회 및 공동체 쟁점에 대한 경험적 연구가 쓸모없다는 것을 의미하는가? 우리는 그렇지 않다고 반박한다. 연구자는 사회 문제에 대하여 가치 중립을 추구하는 대신 사회의 쟁점과 관련한 다양한 입장, 서로 다른 가치, 서로 다른 문제 정의, 원인과 영향에 대한 서로 다른 이론, 그리고 예방 및 치료를 위한 서로 다른 개입법과 관련되었음을 인정할 수 있다. 연구자는 경험적 근거를 위한 문제 정의가 한쪽으로 과도하게 치우쳐져 있다는 것을 발견했다면 그것을 지적할 수 있다. 예를 들어, 메리베스 쉰(Marybeth Shinn, 2016)은 동료들과 20년 넘게 노숙자 감소를 위한 여러 접근법의 효과성에 관한 연구를 수행하였다. 연구 결과, 노숙자에게 다양한 형태의 치료를 제공하는 접근법보다 주거 공간을 마련하기 전까지 자율성과 자원(즉, 주거 우선 모델)을 더 많이 제공하는 전략이 훨씬 효과적인 것으로 나타났다(Tsemberis, 2010). 이 연구 결과는 상당히 설득력이 있었고, 미국과 캐나다에서 정책입안자가 노숙자의 문제를 정의하는 방식을 바꾸어 놓았다.

또한 공동체심리학자는 한때 권력을 가진 사람들과 기관들이 수용 가능한 형태의 사회 통제라고 여겼던 '친밀한 파트너 폭력'에 대한 정의를 바꾸는 데 중요한 역할을 하였다. 관계에서 권력의 사용을 폭력과 동일한 것으로 인식하고 연구하는 것만으로도 사회변화를 가져왔다(Allen & Javdani, 2017). 친밀한 파트너 폭력에 대한 실천행동 연구는 개인에게 초점을 맞춘 개입에서부터 공동체 수준의 협력을 거쳐 더 상위의 사회 체제 변화에 이르기까지 여러 생태학적 수준에서 이루어졌다. 대인 간 폭력을 이해하고 줄이기 위해서는 여러 생태학적 분석 수준을 아우르는 다양한 해결책이 가장 효과적이다(Miller & Shinn, 2005; Rappaport, 1981; Wandersman et al., 2008). 연구자는 이해를 돕고 변화를 이끌기 위해 근거를 제시할 때 반드시 지식적인 면에서 정직해야 하고, 반대 의견의 가치를 인지해야 하고, 논리적으로 방어할 수 있는 방법을 사용해야 하며, 심지어 자신이 제안했던 가정과 반대 결과가 나와도 발표할 수 있어야 한다(Nelson et al., 2001). 자신의 논리와 가치를 대담하고 분명히 표방하여 그것의 근거가 되는 가정을 명확히 밝힌다면 연구는 실질적으로 향상될 것이다.

소외된 목소리에 귀 기울이기

여는 글에서 소개한 페르난데스의 질문으로 다시 돌아가 보자. 우리는 연구자로서 어디에 서 있으며, 누구와 일하고 있는가? 이 질문에 답하고자 할 때 개인의 가치는 중요한 지침이 된다. 다른 사람과의 대화를 통한 끊임없는 성찰 또한 중요하다(Suffla et al., 2015). 또 다른 지침은 사회 문제를 논쟁할 때 소외된 목소리를 찾는 것이다(Freire, 1970/1993; Rappaport, 1981; Riger, 1990). 사회 문제를 토론할 때는 문제를 정의하고 논쟁의 용어를 규정하는 권력을 가진 사람이 종종 우위를 차지한다(Caplan & Nelson, 1973). 그들의 생각은 문제에 대한 일반적 통념이 된다. 그러므로 공동체 연구자의 중요한 역할은 소외된 집단의 견해를 확인하고 그 집단에 속한 사람들의 경험과 견해에 주목할 수 있도록 하는 연구를 시행하는 것이다. 이렇게 함으로써 쟁점에 대한 보다 폭넓은 지식을 제공할 수 있고, 동시에 공동체의 강점과 자원을 확인할 수 있다. 이러한 접근법을 소외된 목소리에 귀 기울이기(attending to marginalized voices)라고 정의한다.

소외된 목소리에 귀 기울이기
소외된 집단의 지식과 경험에 주목하고 통합하여 연구를 실행하는 것으로, 공동체의 강점과 자원을 확인할 수 있다.

목소리
여성주의자들의 생각에서 비롯된 은유적 표현으로, 개인의 지식, 경험, 언어, 직관, 그리고 통찰 등을 일컫는다.

　목소리(voice)라는 은유는 여성주의자들의 생각에서 비롯되었다(Belenky et al., 1986; Reinharz, 1994; Riger, 1990). 여성주의자는 심리학에서의 실증주의 방법 및 이론이 여성의 경험과 지식을 모호하게 하거나 왜곡한다고 보았다. 여성의 언어, 직관, 통찰 등을 전달하려는 여성의 목소리는 명확히 전달되지 않거나 이해되지 못했다. 이렇게 자신의 의견이 무시되는 현상은 지금까지 연구자들에게 잘 주목받지 못하는 집단(예, 유색인, 저임금 노동자, 청소년, 그리고 신체적 또는 정신적 장애가 있는 사람)에서 발생한다. 교수법 및 학습법과 관련한 연구를 살펴보면, 학생들에게 그들의 경험과 견해를 얻어 그것을 바탕으로 하는 경우가 많지 않다(Weinstein, 2002a). 라인하즈(Reinharz, 1994)는 연구자가 소외된 집단이나 개인에게 목소리를 "부여할 수" 없다고 지적하면서, 목소리는 다른 사람의 지원을 받아서 스스로 발전시키는 것이라고 주장하였다. 하지만 연구자는 다양한 사람의 목소리를 듣고 배우며 그들의 목소리를 심리학의 지식 기반으로 가져오도록 하는 방법을 만들 수 있다. 또한 교육 기관은 공동체심리학에 관심이 있는 다양한 집단에서 더 많은 연구자를 배출하고자 노력하고 있으므로 공동체심리학의 지식 기반은 변화하고 확장될 것이다(Dutta, 2016).

　소외된 목소리에 귀를 기울이는 것은 사회 체제 내에서 권력이 약한 개인 및 집단의 시각에서 연구를 시작하는 것과 관련된다. 이들은 사회 체제(예, 세계 경제, 직장, 정신건강 서비스, 학교 또는 대학)의 관행에 가장 많은 영향을 받지만 이러한 관행의 통제권을 가장 덜 가진 사람이다. 그들에게 영향을 주는 복합적 사회 체제를 이해하기 위해서는 그들의 관점에서 그들의 경험을 통하여 문제를 연구하여야 한다. 그렇게 한다면 지식은 그들의 삶과 그리고 사회 전체 또는 공동체 전체의 삶의 질을 향상하는 데 사용될 수 있다. 라파포트 (Rappaport, 1981)는 권력강화에 대한 그의 초창기 논의에서 이 접근법을 주장하였다. 이는 특히 비평이론의 견해와 일치한다(Nelson & Prilleltensky, 2010).

여성주의 공동체심리학(예, Angelique & Mulvey, 2012; Bond et al., 2000a, 2000b; Salina et al., 2004)은 명확한 가치와 전제를 가지고 소외된 목소리에 귀를 기울이며, 사회변화를 위한 적극적 접근법을 지지하는 연구를 보여 주고 있다. 그들은 또한 다양한 복합적인 생태학 수준이 서로 얼마나 관련되어 있는지에 주목하고, 거시체계, 조직, 대인 관계의 영향이 여성 억압과 해방에 어떻게 연관되어 있는지를 조사한다("개인은 정치적이다"라는 여성주의자의 구호를 상기해 보라). 여성주의 공동체 연구자는 ① 자신의 삶의 경험이 그들이 갖는 관점에 어떤 영향을 미쳤는지 보여 주고, ② 그들의 전제를 명확히 하려고 노력하며, ③ 타인의 관점에서 배움을 얻는 것을 목표로 한다. 그러므로 연구는 독특한 여성주의의 주제를 다루는 단순한 지식 차원이 아니라 개인 발달과 대인 관계 유대의 과정이라고 할 수 있다.

크리스 설리반(Cris Sullivan)과 동료들은 공동체 여성 옹호자 및 친밀한 파트너 폭력의 생존자와 함께 협력하여 프로그램을 개발하였다. 이 프로그램은 준전문가의 옹호자들이 학대 경험이 있는 여성과 공동으로 작업하면서 이 여성들이 법적 지원, 주거, 고용 및 교육에 대한 자원에 접근할 수 있도록 도왔다. 연구는 여성주의의 가치와 분석에 입각한 태도를 견지하고 표본의 대표성이 보장되는 무선 실험 설계 방식을 사용하였다. 이 프로그램의 참가자들은 통제 집단의 여성들보다 덜 폭력적이었고, 더 높은 사회적 지지를 구축하였으며, 더 나은 삶의 질을 보고하였으며, 이 연구는 오늘날 여성주의 연구에도 여전히 영향을 미치고 있다(Bybee & Sullivan, 2002; Sullivan, 2003).

당신의 생각은?

1. 목소리라는 은유적 표현은 비록 여성주의에 근간을 두고 있지만, 여성의 목소리만을 의미하는 것은 아니다. 목소리가 소외된 또 다른 공동체를 생각해 보라. 연구를 통해 이 소

외된 집단에 어떻게 참여할 수 있겠는가?

2. '여성주의'는 다양한 집단과 신념을 포괄하는 광범위한 용어이다. 여성주의나 또 다른 운동 내에서 소외되어 왔거나 권한을 부여받아야 하는 목소리가 있다고 생각하는가?

연구 수행에 공동체 참여와 협력 촉진하기

연구 자료의 질과 유용성은 연구자가 자료를 수집하는 맥락과 특히 연구자와 연구 참여자 간의 관계에 달려 있다.

연구자와 공동체의 관계에 대한 한 가지 은유는 손님과 주인의 관계이다 (Robinson, 1990). 연구는 주인인 공동체에서 손님인 연구자가 실행한다. 주인이 손님에게 기대하는 태도는 연구자의 의도와 방법을 완전히 공개하고, 그들의 활동을 허가해 달라고 부탁하고, 주인이 원하는 것과 주인의 견해를 존중하며, 환대를 진심으로 감사하는 것이다. 연구자는 자료를 제공해 주는 공동체로부터 협력이라는 선물을 받고 그 공동체에 유용한 방식으로 연구의 결과물을 제시하는 것으로 보답한다. 이 관계에 대한 또 다른 은유는 협력적 파트너십이다. 이는 양쪽 모두 어느 정도의 선택과 통제권을 가지고, 그 선택에 대하여 열린 자세로 의견을 교환하고, 타협하며, 존중하는 것을 말한다. 서로의 파트너는 공동 작업을 위해 각자가 보유한 자원을 제공한다.

이러한 은유들은 공동체에 대한 장기간의 관심을 함축하고 있다. 파트너십이라는 은유는 특히 공동체 구성원이 연구 계획 및 실행에 참여한다는 것을 의미한다. 이러한 접근법은 참여 공동체 연구(participatory community research), 참여 실천행동 연구(participatory action research), 실천행동 연구(action research), 협력 연구(collaborative research), 그리고 공동체 과학(community science)으로 불린다(Jason et al., 2004; Kelly et al., 2000; Reason & Bradbury, 2001; Tolman & Brydon-Miller, 2001; Trickett & Espino, 2004; Wandersman, Kloos, et al., 2005). 이들 대부분은 1940년대의 레빈과 동료들의 실천행동 연구의 노력에서 이어져 온 것이다.

많은 연구자는 공동체를 "요구 집단, 실험을 위한 연구실, 또는 전문지식을 수동적으로 받는 수혜자"인 것처럼 착취해 왔다(Bringle & Hatcher, 2002, pp.

503~504). 자료 채광(data mining)이라는 은유는 연구 대상이 되는 공동체는 전혀 혜택을 받지 못하고 연구자에게만 이익이 되는 공동체 연구를 일컫는다. 손님과 주인의 은유에 빗대어 보면 연구자는 그렇게 좋은 손님이 되지 못하는 것이다. 과거에 공동체 세팅에서 연구했던 연구자들은 상호 호혜라는 규칙을 지키지 못했다. 이런 대접을 받은 공동체가 연구자와 더 이상 협력하기를 꺼리는 것은 충분히 이해할 수 있다. 공동체심리학자로서 우리는 이 역사를 반드시 기억하면서 이와 같은 패턴을 반복하지 않고 주인인 공동체에 유용한 연구 결과를 만들어 내기 위한 약속을 이행할 것을 확실히 해야 한다. 협력적 방법이 만병통치약은 아니지만, 이 방법은 권력과 통제의 문제를 상기하고 착취를 피하기 위한 노력이다.

　만약 개입 또는 실천행동 프로그램과 관련된 연구라면 통제에 대한 문제는 더 중요해진다. 해결되어야 할 문제, 개입의 구체적인 대상, 그리고 실행과 평가 방법이 모두 공개적으로 논의되고 결정되어야 한다. 개입이 세팅의 일상생활과 관련된다면 연구자는 장기간의 참여가 필요하다(Primavera, 2004). 협력 연구를 실제로 수행할 때는 가치, 정서, 개인적 관계 및 갈등 해결 등이 연관되어 있다. 연구자는 관련 문제에 대한 인지적 이해뿐만 아니라 사회·정서적 통찰과 기술도 필요하다. 이 장의 처음에 소개되었던 랑하우트(Langhout, 2015)의 마지막 문장을 떠올려 보자. 그녀는 협력 연구를 수행하기 위해서 머리와 손뿐만 아니라 내재된 정서와 정치적 관여도 끌어들이는 진정성을 담은 연구(heart work)를 강조하였다.

진정성을 담은 연구
전문적 지식뿐만 아니라 가치, 정서, 그리고 개인적 관계를 협력적 공동체 연구에 통합하는 것을 말한다.

　진실된 협력 연구는 시민과 연구자 모두에게 개인적 변화를 가져오기도 한다(Foster-Fishman et al., 2005). 문화적 오해, 권력 차이, 서로 다른 가치를 비롯한 여러 요인을 해결해야 하지만 동시에 더 깊은 이해와 더 나은 연구를 이끌기도 한다(Jason et al., 2004; Primavera & Brodsky, 2004; Sarason, 2003b). 중요한 것은 협력 연구를 실행하면서 우리는 종종 공동체 과정에 대한 중요한 통찰을 얻고, 전통적인 연구 방법으로는 알 수 없었던 것들을 배울 수 있다(Chirowodza et al., 2009). 우리가 배우는 것 중 어떤 것은 개인적으로 불편할 수도 있다. 왜냐하면 더 나은 통찰은 우리가 알지 못했던 숨겨진 가치, 편향, 가정과 그러한 것들이 연구에서 의도했던 목적과 상충하는 지점을 보여 줄 수 있기 때문이다. 이것 역시 우리의 성찰적 여정의 일부이다(Case, 2017).

이 절에서는 공동체 연구의 각 단계에서 연구와 관련한 결정에 연구자-공동체 파트너십 및 시민참여를 촉진하는 구체적인 접근법을 살펴볼 것이다.

1. 연구 협력을 하게 될 공동체 파트너와 "시작 전" 관계를 발전시켜라.
2. 연구 주제를 정하는 방법과 자료수집 방법을 포함하여 연구에 대한 의사결정을 진행하라.
3. 분석을 통해 나온 것을 해석하라.
4. 결과를 보고하고 연구의 영향을 평가하라.

우리는 각 단계마다 공동체 구성원의 참여를 극대화할 수 있는 접근법을 소개한다. 그렇다고 이 방법들이 모든 맥락에서 유용하거나 적절하다는 것은 아니다. 공동체 연구는 공동체 참여가 최소화되는 것부터 최대화되는 것까지 다양한 스펙트럼이 있고, 참여는 시간을 함께 보내면서 능력을 갖추어 가는 과정으로 이해되어야 한다(Bess et al., 2009). 공동체와 연구의 성격에 따라 연구자와 시민의 역할은 다르게 설정될 필요가 있다(Pokorny et al., 2004).

"시작 전" 관계 발전시키기

연구의 파트너십은 연구자가 공동체에 들어가면서부터 시작된다. 예를 들면, 엘리자베스 토마스(Elizabeth Thomas, 이 책의 저자 중 한 명)는 멤피스 지역의 청소년 조직과 연구 파트너십을 시작하였다. 그녀는 함께 일할 청소년 동료들의 오리엔테이션에 참석하고, 그들이 주최하는 이벤트에 참여하며, 참여 실천행동 연구를 위한 연구 훈련과 워크숍이 원활하게 진행되도록 도왔다. 그녀와 그녀의 지도 학생들은 그 도시 전체에 걸쳐 선발한 30명의 청소년 조직 위원 및 직원 모두와 오랜 시간 관계를 발전시켰다. 그들은 연구의 진행 과정에 청소년의 발언권을 확대하고, LGBTQ 청소년에게 안전하고 교육적인 공간을 만들고, '학교에서 교도소로 직행(school-to-prison pipeline)'하는 것을 막기 위해 청소년 활동가들과 연합하여 성적 학대와 성폭력을 근절하기 위한 활동을 하고 있다. 이 연구 팀은 현재 청소년 조직화에 대한 교차 접근법과 활동을 유지할 때 필요한 동료 멘토링의 역할을 연구하고 있다.

연구의 파트너십 발전에 대한 초기 질문은 다음과 같다. 이 연구의 연구자는 누구이고, 그들을 지지하고 지원하는 단체는 어디이며, 이들의 목적은 무엇인가? 연구자가 조직 또는 공동체로 초대한 사람은 누구이며, 어떤 조건으로 초대하였는가? 공동체의 파트너는 누구이고, 이들이 공동체의 어떤 측면을 대표하는가? 이 조직 또는 공동체의 연구로 인해 혜택을 받는 사람은 누구인가?

연구자와 공동체 양쪽의 자원은 모두 가치가 있다. 진정한 협업을 구축하기 위해서는 양쪽 모두 시간과 노력을 들여야 하고 통제권을 어떻게 공유할 것인지를 결정해야 한다. 모든 공동체가 연구자에게 동일한 자원을 필요로 하거나 원하는 것은 아니다. 경제적으로 압박을 받는 공동체는 경제적인 자원을 기대하는 반면, 보다 여유 있는 공동체에서는 만성 질병으로 힘들어 하는 사람을 위한 정서적 지지와 존중을 원할 수 있다(Nelson et al., 2001). 공동체 구성원 역시 공동체와 문화의 경험적 지식, 사회 연결망, 그리고 공동체 세팅의 접근을 포함한 많은 자원을 제공한다. 예를 들면, 엘리자베스와 함께 일했던 청소년 동료들은 자신의 일상 경험에서는 전문가였고, 청소년-성인 파트너십에서 발휘한 지식과 전략은 공동체의 긍정적 변화의 결정적 역할을 하였다.

연구자와 시민의 파트너십 및 상호 의존은 반드시 대인 간 관계를 통해 구축된다. 이것은 각자의 맥락을 뛰어넘어 서로를 알아가기 위해서 비형식적인 수많은 면대면 접촉이 필요하다는 것을 의미한다. 이는 또한 전통적인 연구나 개입 프로젝트의 기간보다 더 긴 시간이 필요하다. 공동체 연구자에게 중요한 대인관계 기술에는 자신의 감정과 그것이 타인에게 어떻게 표현되는지에 대한 정확한 자각, 신뢰 형성 과정에서의 자기노출, 그리고 목표, 관점, 가치에 대한 분명한 의사전달이 포함된다. 공동체 구성원이 그들의 공동체와 문화를 연구자에게 설명할 때, 연구자는 배움과 존중의 분위기를 조성하는 것이 중요하다. 겸손과 배움에 대한 의지는 필수적이다. 앞선 예시처럼, 공동체 구성원과 함께하는 자발적인 공동체 봉사와 비형식적인 사회 활동은 많은 도움이 될 수 있다. 연구자는 공동체 구성원과 사회적 지위, 권력, 문화, 그리고 삶의 기회가 본인과 다름을 인식하는 것이 중요하고, 그러한 것이 연구자의 관점을 얼마나 제한시키는지를 인정하는 것도 중요하다(이 내용은 바로 다음의 문화에 입각한 연구에서 더 자세하게 논의하고 7장에서 다시 다룬다). 예를 들면, 엘리자베스의 '동료 관계 바꾸기(change fellows)' 연구에서 "꼰대(adultism)"에 대한 도전은 청소년-성인 파트너십을 위한 최상의 관계 실천을 고안하는 데 도움이 되었다. "꼰대"는 나이가 더 많은 사람이 젊은이보다 낫고 젊은이의 동의 없이 그들에게 어떤 행세를 해도 되는 자격이 있다고 전제하는 것을 일컫는 개념이다(Bell, 1995).

연구자는 많은 시민이 연구에 대해 궁금해 하는 것을 알기 쉽게 설명할 필요가 있다. 그 팀 내에서 효과적인 의사소통을 증진하기 위해서 연구자는 반드시 거들먹거리는 어휘가 아닌 상식적인 수준의 어휘를 찾으려고 애써야 한다. 전문용어의 사용은 공동체 파트너를 소외시켜 권위적인 느낌을 줄 수 있으므로 조심해야 한다. 연구자는 또한 공동체 구성원의 경험적이고, 문화적이며, "내부의" 지식을 배워야 한다.

연구 결정: 주제를 정하고 자료를 수집하기

공동체-기반 연구에서 결정은 협의에 의해 이루어져야 한다. 연구와 관련한 결정을 내리는 한 가지 방법은 공동체 조직과 시민 대표로 구성된 공동체 연구 패널을 만들어서 이를 통해 연구자가 공동체 구성원과 의사소통 및 협상을 하는 것이다. 이 방법은 연구자가 해당 공동체의 문화적 성격을 이해하는 능력을 높이고, 공동체가 연구자에게 책임을 묻는 방법을 제공한다. 새로운 패널을 만드는 대신에 공동체에 이미 존재하는 단체(예, 부족 협의체 또는 주민자치회)와 공식적인 관계를 맺을 수도 있다.

연구 결정 과정의 또 다른 모델은 연구 팀 내에 공동체의 이해관계자를 포함하는 것이다. 예를 들면, 파인(Fine, 2003)과 동료들은 수감 여성과 함께 협력하여 대학 교육이 여성의 자기 이해와 삶에 미치는 영향을 연구하였다. 수감 여성 중 소수의 여성은 면접관과 분석가가 되기 위해 대학 수준의 연구 방법론 강의를 수강하였다. 이 소수의 수감 여성은 연구 팀에 합류하였고, 연구가 진행되는 동안에 연구 과정의 어려운 결정들에 동참하였다. 그들은 내부의 지식을 가진 사람이자 동시에 숙련된 연구자로서 여성의 변화 과정을 기록할 수 있었다. 그들은 그 변화 과정을 통해 "수동적 객체에서 능동적 주체, 즉 비판적 사상가로 옮겨 갔다. 또한 능동적으로 자신의 삶과 사회 환경에 참여하였고, 과거와 미래의 행동에 책임을 졌으며, 자신의 삶, 네트워크, 그리고 사회적 활동의 방향을 설정하였다"(Fine et al., 2003, p. 186).

두 모델—전문 연구자와 함께 일하는 공동체 연구 패널과 대학-공동체 파트너로 구성된 연구 팀—모두 파트너십을 기반으로 설계된다. 협상이 필요한 쟁점으로는 자조 집단 모임에서 관찰자의 허용 여부, 설문의 형식과 질문, 그리고 원자료를 어디에 보관하고 익명성을 어떻게 보장할 것인지까지 다룰 수 있다.

이상의 쟁점들을 결정할 때 나타나는 장단점이 있다. 예를 들면, 통제 집단이 없다면 프로그램의 효과성 평가에는 제약이 발생한다. 개방형 면접은 표준화된 질문에 비하여 공동체의 규준을 상당히 맞출 수 있으나, 신뢰도와 타당도가 확보된 측정 도구를 개발하기가 어렵고 표본 수가 큰 집단에는 사용이 어렵다. 공동체 내에서 방법론 또는 수행에 관한 결정을 협상하는 것은 시간이 걸리고 타협이 필요하다. 하지만 연구자가 실험 통제와 관련한 많은 것을 결정하는 전통적인 심리학 패러다임에서도 한계는 있다. 공동체에서 발생하는 많은 문제는 단순히 기존의 전통적 방법으로 연구될 수 없다. 더욱이 공동체 구성원과 함께하는 진정한 협력은 측정 도구의 타당도를 증가시킬 수 있다. 왜냐하면 연구자는 더 적절한 방법을 공들여 만들고 연구 참여자는 그 연구를 더 진중하게 받아들이기 때문이다(당신은 그 결과에 투자한 것이 없기 때문에 급하게 설문을 마친 경험이 없는가?). 실질적인 협력 파트너로서 동참했던 자조 집단의 연구는 매우 높은 참여율이 나타났다(Isenberg et al., 2004). 또한 해당 공동체와 긍정적인 관계를 형성한다면 다음 연구도 그곳에서 실시할 수 있다.

파트너와의 협력적 참여 접근법은 실험 연구의 방법과도 관련된다. 친밀한 파트너 폭력의 옹호를 연구한 설리반(sullivan, 2003)은 동료들과(이 장의 앞에서 언급한) 설문 및 측정에 대한 사정 개발을 포함하여 연구의 모든 측면을 결정할 때 여성 쉼터, 공동체 옹호자, 그리고 폭력 생존자와 함께하였다. 가장 어려운 결정은 실험 설계 과정에서 일반적인 쉼터 서비스를 받는 통제 집단과 옹호 프로그램을 받는 여성을 무선으로 배정하는 것이었다. 공동체 구성원들은 처음에 이러한 무선 배정에 반대하였지만, 결국에는 이 연구의 공정성과 실질적인 효과에 대한 평가의 중요성을 이해하여 동의하였다.

결과 해석하기

공동체−연구자 파트너십의 또 다른 단계는 결과의 해석이다. 유용한 방법 중 한 가지는 결과를 공동체 연구 패널 또는 공동체의 다른 구성원에게 보여 주고 그들에게 해석을 부탁하는 것이다. 연구자와 시민은 다음의 질문을 고려해 볼 수 있다. 그 결과가 놀라운 것인가? 더 정교한 방법이 필요한가? 그 결과는 공동체에 어떻게 유용한가? 그 결과가 공동체에 어떤 해를 끼칠 것인가? 예를 들면, 공동체 요구를 측정하였을 때 청소년의 위험 행동 또는 약물남용이 높은 수준으로 나타났다면 이것을 어떻게 이해할 것인가? 그리고 이 결과로 무엇을 할 수 있는가? 공동체를 더 낙인찍기 위해 사용할 것인가 아니면 추가적인 자원을 구축하기 위해 사용할 것인가?

상호 의존적 관계는 상호 호혜(reciprocity)를 통해 성장한다. 상호 호혜는 연구자와 공동체 구성원이 처음에는 자신의 이익에만 초점을 두지만, 이후 장기간의 신뢰 관계 속에서 쌍방의 이익을 도출하기 위해 노력하는 것이다(Bringle & Hatcher, 2002). 가치의 공유와 장기적인 목표를 확인하는 것은 관계의 발전을 도모할 수 있고, 특히 갈등이 생겼을 때 더욱 유용하다. 이것은 갈등의 끝을 의미한다는 것이 아니라 그것을 해결할 분위기를 조성한다는 것이다. 또한 성공에 대한 믿음을 공유하고 도전과 갈등을 함께 해결하기 위해 협력하는 것도 중요하다. 협력 연구를 결정하기 위한 중요한 대인관계 기술에는 대인관계 지지 제공, 반대 의견을 주장하고 받아들이기, 방어적 자세 피하기, 권력 공유하기 및 갈등을 인지하고 다루는 것 등이 포함된다. 이러한 문제를 면밀하게 관찰하고 토의하는 것은 관계 발달을 돕는다. 프리마베라(Primavera, 2004)는 가족 문맹 프로그램에 대한 대학−공동체 파트너십에서 관계의 변화를 다음과 같이 결론 내렸다. "공동체 연구와 실천행동에서 발견된 좋은 것이 있다면, 그것은 우리의 연구 과정에 있다"(p. 190). 다시 말하면, 연구에 관한 결정을 내리는 과정은 도출된 결과만큼 중요하다.

1장에서 약물중독으로부터 회복 중인 사람들이 함께 살면서 전문적인 감독관 없이 서로의 회복을 촉진하는 옥스퍼드 하우스 운동을 언급했다. 이 전국적인 운동은 어떤 연구자 또는 전문가가 관여하지 않은 상태에서 시카고 지역의 회복의 집에서 시작되었다. 옥스퍼드 하우스와 드폴(DePaul) 대학교 연구

상호 호혜
연구자와 공동체 구성원 간의 관계에서 신뢰의 분위기를 형성하는 것으로, 각 파트너가 자신만의 이익에만 초점을 두기보다는 모두의 이익을 도출하는 데 집중하는 것을 말한다.

팀은 서로에게 이익이 되는 협력적 파트너십을 발전시켰다. 드폴 팀은 혁신적인 회복 모델에 관심을 가지고 연구의 "시작 전" 관계로 들어갔다. 연구 팀은 옥스퍼드 하우스 구성원이 연구의 모든 단계에 참여하는 것이 연구의 타당도와 실질적 가치를 높일 것이라고 믿었다. 옥스퍼드 하우스 구성원과 연구자들은 매주 회의를 통해서 서로의 생각을 열린 자세로 교환하고 연구의 진행 과정을 평가하였다. 이 회의는 모든 옥스퍼드 하우스 구성원에게 개방되었다. 마찬가지로 옥스퍼드 하우스에 대한 민감한 주제를 토의할 때에도 이들은 연구자들에게 토의를 개방하였다. 양쪽 모두 서로의 관계에서 신뢰를 높이기 위해 노력하였다. 연구를 시작할 때부터 학생 보조자들이 옥스퍼드 하우스 활동에 참여하였고, 구성원의 시각에서 옥스퍼드 하우스의 회복 과정을 배우기 위해 구성원과 면담을 실시하였다. 이러한 질적 연구는 이후 양적 연구, 예를 들면 약물남용 회복에 대하여 옥스퍼드 하우스 조건과 외래 치료 조건을 비교하는 무선 할당 실험을 포함한 다양한 연구의 바탕이 되었다. 24개월 후의 결과는 옥스퍼드 하우스 집단이 일반 치료 집단보다 유의미하게 낮은 약물 사용, 높은 월수입, 그리고 낮은 수감률을 보였다(Jason et al., 2006).

이 연구에서는 연구와 관련한 모든 결정이 협력을 통해 이루어졌다. 연구 설계와 평가 도구는 옥스퍼드 하우스 대표자들에 의해 철저하게 논의되고 승인을 받았다. 보조금이 지원되는 연구의 참여자 모집과 자료 수집을 맡은 사람은 현재 또는 이전의 옥스퍼드 하우스 구성원으로, 옥스퍼드 하우스 대표자들과 연구 팀의 승인을 받은 사람이었다. 파트너십은 연구 팀이 연구의 결과를 해석하는 능력을 키워 주었다. 연구 팀은 옥스퍼드 하우스 접근법의 유용성을 더 잘 이해하고, 더 잘 측정할 수 있었으며, 옥스퍼드 하우스 구성원은 그들 스스로 지속적으로 프로그램의 평가와 개발을 더 잘 수행할 수 있었다. 연구자들은 옥스퍼드 하우스의 옹호자가 되었고, 아이가 있는 여성을 위해 새로운 주거지를 설립하는 운동도 함께하였다(Suarez-Balcazar et al., 2004).

연구 보고하기와 그것의 영향력을 평가하기

연구는 일반적으로 학회 발표, 편집된 단행본, 책, 학회지 논문 등과 같은 학문적 보고를 하게 된다. 이것은 연구자의 업적을 쌓는 것이지 공동체를 위한 것이 아니다.

중요한 질문은 연구의 성과에 관한 것이다. 연구로 인해 실제로 혜택을 보는 사람은 누구인가? 연구자는 그들의 연구 결과를 공동체 구성원에게 유용한 방식으로 공유할 것인가? 시민은 자신의 목적을 달성할 수 있는 지식, 기술, 자금, 또는 다른 자원들을 얻었는가? 연구자와 공동체 구성원은 앞으로의 협력을 위한 지속적인 동맹을 구축했는가? 거시체계까지 고려한다면 더 광범위한 질문을 할 수 있다. 연구 방법 또는 결과가 사회정의를 증진하는가? 연구 결과물은 연구 대상이었던 개인, 공동체, 또는 문화의 강점을 정확히 기술하고 있는가? 연구는 시민, 공동체, 조직, 정부 부처, 또는 여러 다른 집단이 향후 무언가를 결정할 때 정보를 줄 수 있는가? 연구는 구, 시, 그리고 국가 수준의 정책입안자에게 직접적으로 어떻게 말할 수 있는가?

추가적인 연구 성과물에 대한 예시는 시민이 쉽게 읽을 수 있는 뉴스레터, 신문 편집단에게 보내는 의견 개진이나 편지, 대중 잡지의 기사, 방송을 통한 인터뷰, 입법 청문회나 법원에서의 전문가 증언, 정책입안자에게 옹호 보고서를 보내거나 방문, 정규 또는 비정규 수업을 위한 교육자료, 공동체 예술 프로젝트에 참여, 그리고 교육 비디오, 역할극, 연극 등이 있다. 또는 다른 방식을 개발할 수도 있다(Stein & Mankowski, 2004). 예를 들면, 프라이어와 페이건(Fryer & Fagan, 2003)은 실업의 심리적인 영향에 대한 인터뷰를 진행하면서 (자신의 재정 정보를 기꺼이 공개할 의사가 있는 사람들에게) 휴대용 컴퓨터를 사용하여 정부의 지원 혜택을 받을 수 있는 적격성을 계산해 주었다. 정부의 지원 혜택이 참여자에게 도움이 되도록 설명된 것은 이때가 처음이었다.

이 장을 시작할 때 소개했던 프로젝트는 초등학생의 경험을 이해하고 확대하는 것을 목표로 하였다. 공동체심리학자, 대학생, 그리고 초등학생으로 구성된 연구 팀은 그들의 연구 결과를 공유하고 변화를 만드는 방법으로 벽화를 그렸다(Langhout, 개인 서신, p.100의 사진 참조). 초등학생 연구자들은 그 벽화 중 하나의 이름을 '우리는 강하다'라고 짓고 다음의 설명을 덧붙였다. "우리는 공동체, 교육, 그리고 다양성이 주제인 우리의 벽화가 모든 이에게 여기가 자신들을 위한 곳인 것처럼 느끼고, 모든 이가 자신의 공동체를 변화시킬 힘을 가지고 있음을 깨닫게 되는 영감을 받기를 바란다." 이 글의 내용은 연구 팀에게도 적용되었는데, 처음에 그저 좋은 마음으로만 시작했던 연구 팀은 이후 지

초등학생 연구자들이 그들의 연구 결과를 공유하고 변화를 일으키기 위해 만든 이 벽화는 공동체심리학자가 지식을 공동체 구성원과 어떻게 창의적으로 공유할 수 있는지 보여 준다.
출처: Photo by Gina Langhout, reprinted with permission

금보다 더 나은 무언가를 만들기 위해 의도적인 노력을 하는 방향으로 발전하였다(Smith, 2006).

프릴렐튼스키(Prilleltensky, 2003, 2008)는 공동체심리학 연구가 방법상의 타당도(주로 실증주의처럼)뿐 아니라 그가 주장한 심리·정치적 타당도의 개념에 해당하는 두 가지 기준으로도 평가되어야 한다고 주장하였다. 첫 번째 기준은 연구가 거시체계와 사회적 힘, 특히 사회정의가 개인과 공동체의 삶에 미치는 영향력을 설명하는가이다. 그러므로 연구는 그러한 영향력을 측정하거나 조사하고 공동체 구성원과 토의하였는지를 살펴야 한다. 두 번째는 연구를 통해 참여자와 공동체 구성원이 거시체계의 영향력을 이해하고 사회변화에 참여하는 능력을 증진하였는가이다. 예를 들면, 시민은 부당함을 이해하고, 그들의 견해를 분명히 표현하고, 동맹을 형성하고, 갈등을 해결하고, 힘을 키우고, 의사결정을 하고, 그들 공동체의 이익을 옹호하는 능력과 관련한 기술을 획득하였는지와 관련된다.

이러한 목표를 추구하기 위해서는 "시작 전"뿐만 아니라 "끝난 후"에 발생하는 일들도 신중하게 고려하여야 한다. 연구 전반을 통해 우리는 연구로부터 얻을 수 있는 혜택뿐 아니라 우리의 연구가 일으킬 수 있는 문제도 생각해야 한다. 이러한 성찰을 실천하는 것은 의도하지 않은 결과 및 연구자로 인해 빚어진 의인성 영향(iatrogenic effects) 또는 연구로 인한 해로운 결과에 대한 가능성을 생각하는 데 도움을 준다. 이와 관련한 내용은 11장의 예방 및 증진 프로그램을 설명하면서 다시 다룬다.

참여 접근법의 윤리

참여−협력적 연구 방법에도 해결해야 할 문제가 있다. 다양한 집단이 팀을 이루어 의사결정 및 문제 해결을 한다는 것은 의견충돌, 긴장, 갈등이 발생할 가능성이 높다는 것을 의미한다. 그럴 때 우리는 어떻게 이러한 갈등과 문제를 해결할 것인가? 캠벨(Campbell, 2016)은 이러한 연구는 "끈적한" 상황에 맞닥뜨릴 수 있다고 충고하였다. 끈적한 상황이란 참여 연구에서 관계의 상호연결성을 의미할 수도 있지만, 동시에 우리를 나아가지 못하게 가두거나 무엇을 해야 할지 모르는 상황일 수도 있다. 우리는 공동체 파트너와 함께 연구를 어떻게 수행해야 하는지에 대한 지침과 끈적한 상황에 놓였음을 알게 되었을 때 도움을 줄 수 있는 윤리적인 개념틀이 필요하다. 1장에서 공동체심리학의 가치를 소개하였는데, 이 장에서는 연구 윤리(research ethics)를 논하며 실천행동 연구에서 우리의 가치를 실행하는 것에 초점을 맞추고자 한다. 윤리는 현재 상황에서 목표 상황으로 어떻게 항해해서 도달할지를 생각하는 데 도움을 준다(Campbell, 2016).

당신이 다른 심리학 수업에서 배운 것처럼, 인간 대상 연구에 대한 윤리적 개념틀은 역사적 연구와 인권 침해를 대응하기 위해 개발되었다. 기관생명윤리위원회(Institutional Review Boards: IRB)는 대학과 연구 기관에 설치되어 있고, IRB는 연구에서 참여자를 보호하기 위한 윤리적 개념틀을 사용한다. 하지만 개인의 웰빙과 안전을 중시하는 이 개념틀은 집단 또는 공동체의 웰빙이나 공동체와 함께하는 협력 연구 파트너십에 기반한 관계 유형 및 책임성은 고려하지 않는다(Banks et al., 2013).

그러므로 케이스(Case, 2017)의 주장대로 IRB의 승인을 확장하여 연구 윤리를 고려할 필요가 있다. 공동체심리학자는 개인의 존중 및 개인 웰빙의 관심

연구 윤리
사람, 파트너십, 공동체, 문화를 존중하는 연구 과정을 통해 참가한 개인뿐 아니라 집단의 웰빙도 보장하는 가치 중심적 개념틀이다. 이는 연구자가 연구의 추상적 목표와 공동체 세팅에서 실행되는 실질적 연구 간의 간격을 메우도록 돕는다.

을 통합하는 윤리적 개념틀을 계속해서 다듬어 가면서 파트너십, 공동체, 문화 집단을 존중하는 것에 대한 의미를 명확히 표현하려고 노력한다(Campbell & Morris, 2017a). 그리고 존중하는 파트너십을 결정할 때는 현재 상황과 목표 상황 모두를 반영하기 위해 공동체 파트너와 함께 설계하고 만들어 가야 한다.

공동체심리학자는 파트너십을 통해 억압적 체제 역시 변화시키기 위해 노력해야 한다. 조직과 체제의 운영 방법을 바꾸려는 실천행동 연구는 윤리적 문제를 발생시킬 수 있다. 예를 들면, 연구자가 그 체제에서 권력을 더 많이 가진 사람이나 집단과 파트너십을 유지하며 변화를 도모하면서도 억압적인 체제와는 결탁하지 않는 방법은 무엇일까?

샤브남 자바다니(Shabnam Javdani)는 청소년 사법 제도와 관련한 여자 청소년에 대한 개입을 설계하고 평가했던 연구자로서의 경험을 들려 주었다(Javdani et al., 2017). 그녀는 통제 체제(즉, 청소년 사법 제도)와의 결탁을 보여 주는 연구와 그러한 체제에 도전하고 저항하는 연구 사이의 경계를 언급하였다. 자바다니는 연구 동료들과 성찰적 과정을 통해 그들의 연구가 온정주의와 처벌주의가 아닌 이 체제가 여자 청소년의 자원 및 기회의 재분배에 관심을 둘 필요가 있다는 것을 깨달았다. 연구 팀은 이러한 윤리적 책무를 가지고 개입에 참여했던 참여자로 구성된 청소년 자문 위원회를 만들었다. 또한 참여자와 그들의 가족으로부터 자료를 수집하는 연구원의 문화적 역량을 키우는 훈련을 제공하여 청소년의 병리학적 측면뿐만 아니라 맥락의 주요 측면을 측정할 수 있도록 하였다.

이 예시는 연구에서의 윤리적 실천은 계속해서 진화하는 포괄적 개념틀과 연구에 대한 지속적인 성찰에 기반한다는 것을 보여 준다. 참여 연구를 실시할 때는 공동체의 가능성과 문제뿐만 아니라 여러 관계를 구축하고 유지하는 것에도 특별한 주의를 기울여야 한다(Collns et al., 2018).

"참여적" 그리고 "협력적"이라는 용어는 다양하게 또는 심지어 반대의 뜻을 나타내는 복합적인 의미를 지니며(Trickett & Espino, 2004), 이 내용은 8장에서 다시 다룬다. 우리는 많은 참여-협력적 접근의 일반적인 특성을 강조하였고 이는 공동체심리학의 핵심 가치가 실현되는 구체적인 방식을 제공한다. 이것은 2장에 소개했던 공동체 과정에 적극적으로 관여하는 동시에 공동체를 이해하고 설명하려고 노력하는 참여자-개념화자에 대한 스왐스컷의 이상을 구현하

는 것이다. 또한 공동체심리학이 학계와 공동체 모두에 기여하고 있음을 보여
주는 것이다.

연구의 문화적 · 사회적 맥락 살펴보기

모든 연구, 심지어 실험실 연구조차도 어떤 문화, 아마도 하나 이상의 문화
내에서 이루어진다. 다양한 문화, 집단, 세팅에 대한 이해는 공동체심리학의
필요조건이다(Kral et al., 2011). 특히 공동체 연구자는 다양한 문화와 공동체,
그중에서도 주류 심리학에서 소외된 개인 및 집단을 다루어 왔다는 점은 중요
하다. 연구자는 또한 그들이 문화에 의해 어떤 영향을 받았는지 이해하는 것
이 필요하다. 이 절에서는 연구를 수행할 때 문화와 관련한 몇 가지 쟁점을 구
체적으로 살펴보고자 한다. 다양성의 이해와 관련한 더 깊은 문화적 분석과
관련 개념은 7장에서 다룬다.

문화와 관련된 방법론의 세 가지 쟁점

문화적 가정은 모든 연구의 결정에 영향을 준다. 하지만 심리학자는 이러한
가정이 연구 결과의 의미와 해석을 어떻게 제한하는지 깊이 고려하지 않는다
(Bond & Harrell, 2006; Brady et al., 2018). 많은 연구에서 문화적 구성이 무엇
을 의미하는지, 왜 중요한지, 그리고 어떻게 측정하고 평가할 것인지에 대한 적
절한 심사숙고 없이 문화적 변인을 설정하고 있다.

예를 들면, 라틴계 청소년이 유럽계 미국 청소년보다 학교에서 쫓겨나는 비
율이 더 높다는 것을 발견한 연구를 가정해 보자. 언뜻 보기에는 경험적 결과
인 것처럼 보인다(고등학교를 "그만두다" 대신에 "쫓겨나다"라고 표현한 것에 주목
해야 한다. 이것은 문제 정의가 연구 및 실천행동에 대한 우리의 접근을 어떻게 만들
어 가는지에 대한 또 다른 예시이다). 하지만 이 결과가 사회 정책 또는 예방 프
로그램을 설계할 때 중요한 개념적 질문에 답을 제시하지 않는다면 두 집단
에 나타나는 명백한 차이는 아무 소용이 없고 심지어 해롭기까지 하다. 예를
들어, 라틴계 청소년은 학업 동기가 낮은 것으로 분류되거나 부적절한 개입

의 대상이 되기도 한다. 그래서 우리는 이 결과가 나타난 구체적인 맥락을 살펴보아야 한다. 이 연구가 사회경제적 지위, 고정관념과 차별의 효과, 교육 기회에 대한 접근성, 그리고 모국어(영어 또는 스페인어)와 같은 혼합 변인을 고려하였는가? 이러한 차이가 "라티노" 문화 내의 요인들 때문인가, 아니면 외부의 경제적 영향력 또는 차별 때문인가? 표본은 어떤 중남미계 또는 민족(예, 멕시코계 미국인, 푸에르토리코인, 쿠바인, 도미니카인)을 대표하는가? 각각의 민족집단은 서로 차이가 없는가? 이 연구의 참여자인 라틴계 청소년의 미국에서의 거주 기간은 얼마나 되는가? 다음에서 이러한 방법론의 쟁점에 대해서 살펴보자(Brady et al., 2018; Sperry et al., 2019 참조).

문화, 인종, 또는 민족 정체성을 어떻게 측정하는가? 이와 유사한 개념은 참여자가 주어진 몇 개의 범주에서 해당하는 것을 선택하는 단순한 "상자—표시(box checking)" 방식으로 측정하는 것이다. 예를 들어, 질문지의 "아시아계 미국인"이라는 칸은 일본, 베트남, 인도를 포함하여 아시아에서 건너온 모든 사람에게 해당된다. 심지어 태평양 섬나라까지 포함한다면 더 광범위해진다. 이와 관련한 문제에 대해서 다음의 사항들을 고려해야 한다. 다민족이나 혼혈을 평가할 범주가 있는가? 그들의 모국어, 출생지와 부모의 출생지 및 그 나라의 거주 기간 등은 측정되는가? 민족 또는 문화적 전통에 대한 개인의 정체감은 어느 정도인가? 연구자가 단순한 상자—표시 방법에 의존한다면, 그들은 심층적인 사실이 아닌 피상적인 인종, 민족, 또는 문화적 정체성만 평가하는 것이다(Frable, 1997; Schwartz et al., 2014; Trimble et al., 2003). 단순한 범주 이상의 구체적인 정체성의 이해는 성적 지향, 장애 여부, 그리고 종교 또는 영성과 같은 개념들을 조사할 때도 쟁점이 될 수 있다. 하지만 연구자는 상자—표시 측정의 문제점에도 불구하고 표면적 수준에서 사회적 정체성을 분류하는 것은 실천행동 연구와 사회 정책을 위해 여전히 중요하다. 왜냐하면 대중적으로 정의된 집단으로 측정해야만 그 결과 보고를 통해 이민자 집단과 같이 소외되거나 혜택을 받지 못하는 집단을 가시화할 수 있기 때문이다(Wiiliams & Husk, 2013).

모집단 동질성의 가정 이 쟁점은 모든 문화에서 나타나는 다양성을 정확하게 이해하는가와 관련된다. 모집단 동질성 가정(assumption of population homogeneity)(Sasao & Sue, 1993)은 한 문화 집단의 모든 구성원을 동일하다고 분류하여 그들 간의 차이점을 간과하는 것을 의미한다. 사회 범주화에 관한 연구는 이 현상이 외집단의 사람보다 자신이 속한 집단의 사람을 더 상세하게 인식하는 경향성에서 비롯된다고 주장하였다(Kelly et al., 1994). 그러므로 자신이 속한 문화의 개인은 다시 다양한 집단 또는 다양한 범주의 구성원으로 이해하고, 이와 반대로 다른 문화 또는 다른 공동체 구성원은 단순하게 생각하고 보다 일반적인 개념으로 분류하려는 경향이 있다. 이것은 비록 고의가 아니라 하더라도 자민족 중심주의라고 볼 수 있다. 또한 어떤 현상이 발생한 공동체를 이해할 때 세부적인 지식과 경험의 부족을 반영하는 것이다. 공동체 구성원과 협력 관계를 형성한다면 모집단 동질성 가정을 상쇄할 수 있다.

민족 또는 인종 집단 내에서도 성별, 사회경제적 지위, 그리고 또 다른 요인 간의 차이가 나타나지만, 이민자 집단의 세대(예, 1세대는 멕시코에서 이주하였고, 2, 3세대는 멕시코계 미국인) 간에도 중요한 차이가 있다(Goodkind & Deacon, 2004; Hughes & Sedman, 2002). 일본계 미국인의 음주 연구는 하와이에서 구한 자료의 결과와 본토에 있는 사람의 결과가 다르다는 것을 보여 주었다(Sasao & Sue, 1993). 개인 수준에서도 차이가 나타나는데, 어떤 민족 집단의 일부 구성원은 그들의 민족성을 자신의 정체성의 아주 중요한 측면으로 생각할 수도 있고, 반면에 그렇지 않은 사람도 있다. 반대로, 성별 및 성정체성과 같은 특성은 모든 문화에서 세계관 및 삶의 경험에 큰 차이를 만드는 변인이다.

방법론적 등가성의 가정　세 번째 쟁점은 모든 문화에 적용되는 방법론적 등가성의 가정(assumptions of methodological equivalence)과 관련된 것으로, 이는 연구 방법을 수정하지 않아도 다양한 문화 집단에 동등하게 잘 적용될 것이라고 가정하는 것이다(Burlew, 2003; Hughes & Seidman, 2002). 이 가정은 문화적 차이가 연구 주제가 아닌 경우에도 발생할 수 있고, 연구자가 인식하지 못한 경우에도 발생한다. 설문지 또는 다른 측정 도구의 언어적 등가성이 가장 명료한 예시이다. 다나카-마츠미와 마르셀라(Tanaka-Matsumi & Marsella, Hughes & DuMont, 1993에서 인용)는 영어의 depression(우울)을 가장 유사하게 번역한 일본어 yuutsu(憂鬱, 유우츠)가 동일하지 않음을 발견하였다. 각 단어를

모집단 동질성의 가정
한 문화 집단 내의 모든 개인의 차이를 제대로 인정하지 않고 비슷한 것으로 분류하는 것이다.

방법론적 등가성의 가정
연구 방법을 수정하지 않고도 다양한 문화 집단에 동등하게 잘 적용될 것이라고 가정하고, 문화적 차이가 연구 결과에 어떤 영향을 미치는지를 평가하지 않는 것이다. 이것은 문화적 차이가 연구 주제가 아닌 경우에도 발생할 수 있다.

정의하라고 했을 때, 미국인은 "슬픈(sad)" "외로운(lonely)" 등의 내적 상태로 묘사하는 반면, 일본인은 "어두운(dark)" "암울한(rain)" 등의 외적 상태로 묘사하였다. 번역을 더 신중하게 한다면 이러한 문제가 줄어들 수 있겠지만 완전히 없앨 수는 없다. 몇몇 척도의 경우, 특징 문화 집단에서는 완전히 부적절할 수도 있다. 예를 들면, 코펜스와 동료들(Coppens et al., 2006)은 캄보디아 댄스 동아리의 청소년에게 자아존중감 척도를 사용하는 것은 문제가 있다고 지적하였다. 왜냐하면 자아존중감 척도는 청소년 발달에서 방어적 역할을 하는 자아와 자아존중감의 서구적 이해를 바탕으로 하지만, 최근에 가족이 미국으로 이민 온 청소년 및 댄스 동아리 청소년은 상호 의존적이고 비서구의 문화에 기반을 두고 있기 때문이다.

척도 등가성에 대한 쟁점은 설문지 또는 여러 척도에 나타난 수치를 선택할 때 모든 문화에서 동일한 경향성을 가지는가를 지적한다. 휴즈와 사이드만(Hughes & Seidman, 2002)은 아프리카계 미국인 및 히스패닉 참여자의 경우 리커트 척도(예, 전혀 동의하지 않는다에서 아주 동의한다의 연속점수가 있는 척도)의 극단을 선택하는 반면, 유럽계 미국인은 중간으로 답하는 경향이 있다는 증거를 제시하였다. 일반적으로 서구 심리학에서 시행하는 양적 접근은 많은 문화에서 익숙하지 않다. 굿카인드와 디콘(Goodkind & Deacon, 2004)은 두 집단(라오스에서 온 몽족 여성과 중동, 아프가니스탄, 아프리카에서 온 무슬림 여성)의 난민 여성을 연구하기 위해 질적 분석과 양적 분석을 어떻게 사용하였는지 보여 주면서, 접근법이 모두 장단점이 있는 만큼 두 방법을 혼합하는 것이 가장 효과적임을 증명하였다. 참여자들은 선택 답안을 강요하는 설문지에는 때로 답을 하지 않기도 했지만, 종단 분석을 위해서 실시하였다. 질적 분석인 면담은 언어 문제와 번역의 어려움을 해결해야 했지만, 난민 여성의 경험에 대하여 그동안 알지 못했던 얘기를 들을 수 있었고 깊이 있는 이해를 가능하게 하였다.

문화에 입각한 연구 수행하기

연구자가 문화와 관련한 쟁점을 인식하고 준비하기 위해서는 무엇을 해야 하는가? (이와 관련한 자세한 내용은 7장에서 문화적 역량과 문화적 겸손의 중요한 역할을 다룰 때 다시 살펴볼 것이다) 이를 위한 시작점은 연구자 자신의 문화라

는 것을 기억하라. 본인의 문화와 경험이 어떻게 자신의 세계관을 형성해 왔
는지에 대한 이해를 높여야 한다. 또한 다른 문화를 배울 때는 "순수함, 호기
심, 그리고 겸손의 자세"를 취하는 것으로, 즉 자신의 제한된 지식을 인식하고
배움에 대한 진실한 의지를 보이는 것이다(Mock, 1999, p. 40). 이러한 배움의
자세는 연구가 진행되는 중에도 계속되어야 함을 명심해야 한다.

이 자세는 고립된 상태에서는 함양될 수 없다. 연구의 대상이 되는 문화에
대한 지식을 증진할 수 있는 경험과 인간관계를 찾아야 한다. 이 경험들은 비
공식적인 사교 모임이나 공동체의 행사 참여 또는 관심 있는 공동체의 구성원
과의 구조적인 인터뷰 등으로 얻을 수 있다. 그들에 대한 존중과 경청하고자
하는 당신의 태도가 당신이 하는 일보다 더 중요할 수 있다.

연구자와 시민이 문화의 영향력이라는 어려운 쟁점을 비공식적으로 토의할
수 있는 세팅을 만들어라. 쟁점으로는 자신의 문화가 자신의 세계관에 미치는
영향, 다른 문화의 세계관이 갖는 강점과 가치, 사회 불평등과 억압으로 인한
개인적 영향, 공동체 구성원의 권력강화 증진을 위한 연구 계획 방법, 그리고
공동체가 원하는 접근과 자원 등이 있다. 다음의 예시를 살펴보자.

게리 하퍼(Gary Harper)와 동료들은 시카고의 멕시코계 미국인 마을에서
공동체 기반 조직인 VIDA 프로젝트를 실시하였다(Harper, Bangi et al., 2004;
Harper, Lardon et al., 2004). VIDA 프로젝트에는 라틴계 청소년과 라틴계 성
소수자 청소년의 HIV 예방 프로그램이 포함되었다. 연구자들은 공동체 서사
(narratives)를 배우는 데 흥미를 느꼈다. 서사란 그 문화에서 생각하는 중요한
가치, 역사적 사건, 풍속 및 정서가 표현되는 구성원 간에 공유된 이야기를 말
한다. 연구자들은 라틴계 청소년을 위한 잡지와 신문을 읽었다. 그들은 그 마
을을 계속해서 방문하였고, 문화가 표현된 벽화와 모든 집에 장식된 대문에
대하여 배웠고, 마을 곳곳에서 물건을 사고 식사를 하였으며, 문화 관련 행사
에 참석하면서 VIDA 프로젝트 직원과 마을 주민을 만났다. 그들은 멕시코 문
화, 마을, 그리고 VIDA 프로젝트와 관련된 사람들에 대하여 알려고 노력하였
다. 프로젝트 직원과 회의할 때는 음식과 개인적 이야기를 나누는 것으로 시
작하였다. 또한 라틴계 청소년의 HIV 예방을 촉진 또는 방해할 것이라고 예상
되는 문화적 요소를 알아내기 위해 청소년 참여자와 프로젝트 직원을 대상으
로 개인 및 집단 면담을 실시하였다.

다양성을 존중하고 문화적 가정을 방지하고자 하는 것은 공동체심리학 연구의 핵심이다.

출처: Stock.com/Juanmonino

모햇과 동료들(Mohatt et al., 2004)도 알래스카 원주민 집단의 음주 연구를 위해 서사를 이용하였다. 그들이 가진 강점을 바탕으로 술에 취하는 과정과 관련한 개인의 경험을 연구하였다. 연구자들은 대부분 알래스카 원주민으로 구성된 협의체와 조율하여 협력적 연구 관계를 발전시키면서, 한편으로는 알래스카 원주민 부족 위원회 및 마을 협의체와 함께 연구 단계를 협상하였다. 연구자들은 참여 대가로 돈을 지불하겠다고 하였지만, 부족의 원로들은 연구 참여는 거래가 아니며 원주민들은 자신이 그 공동체에 공헌할 수 있다면 기꺼이 참여할 것이라고 말하면서 돈을 받는 것을 거절하였다. IRB에서는 연구가 끝나면 면담 테이프를 없애라고 하였지만, 원로들은 미래의 예방 활동을 위해 테이프가 유용하다고 지적하면서 이에 반대하였다. 연구자들은 각 참여자가 돈을 받을지 아니면 기부를 할지의 선택과 익명성이 보장되는 조건에서 테이프를 유지할지의 선택을 위한 절차를 개발하였다. 참여 인원이 기대 이상으로 모였을 때(36명이 필요한 첫 번째 연구에서 152명이 참여했다), 원로들은 도움을 주고자 하는 참여자의 의지를 존중하는 의미에서 신청한 사람 모두 면담에 참여하게 해 달라고 요구하였다. 연구자들은 이 목표를 달성하기 위해 단축형 면담 형식을 개발하였다. 연구자들은 또한 양적 방법을 요구하는 연방 정부의 기금지원자와 자신의 이야기를 할 수 있는 질적 면담을 선호하는 주민 사이에서 협상을 해야만 했다. 원주민 대표들과 연구 팀의 열정과 끈기로 이 연구는 문화적 강점이 표출되면서 원주민 공동체의 음주 예방을 위한 깊이 있는 정보를 제공하는 면담 자료를 얻을 수 있었다.

생태학적 관점을 가진 연구 수행하기

모든 연구에서 연구자는 분석의 생태학적 수준을 결정해야 한다. 생태학적 개념틀은 5장에서 자세하게 다루기로 하고, 우선 1장에서 다루었던 분석 수준을 다시 상기해 보자. 공동체심리학자의 과제는 고립된 단일 수준에서의 연구가 아니라, 서로 다른 분석 수준 간의 상호 관련성을 다루는 것이다(Christens et al., 2014; Fowler & Todd, 2017). 예를 들면, 약물 사용을 막을 수 있는 청소년의 보호 요인 연구는 다양한 수준에서 변인을 고려해야 한다. 여기에는 개인의 욕구와 강점, 가족 또는 또래의 영향과 같은 미시체계 변인, 이웃의 특징, 문화적 가치와 자원, 경제적 변인, 그리고 약물 관련 법과 집행에 대한 정치적 영향까지 포함된다.

분석 수준의 중요성에 대한 예시: 주거 지원 환경

우리는 중증 정신장애를 가지고 있거나 회복 중인 사람의 생태학을 어떻게 이해할 수 있을까? 주거와 같은 삶의 주요 맥락은 안녕에 어떤 영향을 주는가? 라이트와 클로스(Wright & Kloos, 2007)는 이 질문에 대하여 다양한 분석 수준을 강조하면서 답하였다. 연구자들은 주거 지원을 받는 사람(주거 보조비를 받아 독립적으로 생활하고 자신이 선택한 정신건강 서비스를 받는 사람)의 웰빙과 관련한 요인을 조사하기 위해서 설문지와 관찰 방법을 사용하였다. 연구자들은 주민이 인식하는 자신의 아파트와 이웃, 외부 관찰자에 의해 평가된 아파트와 이웃의 질, 그리고 인구 통계 자료를 아파트 수준, 이웃 수준 및 공동체 수준에서 살펴보았다. 이웃 수준에서는 이들이 지각하는 소속감, 수용감, 그리고 공동체 관용이 웰빙을 가장 잘 예측하였다. 라이트와 클로스는 아파트 질의 변산성이 크지 않기 때문에 이웃 변인의 특징이 두드러질 수 있음을 염두하면서도 이웃 변인이 아파트의 질 만큼이나 주민에게는 중요하다는 결과를 보여 주었다. 많은 사람이 아파트 수준이 웰빙의 가장 직접적이고 중요한 수준이라고 생각한다. 하지만 어느 면에서는 이웃의 질이 아파트 질보다 자신의 주거에 관한 생각에 더 가까울 수 있다. 이 결과는 사회적 관계와 이웃의 전반적인 안정감이 중요하다는 것을 보여 주고 있다. 연구자들은 주거 지원 프로그램이 아파트의 물리적 조건과 안전의 측면을 중요하게 다룰 뿐 아니라, 이웃 간 사회적 접촉의 기회를 증가시켜야 한다고 주장하였다.

생태학적 수준의 연구 방법

연구자는 개인을 넘어서는 수준인 미시체계, 조직, 지역사회를 어떻게 연구할 수 있는가? 이는 심리학자에게 익숙한 개인 측정 도구만을 사용해서는 연구할 수 없다. 교실, 조직, 지역 내의 개인은 공동체 구성원과 상호 의존의 관계에 있고, 이는 통계적 분석과 해석을 복잡하게 한다(Shinn & Rapkin, 2000). 공동체심리학은 더 큰 생태학적 단위가 개인의 삶에 미치는 영향에 관한 질문에 답을 찾기 위해 노력한다. 이에 대한 몇 가지 대안은 다음과 같다.

공동체심리학자는 점점 더 복잡한 사회적 세팅과 맥락을 체계적으로 접근하고 있다(Christens et al., 2014; Shiell & Riley, 2017). 이 장의 앞에서 언급한 마을 공동체가 아동의 삶에 미치는 영향에 관한 연구를 상기해 보자. 우리는 이웃 맥락을 이해하기 위해 다양한 측정 도구를 사용할 수 있다고 제안하였는데, 이러한 도구에는 인구 통계 자료와 마을의 문제, 기회, 자원에 대한 서로 다른 이해관계자의 지각 등이 포함된다. 또한 마을(과 마을의 아동들)을 경계, 틈새, 조직 및 행위자가 있는 체계의 일부로 생각할 수 있다(Foster-Fishman et al., 2007). 예를 들면, 마을의 경계를 어떻게 결정할지를 질문하는 것에서 시작해 보자. 마을에 사는 아동은 이것에 대하여 무엇이라고 말할 것인가?(아동은 마을을 안내하여 보여 주거나 지도에 그림을 그릴 수 있다) 우리는 아동의 지각과 그들 보호자의 지각, 그리고 마을의 다른 이해관계자의 지각을 어떻게 조정할 것인가? 또한 초등학교까지의 통학 범위, 서비스 전달 체계, 대중교통 노선, 그리고 인구 조사 구역은 어떻게 조정할 것인가? 생태학적 체계에 집중한다고 해서 연구자로서의 우리의 업무가 더 쉬워지는 것은 아니다. 하지만 이는 역동적이고 복합적인 맥락과 2차 변화를 위한 참여 전략에 집중할 수 있도록 도와준다.

5장에서 공동체심리학자가 이 쟁점들을 고려할 때 사용하는 생태학적 개념에 대하여 자세하게 다룬다(유용한 자료로 Hawe, 2017; Linney, 2000; Trickett, 2009 참조). 복합적인 생태학 수준은 "공동체심리학"이라는 이름에 깊숙이 박혀 있다. 이 분야의 연구자는 기본적으로 모든 연구에서 생태학적 분석 수준을 선택한다. 이러한 선택을 명확히 하고 다양한 생태학적 수준의 변인을 다룬다면 더 좋은 연구를 수행할 수 있을 것이다.

결론

이 장은 공동체 연구의 목표에 대하여 다음의 네 가지로 책무를 설명하고 있다.

- 우리가 실행하는 연구의 가치와 가정 검토하기
- 연구 수행에 공동체 참여와 협력 촉진하기
- 연구의 문화적 · 사회적 맥락 살펴보기
- 생태학적 관점을 가진 연구 수행하기

공동체 연구를 위한 이 네 가지 책무는 서로 관련되어 있다. 공동체 조직과 기존의 파트너십이 연구의 현상, 관점 및 분석 수준에 대한 연구자의 선택에 영향을 주는 것은 흔한 일이다. 아니면 연구자가 특정 공동체와의 기존의 관계 내에서 그들의 문화 또는 집단을 연구할 수도 있다. 확실한 것은 연구자가 명시적으로 선택하든지 아니면 심사숙고 없이 암묵적으로 가정하든지 네 가지 책무 모두가 공동체 연구와 관련되어 있다는 것이다. 공동체 연구는 항상 문화와 공동체 내에서 진행되고, 언제나 분석 수준과 관련되며, 항상 특정 가치관으로부터 나온 현상을 연구한다. 이 장의 목적은 연구 과정에서 발생할 수 있는 이러한 질문을 더 잘 인식하도록 하여서 공동체 연구를 수행할 때 명확하고 논리적인 선택을 할 수 있는 능력을 키우도록 하는 것이다. 다음 장에서 구체적인 연구 방법을 소개한다.

토론거리

1. '여는 글'을 처음 읽었을 때 '당신의 생각은?'에 대한 당신의 대답이 이 장을 다 읽은 지금 바뀐 부분이 있는가?

2. 당신이 관심을 두고 있는 공동체 쟁점의 연구를 수행한다면, 세 가지 과학철학 중 당신 연구의 기본이 되는 과학철학은 어떤 것인가? 그것을 사용한 이유는 무엇인가?

3. 고등학교로 다시 돌아가 친구들과 실천행동 연구 프로젝트를 개발한다고 상상해 보라. 당신은 친구들과 다른 이해관계자와의 협력을 위해 프로젝트를 어떻게 설계하겠는가? 진행 방법에 대한 의사결정을 어떻게 하겠는가?

4. 이번에는 당신이 잘 알지 못하는 다른 나라의 고등학교의 학생들과 실천행동 연구 프로젝트를 개발해야 한다고 상상해 보라. 그곳의 학생 및 다른 이해관계자와의 협력을 위해 프로젝트를 어떻게 설계하겠는가? 진행 방법에 대한 의사결정을 어떻게 하겠는가?

제4장 공동체심리학 연구 방법

미리 보기 ⫸

이 장을 마치고 나면 다음의 질문에 답할 수 있을 것이다.

1. 공동체 연구의 질적 방법의 장점과 단점은 무엇인가?

2. 공동체 연구의 양적 방법의 장점과 단점은 무엇인가?

3. 질적 방법과 양적 방법 모두의 장점을 취할 수 있는 혼합 방법을 어떻게 연구에 활용할 수 있는가?

여는 글

소외된 목소리에 귀 기울이기와 사회적 포용 구축하기

공동체심리학자 두타(Dutta, 2017)는 인도 북동쪽에 위치한 가로 마을에 사는 청소년을 대상으로 그들이 민족 갈등 맥락에서 시민참여와 사회적 포용을 어떻게 발달시키는지를 조사하였다. 가로 부족은 남동 아시아 혈통으로 이 지역에서 가장 큰 민족 집단이다. 식민지 역사에 뿌리를 둔 갈등으로 인해 가로 부족은 비부족 집단이나 비가로 집단과 오랫동안 적대 관계를 이어 왔다. 이 지역에서 태어나고 자란 비부족 집단의 구성원인 두타는 참여자-개념화자의 역할을 할 수 있었다. 그녀는 가로 집단과 비부족 민족 집단 양쪽에서 10명의 대학생을 선발한 후, 이들과 협업하여 질적 방법을 사용하는 참여 실천행동 연구를 시작하였다. 학생 연구자 팀은 자신들을 '목소리'라고 명명하고, 팀에서 발견한 공공기관의 책임성 부족이나 일반 시민의 관점이 결여된 정책 결정 등의 지역 공동체 문제에 집중하였다. 두타는 학생들이 다양한 이해관계자와 면담을 실시하고, 자료를 분석하며, 그 결과를 다양한 공동체 행사에 참여해서 발표할 수 있도록 훈련을 진행하였다.

연구 결과에 대한 공개 발표 및 토론 후, 두타는 연구자로서 그들의 경험을 더 잘 이해하기 위해 참여 학생을 대상으로 표적 집단 면담 및 개별 면담을 실시하였다. 처음에 그들은 열악한 교육, 부정부패, 사회 기반 시설의 부족 등의 시스템 문제를 제기하는 것을 두려워하였다. 하지만 학생들은 후반으로 갈수록 철저한 자료 수집과 분석 과정을 통해 얻어 낸 일반 시민의 관점을 대변하면서 연구 팀의 자격으로 이의를 제기할 수 있는 권한을 부여받은 느낌이었다고 하였다. 한 학생은 다음과 같이 말하였다. "그것은 일반 시민의 이야기이지만 모든 것이 체계적으로 제시되었기 때문에 사람들은 높이 평가하였다. 우리는 새로운 방식과 새로운 시스템으로 새로운 일을 하고 있다."

대학생들은 또한 연구자로서 포괄적인 정체감을 발달시켰는데, 이전의 정체감은 그들의 지역을 바탕으로 형성되었고 이 지역의 가로 집단과 비가로 집단 간의 민족 분열과 갈등의 오랜 서사 구조에서 비롯된 것이었다. 그들은 성찰적 연습에 참여하면서 자신이 다른 집단과의 관계 속에서 볼 수 있는 능력과 그들 모두가 공통의 문제를 가지고 있다는 것을 깨닫게 되었다. 이것은 장기간의 분쟁 맥락을 치유하기 위해서 반드시 필요한 관점이다. 한 학생은 다음과 같이 말하였다.

회의에 갔을 때 우리 외 모든 사람이 가로 사람들이었기 때문에 우리는 불편함을 느꼈다. 그들은 우리가 무엇을 할 것인지 궁금해 하고 있다고 느꼈다. 처음에 우리는 우리의 정체성을 지키겠다고 결정하였다. 하지만 많은 것이 변화하였다. 회의를 진행하면서 우리는 모두가 우리의 마을인 가로를 걱정하고 있음을 깨달았고 부족 대 비부족의 구별은 점점 덜 중요해졌다.

학생들은 또한 많은 이해관계자가 그들의 의견에 동의하고 인정하는 것을 경험하면서 가능성과 추진력을 명확히 표현할 수 있었다. 다음의 두 학생의 진술은 이를 반영한다.

주요 인사 모두가 우리 앞에 앉았을 때, 우리는 긴장하였다. 하지만 기분이 정말 좋은 것은 놀라웠다. 지역 사람들은 그들의 의견을 우리에게 전달하였고, 우리는 그곳에 와 있는 사람들에게 전달하였다. 그 순간 나는 우리가 정말로 사회변화를 가져올 수 있다고 느꼈다.

나는 처음에 우리가 정치인의 비전만 연구해야 한다고 생각했다. 하지만 우리 또한 우리의 비전을 고민하고 있고, 그것은 미래의 발전에 대한 것임을 이해하게 되었다. 예를 들면, 우리는 어떻게 도로와 통신을 개선할 수 있는가? 우리는 어떻게 부정부패를 제거할 수 있는가? 우리는 어떻게 밝은 미래를 만들 수 있는가? 우리가 이것을 알게 된다면, 다른 사람들 역시 이를 깨달을 수 있을 것이다.

이 연구를 통해서 학생 연구자들은 사회적 포용을 위해 일하는 시민 주체자로서 그들 자신과 다른 사람의 경험을 조사하였다. 이 연구가 비록 학생 연구라는 특정 집단의 의미 있는 경험으로부터 얻은 교훈이었지만, 이 연구로 인해 다른 연구자와 시민도 공동체의 참여 연구와 실천행동을 위한 그들 자신만의 도구를 얻을 수 있었다.

당신의 생각은?

1. 이 연구가 당신이 생각하는 좋은 연구를 위해 필요한 것들과 얼마나 일치하는가? 연구의 강점과 제한점을 평가하기 위해서 어떤 추가적인 정보가 필요한가?
2. 지금까지 공동체심리학에 대하여 배운 것을 생각해 보라. 이 연구에서 사용한 방법은 공동체심리학의 가치와 목표를 어떻게 반영하는가?
3. 이 연구는 주로 질적 면담 방법을 사용하였다. 당신은 마을이나 도시에서의 문제를 탐색하기 위해서 어떤 방법을 추가적으로 사용하겠는가?

공동체심리학의 연구 문제에 답하기

공동체심리학자는 연구 문제의 답을 얻기 위해서 어떤 연구 접근법과 구체적인 방법을 사용하는가? 이 장에서는 다양한 분석 수준에서의 공동체 협력 및 맥락에 입각한 질문을 포함하여 3장에서 강조한 주제를 기반으로 공동체심리학자가 사용하는 연구 방법 및 각각의 장단점을 실제 연구 사례를 통해 구체적으로 알아볼 것이다. 또한 질적 방법과 양적 방법이 한 연구에서 어떻게 통합되는지도 살펴보고자 한다(Campbell et al., 2017; Creswell & Creswell, 2018). 이 장의 주제는 다음과 같다.

- 질적 방법과 양적 방법은 유용한 지식의 상호보완적 형태를 제시한다.
- 어떤 방법을 선택할지는 연구에서 제시하는 연구 문제에 따라 결정해야 한다.
- 질적 방법과 양적 방법 모두 3장에서 언급했던 참여-협력적 공동체 연구에 사용될 수 있다.
- 혼합 방법을 사용하여 특정 연구를 더 발전시킬 수 있다.
- 맥락적이고 종단적인 관점은 공동체 연구를 강화한다.

- 공동체심리학은 다양한 지식 형태와 다양한 연구 방법을 통해 가장 잘 표현된다.

질적 방법

가로 마을 연구는 3장에서 강조한 참여-협력적 접근법과 맥락에 입각한 질문이 어떻게 연구에 사용되는지를 보여 준다. 이 연구는 면담을 이용하여 참여자의 의미 있는 개인적 경험에 초점을 맞춘 질적 연구 방법의 좋은 예시를 제공하였다. 질적 연구(qualitative research)는 개인이 느낀 의미의 측면에서 현상을 이해하려고 노력하는 자연주의적 탐구의 과정이다(Denzin & Lincoln, 1994). 질적 방법은 아직까지 자세하게 연구되지 않았던 상황, 과정, 맥락을 연구하는 데 유용하다. 이 방법은 기존 연구에서 충분히 주장하지 못했던 관점에 힘을 실어 준다. 그러므로 몇몇 공동체 연구자는 프로젝트의 초기 탐색과 이론 발달 단계에서 질적 방법을 사용하여 이후의 양적 연구를 통해 검증할 가설을 만들어 낸다. 하지만 질적 접근만으로도 다양한 사회문화적 맥락에서 복잡하고, 역동적이며, 의미 있는 삶의 경험에 대한 상세한 분석이 가능하다(Brodsky et al, 2017; Camic et al, 2003; 〈글상자 4-1〉 참조). 특정 맥락에서 인간의 의미 있는 경험에 대한 상세한 분석은 공동체심리학의 과학적 지식을 발전시키는 데 필수적이다(Tebes, 2005). 질적 연구는 다양한 방법이 있지만 대부분은 다음의 공통적인 특징을 가지고 있다.

질적 연구
실험실 장면이 아닌 사람들의 일상 환경에서 사회적, 행동적, 그리고 기타 현상을 이해하려고 노력하는 연구 방법이다. 이 방법은 복잡하고, 역동적이며, 의미 있는 삶의 경험에 대한 상세한 분석이 가능하고, 사람들이 경험하는 의미를 바탕으로 현상을 연구하며, 기존 연구에서 충분히 주장하지 못했던 관점에 힘을 실어 준다.

- **맥락의 의미** 질적 연구의 주요 목표는 특정 맥락에 사는 사람이 경험하는 현상의 의미를 이해하는 것이다. 비록 연구자의 해석이 이후에 추가되겠지만 사람들이 "자신의 목소리로 말하기"를 허용하는 것이다. 맥락을 이해할 때는 비록 다른 삶의 경험을 가진 연구자의 의견과 분석이 어느 정도 영향을 주지만 "내부자 지식"의 형태로 나타난다.
- **참여자-연구자 협력** 맥락의 의미는 연구 참여자와 연구자 간의 오랜 시간 동안 발전된 관계 안에서 형성된다. 그러므로 이 방법은 특히 공동체 구성원이 참여하는 협력적 연구와 다양한 사회문화적 맥락을 이해하는 데

적합하다. 참여 접근법은 협력의 형식으로 확대되기 때문에 참여자는 곧바로 연구 팀의 구성원으로 활동하게 된다.

- **유의 표집** 연구자는 특정 공동체 집단 또는 특정 세팅의 다층적인 이해를 발전시킨다. 연구의 표본 수는 일반적으로 연구에 필요한 상세한 수준을 용이하게 하기 위해 적은 수로 구성된다. 또한 연구자는 자신들의 경험을 토대로 표집 정보를 구할 수 있다.

- **경청** 연구자는 자신의 선입견은 제쳐두고 연구 대상 집단의 언어와 맥락의 입장에서 그들의 용어로 이해하려고 노력한다. 연구자의 선입견이나 이론이 반영된 표준화된 질문지보다 참여자가 자신의 생각을 자유롭게 이야기할 수 있는 개방형 질문 형식이 더 선호된다.

- **성찰** 연구자는 성찰하려고 노력한다. 자신의 관심, 가치, 선입견, 그리고 개인의 지위 또는 역할을 연구 참여자와 연구 보고서 모두에 명확하게 진술한다. 또한 연구 참여자로부터 얻은 교훈을 바탕으로 연구의 가정을 재확인한다. 이 과정은 잠재적인 가치와 가정을 투명하게 만들어 준다.

- **두터운 기술** 심리학의 질적 자료는 보통 서면으로 제시된다. 연구자는 참여자의 경험을 사실적으로 전달하여 설득력 있는 증거를 만들기 위해 두터운 기술(thick description)로 구체적이고 자세하게 표현하려고 노력한다. 이 기술을 사용하면 자료 수집 과정에서 나타난 중요한 세부 사항 및 양식을 이후에도 점검할 수 있다. 다른 연구자 역시 이러한 상세한 메모 또는 진술 기록을 사용하여 분석과 해석의 타당도를 점검할 수 있다.

- **자료 분석과 해석** 자료 수집 과정, 자료 분석, 그리고 해석은 서로 겹치는 부분이 있어 연구자는 이 과정을 앞뒤로 오가며 진행한다. 분석은 주로 반복되는 주제를 확인하거나(코딩, coding) 다른 범주 및 단계를 분리 또는 비교하는 것으로 이루어진다. 연구자는 더 많은 자료를 수집하거나 분석함으로써 주제 또는 범주의 타당도를 점검할 수 있다. 여러 명의 자료 분석가와 점검자가 교차 확인을 통해 타당도를 높일 수도 있다.

- **점검** 일반적으로 자료 수집과 분석을 통해 여러 차례 수정한 후, 연구자는 연구 협력자에게 주제를 보여 주어 주제와 해석을 점검한다. 협력자는 공동체 구성원을 점검자로 선정할 수 있고, 이들은 분석의 수정, 확인, 추가적 해석을 제공한다. 참여적 방법에서는 공동체 구성원이 주제를 비평

두터운 기술
메모 또는 진술 기록과 같은 서면의 형태로 제시되는 질적 자료의 중요한 부분으로, 연구 참여자의 경험을 현실이 정확히 반영될 정도로 상세히 기술하고 핵심 정보 및 패턴을 문서화하는 것으로, 이후에 원래의 연구 팀과 다른 연구 팀의 분석과 해석을 가능하게 한다.

코딩
연구 과정에서 경향 및 반복되는 주제를 확인하거나 다른 범주 및 단계를 분리 또는 비교하는 것이다. 여러 명의 자료 분석가와 점검자가 교차 확인을 통해 타당도를 강화할 수 있다.

적으로 평가하고 분석 과정 전반에 걸쳐 해석에 의문을 제기할 수 있다.

- **다양한 해석** 주제에 대한 다양한 해석 또는 해설이 가능하다. 해석은 현실성과 두터운 기술의 측면에서 내적 일관성이 있어야 하지만, 참여 연구팀 내에서 다른 관점이 제기된다면 이 또한 다른 해석의 가능성에 대한 유력한 증거가 될 수 있다.

- **일반화** 결과의 일반화는 표본 집단 참여자 간의 의미를 이해하는 것보다는 덜 중요하다. 연구자는 다양한 연구 또는 사례로부터 공통으로 나타나는 주제를 확인함으로써 결과를 일반화할 수 있다.

질적 방법은 주목받지 못한 소외 집단의 목소리를 듣고 연구자와 참여자 간의 힘의 불균형을 감소시키는 데 매우 유용하다. 또한 질적 방법은 문화, 공동체, 또는 모집단의 맥락에 대한 깊이 있는 이해를 가능하게 한다.

연구자는 참여 실천행동 연구, 현상학적 연구, 근거 이론 및 민족지학을 포함하여 아주 많은 다양한 질적 접근법을 사용한다(추가적 논의는 Creswell과 Creswell, 2018 참조). 다음에서 이러한 접근법에 활용되는 네 가지의 질적 방법—참여 관찰, 질적 면담, 표적 집단, 사례 연구—의 강점과 제한점에 대하여 살펴볼 것이다.

참여 관찰

참여 관찰
세심하고 자세한 기록과 개념적 해석을 수행하는 공동체 구성원과의 면담이나 대화가 포함된 질적 연구 방법이다. 연구자는 공동체의 일원이 되어 공동체의 삶에 참여함으로써 공동체의 지식을 더 깊게 익힐 수 있다. 하지만 결과를 다른 공동체에 일반화시키는 것이 제한되고, 관찰과 해석에 있어 연구자의 편향 가능성을 배제할 수 없다.

많은 공동체 연구자는, 특히 참여 연구를 수행하는 연구자라면 적어도 어느 정도의 참여 관찰을 하게 된다. 참여 관찰은 인류학 및 다른 사회과학 영역에서 민족지학 연구의 핵심 요소이다. 공동체심리학에서도 그 가치가 높아지고 있는데, 이는 공동체 내의 시간에 따른 변화뿐만 아니라 문화와 맥락을 이해하는 데 도움을 주기 때문이다(Case et al., 2014).

참여 관찰(participant observation)이라는 용어에 포함된 두 단어인 참여와 관찰은 둘 모두 중요하다. 참여 관찰에는 관찰에 대한 기록, 시민과의 면담이나 대화, 그리고 개념적 해석을 위한 세심하고 자세한 관찰이 포함된다. 이것은 단순한 묘사나 회고록이 아니다. 또한 참여 관찰에는 연구자가 공동체에서 생활하는 배우의 역할을 하며 공동체의 구성원 또는 협력자가 되는 참여도 포함된다. 연구자는 이 방법을 통해 공동체 구성원의 경험적 내부 지식을 어느 정도 가지면서도 외부자의 관점을 유지하려고 노력한다.

강점과 제한점   참여 관찰은 연구자가 공동체의 내부 지식과 경험의 깊이를 최대한으로 얻고자 할 때 선택하는 방법이다. 참여 관찰자는 공동체를 전반적으로 알게 되고 본질을 생생하게 전달할 수 있다. 이 방법은 또한 연구자-공동체 관계를 극대화하고 공동체 생활의 많은 측면에 대하여 두터운 기술을 가능하게 한다.

하지만 깊이 있는 지식을 얻기 위한 대가가 따른다. 첫째, 한 세팅에만 집중한다는 것은 다른 세팅으로 일반화하기에 필연적인 문제가 있음을 의미한다. 이 문제는 다른 세팅을 직접 방문해 봄으로써 감소시킬 수 있는데, 이런 경우 일반적으로 다른 세팅을 깊이 이해할 수는 없겠지만 그들의 관찰 결과를 그 세팅에 적용할 수 있을지를 판별할 만큼은 충분히 검토되어야 한다.

두 번째 문제는 연구자의 경험과 기록이 세팅과 세팅의 역동성을 대표할 수 있는가이다. 참여 관찰자는 현장 기록을 기본 자료로 사용하고 면담과 같은 다른 방법을 실시하여 보완한다. 연구자의 메모 기록, 분석, 그리고 해석은 연구자의 선택적 관찰, 선택적 기억, 선택적 해석에 의해 영향을 받을 수 있다. 다른 연구처럼 결과는 연구의 정보를 제공한 표본 또는 연구 상황에 의해 영향을 받을 수도 있다(예, 비공식 대표자 회의 또는 개인적 만남이 아닌 공식적 회의를 관찰하는 상황). 연구자는 그들이 관찰한 세팅과 맥락뿐 아니라 연구에서 중점을 두는 가치를 분명히 보고해야 한다. 그렇게 해야만 독자는 자료 수집과 분석에서 이러한 선택으로 인한 영향을 판단할 수 있다. 또 다른 문제는 연구자가 그 세팅에 존재하는 것만으로도 연구와 관련한 현상 또는 공동체에 (어떤 경우에는 일부이지만 대부분은 상당히) 영향을 준다. 이것은 연구자가 참여자와 관찰자 역할을 모두 수행함으로써 발생할 수 있는 역할 갈등의 문제이다(Wicker & Sommer, 1993).

윤리적인 문제는 공동체에 관여하는 적절한 수준을 결정하고, 공동체 내에서 그리고 공동체를 벗어나서 어떻게 적용할지 협상하며, 공동체와 구성원을 어떻게 적절히 표현할지 파악하는 것 등이 포함된다(Case et al., 2014). 예를 들면, 토드(Todd, 2012)는 그의 연구를 위해 두 종교 단체에서 18개월 동안 참여 관찰을 하면서 그들의 사회 연결망과 사회정의 목표를 추구하는 것에 관한 조사를 하였다. 그중 한 집단은 외부 사람에게는 복음주의자로 묘사되었지만 그들 집단 내부에서는 그 단어를 꺼린다는 것을 토드는 발견하였다. 그는 그들이 복음주의자라는 단어를 불편해 한다는 것을 알아채고 그 조직 구성원이 공감하는 언어를 사용하였다(Case et al., 2014). 내부자이면서 연구자의 역할을 동시에 모두 하는 것은 스트레스가 될 수 있다. 두 역할 사이에서 균형을 이루는 것은 공동체에 투입되어 관계를 형성하여 참여하고, 공동체를 표현하며, 그리고 공동체와의 파트너십에 이익을 추구함에 있어 중요한 일이다.

질적 면담

질적 면담
개인의 생생한 경험과 그 경험에 대한 개인이 부여한 의미에 대하여 개방형 질문을 통해 자료를 얻는 질적 연구 방법이다. 질문과 프로토콜은 면담 전에 준비되어야 하지만 면담 도중에 예상치 않은 질문이 나타나면 그것에 따라 갈 수 있도록 충분한 유연성이 발휘된다. 연구자의 편향 가능성이 감소하기 때문에 자료의 표준화는 더 쉽지만, 표본 수가 아주 적기 때문에 다른 공동체에 일반화하는 것은 제한된다.

질적 면담(qualitative interviewing)은 다른 사람의 생생한 경험과 그 경험의 의미를 이끌어 내는 것을 목표로 질문을 통해 자료를 얻는 질적 연구 방법이다(Seidman, 2006). 질적 면담은 종종 반구조화된 형태로, 연구자가 면담 전에 질문의 양식 또는 프로토콜을 잘 준비하거나 개발하기도 하지만 면담 도중에 새로운 관심 내용이 나타나면 그것에 관한 질문을 할 수 있도록 면담 맥락에서 충분한 유연성이 발휘된다. 연구자는 개방형 질문 형식을 취하여 참여자가 자신의 경험을 그들의 언어로 묘사하도록 북돋운다. 일반적으로 표본의 수가 적어서 깊이 있는 면담과 분석을 할 수 있다. 연구자가 공동체에 참여하는 것이 필수는 아니지만 보통 참여자와 함께 협력의 역할을 하거나 지속적인 접촉을 유지한다.

강점과 제한점　질적 면담을 통해서 연구자는 자신의 관심사를 유연하게 탐색할 수 있고 연구자가 예상하지 못한 부분을 발견할 수 있다. 이는 연구자와 참여자 간의 끈끈한 인간관계를 바탕으로 한다. 이 방법은 참여자의 목소리에 귀를 기울이고 두터운 기술을 사용하여 그들의 경험을 수집하는 방식이다. 이 연구 방법은 연구자의 선입견 문제를 해결할 수 있고, 공동체, 문화, 또는 모집단의 맥락에 대한 이해를 가능하게 한다.

면담을 실시하는 것은 참여 관찰을 뛰어넘는 몇 가지 장점이 있다. 자료 수집에 있어 선택적 지각, 기억, 해석의 편향을 제한함으로써 참여 관찰보다 표준화하기가 더 쉽다. 면담은 녹음하여 녹취록을 만들 수 있기 때문에 분석 과정에서 참여자의 실질적인 언어를 바탕으로 할 수 있다. 분석 또한 면담 진행자가 아닌 여러 명의 독립적인 평가자에 의해 표준화하여 실시할 수 있고, 이 과정은 신뢰도와 타당도를 높인다. 면담 진행자는 세팅과 참여자와의 상호 신뢰 관계를 발전시키면서도 역할 갈등은 참여 관찰보다 덜 발생한다.

이 장점들은 적은 표본 수로 깊이 있는 연구를 실시할 때 가능하기 때문에 결과의 일반화가 다소 제한된다는 단점을 내포한다. 또한 면담에 필요한 시간 때문에 소외 집단 또는 까다로운 상황에 처한 사람은 은근히 배제될 수 있다(Cannon et al., Campbell & Wasco, 2000에서 인용). 참여자와 연구자 간의 해석의 차이도 문제를 발생시킨다(Stein & Mankowski, 2004). 이 절의 처음에 소개한 두타(Dutta, 2017)가 실시한 인도 북동 지역의 대학생 참여 실천행동 연구 프로젝트는 질적 면담 연구의 예시를 보여 준다.

표적 집단

표적 집단(focus group)은 집단 면담이라고 할 수 있다. 이는 중재자가 제시한 질문 또는 토론 주제에 대한 반응으로부터 두터운 기술과 질적 정보를 얻을 수 있다. 표적 집단을 사용하면 연구자가 참여자들의 유사점과 차이점을 찾을 수 있고, 참여자는 면담 진행자뿐만 아니라 집단의 다른 사람들의 반응을 통해 자신의 생각과 주제를 가다듬을 수 있다.

표적 집단 연구에서는 개인이 아닌 집단이 분석의 단위가 되고 표본 수는 각 집단이 하나가 된다. 집단의 다른 구성원의 반응과 관련되지 않는 개인의 논평은 의미가 없다. 즉, 표적 집단의 목적 중 하나는 토론을 활성화하는 것이다. 각 집단은 보통 6~12명으로 구성되고, 이들은 연구자가 관심을 갖는 어떤 특성, 예를 들면 같은 고등학교, 유사한 직업, 또는 같은 건강 문제 등을 가지고 있다. 이러한 동일한 특성은 서로의 생각을 바탕으로 참여자의 자유로운 토론과 능력을 높이는 데 도움을 준다. 더 광범위한 정보가 필요하거나 집단의 비교(예, 대학 신입생 대 대학 4학년)를 위해서는 다수의 표적 집단을 사용한다. 하지만 질적 면담과 마찬가지로 표적 집단의 표본도 대규모 모집단을 대표하지 않는다. 이 방법의 목적은 맥락을 이해하려고 하는 것이다(Hughes &

표적 집단
연구자가 연구에서 원하는 특성을 공유한 소규모의 사람들이 함께 토론하도록 구성된 질적 연구 방법이다. 중재자는 개방형 질문 및 토론 유도를 통해 참가자 간의 자연스러운 대화를 촉진한다. 연구자는 공유한 경험의 맥락적 이해를 높이기 위해 개인 간 차이를 비교하고 대조하며 그들의 반응을 관찰한다. 일반적으로 집단의 크기가 작기 때문에 일반화하기에는 제한점이 있다.

DuMont, 1993).

중재자가 해야 할 일은 토론이 자유롭게 이루어지도록 분위기를 조성하고, 모든 참여자가 편안하게 느끼는 언어를 사용하고, 모든 참여자가 참여할 수 있도록 하여야 하고, 찬성과 반대 모두를 이끌어 내며, 방향을 제시하지 않으면서도 연구자의 모든 관심 주제를 토론할 수 있도록 해야 한다. 중재자는 연구와 관련된 주제로 토론이 진행되도록 조성하고 일반적 주제에서 구체적 현상까지 다루어질 수 있도록 안내하는 역할을 한다. 표적 집단 분석 자료는 개인의 질적 면담 분석 과정과 유사하다.

요시카와와 동료들(Yoshikawa et al., 2003)은 뉴욕에 사는 아시아-태평양 섬 출신의 사람에게 HIV 예방 프로그램을 실시하는 지역사회 기관의 근무자 중 일선 교육자의 경험을 알아보기 위해 표적 집단 방법을 사용하였다. 이 교육자들은 해당 공동체와 문화를 잘 알고 있었기 때문에 정보 배포 및 HIV 전파 행동에 관한 효과적이고 문화에 입각한 기술을 이해하는 데 좋은 자원이었다. 연구자들은 각기 다른 모집단(청소년, 게이/양성애자/성전환자, 여성, 이성애자의 정체성을 가진 남성)의 사람들을 교육하는 근무자를 대상으로 표적 집단을 구성하였다. 면담은 효과적인 지원과 행동 변화에 대한 "성공 사례"를 질문하였고, 동료 교육자가 자신의 기술을 다른 민족 집단, 다양한 이민 사회, 그리고 사회경제적 지위가 다른 집단에 어떻게 적용하였는지를 물어보았다. 연구자들은 면담 기록을 살핀 후 반응을 범주화하는 작업을 개발하였다. 범주에는 성에 대한 문화적 규준, 동료 교육자가 초점을 맞춘 지원 상황, 지원에 사용된 구체적인 전략, 그리고 구체적인 위험 행동과 방어 행동 등을 포함하였다. 그런 다음 해당 범주에 속하는 내용에 대하여 평가자 간 일치 여부(평가자 간 신뢰도)를 조사하였다. 연구 결과, 문화, 사회적 억압, 이민이라는 상황이 HIV 관련 행동에 영향을 미치는 것으로 나타났다. 연구자들은 이 결과를 바탕으로 문화적 상황에 적절한 효율적인 방법을 제시하였다.

강점과 제한점 표적 집단의 강점과 제한점은 질적 면담과 유사하지만, 다른 질적 방법과 비교되는 몇 가지 장점이 있다. 연구자는 토론을 구조화할 수 있고 참여 관찰보다 관심 주제 및 개인적 경험을 더 쉽게 얻을 수 있다. 개인 면담과 비교하면 표적 집단은 공유된 지식과 상호 토론에 더 많이 접근할 수 있다. 또한 연구자는 개인 면담에서는 볼 수 없는 집단 참여자 간의 사회적 상호작용의 행동 양식을 관찰할 수 있다. 하지만 표적 집단 중재자는 개인 면담보다 질문을 정교화하거나, 주제의 변경을 통제하거나, 개인에 대한 깊이 있는 지식을 얻을 가능성은 적다. 표적 집단은 개인의 독특한 경험을 이해하기 위한 접근법으로는 적절하지 않고 단순히 개인 면담을 대체하는 방법으로도 사용될 수 없다.

사례 연구

사례 연구(case study) 접근법은 단일 현상 또는 한정된 시스템을 이해하기 위해 다양한 방법을 사용하는 것이다(Stake, 2003). 관심을 두는 현상은 조직, 지역사회, 이웃, 또는 변화 과정이다(Bond & Keys, 1993; Evans et al., 2007; Mulvey, 2002; Thomas et al., 2015). 공동체심리학자 역시 개인의 삶의 터전이 되는 환경을 살펴보기 위해 사례 연구를 실시할 수 있다(Langhour, 2003). 연구자는 여러 건의 사례 연구를 시행하여 사례 간 비교도 가능하다. 예를 들면, 네이거와 피쉬맨(Neigher & Fishman, 2004)은 서로 다른 5개의 공동체 조직에서 실시한 변화 계획과 평가 결과를 살펴보기 위해 여러 건의 사례 연구를 사용하였다.

사례 연구는 질적 분석과 양적 분석을 이어 주는 역할을 한다. 앞서 설명한 사례 연구는 질적 방법을 부분적으로 또는 전적으로 사용하였다. 사례 연구는 회의록, 기관의 정책 설명서, 또는 신문 기사 등과 같은 보관 기록 자료(예, 문서 또는 기록물에서 나온)를 질적 분석하여 사용하기도 한다. 보관기록 자료를 양적 방법으로도 사용할 수 있는데, 경찰청 통계, 프로그램 참석 기록, 또는 프로그램이 목표를 달성했는지에 대한 양적인 평가를 이용하는 것이다. 설문지와 같은 또 다른 양적 측정 도구도 사용할 수 있다. 이 장의 후반부에 두 방법 모두를 사용한 사례 연구를 소개하고, 8장에서는 유해 폐기물 논란에 대한 공동체 사례 연구를 소개한다(Culley & Hughey, 2008).

강점과 제한점 참여 관찰처럼, 사례 연구도 한 사람, 한 장소, 또는 한 지역사회를 깊게 조사할 수 있다. 사례 연구는 문화적, 사회적, 또는 공동체 맥락

사례 연구
개인, 세팅, 지역, 현상, 또는 시스템을 깊게 이해하기 위해서 다양한 질적 방법을 사용하고, 가능하면 기존 자료와 양적 자료까지도 사용하는 질적 연구 방법이다. 사례 연구는 주로 일정 기간 동안 종단으로 연구되고 일상의 자연스러운 세팅에서 다양한 패턴을 확인할 수 있다. 일반화를 높이기 위해 다수의 사례 연구가 한 분석에 실시될 수 있다.

의 분위기를 이해하는 데 아주 좋은 방법으로 두터운 기술과 맥락의 이해를 가능하게 한다. 여러 출처의 자료를 이용한다면 가설을 점검할 수도 있다. 대부분의 사례 연구는 종단적으로 살펴보는 것이 도움이 된다. 사례 연구의 연구자는 실험적 통제를 통한 인과관계는 연구할 수 없지만 일상생활에서 발생하는 복잡한 인과관계를 확인할 수 있다.

사례 연구의 가장 큰 제한점은 한 사례에만 집중하기 때문에 특정 사례에서 밝혀 낸 결과를 다른 사례로 일반화할 수 있을지에 대한 확신이 없다는 것이다. 연구자는 여러 건의 사례 연구를 묶어서 한 번에 분석할 수 있지만 그렇게 되면 지금까지 언급했던 장점이 일부 감소된다. 때로는 다른 사례로 일반화하지 않고 한 사례에 관한 기술과 분석이 주요 목표인 경우가 있다. 연구 대상인 세팅 또는 그 지역에 깊게 관여하는 것은 앞서 언급했던 내부자-외부자 역할 갈등을 유발할 수 있다.

보관 기록 자료의 사용은 장점과 단점 모두를 가지고 있다. 글로 기록된 것은 연구자가 참석하지 않았거나 정보제공자가 완벽하게 기억하지 못하는 회의 및 다른 행사에 대한 정보를 제공할 수 있다. 또한 기관 또는 공동체에서 일어났던 행사에 관한 내용을 문서화할 수 있다. 하지만 보관 기록 자료를 참고하면 연구자가 가장 알고 싶어 하는 상황의 과정이 어떠했는지는 알 수가 없다. 왜냐하면 회의록에는 집단 결정이 이루어지는 갈등과 타협은 일반적으로 생략되거나 거의 기록되지 않기 때문이다.

글상자 4-1 공동체심리학 실천행동: 아프가니스탄 여성과 함께한 질적 연구

브로드스키(Brodsky, 2003, 2009; Brodsky et al., 2017)는 다양한 질적 방법을 사용하여 아프가니스탄 여성혁명회(Revolutionary Association of the Women of Afghanistan: RAWA)를 연구하였다. 그녀의 책 『우리의 모든 강점으로(With all our strength)』는 아프가니스탄 여성 운동의 구성원이 공유한 역사, 철학, 실천행동, 회복탄력성, 그리고 공동체 의식을 기술하였다. 1977년부터 RAWA는 아프가니스탄의 여성 권력 및 인권, 그리고 민주적이고 현실적인 정권을 강력하지만 비폭력적으로 옹호하였다. 20세의 한 대학생이 1977년에 세운 RAWA는 아프가니스탄의 전통적인 가부장적 가치와 전 세계에 널리 퍼져 있는 아프가니스탄 여성에 대한 고정관념 모두에 저항하는 토착 여성 해방의 가치를 증진하였다. RAWA 구성원 (모두 자원봉사자이면서 여성이다)은 홍보물 발간과 웹사이트의 유지, 학대와 잔혹 행위의 기록 및 공표, 다양한 형태의 트라우마를 겪는 여성 지원, 인도적 지원 제공, 여성과 소녀를 위한 문해 및 교육 수업, 뜻을 함께하는 남성과 협업, 파키스탄에서 항의성 집회 개최, 그리고 국제 원조를 행동화하였다(Brodsky, 2003). 이들의 활동은 격렬한 반대 세력이 발생하였기 때문에 비밀 지하 조직으로 활동하였다. 그럼에도 불구하고 이들은 대중에게 그들을 알릴 수 있는 시도를 계속 이어갔다.

브로드스키는 RAWA가 어떻게 활동하고 자생 공동체로서 명목을 유지했는지에 관심이 있었다. 그녀는 또한 그들을 향한 격렬하고 폭력적인 반대와 RAWA의 설립자인 미나(Meena)의 암살 등과 같은 역경과 상실에 직면하였을 때 공동체 구성원이 보여 준 회복탄력성이 궁금하였다(Brodsky, 2003). 그녀는 여성 해방을 질적으로 분석하기 위해 RAWA가 표방하는 여성 해방 철학에 맞추어 연구틀과 방법을 구상하였다. 거기에는 아프가니스탄 문화와 맥락에 대한 고려, RAWA 구성원과 연구자의 정서에 대한 이해, RAWA가 비밀 조직이라는 사실, 참여—협력 연구 관계의 필요성, 그리고 이 연구를 통해 RAWA와 다른 여성해방 조직의 권력강화 달성 등이 포함되었다.

브로드스키는 다양한 질적 방법을 사용하였다(Brodsky, 2003, 2009; Brodsky et al., 2017). 그녀는 몇 년 동안 미국에서 RAWA의 지원에 깊이 관여하였다. 이 연구를 위해 브로드스키는 2001년과 2002년에 파키스탄과 아프가니스탄을 방문하였는데, 첫 번째 방문은 911 사건으로 미국이 파키스탄에서 전쟁을 일으키기 전이었다. 그녀는 아프가니스탄과 파키스탄에 있는 255명의 RAWA 구성원과 지지자를 면담하였다. 면담은 보통 2~3시간 가량 소요되었고 많은 사람이 1회 이상 면담하였다. 브로드스키는 또한 집단 면담을 실시하여 참여 관찰과 이들과의 비공식 대화에 많은 시간을 할애하였고, 파키스탄과 아프가니스탄의 10개 지역에 있는 35개의 RAWA 계획 단지를 방문하여, 문서 기록 자료와 다양한 정보를 수집하였다. 면담의 대부분은 아프가니스탄의 언어인 다리(Dari)어로 진행되었다. 통역, 주요 정보자 및 협력자로는 RAWA의 구성원인 타미나 파리알(Tahmeena Faryal)이 맡았다. 브로드스키는 통역의 정확도를 점검할 수 있을 만큼 아프가니스탄의 언어를 잘 알고 있었지만, 전반적으로 외부자의 자세를 유지하였다(내부자-외부자 협력의 도전과 보람에 대한 추가적인 논의는 Brodsky & Faryal, 2006 참조).

이 연구는 맥락에 초점을 맞춘 상당히 깊이 있는 결과를 얻었다. RAWA의 구성원과 지지자들은 가족 및 마을을 포함하여 그들이 속한 다른 아프가니스탄 공동체 맥락에 대해서도 강한 공동체 의식을 가지고 있었다. 또한 RAWA의 긍정적인 공동체 의식은 여성해방의 이상 및 실천과도 일치하지만, 동시에 독자적인 여성의 삶을 어렵게 하는 아프가니스탄 문화의 집단적 성향과도 일치한다는 것을 보여 주었다. 트라우마에 맞서는 회복탄력성과 폭력을 반대하는 것은 또 다른 주제였다. 이러한 주제는 RAWA 구성원의 이상향에 대한 지속적인 관여와 RAWA 구성원 간의 정서적인 배려와 실질적인 지원에서 엿볼 수 있었다. 다음의 두 면담은 이러한 주제가 잘 드러나는데, 이는 질적 방법의 영향력을 보여 준다.

〈난민 캠프에서 RAWA에 가입하게 된 한 구성원〉

나는 거기에서 모든 것을 발견하였다. 나는 비탄과 슬픔에서 탈출하였다. 거기에는 수업과 수공예 센터가 있었다. 나는 이곳 사람들이 아프가니스탄의 나머지 사람들을 돌보며 빛을 향해 가는 것을 보았다. 내가 말한 빛은 교육을 말한다. RAWA는 교육과 희망을 주었고, 우리가 우리 국민에게 무언가를 줄 수 있다는 것을 알려 주었다. (Brodsky, 2003, p. 245)

〈RAWA의 내부와 외부 여성이 누리는 자유를 비교한 한 구성원〉

RAWA에서는 나의 모든 권리가 보장되고, 내가 믿는 것을 말할 수 있다. 나는 교육을 받고, 밖을 돌아다니고, 내가 말하고 싶은 사람과 얘기하였다. 나는 남성과 똑같은 권리를 가졌다. 하지만 나의 마을에서는 그렇지 않았다. 나의 아버지가 나에게 무슨 말을 한 것은 아니지만, 나는 나와 동갑인 남자 사촌과는 대화를 할 수 없었다. 여기서는 내가 남자와 대화하는 것이 아무렇지 않다. 나의 마을에서 나는 집에만 머무른다. 그리고 스카프 없이는 밖을 나갈 수 없고, 남자와 대화할 수도 없다. 그들은 나를 죽일 것이다. 나는 여기에서 여성도 그럴 수 있는 권리가 있다고 믿게 되었다.

(Brodsky, 2009, p. 182)

당신의 생각은?

1. 브로드스키의 방법과 연구 참여자의 인용문은 공동체심리학의 가치를 어떻게 보여 주는가?

2. 당신이 알고 있는 사회과학 또는 다른 과학 분야의 전통적인 연구 접근법을 생각해 보라. 브로드스키의 질적 방법은 그 접근법과 어떻게 비교되고 상반되는가? 브로드스키가 사용한 방법의 장점과 제한점은 무엇이라고 생각하는가?

아프가니스탄 여성혁명회와 함께 한 브로드스키의 업적에서 알 수 있듯이, 공동체심리학 연구는 공동체심리학의 지식을 확장시키면서도 지역 공동체 활동을 지원할 수 있다.

출처: Maximum Exposure PR/Shutterstock.com

두 가지 마무리 쟁점

질적 분석에 대한 두 가지 전반적인 쟁점을 언급하면서 이 절을 마무리하고자 한다. 그것은 ① 질적 분석이 서사와 의미를 어떻게 이끌어 낼 것인지와 ② 신뢰도, 타당도, 그리고 일반화를 어떻게 해결할 것인지이다.

질적 연구에서의 서사   질적 방법은 종종 서사를 이용한다. 서사에는 줄거리, 일련의 사건, 그리고 의미 있는 인물과 세팅이 있다. 이는 우리 자신과 서로에 대한 이해를 형성하는 개별 이야기이고 문화적 신화이다. 서사는 심리적이고 문화적인 이야기에 통찰을 제공하고 정서와 확고한 가치를 인상적인 방식으로 전달한다(Rappaport, 1993, 1995, 2000; Thomas & Rappaport, 1996). 예를 들면, 두타(Dutta, 2017)가 인도 북동부 지역의 가로 마을에서 실시한 프로젝트는 인종 집단 간의 오랜 갈등 서사로부터 권력과 가능성을 공유하는 새롭고 포용적인 서사로 이동하는 것으로 볼 수 있다. 레르너와 알렌(Lehrner & Allen, 2008)의 연구는 친밀한 파트너 폭력에 대하여 다른 견해를 가지는 사람의 서사를 통해 그들이 가진 기본 생각을 보여 주었다. 일부 사람들은 친밀한 파트너 폭력을 사회변화의 노력이 필요한 문제라고 생각하였고, 다른 사람들은 개인-중심으로 접근하여 개인 차원의 치료적 해법을 제안하였다.

라파포트(Rappaport, 2000)는 서사(narratives)를 집단 구성원이 공유하고 있는 어떤 것이라고 정의하였다. 공동체 또는 세팅의 서사는 그 집단의 정체성과 지속가능성에 중요한 역할을 하는 공동체의 주요 행사, 가치 및 또 다른 주제와 서로 연결되어 있다. 문화적 미신과 전통도 서사이다. 개인사(personal stories)는 자신의 삶을 이해하기 위해 만들어 낸 자신의 삶에 대한 개인의 독특한 해석이다. 개인의 정체성은 개인의 삶의 이야기에 스며들어 있다. 질적 연구 방법은 서사와 개인사, 또는 둘 모두를 끄집어내도록 설계할 수 있다. 둘 모두 인류학, 사회학, 그리고 인지·성격·발달심리학에서 사용된다. 이들은 자세한 묘사와 추상적 주제를 위해 분석될 수도 있다. 개인사와 서사를 살펴보는 것은 다양한 분석 수준에서 개인을 연구할 수 있는 아주 좋은 기회이다.

신뢰도, 타당도, 일반화   실증적 양적 분석으로 교육받은 사람은 질적 분석의 신뢰도, 타당도, 일반화를 어떻게 구할 것인지 궁금할 수 있다. 질적 분석의 목표는 대부분의 양적 분석과는 다르다는 것을 기억하라. 질적 연구에서는 참여자의 해석에 대한 민감성이 표준화보다 더 중요하다. 하지만 많은 질적 방법은 실증적 방법에서의 신뢰도와 타당도 기준과 유사한 과학적 기준을 사용한다(Lincoln & Guba, 1985).

질적 방법에서 신뢰도는 종종 구술 자료를 코딩하거나 분류하는 여러 명의

서사
집단의 정체성과 지속가능성에 중요한 역할을 하는 공동체의 주요 행사, 가치 및 또 다른 주제와 서로 연결된 공유된 이야기, 미신, 전통을 말한다.

개인사
자신의 삶을 이해하기 위해 만들어 낸 자신의 삶에 대한 개인의 독특한 해석이다.

평정자 간 신뢰도를 사용한다. 또한 특정 맥락에 대한 깊은 이해를 발전시킨 연구자가 발견한 믿을 만한 증거를 신뢰도로 채택하기도 한다.

결과를 다른 사람 또는 다른 모집단에 일반화하는 것은 제한적이지만 일반적으로 이것은 질적 연구의 목표가 아니다. 하지만 질적 연구에서 나온 두터운 기술은 연구 대상인 개인 및 집단과 맥락에 대한 깊은 이해를 가능하게 하고 이를 다른 표본과 비교하는 것도 가능하게 한다. 그러므로 당신은 결과가 다른 맥락에 유용하게 쓰일 수 있는 전이 가능성 여부를 결정할 수 있을 것이다.

질적 연구는 같은 현상을 이해하기 위해 다른 여러 방법을 사용하여 타당도를 부분적으로 해결한다. 여기에는 면담과 개인 관찰, 다른 관점을 지녔을 것으로 기대되는 여러 명의 정보 제공자, 다수의 면담 진행자, 또는 질적 정보와 함께 양적 측정의 사용 등이 있을 수 있다. 여러 방법을 사용하였을 때 그들 간의 결과가 유사하다면 연구의 타당도 또는 신용도(credibility)에 대한 판단을 높일 수 있다. 이것을 수렴(convergence)이라고 한다(Morgan, 2019).

질적 연구에서의 신용도는 경험에 대한 두텁고 자세한 서술로 높아진다. 이 것은 단순히 말하는 것이 아닌 이야기를 보여 주는 설득력 있는 현실감을 제공한다. 더욱이 질적 연구에서 연구자와 참여자의 관계가 좋다면 표준화된 질문지에서 문제가 되는 타당도의 쟁점인 참여자의 반응에 대한 의미를 명확하고 구체적으로 알 수 있다.

질적 연구의 공통 목적은 타당도에 대한 학문적 증거를 보여 주는 것뿐만 아니라 참여자의 경험을 가능한 한 그대로 독자에게 전달되도록 하는 사실성(verisimilitude)에 있다. 예를 들면, 앞서 언급했던 RAWA의 아프가니스탄 여성의 연구를 상기해 보자(Brodsky, 2003). 당신이 그들의 말에서 정서적인 힘을 경험했다면 그것은 사실성이다. 하지만 "숫자로 전해지든지, 언어로 전해지든지 자료는 그들 자신을 말해 주지는 않는다"(Marecek et al., 1998, p. 632).

이 인용에서 강조하듯이, 질적 분석과 양적 분석 모두 맥락에서 해석되고 평가되어야 한다. 어떤 연구를 할지 그리고 결과를 어떻게 해석할지에 대한 선택은 방법의 문제가 아니라 이론과 가치의 문제이다. 연구자의 관점을 명확히 언급하는 것 등을 포함하여 성찰(이 장과 3장에서 언급한)은 모든 연구에서 유용하다. 방법과 상관없이 다양한 사람과 집단은 서로 다른 관점을 가지기 때문에 복잡한 현상에 대해서 다양한 해석이 나올 것이다. 질적 방법과 양적

신용도
연구 결과가 개인, 공동체, 체계 및 관련 현상을 얼마나 정확하게 현실적으로 제시하는가를 말한다. 이것은 심층적이고 자세한 질적 연구를 통해 높아질 수 있다.

수렴
동일한 개인, 집단 또는 현상에 대하여 다양한 연구 방법을 사용하는 것으로, 결과가 얼마나 유사한가를 바탕으로 신용도를 결정할 수 있다.

사실성
질적 연구의 공통 목표로 연구 참여자가 기술한 반응과 유사하게 강렬하고 정서적인 반응을 독자로부터 이끌어 내는 것이다.

방법 모두 이러한 관점을 설명할 수 있다.

양적 방법

양적 연구
표준화된 측정, 통계적 분석, 그리고 실험적 또는 통계적인 통제를 통해 인과관계를 찾고, 수치화된 자료를 수집하고 분석하는 것을 강조하는 방법이다. 이것은 환경 요인이 다양한 수준에서의 맥락, 세팅 및 공동체의 건강과 웰빙에 어떤 영향을 미치는지에 대한 결과를 일반화하고자 하는 연구에 가장 유용하다.

지금부터는 측정 도구, 통계 분석, 그리고 실험적 또는 통계적인 통제를 강조하는 양적 연구(quantitative research) 방법에 대하여 살펴보고자 한다. 이 방법은 질적 방법과는 다른 목적과 질문에 초점을 둔다. 양적 방법은 역사적으로 실증주의 과학철학을 기반으로 하지만 3장에서 제시했던 후기실증주의, 구조주의 및 비판이론을 포함하여 과학적 실천을 추구하는 현재의 구조 내에서 효과적으로 사용될 수 있다(Tebes, 2005). 양적 방법은 특히 개인의 건강과 웰빙에 대한 환경적 요인의 다층적 영향을 기술하거나 모형을 만드는 데 유용하다(Fowler & Todd, 2017). 질적 접근과 양적 접근은 일반적으로 철학적 차이가 존재하지만, 그렇다고 이 두 방법을 단순히 이분법적으로 나눌 수는 없다.

양적 방법의 공통점

양적 방법의 종류는 상당히 많지만 공동체 연구에서 사용하는 대부분의 양적 방법은 공통점이 있다. 이 책에서는 방법론 수업에서 배웠던 모든 종류를 되풀이하고 싶지 않기에 질적 방법과 명확히 반대되는 특징을 중심으로 어떻게 양적 분석이 공동체 연구에 적용되는지에 초점을 맞추었다.

- **측정, 비교** 양적 방법의 주요 목적은 변인 간의 차이와 관계의 강도를 분석하는 것이다. 이것은 변인의 이해, 결과의 예측, 그리고 인과관계를 살펴보는 데 도움이 된다. 양적 연구는 맥락 간의 비교가 가능한 "외부자 지식"을 만들어 낼 수 있다.
- **숫자라는 자료** 비록 몇몇 변인은 범주화(예, 통제 집단과의 비교를 통한 실험 프로그램)가 되어 있지만, 그 목적은 측정 변인 간의 관계를 연구하는 것이 대부분이다. 질적 분석을 사용하는 연구자는 단어와 서사에서 양상을 살펴보지만, 양적 방법을 사용하는 연구자는 숫자에서 양상을 찾는다.

- **원인과 결과** 가장 중요한 목적 중 하나는 인과관계를 이해하는 것이다. 이를 통해 결과를 예측할 수 있고 바람직한 변화를 촉진하기 위한 사회 실천행동에 정보를 제공할 수 있다. 실험 및 이와 유사한 방법들은 종종 사회 개혁, 프로그램, 또는 정책의 효과를 평가하는 데 사용된다. 비실험적인 양적 연구조차도 최종적으로는 인과관계에 대한 지식과 사회의 변화를 가져오는 경험적 관계를 확인한다.
- **일반화** 또 다른 중요한 목적은 적어도 맥락, 세팅, 공동체 전반에 일반화할 수 있는 결론을 도출하는 것이다(예, 예방 프로그램 또는 사회 정책이 많은 공동체에서 효과가 있음을 보여 주는 경험적 결과).
- **표준화된 측정 도구** 표준화된 측정 도구는 신뢰도와 타당도가 일정 정도 입증되기 때문에 선호된다. 양적 방법은 질적 방법의 장점인 융통성과 맥락에 대한 자세한 이해는 얻을 수 없지만 연구 간의 결과 비교와 외적 변인의 통제는 높일 수 있다.

다음으로 공동체심리학 연구에서 사용되는 네 가지 종류의 양적 방법—양적기술, 무작위 현장 실험, 비동등 비교 집단 설계, 단절 시계열 설계—에 대하여 구체적으로 살펴보고자 한다. 공동체 연구에서 사용할 수 있는 양적 방법은 그렇게 많지 않다.

양적 기술과 추론

양적 기술 방법은 다양한 절차가 포함되는데, 예를 들면 설문, 구조화된 면담, 공동체 세팅의 행동 관찰, 역학 연구, 그리고 사회 지표 사용(예, 인구조사 자료, 범죄와 건강 통계 자료) 등이 있다. 이 방법들은 양적 분석이지만 실험 연구는 아니며 독립 변인을 조작하는 것도 아니다. 이 방법들은 다음의 사항들이 연구의 목표일 때 사용된다.

- 기존 집단들의 비교(예, 성인 후기와 성인 전기의 범죄에 대한 지각)
- 설문 변인 간의 관계성 연구(예, 가계 소득과 건강의 관계, 청소년의 성에 대한 태도의 변화 양상)

- 공동체 세팅의 특징 측정(예, 자조 집단에서의 정서적 지지와 도움 행동의 빈도 측정)
- 질병의 존재 또는 부재를 예측할 수 있는 변인을 살펴보는 역학 연구(예, HIV 감염 확률을 높이거나 낮추는 행동)
- 지리적·공간적 환경과 사회적 환경 간의 관계 연구(예, 지역의 주류 판매점의 밀집도와 범죄율의 관계)

통계 분석에는 상관, 다중 회기, 경로 분석과 구조 모델, 집단 간 비교를 위한 t검증과 변량분석 등이 사용된다. 이를 이용한 연구는 한 시점에서 자료를 수집하는 횡단 연구와 시간의 경과에 따라 반복하여 자료를 수집하는 종단 연구가 있다.

양적 기술은 일반적으로 질적 연구나 실험보다 더 많은 참여자를 모집하는데, 이는 통계 분석 및 일반화를 가능하게 한다. 이 방법을 사용하기 위해서는 먼저 연구 변인, 측정 방법, 표집 대상을 결정해야 하고, 이때는 기존 지식 또는 탐색 연구에 의존하게 된다. 탐색 연구를 위해서는 앞서 언급한 것처럼 질적 연구 방법이 매우 유용하다.

상관과 인과성   거의 모든 심리학과 학부 수업 초반에 상관과 인과성의 차이를 배운다. 즉, 두 요인이 통계적으로 상관이 있다고 해서 한 요인이 다른 요인의 원인을 의미하는 것은 아니라는 것이다. 상관이 있는 두 변인(A, B)은 예상과 정반대의 결과일 수도 있고(A가 B의 원인이 아니라 B가 A의 원인), 또 다른 "제3의 변인"이 두 변인의 원인(C가 A와 B 모두의 원인)일 수도 있다. 예를 들면, 교회의 수와 주류 판매점의 수가 높은 상관이 있다고 하자. 이 상관을 설명하는 제3의 변인을 생각할 수 있는가? 고려할 수 있는 변인 중 하나는 마을이나 도시의 크기이다. 이외에도 설명이 가능한 다른 변인이 있을 것이다.

하지만 비실험 설계에서도 일정 조건이 확립된다면 원인 양상을 확인하고 인과 가설을 검증할 수 있다. 가장 간단한 경우가 시간상의 우선순위가 관련되었을 때이다. A의 변화가 B의 변화와 상관이 나타나면서 A가 매번 B보다 앞서 있다면 원인 관계의 해석(A는 B의 원인)을 더 보장받을 수 있다(비록 제3의 변인의 관련성은 여전히 존재하지만). A, B, C, 그리고 다른 관련 변인 간의 관계에 대한 기존의 지식을 바탕으로 한 이론적 모델은 비실험 자료를 통해 인과 추론을 하는 데 힘을 실어 준다. 이러한 인과 추론은 실험 통제가 아닌 외적 변인의 논리적 모델이나 통계적인 통제로 살펴볼 수 있다.

공동체 설문조사(community surveys)는 양적 기술을 제공하는 한 방법으로, 표준화된 설문지 또는 기타 측정 도구를 이용하여 공동체 표본으로부터 자료를 수집한다. 예를 들면, 호주인의 공동체 역량 연구는 호주에서 3번째로 큰 도시인 퀸즐랜드의 브리즈번 지역의 주민을 대상으로 실시된 대규모 종단 연구이다. 148개의 마을에서 무작위로 선정된 4,000명 이상의 사람에게 범죄의 공동체 맥락을 이해하기 위해 설계된 전화 설문을 실시하였다. 웍스와 동료들(Wickes et al., 2013)은 폭력, 아동 비행, 그리고 정치 및 도시 문제에 대응할 수 있는 공동체의 역량을 더 잘 이해하기 위해 설문 결과를 분석하였다. 연구자들은 거주 안정성이 높은 공동체가 공동체 폭력을 다룰 수 있는 집합적 효능감이 높다는 것을 발견하였는데, 예를 들면 싸우는 사람을 보면 말리거나 누군가 물건을 훔치는 것을 보면 못하도록 대응하였다. 하지만 공동체 구성원들은 스프레이로 낙서를 하거나 어른을 경멸하는 아이들에 대한 대처 또는 과속 차량이나 소방서 폐쇄와 같은 정치적이거나 도시 문제를 해결하기 위한 활동을 할 수 있다는 생각은 하지 못했다. 이 연구 결과는 특정 업무를 다룰 수 있는 능력은 공동체마다 다르며, 집합적 효능감을 구축하기 위한 노력은 공동체와 공동체 구성원의 강점과 욕구에 맞추어야 한다는 것을 보여 주었다.

공동체 설문 조사는 조직을 분석 단위로 시행할 수 있다. 공동체 연합체는 친밀한 파트너 폭력(Aeeln, 2005; Allen et al., 2008) 또는 긍정적인 청소년 발달 증진(Feinberg et al, 2004) 등의 문제를 다루기 위해 지역의 다양한 집단 대표와 함께 일을 도모할 수 있다. 페인버그와 동료들(Feinberg et al., 2004)은 21개의 지역 공동체 연합 대표를 대상으로 구조화된 면담을 실시하였다. 그 결과, 대표들은 효과적인 연합을 위해서는 공동체 준비성과 단일 집단으로서의 기능이 가능한 연합체를 중요한 요인으로 생각하였다. 알렌(Allen, 2005)은 43개 지역의 가정폭력 연합체의 대표를 대상으로 설문 및 면담을 실시하였는데, 대표들은 효과적인 연합을 위해서는 공동체 준비성이 갖추어져야 하고, 다양한 집단이 모인 연합체가 단일 집단으로 기능할 수 있는지가 중요하다고 답하였다.

역학 연구(epidemiology)는 질병의 빈도와 분포, 이와 관련한 위험 요인과 보

공동체 설문조사
표준화된 설문지 또는 기타 측정 도구를 사용하여 공동체의 표본으로부터 양적 자료를 수집하는 양적 기술 방법으로, 이를 통해 그 집단을 정의하는 요인을 확인한다.

역학 연구
질병의 빈도와 분포, 이와 관련한 위험 요인과 보호 요인에 대한 조사이다. 일반적으로 질병의 원인이 되는 요인을 밝히려는 실험 연구 전에 실시되며 예방과 치료의 개입이 필수적이다.

호 요인에 대한 조사이다. 역학 연구는 일반적으로 질병의 원인이 되는 요인을 밝히려는 실험 연구 이전에 실시되며 예방과 치료의 실질적인 계획을 세우기 위해서는 필수적이다. 역학 연구는 공중보건 영역에서 가장 많이 사용하지만 사회과학에서도 사용하고 있다(예, Mason et al., 1999). 역학 연구는 건강과 관련한 공동체 연구에 도움이 된다.

두 가지의 기초적인 역학 개념이 발병률과 유병률이다. 발병률(incidence)은 특정 기간(보통 1년) 동안 특정 모집단에서 그 질병이 새롭게 발생하는 비율이다. 그러므로 이것은 질병의 발병 빈도를 측정한다. 유병률(prevalence)은 특정 기간 동안 특정 모집단에서 그 질병을 앓고 있는 비율이다. 여기에는 그 질병이 새롭게 발생한 수와 조사 기간 전에 시작하여 계속 추가되는 수가 포함된다. 두 개념 모두 일반적으로 비율로 표시된다(예, 인구 1,000명당 몇 명). 발병률과 유병률의 차이는 공동체심리학에서 중요하다. 예방은 새롭게 발생한 발병률과 관련이 있고, 유병률은 자조 집단 또는 정신건강 서비스 정책과 관련이 있다.

특정 집단에서의 발병률과 유병률이 밝혀지면 역학 연구는 위험 요인과 보호 요인을 찾는 데 집중한다. 위험 요인(risk factors)은 질병을 증가시킬 수 있는 것을 뜻한다. 위험 요인은 질병의 원인일 수도 있고 아니면 단순히 상관만 있을 수도 있다. 스트레스원에 대한 노출 또는 대처 자원의 부족은 위험 요인의 예시이다. 보호 요인(protective factors)은 질병을 감소시킬 수 있는 것을 말한다. 이는 질병의 원인의 영향을 중화 또는 완충하거나 단순히 그렇게 만드는 변인과 연관된 것일 수도 있다. 개인 및 문화의 강점과 지지 체계는 보호 요인이다. 위험 요인과 보호 요인은 10장에서 질병의 예방과 건강 증진을 다룰 때 자세하게 살펴볼 것이다.

까살레와 동료들(Casale et al., 2015)은 남아프리카공화국의 콰줄루나탈주 지역의 청소년과 그들을 돌보는 성인 보호자를 한 쌍으로 묶어 2,000개 이상의 표본을 대상으로 횡단 연구를 실시하였다. 이 지역의 많은 아동은 빈곤의 영향을 크게 받았고 지역의 높은 HIV 유병률로 인해 고아가 될 위험에 노출되어 있었다. 연구자들은 청소년과 보호자를 면담하여 설문을 실시하였다. 그 결과, 보호자의 사회적 지지가 아동의 긍정적 발달과 교우 관계에 중요한 보호 요인임을 발견하였다(Casale et al., 2015). 청소년에게 나타나는 결과가 그들 보호자의 사회 연결망 및 지지 체계와 관련되어 있다는 연구 결과는 사실 놀라운 일이 아니다. 이것은 직관적으로도 이해가 되고, 사회적 지원이 더 많은 부모가 그들의 자녀에게 더 나은 웰빙 및 상호작용을 제공한다고 주장하는 연구들과도 일치한다. 하지만 이 연구는 또 다른 것을 발견하였는데, 부모와 자녀의 관계가 단순히 보호자가 제공하는 양육의 질만으로 설명되지 않는다는 것이다. 공동체 설문은 가족에 대한 더 상위의 사회 지원 연결망이 청소년의 건강과 웰빙에 결정적이고 직접적인 영향을 끼친다는 것을 보여 주었으며, 특히 보호자의 질병 및 죽음과 관련해서 개인, 가족, 그리고 공동체가 겪는 스트레스 맥락에서는 그 영향력이 명확했다. 이 결과가 대규모 HIV 예방과 공중보건에 대한 필요성을 제기함에 따라 이 지역 청소년의 사회적 지지를 높이기 위한 공동체 수준의 개입이 이루어졌다(Casale et al., 2015).

물리적 환경과 사회적 환경을 지도로 제시하기 자료를 시각적으로 포착하고, 저장하여 보여 주도록 설계된 지리적 정보 시스템(Geographic Information Systems: GIS) 방법은 공동체의 물리적-공간적 측면과 그곳의 심리사회적 질에 대한 관계를 연구하는 데 많은 자원을 제공한다(Chirowodza et al., 2009; Luke, 2005). GIS 방법은 공간 위치에 사용할 수 있는 모든 자료를 지도에 그려 낼 수 있다. 이를 이용한 자료로는 인구 밀도 또는 평균 가계 수입과 같은 인구 조사 자료와 지역사회의 범죄율 또는 패스트푸드점의 밀집도와 같은 사회적 지표 자료 등이 포함된다. 공동체 설문 자료 또한 참여자의 거주지와 관련된다면 GIS 데이터베이스에 들어간다(Van Egeren et al., 2003). GIS 자료와 그 결과를 바탕으로 만든 지도는 양적 통계 분석 또는 공간 패턴을 위한 시각적 검색을 위해 사용할 수 있다. 예를 들면, 타운리와 동료들(Townley et al., 2016)은 GIS 방법을 사용하여 오리건주 포틀랜드 지역의 노숙을 경험한 청소년이 하루 단위로 가장 많은 시간을 보내는 곳을 조사하였다. 루이즈와 동료들(Ruiz et al., 2018)은 시카고의 297개의 초등학교를 대상으로 학업 성취도와 지역의 경제 및 범죄율의 관계를 지도로 보여 주었다. 또한 GIS는 시간의 경과에 따른 지역의 변화를 추적할 때도 사용할 수 있다.

강점과 제한점 양적 기술 방법은 많은 장점이 있다. 표준화된 측정 도구는

지리적 정보 시스템
공동체의 물리적-공간적 측면과 그곳의 심리사회적 질에 대한 관계를 연결하여 자료를 지도에 그려 냄으로써 지리적·사회적 환경을 지도화하는 방법이다.

통계 분석과 일반화를 높일 수 있는 대규모 표본 조사를 가능하게 한다. 이 방법은 실험을 통한 조작이 불가능한 변인을 연구할 때 사용할 수 있다. 역학 연구는 위험 요인과 보호 요인을 확인할 수 있고 예방을 위한 노력의 결과를 평가하는 데 사용할 수 있다.

마지막으로, 양적 기술은 심지어 구체적인 인과관계에 대한 실험적 지식이 없음에도 불구하고 사회 또는 공동체 변화를 가져오는 요인을 찾을 수 있다. 청소년 폭력의 위험 요인과 보호 요인을 확인하고 변화를 위한 계획을 시도하고자 할 때 모든 인과관계를 알 필요는 없다.

하지만 양적 기술 방법도 몇 가지 제한점이 있다. 변인과 모집단을 선정하고 측정하기 위해서는 사전지식이 필요하다. 또한 GIS 접근을 제외하면 연구에서 제공하는 지식은 개인으로부터 수집되지만 해당 세팅, 공동체, 또는 문화와는 관련이 없는 주로 탈맥락화된 지식(decontextualized knowledge)이다. 표집의 범위는 넓힐 수 있지만 이러한 맥락 요인에 대한 지식은 제한된다. 인과관계를 살펴보는 것 역시 앞서 말한 것처럼 한계가 있다.

또한 역학 연구는 장애에 초점을 맞추기 때문에 공동체심리학의 유용성을 제한한다(Linney & Reppucci, 1982). 공동체심리학은 장애에만 국한하지 않는 전반적인 심리적 웰빙에 관심이 있다. 정신장애를 연구한다면 신체장애와 비교하여 정확한 진단 및 측정의 어려움 때문에 역학 연구가 쉽지 않을 것이다. 또한 강점의 증진에 초점을 두는 공동체심리학은 장애의 보호 요인을 확인하고자 하기 때문에 긍정적 자질의 발달에 관심이 있다면 역학 연구만으로는 부족하다.

탈맥락화된 지식
개인으로부터 수집되지만, 해당 세팅, 공동체, 문화와 관련되지 않는 양적 방법으로 제공되는 지식을 말한다.

무작위 현장 실험

무작위 현장 실험
개인 또는 세팅을 무작위로 실험 집단 또는 통제 집단에 배정하여 개입의 효과성을 살펴보는 양적 방법이다. 실험 집단은 목표로 하는 개입이 주어지지만, 통제 집단은 해당 개입이 주어지지 않는다. 개입의 효과성을 확인하기 위해 개입 사전과 사후에 실험 집단과 통제 집단을 비교한다.

무작위 현장 실험(randomized field experiments)에서는 참여자(개인 또는 세팅)가 무작위로 실험 집단 또는 통제 집단에 배정된다. 두 집단은 개입을 실행하기 전에 실시하는 사전검사에서 독립 변수의 측정 결과가 유사할 것으로 기대된다. 그리고 개입 이후에 이루어지는 사후검사에서는 개입의 효과로 인해 차이가 나타날 것으로 예상한다. 개입 이후, 결과의 추이를 살펴보기 위해 몇 년 동안 추후검사를 계속 실시할 수 있다.

개입이 이루어진 개인 또는 세팅은 실험 조건에 해당된다. 통제 조건은 기존의 정책 또는 개입법이 실시되어 "평소처럼 처치"할 수 있다. 예를 들면, 공동체심리학 분야의 기반이 된 한 연구에서 정신 병동의 남성 중 일부는 공동체 랏지 프로그램(정신장애를 가진 사람에게 독립과 지원을 제공하는 공동주택)에 배정하였고, 나머지 사람들은 병원의 일상 처치 및 회복 프로그램에 배정하였다(Fairweather, 1979). 또 다른 실험 접근은 각기 다른 두 개의 새로운 개입, 예를 들면 학교에서 실시하는 두 개의 예방 프로그램을 비교하는 것이다(Linney, 1989). 세 번째 접근은 사후검사 후에 통제 집단에게도 새로운 실험 개입법을 제공하는 것이다. 이 접근법은 통제 집단 구성원을 처음에는 통제 집단에 배정하지만 실험이 끝난 후에는 새로운 개입 프로그램의 처치를 받을 수 있도록 한다. 이로써 통제 집단 구성원이 프로그램의 혜택에서 제외되는 윤리적 문제를 최소화할 수 있다.

주요 쟁점은 실험 조건과 통제 조건에 배정하는 방법이다. 만약 무선으로 배정하게 되면 많은 혼합 변인을 통제할 수 있다. 혼합 변인으로는 새로운 개입에 대한 참여자의 반응에 영향을 줄 수 있는 개인차를 들 수 있는데, 여기에는 성격, 대처 기술, 사회적 지지망, 그리고 삶의 경험 등이 포함된다. 혼합 변인에는 성별, 나이, 인종, 문화, 가구 소득과 같은 인구학적 변인에 따른 집단 차이가 포함된다. 실험실에서는 무선 배정을 당연한 것으로 여기지만 공동체에서는 그 구성원의 협력과 협상으로 이루어져야 한다(Sullivan, 2003).

강점과 제한점 무작위 현장 실험은 학교 혁신 프로그램의 효과성을 검증하는 연구와 같이 인과관계를 명확히 해석하는 측면에서는 타의 추종을 불허한다. 혼합 요인을 더 많이 통제한다면 연구자는 그 효과에 대하여 더 믿을 만한 해석을 할 수 있다. 또한 실험 연구로 인해 사회 혁신 개입법의 효과성이 나타났다면 그것을 더 효율적으로 옹호할 수 있다. 실제로 무작위 현장 실험은 많은 예방 개입법이 효과가 있다는 결과를 제시하였고, 이는 일반적인 예방 노력의 신뢰성을 높이는 데 기여하였다(Weissberg et al., 2003).

하지만 실험을 통해 개입의 가치를 조사하거나 측정하기 위해서는 맥락에 대한 상당한 사전지식이 요구된다. 그러므로 질적 연구를 통해 맥락과 주요 변인의 이해를 선행한 후, 양적 기술을 사용하여 위험 요인과 보호 요인을 확인하고 측정 도구를 구체화하는 것이 도움이 된다. 이를 바탕으로 실험적 개입을 개발하고 실시하여 개입의 효과성을 평가하는 순서로 진행하는 것이 유용하다.

3장에서 언급한 것처럼, 공동체 세팅에서는 통제에 대한 문제로 인해 실험이 방해를 받기도 한다. 양적 자료(종종 종단 연구에서)를 모으거나 실험 조건에 참여자를 배정하는 것은 승인을 받아야 한다. 이러한 결정은 반드시 공동체 구성원에게 미리 설명하고 협의해야 한다.

무작위 현장 실험으로 위기 거주시설 프로그램 평가하기   위기 거주시설 프로그램(crisis residential program)과 같은 '소비자 관리하의 서비스(consumer-managed services)'도 공동체심리학의 발달과 오랫동안 밀접하게 관련되어 왔다. 예를 들면, 2장에서 소개한 공동체 랏지를 기억해 보라. 만성 정신장애를 앓고 있는 남성 참전 군인은 공동체 세팅에서 생활하면서 최소한의 전문 감독자가 있는 또 다른 지원을 받고 있다. '소비자 관리하의 서비스'의 또 다른 형태에는 옹호 조직, 클럽하우스, 자조 집단 등이 있다(이 부분에 대해서는 9장에서 자세히 다룬다). 이와 같은 '소비자 관리하의 서비스'에 대한 지원이 널리 퍼져 있는 것에 비해 그것의 유지에 필요한 자원은 거의 없다. 그리고 통제 변인을 사용하여 위기에 처한 사람을 위한 서비스의 효과성을 진행한 연구도 거의 없다.

그린필드와 동료들(Greenfield et al., 2008)은 무작위 실험 설계를 사용하여 정신건강 소비자가 관리하는 위기 거주시설 프로그램의 효과성을 평가하였다. 이 프로그램은 급성 정신적 위기의 성인을 위한 대체 치료법으로 제공되었다.

이 실험은 정신장애 성인을 무작위로 실험 조건인 위기 거주시설 프로그램과 통제 조건인 일반 치료 프로그램에 배정하여 그 결과를 비교하였다. 위기 거주시설 프로그램은 회복 과정에서 환자의 의견과 결정을 강조하는 비입원 위기 거주시설 프로그램이고, 통제 조건 프로그램은 의학 치료 모델을 기반으로 한 전문가가 관리하는 치료기관의 입원 프로그램이다. 이 연구의 참여자는 캘리포니아주의 「시민 감호법(civil commitment)」[1]에 부딪혔다. 정신과 의사는 이들을 심각한 장애를 가진 또는 스스로에게 해를 끼칠 사람으로 평가하였지

---

1) 정신적인 문제가 있는 사람을 강제로 구인하여 정신 병동에 머물게 하는 내용이 포함된 강제 구속법

만 타인에게 해를 끼칠 사람은 아니라고 진단하였다.

이 연구의 결과는 비입원 위기 거주시설 프로그램에 무선적으로 배정한 참여자가 정신증적 증상, 우울, 불안 등이 더 많이 완화되었다. 문제 행동 및 일상 기술과 같은 기능 수준은 두 집단에서 유의미한 차이가 나지 않았지만, 위기 거주시설 프로그램 참여자가 직원 및 프로그램, 치료와 사후관리, 시간에 구애받지 않는 가용성, 그리고 시설 등의 서비스를 유의미하게 더 만족하는 결과가 나타났다.

이 연구에서 드러난 위기 거주시설 프로그램의 낮은 비용(하루에 211달러, 전통적 입원 치료는 665달러)과 좋은 성과를 바탕으로 연구자들은 이러한 덜 엄격한 소비자-운영 서비스가 확대되어야 한다고 주장하였다(Greenfield et al., 2008).

비동등 비교 집단 설계

많은 세팅은 단순히 실험 조건과 통제 조건에 무선으로 배정을 할 수 없는 다양한 이유가 있다. 예를 들면, 학교는 무선 배정 방식으로 학생을 새로운 프로그램과 통제 프로그램으로 나누는 일은 거의 없다. 심지어 그렇게 한다고 해도 학생들은 프로그램에 참석하지 않는 점심시간이나 쉬는 시간 동안 함께하기 때문에 실험 조건과 통제 조건에 배당된 변인들이 서로 영향을 받지 않아야 하는 독립성이 많이 줄어든다. 한 학년의 모든 학생이 새로운 프로그램에 참여하여 다른 학교 또는 작년의 동일 학년의 학생과 비교할 수도 있지만이 경우에는 집단 간 동등성이 보장되지 않는다. 개인 표본이 아닌 학교 표본을 비교하는 것(분석 단위를 개인이 아니라 학교로 두는 것)은 엄두를 못 낼 정도로 많은 비용이 들 수 있다. 하지만 실험의 큰 장점은 만약 연구자가 그러한 문제를 다룰 수 있는 창의력이 있다면 실행이 가능하다는 것이다.

비동등 비교 집단 설계(nonequivalent comparison group designs)는 실험 또는 비교 조건에 무작위로 배정하지 못하는 모든 경우에 사용할 수 있다. 예를 들면, 한 학교 내의 다른 학급 또는 한 지역 내의 다른 학교를 실험 조건과 통제 조건으로 지정한다. 학급 또는 학교의 선택은 무선적으로 배정하지 않지만 선택된 학급 또는 학교는 비슷한 특성을 갖도록 선정한다. 비교 집단을 선택

비동등 비교 집단 설계 실험 또는 비교 조건에 무작위로 배정할 수 없을 때 사용하는 양적 분석이다. 같은 학교 내의 다른 학급 또는 같은 지역 내의 다른 학교처럼 이미 있는 집단을 비교군으로 사용한다.

하는 것은 결과에 대한 해석을 위해서 아주 중요하다. 학교 세팅이라면 학생들의 사회경제적 지위, 인종, 성별 및 나이는 가능하면 두 집단을 유사하게 맞추어야 할 변인들이다. 교사의 인구통계학적 변인, 학교 크기, 수업 일정도 비슷해야 한다(Linney & Repucci, 1982).

강점과 제한점 이미 조직된 집단을 비교 조건으로 사용하는 것은 실용적이고 무작위 실험보다 방해 요인이 적지만, 혼합 요인을 통제하기 힘들고 해석의 명확성 및 결과의 신뢰성이 떨어진다. 이 상황에서 연구자는 비교를 방해할 수 있는 요인과 관련된 자료를 가능한 한 많이 모아야 한다. 이 자료는 두 조건의 유사성을 기술하는 데 도움을 줄 수 있고 변인들을 통계적으로 통제할 수도 있다. 예를 들면, 연구자는 실험 집단과 통제 집단의 가구소득 평균을 비슷하게 조정하거나 가구소득의 효과를 통계적으로 통제할 수 있다. 궁극적인 목적은 결과에 대한 그럴듯한 다른 경합의 주장을 반박하거나 제거하는 것이다.

비동등 비교 집단으로 학교 개혁 평가하기 와인스타인과 동료들(Weinstein et al., 1991)은 교사의 기대와 교과과정이 학생의 수행 결과에 어떤 영향을 미치는지를 연구하기 위해 질적 방법과 양적 방법을 사용하였다. 와인스타인은 이 연구에 쓰인 다년간의 프로그램을 더 높이 도달하기(reaching higher)라고 불렀다(Weinstein, 2002b). 연구자들은 캘리포니아주의 고등학교에서 예비 대학 과정의 수업을 소화하지 못할 것 같은 학생의 학습 능력을 높이기 위한 프로그램을 실시하였다. 이를 위해 질적 방법과 양적 방법을 모두 사용한 비동등 비교 집단 설계를 도입하였다.

중형 도시의 학교 규모로 오래되고 낡은 건물에 "로블레스(Los Robles) 고등학교"(가명)를 세우고 소득이 높은 지역과 낮은 지역 모두에서 학생을 모집하였다. 학생의 2/3 이상이 소수 인종인 것에 반해 교사는 1/5 정도만 소수 인종이었다. 학생들의 성취도 점수는 캘리포니아주 전체의 중간 이하였지만 캘리포니아주의 좋은 주립대학에 입학하는 졸업생의 수는 높은 순위를 차지하였다. 학교 교직원들은 매우 능력 있고 열심히 하는 학생 집단과 반대로 전혀 그렇지 않은 집단으로 양분되어 있다고 믿는 분위기였다. 그리고 열심히 하지 않는 학생을 변화시키기 위해 할 수 있는 것이 거의 없다고 생각하였다. 와인스타인 연구 팀은 9학년[2] 때 "열등반"에 배정된 학생은 그들의 강점이 저평가된 시험 결과 때문이었고, 이 학급은 대학 진학 준비를 하지 않는다는 것을 발견하였다. 이 학급에서는 재미없는 교재와 토론이 없는 교사 중심 교수 방법으로 수업이 진행되었고 아프리카계 미국인 학생이 많았다(68%). 반대로, 우등반에서는 어렵지만 재미있는 교재와 토론 중심의 수업이 이루어졌다. 미국 전역의 학교가 이와 유사한 상황이었다(Weinstein, 2002b).

와인스타인과 동료들은 능력이 낮은 것으로 평가되는 9학년 학생을 가르치는 교사 중 일부(자원봉사자)와 함께 지속적인 워크숍을 실시하였다. 워크숍에서는 학생의 학업 성취를 높일 수 있는 의욕 고취 및 동기 유발, 수업 시간에 모든 학생의 적극적인 참여, 학부모의 참여, 그리고 어렵지만 재미있는 교재(우등반의 교육과정에 주로 사용되는) 사용 등의 중요성을 강조하였다. 교사들은 교수법과 학급 분위기를 바꾸기 위해 정기적인 모임을 가져 그들의 노력에 대한 의견을 나누었다. 와인스타인 연구 팀은 교사들과 함께 방해물을 어떻게 해결할지를 고민하였다. 1년간의 워크숍은 긍정적인 결과를 보여 주었고 동시에 더 많은 교사를 위한 훈련과 교과과정 개혁 및 행정적 변화가 필요하다는 것도 제안되었다. 이것은 이 프로젝트의 다음 목표가 되었다.

고등학교 교직원 팀과 대학의 연구자들은 프로젝트의 효과성을 평가하기 위한 연구를 함께 계획하였다. 회의 기록을 질적 분석한 결과, 교사들의 기대, 교수법, 그리고 교과과정 정책에서 긍정적인 변화가 나타났다. 또한 프로젝트에 관련된 158명의 학생(실험 집단)의 성적 및 여러 기록을 인구통계학적으로 유사한 154명의 학생의 성적 및 기록과 비교하는 양적 비교 분석을 사용하였다(비동등 비교 집단). 이전 2년 간의 자료를 비교하여 그 이전의 학업 성취의 차이는 통계적으로 통제하여 분석하였다. 프로젝트 참여 학생은 프로젝트 처음 1년 동안은 비교 집단보다 전체 성적이 더 높았고 징계는 더 적게 받았다. 그다음 해에는 비교 집단보다 학교를 그만두는 비율도 낮았다. 하지만 최초 1년이 지난 후부터 성적에 미치는 프로젝트의 효과는 서서히 줄어들었다. 이는 이러한 긍정적 변화를 학교 전체로 확산하기 위해서는 교과과정의 개혁 및 교사 연수가 필요하다는 것을 보여 주는 것이었다.

---

2) 한국의 중학교 3학년에 해당되며 학제의 차이(5-3-4)로 인해 미국에서는 고등학교 1학년이다.

이 연구 결과는 무작위 설계로 개입을 시행했을 때 얻을 수 있는 결과만큼 신뢰적이라고 할 수는 없다. 실험 집단과 비교 집단 간에 발생한 차이를 다른 원인으로 설명할 수도 있기 때문이다. 예를 들면, 집단 간 차이가 실험 집단과 통제 집단이 다른 해에 시행되었기 때문에 학생의 미묘한 신체 변화 때문일 수도 있고, 실험이 진행되는 해에 학생의 학업 성취가 변화하는 사건이 있었을 수도 있고. 아니면 교사의 성적 처리법의 변화 때문일 수도 있다(Weinstein et al., 1991). 하지만 프로젝트의 효과성에 대한 많은 질적 결과물이 있었다. 어려운 읽기와 쓰기 과제에도 불구하고 "열등반" 학생들은 처음으로 학교생활에 흥미를 보였다(Weinstein, 2002b).

단절 시계열 설계

단절 시계열 설계
동일한 개인이나 세팅 등을 시간 간격을 두고 동일한 방법을 사용하여 반복 측정해서 개입을 연구하는 양적 방법이다. 개입의 효과성을 살펴보기 위해 개입을 실행하기 전에 기저선 측정으로 얻은 자료를 실행 후에 수집한 자료와 비교한다.

또 다른 접근법은 단절 시계열 설계(interrupted time-series designs)를 사용하는 것이다. 가장 간략한 예시는 단일 사례(한 개인, 한 기관, 한 지역, 또는 그 외 사회적 구성 단위)를 시간 간격을 두고(시간 순서에 따라) 반복 측정하는 것이다. 최초의 기저선 시점에서 참여자 또는 세팅의 종속 변수를 측정하는데 이 수치가 통제 조건과 같은 역할을 한다. 그런 다음 개입 또는 정책을 실행하면서 일정 간격을 두고 측정을 계속하고, 기저선 시점에서 측정한 자료를 프로그램이 실행되는 동안 또는 그 후에 수집된 자료와 비교한다. 이 방법을 단절 시계열 설계라고 하는 이유는 프로그램이 도입됨으로써 측정의 연속성을 방해하기 때문이다. 이 접근법은 시계열 측정과 실험적 조작을 합친 것으로 통제 집단의 모집이 가능하지 않을 때 작은 규모의 실험적 개혁 프로그램에 유용한 설계이다.

강점과 제한점 시계열 설계는 실용적이다. 또한 표준화된 측정과 외부 혼합 요인을 최소로 유지하면서 단일 공동체처럼 특정 맥락에서 발생하는 시간에 따른 변화를 이해할 수 있다.

하지만 한 집단만으로 시계열 설계를 진행할 때는 여전히 많은 외부 혼합 요인이 존재할 수 있는데(Linney & Reppucci, 1982), 측정 변인의 계절별 또는 주기적 변동이 해당된다. 예를 들면, 상담을 원하는 대학생의 수는 기말고사가 다가오면 증가한다. 상담을 찾는 것이 시계열 연구의 종속 변인이라면 연구자는 반드시 이러한 시기에 따른 증가를 고려해야 한다. 또 다른 혼합 요인으로는 측정 변인에 영향을 주는 역사적 사건이다. 예를 들면, 지역의 청소년을 위한 흡연 예방 프로그램을 실시함과 동시에 국가 차원에서 담배에 대한 부정적인 여론을 시작하였다고 하자. 만약 청소년의 흡연율이 감소했다면 이는 지역의 예방 프로그램 때문이 아니라 대대적인 언론 홍보가 실제 이유일 수 있다. 마지막으로, 단일 사례 또는 단일 공동체에서 나온 결과는 연구 기간이 길다고 해도 다른 공동체에 일반화하기가 어렵다.

시계열 설계의 주요 쟁점은 기저선과 실험 기간 동안의 측정 횟수와 측정 시기이다. 개입 또는 정책의 변화는 짧은 기간의 시계열 설계로는 찾아내기 힘든 점진적 또는 지연된 효과가 나타날 수 있다. 종속 변인에 대한 계절별 또는 주기적 변동(혼합 요인)은 시계열 연구의 기간이 충분히 길어진다면 찾아낼 수 있을 것이다.

복합-기저선 설계 복합-기저선 설계(Multiple-Baseline Designs)는 단절 시계열 설계의 한 형태로, 혼합 요인과 일반화의 문제를 줄이는 설계이다. 다른 공동체에서도 개입을 실시하여 그 결과를 서로 비교하는 시계열 연구의 한 쌍으로 생각하면 된다. 개입은 각 공동체에서 다른 시기에 실행되기 때문에 외적인 역사적 요인(흡연에 대한 국가적 언론 홍보처럼 모든 공동체에 동시에 발생하는)이 개입을 방해할 수 없을 것이다. 종속 변인의 측정치가 날짜는 다르지만 모든 공동체에서 개입을 실시한 직후에 변화가 나타났다면 그 개입은 효과가 있었다는 것을 더 강하게 믿을 수 있을 것이다. 이 방법은 또한 일반화에 대한 몇 가지 증거도 제시한다. 이 설계를 사용한 특정 공동체에서 나온 결과의 효과가 다른 공동체에서 나타났는지를 검증하는 것이다(Biglan et al., 1996; Watson-Thompson et al., 2008).

복합-기저선 설계는 단절 시계열 설계와 비동등 비교 집단 설계의 장점을 결합하였지만 여러 공동체를 대상으로 연구하는 것이므로 여전히 비동등하고 (개인을 각 공동체에 무선적으로 배정하지 않는) 그들 간의 차이에 대한 해석이 복잡할 수 있다. 하지만 이 방법은 반복 측정, 단일 공동체의 맥락 연구, 그리고 여러 공동체에서의 반복 실시를 결합할 수 있는 매우 유용한 방법이다.

복합-기저선 설계
단절 시계열 설계의 한 형태로, 해당 공동체의 개입 효과를 다른 공동체에서도 실시하여 그 결과를 서로 비교하는 복합 시계열 연구이다. 각 공동체는 다른 시기에 실행되기 때문에, 모든 공동체에 동시에 영향을 주는 외부 요인이 개입의 효과를 방해할 수 없다.

공동체 수준의 복합-기저선 연구 정적 강화를 이용하여 청소년에게 담배를 판매하는 행동을 감소시킨 한 공동체의 개입법이 다른 공동체에서도 효과가 있을까? 비그란과 동료들(Biglan et al., 1996)은 이 질문에 답하였다. 그들은 복합-기저선 시계열 방법을 사용하여 전체 지역을 연구하였다. 그들은 소매상에서 청소년에게 불법으로 담배를 판매하는 것과 관련한 선행 사건과 결과를 분석하고, 개입법을 고안하였으며, 이 개입법을 오리건주의 시골 지역에 복합-기저선 설계를 사용하여 개입의 효과성을 평가하였다.

연구 팀과 지역 공동체 구성원은 각 마을에서 공동체 대표가 미성년자에게 담배를 파는 것을 반대하는 성명서를 발표하도록 계획하였다. 공동체 구성원들은 이후 각 소매상을 방문하여 성명서를 다시 한 번 상기시키고 소상공인에게 관련 법령과 그것을 가게에 게시할 수 있는 스티커를 제공하였다. 연구 설계는 청소년 자원봉사자가 담배를 사기 위해 그 가게를 방문하는 것이었다. 만약 점원이 신분증을 요구하거나 담배를 팔지 않는다면, 자원봉사자는 점원에게 감사 편지와 지역 협회에서 수여하는 상품권(정적 강화)을 건넸다. 만약 점원이 팔려고 한다면, 자원봉사자는 사지 않고 점원에게 관련 법령과 성명서의 내용을 상기시켰다. 연구자들은 개별 점원이 아닌 점원 전체의 행동을 주기적으로 상공인에게 알려 주었다. 또한 공동체 구성원은 신문 기사, 광고 및 전단지를 통해서 판매를 거부한 점원과 가게를 공개적으로 칭찬(또 다시 강화물 제공)하였다.

개입의 효과성은 자원봉사자 청소년이 가게를 방문하여 담배를 구입할 때의 반응으로 측정하였다. 측정을 위한 방문은 개입이 이루어지는 동안의 방문과는 달리, 판매 거절에 대한 강화물을 제공하거나 법령을 상기시키지 않았다. 자원봉사자 청소년은 단순히 담배를 살 수 있는지 물었고 그런 다음 점원이 팔겠다고 하면 사지 않았다. 14~17세 사이의 200명이 넘는 남녀 청소년 자원봉사자가 참여하였고 청소년의 성별을 고려하여 방문 비율을 맞추었다.

연구자들은 개별 가게가 아니라 지역에 따른 개입의 효과성을 측정하였는데, 그 이유는 이 연구가 지역 공동체 개입법으로 실시되었기 때문이다. 종속변인은 청소년이 방문하였을 때 담배를 팔고자 한 가게의 비율이었다. 연구자들은 4개의 작은 마을을 연구하였고, 마을의 주민 수는 각 6,000명이 조금 안 되었으며, 대부분은 유럽계 미국인이었다.

비글란과 동료들(Biglan et al., 1996)은 개입 전에 각 공동체에서 기저선 평가 자료를 수집하였고 개입이 진행되는 동안과 그 후에 비슷한 평가 방법으로 자료를 비교하였다. 각 마을에서 16번의 측정이 이루어졌는데, 연구자들은 복합-기저선 기법을 사용하여 두 지역을 먼저 진행하고 다른 두 지역은 이후에 실시하였다.

윌라미나와 프라인빌의 두 지역은 평가를 위해 청소년이 방문하였을 때 점원이 담배를 팔려는 행동은 개입이 시작된 후에 명확히 줄었고, 이 차이는 통계적으로 유의미하게 나타났다. 이 두 지역에서 개입이 실시된 시기가 달랐기 때문에 이 결과는 다른 요인이 아닌 개입이 원인인 것으로 예측할 수 있다. 세 번째 마을인 서덜린에서는 평가 당시에는 담배 판매 행동이 감소하였으나 그 개입이 시작된 직후에는 감소가 나타나지 않았다. 네 번째 마을인 크레스웰은 기저선에서 담배 판매가 다른 지역보다 다소 낮았고 개입으로 인한 유의미한 차이는 나타나지 않았다. 이는 알려지지 않은 지역 요인이 개입의 효과성에 영향을 미쳤다고 예상할 수 있다.

이 결과는 비교적 유사한 지역의 적은 수의 표본에서 얻은 것이므로 결과를 일반화하는 것은 제한된다. 또한 성공의 이유가 개입의 요소(지역 공동체 성명서, 판매 거부에 대한 강화물, 상공인에게 피드백, 또는 이 모든 것의 결합) 중 어떤 것인지 명확하지가 않다. 하지만 모든 마을에서 개입은 점원이 청소년에게 담배를 판매하는 것을 줄이는 효과가 있었다. 비글란과 동료들(Biglan et al., 1996)은 한 공동체에서의 담배 판매를 금지하는 것이 반드시 청소년의 비흡연을 의미하지 않는다고 하였다. 왜냐하면 청소년은 담배를 성인을 통해서 또는 다른 마을에서 구입할 수 있기 때문이다. 하지만 행동 분석뿐만 아니라 상식적으로 생각해도 담배를 구하기가 어려울수록 청소년의 흡연은 줄어들 것이라고 예상할 수 있다.

당신의 생각은?

1. 이 절에서 소개한 양적 방법과 당신이 알고 있는 전통적 과학 연구 방법을 비교하면 어떤 차이가 있는가?

2. 앞 절에서 소개했던 질적 방법을 떠올려 보라. 두 방법의 주요한 차이점은 무엇인가?

3. 양적 방법에는 공동체심리학의 가치가 어떻게 반영되는가? 양적 연구가 질적 연구보다 이러한 가치를 반영하기가 더 어렵다고 생각된다면 그 이유는 무엇이고 그렇지 않다면 그 이유는 무엇인가?

혼합 방법 연구
질적 방법과 양적 방법을 결합하여 진행하는 연구이다. 어떤 경우는 질적 방법을 먼저 사용하여 변인을 확인한 다음, 양적 접근 설계로 정보를 구한다. 다른 경우에는 양적 방법으로 먼저 결과를 얻은 후, 질적 방법으로 그 결과를 설명하기도 한다.

상보성
질적 방법 또는 양적 방법 각각에서 각 방법이 얻지 못하는 것을 상호 보완하는 것을 말한다. 양적 분석은 인과관계를 결정할 때 더 효과적인 반면, 질적 방법은 개인 및 공동체의 삶의 경험에 대한 심층적인 지식을 얻는 데 효과적이다.

발산
질적 결과와 양적 결과 간에 나타나는 주요한 차이를 말한다. 이 차이는 건설적인 토론을 이끌어 낼 수 있고 한 가지 유형의 방법보다 복합적 상황에 대한 더 완전한 그림을 그리는 것을 가능하게 한다.

혼합 방법 연구

한 연구에서 질적 방법과 양적 방법을 모두 사용한다면 각 방법의 장점은 취하면서 각각의 한계는 극복할 수 있다(Campbell et al., 2017). 이를 혼합 방법 연구(mixed-methods research)라고 하는데, 각 방법은 다른 방법으로 쉽게 얻을 수 없는 것을 제공하는 상보성(complementarity)의 원칙을 보여 준다. 어떤 혼합 방법 연구에서는 질적 방법이 먼저 사용되며, 이런 경우에는 연구자가 양적 연구에서 더 나은 연구 문제를 제시하는 데 도움을 주는 탐색적 역할을 하게 된다. 다른 연구 설계에서는 질적 방법이 나중에 사용되는데, 이때는 연구자가 양적 방법으로 찾은 결과의 이유를 밝히는 데 도움이 되는 설명을 제공한다.

다음에서 공동체, 개입, 그리고 사회변화를 연구할 때 다양한 방법을 사용하는 것의 장점을 보여 주는 세 가지 예시를 제시하였다. 첫 번째 예시에서는 질적 분석 결과와 양적 분석 결과의 차이를 오가며 상보성뿐만 아니라 주요한 차이를 의미하는 발산(divergence)을 보여 준다. 발산은 드러난 차이에 대한 생산적 토론을 가능하게 한다(Morgan, 2019).

참여 방법과 GIS 방법을 결합하여 공동체 이해하기

이 연구는 무작위 통제 연구인 민족지학, 참여법 및 GIS를 결합하여 짐바브웨, 탄자니아, 남아프리카공화국, 그리고 타이의 48개 지역 공동체에서 공동체-기반의 HIV 인식과 예방 전략의 효과성을 살펴보았다(Chirowodza et al., 2009). 다중 언어를 쓰는 초국가적 연구 팀은 개입 전에 각 지역 공동체에서 공동체 구성원과 함께 ① 지역 공동체의 경계, ② 해당 공동체의 사회적이고 지리적인 정의, ③ 서비스 제공처, ④ 서비스를 제공하는 파트너로서의 개인, 집단, 공동체의 연결망을 확인하였다. GIS 방법은 지리적 영역과 관련 지역의 위치에 대한 지도를 만드는 데 사용하였다. 하지만 공동체의 자원을 확인하고 정의하기 위해서는 GIS 방법을 보강하고 확장할 수 있는 민족지학과 참여 방법이 필요하였다.

예를 들면, 남아프리카공화국의 시골 공동체에서는 참여적 지도제작 및 답사를 이용하여 공동체 구성원이 자신들의 지역을 그들이 경험한 것 그대로 묘사할 수 있도록 하였다. 조력자들의 도움으로 막대기, 나뭇잎, 돌과 같은 자연을 소재로 야외에 지도를 제작하였다. 공동체 구성원은 이러한 자연소재 특징을 공동체 표식, 기반시설, 수송로, 삶과 주거를 위한 장소 및 경계로 인식하였다. 기록으로 보관하기 위해 야외에서 만든 지도를 차트로 변환시켰다. 그런 다음 공동체의 주요 연결망과 자원을 더 자세하게 탐색하기 위해 안내자의 역할을 맡은 공동체 구성원과 함께 답사를 실시하였다.

이러한 참여 과정을 통해 외부 사람에 의해 도출된 양적 기술을 보강하고 이의를 제기할 수 있었다. 다양한 방법을 사용함으로써 공동체 구성원이 생각하는 지도, 정부 설문으로 만들어진 지도, 그리고 전수 조사 자료 간의 주요한 차이인 발산을 보여 주었다. 한 가지 기법만 사용하는 것보다 서로 다른 다양한 기법을 사용하는 접근법으로 공동체 경계, 해결해야 할 문제, 강점 및 자원을 더 효과적으로 확인할 수 있었다.

혼합 방법으로 초기 청소년을 위한 또래 지원 평가하기

엘리스와 동료들(Ellis et al., 2009)은 호주의 또래 지원 프로그램을 평가하기 위해서 질적 방법과 양적 방법을 결합하였다. 또래 지원 프로그램은 호주에서 광범위하게 실시되고 있는 프로그램 중 하나로 시드니를 포함한 뉴사우스웨일스 지역의 1,600여 개 이상의 학교에서 시행하고 있다. 이 프로그램은 12회기(주 1회)로 구성되고, (훈련과 지원을 계속 받는) 고등학교 3학년 학생의 주도로

말라위 마을 공동체 구성원이 지역 위생 및 개선에 관심 있는 연구자를 안내하는 이 사진처럼, 답사와 참여적 지도 제작은 연구자가 공동체를 이해하는데 도움을 줄 수 있다.

출처: https://creativecommons.org/licenses/by/2.0/

중학교 2학년 학생들과 소모임을 구성한다. 이 집단은 목표 설정, 의사결정, 문제 해결, 그리고 지지 연결망 개발 등을 토의하고 실천한다.

　양적 분석의 평가를 위해 3개 고등학교 930명의 학생을 표본으로 선정하였다. 종단 연구 첫해에 중학교 2학년 학생은 학교 내의 기저선 통제 집단으로 배정되었고, 연구자들은 학년이 시작될 때부터 끝날 때까지 세 차례 자료를 수집하였다. 두 번째 해에는 동일한 3개의 고등학교에서 새로운 중학교 2학년 학생들이 또래 지원 프로그램에 참여하였다. 통제 집단에서 실시한 것과 동일하게 자료는 학년의 시작부터 끝까지 세 차례 수집하였다. 설문은 학생의 자기 개념(예, 신체적 능력, 관계, 학업 능력), 개인의 효율성(예, 자기-신뢰와 리더십), 대처, 그리고 지각된 학교 폭력을 측정하였다.

　실험 집단에서 도출된 결과를 통제 집단 및 실험 집단의 기저선 자료와 비교하였다. 다중 경로 분석 결과, 프로그램으로 심리적 웰빙과 적응이 증진되었고, 몇몇 효과는 프로그램이 끝난 후 일정 시간이 지난 후에 드러나면서 점점 더 커지는 것으로 나타났다. 연구자들은 많은 개입이 종결 후에는 그 효과가 서서히 감소한다는 것을 고려하면, 이러한 수면자 효과(sleeper effect)는 놀라운 것이라고 하였다.

참여자 개인의 관점이 나타나는 질적 분석을 위해 개방형 질문과 중학교 2학년 및 또래 지원 대표가 함께 참여하는 표적 집단을 실시하였다. 내용 분석을 통해 연구자가 설계한 설문으로는 충분히 알 수 없거나 조사되지 않았던 주제가 드러났다. 예를 들면, 프로그램은 학생들의 유대감과 타인에 대한 이해를 강화하였다는 것이다. 또한 학생들은 프로그램이 힘든 상황을 처리하고 스스로 자신의 미래에 대한 가능성을 높이는 방법을 알려 주었다고 응답하였다. 혼합 방법은 상보적인 증거를 제공하고 참여자의 목소리를 포함함으로써 더 정확한 결과를 도출할 수 있도록 돕는다.

혼합 방법으로 성폭력 간호 조사원 프로그램 평가하기

캠벨과 동료들(Campbell et al., 2011)은 질적 방법과 양적 방법을 사용하여 성폭력 생존자를 위한 공동체 개입 방법을 평가하였다. 미국의 강간 생존자는 너무나 자주 트라우마가 재발되고 형사 기소에는 사용되지 않는 의학적 검사를 받기 위해 응급실로 보내진다. 간호 전문 직종의 사람들은 이에 대한 대응으로 대안 치료 모델인 성폭력 간호 조사원(Sexual Assault Nurse Examiner: SANE) 프로그램을 만들었다. 간호사는 피해자의 존엄과 신체적·정서적 지원을 제공하려고 노력하면서 검사를 진행하기 위해 피해자 및 옹호자와 협력하였다. 또한 간호사는 주(state)의 범죄 연구소와 협력하였고 사건이 기소되면 전문가 증언을 제공하였다. 캠벨과 동료들은 SANE 프로그램이 성폭력 기소율을 높였는지, 만일 높였다면 그 이유는 무엇인지를 알고 싶었다. 그들은 절차와 결과 모두에 관심을 두고, 먼저 양적 자료를 사용하여 SANE 프로그램이 실제로 기소율을 높였는지 살펴보기 위해 여러 지역에서의 SANE 프로그램 실시 전후 몇 년 동안의 기소율을 비교하였다. 그런 다음 질적 자료를 사용하여 이 프로그램이 왜 성공했는지를 설명하였다. 연구 결과, 간호사는 경찰과 검사에게 귀중한 정보를 제공하였고 수사를 간소화하는 데 도움을 주었음이 나타났다. 또한 간호사는 피해자의 건강과 회복에 초점을 두면서 경찰에 신고해야 한다는 것을 강조하지 않았다. 이 때문에 피해 생존자가 직접 나서서 범죄를 기소하는 어려운 과정에 참여할 수 있었다.

결론

　〈표 4-1〉은 이 장에서 설명한 양적 방법과 질적 방법의 특징, 장점, 그리고 제한점을 요약한 것이다. 이 요약은 지면 관계상 단순화한 것이므로 각 연구 방법은 다방면에서 응용할 수 있음을 기억하라. 공동체 연구를 설계할 때에도 창의적으로 상상할 수 있는 많은 여지가 있다.

　이 장 전체를 통해 다음의 여섯 가지 주제가 거론되었다.

1. 양적 방법과 질적 방법은 서로 다른 지식 원천을 활용하고 서로 보완한다. 한 방법의 제한점이 다른 것의 장점이 된다는 것을 알아차렸을 것이다. 모든 것을 보장하는 단일 접근법은 없다.
2. 서로 다른 다양한 관점을 얻기 위해 단일 연구에서 질적 방법과 양적 방법을 통합한다면 많은 것을 얻을 수 있다.
3. 종단적 관점은 종종 공동체 연구를 확장시킨다. 시간의 경과에 따른 변화를 연구하게 되면 횡단 분석에서는 얻지 못했던 공동체의 기능을 밝힐 수 있다.
4. 공동체 구성원과 함께하는 참여-협력 파트너십에는 질적 방법과 양적 방법 모두 사용할 수 있다. 앞서 언급한 많은 연구가 이것을 실행하였다.
5. 모든 연구 문제를 해결할 수 있는 단일 방법은 없다. 공동체 연구자는 두 방법 모두 존중하고 사용법을 익히는 것이 좋을 것이다. 이상적으로는 연구 문제의 본질을 중심에 두고 연구 방법을 선택하는 것이다. 하지만 현실적으로는 모든 공동체 연구자가 두 방법 모두에 유능하지 못하고 한쪽에 더 전문적일 수 있다. 그럼에도 불구하고 공동체심리학을 배우는 사람은 두 접근법 모두에 친숙해져야 한다.
6. 전체를 아우르는 마지막 주제로 학문 분야로서 공동체심리학은 지식과 연구 방법의 다양한 형태로 가장 잘 드러난다.

　3장과 4장은 함께 묶어 생각해야 한다. 3장은 공동체 연구에서 사회적 가치의 중요성을 설명하면서 참여, 공동체 구성원과의 협력 연구, 그리고 문화적 · 사회적 맥락의 민감성과 다양한 생태학적 수준을 다루었다. 4장에서는 이 선상

에서 공동체 연구를 수행할 때 공동체와 공동체를 넘어서는 더 큰 세상에 유
용한 지식을 제공할 수 있는 구체적인 방법을 제시하였다.

〈표 4-1〉 공동체 연구 방법의 비교

방법	특징	장점	제한점
질적 방법			
참여 관찰	연구자가 공동체 또는 그 환경에 구성원으로 "참여"하여 개인의 경험과 관찰을 기록	공동체와의 관계 증진, 두터운 기술, 맥락의 이해	제한된 일반화, 표집과 자료 수집의 비표준화, 연구자의 영향력, 잠재적 역할 갈등
질적 면담	협력적 접근, 참여자가 이해한 것을 그들의 언어로 표현할 수 있도록 하는 개방형 질문, 작은 수의 표본을 집중 연구	참여자와의 강한 관계, 두터운 기술, 맥락의 이해, 융통성 있는 주제 탐색, 참여 관찰보다 높은 표준화 가능성	제한된 일반화, 양적 방법에 비해 덜 표준화, 역할 갈등을 일으킬 수 있는 해석
표적 집단	질적 면담과 유사하지만 관점을 공유하는 집단에 실시	질적 면담과 유사하지만 집단 토론이 가능하여 문화의 이해 가능	개인에 대한 이해의 깊이가 얕다는 것을 제외하면 질적 면담과 유사
사례 연구	한 개인, 조직 또는 공동체를 장기간 연구(질적 분석과 양적 분석 모두 사용 가능)	환경의 깊이 있는 이해, 시간 경과에 따른 변화 이해, 두터운 기술, 맥락의 이해	제한된 일반화, 양적 분석보다 덜 표준화, 문헌 기록 자료의 제한, 역할 갈등을 일으킬 수 있는 해석
양적 방법			
양적 기술	실험적 개입 없이 대규모의 표본으로부터 얻은 표준화된 자료의 측정과 통계 분석	표준화된 방법, 일반화, 실험적으로 조작되지 못하는 변인의 연구	기존 지식에 대한 신뢰성, 탈맥락화, 인과관계에 대한 제한된 이해, 역학적 관점에서만 다루어지는 질병
무작위 현장 실험	사회 개혁의 평가, 실험 조건과 통제 조건에 무작위 배정	표준화된 방법, 혼합 요인 통제, 인과관계 이해	기존 지식에 대한 신뢰성, 공동체 내에서 통제 집단 모집의 어려움, 제한된 일반화
비동등 비교 집단 설계	무작위 배정을 하지 않는 현장 실험과 유사	표준화된 방법, 혼합 요인의 일부 통제, 실용성	기존 지식에 대한 신뢰성, 무작위 실험보다 혼합 요인의 낮은 통제, 제한된 일반화
단절 시계열 설계	개입 전후에 대한 종단적 측정, 복합 기저선 설계 가능	맥락 측정, 실용성, 종단적 관점	기존 지식에 대한 신뢰성, 무작위 실험보다 혼합 요인의 낮은 통제, 제한된 일반화(복합 기저선 설계는 일반화 가능성이 보다 높음)

토론거리

1. 공동체 개입이 효과가 있었는지를 알고 싶다면, 어떤 방법이 가장 강력한 근거를 제공할 수 있겠는가? 이 방법을 사용할 때 부딪히게 될 어려운 점들은 무엇일까?

2. 공동체 개입이 왜 효과적이었는지를 알고 싶다면, 어떤 방법을 사용할 수 있을까? 이 방법을 사용할 때 부딪히게 될 어려운 점들은 무엇일까?

3. 혼합 방법 연구의 질적 방법과 양적 방법은 서로를 보완할 수 있고 다양한 방법을 통한 발산도 살펴볼 수 있다. 이 방법은 언제 도움이 되겠는가?

제 3 부

공동체 이해

제**5**장 **환경 내의 개인 이해**

미리 보기 ‖‖➡

이 장을 마치고 나면 다음의 질문에 답할 수 있을 것이다.

1. 생태학적 맥락이란 무엇인가?

2. 생태학적 맥락이 어떻게 개인에게 영향을 미치는지를 이해하기 위해 공동체심리학자가 사용하는 주요 개념틀은 무엇인가?

3. 개인은 어떤 방식으로 자신의 생태학적 맥락에 영향을 주는가?

여는 글

청정 지역(blue zones)

한 국가 내에 타 지역 사람들보다 더 오래 살고 더 행복한 사람들이 사는 특별한 도시가 있다고 상상해 보라. 그 국가의 타 지역 사람과 비교하여 이들의 건강과 웰빙이 더 좋은 이유는 무엇이라고 생각하는가? 우선 이곳 사람들은 장수와 행복의 유전자를 가졌기 때문이라고 생각할 수 있다. 하지만 이들이 인근 도시의 사람들과 비교하여 특별한 유전자를 가진 것은 아니라고 가정해 보자. 그렇다면 당신은 그 도시 자체가 다른 도시와 비교하여 어떻게 다른지 궁금할 것이다. 의료 보험제도가 더 좋은가? 공해가 덜하거나 보수가 높은 직업이 많은가? 다시 말하면, 당신은 주민의 삶을 에워싸고 있는 물리적, 사회적, 경제적 및 정치적 조건에 해당하는 환경 때문에 이들의 건강과 웰빙이 더 나은지에 대하여 질문하게 된다.

이런 곳이 실제로 존재한다. 사람들이 평균 수명보다 더 오래 사는 곳을 "청정 지역"이라고 부른다. 건강과 웰빙을 높이는 청정 지역의 환경에 관한 연구가 진행되고 있다. 또한 도시의 환경적 측면을 바꾸어 청정 지역을 만들려는 노력도 시행되고 있는데, 예를 들면 슈퍼마켓에 건강식품 코너를 마련하거나 운동과 여가를 즐길 수 있는 공공 장소를 제공한다.

미국의 청정 지역은 캘리포니아주의 샌버너디노 지역에 위치한 25,000명보다 적은 수의 주민이 사는 로마린다(Loma Linda, 스페인어로 "아름다운 언덕") 지역이다. 이곳의 주민들은 미국인의 평균 수명보다 4~7년 정도 더 오래 산다. 또한 심장 질환, 암 및 기타 만성 건강 질환의 비율도 국가 전체 평균보다 낮다.

　　로마린다 환경의 무엇이 건강과 웰빙을 높이는가? 첫째는 사회·문화적 환경으로 특히 주민들의 종교적 신념이다. 주민 대부분이 개신교인 제칠일안식교(Seventh-day Adventists)를 믿으며 엄격한 채식주의와 금연 및 금주를 실천하고 있다. 연구는 이러한 행동이 건강을 증진하고 질병을 예방한다는 것을 보여 주었다. 또한 주민들은 강하고 지지적인 사회적 연대를 구축하고, 이것이 건강을 해치는 스트레스의 영향을 완충하도록 도와준다는 것을 연구는 밝혔다. 또 다른 요인으로는 로마린다의 물리적이고 경제적인 환경도 건강에 영향을 끼쳤는데, 패스트푸드점을 포함한 대부분의 식당에 채식주의자 메뉴가 기재되어 있고, 이 도시에서는 술과 담배의 판매가 금지된다.

당신의 생각은?

1. 건강 증진을 위해서 당신의 동네 또는 학교에서 이루어져야 하는 변화는 무엇인가?
2. 건강 증진 노력이 좋은 결실을 맺었다고 생각하는 다른 공동체가 있는가? 이 공동체는 건강 증진을 위해 어떤 변화를 시도했는가?
3. 이 공동체들의 변화를 위한 노력과 로마린다 또는 당신의 공동체의 노력을 비교하면 어떠한가?

　　로마린다와 여러 청정 지역은 환경과 그 환경이 우리의 건강과 웰빙에 미치는 영향을 연구하는 방법에 관한 중요한 질문을 던지고 있다. 또한 건강을 비롯한 삶의 질을 높이기 위해 환경을 어떻게 바꾸어야 하는지를 고민하는 데 도움을 준다. 이 장에서는 공동체심리학자가 좋은 환경 조건을 지원하기 위해 환경을 이해하고, 연구하며, 개입하는 다양한 방법에 초점을 맞춘다.

　　환경 내에 존재하는 개인의 연구는 공동체심리학의 핵심 주제이다. 미국의 공동체심리학을 조직했던 1965년의 스왐스컷 회의에서 참여자들은 이 새로운 영역이 가장 주목해야 할 것은 "개인과 사회 시스템 간의 쌍방향 상호 관계"임을 깨달았다(Bennett et al., 1966, p. 7). 인류학, 공중보건, 사회복지, 그리고 사회학을 포함한 많은 학문 분야가 개인에게 미치는 환경의 영향에 관심을 두고 있다. 지난 100여 년이 넘는 시간 동안, 생태학적 맥락이 인간 행동을 이해하는 데 중요하다는 것은 암묵적으로 인정되어 왔다. 20세기에 접어들면서 초기 아동 발달 클리닉의 라이트너 위트머(Lightner Witmer)와 동료들은 아동이 직접 생활하는 환경에서 아동을 연구하였고, 그 환경의 변화를 통해 아동의 학업을 도왔다. 사회학의 시카고 학파는 듀보이스(W. E. B. Du Bois)의 업적을 이어받아 개인의 삶에 있어 이웃과 도시 환경의 중요성을 발표하였다(예, Park, 1952). 사회심리학자인 컬트 레빈(Kurt Lewin)은 인간의 행동이 인간과 환경의 함수관계에서 비롯된다고 주장하였다. 머레이(Murray, 1938), 로터(Rotter, 1954) 및 반두라(Bandura, 1986)가 제안한 성격 이론은 비록 그들이 제시한 개념이 개인에게 초점을 맞추어 적용되었지만, 사람과 상황의 상호작용을 강조하였다. 행동이 유전에서 비롯된다고 주장한 과학자조차 환경이 개인요인과 어떻게 상호작용하느냐를 이해하는 것은 중요하다고 역설한다(Thapar & Rutter, 2019). 하지만 맥락과 개인이 상호작용하는 구체적인 방법은 잘 밝혀져 있지 않다. 2장에서 다루었듯이, 전통적으로 심리학은 개인 변인에 초점을 맞추었고 환경 요인에는 관심을 덜 가졌다. 다른 분야의 학문은 환경과 관련한 변인들을 이해하는 데 중점을 두었으나 환경이 개인에게 영향을 주는 과정에 대해서는 잘 설명하지 못하였다. 공동체심리학은 과학과 연계하면서 환경요인 및 그러한 환경 요인과 웰빙의 연관성을 이해하고자 하는 시도를 하고 있다. 예를 들면, 공동체심리학자는 다양한 분석 수준에서의 연구를 연결하거나(예, 지역이나 조직이 개인의 웰빙에 끼치는 영향의 가능성 조사), 실천행동과 연구를 연결하는 데(예, 학교 조직이 분위기를 개선하기 위한 노력을 통해 학교 폭력행동을 줄일 수 있는 효과적인 방법에 대한 학습법) 집중한다.

우리 각자는 많은 맥락과 연관되어 있다. 하지만 맥락의 어떤 요소가 우리의 일상생활에 영향을 주는지 살펴보려면 어떻게 해야 하는지 알고 있는가? 1장에서 우리는 공동체심리학자가 우리의 웰빙에 미치는 맥락의 영향을 고려할 때 사용하는 첫 번째 도구인 생태학적 분석 수준의 개념틀을 소개하였다. 학교 폭력의 예를 들어 본다면, 당신은 가족 등의 미시체계가 아동의 웰빙에 어떻게 영향을 끼치는지를 살펴볼 수 있다. 조직의 분석 수준에서는 학교, 운동팀, 그리고 예술 동아리 등을 고려해 볼 수 있을 것이다. 또 다른 수준으로 이웃과 같은 지역 또는 교육 기금을 위한 정책이나 공동체 안전과 같은 거시체계 수준의 맥락에도 초점을 둘 수 있다. 이러한 생태학적 개념틀은 각 분석 수준에서 가능한 맥락 요소를 체계적으로 고려한 후, 해결을 위해 어떤 맥락이 가장 관련이 있는지를 결정하는 데 도움을 준다.

이 장에서는 개인, 가족, 그리고 공동체에 미치는 맥락의 영향을 이해하는 개념적 도구를 추가한다. 우리는 구체적인 생태학적 맥락을 이해하기 위해 공동체심리학에서 사용하는 주요한 접근법을 살펴보고자 한다. 다음으로 이웃, 가족 및 개인의 삶과 맥락의 상호작용에 관한 연구 및 실천행동을 실시할 때 맥락을 이해하는 것이 어떤 정보를 줄 수 있는지 알아볼 것이다. 마지막으로, 개인과 가족의 웰빙을 증진하기 위해 생태학적 맥락을 변화시킨 공동체 프로그램을 예시로 제시하였다.

이 장은 공동체심리학의 주요 개념을 상세히 설명하는 4개의 장 중 첫 번째 장이다. 4개의 장 모두가 맥락과 개인 간의 연결을 이해하는 것에 초점을 두고 있다. 이 장에서는 환경과 그 환경 내의 개인의 기능을 이해하는 주요 방법들을 제시한다. 6장에서는 공동체의 개념을, 7장에서는 다양성의 이해를, 8장에서는 권력강화와 시민참여 개념이 어떻게 공동체심리학의 관점 전환에 기초가 되는지를 설명한다.

생태학적 맥락의 개념적 모델

환경과 개인 간의 상호작용을 이해하기 위해서 공동체심리학자는 일반적으로 구체적인 맥락, 즉 사람들이 일상의 삶 속에서 상호작용하고 경험하는 맥락에 초점을 맞춘다. 연구의 분석단위는 환경적 세팅(setting)[1]으로 개념화한다. 관심 세팅은 물리적인 것일 수도 있고(예, 학교), 또는 사회적인 것일 수도 있으며(예, 팀), 더 상위의 분석 수준은 하위의 작은 분석 수준을 포함하기도 한다(예, 미시체계, 조직, 또는 지역). 생태학적 맥락의 이해를 돕기 위한 여섯 가지 모델과 개인에게 미치는 영향을 살펴보면서 각 모델이 환경적 세팅을 어떻게

---

1) 1장에서 언급한 것처럼, 세팅은 공동체심리학에서 고유 명사처럼 쓰이기 때문에 대부분 영어 그대로 '세팅' 으로 번역하였다. 하지만 다른 단어로 해석하는 것이 의미 전달이 더 명확하다고 판단한 문장은 환경, 상황, 장면, 공동체, 곳, 장소 등으로 번역하였다.

개념화하는지를 눈여겨 보라. 그리고 1장에서 소개한 분석 수준을 떠올려 보라. 모델 중에는 여러 수준에서 사용되는 것도 있고, 한두 수준에만 최적화된 것도 있다. 6개의 생태학적 이론의 주요 개념은 〈표 5-1〉에 수록하였다.

〈표 5-1〉 공동체심리학의 주요 생태학적 개념틀	
1. 켈리: 4요인 생태학 원리	상호 의존, 자원 순환, 적응, 연속성
2. 무스: 사회 풍토 접근	사회적 관계, 자기 계발, 시스템 유지와 변화
3. 사이드만: 사회 규칙성	역할 관계, 자원 배분, 포용과 배척, 권력과 권위
4. 바커: 생태심리학	행동 세팅, 최적 인구밀도 세팅, 과잉 인구밀도 세팅, 과소 인구밀도 세팅
5. 오도넬 외: 활동 세팅	상호 주관성, 대항공간
6. 환경심리학	환경 스트레스인, 환경 설계

4요인 생태학 원리

사회 환경과 그 환경의 물리적 세팅을 연구하기 위해서 공동체심리학은 생태학적 비유를 기본 개념틀로 사용한다. 켈리(Kelly, 1966, 1979), 트리켓과 동료들(Trickett et al., 1972, 2000)은 생태학의 생물학 영역에서 나온 개념을 적용하여 인간의 환경을 이해할 수 있는 4개의 주요 생태학 원리인 상호 의존, 자원 순환, 적응, 그리고 연속성을 제안하였다. 이 원리들은 개인이 아닌 세팅에 대한 특성을 말하는 것이다. 예를 들면, 동료 간의 상호 의존의 정도, 교환되는 자원의 종류, 그리고 세팅에 적응하기 위해 필요한 과정은 업무 현장에 따라 다르다. 물론 이 요소들은 학교, 가족, 직장 및 기타 세팅들의 기능뿐만 아니라 개인의 삶에 크게 영향을 줄 수 있다. 이러한 개념틀은 특정 환경 내의 어디를 그리고 어떻게 관찰해야 하는지에 대한 지침이 된다. 이제 좀 더 자세하게 이 원리들을 살펴보자.

상호 의존 생태계처럼 모든 사회 시스템은 관련된 하위 부분들이 복합적으로 연결되어 있고 다른 시스템과도 복합적인 관계에 있다. 따라서 이 부분 중 하나가 변화하면 다른 부분에도 영향을 줄 수 있다. 다시 말하면, 이들은 상호

상호 의존
시스템이 서로 의지하고 연결되어 있는 것으로, 시스템의 한 부분에 변화가 생기면 그 시스템 내 또는 다른 시스템과의 관계에 영향을 줄 수 있다.

의존(interdependent)의 관계에 있다(Trickett et al., 1972). 공립 학교에서 상호 의존의 요소는 학생, 교사, 관리자, 직원, 학부모, 협의회의 구성원 및 그 도시의 납세자 등이 포함된다. 이들 중 일부가 어떤 행위를 하거나 문제를 일으킬 경우, 관련된 모든 사람은 영향을 받을 수 있다. 주와 연방 정부, 그리고 지역과 국제 경제도 학교에 영향을 줄 수 있다.

또 다른 예로 가족의 생태학을 살펴보자. 한 가족 구성원이 감기에 걸렸다면, 가족의 다른 모든 구성원은 어떤 방식으로도 영향을 받는다. 어린아이가 아프면 가족 중 연장자는 아픈 아이를 돌보기 위해서 결근을 하거나 결석을 하게 될 수도 있다. 만약 주 양육자가 감기에 걸렸다면 나머지 모든 가족의 식사 준비, 빨래, 통학, 그리고 다른 일상의 활동도 영향을 받는다. 며칠 후 이전 상태로 가족 시스템이 돌아간다면 이 변화는 일시적일 수 있지만, 편찮으신 조부모가 그 집에 오게 되는 등의 일이 생긴다면 변화는 더 오래 지속될 것이다.

상호 의존 원리의 결론은 시스템에서 발생하는 그 어떤 변화도 복합적인 결과를 가져올 수 있다는 것이고, 때로는 그 결과가 예기치 않았거나 원치 않은 것일 수 있다. 비슷하게 시스템 내에서의 변화 노력이 그 시스템의 상호 의존적 요소들의 관심을 받지 못해서 좌절될 수도 있다. 예를 들면, 교사는 협력적 학습 기법을 소개할 수 있지만, 그곳의 문화가 개인의 경쟁을 강하게 주장하는 교육 분위기라면 학생, 교장, 학부모, 또는 다른 교사로부터 거절당할 수도 있다.

자원 순환 상호 의존과 밀접한 관련이 있는 두 번째 생태학의 원리인 자원 순환(cycling of resources)은 시스템을 이해하기 위해 자원을 어떻게 사용하고, 분배하고, 보존하며, 변화시키는지를 조사하는 것이다(Trickett et al., 1972). 공동체심리학자는 세팅의 구성원이 자원을 어떻게 정의하고 교환하는지에도 관심이 있다. 인력 자원(personal resources)에는 세팅에서 일어나는 문제를 해결할 수 있는 개인의 능력, 지식, 경험, 강점 및 기타 자질 등이 포함된다. 사회적 자원(social resources)은 세팅 구성원 간의 관계에서 발생하는데, 공유하는 신념, 가치, 공식 규칙, 비공식 규준, 집단 행사 및 공동체 의식 등이 있다. 물리적 자원(physical resources)은 세팅의 물질적 또는 실체적 특성이다. 예를 들면, 여러 명이 토의할 수 있는 방이 있는 도서관, 혼자서 공부할 수 있는 조용한 공간, 그리고 휴식 공간 등을 말한다. 생태학적 관점에서 보면 사회

자원 순환
시스템을 이해하기 위해 자원을 어떻게 사용하고, 분배하고, 보존하고, 변화시키는지를 조사하는 것이다.

인력 자원
문제를 해결하는 데 사용되는 개인의 기술, 능력, 경험, 강점 및 기타 자질을 일컫는다.

사회적 자원
공동체 구성원 간의 관계에서 비롯된 집합적 신념, 가치, 규칙 및 기타 다른 자산을 의미한다.

물리적 자원
지역 내 유형의 물질적 특성으로, 개인이 이용할 수 있는 다양한 유형의 공간 등을 의미한다.

적 세팅은 일반적으로 알려진 것보다 훨씬 많은 자원을 보유하고 있다. 공동체심리학자는 사람들이 간과하고 있는 자원을 찾아서 이용하는 것을 도울 수 있다.

가족에게 가장 중요한 자원은 무엇인가? 시간, 양육, 관심, 정서적 지지, 그리고 경제적 자산 등이 있을 것이다. 자원의 가용과 사용을 살펴보면 그 가족의 우선순위와 관계성이 어떠한지 알 수 있다. 당신은 삶의 큰 사건으로 힘들어 할 때 가족이 주는 조언과 지지를 받게 되면 비로소 가족의 중요성을 알게 될 것이다. 다른 사람을 잘 이해하는 조용한 사람은 집단의 중요한 자원이지만, 거침없이 노골적으로 말하는 사람들 사이에 있다면 눈에 띄지 않을 것이다. 켈리(Kelly, 1966)의 접근이 의미하는 것은 개인 또는 시스템의 웰빙에 기여할 수 있는 자원(유형 또는 무형)을 환경(예, 가족, 조직, 이웃)에서 찾는 것이다.

스택(Stack, 1974)이 실시한 연구 중 저임금의 흑인 공동체 연구는 자원 공유 방식을 이해하는 것이 왜 중요한지를 보여 준다. 저소득자를 위한 공공 주택에 사는 주민들은 본인의 가족뿐만 아니라 다른 가족과도 가구, 자녀 양육, 음식 교환권(food stamps) 및 돈을 공유하였다. 예를 들면, 한 사람이 먼 지역에 일자리를 찾으러 간 동안에 이웃이 그 사람의 자녀를 돌본 적이 있다면 그 사람은 그 이웃에게 기간을 연장하여 가구를 빌려 주었다. 생태학적 관점을 지니지 않은 외부 사람에게는 이러한 자원 교환이 위험하게 보일 수 있겠으나, 그 시스템 속에서 살고 있는 이들에게는 충분히 이해가 되는 상황이다. 스택은 공동체 내의 자원 사용의 방식을 조사함으로써 자원이 필요한 이들에게 잘 할당되고 있다는 것을 알아냈다. 오늘은 주는 사람이지만 내일은 받는 사람이 될 수 있다는 것이다. 스택의 연구는 공동체 구성원의 상호 의존과 자원 순환을 살펴볼 수 있는 생태학적 관점의 가치를 보여 준다.

적응 세 번째 생태학의 원리는 사람과 환경 사이의 교류에 관한 것이다. 적응(adaptation)은 두 과정으로 이루어지는데, 그중 하나는 개인이 환경의 제한 또는 요구에 대처하는 것이고, 다른 하나는 환경이 그들의 구성원에게 적응하는 것이다(Trickett et al., 1972). 당신이 첫 직장의 요구에 어떻게 적응했는지 떠올려 보라. 아마도 당신의 독특한 정체성을 잃지 않으려고 애쓰면서 적응을 위해 새로운 기술을 배웠을 것이다. 어떤 직장에서는 외모, 사람들과의 관계,

적응
사람과 환경 사이의 교류에 관한 것으로, 어떻게 환경이 사람의 행동을 제약하고 생성하는지, 그리고 반대로 어떻게 환경이 그 구성원에 의해 변화할 수 있는지에 초점을 두는 것이다.

또는 일정 등에 대한 변화를 요구하기도 한다. 환경 역시 그 환경의 구성원에게 적응한다. 출산, 새 일을 시작하는 부모, 또는 집에서 멀리 떠나는 자녀와 같은 생활 사건에 의해 촉발되는 가족의 변화를 생각해 보라. 더 큰 분석 수준인 조직의 관점에서 보면, 그 구성원의 요구에 적절히 대응하지 못한 조직은 기존 구성원의 유지나 새로운 구성원의 유입이 어렵다는 것을 알게 된다. 개인과 사회 시스템이 살아남기 위해서는 서로가 서로에게 적응할 필요가 있다 (Kelly et al., 2000).

또한 사회적 세팅은 그곳을 둘러싼 더 큰 환경에 적응한다(Kelly et al., 2000). 예를 들면, 지역 학교 시스템은 그 학교의 학생들의 특성 변화뿐만 아니라 지역, 주, 연방 정부의 요구와 기금의 변화에 맞추어 매년 조정하면서 적응한다. 기술, 경제, 교육에 대한 문화적 요구의 변화 역시 지역 학교에 영향을 끼친다.

적응 원리에 담긴 더 큰 의미는 모든 환경은 서로 다른 기술을 요구한다는 것이다. 학생에게 요구되는 기술은 노동자, 가정주부, 또는 경찰에게 요구되는 기술과는 다르다. 예를 들면, 양육에 대한 이웃의 역할을 생각해 보자. 위험한 지역에서 효과적인 양육은 안전한 지역의 양육과 비교하여 더 지시적이고, 엄격하고, 강하게 제한하는 것이 적절하다(Gonzalels et al., 1996).

연속성

연속성 연속성(succession)의 원리에 따르면, 세팅과 사회 시스템은 시간이 지나면서 변화한다. 상호 의존, 자원 순환, 그리고 적응은 반드시 이 관점에서 이해되어야 한다(Trickett et al., 1972). 이 원리는 가족, 조직 및 공동체에 적용할 수 있다. "건강한 관계를 유지하기 위해 힘써야 한다."는 말을 얼마나 많이 들었는가? 시간이 지나면서 파트너의 상호 의존 양식, 정서적 지지와 같은 자원의 순환, 그리고 파트너 간의 적응은 부지불식간에 변화할 수 있다. 관계의 본질도 시간이 지나면서 변한다. 성공적인 적응과 자원 순환이 존재한다면 그 관계는 유지되고 깊어질 수 있다. 시간이 지나면서 적응이 어렵고 필요한 자원이 더 이상 공급되지 않거나 사용할 수 없다면 파트너와는 사이가 멀어질 것이다. 이혼, 새로운 관계의 시작, 또는 자녀가 부모를 떠나서 자신의 삶을 찾아나서는 이러한 관계적 "세팅"에서 연속성이 나타날 수 있다.

세팅의 연속성을 이해한다는 것은 공동체심리학자가 그 시스템의 개입을 계

연속성
세팅과 사회 시스템은 끊임없는 변화 과정에 있다는 것을 뜻한다.

획하기 전에 시스템의 역사를 이해할 필요가 있음을 의미한다. 안전한 동네를 만들려고 할 때, 공동체심리학자는 다음의 질문에 답해야 한다. 그 동네 사람들이 과거에 무엇을 하려고 시도했는가? 실제로 무엇이 이루어졌는가? 문제를 어떻게 처리했는가? 또한 공동체심리학자는 의도치 않게 나올 수 있는 결과를 포함하여 개입의 결과로 초래되는 상황들을 주의 깊게 고려해야 한다. 공동체심리학자의 공식적 개입이 끝난 후에는 그 개입을 어떻게 지속시킬 것인가? 이것에 대해서는 예방과 증진을 설명하는 10장과 11장에서 자세하게 다룬다.

켈리 모델의 예시 1970년대 이후 상호 조력 집단의 증가는 이러한 생태학의 원리를 보여 주고 있다. 상호 조력은 정신건강 관리의 중요한 요소가 되어 왔지만 전문적 계획 및 개입은 없었다. 상호 조력 조직은 여성에 대한 폭행, 중독 관리, 그리고 만성 질환 대처 등을 다룰 때 효과적이라고 알려져 있다. 상호 조력 집단은 구성원 각자의 적응력을 강화하고, 전문가만이 구성원의 문제를 해결할 수 있다는 생각에 도전하며, 구성원이 원하는 것을 얻을 수 있는 세팅을 만드는 일을 한다. 이들은 사회적 지지, 정보, 여러 자원을 교환하고 동일한 경험이 있는 구성원들은 서로에게 자원이 된다. 이러한 일들은 전문가로부터 도움을 받을 때는 무시되던 것들이다. 자신이 필요한 자원이라고 생각하는 사람은 다른 사람에게 자원을 제공할 수 있다는 뿌듯한 경험을 하게 된다. 지역의 자조 집단이 유지되기 위해서, 특히 그 집단을 만든 사람이 다른 곳으로 옮겨 간 후에도 유지되기 위해서는 연속성이 핵심이다. 상호 조력에 대한 자세한 설명은 9장에서 다룬다.

4요인 생태학 원리의 공헌 4요인 생태학 원리는 사회 환경의 역동성을 표현할 때 독특하고 유용한 개념을 제공한다. 이 원리는 맥락을 이해할 때 다른 접근법은 강조하지 않는 측면을 강조하고 있고(예, 상호 의존과 연속성), 간과되어 온 문제(예, 자원)를 해결하는 데 관여할 수 있는 사람이 누구인지 생각할 수 있는 경험적 지침이 될 수 있다(Kloos & Shah, 2009; Tandon et al., 1998). 더하여 켈리와 동료들(Kelly et al., 2000)은 이 접근을 이용하여 공동체 세팅에서 예방적 개입의 발달을 이끌 수 있다고 주장하였다.

사회 풍토 접근

환경을 이해하기 위한 두 번째 주요 개념틀은 사람들이 세팅을 어떻게 경험하고 어떻게 이해하는가를 강조한다. 루돌프 무스(Rudolf Moos)와 동료들은 환경의 심리적 효과는 환경에 대한 개인의 지각과 거기에 부여하는 의미를 통해 가장 잘 평가될 수 있다고 주장하였다(예, Moos, 1973, 2003). 그들은 구성원이 공유하는 세팅에 대한 지각을 평가하기 위해서 사회 풍토 접근(social climate approach)을 개발하였고, 세팅의 사회 풍토를 측정하는 몇 가지 척도를 만들었다(예, Moos, 1973, 1994, 2002). 사회 풍토에 대한 지각은 사회적 관계와 조직의 기능에 영향을 줄 수 있다. 세팅의 사회 풍토를 살펴봄으로써 ① 개인이 어떻게 대처하는지를 이해하고, ② 세팅의 어떤 면이 웰빙 향상에 도움이 되는지를 확인할 수 있다(Kloos & Shah, 2009; Kriegel et al., 2020; Moos & Holahan, 2003). 환경을 이해하기 위한 사회 풍토 접근법은 세팅을 파악할 수 있는 세 가지 주요한 차원을 바탕으로 한다. 그것은 사회적 관계를 어떻게 조직화하는지, 자기 계발을 어떻게 고무시키는지, 그리고 세팅의 유지와 변화를 어떻게 촉진하는지이다(Moos, 1994).

사회 풍토 접근
구성원 간에 공유한 사회적 환경에 대한 지각을 평가하는 방법으로, 사람들이 세팅을 어떻게 경험하고 인식하는지에 초점을 두어 환경을 이해하는 것이 핵심이다.

사회적 관계 세팅의 사회적 관계(social relationships) 차원은 구성원의 상호 지지, 참여, 결속력을 말한다(Moos, 2002). 사회 풍토 접근법은 각 세팅 구성원 관계의 질이 어떠한지를 찾는다. 예를 들면, 학급 환경 척도(classroom environment scale)는 고등학교의 학급 환경을 측정하는 것으로, 하위 요인으로는 학생이 학급에 어느 정도 관여하고 참여하는지, 반 친구들과 어느 정도 우정을 쌓고 있는지, 그리고 그들이 교사로부터 느끼는 지지 정도는 어느 정도인지가 포함된다(Fike et al., 2019; Moos & Trickett, 1987). 이러한 구성은 개념적으로는 앞서 언급한 켈리의 상호 의존 및 자원 순환과 관련되어 있다.

사회적 관계
사회적 세팅에서 사람들 간의 소통을 통해 발생하는 것으로 상호 지지, 참여, 결속력 등을 말한다.

자기 계발 세팅의 자기 계발(personal development) 차원은 세팅이 개인의 자율성, 성장, 기술 발달을 촉진할 수 있는지를 보는 것이다(Moos, 2002). 이것은 세팅이 구성원의 발전에 얼마나 노력을 기울이는가에 따라 달라진다. 예를 들면, 병동 평가 척도(ward assessment scale; Moos, 1974)의 하위 척도에는 정

자기 계발
개인의 자율성, 성장 및 기술 발달이 세팅에서 촉진되는 과정을 일컫는다.

신과 치료 환경이 환자의 건강 욕구 해결에 얼마나 도움을 주고 있는지 등을 묻는다. 학급 환경 척도는 학생 간의 경쟁에 관한 내용이 포함되어 있다(Moos & Trickett, 1987). 이러한 환경적 요구는 켈리의 원리 중 적응과 관련이 있다.

시스템 유지와 변화 세팅의 시스템 유지와 변화(system maintenance and change) 차원은 규칙, 법칙과 예외의 명확성, 그리고 행동의 통제에 관한 것이다(Moos, 2002). 어떤 세팅은 규칙과 조직을 유지하기 위해 상당히 많은 시간과 자원을 제공한다. 학급 환경 척도 중 유지와 변화에 대한 하위 척도에는 학급 활동이 어느 정도 조직되고 정돈되었는지, 규준은 명확한지, 교사는 엄격한지와 새로운 활동과 생각이 활발히 수용되는지를 묻는다(Moos & Trickett 1987). 세팅은 결정권이 있는 권위자가 누구인지와 이들의 결정에 도전할 사람이 있는지에 따라 달라질 수 있다. 이것은 개념적으로 켈리가 제안한 적응 및 연속성과 관련이 있다.

시스템 유지와 변화
시스템의 질서 유지, 규칙 및 기대 전달, 그리고 행동 감시뿐만 아니라 적응, 혁신, 긍정적 변화에 대한 필요성 등이 포함된다.

연구와 실천에 있어 사회 풍토 접근의 공헌과 제한점 사회 풍토 접근은 해당 세팅이 사회적 관계, 개인의 성장, 그리고 시스템 유지를 얼마나 강조하는지에 따라 세팅은 달라진다고 가정한다. 참여자는 사회 풍토 설문지를 작성하여 해당 세팅의 각 차원에 대한 자신의 지각을 보고한다. 그들의 답변을 모두 합산하여 세팅 환경에 대한 참여자들의 공유된 지각 프로파일을 구성한다(Kloos & Shah, 2009; Moos, 2002). 또한 세 차원에 대한 반응 패턴을 세팅 구성원 간 또는 다른 세팅과 비교할 수도 있다.

사회 풍토 척도는 지지, 기대의 명확성, 그리고 개인의 성장과 같은 세팅의 중요한 측면을 측정한다. 사회 풍토는 개인의 웰빙, 미시체계, 그리고 조직에 영향을 미친다. 또한 다른 접근법에서는 사용하지 않는 방법으로 세팅과 주관적 경험을 연결한다. 사회 풍토 척도는 개념적 가치와 사용의 편리함으로 인해 다양한 환경에서 연구되고 실제 적용되었으며, 경험적 결과를 바탕으로 한 많은 논문과 저서가 발간되었다.

사회 풍토 접근은 직장, 대학 기숙사, 정신 병동, 여러 세팅이 연합된 곳, 지지적인 공동체 생활 시설, 군대, 그리고 학급 등에서 미시체계와 조직 수준의 분석 세팅을 연구할 때 사용되어 왔다(Moos, 1994). 또한 자문이나 프로그램 개발에도 사용된다(Kloos & Shah, 2009; Kriegel et al., 2020; Moos, 1984). 학급 환경 척도를 사용하여 교사와 학생의 결과를 비교하는 것처럼, 자문위원은 세팅의 이해관계자 간의 서로 다른 생각을 비교할 수도 있다. 인식과 일반적인 견해에서 차이가 나타난다면, 이를 바탕으로 학급 또는 학교를 어떻게 발전시킬 것인지에 관한 토론을 시작할 수도 있다. 유사한 방식으로 자문위원은 세팅 구성원에게 다른 형식의 두 사회 풍토 척도, 즉 현재 세팅의 기능에 대한 현실을 묻는 형식과 그들이 원하는 세팅에 대한 이상을 묻는 형식의 설문을 구성할 수 있다. 그런 다음 두 형식의 점수를 구하여 구성원이 생각하는 이상적인 프로파일처럼 되기 위해서 환경을 어떻게 바꾸어야 할지를 토론할 수도 있다.

환경을 이해하기 위한 사회 풍토 접근법의 주요 한계점은 사회 풍토 점수가 비록 경험을 비교하는 것에는 유용할지라도, 세팅에 대한 개인의 경험을 자세하게 보여 주지 못한다는 것이다. 세팅에 대한 지각은 단순히 세팅의 측정이 아닌 세팅 특성과 개인 지각의 조합을 의미한다. 그러므로 세팅 내의 개인 또는 하위 집단은 측정 결과와는 다르게 지각할 수도 있다. 예를 들면, 트리켓과 동료들(Trickett et al., 1982)은 학교의 질에 대한 평가에서 학생과 독립된 관찰자 간의 차이를 발견하였다. 이러한 차이는 사회 풍토 척도가 단순히 환경의 전반적인 특성에 의해서가 아니라, 그 환경 각 구성원의 성격 또는 사회적 역할에 의해 영향을 받는다는 것을 보여 준다. 예를 들면, 같은 환경에서 남성과 여성은 상당히 다른 인식을 할 수 있다. 세팅에 대한 지각을 수치화하여 비교하는 것은 중요하며 세팅에 대한 불평을 해결하기 위한 노력으로 이어질 수 있다. 그러므로 사회 풍토 점수는 세팅의 개인 또는 하위 집단 간의 변산성을 자세하게 살피는 것이 중요하다(Moos, 2003; Shinn, 1990).

사회 규칙성

사회 규칙성
세팅 내 사람들 간의 사회적 상호작용의 일상 패턴을 의미하며, 사회 문제를 유발하는 자원의 배분, 기회의 접근성 및 권력에 영향을 줄 수 있다.

앞서 언급한 두 접근법은 환경을 이해하기 위해 세팅의 자원, 변화 방법, 그리고 구성원이 그것들을 어떻게 보는가에 초점을 두었다. 세 번째 접근법은 세팅이 구성원 간의 예상되는 관계를 어떻게 만들어 내고, 그러한 관계의 질은 관련된 개인과 상관없이 시간이 지나면서 어떻게 지속되는지를 살펴본다(Seidman & Capella, 2017). 이 방법은 세팅을 사회 규칙성(social regularities)이라는 개념으로 이해하고, 세팅 내 요소(예, 사람) 간의 사회적 관계의 일정한 양식으로 정의한다(Seidman, 1988, pp. 9-10). 사회 규칙성 접근법은 개인의 성격이 아니라 공동체 내 개인 간의 관계에 초점을 두고 있으며, 이러한 사회적 관계의 패턴이 사회 문제를 유발하는 자원의 배분, 기회의 접근성 및 권력에 영향을 줄 수 있다고 주장한다.

당신의 학창 시절을 잠시 회상해 보자. 학교나 대학 수업에서 가장 많은 질문을 한 사람은 누구인가? 당신의 대답(예, 교사)이 사회 규칙성이다(Sarason, 1982; Seidman & Capella, 2017). 다양한 교사와 학생이 있고 교육 수준이 다름에도 불구하고 어떻게 이러한 예측이 가능한가? 학생과 교사 모두는 어떤 문제의 원인을 개인에게 돌리는 경우가 많다(예, 재미없는 교사, 게으른 학생). 하지만 오히려 교사와 학생의 역할 및 관계, 학습 진행 방식, 또는 학급의 권력을 바탕으로 예측이 가능한 일정한 규칙성을 찾을 수 있지 않을까?

사회 규칙성을 밝히기 위해서 세팅 구성원(예, 교사-학생, 치료자-내담자, 고용주-직원, 부모-자녀) 간의 역할과 권력 관계를 보여 주는 행동 양식을 찾아야 한다. 역할은 세팅의 권력, 의사결정, 자원, 불평등에 영향을 주는 방식에 의해 정해진다(Seidman & Capella, 2017).

사회 규칙성의 예시로 미국 역사에서 학교가 학생을 성적이나 성취 수준에 따라 집단을 분류한 다음, 각 집단에 따라 사회에 나가서 할 수 있는 역할에 대한 준비를 차별하여 교육한 것을 들 수 있다. 인종에 따라 입학을 제한한 분리주의 정책 교육 역시 이에 해당한다. 미국 사회는 법원이 더 이상 분리 교육을 허용하지 않는다는 명령을 한 후에야 흑인과 백인 학생을 같은 학교에서 가르쳤다. 하지만 많은 학교에서 새로운 형태의 차별이 생겨났다는 것은 연구뿐 아니라 일상의 관찰에서도 발견된다. 백인 교직원이 많은 학교에서는 불공정한 측정 도구로 학생의 능력을 평가하였고, 그 점수로 흑인(과 라틴 아메리카인, 그리고 아메리카 원주민) 학생을 한두 학급에 과도하게 많이 배정하였다. 그 학급은 대학 진학이나 미래의 성취를 높일 수 있는 능력을 제한하는 교육과정으로 수업을 진행하였다(Linney, 1986; Seidman & Capella, 2017; Weinstein, 2002). 이러한 방법을 사용하여 인종분리에 대한 미국 사회의 사회 규칙성의 역사는 지속되고 있다. 이 새로운 분류 방식은 법적으로 분리 교육을 수행했을 때보다 고의성은 줄어들었지만 학생의 삶과 기회에 미친 영향은 비슷하였다.

사회 규칙성 접근의 공헌과 한계 사회 규칙성 개념은 세팅의 관계 및 권력의 역할에 주목하고 있다. 또한 세팅의 많은 것이 변화함에도 불구하고 계속해서 현재의 모습을 유지하는 이유에 대한 이해를 제공한다. 세팅의 구성원은 바뀌지만(예, 새로운 교사 또는 교장) 그것이 기능하는 방식과 의사결정권과 같은 기본적인 사회 규칙성이 바뀌지 않는다면 이것은 단지 1차 변화만을 촉진할 뿐이다. 사회 규칙성이 바뀌기 위해서는 시스템 그 자체가 바뀌어야 한다(Seidman & Capella, 2017; Tseng & Seidman, 2007). 그래야만 2차 변화를 가져올 수 있을 것이다. 세팅 및 관계의 이러한 측면은 7장과 8장에서 자세히 논의한다. 사회 규칙성을 파악하기 위해서는 세팅에 대한 깊은 이해와 지속적인 참여가 요구된다. 이를 위한 방법으로는 자연 관찰, 사례 연구, 그리고 민족지학적 접근 등이 있다. 만일 규칙성을 찾아낸다면 양적 분석 방법 역시 사용할 수 있다.

생태심리학과 행동 세팅

로저 바커(Roger Barker)와 동료들은 개인에게 초점을 맞추는 것이 아니라, 환경에서의 행동 양식을 이해하는 통합적 접근을 개발하였다(Barker, 1968; Wicker, 1979). 이 이론의 주요 요인은 세팅이 인간의 행동에 미치는 영향에 대한 예시를 통해 살펴보자. 바커의 생태심리학(ecological psychology)의 이론과 방법론은 환경심리학과 공동체심리학의 형성에 크게 기여하였다.

행동 세팅
특정 장소에서 특정 시간 동안 반복되는 행동 양식을 말한다. 행동 양식은 세팅과 시간이 요구하는 것이 무엇인지 살펴어 예상할 수 있다.

행동 세팅 바커(Barker, 1968)는 행동 세팅의 개념을 생태심리학(ecological psychology)의 주요한 분석 수준으로 발달시켰다. 행동 세팅(behavior setting)은 장소, 시간, 그리고 표준 행동 양식에 의해 정의된다. 작은 마을을 예시로 생각해 보자. 바커와 동료들은 실제로 작은 마을에 몇 년간 살면서 특정 세팅에서의 행동 양식을 관찰하였다. 예를 들면, 초등학교 3학년 교실의 행동 세팅은 주중에 이루어지는 학급에서의 만남이 포함될 것이고, 여기에는 세팅에 참여하는 개인이 누구인지와 관계없이 교사와 학생이 있다는 것을 예상할 수 있다. 교실에 있던 아동이 놀이터로 세팅을 옮긴다면, 학급에서의 행동과는 다르지만 놀이터라는 세팅에서 예상 가능한 행동 양식을 구성할 것이다. 약국의 행동 세팅은 학교와 비교하면 시간상으로는 더 넓은 경계를 가지고, "주민"(즉, 손님과 직원)의 회전율은 더 높으며, 단일 장소라는 특징을 갖는 표준 행동 양식이 나타난다. 여기서도 약국을 오가는 사람들이 어떤 사람인지는 상관이 없다. 어떤 행동 세팅은 더 큰 행동 세팅 내(예, 학교 내 학급)에서 이루어지기도 하고 다른 행동 세팅은 단독으로(예, 고속도로 휴게소) 나타나기도 한다. 결혼식이나 패션쇼 등은 가끔 일어나는 반면, 어떤 행동은 매일의 일상과 관련이 있다. 바커(Barker, 1968, p. 106)와 동료들은 1963년과 1964년 사이에 "중서부" 마을에서 볼 수 있는 884개의 행동 세팅을 확인하였다. 이 행동들은 크게 5개의 범주로 나눌 수 있는데, 정부, 기업, 교육, 종교, 그리고 자발적 연합체가 포함된다.

행동 세팅은 단순히 물리적인 장소만을 일컫는 것은 아니다. 중서부의 감리교회 예배당은 물리적 세팅이지만 그곳에서는 물리적이지 않은 몇몇 행동 세팅이 일어난다. 교회를 기반으로 한 각 행동 세팅은 시간과 구체적인 표준 행동 양식이 있다. 예를 들면, 예배, 성가대 연습, 회의, 장례식 및 결혼식이 그것이다. 반대로, 많은 수의 소상공인 가게는 그들의 물리적 장소에서 단 한 가지 행동 세팅만 존재한다. 바커의 관점으로는 행동 양식은 그 속의 개인과 관계없이 행동 세팅에서 동일하게 발생하고, 그곳에서 발생할 행동이 예상 가능하다면 누가 그곳에 있는지는 상관이 없다.

바커의 접근법을 야구의 예시로 살펴보자. 경기는 주어진 시간과 장소에서 발생하는 표준 행동 양식이 있는 행동 세팅이다. 야구장은 물리적 환경이지만 게임과 관련해서는 아무것도 얘기해 주지 않는다. 비슷하게 우리는 선수들을 따로따로 떼어 놓고 각 개인에게만 집중하는 것으로는 경기 또는 선수의 행동이 이해되지 않을 것이다. 예를 들면, 경기에 대한 어떤 상황도 말해주지 않고 앞선 다른 타자가 구장에 있었던 상황도 알려 주지 않은 채 현재 경기장에 있는 타자만 보여 주는 세팅을 생각해 보자. 이 선수가 무엇을 하고 있는지, 그리고 왜 그런 행동을 하는지를 전혀 이해할 수 없고, 이 선수의 행동을 예측하기도 힘들 것이다. 행동 세팅의 전체 맥락을 알고 있어야만 그 경기의 상황 또는 규칙이 명확해진다. 또한 그 경기에 참여한 선수 간의 관계도 명확해질 것이다. 바커(Barker, 1968)는 야구 경기라는 행동 세팅은 물리적 장소인 야구장, 경기 시간, 선수(와 팬) 간의 표준 행동 양식의 조합이라고 설명하였다.

세팅과 행동의 인구밀도   바커의 생태학적 접근의 두 번째 공헌은 행동 세팅이 필요로 하는 역할의 수와 세팅 구성원의 수를 비교하는 "참여(manning)" 이론[2]의 학파[현재는 채용(staffing) 이론이라고 알려진]를 만든 것이다(Barker, 1968). 바커와 동료들은 어떤 세팅은 구성원 모두가 활동에 참여하고 그들 대부분이 스스로를 가치 있다고 느끼는 곳이 있는데, 쇼겐(Schoggen, 1989)은 이를 최적 인구밀도 세팅(optimally populated settings)이라고 불렀다. 또 다른 세팅에서는 역할에 대한 경쟁이 높고 일부는 배제되기도 한다. 바커와 검프(Barker & Gump, 1964)의 '큰 학교, 작은 학교(big school, small school)' 연구는 캔사스 지역에 위치한 고등학교를 대상으로 학생 수(35명의 학교에서 2,000명의 학교까지를 대상으로)에 따른 특별 활동 시간의 학생의 관여 정도를 비교하였다. 학생 수가 적은 학교에서는 활동과 리더십의 역할에서 참여 수준이 상당히 높았고 학교에 대한 만족도와 애착도 높은 수준으로 나타났다. 하지만 학생 수가 많은 학교에서는 활동에 참여할 기회가 학생 수가 적은 학교보다 조금 더 많았지만, 학생의 적극적인 참여 정도는 학생 수가 적은 학교에 비해 절반 수준이었고 다양한 활동에 참여도 낮았다. 또한 바커와 검프는 학생 수가 적은 학교의 학생이 활동에 자발적으로 참여하고자 하는 책임감을 더 많이 인식한다는 것을 발견하였다. 이들은 심지어 특별 활동에 재능이 없음에도 자신들의 도움이 필요하다고 생각하고 있었다. 규모가 큰 학교에서는 친구나 직원과 함께한다는 참여 의식이 거의 없는 "주변" 학생의 비율이 아주 높았다. 세팅의 사람 수와 그들을 어떻게 조직화할 것인지는 학생의 동기, 성취, 그리고 소외에 영향을 미쳤다.

최적 인구밀도 세팅
대부분의 사람이 적극적으로 참여하고 자신이 가치 있다고 느끼는 환경을 말한다.

다양한 세팅에서의 연구는 행동 세팅에 배당된 역할의 수와 각 구성원이 실제로 맡을 수 있는 역할 수의 비율이 중요한 요인임을 확인하였다(Wicker, 1979, 1987). 과잉 인구밀도 세팅(overpopulated settings)은 맡을 수 있는 역할보다 구성원의 수가 더 많은 곳이다. 세팅은 그 역할을 맡을 수 있는 구성원을 쉽게 찾을 수 있다. 하지만 그 외에 다른 사람은 주변으로 밀려나거나 배제된다. 바커(Barker, 1968, p.181)는 그 역할을 대체할 만한 충분한 수의 사람을 보유한 세팅에서는 거부 회로(vetoing circuits, 가능성 있는 구성원을 배제하는 행

과잉 인구밀도 세팅
역할을 맡을 수 있는 사람이 너무 많아서 그 외의 사람들은 주변으로 밀려나거나 배제된다고 느끼는 환경을 말한다.

---

2) 특정 환경에서 구성원의 수와 참여 정도에 따른 유형에 관한 이론

동)가 발생한다고 가정하였다. 학생 수가 많은 학교는 아마도 운동, 음악, 연극 동아리 등의 구성원을 뽑을 때 선발을 거칠 것이다. 그래서 가장 능력이 있는 사람만이 그 모임에 들어갈 수 있게 된다. 바커와 검프(Barker & Gump, 1964)는 구성원의 수가 많은 학교는 적은 학교에 비하여 과잉 인구밀도 세팅을 더 많이 가지고 있음을 발견하였다.

과소 인구밀도 세팅
역할을 맡을 사람의 수가 충분하지 않은 환경을 말하며, 사람들이 세팅을 유지하고자 한다면 구성원은 필요한 기술을 개인적으로 개발하려고 노력하거나 다른 사람에게 배우려고 할 것이다. 과소 인구밀도가 심각한 세팅에서는 구성원이 감당하기 힘든 일까지 맡게 되어 결국 해체될 수도 있다.

반대로, 과소 인구밀도 세팅(underpopulated setting)에서는 구성원보다 역할이 더 많이 존재한다. 이 상황에서는 세팅을 유지하기 위한 구성원의 책임감이 증가하고 이런 상황이 아니었다면 배울 생각이 없었던 기술을 발달시킬 기회가 제공된다. 또한 세팅에 참여하는 사람들의 다양성이 증가하고 아직 사용하지 않은 자원에 대한 관심도 증가한다. 예를 들면, 수줍음이 많아서 학교 행사에 참여할 의지가 없었던 사람에게도 같이하자고 제안을 하게 되고, 이를 통해 개인은 사회적 기술을 발달시키거나 숨어 있는 재능이 드러날 수도 있다. 또한 과소 인구밀도 행동 세팅의 구성원은 거부 회로보다는 탈선-반대 회로(deviation-countering circuits)에 몰입하게 된다. 그들은 수줍음이 많은 사람을 배제하기보다 그 세팅에서 역할을 맡을 수 있는 기술을 가르치기 위해 시간과 노력을 투자할 것이다. 이 전략은 구성원이 세팅을 유지하기 위해 자신이 꼭 그 역할을 맡아야 하는 상황이라면 유효할 것이다. 바커와 검프(Barker & Gump, 1964)는 학생 수가 적은 학교는 과소 인구밀도 세팅을 가지고 있다는 것을 발견하였다. 물론 구성원의 수가 너무 적다면 그들은 극도의 피로를 호소할 것이고, 심지어 그 세팅은 해체될 수도 있다. 하지만 적절히 낮은 수의 구성원이 있는 세팅은 개인(기술 향상 또는 자기 계발)뿐 아니라 세팅(구성원의 높은 참여)에도 긍정적인 결과를 가져올 것이다.

공헌과 한계 생태심리학은 공동체심리학의 생태학적 관점의 발전에 영향을 주는 개념 및 연구가 지속될 수 있는 중심 체계를 만들었다. 행동 세팅 방법은 학교, 교회, 자조 집단 및 직장 세팅에 적용되어 구성원의 참여와 지지를 돕는다(Barker & Gump, 1964; Luke et al., 1991; Maya Jariego, 2016; Oxley & Barrera, 1984). 생태심리학의 행동 세팅과 과소 인구밀도 세팅의 개념은 특히 많은 공헌을 하였다. 큰 학교 또는 큰 조직 내의 소규모 하위 집단을 보면 과잉 인구밀도와 과소 인구밀도 세팅에 대한 생태심리학의 관찰과 일치한다. 조직의 내

부에 소규모의 하위 집단을 만들어 사람들이 서로 소통하고 서로를 돌보기 위
한 연결망을 만드는 것은 만족감을 높일 뿐 아니라 더 상위 조직이 이들의 요
구에 더 잘 반응할 수 있도록 한다. 한 가지 제한점은 바커와 동료들이 행동에
만 너무 집중하여 문화적 의미나 기타 주관적 과정을 간과했다는 것이다. 다
음에 소개할 접근법은 문화적 의미를 포함하는 관점이다. 두 번째 제한점은
행동 세팅 이론은 행동 세팅 그 자체가 지속되는 방식과 개인의 행동을 형성
하는 방식에만 집중한다는 것이다. 이것은 전체의 한 측면만 보는 것으로, 세
팅이 어떻게 만들어지고 변화하는지 그리고 개인이 어떻게 세팅에 영향을 미
치는지는 덜 중요하게 다루었다는 것이다(Maya Jariego, 2016; Perkins et al.,
1988). 이 이론이 만들어진 최초의 장소가 작은 마을 세팅이었기 때문에 변화
보다는 안정이 강조된 것은 이해할 수 있지만, 적용할 수 있는 영역이 한정된
다는 제한점이 있다.

활동 세팅

활동 세팅 이론은 세팅에 초점을 둔다는 점에서 행동 세팅 이론과 유사하
지만 맥락에서 행동의 의미를 탐색하기 위해 주관적 경험과 문화적 이해를
포함하였다는 점에서 차이가 있다(O'Donnell et al., 1993: shin, 2014). 오도넬
(O'Donnell)과 동료들은 맥락주의 인식론과 하와이 및 태평양 문화에서 연구
를 실행한 러시아 발달 이론가인 레프 비고츠키(Lev Vygotsky)의 영향을 받았다.

활동 세팅
물리적 세팅과 활동을 수행하는 사람들의 행동을 그들이 형성한 관계 및 경험과 통합하는 이론이다.

활동 세팅(activity settings)은 단순히 물리적 장소나 거기에서 만나는 사람들
의 행동에만 의미를 두는 것이 아니라, 세팅에 참여하는 사람 간에 발달하는
주관적 의미, 특히 상호 주관성에 초점을 맞춘다. 상호 주관성이란 세팅의 구성
원들이 공유하는 믿음, 가정, 가치, 그리고 정서적 경험 등을 말한다. 활동 세
팅의 주요 요소는 물리적 환경, 지위(역할), 사람 간에 형성되는 대인관계, 시
간, 그리고 세팅의 구성원이 만들어 사용하는 상징 등이 포함된다. 상호 주관
성은 시간이 지나면서 세팅의 구성원들이 교류하고, 함께 일하고, 관계를 형
성하면서 발달한다. 구성원들은 그들의 공통점을 표현하기 위해서 상징, 대표
적으로 언어나 이미지 등을 발달시킨다. 이 관점은 세팅에서 사용하는 문화
적 활동과 그 활동에 대한 구성원의 애착에 관심을 둔다(O'Donnell & Tharp,

2012).

예를 들면, 많은 영적 세팅은 성스러운 저서와 어휘, 시각 작품, 그리고 음악이 중요한 상징이다. 이 상징의 의미는 지극히 개인적이면서도 널리 공유된다. 정치 집회에서는 특정 색깔, 음악, 주제 및 이야기를 사용하여 현재 상황과 역사적 사건들을 연결한다. 특정 문화에서 중요하게 다루어지는 것들은 그 문화 내에서는 상호 주관성(intersubjectivity)을 가지고 광범위하게 이해되지만, 그 문화 외부에 있는 사람과는 그것을 매개로 교류하기가 쉽지 않다. 심지어 한 문화 내에서도 가족과 조직은 외부인이 이해할 수 없는 언어와 행위를 사용하는 상호 주관성을 발달시키고, 이는 내부자의 중요한 태도를 반영한다. 종종 삶의 사건에 의미를 부여하거나, 사람들에게 영감을 주거나, 또는 어려운 상황을 헤쳐 나가려는 특정 목적을 달성하기 위해 의도적으로 활동 세팅을 만들기도 한다.

> **상호 주관성**
> 다른 사람과 경험, 지식, 이해, 기대를 공유하는 과정과 결과를 말하며, 이는 공동체 구성원 간에 이해하고 있는 공유한 지식이기 때문에 외부자는 이해하기 힘들다.

대항공간   대항공간(counterspaces)은 억압당한 경험이 있는 참여자의 웰빙을 높이는 활동 세팅의 유형으로 생각할 수 있다. 대항공간은 친구 및 동료 네트워크에서부터 조직에 이르기까지 다양한 형태가 있다. 이 개념은 아프리카계 미국인 대학생이 대학 캠퍼스에서 인종차별에 대처하기 위해 어떻게 활동하였는지를 연구하면서 등장하였다(Solórzano et al., 2000). 케이스와 헌터(Case & Hunter, 2012)는 초기 작업을 구축하면서 대항공간이 억압과 소외를 경험한 다양한 집단 구성원(예, 인종 · 민족 소수자, 성소수자, 종교 소수자)의 심리적 웰빙을 어떻게 증진하는지를 설명하는 개념틀을 개발하였다. 이 공간은 부분적으로 구성원에게 피난처를 제공하고, 이곳에서는 더 큰 사회에 존재하는 억압이 일어나지 않는다는 것을 확신시켜 주기 위한 체계적 노력이 진행된다. 예를 들면, 맥코넬과 동료들(McConnell et al., 2016)은 시스젠더(cisgender)[3] 레즈비언 여성주의자를 위한 대항공간으로서 미시간주의 여성 음악 축제를 조사하는 연구를 실행하였는데, 한 참여자는 대항공간을 다음과 같이 설명하였다.

> **대항공간**
> 현재의 세팅에서 억압, 고립, 소외를 경험한 개인에게 안전과 웰빙을 제공하기 위해 구축한 대안 활동 세팅이다.

여기서 느끼는 안전은 내 주위 사람들에게 설명하기가 어렵다. … 나는 처음 그 느낌을 받았을 때 눈물을 터뜨리는 여성을 보았다…. 내가 배운 것은 항상 경계하고 조심

---

3) 생물학적 성과 사회적 성정체성이 일치하는 사람

하는 것, 너는 여자이다, 너는 위험에 처해 있다, 너는 연약하다, 누군가 너에게 무슨 짓을 할 것이다. … 거기서는 달도 없는 어두운 새벽 3시에 내가 원한다면 벌거벗고 걸을 수 있었다. 안전함 외에는 그 어떤 두려움이나 다른 느낌 없이…. (p. 479)

대항공간 내에서는 적어도 세 가지 사회적 절차가 긍정적인 심리적 결과를 도출하는 것으로 생각된다. 첫 번째인 서사적 정체감 작업(narrative identity work)은 대항공간 구성원이 가지고 있는 현저하게 부정적인 서사(예, 고정관념)의 내면화를 막을 수 있도록 개인 및 집단에 대한 긍정적인 정체감을 육성하는 것을 말한다. 예를 들면, 케이스와 헌터(case & hunter, 2014)는 학교 또는 청소년 사법제도에 연루되어 "나쁜"으로 분류된 아프리카계 미국인 청소년이 리더십 개발 프로그램에 참여함으로써 긍정적인 관점에서 청소년 지도자의 정체감을 재조명할 수 있다는 것을 발견하였다.

> **서사적 정체감 작업**
> 대항공간 구성원이 가진 부정적인 고정관념의 내면화에 대응하기 위해 개인 및 집단에 대한 긍정적인 정체감을 발달시키는 노력을 말한다.

대항공간은 소외 집단 구성원에게 그들의 문화를 탐색할 수 있는 안전한 공간을 제공하여 그들의 심리적 웰빙을 높이는 사회적 대안 세팅이다.
출처: michaeljung/Shutterstock.com

또 다른 절차는 저항 행위(acts of resistance)로, 억압 조건에 항의하는 행동이나 정체감과 일치하는 활동에 의도적으로 참여하는 것을 일컫는다. 대항공간은 개인에게 이러한 행동을 실행할 수 있는 안전한 방법을 제공하는데, 이러한 행동에는 속어를 사용하거나 자신의 집단과 관련한 비주류 옷을 입는 것이 포함된다. 케이스(Case, 2014)는 백인이 주류인 대학교의 아프리카계 미국인 학생들은 흑인 문화 센터의 회원이 됨으로써 그곳에서는 "우핀의 이야기(whoopin' stories)"—부모에게 맞았던 최악의 경험에 대한 이야기—를 "이상한" 사람으로 취급받지 않고 말할 수 있다는 것을 발견하였다. 아프리카계 미국인의 문화 전통에 걸맞게 이전 이야기를 능가하는 개인의 경험을 풀어놓음으로써 희극적 방식으로 진행되었다.

사회적 지지를 촉진하는 직접적인 관계의 교류(direct relational transactions)는 대항공간 구성원 간의 대인관계 교류를 의미하며, 이 관계는 억압적 경험에 맞닥뜨렸을 때 지도, 분출과 정서적 환기, 그리고 격려를 제공한다. 웩슬러와 동료들(Wexler et al., 2013)은 이누피아크(inupiak, 알래스카 원주민 공동체) 청소년이 문화 손실에 대응하기 위한 회복탄력성의 전략으로 그들의 관계를 구축하였다는 것을 발견하였다. 토착민에 대한 식민지의 영향 중 하나는 언어, 음식, 교육을 포함하여 그들의 삶의 방식을 급속도로, 때로는 극적으로 변화시켰다는 것이다. 이 결과, 토착민에게 세상과 서로를 이해하고 대처하는 방식의 기초를 제공했던 전통 문화는 새로운 방식으로 대체되었다. 이누피아크 청소년은 자신을 그들의 전통 문화와 연결하고 자신에게 지지와 기회를 제공하는 관계를 의도적으로 구축하였다. 구축한 관계 유형은 사람마다 다르게 나타났는데, 어떤 이들은 냉철함을 유지하는 데 도움을 주는 관계를 만들었고, 다른 이들은 고향의 고통스러운 상황에서 일시적으로 벗어나 안전한 곳에서 살 수 있도록 해 주는 관계를 추구하였다. 대항공간은 6장과 7장에서도 다룬다.

활동 세팅 접근법의 공헌　활동 세팅 이론은 생태심리학보다 사회적 세팅에 대한 더 넓은 개념을 제공한다. 이것은 아동 발달, 청소년 비행, 교육 및 공동체 개입의 연구에 활용되어 왔다. 이 접근법은 개인과 맥락 간의 연결을 이해하는 데 있어 주관적 의미의 중요성을 강조한다. 특히, 문화적 경계의 교차가 필요한 작업을 할 때 유용하다. 하와이, 미크로네시아 및 그 밖의 다

저항 행위
억압에 항의하거나 억압당한 문화적 행동을 수용하는 등의 의도적인 행동을 말한다(예, 비주류를 상징하는 옷 입기).

직접적인 관계의 교류
억압을 경험하였을 때 지도, 정서적 환기를 위한 기회, 격려를 제공하여 사회적 지지를 제공하는 대항공간 구성원 간의 사회적 교류를 일컫는다.

른 지역에서 실시한 연구(O'Donnell & Tharp, 2012; O'Donnell & Yamauchi, 2005)와 미국 내 소수 인종과 소수 민족이 직면한 문화적 경계를 이해하기 위해 실시한 연구(Case & Hunter, 2012; Shin, 2014)에서 이 접근법을 사용하였다.

환경심리학

환경심리학(environmental psychology)은 세팅의 물리적 특성(특히 건축 환경)이 행동에 미치는 영향을 연구한다(DeGroot, 2018; Saegert & Winkel, 1990). 미국의 환경심리학은 공동체심리학과 비슷한 시기에 시작되었다. 환경심리학은 물리적 환경과 행동에 관심이 있었던 사회심리학자들이 주도하였다. 두 분야 모두 개인 중심 관점을 탈피하여 환경 내의 개인을 바라보는 관점으로 전환할 것을 강조하였고(Shinn, 1996), 현장에서 시행되는 연구와 그 개념을 사회적 실천행동으로 적용하는 것을 중요하게 생각하였다는 것도 공통점으로 들 수 있다.

환경 스트레스인 환경심리학은 소음, 공해, 유해 쓰레기 및 주거 밀집과 같은 정신적이고 신체적인 웰빙에 부정적인 영향을 줄 수 있는 환경 스트레스인(environmental stressors)의 심리적 영향에 관심이 있다(Mennis et al., 2018; Rich et al., 1995; Saegert, & Winkel 1990). 예를 들면, 1970년대 후반에 발생한 주목할 만한 두 사건이 각 공동체에 어떠한 심리적 영향을 미쳤는지를 조사한 종단 연구가 있다. 첫 번째는 1977년 뉴욕주의 나이아가라 폭포 근처의 러브 캐널 지역에서 선천적 기형아가 태어나기 시작했을 무렵, 주민들은 자신들이 화학 쓰레기 더미 위에서 살고 있다는 것을 발견한 사건이다. 아델린 레빈(Adeline Levine)과 동료들은 그 재앙과 그것에 대한 시민 활동의 영향을 연구하였다(Levine, 1982; Stone & Levine, 1985). 두 번째는 1979년 펜실베이니아주의 해리스버그 지역 근처의 스리마일섬(Three Mile Island)에서 원자력 발전소의 방사선이 방출된 심각한 사건으로, 이 사건으로 인해 근처 주민들이 어떤 영향을 받았는지를 종단적으로 연구하였다(Baum & Fleming, 1993). 두 경우 모두 불확실(방사선과 독성 물질에 대한 실질적인 노출 수준이 어느 정도인지)과 불일치(산업체와 정부 기관에서 발표하는 공식 성명 간의 차이)가 이 사건에 대한 스트레스를 악화시켰다는 것이 밝혀졌다(Wandersman & Hallman, 1993 참조). 스리마일섬 사고 이후, 이 근처 주민들은 비교 집단보다 높은 혈압, 낮은 면역 체계, 그리고 만연한 외상후스트레스 장애 증상이 나타났다. 1986년 더 심각한 원전 사고가 우크라이나 체르노빌 지역에서 발생하였고, 높은 방사선에 노출되지는 않았지만 그 지역이나 근처에 살았던 사람들은 재난 이후 20여 년간 형편없는 주관적 행복감과 높은 수준의 우울을 보고하였다(Danzer & Danzer, 2016). 최근에는 자연환경에 정기적으로 노출되는 것이 완충 작용 또는 건강 증진에 어떤 관련이 있는지에 관한 연구가 상당히 진행되고 있다. 예를 들면, 메니스와 동료들(Mennis et al., 2018)은 스트레스가 높은 지역에 사는 아프리카계 미국인 청소년이 도시의 녹지 공간에서 규칙적인 활동을 하게 되면 스트레스는 낮아지고 집중력은 높아진다는 것을 보여 주었다.

환경 설계   환경심리학자는 건축과 근린 주거 설계 형태가 미치는 심리적 영향도 연구하였는데, 이를 환경 설계(environmental design)라고 부른다. 예를 들면, 폐쇄된 공간, 창문, 주택 설계와 관련한 연구가 여기에 해당한다(De Groot, 2018). 개인에게 적용하면 학교 캠퍼스나 직장 내부 공간의 가구 배치를 생각해 보라. 저자 중 한 명[브렛 클루스(Bret Kloos)]의 심리학과에서 학과의 공동 공간을 재건축하여 교수들이 회의 전후에 가볍게 담소를 나눌 수 있는 공간을 만들었다. 이들은 공동체 의식을 키울 수 있는 더 많은 기회를 만들기를 원했다. 그 공간에는 모임을 위한 방들이 있었고, 교수들이 회의와 회의 사이의 짧은 시간 동안에 작업을 할 수 있도록 함께 사용하는 작은 전용 사무실이 생겼다. 교수들의 연구실이 캠퍼스 전체에 걸쳐 배치되어 있기 때문에 회의를 위해서만 학과 건물에 들르는 대부분의 교수들은 단절되었다고 느꼈다. 학생들 역시 비슷한 문제와 요구가 있었다. 교수들은 스터디 모임을 위한 작은 방을 만들었고 우편함과 컴퓨터실 근처에 휴게실을 개선하였다. 이 모든 개조된 공간은 심리학과의 큰 회의실과 과사무실 근처에 위치하도록 설계하였다. 이렇게 배치함으로써 공부와 조용한 작업을 위한 공간뿐만 아니라 교수와 학생이 수업 외에도 서로 만날 수 있는 사교 공간이 만들어졌다.

주거를 위한 건축과 근린 주거 설계에 대한 신도시 구상(New Urbanism) 운동은 공동체 경험에 활력을 주었다. 플라스와 루이스(Plas & Lewis, 1996)는 신

> **환경 설계**
> 건축물의 구성 양식, 주변의 특성, 그 외의 요소가 미치는 심리적 영향력을 고려하여 설계하는 것을 말한다.

도시 구상에 따라 설계된 플로리다주의 시사이드 지역을 연구하였다. 이곳의 모든 주택은 집 앞 현관과 낮은 울타리의 설계를 요구하는 건축법이 적용되었고, 도심과 해변에는 산책로와 차의 접근이 제한된 거리가 조성되었으며, 마을 어디에서도 걸어갈 수 있는 상점들이 위치해 있었다. 이러한 건축 구조는 이웃과의 친목을 도모하였고, 노년층의 연구를 위한 초석이 되었으며, 도시 전체 및 이웃 간의 강한 공동체 의식을 함양하였다(예, Jacobs, 1961). 시사이드에서 실시한 설문, 면담, 자연 관찰 등은 이러한 건축 특징이 이웃 간의 접촉과 공동체 의식을 고취하였음을 보여 주었다(Plas & Lewis, 1996).

하지만 다른 지역에서 실시한 연구들은 물리적 설계가 항상 공동체 의식을 높이지는 않는다고 보고하였다(Hiller, 2002). 예를 들면, 1960년대에 메릴랜드주의 콜롬비아 마을을 대상으로 신도시를 계획한 프로젝트는 모든 가정의 우편함을 한 곳에 배치하여 이웃 관계를 향상시키려고 시도하였다. 하지만 주민들은 집집마다 우편함을 설치하게 해 달라고 요구하였다. 또한 모든 집에서 걸어서 도달하는 거리 내에 편의점을 두려고 계획하였지만, 주민들은 몇 분 정도 운전해서 가더라도 도심에 있는 더 큰 상점을 선호하였기 때문에 편의점은 실패하였다(Wandersman, 1984, p. 341). 실패의 원인은 부분적으로 맥락에 있었다. 콜롬비아 마을의 신도시에 적용한 원리는 걸어서 상점을 가는 것이 익숙한 대도시 및 작은 마을에서는 유용하였지만, 슈퍼마켓은 차를 타고 가는 것으로 여기는 교외 지역에 사는 이곳 주민들에게는 부적절하였다. 그러므로 계획 단계에서부터 시민들의 의견이 반영되는 시민참여는 상당히 중요하다(Jacobs, 1961).

환경심리학의 공헌과 제한점 환경심리학은 물리적 환경의 중요성을 강조함으로써 사회적 관점에 대한 또 다른 접근법을 제시하여 기존의 관점들을 보완하였다. 비록 그 초점이 공동체심리학의 관심사와는 다르지만, 분명 겹치는 중요한 부분이 있다. 하지만 환경의 변화를 하향식으로 실행하는 사람들은 구성원에게 영향을 미치는 요인을 고려하지 않기 때문에 좋은 결과를 기대하기가 어렵다. 예를 들면, 2012년 허리케인 샌디가 뉴욕시 근처의 많은 지역을 휩쓸고 간 후, 지방 정부는 위기 관리 차원에서 폭풍에 취약한 건물을 매입하고자 하였다. 매입 프로그램은 재난 데이터와 환경 설계 접근법을 사용하여 피해 지역의 재건축을 제안하였다. 하지만 공무원과 재난 데이터 분석가는 매입을 결정할 때 공동체 관계와 삶의 질은 고려하지 않았는데, 이는 주민들을 위해 반드시 고려해야 하는 사항이었다(Binder et al., 2015).

생태학 맥락에서 여섯 가지 관점의 비교: 예시

여섯 가지의 관점을 비교하기 위해서 고등학교 세팅에서 진행되는 학생들의 연극 공연을 예시로 살펴보자. 학생들의 연극은 행동 세팅이다. 이곳에는 시간(연습과 공연)과 공간(강당 또는 극장)의 경계가 존재한다. 그리고 표준 행동 양식이 존재한다. 공연을 하는 동안, 배우, 관객, 그리고 그 외의 다른 사람들은 예상 가능한 방식으로 행동하고 그들 스스로도 예상 가능한 장소에 있을 것이다. 이러한 행동 양식은 관중을 즐겁게 하기 위한 특정 연극 공연의 프로그램 회로 또는 목록이다.

만일 그 세팅이 생태심리학의 관점에서 과소 인구밀도(즉, 맡아야 할 역할보다 참여자의 수가 적은 경우)라면, 세팅의 구성원(즉, 감독, 배우, 스태프)은 추가적인 도움을 줄 사람을 찾기 위해 노력할 것이고 복수의 역할이나 업무를 맡게 될 것이다. 연극 경험이 없는 사람도 참여해야 한다는 압박감을 느낄 수 있고 새로운 기술을 발달시켜서 그들의 숨은 재능을 찾아낼 것이다. 반대로 그 환경이 과잉 인구밀도라면, 그 역할이나 업무를 배우지 못한 구성원은 재빨리 다른 사람으로 교체될 가능성이 크다. 그 역할을 위해 오디션이 치러지고, 가장 잘하는 사람이 배우가 될 것이며, 나머지 학생들은 소외될 것이다. 많은 학생이 그 연극에 참여하기를 원한다면, 주인공으로 두 명의 배우를 선발하여 하루씩 번갈아 연극을 진행하거나 연극의 후반부를 다른 팀이 맡게 함으로써 과소 인구밀도 세팅의 장점을 이용할 수 있다(Wicker, 1973).

연극 공연은 단순히 글로 된 대본을 따라 읽는 것만이 아니라, 배우 간의 관계가 드러나는 무대에서 새로운 세계를 재창조하는 것이며 청중을 몰입하게 하는 것이다. 배우는 그들과 청중 사이에 눈에 보이지 않는 화학 작용을 원한다. 상호 주관성은 활동 세팅 이론의 주요 주제이다(O'Donnell et al., 1993). 연극은 단어, 몸짓, 무대, 의상, 조명 및 음악 등을 통해 상호 주관적 의미를 전달할 것이다. 오랜 시간 동안 작품을 준비하면서 다져진 배우와 스태프 간의 유대감 및 일체감이 상호 주관성을 만들어 낼 것이다.

　고등학생들의 연극을 켈리의 생태학 원리로 어떻게 설명할 수 있을까? 학생과 교사는 함께 일하면서 상호 의존을 형성한다. 이것은 격려, 감독의 지시 및 사회화와 같은 자원을 교환할 수 있는 바탕을 제공한다. 또한 연극은 학교 내의 다른 세팅과 상호 의존의 관계에 있다. 연극을 통해 다른 영역(예, 학업, 운동)에서는 눈에 띄지 않았던 학생이 사람들과 연결된 느낌을 들게 하고, 학교생활에 몰입할 수 있게 하며, 자신이 가치 있는 존재라는 느낌을 받을 수 있다(Elias, 1987). 또한 연극은 학교를 공동체와 연결하는 방법일 뿐 아니라 그 지역에 알리는 방법이기도 하다.

　생태학적 관점의 자원 순환은 연극 관계자와 학교 전체 간에 일어날 것으로 예상할 수 있다. 상을 받은 학교는 기금, 장비, 학생의 관심 및 전반적인 지원이 풍부해질 것이다. 하지만 상을 받지 못한 학교에서는 이러한 것들을 거의 받을 수 없을 것이다. 자원의 가용성 역시 연극에 참여한 교사와 관리자, 학부모, 학교 위원회 및 그 외의 사람 간의 상호 의존 관계의 강도에 달려 있다. 결국, 연극은 공동체에서 학교로 흘러들어 가는 자원의 흐름을 만들어 낸다. 예를 들면, 가족, 친구, 기업은 공연 소품, 의상, 간식과 같은 자원과 격려를 제공하게 된다.

　연극에 참여한 학생들을 위한 적응은 공연, 무대 설계, 조명 등과 관련된 기술이다. 모든 구성원은 작품의 홍보와 관리를 위해 노력해야 한다. 이러한 기술은 장래 직업과 같은 더 상위 환경의 공동체에 적응적 가치를 가질 수 있다. 또한 연극은 연속성의 양상이 나타날 수 있다. 이번 연극이 성공적으로 치러진 첫 번째 작품일 수도 있고 마지막 작품일 수도 있다. 후자의 경우에는 활용할 수 있는 자원이 더 많이 있겠지만 대신 배우와 스태프에게 더 높은 기대가 주어진다.

　무스의 사회 풍토 접근을 적용하기 위해서는 작품의 구성원(감독, 배우, 스태프를 포함하여)이 작품 환경을 어떻게 인식하고 있는지 조사해야 한다. 그들이 서로 간에 활발한 교류와 지지가 이루어지고 있다는 것에 동의하고 감독이 지지적이라는 것을 믿는다면, 사회적 관계 측면의 척도는 높은 점수를 보일 것이다. 사회적 관계 척도는 구성원 간의 갈등도 살펴볼 수 있다. 자기 계발의 측면은 구성원이 연극에 참여함으로써 기술을 발달시킬 기회와 개인의 성장을 경험할 수 있는지 알아보는 것이다. 시스템 유지와 변화 문항은 작품의 구성 방식, 감독의 통제권 정도, 구성원의 성과에 대한 명확한 기대치, 그리고 창의성에 대한 가치 등을 그들이 어떻게 인식하는지를 측정한다.

집단의 사회 풍토에 대한 인식이 하위 집단(예, 감독, 배우, 스태프; 여자, 남자) 간에 다르다면 어떤 사건과 과정이 그러한 차이를 만들었는지에 대한 토의를 이끌 수 있다. 또한 사회 풍토 척도를 현실적인 유형과 이상적인 유형으로 나누어 질문한다면 전체 집단 또는 하위 집단이 가지는 현재의 집단 기능과 이상적으로 생각하는 집단 기능 간의 비교도 가능하다. 사회 풍토 척도로 얻은 결과는 다음 작품을 계획할 때 유용하게 사용할 수 있다.

사회 규칙성(Seidman, 1988)과 역할 관계는 어떻게 적용할 수 있을까? 감독과 배우의 역할을 생각해 보자. 감독은 일반적으로 가르치는 역할을 맡은 구성원으로 권력을 가진 것으로 생각한다. 연극을 선택하고, 배우를 결정하고, 배우에게 지시하고, 높은 수준의 공연을 위한 책임감을 갖는 것은 감독이 할 수 있는 일이다. 경험이 없는 신참 배우는 이러한 감독의 권력을 당연하게 생각한다. 하지만 이러한 일들을 경험 많은 배우와 함께 공유한다면 그들의 기술 개발과 개인 성장을 증진할 수 있다. 또한 사회 규칙성의 이러한 변화는 학생에게 숨겨진 리더십 능력과 같은 자원을 이끌어 낼 수 있다. 이것은 학교에서 일반적으로 주어지는 역할 관계와는 다르지만 작품의 교육적이고 예술적인 가치를 높일 수 있다. (사실 학생에게 감독이나 또 다른 권위 있는 역할을 부여하는 일은 다른 영역에서보다는 연극에서 흔하다) 사회 규칙성의 개념은 세팅의 사회적 역할에 부여된 예상할 수 있는 권력과 자원에 관심이 있고, 이것을 어떻게 개인 또는 세팅의 발전을 도모하기 위해 변화시킬 것인지에 주목한다.

마지막으로, 환경심리학자는 연극의 예술적 주제를 촉진하기 위해 물리적 환경을 어떻게 다룰 것인지를 연구한다. 연극 무대, 조명, 음향 및 의상은 단순히 배경만이 아니라 분위기를 조성하는 데 도움을 주고 줄거리의 전개를 반영하는 예술적 요소로 볼 수 있다. 공연장이나 의자를 바꿈으로써 청중의 참여를 더 높일 수 있다. 배역을 맡은 배우들이 문 앞까지 나가서 관객을 맞이한다면 관객을 연극에 더 몰입시키는 분위기를 만들 수 있다. 연극은 예술적 요소를 사용하여 청중을 참여시킴으로써 무대에서 그럴듯한 세상이 창조되는 작업으로 이는 환경심리학의 관심과 일치한다.

> **당신의 생각은?**
>
> 1. 맥락을 이해하는 여섯 가지 접근법 중 학교의 개선할 곳을 확인하는 데 가장 유용한 접근법은 어떤 것인가?
> 2. 당신이 학생의 관점 또는 교사, 관리자, 학부모의 관점에 초점을 맞춘다면 관점에 따라 다른 방법을 선택하겠는가?
> 3. 개선을 위한 활동을 시작하고자 할 때 적절한 접근법은 어떤 것인가?

개입을 위한 생태학적 맥락 이해의 중요성

당신의 생태학적 맥락을 이해하기 위해 여러 접근법에서 정보를 얻은 것처럼, 공동체심리학자는 개입이 가능한 영역을 확인하기 위해 이 접근법들을 이용한다. 공동체심리학의 관점에서 보면 문제의 구성 요소를 잘 이해하는 것이 개입의 지점을 선택하는 기반을 형성한다. 사회적 쟁점의 생태학적 맥락을 고려하지 않은 개입은 쟁점의 직접적인 원인이 간과될 수 있고 효과성은 제한될 것이다. 이 장의 나머지 부분에서는 생태학적 사고가 어떻게 공동체 연구와 실천행동에 영향을 주는지 살펴본다.

연구: 이웃, 가족, 그리고 개인을 연결하기

이웃은 생태학적 맥락과 개인 및 가족의 삶의 관계를 보여 주는 예시 중 하나이다. 생태학적 관점에서 이웃은 문제나 제한점뿐 아니라 강점과 지역 자원을 보유하고 있다. 공동체심리학자는 이웃의 복합성, 자원의 사용 방식, 그리고 이웃이 개인의 웰빙과 집합적 웰빙에 어떻게 연관되는지를 이해하려고 노력한다. 몇몇 연구는 직관적으로 알 수 있는 것을 지지하는데, 예를 들면 문제가 많은 동네는 스트레스가 많고 개인의 적응을 방해한다는 것이다. 하지만 다른 연구는 이웃 요인과의 관계에서 예상했던 많은 부분이 틀렸거나 적어도 지나치게 단순화한 것임을 보여 주었다.

곤잘레스와 동료들(Gonzales et al., 1996)은 도시의 아프리카계 미국인 청소년의 표본을 통해 학교 성적의 예언 변인을 연구하였다. 그들은 가족의 지지, 가계 수입, 부모의 학력 및 이웃 환경 조건(예, 범죄, 폭력 조직의 활동, 폭행 등의 발생률)과 관련한 요인을 조사하였다. 결과는 다소 놀라웠는데, 이웃 환경은 단지 저조한 학업 성취도를 예언하는 변인 중 하나일 뿐만 아니라 부모의 학력, 가계 수입 및 한 집에 같이 사는 부모의 수와 같은 가족 특성보다 더 강력한 위험 변인이었다. 연구자들은 양육 방식과 성적의 관계가 이웃의 위험 요인에 따라 다른 결과를 만들어 낸다는 것을 발견하였다. 위험 변인이 낮은 좋은 조건의 동네에서는 덜 엄격한 부모의 자녀가 높은 성적을 보였는데, 이는 발달심리학의 많은 연구와 일치한다. 하지만 위험 요인이 높은 동네에서는 더 엄격한 부모의 자녀가 성적이 더 좋았다. 유사한 양상은 학교에서 문제 행동(예, ADHD)을 보이는 청소년에게서도 나타났는데, 부모가 더 엄격하지 않다면 이웃 환경이 좋지 않은 곳에서 아동의 문제 행동이 더 많이 나타났다(Beyers et al., 2003).

임산부 연구에서도 이와 같은 양상이 나타난다. 범죄율이 낮은 지역과 비교하여 범죄율이 높은 볼티모어 지역에 사는 여성에게 좋지 않은 임신 결과(예, 조산, 미숙아)가 2.5배나 높게 나타났다. 더욱이 산전 진료와 임신에 대한 교육은 이러한 위험을 감소시키는 반면, 빈곤율과 실업률이 높은 마을에 사는 여성은 그렇지 않은 곳의 여성과 비교하면 위험 감소 비율이 훨씬 낮게 나타났다(Caughey et al., 1999). 이 결과는 빈곤율이 높은 곳의 여성은 산전 진료를 받을 수 있는 기회가 충분하지 않다는 것을 보여 준다. 볼티모어의 건강한 출발(Healthy Start) 프로그램은 취업의 기회를 높이고 산전 진료를 제공할 뿐 아니라 주거의 질도 개선하는 일을 하였다(Caughey et al., 1999). 이러한 문제들은 정부와 기업의 정책 변화를 요구하는 거시체계의 영향력에 뿌리를 두고 있다. 후속 연구들에서도 높은 빈곤율은 출산 결과에 지속적인 영향을 미치는 것으로 나타났다.

이웃을 이해하는 연구 이웃 맥락의 연구를 살펴보기 전에 몇 가지 기본적인 것을 짚고 넘어가고자 한다. 이웃 연구는 아직까지 많은 문제점이 있다. 첫째, 사회과학에서 이웃을 명확하게 정의한 일치된 의견이 거의 없다. 이웃의 범위는 도시의 구역(block)보다는 크고 시(city)보다는 작다. 이웃은 다소 유연한 경계를 갖는다(Shinn & Toohey, 2003). 작은 동네 정도를 이웃의 단위로 생각할 수 있을 것이다. 그럼에도 불구하고 사람들 대부분은 이웃에 대하여 엉성하고 직관적인 개념만을 가지고 있다.

둘째, 이웃의 생태에는 많은 다양성이 존재한다. 자원의 배치, 교환 및 공유의 방법은 동네마다 많은 차이가 있을 수 있다. 이웃이 그곳의 주민에게 미치는 영향력을 일반화하기에는 너무 많은 예외가 있다. 심지어 한동네 안에도 다양한 구역이 있을 수 있다. 볼티모어를 하나의 이웃으로 예를 들면, 볼티모어 내에는 수입, 자가 보유율 및 실업률 등에 따라 꽤 다양한 구역으로 구분되었다. "판자로 막아 놓은 비어 있는 공동 주택 구역은 잘 관리된 정원과 잔디가 있는 번듯한 주택 구역에서 멀지 않은 곳에 있다"(Caughey et al., 1999, p. 629).

셋째, 이웃은 끊임없이 적응하는 역동적 세팅이다. 보기에는 안정되고 움직임이 없는 것처럼 보이지만, 실상은 인구, 직장 또는 주택의 질과 구매 능력 등의 상황이 들락날락하는 과정을 거친다. 인종의 유입 또는 평균 임금 수준도 변하고 있다. 주민들이 오랫동안 살고 있는 동네였지만 현재는 높은 거주 회전율을 보이는 과도기를 겪는 중일 수도 있고, 그 반대의 과도기 과정에 있을 수도 있다. 물론 구성원이 성숙해지거나 그들의 행동과 태도가 시간이 지남에 따라 달라지는 것처럼 개인 및 가족도 계속해서 변한다. 그러므로 이 책에서 안정적인 것처럼 설명하는 많은 특징도 실제로는 지속적인 변화의 한 지점을 순간 포착한 것이다.

이웃이 개인의 기능에 어떻게 영향을 줄 수 있는지를 생각해 보기 위해 이웃 위험 과정(neighborhood risk processes)—개인의 고통, 정신장애 또는 문제 행동과 같은 개인에게 문제가 되는 결과와 관련된 것—과 이웃 보호 과정(neighborhood protective processes)—개인의 긍정적 결과와 관련된 강점 또는 자원—을 구분하려고 한다. 보호 과정은 위험 과정의 영향을 상쇄하거나 완충할 수 있고 위험 과정과 보호 과정은 이웃마다 다를 수 있다.

또한 원거리 과정(distal processes)—넓은 범위에 존재하며 개인에게 간접적으로 영향을 주는 것—과 근거리 과정(proximal processes)—개인에게 직접적이고 즉각적으로 영향을 주는 것—의 개념도 구별한다. "근거리"와 "원거리"는

이웃 위험 과정
정신장애, 문제 행동, 고통과 같은 개인의 위험을 증가시키는 이웃 특성을 말한다.

이웃 보호 과정
긍정적 결과를 제공하고 위험 과정의 영향을 완충하는 강점 또는 자원을 일컫는다.

원거리 과정
생태학적 개념틀 내에서 개인에게 즉각적이지 않지만 그들의 삶에 실질적인 영향을 주는 것을 말한다(예, 문화, 정부, 기업, 이념, 대중매체).

근거리 과정
생태학적 개념틀 내에서 직접적인 상호작용을 하며 밀접하게 영향을 주는 것을 일컫는다(예, 가족, 이웃, 학급, 종교 단체, 직장).

명확하게 경계를 나눌 수 있는 것이 아니라 연속선상으로 설명할 수 있다. 우리는 이웃의 구조적 과정(더 원거리), 이웃의 무질서와 물리적 환경의 스트레스원(더 근거리), 그리고 보호 과정(근거리 및 원거리)에 대하여 다룰 것이다. 원거리 및 근거리와 위험 요인 및 보호 요인에 대해서는 9장과 10장에서 자세히 다룬다. 이 장에서는 이웃이 개인에게 미치는 영향에 대해서만 살펴볼 것이다.

원거리 사회경제적 위험 과정　이것은 개인의 문제와 관련한 이웃 전체의 사회적, 경제적, 또는 물리적 특징을 일컫는다. 예를 들면, 정신건강 및 문제 행동, 비행, 심혈관계 질환, 그리고 출산 문제는 평균적으로 낮은 임금을 받는 사람이 많은 동네에서 일반적으로 더 많이 발생한다. 또 다른 원거리 사회경제적 과정은 주거 회전율로, 회전율이 높은 동네일수록 청소년 비행이 더 많이 발생한다.

원거리 사회경제적 위험 과정은 도시에만 해당하는 것은 아니다. 시골 지역인 아이오와주에서 실시한 연구에 따르면, 공동체의 한부모 세대의 비율은 여자 청소년의 품행 문제를 예측하는 데 반해, 공동체의 문제점(실업률, 정부 보조금 수령 및 고등학교 진학을 못한 인구 비율)은 남자 청소년의 품행 문제를 예측하였다(Simon et al., 1996).

그렇다고 해서 이러한 이웃 수준의 통계 수치로 인해 저소득 또는 한부모 가정이 비난을 받아야 한다는 것을 의미하는 것은 결코 아니다. 2장에서 설명한 피해자 비난의 내용을 다시 한 번 상기해 보기 바란다. 거시체계의 경제적 힘(예, 실업)은 종종 어떤 공동체에서는 근본 원인일 수 있지만 이것이 이웃 환경을 이해하는 유일한 방법은 아니다. 이후 간략히 언급하겠지만 저임금 이웃과 가족은 직장이 보호 과정을 제공할 수 있다.

밀집된 저소득 동네와 같은 물리적 위험 환경은 건강 문제와 심리적 스트레스를 증가시킨다.
출처: Atosan/Shutterstock.com

물리적 위험 환경   사회경제적 과정은 개인과 가족에게 더 직접적인(근거리) 영향을 주는 물리적 위험 환경을 만들어 낸다. 저소득 동네의 주민은 오염된 공기와 물을 접할 가능성이 높다. 그들은 아동의 학업을 방해하는 높은 수준의 교통 소음과 인지 발달을 저해하는 높은 수준의 납 노출을 견디고 있다. 이 곳은 위험한 교통 건널목이 많고 아동의 보행 상해율도 높다. 저임금 동네는 건강한 음식을 구할 수 있는 곳이 부족한 경우가 많다. 슈퍼마켓은 찾기 힘들고 편의점과 주류판매점은 넘쳐난다. 열악한 주거의 질은 많은 건강 문제를 초래한다. 과밀 주거 지역 역시 아동의 심리적 문제와 관련이 있다(Evans, 2004).

이웃 무질서   또 다른 근거리 접근법은 이웃의 폭력과 비시민성의 과정에 초점을 둔다. 예를 들면, 미국 도시 청소년의 1/4이 살인을 목격하였고, 폭력에 대한 노출은 외상후 스트레스 장애, 우울증, 공격성 및 문제 행동과 관련된다(Hastings & Snowden, 2019; Kwon, 2019; Shinn & Toohey, 2003).

비시민성은 동네의 붕괴를 보여 주는 두드러진 신호로 범죄의 두려움을 높인다. 물리적인 비시민성의 예로는 버려지고 황폐화된 건물, 쓰레기 투기, 기물 파손 및 낙서 등이 포함된다. 사회적 비시민성에는 공공장소에서의 음주, 조직 폭력배의 활동 및 마약 거래 등이 있다. 펄킨스와 테일러(Perkins & Taylor, 1996)는 비시민성(특히 물리적인 것)이 높은 동네에 사는 주민은 비시민성이 낮은 동네의 주민보다 범죄에 대한 공포, 우울 및 불안 수준이 더 높다고 보고하였다. 또한 이웃 무질서가 높은 동네에 사는 부모는 자녀에게 엄격한 양육 방식을 적용하고, 만일 자신과 자녀의 안전에 관심이 높다면 그 공동체를 떠날 것이다(Gonzales et al., 1996; Brodsky, 1996).

보호 과정   통계적으로 위험 요인이 높은 모든 동네에서 개인의 문제나 고통이 높았던 것은 아니었다. 이는 이웃이 가진 보호 요인이 무엇인가에 대한 질문을 이끌었다. 원거리 보호 과정에는 동네의 장기 거주민의 비율과 자가 소유 주택자의 비율이 포함된다(Shinn & Toohey, 2003). 또한 근거리 과정에는 주민들의 관계와 공동체 의식 등이 보호 요인이 될 수 있다. 예를 들면, 기어하트(Gearhart, 2019)는 시애틀 지역의 연구를 통해 주민의 상호 효능감과 사회 응집력이 높은 동네가 통제력이 높고 장애 발생은 낮다는 것을 발견하였다. 볼티모어 지역에서 공동체 조직성이 높은 동네(투표 등록자 및 공동체 조직의 참여가 높은)의 여성은 그렇지 않은 동네의 여성보다 출산과 관련한 문제가 덜 발생하였다. 또한 공동체 서비스와 의료 서비스가 높은 동네에서는 위험 요인이 낮게 나타났다(Caughey et al., 1999).

이웃의 삶의 질 증진하기

이러한 예방 과정은 공동체 개입을 위한 방안을 제시한다. 공동체의 건강 및 예방 프로그램이나 임상적 개입은 가족을 직업 및 보육과 같은 공동체 자원과 연결할 수 있다. 공동체 수준의 개입에는 사회적 연합을 높이기 위해 주민 협의체와 함께 작업하기, 주거의 질을 개선하기 위한 노력, 그리고 더 광범위한 사회 문제를 다루기 위한 정책적 옹호 등이 포함된다(Maton et al., 2004; Rania et al., 2019).

예를 들면, 뉴욕에 사는 저소득 주민을 위한 시민참여와 협력적 주거 개혁이 어떻게 건물과 동네의 질에 대한 그들의 걱정을 해결하였는지 살펴보자(Saegert & Winkel, 1990, 1996). 시청은 세금을 내지 않은 건물을 압류한 다음, 이 건물을 좋은 조건으로 팔기 위해 저소득자들에게 세를 주어 건물을 관리하도록 하였다. 이 건물들은 시 또는 개인이 소유하였을 때보다 훨씬 더 잘 유지되고, 마약 판매 등이 이루어지지 않았으며, 거주자의 만족도가 높았다(Saegert & Winkel, 1996, p. 520). 특히 여성과 노인 거주자들이 대표의 역할을 하면서 조건을 개선하기 위해 힘썼다.

더들리 거리 이웃 계획(Dudely Street Neighborbood Initiative: DSNI)은 이웃 기반 공동체 개발의 한 예시이다. DSNI는 보스턴의 도심 지역을 번창한 곳으로 변화시켰다. 1984년에 이 지역의 1/3은 비어 있었고, 쓰레기 수거업자에 의한 투기와 잦은 방화로 시 정부도 외면하였다. 더들리 거리는 현재 새로운 공원, 사업체, 지역 농업 정원, 놀이터, 그리고 지역 센터를 자랑한다. 공터는 주택과 지역사회 용도로 복구되었고, 400채가 넘는 새로운 주택이 지어지고, 500채가 넘는 주택이 재건되었다. 거리는 활기차고 안전하다. 이 모든 것은 DSNI에서 일하는 3,760명 이상의 주민이 함께 계획하고 실행하였다. 외부 보조금과 도시 협력이 도움이 되었지만, DSNI 주민은 지역이 통제권을 가질 것을 주장하였고, 실제로 그것을 이루어 내었다. 그들은 자신들의 공동체를 "내부로부터" 바꾸기 위해 지역 자원을 사용하고 지역 공동체를 위한 결정을 내렸다. 각각의 DSNI 프로젝트가 다양한 좋은 평가를 받고 있지만, 모든 DSNI에는 진정한 공동체 정신이 존재하고 정의(justice)의 문제를 계속 다루면서 변화하고 있다는 확실한 증거가 존재한다(Dudley Street Neighborhood Initiative, n.d.; Peterson, 2018; Putnam & Feldstein, 2003).

세팅을 만들거나 바꾸기

앞서 언급한 것처럼, 생태학적 개념틀은 기능에 영향을 미치는 환경 조건을 개선하기 위해 사용할 수 있다. 하지만 기존의 세팅을 변화시키는 것은 심지어 문제 해결에 필요한 맥락의 변인을 찾을 수 있는 상황에서도 그렇게 쉬운 일이 아니다. 맥락 내의 세팅, 사회 시스템, 그리고 개인은 일반적으로 변화에 저항하고 현재의 상태를 유지하려고 한다. 예를 들면, 지난 40년간의 연구에서 간접흡연이 건강에 나쁘다는 증거는 많았지만, 공공 건물에서의 흡연을 금지하는 법이 통과될 때까지는 오랜 시간이 걸렸다. 상호 의존, 적응 및 사회규칙성의 개념은 환경 조건이 변화할 수 있는 몇 가지 방안을 제시한다. 어떤 저항에 부딪히면 공동체 활동가와 공동체심리학자는 때로 개인과 가족의 웰빙을 증진할 수 있는 다른 접근법을 선택한다. 그들은 기존 세팅을 변화시키려고 했던 것을 멈추고 현재의 상황과 조건으로는 해결할 수 없는 요구를 다루기 위해 새로운 다른 환경을 만들려고 노력한다. 이러한 변화 전략을 공동체심리학자는 대안 세팅(alternative setting)을 만든다고 말한다. 대안 세팅은 현재의 여러 방안으로는 해답을 찾지 못하는 사람들이 기능할 수 있는 조건 및 자원을 제공하기 위해 설계된다.

대안 세팅
현재의 방안이 도움이 되지 않는 사람들의 욕구를 해결하기 위해 새로운 다른 계획을 설계하는 것이다.

다음은 사람들의 웰빙을 높이기 위해 공동체 세팅을 만든 모범적인 환경 개입의 예시를 소개한다. 공동체 랏지(community lodge)는 정신 병동에 장기간 입원한 후 퇴원한 사람이 생활하고 일할 수 있는 대안 장소였다(Fairweather et al., 1969). 기존의 접근법이 퇴원 환자의 "요구"는 해결할 수 있었을지 모르나, 페어웨더와 동료들은 공동체 삶에 참여할 수 있는 역할과 기회를 제공하는 2차 변화를 위한 접근법을 찾고 있었다. 그들은 이를 위해 새로운 프로그램을 만드는 것보다 퇴원 환자의 자기 계발과 기능을 지원할 수 있는 통합적 접근법이 더 필요하다고 결정하였다. 9장에서 사회적 지지의 예시로 제시하는 상호 지지 및 조력 집단 역시 대안 세팅이라고 할 수 있다.

공동체 랏지: 대안 세팅 만들기

공동체 랏지(Fairweather, 1979, 1994; Fairweather et al., 1969)는 공동체심리학과 지역사회 정신건강 초기에 영향을 준 모범적인 연구이다(2장에서 간략히 설명하였다). 하지만 이 연구의 원칙 중 몇 가지는 아직까지 정신건강 시스템에서 한 번도 채택된 적이 없다. 이는 정신 의료 서비스의 굳건한 사회 규칙성을 보여주는 것으로 계속해서 도전해야 하는 과제로 볼 수도 있다. 다음에서 공동체 랏지를 소개하는 이유는 이것이 일반적인 정신보건 복지 영역에서 대안 세팅을 어떻게 만드는지를 보여 주기 때문이다.

공동체 랏지에 관한 생각은 1950년대의 재향군인관리국(Veterans Administration)의 정신 병동에서 시작되었다. 정신 병동에서 근무했던 페어웨더와 동료들은 병원의 생태학적 맥락이 중증 정신장애인의 독립된 공동체 생활을 향상할 수 없음을 깨달았다. 병원 세팅에서는 환자가 자신의 의사결정이나 자율성에 대한 기회를 거의 가질 수 없었다. "올바른 행동"은 일반적으로 규칙을 잘 따르는 것을 의미한다. 하지만 퇴원 후에는 스스로 계획을 세우고, 독자적으로 결정하며, 다른 사람과 지지적인 관계를 형성해야 한다.

페어웨더와 동료들은 입원 환자를 대상으로 의사결정에 참여하거나 퇴원 후 생활을 준비할 수 있는 능력을 증진하는 치료를 실시하였다. 이 치료에는 심각한 중증 정신장애인도 포함되었다. 하지만 이 치료는 환자가 병원을 떠나면 힘을 발휘하지 못하였고, 환자는 자신이 속한 공동체에서 아주 짧은 기간 생활한 후 재입원하는 비율이 높았다. 페어웨더와 동료들은 그러한 문제가 나타나는 이유가 퇴원 이후의 역할 관계 또는 적절한 지지가 제공되는 공동체 세팅이 없기 때문이라는 것을 깨달았다. 그들은 단순히 병동에서의 규칙성을 바꾸는 것만으로는 충분하지 않음을 인식하였다.

그래서 페어웨더와 동료들은 공동체에 대안 세팅을 만들고 퇴원한 환자들과 함께 그곳으로 이사하였다(Fairweather, 1979, pp. 316-322, 327-333). 새로운 세팅을 '랏지'라고 명명하고 오래된 모텔을 빌려서 개조하였다. 랏지를 여러 번 방문한 후, 구성원들은 병원에서 그곳으로 이사하였다. 몇 번의 시행착오 후에 랏지의 구성원은 스스로 세팅을 꾸려 가는 자치 활동을 시작했다. 그들은 랏지의 규칙을 만들었다. 예를 들면, 랏지의 다른 구성원과 정신장애 증상을 얘기할 수는 있으나 이웃 사람과는 하지 않는다 등이다. 연구자들은 이전에 가장 심각한 증상을 보였던 사람이 그 공동체에서 적극적으로 활동하는 것을 보고 놀랐다. 랏지 구성원은 스태프에게 자문을 받아 청소와 원예 사업을 시작하였고 결국에는 경제적 자립까지 하게 되었다. 구성원들은 연구자들과의 만남을 드문드문 계속하였지만, 마침내 페어웨더와 동료들은 전문적 치료 관계를 끝내기에 충분하다고 확신하였다(Fairwheter, 1994). 페어웨더와 동료들은 지역사회 정신건강 체계에 랏지 모델을 채택하기 위해 엄격한 실험 설계를 실행하였다(Fairweather, 1994; Hazel & Onaga, 2003). 그러나 13장에서 다루겠지만, 정책을 변경하기 위해서는 경험적 증거 이상의 근거가 있어야 한다. 근거 자료와 랏지 구성원이 이룬 성공적인 결과는 과학적으로는 설득력이 있었지만 다른 정신건강 전문가들이 가지고 있는 관점을 바꾸지는 못했다.

비록 이 프로그램이 지역사회 정신건강 체계를 전반적으로 변화시키지는 못 하였지만 대안 세팅에 대한 개념을 광범위하게 전파하였다. 현재는 미국의 16개 주에 공동체 랏지가 있다(Coalition for Community Living, n.d.). 이 프로그램은 페어웨더와 첫 번째 랏지 구성원이 보여 준 결과를 홍보하기 위해 적극적으로 시행되고 있다. 이 세팅은 지역에 속해 있으면서 그들의 자율성과 발전을 지지하는 대안적 지원 체계를 만드는 것이 목표이다(Haertl, 2005).

공동체 랏지는 몇 가지 특징이 있는데, 모두 정신건강 관리 체계에서 보았던 역할 관계의 변화와 관련된다. 가장 중요하고 놀라운 것은 랏지 주거자는 스스로 자신들의 공간을 관리하였다는 것이다. 이것은 대부분의 정신건강 세팅과 근본적으로 다른 것이고 1장에서 언급한 2차 변화의 예시이다. 전문가는 자문 정도만 해 주었고 구성원의 자율성을 최적화할 수 있도록 협력적 역할을 하였다(Haertl, 2007). 최종적인 목표는 전문가의 역할이 더 이상 필요 없게 되는 것이었다. 랏지 구성원은 약을 복용하고 숙소의 안팎에서 책임감 있는 행동을 하는 등 서로를 지켜봐 줄 의무가 있다고 생각하였다. 랏지는 새로운 구성원을 받아들이거나 기존 구성원을 퇴출하는 등의 결정을 스스로 하였다(Fairweather, 1979, 1994).

페어웨더(Fairweather, 1979) 그리고 페어웨더와 동료들(Fairweather et al., 1969)의 연구는 통제 집단을 이용하였고, 자원한 사람들을 대상으로 무작위로 랏지 또는 기존의 일반적인 정신과 사후 관리 집단에 배정하였다. 통제 집단 연구의 결과, 랏지 구성원은 통제 집단과 비슷한 배경 변인을 가지고 있었음에도 불구하고 통제 집단보다 재발이 적었고, 재발했을 때 병원 입원 날짜가 짧았으며, 고용되어 일한 시간이 더 많았다. 이 차이는 5년간의 추후 연구에서도 나타났다. 또한 공동체 랏지 방식은 전통적인 공동체 사후 관리보다 비용이 덜 들었다. 최근의 연구는 랏지 구성원의 입원율이 랏지에 들어오기 전과 비교하여 90%가 감소하였음을 보여 주었다(1년에 38일 대 5일; Haertl, 2007). 그들의 연간 근로 소득은 비록 6,708달러에 그쳤지만, 랏지에 들어오기 전과 비교하여 직업 훈련을 마친 5년 후에는 515%로 상승하였다(Haertl, 2007).

공동체 기반 주거와 경제적 모험의 효과성을 입증함으로써 공동체 랏지 연구는 공동체의 정신보건 관리에 대한 관점을 바꾸고 확장할 수 있는 가능성을 보여 주었다. 하지만 이 프로그램의 핵심 요소인 랏지 구성원에 의한 자치 활동은 거의 인정받지 못하였다(Fairweather, 1979). 그 이유는 아마도 자치의 원칙이 많은 전문가가 정신장애인을 돕는 데 필수적이라고 믿는 사회 규칙성을 훼손하였기 때문일 것이다. 페어웨더가 지적한 것처럼, 공동체 랏지의 연구 결과는 그렇지 않다는 것을 보여 주었다. 페어웨더 랏지의 지지자들은 연방기관이 장려하는 근거-기반 실천에 랏지를 포함하였고 이를 정신건강 체계와 정책의 실행 가능한 대안으로 보고 있다(Haertl, 2016). 랏지에 대한 자세한 내용은 〈글상자 5-1〉에 기술하였다. 프로그램 실행 연구와 평가가 정책 수립에 어떻게 사용되는지는 11~13장에서 자세히 다룬다.

글상자 5-1   **공동체심리학의 실천행동: 페어웨더 모델 끌어안기**(Kristine Haertl, PhD, OTR/L)

"이곳에서 당신은 혼자가 아니다." "우리는 서로를 돌본다." "가족과 같다." 이 말들은 페어웨더 모델의 어떤 면이 독특한 것인지를 연구하기 위해 랏지 구성원과 표적 집단 면담을 하는 동안에 그들이 표현한 것이다.

나는 한적한 교외로 차를 몰고 가다가 고속도로에서 2대의 자동차와 1대의 오토바이를 보았다. 그것은 랏지 구성원들이 소유한 것으로, 그들은 대기업 청소와 우편물 보관소에서 일을 하여 받은 소득으로 차량에 드는 비용을 감당하였다. 랏지 구성원 5명이 카풀로 출퇴근을 하였고 주말이나 장거리 행사에 갈 때는 자유롭게 차량을 사용하였다. 랏지 구성원 중 일부는 자신의 차량을 사용하였고 다른 이들은 대중교통을 이용하였다. 모든 랏지는 밴을 소유하였고 구성원은 운전을 배울 수 있는 기회를 제공받았다.

내가 랏지를 방문하는 동안, 두 명은 다른 사람들이 먹을 저녁을 준비하고 있었고 다른 구성원들은 나들이를 계획하고 있었다. 우리가 저녁 식사를 하면서 면담을 시작하려고 했을 때, 그중 한 명이 "벨트가 보이지 않아! 완전히 사라졌어!"라고 소리치며 망상과 불안 증세를 보였다. 나는 끼어들지 않고 뒤로 물러서서 랏지 동료들이 하는 것을 지켜보았다. "걱정하지마, 잭(가명)! 나는 벨트가 네 침대 위에 있다고 생각해. 나중에 가서 찾을 수 있어." 동료의 이러한 통찰력 있는 대응은 잭을 안심시켰고 저녁 식사는 예정대로 계속되었다. 이와 같은 동료 간 상호 지원의 예시는 랏지에서 종종 발생하는 동료 문화를 정착시키는 데 필수적이다. 구성원들은 건강과 안녕의 모든 단계에서 서로를 지원한다.

나는 대규모 정신건강 페어웨더 조직(Tasks Unlimited)의 전 직원이자 오랫동안 이사회 회원으로 활동하면서 환경이 건강, 안녕, 그리고 회복에 얼마나 강력한 영향을 미치는지를 목격하였다. 페어웨더의 랏지 프로그램은 자원 공유, 작업, 허드렛일, 지원을 통합하는 주거 중심 모델이다. 상호 의존의 개념은 랏지가 제공하는 지지적 문화의 핵심이고 구성원은 주거 생활 전반에 대한 의사결정 권한을 가진다. 나는 다양한 정신건강 프로그램을 운용하면서 페어웨더의 랏지 프로그램이 구성원을 환자(의학 전문가-기반 모델에서 다루는)가 아닌 공동체 참여자로 대접한다는 것을 알게 되었다. 다른 집단-생활 환경은 제한된 시간의 단기 체류를 강조하는데 반해, 랏지는 그렇지 않았다.

페어웨더의 랏지 프로그램에 참여한 개인은 랏지에서 평생을 보낼 수 있다. 예를 들면, 만성 조현병을 앓고 있는 여성인 메리(가명)는 수십 년 동안 주립병원을 드나들었다. 그녀는 주립병원이 지역사회로 전환되는 시점에 페어웨더 프로그램을 제안받아서 40대에 이 곳에 들어왔다. 메리는 자신이 집단생활 환경을 좋아한다는 것을 알게 되었고, 거기서 제안한 일이 즐거웠으며, 나중에 랏지에서 리더의 역할(랏지 운영에 필요한 주당 예산을 편성하는 일 포함)도 맡게 되었다. 그녀는 지지적인 환경에서 많은 친구를 사귀었고, 다양한 활동과 여행의 기회를 얻게 되었으며, 30년 이상 병원이 아닌 랏지에 머물렀다. 이는 대부분의 정신건강 주거 프로그램에서는 찾아볼 수 없는 혜택이다. 그녀는 70대 중반에 자연사할 때까지 40대 이후 평생의 시간을 양질의 환경에서 생활할 수 있었다.

이러한 지원과 통합 서비스 덕분에 메리는 수십 년을 보낸 주립병원에서 퇴원하여 친구, 생산적 일, 그리고 많은 취미 생활의 기회가 있는 좋은 가정에서 남은 생을 보낼 수 있었다. 양질의 동료-기반 생활을 지원하는 것은 주거에 중요한 요인이다. 상호 의존의 개념과 일상 활동의 생산적이고 의미 있는 참여는 페어웨더 모델의 핵심이다. 동료 지지적인 문화를 개발하는 이러한 총체적 접근은 페어웨더 프로그램을 통해 제공되는 장기간의 양질의 주거, 정신적 서비스, 직업적 서비스, 그리고 취미 생활 서비스의 놀라운 결과를 가져온다.

당신의 생각은?

1. 페어웨더 모델의 강점과 제한점은 무엇인가?

2. 페어웨더 모델에서 볼 수 있는 공동체심리학의 가치는 무엇인가?

3. 이 모델이 더 광범위하게 채택되지 못하는 이유를 설명할 수 있는 요인들에는 어떤 것이 있는가?

4. 이 요인을 해결할 수 있는 전략은 무엇이며, 페어웨더 모델을 다른 공동체에 적용하기 위해서 사용할 수 있는 전략은 무엇인가?

결론: 환경 변화의 약속과 과제

페어웨더 랏지 프로그램은 개인과 가족의 웰빙을 증진하기 위해 생태학적 관점을 사용할 때의 장점을 보여 준다. 환경은 개인이 갖는 문제의 원인일 수도 있고 동시에 개인과 공동체의 문제를 해결할 수 있는 자원을 제공할 수도 있다. 무스(Moos, 2002, 2003)는 환경 요인이 웰빙에 어떤 역할을 하는지를 이해할 수 있는 개념틀과 척도를 개발하는 데 평생을 보냈다. 그는 이러한 관계의 복합성을 요약하는 개인과 생태학적 맥락의 관계에 대한 다음의 네 가지 질문을 찾아내었다. 이 질문들은 그들의 이웃 또는 공동체의 환경 조건의 변화에 관심이 있는 이들에게 도움이 될 것이다.

개인에게 미치는 맥락의 영향이 강력함과 동시에 취약할 수 있는가

이웃, 공동체 세팅, 치료 세팅, 가족 및 다른 여러 맥락은 구성원의 기회와 웰빙에 영향을 줄 수 있다. 특히 결속력 있는 세팅은 구성원의 태도와 행동에 강력한 영향력을 행사한다. 하지만 그 힘은 동시에 위험하다. 예를 들면, 그런 세팅에서는 결속과 충성이 개인의 웰빙보다 중요할 수 있다. "건설적인 개인의 변화가 발생할 만큼의 강력한 세팅은 자기 의심, 고통, 심지어는 자살 행동을 유발할 정도로 강력한 힘이 있다"(Moos, 2003, p. 8). 세팅의 결속과 힘을 키우는 것에 대한 위험을 반드시 이해하고 고려해야 한다. 다양한 구성원과 다양한 견해를 진실로 존중하는 세팅을 만드는 것이 필요하다.

하지만 개인의 삶에 영향을 주는 세팅은 사람들이 그 세팅을 떠나면 그 영향력이 급속히 줄어든다는 관점에서 보면 취약할 수 있다. 치료 세팅과 예방 프로그램이 개인과 공동체에 단기간 영향을 주었던 것에 반해, 이러한 변화가 장기간 유지되기 어렵다는 것을 연구들은 충분히 보여 주었다. 긍정적인 변화가 유지되는 환경을 만들어 내는 방법을 찾는 것은 중요하다. 많은 사람은 환경으로 인한 외상을 견디고 있지만, 실제로는 그 외상을 극복하고 새로운 강점을 기르고 발달시키는 방법을 찾는다. 이러한 성장을 지원하는 사람 및 환경의 자질은 무엇인가? 무스(Moos, 2003)는 임상 사례 연구를 통해 이러한 변화에서 발생하는 개인 및 환경의 진행 과정을 확인할 수 있다고 하였다. 공동체심리학자는 공동체의 어떤 측면이 개인의 발달을 지원하는지와 구성원이 떠나고 새로운 사람이 합류할 때 유지해야 하는 세팅의 요소는 어떤 것이 있는지를 연구한다.

시간이 지남에 따라 변하는 역동적 체계로서 생태학적 맥락을 어떻게 이해해야 하는가

공동체, 세팅, 그리고 여러 다른 맥락은 그들만의 역사가 있고 이것은 지금도 계속 변화 중인 것으로 이해하여야 한다. 앞서 제시한 켈리의 생태학적 은유에서 연속성을 떠올려 보자. 이 장에서 제시한 개념들이 환경의 안정적 측면을 설명하는 반면, 이 맥락들은 실제 진행 중인 것들이고 시간이 지나면서 변화한다. 가족은 구성원이 성숙하면서 변화한다. 이웃은 그곳의 사회 및 문화적 구성, 경제적 자원, 그리고 제도가 바뀜에 따라 변화한다. 공동체 조직은 대개 열정적인 노력과 낙관적 분위기로 시작하지만 예측 가능하고 구조적인 형태로 발전하거나 아니면 쇠퇴한다. 우리는 여전히 이러한 시간에 따른 변화가 어떻게 그 환경 내부의 힘 및 외부의 영향력(예, 다른 세팅 및 거시체계의 영향력)과 관련되는지를 부분적으로만 이해하고 있다.

개인과 맥락 간의 상호 관계를 어떻게 명확히 할 수 있는가

무스의 사회 풍토 척도에서 설명한 것처럼 심리적으로 가장 중요한 자질 대부분이 주관적이라면, 환경의 특성을 연구하는 것은 어려운 일이다. 주관적인 자질을 통합하여 환경을 설명하는 변수로 설정하는 방법이 있지만 여전히 해결해야 할 것들이 많다(Fowler & Todd, 2017; Moos, 2003). 게다가 환경과 개인 간의 관계는 상호적이다. 사람은 맥락을 선택하고 그것에 영향을 주는 동시에 그것에 의해 영향을 받는다. 그러므로 인과관계 경로를 무시하는 것은 쉬운 일이 아니다.

문화, 민족성, 성별 및 기타 사회적 과정은 생태학적 맥락에 어떤 영향을 주는가

공동체, 이웃, 세팅 및 다른 여러 맥락은 서로 다른 문화, 역사, 그리고 사회적 특징을 가지고 있다. 이것은 생태학적 맥락을 설명하기 위해서 뿐만 아니라 그것을 발전시키는 데에도 중요하다. 예를 들면, 음주 문제 극복을 돕기 위한 효과적인 공동체 세팅을 만들 때, 동부 해안에 사는 유럽계 미국인과 시골 서부 마을에 사는 원주민 알래스카인은 서로 다른 문화 및 영적 자원, 개인 참여 방법, 그리고 공유된 의식 관행 등을 갖는다(Hazel & Mohatt, 2001; Mohatt et al., 2004). 인종차별의 경험을 수집하고, 그것에 맞서며, 지지를 받을 수 있는 대항공간을 만드는 것은 대학의 소수 집단 학생에게 중요할 수 있다(Case & Hunter, 2012).

생태학적 맥락을 이해하는 것은 공동체심리학의 핵심이다. 공동체심리학은 맥락과 개인이 어떻게 서로 영향을 주고받는지를 다양한 방식으로 이해하는 학문이다. 이 책의 나머지 장은 이 장을 기반으로 하여 변화를 촉진하는 방법과 시기에 대한 정보를 제공한다.

토론거리

1. 행동과 웰빙을 이해하기 위해 세팅에 초점을 맞추는 것의 장점은 무엇인가?

2. 교실을 생태학적 맥락으로 생각해 보라. 수업 중 당신의 행동에 영향을 주는 중요한 교실 환경의 특성은 무엇인가?

3. 이 장에서 논의한 모델에는 언급되지 않은 당신이 생각하는 또 다른 생태학적 맥락의 측면이 있는가?

4. 대안 세팅은 현재의 자원으로 사람들의 요구를 해결할 수 없을 때 구축된다. 당신이 속한 공동체에 필요하다고 생각되는 대안 세팅이 있는가? 그렇다면, 그 세팅의 건설에 관련되는 사람들은 누구인가?

제**6**장 공동체 정의

미리 보기 ⅢⅢ➡

이 장을 마치고 나면 다음의 질문에 답할 수 있을 것이다.

1. 시간이 지나면서 공동체에 대한 우리의 이해는 어떻게 변했는가?

2. 심리적 공동체 의식이란 무엇이고 이것이 우리의 삶에 어떻게 영향을 미치는가?

3. 공동체 의식을 높이는 데 도움이 되는 요인은 무엇인가?

4. 공동체에 속해 있기 때문에 얻은 혜택은 무엇이고 치러야 하는 비용은 무엇인가?

5. 부정적인 공동체 의식에 어떻게 대응할 수 있는가?

여는 글

공동체 경험하기

　마을 공동체인 나코(Naco)에서는 1979년부터 매년 4월에 배구 경기를 개최하는 전통을 이어오고 있었다. 많은 공동체가 자신들의 역사적인 사건을 기념하는 유사한 전통이 있지만 이 행사는 매우 독특하였다. 나코는 공식적으로 두 개의 마을로, 멕시코 소노라 지역의 나코와 미국 애리조나 지역의 나코로 구성되어 있다. 이 배구 경기는 네트를 중심으로 이루어지는 것이 아니라 두 지역을 나눈 후 국경을 표시하는 녹슨 울타리를 중앙에 두고 진행되었다.

　소노라 지역 나코 마을의 역사학자인 식스토 데 라 페냐(Sixto de la Peña)는 이 경기에는 두 가지 어려운 점이 있었다고 회상하였다.

　첫 번째는 울타리 철조망에 공이 뚫렸기 때문에 우리는 구멍난 공을 "잡고 던지는" 법을 배워야 했다. 이후에는 고무 방수포로 철조망을 씌우기는 했지만 말이다. 두 번째는 다섯 경기 중 3번을 지는 팀이 상대 팀을 위해 파티를 열어 주기로 하였는데, 문제는 울타리가 있다는 것이었다. 그래서 우리는 울타리에 구멍을 내었고, 그 구멍을 통해 멕시코 쪽이 미국으로 갈 수 있었다(Gallón, 2017, paras, 4-5).

1900년대 초반에 두 마을을 나누는 울타리가 생겼는데, 이것은 두 국가 간의 교통을 정리하기 위해서 멕시코 정부의 요구로 처음 세워졌다. 하지만 이 울타리가 그동안 두 마을이 함께 공유했던 공동체 의식을 완전히 없애지는 못하였다. 주민들은 가족이나 친구를 만나고, 학교, 직장 또는 교회나 가게를 가기 위해 매일 국경을 넘나들었다.

이러한 형태는 미국-멕시코 국경을 가로지르는 상당히 많은 마을 공동체에서도 볼 수 있었다. 하지만 이러한 일상의 상호작용과 정체성의 공유는 최근 몇십 년 동안 미국의 이민 정책의 변화로 인해 감소하였다. 1990년 후반, 철조망은 큰 철골로 대체되었다. 이후 배구 경기를 철조망이 있는 사막으로 이동하여 진행하였지만 파티는 하지 못했다. 하지만 철골은 끝내 그 공동체를 완전히 집어삼켰고, 2007년 이후 배구 경기는 더 이상 열리지 못하고 있다(Gallón, 2017).

당신의 생각은?

1. 당신에게 "공동체"라는 단어는 어떤 의미인가?
2. 누가 공동체를 정의할 수 있는가?
3. 당신이 속해 있는 다양한 공동체를 생각해 보라. 그 공동체의 구성원이라는 것이 당신 그리고 당신의 삶에 어떤 영향을 주고 있는가?
4. 그렇다면 국경을 가로지르는 나코 마을 공동체를 생각해 보라. 당신이 그 국경의 어느 한쪽에 살고 있다면, 당신의 대답은 바뀌겠는가?

공동체심리학은 명확하게 공동체에 초점을 두고 있다. 공동체는 생태학적 수준으로 우리는 대부분의 연구와 개입을 여기에서 실행한다. 공동체심리학이라는 학문은 바로 공동체에 관한 것이다. 이 장에서는 공동체를 만드는 것은 무엇인가에 관한 질문을 탐색한다. 공동체는 어떻게 형성되는가? 공동체는 어떻게 변화하고 진화하는가? 공동체에 속했을 때의 혜택은 무엇이고 그에 따라 치러야 하는 비용은 무엇인가?

공동체 생태-교류 모델

살아오면서 이전에는 단 한 번도 경험해 보지 못한 완전히 새로운 환경에 처하게 되었던 많은 경우를 떠올려 보라. 그곳은 사람들로 가득 차 있었을 수도 있고, 아니면 당신이 처음으로 그곳에 도착하였을 수도 있다. 그곳에 들어서자마자 바로 낯익은 사람을 만났을 수도 있고, 아니면 아는 사람이 아무도 없었을 수도 있다. 그곳에 있는 사람들이 당신과 공통점이 너무 많아서 또는 차이점이 너무 많아서 놀랐을 수도 있으며, 동시에 둘 모두인 경우도 있었을 것이다. 그러한 환경에 처했을 때, 당신은 어떤 기분이 들었는가? 기대, 불안, 아니면 흥분 중 어떤 것이었는가?

5장에서는 생태학적 맥락의 개념과 그것이 개인의 건강과 웰빙에 미치는 영향을 살펴보았다. 이번 장에서는 생태학적 맥락을 공동체로 확장하여 그 영향력을 알아볼 것이다. 평생 동안 우리는 많은 공동체와 상호작용을 한다. 이러한 상호작용은 상보적이다. 우리는 우리가 관여하는 공동체에 의해 변화하기도 하고, 그 공동체는 우리에 의해 변화되기도 한다. 이러한 생태학적 맥락 및 상보적 관계라는 개념은 공동체 생태-교류 모델(ecological-transactional model of community)을 만들었다. 최초의 공동체 생태-교류 모델은 아동 학대의 영역에서 발달하였고, 이 영역의 연구자들은 공동체의 폭력 수준 등의 요인을 포함하여 아동 학대에 영향을 주는 요인 간의 복합적 · 상보적 관계를 설명하는 모델을 찾고자 하였다(Cicchetti & Lynch 1993).

공동체 생태-교류 모델
우리와 우리가 마주한 공동체 간의 호혜적 상호작용을 설명하는 모델이다.

공동체 생태-교류 모델은 맥락과 그곳에 살고 있는 개인 간의 상보성 및 상호 의존성을 설명하는 것뿐만 아니라 맥락의 구성과 개인의 발달 역시 강조한다. 우리는 우리가 살고 있는 맥락을 끊임없이 바꾸고 있으며 동시에 이 맥락도 우리를 끊임없이 변화시키고 있다.

이러한 변화를 바라보는 한 가지 방법은 "공간(space)"에서 "장소(place)"로의 전환이다. 두 개념의 차이는 인간주의 지리학의 영역에서 처음 거론되었고, 이는 의미 있는 연관성이 전혀 없는 추상적 "공간"과 풍부한 경험의 역사가 빚어 낸 "장소"를 구별하기 위한 것이다. 당신이 새로운 공간에 처음 진입했을 때는 그 환경과의 관련성도 없고, 무엇을 하지 말아야 하는지도 알지 못하며, 알고 있는 역사도 없다. 이와는 달리 당신이 장소로 걸어 들어간다면 거기에는 익숙함, 역사, 그리고 기대가 있다. 공동체 생태-교류 모델은 기본적으로 공간에서 장소로의 전환에 대한 개념이다.

공동체란 무엇인가

페르디난드 퇴니스(Ferdinand Tönnies)는 1855년에서 1936년까지 생존했던 독일의 사회학자이다. 이 시기는 서구 국가들의 도시화, 산업화 및 기술화가 급격히 이루어지면서 급속하고 광범위한 사회변화가 일어난 때이다. 퇴니스는 이러한 사회적 수준의 변화, 구체적으로 공동체 수준의 변화가 인간관계에 어떠한 영향을 주는지에 관심이 많았다. 퇴니스(1887/1988)는 게마인샤프트(Gemeinschaft) 관계와 게젤샤프트(Gesellschaft) 관계의 차이를 제안하였다. 게마인샤프트는 흔히 "공동체"로 번역된다. 이것은 단순한 목적을 위한 수단이 아니라 다차원적이고 그 자체로서 중요한 관계를 일컫는다. 당신이 누군가를 소중하게 생각하고 그 사람과의 관계를 가치 있게 생각하기 때문에 당신이 그를 위해 행동하고 오로지 그를 위해 시간을 보낸다면, 그것은 게마인샤프트의 관계이다. 작은 마을은 게마인샤프트 관계가 지배적이라고 알려져 있다. 공동체 구성원은 다양한 역할을 가지고 있고, 각 역할마다 관계하고 있는 사람들이 있으며, 그 관계를 유지하기 위해 노력한다. 어떤 구체적인 이유가 있어서가 아니라 맺고 있는 관계 때문에 서로에 대한 의무감을 공유한다.

게젤샤프트는 종종 "사회"로 번역되며, 구체적인 상호 교류를 바탕으로 한 관계를 일컫는다. 이 관계는 참여자가 그 관계를 목적의 수단으로 생각한다는 점에서 도구적이라고 할 수 있다. 당신은 이 관계의 상호작용을 통해 어떤 이익을 기대하기 때문에 관계에 몰입하고 상대방도 마찬가지이다. 당신과 당신 가족 및 친구의 관계가 게마인샤프트 관계라면 물건을 살 때 계산대에 있는 사람과의 관계는 게젤샤프트의 관계이다.

퇴니스는 우리의 삶은 이 두 가지 유형의 관계를 갖는다고 하였고 공동체는 게마인샤프트 관계로 정의할 수 있다고 믿었다. 퇴니스의 주장 이후 많은 역사학자, 사회과학자, 그리고 철학자가 그에게 동의해 왔다. 공동체심리학의 창립 회원인 새러슨(Sarason, 1974)은 공동체를 "쉽게 만날 수 있는 상호 지지적인 관계 연결망으로 개인이 의존할 수 있는 세팅"(p. 1)이라고 정의하였다. 새러슨은 공동체를 본질적으로 게마인샤프트 관계로 정의되는 환경이라고 말하였다.

우리는 공동체를 단 한 가지로 정의하고자 하는 것은 아니다. 퇴니스 이후 공동체에 관하여 많은 것을 알게 되었고 공동체는 여전히 우리가 이해할 것이 많은 복잡한 실체라는 것을 깨달았다. 이 장에서는 이러한 복합성을 살펴볼 것이다.

공동체 유형

사회학과 공동체심리학에서 공동체를 정의할 때는 두 가지 의미로 구분해서 사용한다. 하나는 지역을 기반으로 하는 공동체이고 다른 하나는 관계를 기반으로 하는 공동체이다(예, Bernard, 1973; Bess et al., 2002).

지역-기반 공동체 이것은 공동체의 전통적 개념이다. 지역-기반 공동체(locality-based community)에는 구역, 이웃, 작은 마을, 도시, 그리고 지방 영역 등이 포함된다. 공동체 구성원(주민) 간에 관계적 유대감이 존재하고 이러한 관계는 선택에 의해서라기보다 필연적인 지리적 근접성을 기반으로 이루어진 것이다. 지역 주민이 강한 공동체 의식을 공유하게 되면 그 안에서 개인은 지역과 관련한 정체성을 갖게 되고, 이웃 사람이 종종 친구가 된다. 많은 나라에서, 정치적 대표제, 공립 학군, 그리고 여러 형태의 사회적 조직들은 지역-기반 공동체로 설명할 수 있다.

> **지역-기반 공동체**
> 도시의 구역, 이웃, 그리고 마을 등이 해당되며, 공동체에 대한 전통적인 관점이다.

관계 공동체 관계 공동체(relational community)는 대인관계와 공동체 의식으로 정의하고 지역에 제한받지 않는다. 인터넷 토론 집단은 지리적 한계에 매이지 않는 완전한 관계 공동체로 볼 수 있다. 자조 집단, 동아리, 그리고 종교 모임도 관계 공동체로 볼 수 있다.

관계 공동체가 비록 우정 또는 취미 활동(예, 운동 경기)에 기반할 수도 있지만, 공통의 업무 또는 공통의 임무로 묶여 있는 많은 조직도 여기에 해당한다. 직장, 종교 모임, 지역사회 공동체 조직, 상공회의소, 노동조합, 그리고 정당

> **관계 공동체**
> 지리적 위치 또는 물리적 근접성이 아닌 공통 목표, 이익, 활동, 또는 사회 정체성으로 정의되는 공동체를 말한다. 온라인 토론 집단, 종교 단체, 직장, 그리고 정당 등이 해당된다.

등이 그 예이다.

지역-기반 공동체와 관계 공동체는 이분법적으로 구별하기보다 스펙트럼 상에 놓여 있는 것으로 볼 수 있다. 많은 주요한 관계 공동체가 지역을 기반으로 하고 있다(예, 대학, 종교 모임). 면대면 접촉이 전혀 이루어지지 않는 인터넷 토론 집단이 순수한 관계 공동체의 가장 끝에 위치한다면, 마을 또는 이웃 등은 지역-기반 공동체의 가장 끝에 위치한다.

공동체 수준

공동체 생태-교류 모델의 핵심은 다양한 생태학적 수준마다 공동체가 존재한다는 것이다. 1장에서 언급한 것처럼 다음의 수준이 포함된다.

- 미시체계(예, 학급, 자조 집단)
- 조직(예, 직장, 종교 모임, 시민 조직)
- 지역(예, 도시의 구역, 동네, 도시, 마을, 지방 영역)
- 거시체계(예, 필리피노 공동체, 정당, 국가)

이 모델의 상호 교류 측면은 공동체가 다른 수준과 복합적으로 관련되어 있음을 강조한다. 학급은 학교 내에 존재하지만 이것은 어떤 특정 지역에 속하는 것으로 표현할 수도 있다. 거시체계에서의 경제와 정치적 힘은 직장, 학교, 공동체 프로그램, 그리고 가족에게 영향을 준다. 관계는 상호 교류의 측면이 있어, 한 세팅 또는 한 생태학적 수준에서의 변화는 다른 세팅의 변화를 촉발할 수 있다. 5장에서 언급한 생태학 원리 중 적응의 예시가 바로 이에 해당한다. 공동체와 개인의 삶의 향상을 위해 실시하는 개입이 한 수준에 국한하여 설계되더라도 결과적으로 여러 다른 수준까지 변화가 나타날 수 있다.

공동체가 여러 다른 수준에도 존재한다면 공동체라고 말할 수 있는 가장 작은 집단은 무엇인가? 당신의 직계 가족 또는 당신의 친구를 공동체라고 할 수 있는가? 물론 이 집단들은 심리적 공동체의 성격을 지니고 있다. 하지만 우리는 개념의 명확성을 위해 가족 및 친구와의 연결은 공동체가 아니라 사회적 관계망으로 간주하고자 한다(Hill, 1996). 우리는 "공동체"를 내가 알지 못하는 구성원이 그 집단에 속해 있지만 상호 일체감을 가질 수 있는 보다 큰 조직이라고 정의한다. 이 장에서는 공동체의 의미에 더 집중하기 위해서 직계 가족과 친구 관계망은 제외하고 논의하고자 한다.

누가 공동체를 정의하는가

누가 공동체를 정의하는지에 대한 쟁점은 개념적으로 1장에서 소개한 문제 정의의 쟁점과 관련되어 있다. 공동체를 어떻게 정의하는가는 공동체 구성원의 포용과 배척, 그리고 공동체의 정치적 영향력 등의 문제에 영향을 미치는 중요한 시사점을 갖는다. 공동체가 스스로를 정의하는 능력은 힘겨운 투쟁이 필요하고, 외부 시스템(예, 정부 설계자, 정치적 영향력)과 관련되어 있을 수도 있다.

예를 들면, 손과 피셔(Sonn & Fisher, 1996)는 "유색" 남아공 사람들의 공동체 의식을 연구하였다. "유색" 남아공이라는 분류는 아파르트헤이트(apartheid)를 토대로 인종차별주의자가 만든 것이다. 이러한 인위적이고 외부에서 부과된 범주에도 불구하고 "유색" 남아공 사람들은 인종차별의 억압에 저항할 수 있는 공유된 사상과 책무를 만들려고 안간힘을 썼고, 심지어 호주로 이민을 간 사람들조차도 이것을 유지하였다. 호주 본토에서 사용하는 원주민 "공동체"는 정부와 학계에 있는 유럽계 호주인이 정의하였다. 그러므로 이는 서구의 개념으로 만들어진 것이며 토착 호주인들 간의 다양성을 인식하지 못한 것으로 볼 수 있다(Dudgeon et al., 2002). 또한 이러한 정의를 통해 북미 원주민과 박탈당한 여러 집단에 대한 지배적 관점을 엿볼 수 있다. 결국 호주인(또는 다른 국가의 정체성)에 대한 개념은 사회적으로 구성된 것이고 오늘날 이 개념은 문제가 있는 것으로 인식되고 있다(Fisher & Sonn, 2002).

2001년 가족 및 아동을 위한 이웃의 경계에 관한 연구는 오하이오주의 클리블랜드 지역을 인구 조사 지역으로 선정하였다. 하지만 이 지역에 대한 지도 상의 경계는 주민들이 생각하는 이웃의 경계와 일치하지 않았다. 범죄율과 10대 출산율 등의 사회 지표 척도는 인구 조사 지도를 바탕으로 하는 경우와 주민이 생각하는 지도를 바탕으로 하는 경우의 결과가 다르게 나타났다. 이는 인구 조사 자료를 사용하는 공동체 연구와 공동체 프로그램에 큰 영향을 미칠 수 있다(Coulton et al., 2001). 이와 같은 연구들은 공동체 연구에서 구성원이 정의하는 공동체를 강조하는 움직임을 가져왔다. 구글 지도, GIS(지리 정보 시스템 소프트웨어; Geographic Information System software), 그리고 포토보이스(photovocie)[1] 등의 기술은 공동체 구성원, 특히 노숙자와 같은 소외 집단이 그들의 공동체에 대한 지리적이고 사회적인 경계를 스스로 식별하는 데 도움을 준다(Lohmann & McMurran, 2009; Pruitt et al., 2018; Townley et al., 2018; Wise, 2015). 공동체를 정의하는 모든 측면에서 이러한 참여적 방법(4장 참조)의 필요성은 공동체를 이해하기 위한 구성원-기반 접근법의 기초가 된다. 공동체 구성원이 자신의 공동체를 어떻게 정의하는지에 대한 이해가 전제되지 않는다면, 공동체가 그 구성원의 삶에 어떻게 영향을 미치는지를 이해할 수 없을 것이다.

공동체 의식

다음의 인용문에서 말하는 이는 누구이고, 어떤 세팅을 지칭하는지 추측해 보라.

나는 지난 12년 동안 힘든 시간을 보내면서 내가 알고 있는 사람들과 자주 이야기를 나눌 수 있었다. … 그들은 나와 같은 어려움을 겪었을 수도 있다. 나는 내가 사람들과 대화를 나눌 수 있다는 것을 알았다. … 내가 힘든 일을 겪어서 이야기할 사람이 필요하다면….

사람들은 항상 그곳을 지나간다. … 거기서 그들을 알게 되었다. 나는 거기를 지나가는 아마도 수백 명의 사람을 만나고, 그들은 매일 아침 저녁으로 나에게 말을 건네며, 거리에서 만난 그들 중 몇몇과는 꽤 좋은 친구가 되었다.

우리는 여기서 좋은 사람을 많이 만났고 집과 같은 편안함을 느꼈다. 교회에는 좋은 사람들이 있고 우리는 그들에게 많은 도움을 받고 있다. … 그들은 우리가 필요한 것

---

1) 공동체-기반 연구에서 사용되는 질적 방법 중 하나로, 자신의 관점을 표현하는 장면을 촬영하고 이 사진들을 기반으로 토론을 통해 해석하여 공동체의 문제를 해결하는 프로그램을 개발한다.

들을 제공해 줄 뿐만 아니라 우리 모두를 공평하게 대해 준다.

그들은 항상 우리의 의견을 물었다. 그곳에 간 지 겨우 한 달밖에 되지 않았는데, 의견을 말할 수 있다는 것이 흥미로웠다. 아주 만족스러웠다.

이상의 인용구들은 사람들이 자신이 속한 공동체를 어떻게 지각하는지를 살펴본 질적 연구에서 가져온 것이다. 첫 번째 인용구는 온라인 게임 공동체에서 참고하였다(Longman, White, & Obst, 2015, p. 469). 두 번째는 호주 서부에 있는 도시에서 반려견을 산책시키는 사람이 한 이야기이다(Bulsara et al., 2007, p. 48). 세 번째는 미국으로 건너온 라틴계 이민자가 한 말이고(Bathum & Baumann, 2007, p. 172), 네 번째는 공동체 기관의 청소년 공동체 조직 참여에 관한 연구에서 가져온 인용이다(Evans, 2007, p. 699).

당신의 생각은?

1. 인용구의 사람들이 무슨 말을 하고 있다고 생각하는가?
2. 그들은 모두 같은 것을 얘기하고 있는가?
3. 인용구들에서 언급하는 공동체는 앞서 언급한 공동체의 관계−지역 스펙트럼에 따르면 어디에 해당하는가?

공동체심리학자는 사람들이 자신의 공동체와 정서적 관계를 갖는다고 생각하며, 그러한 감정적 관계의 질은 웰빙과 행복에 중요한 시사점을 갖는다고 믿고 있다. 우리는 이것을 감정적 관계의 공동체 의식(sense of community)이라고 부른다.

내가 만난 어떤 사람—젊은이 또는 어르신, 부자 또는 가난한 사람, 흑인 또는 백인, 남자 또는 여자, 교육을 받은 사람 또는 그렇지 못한 사람—에게도 심리적 공동체 의식을 설명하는 데 어려웠던 경우는 없었다.   (Sarason, 1974, p. 1)

이 인용구는 새러슨의 저서인 『심리적 공동체 의식(The psychological sense of community)』에 실린 구절이다. 새러슨은 이 책에서 공동체심리학자가 개인과 공동체 간의 관계를 어떻게 생각하는지 정리하였다. 새러슨은 "우리 사회에서 인간의 삶이 가장 파괴되는 역학관계는 심리적 공동체 의식이 결여되거나 희박한 관계"라고 주장하였다. 공동체 의식의 발달과 유지는 공동체심리학의 "핵심 가치"이다(p. x). 그는 "공동체"라는 용어를 지역사회, 공동체 기관, 가족, 길거리 갱단, 친구, 이웃, 종교와 친목 단체, 심지어 국가전문기관에도 적용하였다(pp. 131, 153).

　이 절의 처음에 언급한 인용구들을 다시 떠올려 보라. 그들 모두가 공동체 의식을 느끼고 있다고 생각하는가?

　새러슨(Sarason, 1974)은 심리적 공동체 의식이라는 용어를 다음과 같이 정의하였다.

> 다른 사람과 비슷하다는 지각, 다른 사람과 상호 의존하고 있음을 알고 있는 것, 다른 구성원이 기대하는 것을 제공하거나 그들을 위해 무언가를 함으로써 이러한 상호 의존성을 유지하려는 의지, 자신이 믿을 만하고 안정적인 더 큰 구조의 한 부분으로서 속해 있다는 느낌. (p. 157)

　맥밀란과 차비스(McMillan & Chavis, 1986)는 사회학 및 사회심리학에서 다루는 공동체 의식 및 집단 응집에 관한 연구를 조사하였다. 그들이 정의한 공동체 의식은 새러슨이 정의한 것과 비슷하였다.

> 소속되어 있다는 느낌, 다른 구성원에게 또는 자신의 집단에서 중요한 사람이라는 느낌, 그리고 다른 구성원과 함께 노력함으로써 요구가 충족될 수 있다는 공유된 신념.
> (McMillan & Chavis, 1986, p. 9)

　1974년 새러슨이 처음으로 심리적 공동체 의식의 개념을 언급한 이후, 사회복지(Itzhaky et al., 2015; Ohmer, 2007), 사회학(Cope et al., 2016), 의학(Anderson et al., 2016; Vora & Kinney, 2014), 간호학(Buck, 2017; Laing & Moules, 2014) 및 많은 다양한 학문에서 이 개념을 받아들이고 있다. 이 장에서는 여러 다양한 공동체 수준의 구조를 다루겠지만 그것들은 모두 심리적 공동체 의식과 관련되어 있다.

공동체에 소속되어 있다는 느낌과 자신이 다른 구성원들과 정서적으로 교감하는 가치 있는 사람이라는 느낌은 개인과 집단 모두에게 중요할 수 있다.

출처: Pierre Jean Durieu/Shutterstock.com

공동체 의식의 혜택

강력하고 긍정적인 공동체 의식은 개인, 조직, 공동체의 여러 수준에서 혜택을 받을 수 있다. 연구들은 긍정적인 심리적 공동체 의식과 개인의 삶의 질이 관련이 있다는 것을 반복해서 보여 주었다. 긍정적인 공동체 의식은 청소년의 정체감 형성, 개인의 웰빙, 삶의 만족도 및 물질 남용의 회복과 관련되었다(예, Farrell et al., 2004; Jason et al., 2016; Pretty, 2002; Zhang & Zhang, 2017). 이웃되기 활동 역시 긍정적인 공동체 의식과 상관이 나타났는데(예, Perkins & Long, 2002; Prezza et al., 2001), 이는 이 장의 뒤에서 언급할 것이다.

공동체 의식은 또한 공동체 연합, 주민 협의체 및 종교 단체의 참여나 이민자 공동체의 발달 등 공동체의 긍정적인 결과와 관련되어 있다(Buckingham et al., 2018; Nowell & Boyd, 2014; Perisho Eccleston & Perkins, 2019; Perkins & Long, 2002). 마지막으로, 긍정적인 공동체 의식은 투표 참여와 같은 국가적 수준과도 상관이 나타났다(Xu et al., 2010).

공동체 의식의 수준　공동체 의식은 단순히 공동체에 대한 개인의 지각, 즉 지각자의 시선에서만 언급되는 것인가, 아니면 공동체의 특성을 말하는 것인가? 대부분의 연구에서 공동체 의식은 개인에게 설문을 통해 측정해 왔고 개인 수준에서 분석하였다. 따라서 개인에게 얻은 이 수치를 종합한다면 공동체 수준에서의 공동체 의식을 알아낼 수 있다. 공동체 수준에서의 이러한 측정은 개인 수준에서 얻은 결과와 분리할 수 있고 때로는 다르게 나타날 수 있다. 분석은 관심 대상인 생태학적 수준에서 수집된 다양한 표집이 필요하다는 것을 기억하기 바란다. 다시 말하면, 공동체 의식이 공동체 수준에서 어떻게 다른 효과가 있는지를 알고 싶다면 하나 이상의 공동체에서 얻은 자료가 필요하다.

이러한 유형의 분석에 대한 최근의 예시는 학교 공동체 의식, 교사의 지지, 그리고 학교 안전에 대한 학생의 지각 간의 관계를 살펴본 대규모 연구에서 찾아볼 수 있다. 개인 수준에서 살펴본 결과, 학교 공동체 의식과 교사의 지지를 낮게 평가한 학생은 학교가 덜 안전하다고 보고하였다. 학교 수준에서는, 학교 공동체 의식이 평균 이하인 학교는 학교 안전 수준도 평균 이하로 나타났지만, 교사의 지지가 분석에 투입되자 이 관련성은 사라졌다. 학교 공동체 의식과 학교에 대한 불안감의 관계는 개인 수준보다는 학교 수준에서 명확히 더 높게 나타났다. 연구자들은 "연구 결과에 따르면, 학교 수준의 공동체 의식이 한 단위 높아짐에 따라 학생이 학교에서 느끼는 불안감은 5배 정도 줄어들었다."라고 보고하였다(Lenzi et al., 2017, p. 534).

공동체 의식의 요소

맥밀란과 차비스(McMillan & Chavis, 1986)는 사람들이 공동체에 대한 경험을 어떻게 이해하는지에 관한 연구를 통해 공동체 의식의 이론을 처음으로 제안하였다. 그들은 공동체 의식을 형성하는 네 가지 요소—소속감, 영향력, 통합과 욕구의 충족, 공유된 정서적 연결—를 확인하였다. 이 요소들은 새러슨의 생각을 정리한 것으로, 공동체 의식의 중요한 주제를 일관된 이론, 연구를 위한 측정 가능한 구성, 그리고 실천행동을 위한 구체적인 목표로 변환하는 데 도움을 준다. 이 네 가지 요소는 공동체 의식을 정의하기 위해서 반드시 필요한 것들이다. 이 중 어떤 한 요소도 단독으로 작용하지 않으며 모든 요소가 서로 얽혀서 다른 요소를 강화한다. 이 요소들에 대한 설명은 주로 맥밀란과 차비스(McMillan & Chavis, 1986) 및 맥밀란(McMillan, 1996)의 연구를 바탕으로 한다. 〈표 6-1〉에 이 요소들을 요약하였다.

이 네 가지 요소를 살펴보면서 당신이 속한 공동체를 떠올려 보라.

〈표 6-1〉 공동체 의식의 네 가지 요소

1. 소속감
   경계
   공통 상징물
   정서적 안전
   개인적 투자
   일체감과 정체성
2. 영향력
3. 통합과 욕구의 충족
   공유된 가치
   자원 교환
4. 공유된 정서적 연결

소속감   소속감(membership)은 개인이 그 공동체에 얼마나 투자하는가와 그 공동체에 속해 있다는 공동체 구성원 간의 느낌이다(McMillan& Chavis, 1986, p. 9). 소속감은 다섯 가지 속성이 있다. 첫 번째 속성은 경계(boundaries)로, 포함할 구성원과 배제할 비구성원을 정의할 때 필요한 것이다. 지역사회는 지리적 경계를 말하고 관계 공동체는 사람들의 유사성이나 공통 목표를 의미한다. 만일 경계가 명확하다면 경계를 뚫는 것은 힘들 것이고, 반대로 모호하게 설정되었다면 침투가 가능할 것이다. 경계는 공동체를 규정하기 위해서 필수적이다. 내집단-외집단 구분은 모든 문화에서 만연하게 나타난다(Brewer, 1997).

경계는 부분적으로 구성원 또는 지리적 영역을 식별하는 공통 상징물 (common symbols)을 통해 규정된다. 예를 들면, 학내 여학생회를 표방하는 그리스 문자, 청소년 갱단이나 스포츠 팀의 색상 또는 상징, 종교 이미지, 차량에 붙이는 학교 출입증, 은어 표현이나 특정 전문용어 및 나라의 국기나 국가 등이 공통 상징물의 예이다(Fisher & Sonn, 2002).

소속감
공동체 의식의 한 요소로, 공동체의 핵심 구성원이라는 느낌을 말한다. 소속감은 경계, 공통 상징물, 정서적 안전, 개인적 투자, 일체감과 정체성의 다섯 가지 특성을 갖는다.

경계
공동체 구성원으로 포함할 사람과 배제할 사람을 정의하는 선정 기준을 말한다. 지역-기반 공동체에서는 지리적 경계가 될 것이고, 관계 공동체에서는 공유하는 특성이나 목표가 될 것이다.

공통 상징물
소속 여부를 쉽게 식별할 수 있는 표식으로, 색상이나 상징물 같은 시각적 요소 또는 은어, 전문용어, 찬송가와 같은 청각적 요소가 포함된다.

정서적 안전
정서와 관심의 공유를 위한 집단 수용 및 상호 과정을 통해 형성되고, 이를 통해 범죄나 위험으로부터 안전하다는 느낌이나 공동체 내의 굳건한 관계를 유지하고 있다는 확신을 말한다.

개인적 투자
자신이 속한 공동체에 대한 장기적인 관여, 노력, 그리고 참여를 의미하는 것으로, 예를 들면 집을 구매하고, 동아리 또는 조직에 가입하고, 공동체 내에서 자원봉사 활동을 하는 것을 말한다.

일체감과 정체성
공동체의 다른 구성원에게 받아들여지고 있다는 느낌과 공동체의 소속감이 개인 정체성의 한 부분으로 작용하는 것을 말한다.

영향력
공동체 의식의 한 요소로, 특정 개인 또는 집단의 역학이 공동체 구성원에게 미치는 설득의 정도를 의미한다. 이는 개인이 공동체에 영향을 끼칠 수 있고, 공동체가 다시 개인에게 영향을 끼칠 수 있는 상호 간의 관계이다.

명확한 경계가 있는 공동체에서는 구성원이 높은 정서적 안전(emotional safety)을 느낀다. 이는 동네의 범죄로부터 안전을 느낀다는 의미이다. 좀 더 자세히 얘기하면, 감정과 관심을 공유하는 굳건한 관계를 의미하는 것일 수 있다. 그러한 의미에서 정서적 안전은 자기 개방과 집단 수용의 상호 과정이 필요하다(McMilan, 1996).

공동체가 안전하다고 느끼는 구성원은 그 공동체에 개인적 투자(personal investment)를 할 것이다. 맥밀란(McMillan, 1996)은 비록 그것이 돈은 아니지만 "분담금 지불(paying dues)"이라고 지칭하였다. 투자는 공동체에 장기적으로 관여한다는 의미로, 예를 들면 집을 구매하고, 종교 집단에 가입하고, 또는 자선 단체에 자원봉사 활동을 하는 것이다. 이것은 집단에 정서적으로 관여하여 그에 따른 위험도 감수하겠다는 의미이다.

이러한 행동은 공동체에 대한 구성원의 일체감과 정체성(sense of belonging and identification)을 높이게 된다. 개인은 공동체의 다른 구성원에게 인정받고 있다는 느낌과 공동체에 소속되어 있다는 느낌을 통해 자신의 정체성을 정의한다. 사람들은 동네 주민, 종교의 신자, 직장 또는 회사의 구성원, 대학의 학생 또는 인종 집단의 구성원 등으로 자신의 정체성을 확인한다.

영향력 공동체 의식의 두 번째 요소는 영향력(Influence)으로, 구성원이 집단에 미치는 힘과 집단 역학이 구성원에게 미치는 상호 간의 힘 모두를 말한다. 맥밀란과 차비스(McMillan & Chavis, 1986)는 사회심리학의 용어인 집단 응집력의 일부 개념을 기초로 하여 이 개념을 설명하였다. 구성원은 그들이 속한 집단에 영향력이 있다고 느낄 때 그 집단을 더 매력적으로 생각한다. 집단에서 가장 영향력 있는 구성원은 다른 사람들의 요구나 가치를 중요하게 다루어야 한다. 다른 사람을 지배하려고 하거나 너무 강한 영향력을 행사하는 사람은 고립되는 경우가 많다. 집단의 응집력이 강할수록 순응에 대한 압력은 더 커진다. 하지만 이는 개인에게 부과된 것이 아니라, 집단에 대한 각 개인의 공통의 약속에 뿌리를 두고 있다(그럼에도 강한 공동체 의식의 부작용에 대해서는 이후에 논의할 것이다). 그러므로 개인은 공동체에 영향을 주고 동시에 그 공동체는 그 사람의 견해와 행동에 영향을 준다.

통합과 욕구 충족　통합(Integration)은 공동체 내의 관계가 공동체 의식에 기여하는 정도를 말한다. 통합은 공유된 가치와 자원 교환이라는 두 가지 측면이 있다. 공유된 가치(shared values)는 공동체의 참여를 통해 추구하는 이상적인 것이다. 예를 들면, 교육의 질을 높이려는 것은 학부모와 학교의 공유된 가치이고 도움이 필요한 사람을 위한 사역은 종교 집단의 공유된 가치라고 할 수 있다.

두 번째 측면은 자원 교환(exchange of resources)으로(욕구 충족이라고도 한다). 공동체 구성원 간의 욕구를 충족하고 자원을 교환하는 것을 일컫는다. 맥밀란(McMillan, 1996)은 이것을 "공동체 경제"라고 지칭하였다. 개인이 공동체에 참여하는 것은 부분적으로 이를 통해 그들의 욕구가 충족되기 때문이다. 욕구는 물리적(예, 안전)일 수도 있고, 심리사회적(예, 정서적 지지, 사회화, 또는 리더십 발휘)일 수도 있다. 통합은 켈리가 제안한 생태학적 관점(5장 참조)에서 상호 의존 및 자원의 교환과 유사한 의미이다.

공유된 정서적 연결　맥밀란과 차비스는 공유된 정서적 연결(shared emotional connection)을 "진정한 공동체를 위한 결정적 요소"(McMillan & Chavis, 1986, p. 14)라고 제안하면서 이는 "영적인 유대"(반드시 종교적일 필요는 없는)와 관련되며, 쉽게 정의되지는 않지만 그것을 공유하는 사람들은 이해할 수 있는 것이라고 정의하였다. 공동체 구성원은 행동, 언어, 또는 다른 단서들을 통해서 유대를 공유하고 있음을 인지한다. 하지만 유대 그 자체는 단순한 행동의 측면보다 더 깊은 의미를 지니고 있다. 공유된 정서적 연결은 공동체의 중요한 경험, 예를 들면 기념일, 의식 절차, 위인에 대한 존경 및 과거 사건의 공유 등을 통해 강화된다(Berkowitz, 1996; McMillan, 1996; Rappaport, 2000). 이것은 공동체가 공유한 서사이고 그 공동체의 구성원이 된다는 것이 무엇을 의미하는지를 설명한다.

공동체 의식을 정의하고 측정하는 것에 관한 질문과 쟁점

심리적 공동체 의식은 공동체 연구에서 효과적이며 중요한 구성이라는 것이 입증되었다. 하지만 공동체 의식은 많은 질문과 쟁점을 불러일으키며 다양하

통합
공동체 내의 관계가 공동체 의식에 이바지하는 정도를 말한다. 하위 요인으로 공유된 가치와 자원 교환이 있다.

공유된 가치
구성원들이 합의하여 공동체 참여로 이바지할 수 있는 목표와 이상을 말한다.

자원 교환
욕구 총족을 의미하는 것으로, 공동체 구성원의 욕구를 만족시키고 그들의 목표를 성취하기 위해 수단을 공유하는 것을 말한다.

공유된 정서적 연결
공동체 의식의 한 요소로, 쉽게 정의되지는 않지만 그것을 공유하는 사람들은 이해할 수 있는 공동체 구성원을 하나로 묶는 공통의 유대를 의미한다. 행동, 언어, 또는 다른 단서로 이해되는 영적인 유대로 표현될 수도 있고, 공동체가 공유한 서사를 통해 발달한다.

게 정의되어 사용되고 있다. 이것이 이 개념의 장점이자 단점으로 볼 수 있다.

공동체 의식의 이론과 측정   맥밀란과 차비스의 이론은 공동체 의식의 기본 요소를 이해하는 최상의 모델을 제공하였는가? 타당도와 공동체 의식의 전체 구성의 중요성은 경험적 연구를 통해 입증되었으나 맥밀란-차비스의 이론을 지지하는 연구, 특히 네 가지 요소를 지지하는 연구는 많지 않다. 맥밀란-차비스가 구체화한 공동체 의식을 측정하는 가장 널리 사용되는 도구가 공동체 의식 지표(Sense of Community Indix: SCI; Perkins et al., 1990)이다.

SCI의 타당도를 확인하는 연구와 그것을 나타내는 모델은 특히 네 가지 요소의 독립성과 타당도와 관련하여 일치된 결과를 보여 주지 못했다(Chipuer & Pretty, 1999; Flaherty et al., 2014; Long & Perkins, 2003; Loomis & Wright, 2018; Obst & White, 2004; Peterson et al., 2008). 어떤 연구는 이 요소 중 3개의 요소만 지지하였고, 어떤 연구는 단일 구성을 지지하는 등 연구의 결과는 혼재되었다. 이는 심리적 공동체 의식에 대한 개념적 이해 및 측정과 관련하여 새로운 접근이 필요하다는 것을 의미한다(Flaherty et al., 2014; Jason, Stevens, & Ram, 2015; Lin & Israel, 2012; Proescholdbell et al., 2006).

공동체가 맥락적인 것처럼, 공동체 의식 역시 맥락적이어서 문화와 공동체에 따라 다양할 수 있다(Bess et al., 2002; Hill, 1996). 이러한 생태학적 관점에서 맥밀란-차비스 모델(또는 다른 단일 개념틀)은 일부 공동체에서는 잘 작용할 수 있지만 다른 공동체에서는 다른 방식의 개념화 작업이 필요하다. 예를 들면, LGBT 집단의 공동체 의식을 측정하였을 때는 이 구성 요소가 잘 작용하는 것으로 나타났다(Lin & Israel, 2012; Proescholdbell et al., 2006). 하지만 서구 문화와 명확히 다른 문화, 예를 들면 호주 원주민 집단에 적용할 때는 새로운 개념틀이 필요하였다(Biship et al., 2002; Dudgeon et al., 2002).

공동체 의식은 많은 의미를 담고 있는 개념이다. 그러므로 맥락의 차이에 대한 민감성은 해결되지 않겠지만, 다양한 방식, 즉 맥밀란-차비스 모델 및 다른 개념틀과 함께 질적 방법 및 양적 방법 등 다양한 방법을 사용하여 개인 수준과 공동체 수준 모두에서 연구하는 것이 좋을 것이다.

공동체 의식과 관련한 개념들

공동체 의식은 공동체의 관계에 대한 정서적 요소로 개념화할 수 있다. 하지만 정서적 요소는 구체적인 행동이나 유대감과 관련되기도 하고, 그러한 행동과 유대를 만들어 낼 수도 있다. 이러한 개념에는 이웃되기 활동, 시민참여, 사회적 지지 등이 포함된다.

이웃되기 활동　펄킨스와 롱(Perkins & Long, 2002)은 이웃되기 활동(neighboring)을 이웃간의 비형식적 접촉과 조력이라고 정의하였다. 이들의 견해에 따르면, 공동체 의식은 정서적이고 인지적인 측면이 강한 반면, 이웃되기 활동은 구체적인 행동이 포함된다고 하였다. 또한 이것은 주민협의회 등에 참여하는 것이 아닌 이웃 간의 개인적 상호작용이라고 정의하였다. 엉거와 반데르스만(Unger & Wandersman, 1983, p. 295)은 이웃되기 활동 연구를 실시하면서 도시의 특정 구역 주민에게 이 구역에 사는 사람에 대해서 다음의 질문을 하였다.

> **이웃되기 활동**
> 비형식적 접촉이나 조력을 포함하여 이웃 간의 개인적인 상호작용을 말하는 것으로, 여기서 이웃은 아주 가까운 친구는 아니지만 잘 아는 사이를 말한다. 이것은 편안함, 신뢰, 상호 이익 및 욕구의 공유 등을 의미하고, 공동체 의식과 겹치는 부분도 있으나 구별되는 개념이다.

- 이름을 아는 사람이 몇 명인가?
- 음식이나 연장을 편하게 빌려 달라고 부탁할 수 있는 사람이 몇 명인가?
- 당신이 집을 비운 사이 집을 좀 지켜봐 달라고 편하게 부탁할 수 있는 사람은 몇 명인가?
- 당신의 차가 고장났을 때 차를 태워 달라고 편하게 부탁할 수 있는 사람이 몇 명인가?

이웃되기 활동은 아주 가까운 관계는 아니지만 정보나 뉴스 등을 교환할 정도의 수준에서 충분히 서로에 대해 잘 알고, 이웃으로서 서로의 관심사를 알고 있으며, 일정 선에서 도움을 주고받을 수 있는 사람 사이에서 일어난다. 이 행동은 통합과 욕구 충족에 이바지한다. 또한 지역이 넓어서 유대감을 거의 느끼지 못하는 이웃 간에도 일어날 수 있고, 심지어 공동체 의식이 전혀 없는 이웃 간에도 일어날 수 있다. 그러므로 이웃되기 활동은 특히 통합과 욕구 충족의 요소와 관련하여서는 공동체 의식과 겹치는 부분도 있지만, 공동체 의식과는 구별되는 개념으로 이해해야 한다(Prezza, Amici, Roberti, & Eidischi, 2001).

시민참여   1장에서 언급한 것처럼, 시민참여는 공동체의 의사결정에 발언권을 행사하는 것으로, 공동체심리학의 핵심 가치이다. 자신의 의견을 표방하고자 하는 시민참여에는 투표, 공직 출마, 청원 서명, 집회 참가 또는 공무원 면담 등의 활동이 있다. 최근의 34개의 논문을 메타 분석한 결과, 공동체 의식과 시민참여 사이에는 적절하면서 지속적인 관련성이 발견되었다(Talò et al., 2014). 이 연구들은 관련성을 발견한 것이므로 두 개념 간의 인과관계를 의미하는 것은 아니다. 연구자들은 또한 두 개념 모두 공동체의 연령, 국적 및 여러 특징에 따라 다양하게 나타날 수 있는 맥락−의존적 성향이 있음을 강조하였다(Talò et al., 2014). 시민참여와 관련하여서는 8장과 13장에서 자세하게 다룬다.

사회적 지지
스트레스를 잘 대처할
수 있도록 제공되는 타
인의 도움을 말한다.

사회적 지지   사회적 지지(social support)는 스트레스를 잘 대처할 수 있도록 제공되는 타인의 도움을 말한다. 사회적 지지와 공동체 의식은 겹치는 부분도 있지만 차이점도 있다. 확실히 공동체 의식이 높은 집단이 많은 사회적 지지를 제공할 것이다. 이것은 통합과 욕구 충족의 한 측면이다. 하지만 스트레스 대처를 위한 지지를 제공하는 즉각적인 대인관계와 비교하여 소속감을 느끼는 공동체는 규모는 더 크지만 덜 친밀할 수 있다. 또한 공동체 의식은 대처에 대한 자원일 뿐만 아니라 시민참여를 포함하는 다른 중요한 과정과도 관련되어 있다. 사회적 지지는 8장에서 자세히 다룬다.

매개 구조   어떤 집단과 조직은 개인 또는 작은 집단을 더 상위의 조직, 지역, 사회와 연결한다. 상위의 집단과 연결함으로써 개인은 더 큰 공동체 또는 더 넓은 사회에 대한 공동체 의식을 가질 수 있고 실질적으로 참여할 수 있다. 이러한 중간 매개 공동체는 생태학 내의 다른 수준들을 연결하는 곳으로 이를 매개 구조라고 부른다(Berger & Neuhaus, 1977). 예를 들면, 학부모−교사 연합, 시민 모임, 정치적 옹호 집단, 그리고 주민협의회는 더 상위의 공동체에 참여하는 방법을 제안하고, 공동체 쟁점과 관련한 구성원의 의견을 모아서 자신들의 목소리를 낼 수 있다. 이 집단은 개인과 더 큰 공동체 사이를 매개한다. 대학에서는 학생 동아리, 기숙사 학생협의회 및 학생회가 매개 구조라고 할 수 있다. 매개 구조에 대한 우리의 이해는 생태학적 렌즈를 통해 공동체를 바라보는 것의 중요성을 강조한다.

　　공동체 책임감　심리적 공동체 의식에 관한 많은 연구가 심리적 공동체 의식을 개인과 공동체의 안녕을 증진하는 자원으로 개념화하는 동안, 지난 10여년 간 심리적 공동체 의식과 관련성은 있지만 조금 다른 개념인 공동체 책임감(sense of community responsibility)이 등장하였다(Nowell & Boyd, 2010, 2014). 노웰과 보이드(Nowell & Boyd, 2014)는 공동체 책임감을 "자신의 이익을 직접적으로 기대하지 않으면서 공동체 구성원과 공동체의 집합적 웰빙에 대하여 개인이 느끼는 책임감"(p. 231)으로 정의하였다. 이것은 자신의 공동체에 책임을 져야 한다는 의식이며, 이로 인해 개인은 공동체의 복지를 증가시키는 방식으로 행동하게 된다.

　　공동체 연합에 소속된 구성원의 공동체 책임감은 공동체 의식과 관련되지만 구별되는 개념임을 연구들은 보여 주었다. 노웰과 보이드의 2014년 연구에서 공동체 의식은 협력에 대한 일반적인 참여와 상관을 보인 반면, 공동체 책임감은 구성원이 그 협력 작업에 헌신하고자 하는 시간, 노력, 그리고 자원과 상관이 나타났으며, 스스로가 협력 작업의 대표라고 생각하는지의 여부와 관련되었다. 이후의 연구들은 이 결과를 지지하였다(Boyd & Nowell, 2017; Boyd et al., 2018; Nowell et al., 2016; Treitler et al., 2018). 공동체 책임감에 관한 연구는 공동체 의식과 공동체 안녕의 생태학적 관계를 이해하는 데 좋은 정보를 제공할 것으로 기대된다.

> **공동체 책임감**
> 자신의 이익을 직접적으로 기대하지 않으면서 공동체 구성원과 공동체의 집합적 웰빙에 대하여 개인이 느끼는 책임감을 말한다.

공동체의 복합적 현실

　　지금까지 살펴보았듯이 우리의 삶에 공동체가 하는 역할이 복합적이라는 것은 명확하다. 우리 모두는 다양한 공동체에 속해 있고, 각 공동체는 서로 다른 생태학적 수준에 존재하며, 종종 중첩되어 있다. 공동체는 우리가 변화하듯이 끊임없이 변화하고, 모든 변화는 공동체와 우리 자신의 적응적 반응을 촉발한다. 공동체와 공동체 의식의 개념을 그저 낭만적으로 보고 싶은 유혹이 있을 것이다. 하지만 현실의 공동체는 서로 부딪히고, 때로 갈등하고, 그 사회와 구성원에게 부정적인 영향을 주기도 한다. 우리는 우리가 속한 공동체에 대한 완벽한 통제권이 없고 어떤 경우에는 우리의 정체감과 신념에 충돌하는 가치를 표방하는 공동체의 구성원이 되어 있을 수도 있다. 생태-교류 모델로 공동체를 보는 것은 우리가 그러하듯 공동체도 끊임없이 변화하고 있으며, 우리 삶의 어느 시점에 긍정적인 의미로 작용했던 공동체가 다른 순간에는 갈등으로 가득 찬 장소로 바뀔 수 있다는 것을 강조한다. 이 절에서는 이러한 복합적 현실의 일면을 살펴보고자 한다.

강력한 공동체는 대가 없이 얻을 수 없다. 맥밀란과 차비스의 공동체 의식의 네 가지 요소를 생각해 보면(〈표 6-1〉 참조), 그 대가는 명확해진다. 공동체 의식은 개인의 투자와 관련되어 있고, 이것은 대부분 어떤 형식의 의무를 의미한다. 당신의 공동체가 당신에게 무언가를 기대하고, 이 공동체에 대한 의무는 종종 당신에게 당신의 시간과 같은 개인적 자원을 "비용"으로 감당하게 한다. 공동체의 소속감이 뜻하는 것은 공동체가 당신의 행동, 신념, 심지어 당신의 개인 정체성에도 영향을 줄 수 있음을 당신이 알고 있다는 것이다. 사회과학자들은 공동체의 긍정적인 측면만을 강조하면서 당신이 감당해야 할 비용은 무시해 왔다. 이는 공동체가 때로는 개인의 발달과 자유를 고통스럽게 제약할 수도 있다는 것이다. 공동체는 복합적인 공간이고 심지어 여러 강점을 가진 공동체가 때로는 위험할 수도 있다.

개인이 더 상위의 공동체에 대하여 부정적인 느낌을 강하게 가진다면 심리적 공동체 의식은 부정적일 수 있다(Brodsky et al., 2002). 이 경우 개인은 공동체가 자신에게 유해할 것이라고 결론을 내리고 공동체 참여에 저항할 수 있다.

브로드스키(Brodsky, 1996)의 연구에 의하면, 범죄율과 폭행률이 높은 미국의 어떤 도시에서 딸을 키우는 한부모 어머니들의 심리적 공동체 의식은 전반적으로 부정적이었다. 어머니들은 가족과 이웃 간에 명백한 경계를 짓고 있었다. "우리 집은 당신이 사는 곳과 완전히 달라요.… 여기는 나의 세상이에요. … 당신이 나를 방문하려고 한다면, 그쪽 세상은 밖에 두고 오세요"(Brodsky, 1996, p. 351).

어머니들은 맥밀란과 차비스가 제안한 공동체 의식의 주요한 요소 중 하나인 물리적이고 정서적인 안전을 그들의 이웃으로부터 얻지 못하였다. 어머니들은 또한 많은 이웃과 어떤 가치도 거의 공유하지 않았다. 어머니들은 이웃이 가지고 있는 몇몇 긍정적 자원 중 일부(예, 주민회, 학교)만 참여하였는데, 그것은 그들의 자녀에게 직접적으로 도움이 되는 것들에 한해서였고 이 참여가 이웃에 대한 그들의 생각을 바꾸지는 못했다. 어머니로서 그리고 개인으로서 그들이 중점을 두는 것은 공동체 의식이 아니라 이웃의 영향력에 대한 저항이었다(Brodsky, 1996).

이탈리아 지역 공동체에서 수행한 연구에서는 부정적인 공동체 의식의 개념의 타당성을 보여 주었다(Mannarini et al., 2014). 연구자들은 브로드스키의 연구와 맥밀란-차비스 모델의 공동체 의식을 바탕으로 부정적인 공동체 의식의 측정 도구를 개발하였다. 이 연구에서 웰빙, 삶의 만족도, 그리고 공동체 참여는 모두 공동체 의식과 정적인 상관이 나타난 반면, 부정적인 공동체 의식은 반대의 결과가 도출되었다. 이 연구의 목적은 부정적인 공동체 의식의 모델 및 측정을 살펴보는 것이었지, 부정적인 공동체 의식이 응답자의 삶에 적응적 역할을 하는지를 알아보려고 한 시도는 아니었다. 앞으로의 연구는 이 질문에 답을 줄 수 있기를 기대한다.

부정적인 공동체 의식에 관한 연구는 공동체 의식의 유무 여부를 살펴보는 단축 구성이 아니라, 오히려 긍정적인 것에서 중립을 지나 부정적인 것까지 정도의 범위를 가지는 양축 구성으로 봐야 한다고 제안하였다(Brodsky et al., 2002; Mannarini et al., 2014). 또한 개인은 언제나 여러 공동체의 구성원이며, 어떤 공동체에 대해서는 긍정적이고, 또 다른 공동체에 대해서는 중립적이며, 그 외의 공동체는 부정적인 공동체 의식을 가질 수 있다.

부정적인 심리적 공동체 의식이 갖는 적응적 가치가 있는데, 그것은 새로운 공동체를 찾으려는 동력으로 작용할 수 있다는 것이다. 예를 들면, 다양성의 수용이 제한된 공동체를 생각해 보자. 여기서는 순응에 대한 압력이 강할 것이다. 그래서 순응에 복종하지 않는 사람은 그 공동체에서 멀어짐으로써 안녕감이 높아질 것이고 자신의 생각이 받아들여지는 곳을 찾을 것이다. 어떤 경우에는 적극적으로 그러한 공간을 건설하려고 노력할 것이다.

글상자 6-1   **관점 바꾸기: 부정적인 공동체 의식**

다음의 인용문은 브로드스키(Brodsky, 1996)가 범죄율과 폭행율이 높은 미국의 어떤 도시에서 딸을 키우는 10명의 한부모 어머니로부터 얻은 연구 결과이다. 설문 측정 결과, 이 여성들은 회복탄력성이 높고 유능한 부모로 나타났다. 이들 모두는 적어도 한 명 이상의 자녀를 양육하고 있었고 전일 또는 시간제 직장을 나가고 있었다. 이들 중 몇몇은 학업을 계속하고 있거나 또 다른 가족을 돌보고 있었다.

> 나는 여기에서 나가지 않아요. 나는 사람들과 무언가를 시작하지 않아요. 나는 사람들을 귀찮게 하지 않아요. 나는 집에 가서 문을 닫고, 잠그고, 집에서 머물러요. 나를 귀찮게 하지 마세요. 나는 당신을 귀찮게 할 생각이 없어요. 내 아이들을 귀찮게 하지 마세요. 나는 당신을 귀찮게 할 생각이 없어요.   (Brodsky, 1996, p. 357)

당신의 생각은?

1. 이 여성은 무엇에 대해서 말하고 있는가? 이것이 공동체 의식과 어떤 관계가 있는가?
2. 지금까지는 공동체 의식의 긍정적인 측면만을 언급하였다. 하지만 공동체 의식에 대한 개인의 지각이 중립적인 것에서부터 아주 긍정적으로, 또는 아주 부정적으로 다양하게 나타날 수 있을까? 공동체 의식이 부정적으로 나타나는 예시는 어떤 것인가?

대항공간

5장에서 대항공간의 개념을 소개하면서 이는 자신을 억압하거나 배척한 공동체를 경험한 사람이 자신의 웰빙을 높일 수 있는 공간이라고 하였다. 이러한 공간은 사회 연결망의 형태를 취할 수도 있고 또는 그 수준 이상으로 확장하여 공동체의 형태를 취할 수도 있다. 5장에서 언급한 것처럼, 대항공간은 세 가지 과정—서사적 정체감을 통해 집단 및 개인이 긍정적 정체감을 기르는 것, 저항 행위에 관여하기 위해 지지적이고 안전한 장소를 제공하는 것, 그리고 사회적 지지를 구축하는 직접적인 관계의 상호 교류를 촉진하는 것—을 통해서 심리적 안녕을 증진한다(Case & Hunter, 2012, 2014).

대항공간이 웰빙을 지원하는 데 있어 이 과정들이 모두 활성화되어야 할 필요는 없다. 예를 들면, 트랜스젠더 정체감, 트랜스젠더 공동체 소속감, 그리고 웰빙 간의 관계에 관한 연구에서 트랜스젠더로서의 강한 정체감은 웰빙과 정적 상관이 나타났으나, 그 관계는 트랜스젠더 공동체에 대한 강한 소속감이 있을 때에만 유효하였다(Barr et al., 2016). 이 결과는 트랜스젠더 대항공간 공동체에 대한 소속감이 트랜스젠더의 강하고 긍정적인 정체성을 발달시키는 핵심임을 보여 준다.

대항공간은 의도적으로 구축한 공간이다. 이것은 특히 역사적으로 그러한 환경이 부족했던 집단에게 지지를 제공하기 위해 만들어졌다. 어떤 대항공간은 지리적 고립을 강요받았지만 구성원의 지식과 예술이 충만한 삶을 보여 줌으로써 활기찬 공동체로 바꾸었다. 그 예가 뉴욕의 할렘(Harlem)으로, 이곳은 1920년대의 할렘 르네상스를 육성하였고, 오늘날까지 "미국 흑인의 수도"라는 칭호를 얻고 있다. 또 다른 대항공간은 주류 문화에서 너무 고립되어 그 공간의 존재가 불법으로 취급되기도 하였다.

대항공간은 사람들의 삶에 중요한 역할을 하지만 그것이 개인의 삶에 중요한 유일한 공동체는 아니다. 인간은 여러 공동체 세팅에서 다수의 정체성을 가지고 있다. 이러한 내용은 다음 절과 이후 7장에서 살펴볼 교차성의 개념을 통해 설명한다.

개인 삶의 다양한 공동체

개인은 많은 공동체에 속해 있다. 우리는 학생, 직원, 가족, 이웃 등 여러 공동체 구성원으로서 다수의 정체성을 가지고 있다. 때로 이 공동체들은 우리의 시간과 에너지를 자신의 공동체에 더 할애하도록 경쟁하고 갈등을 불러일으킨다. 한 공동체에서의 경험은 다른 공동체에서의 경험에 영향을 미치는데, 이를 교차성(intersectionality)이라고 한다. 교차성이란 모든 사람은 여러 개의 정체성을 가지고 있고, 그러한 정체성은 결코 다른 정체성과 독립되어 존재하지 않는다는 것을 의미한다. 예를 들어, 이성애자 여성과 양성애자 여성은 여성의 정체성을 다르게 경험할 것으로 예측할 수 있는데, 이는 이들의 정체성이 교차한 결과라고 할 수 있다. 교차성의 개념은 다음 장에서 좀 더 자세히 살펴볼 것이다.

크리스토퍼 거리(Christopher Street)와 스톤월 여관(Stonewall Inn)은 억압에 직면한 소외된 공동체가 공동체 의식을 발달시키는데 대항공간이 어떻게 도움을 줄 수 있는지를 잘 보여 주는 예시이다.

출처: Massimo Salesi/Shutterstock.com

학생은 자신이 다니는 학교, 동네 또는 이웃 모두에 소속감을 경험할 수 있지만, 각 공동체는 학생이 자신의 공동체가 아닌 다른 공동체에 충성하는 것을 싫어할 수도 있다. 성인은 종종 여러 공동체의 정체성을 가지고 있고 각각에 얼마나 관여할지에 대한 균형을 맞추며 살고 있다. 한편, 우리 삶의 어떤 공동체는 우리에게 활력을 주고 다른 공동체와 관련한 자원과 에너지를 제공한다. 영적이고 상호 조력의 성격을 띠는 공동체가 이러한 효과를 주기도 하고 운동 또는 음악 모임 또한 마찬가지이다. 여러 공동체의 소속감을 이해하는 핵심은 각 공동체가 그 사람의 삶에 어떤 역할을 하느냐이다. 개인은 자신의 삶에서 다양한 공동체에 얼마나 관여할 것인지를 선택할 수 있다(Humter & Riger, 1986). 공동체심리학은 이러한 여러 공동체가 어떻게 상호작용하는지에 대하여 이제 막 연구를 시작하였다(Brodsky et al., 2002).

공동체에 대한 우리의 소속감은 우리가 속한 공동체들의 상대적 중요성이 변화함에 따라 계속해서 달라진다. 나이가 들면서 우리는 특정 공동체와의 연결을 더 의식적으로 선택하여 결정하게 된다. 예를 들면, 예전에는 중요했지만 더 이상 지지적이지 않은 공동체와는 자진해서 거리를 둔다. 우리는 심지어 공동체 의식의 필요성을 느끼지 못하거나 어떤 공동체와도 특별히 관여하지 않은 채 가족과의 관계에만 집중하는 시기가 있을 수도 있다. 공동체 관계와 공동체 의식의 필요성에 대한 이러한 변화는 지금까지의 연구에서 큰 관심을 받지 못한 또 다른 연구 영역이다.

공동체의 갈등과 변화

> 심리적 공동체 의식은 갈등, 논쟁, 분열 등이 잘 정리되어 공존과 협력에 대한 비전을 자극하는 고결한 느낌이다. 이러한 비전에 저항하는 것이 쉽지 않겠지만, 그것은 환상이기 때문에 반드시 저항해야 한다.
>
> (Sarason, 1974, p. 11)

공동체 구성원은 서로 다른 공동체에 복수로 속해 있고 다수의 정체성을 가지고 있기 때문에 공동체 간의 관계는 복합적이고 상호 영향을 줄 수 있다. 이러한 공동체 간의 상호작용은 사람들의 다양성을 반영한다. 당신은 당신 스스로를 대학 공동체의 구성원이면서 게이 학생 모임의 구성원 또는 생물학과의 구성원(또는 둘 모두)으로 규정할 수 있다. 게이 또는 생물학도로서의 정체성은 대학 내에서 뿐만 아니라 당신의 동네 또는 지역, 심지어 국가 공동체까지 확장될 수도 있다. 정체성에 대한 이러한 다양성은 그것이 인식되고 가치를 인정받는 경우에만 그 공동체에 강점이 될 수 있다(Trickett, 1996).

비젠펠드(Wiesenfeld, 1996)는 공동체의 차이를 고려하지 않은 채 유사성만 강조하는 것을 "우리"라는 미신(myth of "we")이라고 지칭하였다. 공동체 내의 다양성을 인식하지 않은 채 공동체 의식을 낭만화하게 되면 "우리"라는 미신이 강화된다.

"우리"라는 미신
다양성을 무시한 채 공동체 의식을 이상화하는 것으로, 공동체의 차이를 고려하지 않고 개인 간의 유사성만 강조하는 것을 말한다.

"우리"라는 미신의 예시는 미국 남동부 4개 지역 주민들의 허리케인 휴고에 대한 대응에서 볼 수 있다(Kaniasty & Norris, 1995). 허리케인이 지나간 뒤, 이 지역은 서로를 돕기 위해 연합하는 것처럼 보였다. 손실이 크고 개인적 상해로 고통받는 시민은 다른 사람으로부터 더 많은 사회적 지원을 받았다. "우리"라는 의식이 이 지역 내에 존재했던 것이다. 하지만 더 큰 상해로 고통받고 있음에도 지원을 덜 받는 집단이 있었다. 이 집단은 아프리카계 미국인, 교육 수준이 낮은 사람, 그리고 미혼자들이었다. 실제로 "우리"라는 의식에 전체 공동체가 포함된 것은 아니었다. 미국에서는 다른 재해 후에도 비슷한 양상이 나타났다(Kaniasty & Norris, 1995).

다양한 집단이 존재하는 공동체에서는 갈등 관계가 발생할 수 있다. 하지만 이 지점이 공동체가 건설적으로 변화되는 시작점이기도 하다(Wiesenfeld, 1996). 예를 들면, 미국에서의 시민 혁명과 여성 운동의 사회적 개혁은 몇몇 공동체, 특히 아프리카계 미국인과 여성 집단에서 시작하여 지역 공동체와 국가 전체의 변화를 시도하였다.

공동체 간의 이러한 복합적 상호 관련성 그리고 갈등 및 변화로 발생하는 결과에 주목하지 않는다면 공동체 의식은 건설적인 사회변화의 방법을 제시하는 대신에 불공평한 현재의 상태를 지지하는 고정된 개념이 될 수 있다(Fisher & Sonn 2002 참조). 갈등을 건설적으로 해결하려고 노력한다면 공동체는 강화될 수 있겠지만, 갈등을 무시하고 반대를 억누르거나 특정 집단을 배제하려고 한다면 공동체는 결국에 와해될 것이다.

"공동체는 변화했고, 변화하고 있으며, 그리고 또 다시 변화할 것이다"(Sarason, 1974, p. 131). 변화는 공동체에 필수 불가결한 것이다. 공동체 의식은 궁극적으로 과정으로 보아야 한다. 5장에서 언급했던 미시간주의 여성 음악 축제가 이 예시이다(McConnell, Odahl-Ruan et al., 2016). 미츠페스트(Michfest)는 1976년에 "여성으로 태어난 여성(womyn-born-womyn)[2]"의 공간이라는 정책으로 설립되었다. 이 정책은 트랜스젠더 참여자가 이 축제의 참석을 거부당한 1991년에 처음으로 문제가 제기되었다. 이 정책에 대한 계속되는 논란은 2015년에 이 축제를 중단하기로 결정한 부분적인 이유이기도 하다.

이러한 결정과 관련하여 미츠페스트가 대항공간으로서 실패하였다고 볼 수는 없다. 5장의 인용구에서 본 것처럼, 이 축제는 수십 년 동안 여성에게 매우 중요하고 확고한 공동체를 제공하였다. 하지만 미츠페스트는 미국 내 더 큰 페미니즘의 맥락, 특히 레즈비언 문화 내에 존재하였다. 이러한 상호 교류의 특성이 미츠페스트의 설립을 이끌었지만, 결국에는 중단도 초래하였다. 이 축제의 창립자 중 한 명은 "우리는 몇 년간 이 축제가 끝을 향해 가고 있다는 것을 마음속으로 알고 있었다."(Vogel, 2015, para. 4)라고 말했다. 그녀는 또한 트

---

2) '여성으로 태어난 여성'은 출생 당시의 성별이 여자인 것을 뜻하는 것으로, 성전환자를 비롯한 트랜스 여성은 해당하지 않는다.

랜스젠더 여성을 배제하기로 결정할 때의 치열한 논쟁을 다음과 같이 말하였다.

> 힘겨운 논쟁이 있었다. 그것에 대해서는 의심할 여지가 없다. 이것은 부분적으로 우리에게는 진실이지만, 결코 우리의 본질적 의미를 규정하는 것은 아니다. 이 축제는 레즈비언 페미니스트 공동체가 40년 동안 고심해 온 모든 중요한 문화적이고 정치적 쟁점의 도가니였다. 그러한 투쟁은 우리의 집합적 강점의 아름다운 부분이었지 결코 약점이 되지 않았다.
>
> (Vogel, 2015, para. 5)

공동체 의식을 강화할 때 발생하는 위험성에는 공동체 내의 갈등이 증가할 가능성을 들 수 있다. 특히 다른 사람에 대한 편견 또는 적대감이 증가할 때는 더욱 그러하다. 외부인을 희생양 삼는 공동체, 가난이나 불공정의 문제를 부인하는 특권 집단, 또는 그들의 가치가 많은 다른 사람에게 불쾌감을 주는, 예를 들면 신(新)나치, 자경단, 청소년 갱단 등의 집단에서는 공동체 의식이 강하게 나타나는 경향이 있다(McMillan & Chavis, 1986, p. 20; Sarason, 1974). 만일 자신의 공동체에 가치를 크게 두는 사람이라면 공동체로부터 배제되는 것은 고통스러운 경험일 것이다.

예를 들어, 당신이 함께 일하기로 한 조직이 모두 유럽계 미국인으로 구성되었다고 가정해 보자. 당신은 곧 그들의 주요 목적이 유색인(특히 아프리카계 미국인과 라티노)을 그들의 마을에서 다른 곳으로 이주시키는 것임을 알게 되었다. 이 배제의 목표가 변하지 않는다면 주민들의 공동체 의식을 강화하는 것은 인종차별을 가져오게 될 것이다(Chavis, 개인 서신, 1987년 10월). 이 딜레마는 공동체심리학의 핵심 가치 간의 갈등, 즉 특정 지역의 공동체 의식과 사회정의 및 다양성 존중(그리고 궁극적으로 모든 개인의 안녕)이 대립할 수 있는 가능성을 내포한다. 그들이 배제라는 목표를 실제로 포기하지 않는다면, 그것에 대한 당신의 윤리적 대응은 그 조직과 함께 일하는 것을 그만두는 것일 것이다.

다양성의 존중과 공동체 의식

1장에서 설명한 바와 같이, 공동체심리학의 다양성 존중과 공동체 의식은 공동체심리학의 핵심 가치이다. 하지만 연구들은 공동체의 다양성과 공동체 의식 간의 부적 상관, 즉 동질화된 공동체에서 공동체 의식이 강하게 나타나는 것을 발견하고, 다양성의 가치와 공동체 의식의 가치 간의 충돌을 언급하였다(예, Townley et al., 2011). 예를 들면, 중증 정신장애를 가진 사람의 경우, 그러한 경험이 없는 사람과 이웃하며 사는 것보다 비슷한 경험이 있는 사람과 같은 동네에서 살 때 더 강한 공동체 의식을 보고하였다(Townley & Kloos, 2009). 이러한 경향은 행위자-기반 모형(agent-based modeling)을 사용한 다른 연구에서도 입증되었다(Neal & Neal, 2014; Stivala et al., 2016).

이 관계는 공동체 의식의 이론으로 예측할 수 있다. 새러슨(Sarason, 1974)이 처음 공동체 의식을 저술하였을 때 공동체 의식을 "다른 사람과 유사하다는 인식"(p. 157)이라고 명확히 언급하였다. 이는 또한 사람들이 자신과 유사한 사람과 함께하려는 경향성인 동종 선호가 있음을 보여 주는 사회 연결망 연구로도 예측할 수 있다(McPherson et al., 2001).

두 개념의 관계가 공동체에 따라 어떻게 다르게 나타나는지 그리고 어떤 의미를 갖는지는 여전히 논쟁 중이고 연구가 필요하다(Neal, 2017). 하지만 특정 세팅에서 공동체 의식을 높이기 위해 설계된 개입이 그 세팅의 다양성 측면에서 의도치 않게 부정적인 영향을 끼치지 않는지, 또는 그 반대의 경우는 없는지를 의식적으로 조사할 필요성은 모두가 동의하고 있다.

지금까지 논의한 이 쟁점은 공동체 의식과 다른 가치 간의 균형을 잡는 것과 관련된다. 뉴브로우(Newbrough, 1995)는 전통적인 공동체 개념이 공정과 공평의 문제를 다루지 않았다고 주장하면서 정의 공동체(just community)의 개념을 제안하였다. 그것은 구성원이 공동체의 가치, 개인의 자유, 그리고 평등(사회 공정성) 간의 균형을 찾는 것이며, 이것은 공동체 내에서 뿐만 아니라 상위 공동체와의 관계에서도 이루어져야 한다. 그의 견해는 다음과 같은 질문을 제기한다. 공동체는 자신의 하위 공동체와 개별 구성원에게 얼마나 많은 관심을 가져야 하는가? 또한 다른 공동체에 대해서도 얼마나 많은 관심을 가져야 하는가? 그리고 그 관심은 어떻게 행동으로 표현되는가?

공동체의 중요성

공동체는 왜 중요한가? 사회과학자들은 오랫동안 사회가 잘 기능하기 위해서 강한 공동체가 필수 불가결의 요소인지에 대하여 논쟁해 왔다. 뒤르켐(Durkheim, 1893/1933)은 우리가 사회적 규범을 지키는 것은 공동체의 소속감 때문이라는 견해를 표방했다. 이것은 우리의 양심이 다른 사람과의 유대에 놓여 있다는 믿음이다. 공동체 소속감이 우리에게 아무런 의미가 없다면 공동체 규준과 제재는 우리의 행동에 그 어떤 영향력도 갖지 못한다.

이 장의 초반에 공동체 의식의 긍정적인 영향을 개인 수준과 공동체 수준 모두에서 설명하였다. 공동체와 사회에서 나타나는 이러한 긍정적인 결과는 공동체 의식과 관련된 개념인 사회적 자본이라는 용어로 자주 거론된다.

사회적 자본

> 지역의 범죄율이 이웃의 집을 지켜보는 동네 주민들에 의해서 낮아진다면, 심지어 내가 외지에서 많은 시간을 보내고 길에서 다른 주민에게 인사를 하지 않더라도 나에게 이익이 생길 것이다.
> (Putnam, 2000, p. 20)

정치학자인 로버트 퍼트넘(Robert Putnam)의 이 말은 사회적 자본(social capital)의 개념을 언급하고 있다. 이 개념은 사회학자인 피에르 부르디외(Pierre Bourdieu)가 발전시킨 것으로, 그는 처음에 이 개념을 아동의 교육 성과가 학급에 따라 차이가 나는 것을 설명하기 위해 사용하였다(Bourdieu, 1972/1977). 부르디외는 프랑스의 상위 학급 아동의 성공이 단순히 교육 때문이 아니라, 그들의 부모를 통한 강력한 사회 연결망의 확장 때문이라고 생각했다. 예를 들면, 그들이 직업을 구하거나 사업을 시작할 때, 그들 부모의 사회 연결망을 통해 심지어 한 번도 만난 적 없는 사람들에게까지도 도움을 받을 수 있는 다양한 집단을 보유하고 있다. 그들은 많은 경제적 자본(즉, 금전적 부)을 가지고 있지 않더라도 중요한 사회적 자본을 가질 수 있다.

제임스 콜먼(James Coleman)은 부르디외의 정의에 더하여 이 혜택이 사회적 자본으로부터 이익을 얻을 수 있는 상위 계층의 구성원에게만 국한된 것은

> **사회적 자본**
> 공동체 수준에서의 사회적 자본은 참여자들이 그들의 공동 목표를 추구하기 위해 더 효과적으로 협력하여 행동할 수 있도록 하는 사회생활의 특징—연결망, 규준, 신뢰—을 의미한다.

아니라고 그 개념을 확장하였다(Coleman & Hoffer, 1987; Field, 2003). 1960년대 미국 빈곤층 아동의 교육 성과에 관한 그의 연구에서 천주교 학교의 아동이 공립 학교의 아동보다 더 나은 교육 성과가 나타나는 것을 발견하였다. 콜먼은 이 이유를 학교에 전념할 수 있도록 격려하는 학교와 공동체의 규준 때문이라고 하였다. 그는 학교에서 맺어진 관계와 더불어 이러한 규준이 사회적 자본을 형성한다는 이론을 세웠다. 교육 성과에 대한 이 차이는 특히 경제적으로 어려운 가정의 아동에게는 치명적이었다. 요약하면, 사회적 자본의 사용 가능성은 특히 경제적 자본의 접근이 가장 제한된 아동에게 중요하다는 결론을 내릴 수 있다[이 연구가 1960년대에 실시된 것임을 기억하라. 21세기 미국 공립 학교와 사립 학교의 성과에 관한 연구에서는 이 차이가 상당히 줄어든다(Pianta & Ansari, 2018)].

부르디외와 콜먼은 사회적 자본이 사회 구조(계급 또는 학파)를 통해서 성장하고 발달한다고 보았고, 주로 개인의 측면에서 사회적 자본의 이익을 언급하였다. 하지만 사회적 자본은 개인의 측면만이 아닌 공동체의 측면에서도 함의점을 가지고 있음은 명확하다(Field, 2003; Putnam, 2000).

이 절을 시작할 때의 인용구에서 명확히 볼 수 있듯이, 퍼트넘은 사회적 자본이 공동체(그리고 사회)에 따라 다양하다고 믿었다. 어떤 곳은 사회적 자본을 많이 가지고 있고 어떤 곳은 거의 가지고 있지 않다. 공동체가 사회적 자본을 많이 가지고 있다면 구성원은 혜택을 받는다. 퍼트넘은 다음과 같이 말했다. "'사회적 자본'은 참여자가 그들의 공동 목표를 추구하기 위해 더 효과적으로 협력하여 행동할 수 있도록 하는 사회생활의 특징—연결망, 규준, 신뢰—을 의미한다"(Putnam, 1996, p. 34).

퍼트넘은 특히 공동체 생활에서 관계와 의사소통을 강화하는 대면 관계에 관심이 있었다. 이는 공동체 조직을 통한 공식적 접촉일 수도 있고, 친구, 이웃, 또는 다양한 사회적 만남에 의한 비공식적 접촉일 수도 있다. 두 경우 모두 사회적 자본을 증가시킨다(Putnam, 2000).

사회적 자본의 유대
한 사회 연결망 내의 신뢰, 상호 호혜, 공유된 가치 등의 요소를 말하며, 집단의 응집력을 높이게 된다.

사회적 자본은 대인관계, 조직, 공동체 및 사회를 포함하는 여러 생태학적 수준에서 존재한다. 이것은 일반적으로 유대와 연대라는 관계를 통해 생겨나는 것으로 본다(Perkins et al., 2002). 사회적 자본의 유대(bonding social capital)는 한 사회연결망 내의 상호 호혜, 신뢰, 공유된 규준 등의 요소를 말한다. 이러한 유형의 사회적 자본은 공유된 정체감과 집단 응집력에 의존하고, 갈등을 다루는 것을 꺼리거나 "외부자"를 배제하는 결과를 초래할 수 있다.

반대로, 사회적 자본의 연대(bridging social capital)는 사회 연결망 간의 연결을 만들고 유지하는 것을 의미한다. 연대는 유대보다 더 넓은 영역의 구성원으로 확장되고 삶의 경험이 매우 다른 사람 간에도 연결될 수 있다. 연대적 결속은 여러 집단이 함께 공동 목표를 향해 도전할 때나 공동 작업해야 할 때 유용하다.

긍정적인 청소년 발달을 촉진하기 위한 공동체 연합은 학교, 종교 집단, 경찰, 취미 집단, 다양한 민족 또는 민족 집단, 그리고 주체인 청소년 자신 등 다양한 영역의 사람들이 함께 모여 사회적 자본의 연대를 구축할 수 있다. 사회적 자본의 연대는 자신들의 관심사를 알리기 위해 주요 결정권자와의 접촉 기회를 가질 수 있을 때 좋은 결과를 얻을 수 있다(Bond & Keys, 1993; Perkins et al., 2002). 이러한 목표는 유대만으로는 달성하기가 어렵다.

대니엘 켄트(Daniel Kent)는 청소년이 운영하는 비영리 조직인 시니어 커넥트(senior connects)라는 단체를 설립하여, 특히 유대와 연대의 관계를 발전시키기 위해 노력하였고, 고등학생과 대학생을 노인 거주자의 인터넷 사용을 돕는 생활 프로그램의 보조자로 투입하였다. 그의 첫 제자들 중 한 명은 다음과 같이 말했다.

> 이제 우리는 죽을 날만 기다리고 있지 않아요. 대니엘과 그의 친구들은 참을성 있고, 공손하고, 친절하고, 우리에게 정말 쉬운 방법을 통해 이메일 쓰기, 카드놀이, 뉴스보기, 인터넷에서 할인 품목 찾기, 법대 교수와 의대 교수가 된 가족 사진을 찾는 법을 비롯한 많은 것을 가르쳐 주었어요.

공동체 수준에서 사회적 자본의 연대는 접촉의 범위와 깊이, 다양한 견해와 다양한 자원에의 접근성, 그리고 더 큰 연합 공동체를 지원하는 능력 등을 높인다. 사회적 자본의 유대는 공동체 의식과 공동체 책임감을 증가시킨다. 연대와 유대 둘 모두 사회적 자본을 구성한다.

사회적 자본은 사회와 국가 수준을 포함하여 여러 생태학적 수준에서 중요한 이익을 발생시킬 수 있다. 퍼트넘과 같은 많은 연구자와 사회 평론가는 사

사회적 자본의 연대
다른 가치와 경험을 가진 개인 간의 연결을 구축하는 것으로, 다른 사회와의 연결을 만들고 유지하는 것을 말한다.

회적 자본이 민주주의를 유지하는 핵심이라고 믿는다. 파멜라 팩스톤(Pamela Paxton)은 이 가설을 지지하는 연구를 수행하였다. 그녀는 41개국의 자료가 저장된 2개의 데이터와 101개국의 자료가 수록된 1개의 데이터를 분석한 후, 사회적 자본과 민주주의는 상호 관련되어 있음을 보여 주었다. 민주주의 수준이 높은 국가는 시간이 지남에 따라 더 많은 연합체와 더 높은 신뢰 수준이 나타났다. 연합체의 수가 많고 신뢰 수준이 높은 국가가 민주 정부 체제의 발전을 지원했다는 사실은 이러한 상호 관련성을 입증하는 것이다(Paxton, 2002).

공동체심리학과 사회적 자본 공동체심리학자들은 사회적 자본의 개념을 채택하기 시작하였다. 예를 들면, 퍼킨스와 롱(Perkins & long, 2002)은 이웃의 사회적 자본에 대한 심리학적 정의를 제안하였는데, 여기에는 공동체 의식, 이웃되기 활동, 시민참여(이 장의 앞에서 설명하였다), 집합적 효능감(이웃과 함께 행동하면 공동체의 삶을 향상할 수 있다는 믿음)의 네 가지 요소가 포함되었다. 그들은 뉴욕의 이웃에 관한 연구로부터 나온 자료를 분석하여 이 네 가지 요소는 서로 상관이 있다는 것을 보여 주었다. 특히 공동체 의식은 다른 세 요소 모두와 중요하게 관련되었다.

도시의 4,120가구의 자료를 사용한 최근의 연구에서는 집합적 효능감이 폭력 범죄의 감소 등과 같은 긍정적인 결과와 연관성이 있고, 개인 수준 및 이웃 수준의 긍정적인 결과와도 관련이 있다는 것을 보여 주었다. 이 연구는 시민참여와 사회적 자본의 유대 모두 이웃의 집합적 효능감을 예측한다는 것을 밝혀 내었다(Collins et al., 2014).

사회적 자본도 부정적인 측면이 있다. 그중 한 가지는 지역의 사회적 자본(또는 지역의 공동체 의식)을 강조하다 보면 거시체계 요소들의 중요성을 평가 절하할 수 있다는 것이다. 기업의 결정, 헤드스타트와 같은 효과적인 프로그램에 대한 연방정부의 자금 삭감 및 다른 거시체계도 공동체의 삶에 영향을 줄 수 있다. 지역의 사회적 자본을 강조하는 것은 공동체 문제를 해결하기 위해서 당연히 중요하다. 하지만 많은 공동체가 지역의 자원만으로 모든 것을 해결할 수는 없다. 더 상위의 사회변화 역시 사회 문제 및 부당함을 해결할 수 있는 중요한 요소이다.

또 다른 문제는 사회적 자본이 항상 완벽하게 "좋은" 것만은 아니라는 점이다. 퍼트넘은 도시의 갱단도 사회적 자본을 소유하지만, 그들은 사회적 자본을 그들 외의 다른 사람에게는 이득이 되지 않는 방식으로 사용한다고 하였다(Putnam, 2000). 부르디외(Bourdieu, 1972/1977)가 사회적 자본에 관하여 쓴 첫 번째 저서에서 사회적 자본이 계급 차이의 유지를 위해 쓰이는 방식을 서술하였다. 동질한 집단에서 사회적 자본을 구축하는 것이 가장 쉽다는 생각을 지지하는 많은 증거가 있다. 우리는 신뢰가 가는 사람이 우리를 좋아할 때 더 연합하려는 경향이 있다. 팩스턴(Paxton, 2007)은 연결된 협의체(구성원이 하나 이상의 조직에 소속하려는 경향성을 보이는 곳)의 수준이 높은 국가가 고립된 협의체(구성원이 단지 한 조직에만 소속하려는 경향성을 보이는 곳)의 수준이 높은 국가보다 신뢰 수준이 더 높다는 연구 결과를 보여 주었다. 따라서 국가 수준에서 사회적 자본은 협의체들이 전반적으로 고립되어 있다면, 각자 활동하는 협의체의 수가 많기 때문에 실제로는 부정적인 영향을 받을 수 있다. 이는 심지어 고립된 협의체 각자가 높은 사회적 자본 수준을 가지고 있을 때에도 나타나는데, 그 이유는 개별 협의체의 사회적 자본이 그 협의체에만 머물 뿐 국가 수준으로 변환되지는 않기 때문이다.

모든 변인 간의 관계는 여전히 복잡하고 완전히 밝혀지지 않았지만, 심리적 공동체 의식 및 집합적 효능감과 함께 사회적 자본이 공동체와 사회의 건강에 미치는 영향에 대해서는 논란의 여지가 없다.

공동체 건설

이 장에서 강조하는 것 중 하나는 최근 수십 년 동안 우리가 우리 주위의 공동체들을 상당히 의식하게 되었고, 우리의 행동이 어떻게 공동체를 약화 또는 강화하는지에 관심을 가져오고 있다는 것이다. 이 장에서 제시되는 정보는 강한 공동체를 어떻게 구축할 수 있는지에 대한 명확한 시사점을 제공한다. 맥밀란과 차비스(McMillan & Chavis, 1986)가 제안한 공동체 의식의 네 가지 요소를 다시 한 번 상기해 보라. 당신이 강력한 공동체를 원한다면 구성원이 인식하는 공동체의 경계를 발전시킴으로써 스스로 자신의 공동체를 정의할 수 있어야 한다. 구성원은 그들이 공동체에 부여한 의미를 기술하고 반영할 수 있는 공통 상징물, 기념일, 서사 등을 발전시켜야 한다. 구성원은 개인의 안전을 지지하고 모든 구성원이 그 공동체에 영향력을 행사할 수 있도록 하는 규칙을 설정해야 한다.

물리적 환경과 자연적 환경

공동체 의식과 함께 물리적 환경을 구축하는 방식 역시 공동체를 건설할 수도 아니면 파괴할 수도 있다. 시간의 경과에 따른 공동체 의식의 변화에 관한 연구가 많지는 않지만, 한 연구에서는 지역 공동체를 관통하는 고속도로 건설의 부정적인 영향을 보여 주었다(Lohmann & McMurran, 2009). 연구자들은 로스앤젤레스 교외를 통과하는 고속도로 건설 전과 후에 공동체 의식을 측정하였다. 고속도로 근처에 사는 주민들은 그 도시의 다른 곳에 거주하는 주민들과 비교했을 때 시간이 지남에 따라 공동체 의식이 감소하였다. 공동체 의식의 감소는 부분적으로는 고속도로로 인한 도시의 소음이 4배나 증가한 것과 관련이 있을 것이다.

건축가는 건물을 짓는 방식이 거주자들의 상호작용 방식과 공동체 의식의 발달에 직접적인 영향을 끼친다는 것을 오래전부터 알고 있었다. 이 예시는 미국의 공공 주택의 역사에서 명확하게 찾아볼 수 있다. 저소득층을 위한 미국의 공공 주택 프로젝트는 2차 세계대전 이후에 시작되었다. 초기에는 공동 현관을 함께 사용하는 적은 수의 이웃이 한 건물에 사는 구조로 설계되었지만 1960년대에는 고층 아파트 형태의 주택이 주를 이루었다. 이러한 변화는 공동체에 심각하고 부정적인 영향을 끼치게 되었다.

이러한 환경에서의 이웃되기 활동에 대하여 생각해 보자. 이웃 관계는 매일 소규모 집단의 동일한 사람들이 접촉하기 때문에 발전한다. 고층 아파트는 이웃되기 활동에 부정적인 영향을 미친다. 다른 사람과 상호작용을 하지 않는다면 공동체 의식의 발달은 불가능하다. 1960년대 이후 미국의 고층 아파트에 사는 사람들은 자신이 사는 건물과 연결되었다고 느끼지 않았고 그들은 그곳이 안전하다고 느끼지 않았다. 이것은 폭력과 기물 파손의 가능성을 높이는 결과를 이끌었고 시카고의 로버트 테일러 주거지(Robert Taylor Homes) 등을 포함한 공공 주택 프로젝트의 일부는 미국의 도시 쇠퇴와 동의어가 되어 버렸다(Bradford, 2001). 1990년대에 들어서서 공공정책 설계자들은 그들의 실수를 깨달았고 고층 아파트를 저층 빌딩과 단독주택 형태로 바꾸기 시작하였다. 하지만 많은 문제가 존재하였음에도 불구하고, 세대를 거쳐 살아온 곳에서 다른 곳으로 이주하는 것이 쉬운 일은 아니었고 일부 주민들은 이러한 고층 아파트에서도 그들의 공동체를 발달시켰다(Venkatesh, 2002).

　이웃되기 활동이 어떻게 공동체와 개인의 안녕에 영향을 주는지에 관한 관심은 단순히 고층 아파트의 관심을 넘어선다. 최근 공동체심리학자 및 다른 영역의 학자들은 환경 요인이 동네와 이웃 간의 상호작용에 어떻게 영향을 미치는지 이해하기 위해서 "바쁜 거리" 이론을 제안하였다(Aiyer et al., 2015). 바쁜 거리 이론은 이웃의 해체와 범죄의 관련성을 설명하기 위해 정치학자가 발전시킨 "깨진 유리창" 이론을 대체하는 개념이다(Jacobs, 1961). 깨진 유리창 이론에 의하면, 주민과 방문객이 깨진 유리창을 경험하게 되면 동네의 사회적 통제가 무너지면서 붕괴 과정이 이루어지고 있다는 신호로 생각하게 되고 이것이 범죄 행동을 유발한다는 것이다. 이와 반대로 바쁜 거리 이론은 바쁜(사회적 거리의 유지, 상업 거래, 가시적인 긍정적인 사회적 상호작용으로) 동네는 사회적 응집과 사회적 자본을 촉진한다고 가정한다(Aiyer et al., 2015; Jacobs, 1961).

　인위적으로 만든 환경 이외에 자연과의 연결도 공동체 구성에 중요하다는 것이 계속해서 밝혀지고 있다. 나무와 풀이 많은 도시의 공공 주택에 사는 아동은 그렇지 않은 아동에 비하여 놀이 시간 및 어른과 함께하는 시간이 두 배나 많았고 창의적인 활동에 대한 몰입도 더 많은 것으로 나타났다(Taylor et al., 1998). 연구자는 또한 나무, 풀, 여러 식물이 비교적 많은 도심의 마을은 재산 및 폭력 범죄의 수준이 낮다는 것을 밝혀냈다. 이 관계는 심지어 주민을 임의로 배정한 건물에서도 나타났고 건물의 크기와 점유율 등과 같은 요소를 통계적으로 통제한 후에도 유의하였다. 연구자들의 결론처럼 "건물 주위에 초목이 우거질수록 범죄는 줄어든다"(Kuo & Sullivan, 2001, p. 343).

　이 연구는 자연이 공동체 기능을 증진한다는 것을 통해 두 가지 주요한 가정을 제안하였다. 첫 번째는 개인 수준과 관련된다. 초록 공간과의 상호작용은 "정신적 피로"를 줄이고, 자기 통제를 높이며, 공격 행동을 감소시킨다는 연구 결과들이 계속해서 축적되고 있다. 사람들은 나무나 풀밭 등의 자연에서 시간을 보낼 때 안정감을 느끼고 더 편안함을 느낀다. 이 기제는 최근의 연구를 통해 확인할 수 있는데, 유치원에 다니는 아동은 집 또는 학교에 나무가 많고 콘크리트가 적은 곳에서 성장할 때 사회적 기술과 정서적 조절을 잘 발달시키는 것으로 나타났다(Scott et al., 2018).

두 번째는 공동체 수준과 관련된다. 사람들이 잘 가꾸어진 공공의 조경 공간을 접할 가능성이 높다면 아마도 그 곳에서 더 많은 시간을 보낼 것이다. 이 곳에서의 접촉을 통해 이웃이 될 수 있는 실질적 기회뿐만 아니라 그 공동체를 일상적으로 살펴볼 수 있는 기회도 높아질 수 있다(Kuo et al., 1998).

이 기제는 바쁜 거리 이론을 이용하여 청정 프로그램(Green & Clean Program; 미시간주 플린트 지역의 제네시 카운티 토지 은행 당국이 개발한)의 영향을 살펴본 최근의 연구로 설명할 수 있다. 이 프로그램은 동네의 공터를 유지 보수하는 공동체 구성원을 지원한다. "초록" 공터의 효과는 지난 10년간 동네에 큰 혜택을 주었지만 유지 보수를 위해 전문 조경사를 쓰는 비용이 상당히 높았다. 청정 프로그램의 기본 생각은 공동체 구성원이 쓰레기 치우기, 풀베기, 잡초 제거하기 등으로 공터를 일상적으로 유지하는 데 관여한다면, 전문 조경사를 쓰는 것과 동일한 혜택을 얻을 수 있다는 것이다. 한 연구에서는 공동체 주민이 공터를 관리하는 216개의 거리와 그렇지 않은 446개의 거리의 폭력 범죄의 수를 비교하였다. 주민들이 공터를 관리하는 곳이 반대의 경우보다 폭력 범죄가 거의 40% 적게 나타났고, 이 결과는 연구가 진행되는 5년 내내 지속되었다(Heinze et al., 2018).

이 예시들은 사람이 만든 환경과 자연환경 모두 특히 지역-기반 공동체의 공동체 의식에 영향을 줄 수 있다는 것을 보여 주었다. 하지만 관계적 공동체에서는 어떠할까? 다음에서 온라인 공동체에 대하여 살펴보자.

온라인 공동체 의식

인터넷이 처음 개발되었을 때, 사회과학자와 사회 평론가는 "공동체"가 온라인에서 어떻게 나타나고 온라인 공동체의 참여가 일상의 안녕에 어떻게 영향을 주는지에 관심을 가졌다. 30년이 지난 지금, 우리는 이 질문과 관련된 많은 정보를 가지고 있다. 온라인 공동체는 '사람들이 사이버 공간에서 대인 관계 연결망을 형성하기에 충분할 만큼의 인간미를 느끼면서 오랫동안 많은 공개 토론이 수행'될 때 존재하고 유지된다고 할 수 있다(Rheingold, 1993, p. xx). 어떤 온라인 공동체는 지역을 기반으로 형성되어 그곳에 사는 시민들의 공동체 결속을 구축한다(예, Craigslist.org 또는 a community Facebook page). 다른 온라인 공동체는 전 세계에 구성원을 가지고 있는 순수한 관계 공동체이다. 소셜네트워킹 플랫폼, 뉴스 집단, 게임 사이트, 그리고 정보 및 지지 제공을 목표로 표방한 사이트 등의 완전한 관계적 온라인 집단의 소속감은 사회 정체성, 사회적 지지, 공동체 의식, 그리고 웰빙에 영향을 주는 것으로 나타났다(예, Blanchard & Markus, 2004; Blight et al., 2017; Dyson et al., 2016; Obst & Stafurik, 2010; O'Connor et al., 2015).

온라인 상호 조력 집단에서 문제 또는 관심을 공유하는 개인은 온라인상에서 서로에게 도움을 준다(유방암 또는 음주 문제와 같은). 이는 직접 대면하는 상호 조력 집단에 참석할 수 없거나, 심하게 낙인 찍혔다고 느끼거나, 대면 참석을 하기에 너무 멀거나 또는 참석을 꺼려하는 사람들의 상호 지지를 용이하게 한다. 연구들은 온라인 상호 조력 집단에서의 도움과 대면 집단에서의 도움은 유사하다는 것을 보여 주었다. 예를 들면, 신체적 장애가 있는 사람의 온라인 공동체 소속감과 웰빙의 관계에 관한 연구 결과, 특정 장애 웹사이트의 소속감은 사회적 지지와 공동체 의식을 제공하고 이러한 지지와 공동체 의식은 개인의 성장 및 타인과의 긍정적 관계 등과 관련이 있는 것으로 나타났다(Obst & Stafurik, 2010).

온라인 토론과 고의적 자해 행위의 관계를 조사한 최근의 리뷰 연구에 의하면, 집단 구성원은 종종 목적의식, 이해, 수용 등을 보고한다고 하였다. 지지와 충고를 얻기 위해 집단에 합류한 구성원은 이후 다른 사람에게 지지를 제공할 수 있고, 이는 자신의 역량 및 유용성의 인식을 고취할 수 있다. 몇몇 연구는 자해를 생각했던 구성원이 온라인 토론을 통해 자해 행동 대신 온라인 공동체에서 시간을 보내거나 고통과 자해의 표현을 덜 하게 됨으로써 자해 행동의 빈도가 낮아진다는 것을 보여 주었다(Dyson et al., 2016). 하지만 온라인 공동체가 지지뿐만 아니라 해를 끼칠 수도 있음은 의심의 여지가 없다. 연구들은 몇몇 온라인 집단의 경우 대안적 대처 전략을 제공하는 대신 자해를 정상적인 것으로 게시하거나 자살 계획 토론을 하고, 고의적 자해를 생생하게 묘사하며, 자해를 일부러 자극하고 권장하기도 한다고 하였다. 한 연구에서는 참여자의 11%가 온라인 집단에 속한 이후 그들의 자해 행동이 증가하였다고 보고하였다(Murray & Fox, 2006).

사회심리학과 공동체심리학의 연구 및 이론이 온라인 공동체에서 고의적이고 기만적으로 사용되어 국가적 규모의 분열과 심지어 폭력을 선동하는 사례도 있다. 버마에서는 군대가 인터넷에 뉴스나 버마 유명인에 대한 것으로 보이는 가짜 페이스북 사이트를 개설하였다. 실제로 그들은 이 사이트를 이용하여 군대에 대한 지지를 높이고 분열을 조장하여 결국에는 불교와 무슬림 집단 간의 폭력을 선동하였다. 가짜 계정까지 모두 합치면 그 페이스북의 팔로워는 130만 명에 이르렀다. 소셜미디어 캠페인은 2017년 로힝야족(Rohingya) 무슬림 소수 집단에 대한 살인, 강간, 70만 명 이상의 강제 이주 등이 포함된 인종청소와 관련되었다(Mozur, 2018). 이후 페이스북은 이 사이트를 중지시키고 다시는 이러한 일이 일어나지 않도록 조치를 취하고 있다고 말했다.

우리는 여전히 온라인 공동체의 위험과 혜택, 그리고 위험은 줄이면서 혜택을 늘이려면 무엇을 해야 하는지에 대하여 알아야 할 것이 많다.

당신의 생각은?

1. 당신은 온라인 공동체(소셜미디어, 게임, 또는 어떤 방식이든 온라인상에서 타인과 상호작용하는 모든 공동체)의 구성원인가? 당신의 경험을 바탕으로 그 공동체에 참여함으로써 얻는 위험과 혜택은 무엇인가?

2. 당신이 온라인 공동체에서 느끼는 공동체 의식은 물리적 공동체의 공동체 의식과 비교하면 어떠한가? 두 공동체 사이에 겹치는 부분이 있는가? 그렇다면 이것은 당신의 공동체 의식에 어떤 영향을 미치는가?

3. 당신의 속한 온라인 공동체 또는 다른 온라인 공동체가 공동체심리학의 가치를 더 잘 반영하기 위한 개선 방법은 무엇이 있는가?

토론거리

1. 심리적 공동체 의식(〈표 6-1〉 참조)의 네 요소를 상기해 보고, 각각을 당신이 속한 공동체에 어떻게 적용할 수 있을지 또는 적용하지 않을지를 생각해 보라.

2. 구성원 일부가 배제된다고 느끼는 공동체를 떠올려 보고, 그 이유를 분석해 보라.

3. 당신이 당신의 공동체와 멀어졌다고 느꼈던 삶의 순간을 생각해 보라. 무엇 때문에 그 상황이 발생했는가? 그 상황은 당신의 개인적 웰빙에 어떤 영향을 주었는가? 그 상황은 공동체의 다른 구성원들에게 어떤 영향을 주었는가?

4. 사회적 자본은 개인, 공동체, 국가를 지원하는 강력한 원천이다. 하지만 집단의 구성원이 다른 집단 및 더 큰 공동체와 단절된 상태에서 집단 내 결속을 강화하기 위해서만 쓰인다면 부정적인 결과를 초래할 수 있다. 사회적 자본의 이러한 부정적인 영향의 예시를 생각해 보라.

5. 지금까지 살면서 당신이 경험한 구체적인 예시를 통해서 지리적 공동체와 관계적 공동체의 장점과 단점을 비교해 보라.

제**7**장 맥락에서의 다양성 이해

미리 보기 ⅢⅢ➡

이 장을 마치고 나면 다음의 질문에 답할 수 있을 것이다.

1. 공동체심리학자는 다양성의 이해와 인식이 왜 중요하다고 믿었는가?

2. 공동체 연구와 실천에서 교차성이 왜 중요한가?

3. 문화는 개인과 공동체에 어떻게 영향을 미치는가?

4. 문화적 겸손을 갖는 것과 문화적 역량을 갖춘다는 것은 어떤 의미인가?

5. 공동체심리학자는 억압과 사회적 불평등을 어떻게 다루어야 하는가?

여는 글

다양성과 포용의 공간

4장의 '여는 글'에서 소개한 프로젝트를 다시 살펴보자. 공동체심리학자 두타(Dutta, 2017)는 실천행동 연구 프로젝트를 진행하면서 대학생을 공동 연구자의 자격으로 참여시켰는데, 여기에는 인도 북동부 지역에서 가장 큰 민족 집단인 가로 부족의 대학생과 비부족 또는 비가로 집단의 대학생 모두를 포함하였다. 두 집단 간에는 오랫동안 민족 분열과 갈등이 존재하였지만 대학생들은 연구 팀에서 함께 일하면서 상대 집단 구성원에 대한 믿음을 키울 수 있었다. 그들은 대화와 성찰을 통해 자신이 상대 집단과 어떤 관계인지 살필 수 있었고 그들 모두가 겪고 있는 동일한 문제를 찾을 수 있었다. 그들은 호기심을 가지고 기존의 긴장에 (회피하기보다는) 다가가는 공간을 만들었고, 긴장으로 인한 불편한 경험을 배움의 과정으로 여기며 서로에게 점점 익숙해졌다. 한 학생은 시간이 지나면서 일어나는 변화에 대하여 "어떤 시점에 이르러 우리 모두가 우리의 공간인 가로에 대해서 걱정하고 있다는 것을 깨달았다. 부족이냐 부족이 아니냐의 구분은 덜 중요해졌다."라고 표현하였다. 학생들은 실천행동 연구자라는 새로운 정체감을 가지면서 그들 지역의 사회적 포용을 위해 일하기 시작하였다. 또 다른 학생은 새롭게 얻게 된 가능성에 대하여 다음과 같이 말하였다. "그 순간 나는 우리가 사회의 변화를 실제로 도모할 수 있다는 것을 느꼈다. 처음에는 정치인의 비전만 연구하면 된다고 생각하였다. 하지만 우리 또한 우리의 비전이 있고 그것은 미래의 발전에 대한 것임을 그때 이해하게 되었다."

당신의 생각은?

1. 다양한 배경 및 정체성을 포함하여 차이를 아우르는 대화와 협력을 시도할 수 있는 공간을 조성하려면 무엇이 필요한가?
2. 당신의 학급이 이러한 공간이 된다는 것은 무슨 의미인가? 당신이 속한 공동체 중에서 다양성과 포용이 확립된 공간을 가진 공동체가 있는가? 그 공동체에서 그러한 공간이 조성되는 과정과 가로에서의 과정을 어떻게 비교할 수 있는가?

용감한 공간 조성하기: 용기와 겸손이 있는 다양성의 대화로 초대

용감한 공간
문화적 긴장과 불편함에도 불구하고 능동적으로 서로에 대해 관여하고 알아 갈 수 있는 공간을 말한다.

문화적 겸손
지속적인 학습에 대한 열린마음과 개인의 성장, 다른 문화와 그들의 전통에 대한 호기심과 진정한 존중, 특권과 권력의 차이에 대항하려는 의지, 그리고 자신의 편견 및 문화적 편견에 대한 자기 성찰 및 비판을 말한다.

다양성과 사회정의의 쟁점을 이야기한다는 것은 어려울 수 있다. 교사 및 학급 동료와 함께 이러한 쟁점을 다루는 것이 불편할 수 있을 것이다. 우리는 이 장에서 호기심, 용기, 겸손을 가지고 이러한 대화에 접근할 수 있는 몇몇 도구를 제공하고자 한다. 이러한 대화가 가능할 것이라는 확고한 믿음을 가진 공동체심리학자로서 우리는 용기를 가지고 긴장 상황으로 다가가서 우리가 서로를 알아가면서 경험하는 불편함에 좀 더 익숙해질 수 있는 용감한 공간(brave space)을 조성하는 것을 목표로 한다(Arao & Clemens, 2013). 이것은 "여는 글'에서 소개한 두타(Dutta, 2017)가 가로 부족 및 비가로 부족 대학생과 함께 조성한 공간과 같은 유형이다. 다양성과 포용을 토론할 수 있는 용감한 공간을 건설하는 것이 중요한 이유는 의미 있는 변화와 상호 이해는 종종 긴장감 속에서 나타나기 때문이다. 마틴 루터 킹 박사는 긴장이 없는 '소극적 평화'에 안주하지 말고 정의가 존재하는 '적극적 평화'로 나아갈 것을 촉구한 것으로 유명하다.

용감한 공간을 만드는 작업을 할 때 용기는 겸손으로 보완하여야 한다. 문화적 겸손(cultural humility)의 자세를 갖춘다는 것은 다양성을 중심으로 서로가 어떻게 관여되어 있는지에 대한 자기 인식과 자기 성찰인 동시에 끊임없는 학습과 성장의 과정이라고 볼 수 있다. 분명히 말하지만 겸손은 당신의 굳은 신념과 가치를 버리라는 의미가 아니다. 대신에 경청하려는 의지와 자신의 관점을 바꾸거나 가다듬을 수 있는 개방성을 뜻한다. 또한 최선의 의도를 가지고 다양성과 관련한 대화를 한다고 해도 우리 모두는 실수를 할 수 있다는 것도 내포한다. 하지만 이를 통해 더 좋은 관계를 맺음으로써 우리 자신과 상대방에게 관대할 수 있다면 분명히 도움이 될 것이다.

이 장에서의 논의는 또한 다원주의(pluralism)의 관점을 취한다. 이는 규준이 되는 문화 또는 집단은 없다는 것을 의미하고, 모든 사람, 모든 문화, 또는 모든 집단은 각 영역에서 각자의 입장이 있고 서로 비교되는 더 나은 것은 존재하지 않는다는 뜻이다. 각 집단은 그 자신의 용어로 이해되어야 한다. 차이를 결함으로 규정하지 않고, 다양성과 관련한 문화적 강점, 공동체의 강점, 인간적인 강점을 찾는 것이다(Trickett, 2009). 물론 다원주의가 그 어떤 행위도 괜찮다거나 어떤 비교나 결론을 금한다는 의미는 아니다. 오히려 다원주의 관점은 차이에 대한 가치 및 의미를 이해해야 하고 가치 판단을 위해서 올바른 정보가 필요하다는 것을 강조한다. 이는 또한 무언가를 할 수 있는 가장 좋은 방법이 단 한 가지만 존재하지 않는다는 것을 의미한다. 궁극적으로 이러한 개념적 도구—용감한 공간, 문화적 겸손, 다원주의—는 당신이 다양성과 포용을 토론할 때 도움이 될 것이다.

> **다원주의**
> 규준이 되는 문화 또는 집단은 없고, 모든 문화, 또는 모든 집단은 각 영역에서 각자의 입장이 있으며, 그 자신의 용어로 이해되어야 한다는 뜻이다. 하지만 모든 신념과 행동이 괜찮다는 것을 의미하는 것은 아니다.

다양성이란 무엇인가

이제는 공동체심리학자가 다양성을 단순히 개인차로 상정하지 않는다는 것이 놀랍지 않을 것이다. 공동체심리학자는 서로 다른 맥락을 가진 사람들의 다양성 및 맥락 간의 다양성을 고려한다. 이들은 맥락에 따라 강조되는 다양성의 영역이 다르다는 것을 강조한다. 공동체심리학의 접근은 우리가 살고 있는 다양한 맥락에서 여러 다양한 영역을 살펴볼 것을 제안한다.

모든 사람은 다양성과 관련되어 있다. 미국 학생 중에는 "다양성"을 백인, 중산층, 이성애자의 규준에서 벗어나는 사람에 관한 연구를 의미한다고 생각하는 이들도 있다. 하지만 사람들 각자는 문화, 인종, 성별, 성정체성, 성적 지향, 그리고 그 외의 여러 다양성의 영역에서 각자의 특성을 가지고 있다. 이것은 교차성(intersectionality)이라는 개념으로, 이 장의 뒤에서 자세히 다룬다. 그리고 우리는 자신만의 독특한 다양성 프로파일을 가진 다른 이들과 교류한다. 개인의 다양한 영역과 그들의 교차 지점을 자세히 살펴본다면, 다양성은 개인 및 공동체 간의 차이점과 유사점을 이해하는 데 중요할 뿐 아니라, 공동체 내의 변산성을 이해하는 데에도 중요하다는 것이 명확해진다. 한 공동체 내에서도 다양성이 존재하기 때문에 한 집단의 모든 구성원이 비슷한 삶의 경험을 갖는다고 단정할 수 없다. 이 장의 목표 중 하나는 다양성의 각 영역에서 당신의 입장과 다른 이들의 입장을 살펴볼 수 있는 좋은 도구를 제공하는 것이다.

1장에서 언급했듯이, 다양성의 존중은 공동체심리학의 핵심 가치이다. 다양성에 대한 쟁점을 고려하는 것이 모든 공동체 연구와 실천행동에 필수적인 것처럼 다양성에 대한 언급은 이 책 전반에 걸쳐져 있다. 이 장에서는 우리가 협력하고, 문제를 정의하고, 강점을 확인하고, 개입을 설계하고, 연구를 수행할 때 다양성을 어떻게 고려해야 하는지를 좀 더 깊게 생각해 보고자 한다.

다음은 다양성에 대한 공동체심리학의 개념을 소개한다. 첫째, 교차성의 개념틀 내에서 다양성의 몇몇 영역을 간단하게 소개할 것이다. 둘째, 사람들이 어떻게 문화적 공동체로 사회화되는지를 살펴보고, 이 과정을 구체화하기 위해 활동 세팅을 예시로 사용할 것이다. 셋째, 문화변용과 사회적 정체성을 살펴볼 것이다. 넷째, 사회 관계와 사회적 불평등에서 권력을 살펴볼 수 있는 억압, 해방, 탈식민지의 개념을 토의할 것이다. 마지막으로, 공동체심리학자에게 문화적 역량이 무엇을 의미하는지 생각할 기회를 가질 것이다.

> **교차성**
> 개인은 문화, 인종, 성별, 성정체성, 사회경제적 지위, 종교, 장애여부 등을 포함하는 복수의 수렴적 정체성으로 구성된다는 개념으로 복수의 정체성은 권력, 기회, 기능, 그리고 접근성에 영향을 미친다.

교차성: 다양성을 이해하기 위한 도구

서로 다른 다양성의 영역이 교차하는 지점을 이해하는 데 도움을 주는 개념이 교차성이다. 교차성은 "복수의 사회적 소속감에 대한 의미와 결과"를 이해하기 위한 분석 접근법이다(Cole, 2009, p. 170). 교차성 이론은 흑인 여성이 경험하는 복합적 형태의 억압을 강조하기 위해 비판적 인종 이론과 흑인 여성주의 학파에서 처음 제안하였다. '교차성'이라는 용어를 만든 킴베를레 크렌쇼 (Kimberlé Crenshaw)는 흑인 여성이 경험하는 차별을 단순히 인종차별 또는 성차별의 단일 영역만으로 분석한다면 이해할 수 없다고 언급하며, 그 이유를 교차로에 비유하여 다음과 같이 설명하였다.

> 4개 방향 모두를 오가는 교차 지점의 교차로를 생각해 보자. 차별은 교차 지점을 지나는 교통의 흐름처럼 한 방향에서 진행될 수도 있고 다른 방향에서 진행될 수도 있다. 교차로에서 사고가 발생하면 이는 특정 방향에서 직진하는 차 때문일 수도 있고, 때로는 모든 방향에서 오가는 차 때문일 수도 있다. 이와 유사하게 교차 지점에 서 있는 흑인 여성이 부상을 당한다면 이는 성차별 또는 인종차별의 결과일 수 있다. 하지만 사고를 재구성하는 것은 쉽지가 않다. 때로는 타이어의 미끄러진 자국과 부상은 그것이 동시에 발생하였다는 것만을 나타내기 때문에 어떤 운전자가 사고를 냈는지 결정하지 못할 수도 있다.　(Crenshaw, 1989, p. 149)

이 인용구에서 크렌쇼가 주장하는 것은 복수의 소외 집단에 대한 사회적 정체성을 가진 사람이 억압을 경험하였을 때는 각 영역을 개별적으로 고려해야 할 뿐만 아니라 동시에도 고려해야 한다는 것이다.

억압을 이해하는 데 도움을 주는 교차성 관점은 또 다른 개념을 이해하는 데에도 도움을 준다. 교차성은 특정한 사회 정체성을 가짐으로써 그 사회에서 노력 없이 얻게 되는 이익인 특권(privilege)을 살펴보는 데에도 사용된다. 또한 한 개인에게 이득을 주는 정체성과 불이익을 주는 정체성을 어떻게 동시에 가질 수 있는지도 설명할 수 있다. 다양한 수준의 분석에서 현상을 조사하는 것과 유사하게 교차성의 개념틀은 다양성의 영역이 어떻게 권력, 기회, 기능, 접근성에 영향을 미치는지 이해하는 데 도움을 준다(Weber, 2010). 교차성은 심지어 실천과 연구에 종사하는 공동체심리학자로서의 우리 자신을 이해하는 데에도 유용하다. 구체적으로 우리의 정체성이 우리가 다른 공동체 세팅(예, 인종, 성적 지향 또는 영성)에서 일할 때 우리의 정체성이 어떻게 도움이 되는지 또는 방해가 되는지를 인식하도록 도와준다(Todd, 2017). 마지막으로 공동체심리학의 핵심 가치인 강점과 안녕을 고려하면, 교차성은 강점, 자원, 그리고 개입 지점(예, 영성, 문화적 자원, 또래 지지 관계망)을 확인하는 데 도움을 줄 수

특권
자신의 사회적 정체성으로 인해 노력 없이 얻게 되는 이익을 말한다.

있다. 예를 들어, 왓슨과 헌터(Watson & Hunter, 2016)는 "강한 흑인 여성"이라는 인지적 도식이 흑인 여성에게 일부 부담으로 연결될 수 있는 반면(예, 정서적 억제나 도움 요청을 꺼림), 이것은 또한 역경에 부딪혔을 때 내적 강인함과 인내심을 유발하기도 한다는 것을 보여 주었다. 종합하면 교차성은 우리가 행동과 경험에 영향을 미치는 많은 중요한 사회 정체성으로 이루어져 있다는 사실, 즉 인간을 총체적으로 인식하는 데 도움을 준다.

공동체심리학에서 다루는 다양성의 주요 범주

이 절에서 다룰 다양성의 범주를 〈표 7-1〉에 제시하였다. 이 범주들이 다양성의 모든 형태는 아니지만, 공동체심리학의 연구와 실천행동에서 자주 다루어지는 주제이다. 여기서는 개괄적인 방향만을 제시하는 것이므로 간략하게 설명하였다. 다양성은 여기서 언급하지 않은 범주를 포함하여 복수의 교차 범주를 가진다는 것을 기억하여야 한다.

〈표 7-1〉 공동체심리학에서 다루는 다양성의 주요 범주

문화	인종
민족	성별
사회 계층	장애 여부
성적 지향	연령
국적과 이민지위	영성과 종교
지역	

문화

문화란 무엇이고, 얼마나 다양한가? 인류학자 및 여러 분야의 사회과학자는 문화를 한 가지로 정의하지 못하였지만, 대신에 명확한 핵심 요소들은 확인하였다(Lonner, 1994). 문화의 핵심 요소는 어떤 집단이 공유하는 의미나 경험을 포함하고 세대를 통하여 전달된다. "아스트리드는 특정 행동 방식이 있다. 왜냐하면 그녀는 스웨덴 사람이기 때문이다."라고 말하는 것은 어떤 정

보도 제공하지 않는다(Lonner, 1994, p. 234). 특정 상황에서 아스트리드의 행동에 대한 문화적 영향을 이해하기 위해서는 그 상황에서 그녀가 선택한 행동에 영향을 끼친 스웨덴의 문화적 요소를 구체화해야 한다. 그 요소는 반드시 스웨덴 문화의 여러 측면을 반영해야 한다. 여기에는 아동에게 가르치는 행동 규범, 문학이나 종교 또는 정치 서적에 반영된 전통, 어떤 개념을 의미하는 스웨덴어로 표현된 단어, 민요, 또는 일상적인 문화적 풍습 등이 포함된다. 문화는 종종 성인이 가족 사회화 풍습 및 공교육을 통해서 아동에게 전달하려고 하는 것에서 나타나기도 한다. 이렇게 문화를 전승하는 과정을 문화화(enculturation)라고 한다. 공유하는 언어, 일상의 일과, 사회적 역할, 그리고 사고, 감정, 행동의 규준은 심리학자가 중요하게 생각하는 문화적 표현이다(Kitayama & Marcus, 1994). 이질적 집단이 함께하는 다문화 사회는 다른 문화 집단 간의 경계가 다소 유동적이다. 모든 사회에서 문화는 역동적이며 시간이 지나면서 변한다. 문화는 공동체심리학자의 연구에 필수적인 영역이다(Gomez & Yoshikawa, 2017; O'Donnell, 2005).

문화화(문화 적용)
언어, 지식, 의식과 기타 행동, 그리고 사회적 역할과 사고·감정·행동 규준을 포함하는 문화가 전승되는 과정을 의미한다.

공동체심리학자는 다양한 분석 수준에서 문화가 공동체에 미치는 영향을 살펴본다(Kral et al., 2011; Trickett, 2009). 즉, 문화의 영향은 개인과 가족의 기능, 조직의 실무, 그리고 지역 공동체와 사회 규범 등에서 찾아볼 수 있다. 공동체에 작용하는 문화의 맥락적이고 생태학적인 영향력을 이해하기 위해서는 문화적 영향력이 어떻게 공동체의 규준과 과정-의사결정 과정, 갈등 해결 과정, 자원 분배 과정-을 구성하는지를 이해하려고 노력해야 한다(Bond & Harrell, 2006). 세팅의 문화적 맥락을 충분히 이해하기 위해서는 시간의 경과에 따른 변화 양상을 추적할 수 있는 역사적 자료와 사회정치적 자료가 필요하다.

당신의 생각은?

1. 당신은 당신의 문화에 대한 역사와 전통을 어떻게 이해하고 있는가? 그것은 시간이 지남에 따라 어떻게 변화해 왔는가?
2. 당신은 언제 자신을 특정 문화의 관행과 규범을 내면화한 사람이라고 느끼는가? 또한 언제 당신의 문화가 느껴지지 않을 수 있다고 생각하는가?

인종, 민족, 성별, 사회 계층

인종, 민족, 성별 및 사회 계층은 미국의 공동체심리학 연구와 실천행동에서 가장 많이 토론되는 다양성의 범주이다. 공동체심리학이 발달해 온 맥락을 비추어 볼 때, 이 범주들이 사회 쟁점을 정의하고 주장하는 중심적 역할을 하였다. 다른 지역(예, 아시아 또는 아프리카의 공동체심리학) 또는 미래(예, 30년 후 미국의 공동체심리학)에는 다양성의 다른 범주가 강조될지도 모른다.

인종   인종(race)은 "신체적 기준을 바탕으로 사회적으로 정의된" 것이다(Van den Berghe, Jones, 1997, p. 347에서 인용). 인종은 종종 민족과 혼동되지만 그것과는 다르다. 사람들은 피부색이나 머릿결과 같은 관찰 가능한 신체적 특성에 대한 가정을 바탕으로 인종을 구분한다. 다음 절에서 더 자세히 살펴보겠지만, 민족은 언어, 국가의 기원, 풍습, 가치와 같이 신체적 외모와 전혀 관련이 없는 "문화적 기준을 바탕으로 사회적으로 정의된" 것이다(Van den Berghe, Jones, 1997, p. 358에서 인용).

인종에 대한 기본 가정은 생물학적으로 뚜렷이 구분되는 집단이 있고, 이러한 구분은 인간의 행동 및 능력과 관련된다는 것이다(예, 지능; Smedley & Smedley, 2005). 인종은 서구 심리학적 사고에서 생물학과 유사한 위치를 차지해 왔다(Zuckerman, 1990). 인종을 생물학적 사고를 바탕으로 정의하는 방식은 인종 우월성의 근거를 제공하였다. 예를 들면, 생물학 및 심리학적 차별주의자의 가정은 우생학 운동, 아리아인의 우월성을 반영한 나치 이론, 유럽인의 우월성을 담은 식민주의 이론, 제한적인 미국의 이민법, 그리고 미국의 노예제도와 분리교육 정책, 남아프리카공화국의 아파르트헤이트의 역사를 지지하였다. 인종을 생물학적 관점으로 바라볼 때 발생하는 악영향으로 인해 인종을 신중하게 정의해야 할 중요성이 부각되었다.

심리학자, 인류학자, 그리고 생물학자는 생물학적 인종의 차이가 의미가 없다는 결론에 이르렀다(American Anthropological Association, 1998; Betancourt & López, 1993; Helms, 1994; Jones, 2003; Smedley & Smedley, 2005). 인종 간에는 생물학적 차이보다 오히려 유사점이 더 많다. 인간 게놈 프로젝트 연구는 사람 간의 유전적 유사성, 즉 DNA 수준에서의 유사성이 99.9%라는 것을 발견하였다. 이 프로젝트의 책임 연구자는 "특정 집단 간 인종의 경계를 확실히 구분하여 합법적 정당성을 부여하고자 하는 사람에게 과학은 도움이 되지 않을 것이다."라고 결론을 내렸다(Collins & Mansoura, 2001, p. 222). 더욱이 대부분의 유전적 변이는 사회적으로 정의한 인종 집단 간보다 그 인종 집단 내에서 존재하였다. 머릿결과 피부 색깔처럼 우리가 관찰할 수 있는 차이는 지역에 따라 다르게 나타났다. IQ 점수 또는 학업 성취에서 나타나는 인종 간 차이는 생물학적 원인보다 역사적, 사회적 및 계급의 차이에 의해서 발생한다. 인종, 유전, 그리고 지능에 관한 유명한 리뷰 연구에서 스턴버그와 동료들(Sternberg et al., 2005)은 "IQ 또는 학업 성취에서의 인종 차이가 유전에서 기인한다는 발언은 모든 것을 고려해 볼 때 비약적 상상이다."라고 하였다(p. 57).

하지만 사회적으로 구성된 지위, 권력 및 자원이 인종에 따라 계층화되기 때문에 인종은 많은 사회에서 고려되어야 할 사안이다(Jones, 2003; Smedley & Smedley, 2005). 스턴버그와 동료들(Sternberg et al., 2005)은 IQ와 유전을 관련시키는 것이 비약적 상상이지만, 이것이 기존의 사회 계층화를 정당화하기 위해 사용된다고 주장하였다. 심지어 인종을 구별하는 기준이 시대 및 지역에 따라 달라짐에도 불구하고 인종이 중요한 문제로 거론되는 이유는 인종차별이 여전히 자행되기 때문이다. 대부분의 미국 사회에서 백인은 다른 민족 집단의 구성원과 비교하여 인종에 대하여 많은 관심을 기울이지 않아도 되는 특권을 가지고 있다. 왜냐하면 그들은 인종적 편견과 차별을 덜 경험하기 때문이다. 반면, 유색인은 자신의 인종에 대하여 더 자주 인식하고 있다. 두 집단의 삶의 경험과 관점에 대한 이러한 차이는 강력한 사회적 역동을 반영한다. 미국에서 인종의 구분은 노예 제도와 분리교육 정책의 역사, 그리고 그것에 정당성을 부여하는 백인 우월주의를 바탕으로 한다. 오늘날 사회정치적이고 경제적인 권력에서 나타나는 차이는 그러한 우월주의의 가정이 이어져 내려와 (때로는 인식하지 못한 채) 유지되고 있는 것이다(Sue, 2004).

미국은 아프리카 조상을 가진 적어도 3개의 집단이 존재한다. 노예 시대에 미국으로 건너와 대를 이어 살고 있는 미국인 아프리카계-중미(캐러비안) 또는 아프리카계-남미(라틴) 배경의 미국인 그리고 아프리카의 다양한 지역에서 이주한 최근의 이민자로 나눌 수 있다. 하지만 이들 모두는 미국에서 인종차별을 경험하였다.

어떤 전문적인 용어로도 미국 및 다른 여러 사회에서 보이는 인종의 다양성을 완전히 만족스럽게 묘사하기는 어렵다. 인종에 대한 거의 모든 용어와 정의는 어떤 면에서는 인종 억압을 반영하고 계속해서 지속시킨다(인종, 민족, 그리고 유사한 용어의 개념에 대해서는 Birman, 1994; Helms, 1994; Jones, 1997 참조). 적어도 미국의 공동체심리학은 인종과 관련한 쟁점을 토의하기 위해서 이 용어들의 문제점에도 불구하고 인종에 대한 사안을 다루지 않을 수 없다(Griffith et al., 2007; Suarez-Balcazar, 1998; Trickett et al., 1994).

민족   민족(ethnicity)은 자신의 조상 또는 원문화를 기반으로 하여 현재 사는 곳의 문화에 의해 수정된 사회 정체성으로 정의할 수 있다(Helms, 1994; Jones, 1997). 이 용어는 그리스어의 부족 또는 국가를 뜻하는 'ethnos'라는 단어에서 파생되었다. 민족은 언어, 풍습, 가치, 사회적 관계 및 문화의 주관적인 여러 측면에 의해 규정된다. 심리학 연구에서 민족은 단순한 인구통계학적 분류로 정의될 수도 있고, 아니면 한 집단 또는 모집단이 공유하는 문화적 특성이 될 수도 있으며, 또는 민족 정체성(개인이 민족성과 자아의식을 통합하는 정도)을 나타내기도 한다(Birman, 1994). 이 중 어떤 의미로 정의되고 있는지는 해당 연구 또는 사회적 맥락을 살펴보는 것이 중요하다.

미국에서 진행되는 연구는 종종 여러 민족 집단을 묶어서 하나의 집단처럼 사용한다. '히스패닉' 또는 '라티노/라티나/라틴엑스'는 푸에르토리코인, 쿠바인, 도미니카인, 멕시코인, 스페인인, 또는 그 외 다른 조상을 가진 사람을 지칭한다. 아시아계 미국인 내에도 많은 민족과 국가가 포함된다. 미국 원주민도 다양한 부족 및 다양한 문화적 전통을 대표하는 단어이다.

민족은 또한 단순히 국가가 아니다. 예를 들면, 인도는 상당한 다민족 국가이다. 4장의 '여는 글'에서 보았던 인도 북동쪽에 위치한 가로 지역의 오랜 민족 갈등을 해결하기 위해 실시한 참여 실천연구 프로젝트를 상기해 보라. 북미에서는 한 민족 내에서도 두 개의 문화가 공존하는 경우가 종종 있다. 중국계 미국인이 되는 것은 단순히 중국인이어서가 아니라 중국 문화와 미국 문화가 상호작용(갈등을 포함한)하고 있는 것으로 규정한다(Sasao & Sue, 1993).

당신의 생각은?

1. 당신의 인종과 민족성을 어떻게 규정하겠는가? 두 영역이 다른가? 그것들이 당신의 삶, 낯선 사람 또는 친구들과의 상호작용, 인생 계획, 대학 선택 및 친구 관계에 어떻게 영향을 미치는가?

2. 당신은 다른 인종 또는 민족성을 가진 사람들과 얼마나 많은 의미 있는 관계를 맺고 있는가?

성별 남성과 여성의 차이를 인식하는 것은 사회적으로 구조화된 개념과 '생물학적 성'의 차이를 바탕으로 한 개념으로 나눌 수 있다. 성(sex)은 일반적으로 태어나면서 정해지고 성별(gender)은 좀 더 복잡하다. 성별은 출생 시 부여받은 성에 대한 대중의 태도, 사회적 역할, 법, 사회 제도에서 해석되고 반영되는 방식을 우리가 어떻게 이해하고 있는지를 나타낸다. 성별은 남성과 여성을 뛰어넘는 광범위한 스펙트럼을 의미한다.

성별은 단순한 인구통계학적 범주가 아니라 자원과 권력의 분배를 포함하는 중요한 심리적이고 사회적인 과정을 보여 준다(Bond & Wasco, 2017; Gridley & Turner, 2010). 일상의 성별 경험에는 남성과 여성의 행동에 대한 기대뿐만 아니라 성역할 기대를 따르지 않는 사람에게 미칠 잠재적 결과도 포함한다(Fields et al., 2010; Mankowski & Maton, 2010). 지난 50년 동안 많은 사람이 자신의 성별 규범에 부딪혔을 때 사회적 기회의 제한(예, 한쪽 성별에는 부적절하다고 여겨지는 직업, 임금 격차)에 대하여 반대하고 항의를 하였다. 공동체심리학자는 한 집단이 다른 집단보다 더 많은 특권이 부여되는 세팅에 점점 더 많은 관심을 기울이고 있다(Bond & Wasco, 2017). 예를 들면, 자신을 트랜스젠더 또는 성별 비순응자(gender nonconforming)로 인식하면서 출생 시 부여받은 성과 다르게 자신을 표방하며 생활하는 사람의 경험을 포함하여 성정체성 및 표현의 중요성에 주목하고 있다(Harper & Wilson, 2017; Hoy−Ellis & Fredriksen−Goldsen, 2017). 성정체성은 개인이 여성, 남성, 두 성의 혼합, 또는 다른 성별 등으로 스스로를 인식하는 내면화된 확고한 느낌이다(APA, 2015). 이는 이분법적이라기보다 성별이 남성과 여성의 양쪽을 기준으로 스펙트럼상에 위치할 수 있다고 여기며, 성적 지향과 관련되면서도 그것과는 구별되는 개념이다. 공동체심리학에서 성별과 성정체성은 개인의 정체성에 중요한 측면이고, 사회 문제를 어떻게 정의하고 다룰 것인지에 영향을 준다.

사회 계층   사회 계층은 주로 수입 또는 재산(사회경제적 지위, Socioeconomic Status: SES)의 측면에서 정의되기도 하지만, 은연중에 또는 명시적으로는 그 사회에서 어디에 속해 있는지를 말할 때 일반적으로 사용된다. 그러므로 이것은 직업과 교육의 지위가 포함된 복합 개념으로 이해되어 통상적으로 이 사람의 미래 전망, 직업에 대한 포부, 심지어 어디에 살 수 있을지에 대한 가정이 포함된다. 사회 계층이 다르면 관심 사안에 대하여 다른 결과를 초래할 수 있기 때문에 사회 계층을 다면적으로 이해하는 것은 중요하다(case et al., 2018). 또한 주관적으로 인식하는 자신의 사회 계층은 수입이나 학업 성취보다 건강에 더 중요하고 강력한 예측 변인이 되기도 한다.

사회 계층은 공동체심리학의 중요한 범주이다. 연구에서는 인구통계학적인 정보로만 쓰이는 경우가 많지만, 실제로는 경제적 자원 및 기회와 같은 권력의 차이를 보여 준다(Bullock, 2017; Nelson & Prilleltensky, 2010). 또한 정체성과 자아상, 대인관계, 사회화, 웰빙, 생활 환경, 교육 기회, 그리고 많은 심리학의 쟁점에 영향을 준다(APA, 2006; Bradley & Corwyn, 2002; McLoyd, 1998). 심리학자는 뒤늦게야 사회 계층과 관련한 심리적 쟁점에 관심을 가지게 되었다(Lott & Bullock, 2001; Ostrove & Cole, 2003). 개인의 건강과 웰빙에 영향을 주는 공동체 맥락으로 사회 계층과 증가하는 경제적 불평등이 중요한 요인이라는 인식은 미국의 공동체심리학자들 사이에서 점점 높아지고 있다(Bullock, 2017).

당신의 생각은?

1. 사회경제적 요인이 당신의 삶에 어떻게 영향을 주고 있는가? 그 요인이 당신이 받았던 교육의 질, 당신의 대학 선택, 대학에서의 당신의 경험에 어떻게 영향을 주었는가?
2. 시간을 많이 빼앗기는 아르바이트를 해야 할 상황이었거나 또 다른 경제적 스트레스로 학업에 방해를 받은 적이 있는가?

공동체심리학에서 더 주목받은 다양성의 범주

이 절에서 살펴볼 다양성 범주는 공동체심리학에서 점점 그 인식이 높아지면서 관심을 받는 주제이다. 공동체심리학 및 관련 학문에서 다양한 분야의 연구자와 현장실무자가 팀을 이루는 연구가 늘어남에 따라 이 범주들의 연구와 실천행동은 새롭게 급부상하고 있다.

장애 여부 대부분의 사람은 삶의 어느 순간에 신체적 또는 정신적 장애를 경험할 것이다. 하지만 우리는 장애가 있는 사람이 공동체 생활에서 겪는 차별과 장애물에 대해서는 종종 간과한다. 장애는 신체적 또는 인지적 기능을 의미하는 것이지만, 공동체심리학자는 생태학적 렌즈를 사용하여 환경이 제대로 기능하지 못하는 부분이나 사람과 맥락 간의 상호작용을 살펴본다 (McDonald et al., 2017). 공동체심리학자는 장애 여부의 사회적 경험에 초점을 맞추면서 장애로 인한 삶의 경험이 비장애인과 어떻게 다른지 조사한다 (White, 2010). 장애가 있는 사람들은 자신의 존재를 불편해 하는 사람으로 인해 투명 인간이나 기피 대상이 되는 것처럼 느끼는 경우가 많다. 장애가 있는 이들은 단지 장애가 있다는 사실만으로 자신의 능력에 대한 사실이나 정보를 무시당한 채 본인이 가진 다른 능력도 부정당하는 경험을 한다. 장애를 바탕으로 차별이 발생하는 사회에서는 공동체 구성원이 사회에 가치 있고 도움되는 일원으로 공동체 생활에 참여하는 것을 방해한다. 화이트(White, 2010)는 장애인 차별을 "장애를 가진 개인의 특성과 능력을 사실에 근거하지 않은 채 부정적으로 판단하는 것"(p. 432)이라고 정의하였다. 공동체심리학자는 신체장애인과 정신장애인의 낙인으로 인한 능력 무시, 기회 제한, 그리고 접근성 문제 등에 관한 연구에 초점을 맞추고 있다(예, Fawcett et al., 1994; Kloos, 2010; McDonald et al., 2007).

당신의 생각은?

1. 당신은 장애와 비장애와 관련하여 어떤 경험이 있는가? 당신의 신체적 또는 인지적 능력이 다른 맥락에 접근하거나 상호작용할 때 어떻게 영향을 주었는가?

2. 당신이 장애 여부가 어떤 세팅에서의 당신의 공동체 의식에 긍정적 또는 부정적인 영향을 미친 적이 있는가?

성적 지향   성적 지향은 완전한 이성애에서 완전한 동성애까지의 연속선상에서 이해하는 것이 도움이 될 것이다. 이것은 성적 매력, 낭만적 사랑 및 그와 관련한 정서 등에 깔린 근본 성향을 말한다. 개인이 지닌 성적 지향과 타인에게 보여주는 사회적 행동이 항상 일치하는 것은 아닌데, 그 이유는 이성애자여야 한다는 사회적 압박 때문이다(Gonsiorek & Weinrich, 1991; Rivers & D'Augelli, 2001). 성적 지향은 성정체성과 다르다. 성정체성은 심리학적으로 남성 또는 여성으로서의 자아감을 말한다. 또한 성적 지향은 성역할과도 구별되는데, 성역할은 남성성과 여성성(예, 옷차림 또는 외모)에 대한 사회적 규준에의 집착을 뜻한다. 게이, 레즈비언, 또는 양성애자가 되는 것은 많은 사람에게 중요한 사회적 정체성이며, 이 영역도 공동체심리학에서 점점 더 중요하게 인식되고 있다(D'Augelli, 2006; Harper & Wilson, 2017; Lehavot et al., 2009; Wilson et al., 2010).

당신의 생각은?

1. 당신의 성적 지향은 어떠한가? 당신의 성적 지향이 당신의 일상, 친구 관계, 진로 계획 및 다른 선택에 어떻게 영향을 끼치는가?

2. 당신의 성적 지향이 어떤 세팅의 공동체 의식에 영향을 끼치는가? 어떻게 영향을 미치는가?

연령   아동, 청소년, 그리고 젊은이와 노인은 심리적이고 신체적인 관심, 발

달 과정, 그리고 공동체 참여 정도가 다르다(Ozer & Russo, 2017). 또한 나이가 들면서 가족, 공동체, 직장 및 사회에서의 관계와 권력 역동 등이 변화한다(Cheng & Heller, 2009; Gatz & Cotton, 1994). 공동체심리학은 연령이 공동체 참여의 가능한 역할과 통로를 어떻게 구조화하는지에 관한 연구를 시작하였다. 이 연구들은 아동과 청소년이 의사결정 과정의 이해관계자로서 포함되는 방법뿐만 아니라 노인이 공동체에서 자신의 능력과 기술을 이바지할 기회를 갖는 방법 등에 주목한다(Cheng et al., 2004; Liegghio et al., 2010).

당신의 생각은?

1. 당신은 성인이 되었다는 것을 어떻게 경험하였는가? 이것이 당신이 맺을 수 있는 관계 및 얻을 수 있는 기회의 가능성을 어떻게 바꾸었는가?

2. 당신이 경험하는 "나이 들어감(aging)"과 다른 사람의 경험을 비교하면 어떠한가? 그것을 노화에 대한 사회와 공동체의 규범과 비교하면 어떠한가?

국적과 이민 지위   전 세계 사람들의 이민이 새로운 현상은 아니지만, 2015년을 기준으로 출생 국가가 아닌 나라에 사는 사람은 2억 5천만 명으로 점점 늘어나고 있는 추세이다(International Organization for Migration, 2018). 그들은 전쟁 또는 충격적인 사건 때문에 자국에서 타국으로 내몰린 경우도 있고, 새로운 경제적 기회를 빌미로 타국에서 잡아당긴 경우도 있다. 이민자가 겪는 경험은 상당히 다양할 수 있는데, 이러한 경험에 영향을 끼치는 요인에는 이민자의 출신 국가, 사회 계층, 인종, 성별 및 종교뿐만 아니라 이민한 곳의 이민법, 경제, 정치 및 새로 온 사람을 받아들이는 해당 지역의 규준 등이 있다. 맥락과 관계없이 많은 이민자, 특히 최근의 이민자는 차별과 어려움으로 고통을 받고 있다. 미국에서는 장기 거주자의 추방이 지난 수십 년 동안 증가하였고, 이는 개인, 가족, 그리고 공동체에 많은 악영향을 끼치고 있다(Langhout et al., 2018). 공동체심리학자는 이민자의 경험을 더 잘 이해하고, 문화를 이해한 정신건강 접근법을 개발하며, 개인과 공동체의 웰빙을 지원하는 지속적인 개입을 위해 이민 공동체와 협력하는 것에 관심이 있다(Birman & Bray, 2017).

영성과 종교   영성과 종교는 사람들의 건강과 웰빙의 중요성 그리고 공동체
에서의 영적 제도와 관행의 중요성 때문에 공동체심리학에서 관심을 가지고
있다(Kelly, 2010; Todd, 2017). "영성(spirituality)"과 "영적(spiritual)"이라는 용어
는 종교적 전통 및 초월적인 것과 관련한 여러 관점을 포괄하는 개념으로 사
용되고 있다. 영성과 종교는 종종 문화 및 민족과 밀접한 관련이 있다. 역사와
정체성에 영향을 끼친 종교 제도와 영적 관행을 살펴보지 않고는 그 문화를
이해하는 것은 불가능하다. 하지만 종교와 영성이 곧바로 문화는 아니다. 오
히려 많은 종교와 영적 전통은 다문화적이며, 많은 문화에는 여러 종교와 여
러 영적 공동체가 존재한다. 이러한 상호 의존 관계는 복잡할 수 있다. 공동체
심리학자는 전 세계의 신앙 전통의 다양성에 관하여 점점 더 많은 연구를 하
고 있다. 종교가 편협함과 부당함을 조장할 수도 있지만, 다른 면에서는 공동
체의 권력을 강화하고 공동체 조직화와 사회변화를 위한 장소를 제공할 수도
있다(Todd, 2017).

지역   서로 다른 지역에 산다는 것은 삶의 경험의 차이를 만들어 내기 때문
에 개인에게 많은 영향을 준다. 지역은 종종 시골·교외·도시 공동체로 구
분하며 각각은 다른 특징을 보인다고 알려져 있다. 지역 유형이 개인의 삶 또
는 지역 공동체 실천행동에 어떻게 영향을 주는지에 대한 예시로, 시골 지역

의 경우에는 지리적으로 서로 떨어져 있고, 의료 및 다른 서비스의 접근이 제한적이며, 배타적 사회 관계망 때문에 새로 이사한 사람이나 외부자와 신뢰를 쌓기 어려울 수 있다(Bierman et al., 1997; Muehrer, 1997). 교통은 거의 모든 시골 공동체에서 개선해야 할 과제이다.

반대로, 다양성과 변화는 도시 생활의 특징이다. 다양성의 이해, 새로운 대인관계 구축, 변화하는 환경에의 적응 등을 어떻게 익히는가는 도시 생활에 중요하다. 물리적 환경과 개인의 삶의 관계도 지역마다 다르다. 마지막으로, 빈곤한 도시와 시골 지역은 교외 및 부유한 도시보다 경제적 자원이 매우 부족하다. 경제적 자원은 학교, 보건 복지 및 의료 제도, 지역사회 주요 기관 및 조직 등을 작동하게 하는 원천이다.

그렇다고 동일 지역에 사는 모든 구성원이 비슷하다고 말할 수는 없다. 각 지역의 독특성이 존재하고, 사람들이 머무르는 장소(주거, 일, 취미 활동)에 대한 관여 수준도 다르다. 또한 같은 지역에서도 더 우세한 정체성이 있을 수 있다. 예를 들면, LGBT 청소년이 '커밍아웃'을 고려할 때 지역의 맥락은 아주 중요하다. '성적 지향의 공개'와 관련된 괴롭힘이나 희생을 강요하는 비율은 미국과 영국의 시골 지역과 작은 마을의 청소년에게서 높게 나타났다(Kosciw et al., 2015; Sherriff et al., 2011).

지금까지의 설명은 일반적인 경향성에 관한 것임을 기억하자. 5장에서 우리는 이웃이 시민 활동뿐만 아니라 개인의 발달 및 삶의 질에 얼마나 중요한 맥락을 제공하는지 살펴보았다. 지역의 차이로 인한 삶의 경험은 다양성의 한 유형으로 볼 수 있다.

당신의 생각은?

1. 당신은 시골, 작은 마을 또는 큰 도시 중 주로 어디에서 성장하였는가? 당신이 자랐던 동네를 어떻게 설명하겠는가? 이 맥락이 당신의 발전과 웰빙을 어떻게 높이거나 막았는가?

2. 당신이 다른 유형의 여러 지역에서 살았다면, 그 지역 간의 차이점과 유사점은 무엇인가?

교차적 접근법 취하기 다음 내용으로 옮겨 가기 전에 당신 삶의 다양성 영역에 대하여 조금만 더 깊게 생각해 보자. 자신을 돌아보게 했던 지금까지의 질

문에 대한 당신의 대답을 살펴보고 이 모든 범주가 당신을 어떻게 규정하고 있는지 생각해 보라.

당신의 생각은?

1. 가족 내에서의 당신을 이해하기 위해 가장 중요한 다양성의 범주는 무엇인가? 대학에서의 당신을 이해하기 위해 가장 중요한 다양성의 범주는 무엇인가? 직장에서의 당신을 이해하기 위해 가장 중요한 다양성의 범주는 무엇인가? 당신의 학과 친구들과 동료들의 관점을 이해할 때 고려해야 할 가장 중요한 범주는 무엇이라고 생각하는가?
2. 당신의 친구는 다양성의 어떤 범주로 설명할 수 있는가? 당신이 위기 상황에서 찾게 될 사람인 지지의 원천은 다양성의 어떤 범주로 설명할 수 있는가?

사회적 공평
불이익을 받았던 공동체는 특권이 부여되었던 공동체보다 더 많은 관심과 자원이 필요하다는 것을 인식하면서 각 공동체가 번영하는 데 필수적인 것들을 보장해 주는 것을 말한다.

사회적 평등
제공되는 자원과 관심을 포함하여 모든 공동체를 동일하게 대우하는 것을 의미한다.

사회적 불공평
자원의 부족은 교육, 건강 관리, 직업의 기회가 줄어들게 되고, 극단적인 경우에는 공동체 구성원의 재산권, 투표권, 언론/집회의 자유 및 시민권도 위협을 받을 수 있다. 기회의 부족은 기회의 상대적인 이용가능성을 고려해야 한다.

사회적 불공평

공동체심리학의 사회정의 가치는 공동체 내부의 사회적 조건과 기회를 살펴보게 한다. 많은 공동체심리학자가 지향하는 목표는 사회적 공평(social equity)으로, 각 공동체가 번영하는 데 필수적인 것을 보장해 주는 것을 의미한다. 이것은 모든 공동체를 똑같이 대우한다는 사회적 평등(social equality)과는 다른 목표이다. 공평의 개념은 어떤 공동체가 과도한 불이익을 받아 왔고 그들에게 필요한 것들이 지금까지 투자되지 않았다면, 지금까지 많은 특권이 부여되었던 공동체보다 더 많은 관심과 자원이 필요하다는 것을 인식하는 것이다.

공동체 내 그리고 공동체 간의 사회적 불공평은 개인 수준에서가 아닌 다양한 수준에서 복합적으로 분석할 때 더 명확해진다. 사회적 불공평(social inequities)은 특정 집단이 이용할 수 있는 사회적이고 경제적인 자원이 부족하여 교육, 건강관리, 또는 직업 등에서 기회가 줄어들 때 발생한다. 더 극단적인 경우로는 한 집단의 사회적 지위가 떨어지게 되면 그 집단 구성원의 재산권, 투표권, 언론/집회의 자유 및 시민권이 위협을 받을 수 있다. 미국에서는 집단에 따라 질병률의 차이가 나는 것에 관심이 높아지고 있다(Lounsbury & Mitchell, 2009; Rapkin et al., 2017; Weber, 2010). 이러한 건강 불균형은 사회경제적 요소 때문이기도 하지만, 최근의 연구에서는 인종차별과 역사적 상처로 인한 건강 불균형의 사회적 측면에 주목하고 있다(Gone et al., 2019; Faust et al., 2015). 예를 들면, 심지어 비슷한 임금 수준에서도 아프리카계 미국인이 다른 인종의 미국인보다 심장 질환과 고혈압을 진단받은 비율이 더 높게 나타 났다(Braveman et al., 2010; Case et al., 2018).

　여기서 중요한 것은 불공평은 절대적이고 추상적인 이론이 아닌 관계에서 유발된다는 것이다. 공동체심리학자는 특정 공동체 또는 특정 집단이 교육, 직장, 거주의 기회를 갖지 못할 경우, 그 지역 내와 그 지역 간에 이러한 기회 의 가능성이 얼마나 되는지를 살펴서 비교할 필요가 있다. 공동체심리학자는 개인의 교육 성과, 질병과 건강의 불균형, 그리고 다양한 사회적 쟁점이 사회 적 조건의 차이 때문에 발생한 것은 아닌지를 조사한다. 공동체심리학자는 또 한 불공평을 경험하였다고 생각하는 사람의 웰빙과 적응적 기능을 증진할 수 있는 개입을 통해 사회적 불공평을 해결하는 것에 초점을 둘 수 있다. 사회적 불공평을 다루는 것은 개인의 웰빙과 공동체의 웰빙을 이어 주는 강력한 방법 이 될 수 있다(Griffith et al., 2007; Kim & Lorian, 2006).

문화의 경험과 다양성 차원: 문화적 공동체의 사회화

　우리는 우리를 키워준 사람을 좋아하든 아니든 많은 측면에서 그 사람과 닮 아 간다. 당연하지 않은가? 우리의 가정과 우리가 속한 문화 공동체는 우리가 살아가기 위한 언어, 가치, 기술을 배우는 장소이다. 우리는 똑똑한, 아름다운, 효율적인, 그리고 선한 것이 의미하는 바를 배운다. 또한 어떤 사람을 신뢰하 고 어떤 이를 멀리해야 하는지도 배운다. 감정을 적절히 표현하는 법, 예의 바 르게 행동하는 법과 존경을 표하는 방법, 그리고 반대 의견을 내는 방식도 배 운다. 우리는 사람들과 집단이 사회에서 가치를 표방하는 방식에는 차이가 있 음을 이해하는 법을 배운다. 우리는 남들과 구별되는 나만의 가치와 삶의 방 식을 구축하는 능력을 키우려고 노력하면서도 맥락에서의 내가 누구인지 이해 하기 위해서는 문화의 사회화 과정을 반드시 알아야 한다. 당신이 어떤 맥락 에서는 편안함을 느끼고 다른 맥락에서는 불편한지에 대한 이유도 문화의 사 회화 과정을 이해한다면 설명할 수 있다.

이 절에서는 이러한 문화적 사회화 과정의 핵심인 매일의 활동 세팅에서 행해지는 일상적 참여 행동을 살펴볼 것이다. 5장의 생태학적 맥락의 개념 모델로 소개한 활동 세팅의 개념을 기억해 보라. 활동 세팅은 단순히 물리적 세팅만이 아니라 세팅에 참가하는 참여자가 발달시킨 주관적 의미를 뜻한다 (O'Donnell & Tharp, 2012). 활동 세팅은 일상의 문화적 관습과 우리가 생활하고, 배우고, 일하고, 즐기는 장소에서 타인과 계속되는 상호작용이 개인의 발달과 이해를 어떻게 만드는지에 주목한다. 이러한 일상의 과정이 우리를 만들어 내고, 또한 우리의 문화 공동체를 유지하며 변화시킨다. 다음의 두 가지 예시는 활동 세팅의 참여를 통해 그들이 공유한 의미를 어떻게 발달시키는지 보여 준다. 두 예시 모두에 제시된 활동 세팅은 이들의 정체성을 평가 절하하는 더 큰 지배 문화 속에서도 개인과 공동체의 웰빙을 조성하는 맥락을 제공하였다. 이 예시는 이 장의 뒤에서 설명할 억압과 해방의 개념 및 문화에 기반한 프로그램 설계를 소개할 때 다시 언급할 것이다.

활동 세팅의 활성화는 알래스카 원주민 등의 공동체가 문화적 강점과 전통을 통해 현재의 문제를 해결하는 데 도움을 줄 수 있다.

출처: Stock.com/RyersonClark

알래스카 원주민 공동체에서 활동 세팅의 활성화

첫 번째 예시는 공동체심리학자와 함께 청소년 자살 예방 개입법을 개발한 알래스카 원주민 공동체의 이야기이다. 알래스카 원주민은 청소년이 그들의 문화 전통 의식과 사회화 관습을 답습하지 못한 채 고통스러워하는 것을 목격하고 개입의 실행을 결심하였다. 이곳의 지도자들은 그들이 개발한 자살 예방 개입이 개인과 공동체의 웰빙을 위한 중요한 활동 세팅을 활성화하고 재구상하는 것이라고 설명하였다(Ayunerak et al., 2014). 선교사가 이 공동체에 들어왔을 때, 여러 가족이 함께 살 수 있는 형태의 전통적인 주거지를 폐쇄하고 혹독하게 추운 시골 환경에는 적합하지 않은 단일 가족 형태의 주거지를 만들었다. 이후 공동체 구성원은 힘을 모아 예전 형태의 주거지로 재건하였다. 이렇게 활성화된 활동 세팅은 "모든 공동체 구성원이 서로에게 얼마나 필요한 존재"인지를 강조하는 의미 있는 공동체 의식 및 여러 세대를 연결하는 공간이 되었다(Ayunerak et al., 2014, p. 95). 이러한 주거지의 재구상을 실천하는 것은 과거의 향수를 재현한다는 의미가 아니라, 강력한 문화적 전통의 일상과 가치를 적용하여 공동체의 아동 및 청소년의 생존, 성장, 웰빙의 새로운 가능성을 보여 주는 것이었다.

활동 세팅으로서 대항공간 구축하기

5장과 6장에서 살펴본 것처럼, 대항공간은 소외된 개인의 웰빙을 높이기 위해 이들의 정체성을 결함에 초점을 맞춘 사회의 서사 구조에 도전하는 활동 세팅으로 볼 수 있다. 케이스와 헌터(Case & Hunter, 2012)는 대항공간에 참여하는 것이 어떻게 자신의 긍정적인 정체성을 발달시키고, 더 큰 사회에서 평가 절하된 자신을 드러내는 저항 행동으로 이끌 수 있는지를 설명하였다. 대항공간은 참여자 간에 의미 있는 의사소통을 통해 사회적 지지를 제공하고, 억압적 맥락을 극복하고 나아갈 수 있도록 도움을 받을 수 있다. 대항공간은 LGBT를 위한 대학 캠퍼스의 하숙집처럼 작고 비공식적일 수도 있고, 아프리카계 미국인 학생의 국제적 연결망처럼 크고 공식적일 수도 있다. 공동체심리학자는 대항공간을 연구하여 소외된 개인이 억압에 부딪혔을 때 어떻게 적응적으로 반응하는지 뿐만 아니라 웰빙을 높이는 새로운 활동 세팅을 어떻게 강화하고 구축하는지를 더 잘 이해하려고 노력한다.

정체성 발달과 문화변용

> 그는 항상 미국인과 흑인으로 분리된 두 차원의 자신을 느낀다. 두 개의 영혼, 두 개의 생각, 화합할 수 없는 개별 개체들의 고군분투 …. 한 몸에서 두 생각이 치열하게 싸우고, 자신이 산산조각 나는 것을 막기 위해 오직 혼자 안간힘을 쓰고 있다.
>
> 미국 흑인의 역사는 이러한 투쟁의 역사이다. 그는 자의식을 얻기를 갈망하고, 두 개의 자아를 더 훌륭한 진실된 자아로 통합하려고 하였다. 이 통합의 과정에서 그는 두 자아 중 어느 것도 잃고 싶지 않았다. … 그는 흑인으로서도, 미국인으로서도 자신이 존재할 수 있기를 원한다.   (Du Bois, 1903/1986, p. 365)

이 유명한 구절을 통해 두보이스(W. E. B. Du Bois)는 쉽게 화합할 수 없는 두 정체성의 갈등을 표현하였다. 그가 가진 아프리카인의 혈통과 미국인으로서의 경험은 각 역할의 상호 발전을 보장하는 것 같지만, 억압의 영향은 이 두 정체성이 통합되는 것을 막았다. 두보이스 역시 인종차별로 인해 두 정체성을 통합하지 못하고 결국 미국을 떠났다.

개괄적인 문화의 사회화 패턴을 살펴보는 것만으로는 이러한 현상을 어떻게 해결해야 하는지에 대한 완전한 해답을 구할 수 없다. 이를 위해서는 개인이 가진 다수의 사회 정체성과 그것들이 시간이 지남에 따라 어떻게 발달하는지에 대한 심층적인 이해가 추가되어야 한다. 사회 정체성은 인종, 민족, 성별, 성적 지향, 종교 및 영성 또는 "나는 누구인가"와 "나는 어떤 사람이 될 것인가" 등의 자아의식에 영향을 주는 여러 사회적 또는 문화적 특성에 기반한다. 다음에서 공동체심리학자가 사회 정체성을 바라보는 방식에 영향을 주었던 두 이론을 살펴보자.

정체성 발달 모델

심리학자는 아프리카계 · 아시아계 · 라틴계 · 백인계 미국인의 혈통과 지위, 미국의 소수 민족, 여성주의자, 게이 · 레즈비언 · 양성애자에 대한 사회 정체성 발달 모델들을 제안하였다(예, D'Augelli, 1994; Helms, 1994; Phinney, 1990; Rickard, 1990). 이 모델들은 사회 정체성이 일반적으로 청소년 후기와 성인 전기에 어떻게 발달하는지에 관심을 두었다. 어떤 모델은 사회 정체성이 순차적인 단계가 있다고 보았고(Helms, 1994; Phinney, 2003), 다른 모델은 구별되는 상태 또는 태도로 설명하였다(Sellers et al.,1997).

민족 및 인종 정체성의 초기 모델에서는 소외 집단에 속한 개인의 정체성 발달이 3단계를 거친다고 하였다(Phinney, 1993). 대부분의 개인은 검토되지 않은 정체성(unexamined identity)의 단계에서 시작하는데, 이 단계에서는 주류 문화의 이념과 자신의 생각을 일치시키면서 자신이 속한 비주류 집단의 지위 (예, 인종, 민족, 성별, 또는 성적 지향)는 무시하거나 부인한다. 하지만 자신이 속한 집단의 지위가 드러나게 되는 삶의 경험을 하게 됨으로써 정체성의 문제가 불거지게 된다. (이러한 경험에는 차별을 경험하거나 목격하고, 또는 자신이 소외 집단에 소속되었음을 인식하게 되는 것 등이 있다.)

이 문제에 처한 사람은 자신의 사회적 또는 문화적 지위와 전통을 찾아보기 시작하면서 이 주제와 관련된 새로운 정체성을 형성한다. 이 단계는 자신이 속한 사회 집단에서 활동하는 침전(immersion)의 기간이다. 이 시기에는 지배 집단이 행사하는 차별과 억압에 대하여 화를 내고 자신의 집단 또는 문화적 전통의 강점에 집중하는 경향이 있다.

새롭게 형성된 사회 정체성을 내면화하는 1단계에서 출발하여 자신의 집단에 대한 헌신을 강화하는 2단계를 거친 후 주류 문화와 변형된 관계 (transformed relations)를 맺는 3단계에 이른다. 예를 들면, 게이와 레즈비언은 "커밍 아웃" 경험이 이 단계에서 중요한 발달 과정이다(Rosario et al., 2001).

사회 정체성은 특히 억압받는 집단에서 더 눈에 띄는데, 이들은 억압의 실체를 탐색하고 자신의 전통에서 강점을 찾으려고 하기 때문이다(Birman, 1994; Helms, 1994; Phinney, 2003; Varas-Díaz & Serrano-García, 2003). 하지만 특권 집단 구성원 역시 다양성, 사회적 경계, 부당함을 알아 가면서 사회 정체성이

검토되지 않은 정체성
정체성 발달의 첫 번째 단계로, 자신을 주류 문화의 이념과 일치시키고 자신이 속한 사회 집단 지위(예, 인종, 민족, 성별 또는 성적 지향)는 무시하는 것이다.

침전
정체성 발달의 두 번째 단계로, 자신의 사회 집단에서 더 많은 활동을 하게 되고 문화 유산에 대한 의식을 발달시킨다.

변형된 관계
정체성 발달의 세 번째 단계로, 새로운 사회 정체성을 형성하는 1단계와 자신의 집단에 헌신하는 2단계를 거쳐 새로운 사회 정체성을 반영하면서 더 큰 사회와 상호작용하는 활동에 전념한다.

발달한다(예, 백인의 정체성 발달; Helma, 1994).

정체성 발달 모델은 몇 가지 제한점이 있다(Frable, 1997). 한 개인이 모든 단계를 거치지 않기도 하고, 순서대로 겪지 않을 수도 있으며, 같은 단계를 반복하기도 한다. 모델의 발달 순서가 필수적인 것은 아니므로 단계는 세상을 바라보는 다양한 방식으로 이해하는 것이 더 나을 수도 있다. 이 모델은 다인종의 정체성을 가졌거나 이민 온 사람에게 적용하기는 어려울 수 있다. 예를 들면, 최근에 캐러비안과 아프리카에서 미국으로 건너온 흑인 이민자는 오래전에 미국에 이민 온 흑인과는 인종과 민족에 대하여 다소 다르게 얘기할 것이다(Waters, 1999). 또한 교차성을 고려하는 것은 중요하다. 한 개인이 지닌 다수의 사회 정체성은 서로 얽혀 있기 때문에 하나의 정체성만을 따로 떼어서 생각하는 것은 쉽지 않다(예, 성별, 사회 계층, 영성; Frable, 1997; Hurtado, 1997).

이러한 제한점을 해결하는 새로운 사회 정체성 모델들이 제안되었는데, 예를 들면 셀러스와 동료들(Sellers et al., 1998)은 아프리카계 미국인의 인종 정체성이 위계적 연속 단계가 아니라 4개의 차원으로 볼 수 있다고 주장하면서 다측 모델을 제안하고 타당화하였다. 4개의 차원은 다음과 같다.

- **인종의 부각** 인종과 관련한 측면에서 개인이 인식되는 정도를 말한다. 이것은 맥락의 영향을 많이 받는데, 예를 들면 학급 또는 일터에서 자신이 유일한 인종인 경우에 이 측면이 드러날 수 있다.
- **인종 중심성** 맥락과 관계없이 안정적으로 나타나며, 개인이 스스로를 인종의 차원에서 규정하는 정도를 의미한다. 즉, 개인이 자신을 어떻게 보고 있느냐에 인종이 얼마나 중요한 작용을 하는가를 말한다.
- **존중** 누군가가 자신의 인종에 대하여 가진 관점 및 다른 사람이 자신의 인종을 어떻게 바라보는지에 대한 지각을 말한다. 이는 소외된 인종 집단 구성원이 사회가 자신의 인종에 대하여 비호의적이라는 것을 알고 있지만, 그들은 자신의 인종에 호의적일 수 있는 상태를 말한다.
- **이념** 자신의 인종 집단 구성원이 어떻게 행동해야 하는지에 대한 개인의 신념, 견해 및 태도를 말한다. 예를 들면, 어떤 아프리카계 미국인은 자신과 같은 인종이 운영하는 사업체를 지원하기 위해 의식적으로 노력해야 한다고 믿는다.

인종 정체성은 특히 소수 인종 구성원에게는 심리적인 혜택이 있다. 많은 연구는 아프리카계 미국인, 라티노 및 아시아인의 경우에 인종 또는 민족의 차별에 대한 인식 정도가 높을수록 고통, 우울, 기능 장해를 더 많이 겪는다고 발표하였다(예, Pascoe & Smart Richman, 2009; Sellers & Shelton, 2003; Williams & Williams-Morris, 2000). 인종 정체성을 연구하는 사람들은 인종과 민족 정체성이 어떻게 심리사회적 문제를 감소시키는 역할을 할 수 있는가를 조사하기 시작하였다. 예를 들면, 아프리카계 미국인 청소년과 초기 성인을 대상으로 한 종단 연구에서 다측 모델의 인종 중심성(즉, 자신의 인종 정체성 확립에 대한 중요성)이 높은 사람은 인종차별을 경험하더라도 그 경험이 미치는 악영향이 적었고 음주 빈도도 적었다(Caldwell et al., 2004; Sellers et al., 2003). 하지만 인종의 차별을 경험하는 맥락은 중요한 역할을 하였다. 아프리카계 미국인 청소년은 차별 경험을 더 많이 보고할수록 아프리카계 미국인에 대한 부정적 이미지를 발달시킬 뿐만 아니라 다른 인종이 자신들에 대한 부정적 이미지를 가질 것이라는 생각을 더 많이 하였다(Seaton et al., 2009). 흥미로운 것은 자신들에 대한 부정적 생각을 가질 것이라는 예상은 차별 경험을 보고한 빈도와 관련이 있었고, 이는 청소년에게 나쁜 영향을 미치는 요인으로 작용하였다(Sellers et al., 2006). 하지만 인종차별을 인식하는 것은 인종차별에 대처하도록 준비하는 필수적인 과정이었다(Sellers et al., 2006).

긍정적인 인종 정체성은 인종차별을 경험하였을 때 보호 역할을 하는 것으로 나타났다. 인종 정체성이 잘 형성된 아프리카계 미국인 대학생은 우울 수준이 낮았고(Yip et al., 2006), 아프리카계 미국인 청소년도 긍정적인 인종 정체성을 가진 경우에 더 좋은 학업 수행과 웰빙을 보고되었다(Seaton et al., 2006). 앞으로의 연구는 정체성의 발달 과정과 내용을 살펴볼 필요가 있다(Scottham et al., 2010).

앞서 언급한 것처럼, 특권 집단과 관련한 사회 정체성 모델도 있다. 예를 들면, 미국과 캐나다에 사는 백인 또는 유럽계 미국인의 정체성 모델은 백인 정체성을 ① 자신의 인종 집단뿐만 아니라 유색인에 대하여 가지고 있는 지각, ② 인종차별과 특권에 대한 인식, 그리고 그것과 관련한 경험에 대한 죄책감, ③ 다양한 백인 우월주의 이념 등의 측면에서 설명하였다(Spanierman & Soble, 2010; Spanierman et al., 2009). 이 모델 대부분은 건강한 인종 정체성을 가진 백인은 우월주의에서 벗어난 정체성을 소유하면서 인종차별을 인지하고 해결할 수 있다고 가정하였다. 예를 들면, 현재 가장 널리 사용되는 백인 정체성 척도인 백인 인종 정체성 태도 척도(White Racial Identity Attitude Scale: WRIAS; Helms & Carter, 1990)는 과거에는 인종차별이라고 인식하지 못하고 범했던 가해자의 입장이었지만 사회정의를 인식하고 옹호하는 관점을 가진 사람으로 변해 가는 백인의 태도를 평가한다. "건강한 정체성" 접근에 대하여 일부 비평가는 이 모델은 동경일 뿐이며, 모든 백인의 태도, 관점, 경험을 반영한 것은 아닐 수 있다고 주장한다(Cleveland, 2018).

백인 정체성을 이해하기 위한 대안적 접근으로 사용한 것이 인종차별로 백인이 치러야 하는 비용이었다. 토드와 동료들(Todd et al., 2010)은 백인 대학생이 그들이 백인이라는 것을 인식하게 되는 상황에서 나타나는 정서적 반응을 관찰하였다. 참여자는 다른 인종이 차별당하는 것을 어떻게 경험했고 해결하려고 했는지에 대한 면담과 보고서를 제출하였고, 연구자들은 학생의 반응을 집중해서 살펴보았다. 특히 학생의 ① 다른 인종 집단과의 공감 가능성, ② 백인 특권에 대한 죄책감, 그리고 ③ 타 인종에 대한 두려움을 살펴보았다. 연구 결과는 다른 인종에 대한 두려움이 높을수록 인종차별과 백인 특권의 문제를 어떻게 해결할지를 토론할 때 부정적인 정서 반응 및 괴로움이 나타났다. 반대로, 다른 인종에 대하여 더 많은 공감을 보인 사람은 더 높은 긍정 정서를 보고하였다. 백인의 죄책감은 부정적인 정서와 관련이 있었지만, 죄책감의 정도가 인종차별과 백인 특권을 토론할 때의 스트레스를 감소시키는 것과는 관련이 없었다(Todd et al., 2010). 이 영역의 연구는 아직 초기 단계에 있지만, 특히 학급에서 인종차별을 해결할 수 있는 좋은 방법을 제시해 줄 것으로 기대한다.

문화변용 모델

- 한 학생은 자신의 조국인 한국을 떠나서 캐나다의 대학원에 입학하였다.
- 나바호어족(Navajo)의 젊은 청년은 고향을 떠나서 그의 가족과 문화적 연결성은 별로 없지만 출세의 기회가 주어지는 곳의 직장을 선택할지 아니면 임금과 혜택은 적지만 고향의 직장을 선택할지를 결정해야 한다.

- 아프리카계 미국인 학생은 아프리카계 미국인이 압도적으로 많은 대학과 백인이 훨씬 많은 대학 중 어느 쪽에 입학할지 결정해야 한다.
- 대학 친구인 아시아계 미국인과 멕시코계 미국인은 자신의 미래 직업과 가족에 대한 충실함 사이의 균형을 어떻게 맞추어야 할지에 대하여 많은 대화를 한다. 그들은 미국 주류 문화와 자신들의 문화적 배경 간의 차이를 실제로 경험하고 있다.
- 고국에서 일어난 내전으로 고향을 떠난 여러 나라의 사람들이 미국의 같은 마을로 이민와서 살고 있다.

이 예시들을 바탕으로 많은 질문을 제기할 수 있다. 이 중 세 가지 질문에 대하여 다루어 보자. 사람들은 자신의 원문화를 어느 정도까지 받아들이거나 계속해서 유지하는가? 사람들은 주류 문화 또는 지배 문화를 어느 정도까지 받아들이거나 유지하는가? 다른 문화에서 온 사람들을 받아들인 공동체는 어떻게 변화하는가?

문화변용(acculturation)이란 개인과 집단이 둘 또는 그 이상의 문화를 접하고 있기 때문에 일어나는 변화를 일컫는다(Birman et al., 2005; Sonn & Fisher, 2010). 여기서 "문화"는 일반적인 의미로 사용되는 민족, 국적, 인종, 또는 여러 다양성의 범주를 말한다. 비록 심리학의 문화변용 연구와 개입은 주로 개인에게 집중되어 있지만, 공동체심리학자는 개인과 해당 공동체에 영향을 주는 과정으로서의 문화변용을 이해할 것을 강조한다(예, Birman et al., 2014; Dinh & Bond, 2008). 일반적으로 문화 집단 간의 접촉이 이루어지면 각 집단은 일정 정도의 변화가 일어난다. 비록 정치적이고 경제적인 힘의 차이로 그 상호작용은 복잡할 수 있지만 말이다. 개인은 공동체에 속해 있기 때문에 문화변용을 이해하려면 생태학적 관점이 필요하다(Salo & Birman, 2015). 이 절에서는 문화변용을 이해하기 위해서 먼저 개인에 초점을 둔 전통적인 모델을 먼저 소개하고, 그런 다음 맥락에 대한 공동체심리학자의 관심이 어떻게 문화변용 연구와 실천행동으로 확장되는지를 보여 줄 것이다.

문화변용
개인 또는 집단이 여러 문화와의 접촉으로 인해 변화하는 것을 일컫는다.

●용어 해설●   어떤 분야에서는 "문화변용"을 지배 문화 또는 주류 문화에 흡수
되면서 본래 자신의 문화와의 연계는 잃어버리는 것을 뜻하기도 한다. 이 책에서
는 베리(Berry, 1994, 2003)와 버먼(Birman, 1994)의 주장에 따라 자신의 원문화를
잃어버리는 것을 동화(assimilation)라고 칭할 것이다. 또한 이 장의 앞에서 언급
한 다른 문화와의 관계로 변하는 것이 아닌 자신의 원문화 내에서 발달하는 문화
화(enculturation)의 개념도 기억하라(Birnam, 1994).

동화
개인 또는 집단이 지배
문화 또는 주류 문화에
흡수되면서 자신의 원문
화와의 연계는 잃어버리
는 것을 뜻한다.

심리적 문화변용

심리학 이론에서 개인에게 초점을 둔 문화변용은 언어, 의복, 음식, 성역할,
양육 방식 또는 종교의 선택과 같이 행동으로 표현된다고 보고 있다. 내적으
로 표현될 수도 있는데, 문화에 기반하는 개인의 정체성, 가치, 정서, 열망, 영
성 등이 있다. 베리(Berry, 1994)는 새로운 문화에 적응하려는 이민자의 경험
을 설명하기 위해서 심리적 문화변용 모델을 제안하였다. 그리고 이 모델을
확장하면 종속 집단, 소수 집단 또는 토착 집단도 설명할 수 있다. 베리의 모
델은 심리적 문화변용을 통해 개인이 두 문화 중 하나만 받아들일 수도 있고,
둘 모두를 받아들일 수도 있으며, 둘 모두 거부할 수도 있다고 가정하였다.
이 가정은 〈표 7-2〉에 나타나 있듯이, 네 가지 전략으로 나눈다(Berry, 2003;
LaFromboise et al., 1993). 이 네 가지의 전략은 완전히 구분되는 범주가 아니
라 서로 혼합되는 형태로 이해해야 한다.

〈표 7-2〉 네 가지 문화변용 전략

차원 2 · 차원 1		문화적 유산을 유지할 것인가	
		그렇다	아니다
주류 사회와의 관계를 유지할 것인가	그렇다	통합	동화
	아니다	분리	주변화

주: 각 문화 정체성은 상대문화 정체성보다 더 강하거나 또는 더 약하거나 등의 상대적인 것으로 이해되어야
  한다.
출처: Berry (1994).

분리 자신의 원문화에 동질감을 가지고, 원문화에 참여하기 위해 언어와 기술을 발달시키며, 원문화에 속한 공동체 내에서 주로 생활하면서 주류 문화와는 제한된 방식(예, 직업 또는 경제적 교류)으로 소통하는 개인은 분리 (separation) 전략을 사용한다고 볼 수 있다. 분리는 타국에 살면서도 자신의 민족 공동체 내에서 거주하며 일하는 아프리카계 미국인, 불어를 사용하는 캐나다인, 미국 원주민, 그리고 이민자 집단에서 되풀이되는 주제이자 적응 전략이다. [여기서 분리는 인종분리정책(segregation)과 같은 뜻이 아니다. 만약 주류 문화의 구성원이 자신의 집단을 위해 정치적·경제적·사회적 권력을 유지하면서 이런 식으로 행동한다면 "인종분리정책"이 더 적절한 용어일 것이다.]

> **분리**
> 자신의 원문화에 강한 동질감을 가지고, 원문화에 참여하기 위해 언어와 기술을 발달시키며, 원문화에 속한 공동체 내에서 주로 생활하면서 주류 문화와는 제한된 방식으로 소통하는 것을 뜻한다.

동화 한편, 개인이 자신의 원문화의 정체성을 포기하고 주류 문화의 언어, 가치 및 공동체와 일치하려고 한다면 이는 동화되었다고 할 수 있다. 동화는 새로운 문화로 들어온 이민자, 난민, 그리고 이와 유사한 집단이 사용하는 문화변용 전략이다. 미국 사회의 이민자를 일컫는 '도가니(melting pot)'의 개념은 일반적으로 주류 문화인 앵글로 미국 문화에 동화되는 것을 의미한다(Smith, 2012).

어떤 형태의 행동적(내적이지 않은) 동화는 억압적 권력 체제에서 사용할 수 있는 유일한 전략일 수도 있다. 억압적 상황에서 종속 집단 구성원 중 일부는 주류 집단의 구성원처럼 살아가기도 한다. 하지만 이러한 삶은 자신의 정체성을 숨기며 거짓 정체성으로 살아야 하고 정체성이 분열된 채 지내야 하기 때문에 심리적 대가를 치를 수 있다. 또한 동화는 피부색과 같이 주류 문화 집단과 명확히 드러나는 차이가 있는 개인이나 집단에서는 불가능하다. 많은 민족 정체성과 인종 정체성 발달 모델의 첫 번째 단계는 피부색이 다른 사람이 동화를 시도하다가 차별로 인해 거절당하여 동화를 버리게 되면서 진행된다.

주변화 주변화(marginality)는 개인이 자신의 원문화와 주류 문화 어디에도 정체성을 갖지 않거나 가질 수 없을 때 발생한다. 이 전략은 개인이 선택하는 것이 아니라 주류 문화에서 제외되는 것과 함께 자신의 본래 문화와의 접촉 기회를 상실한 결과일 수 있다. 주변화는 일반적으로 가장 큰 심리적 고통을 동반하는 것으로 알려져 있다(Berry & Sam, 1997; Vivero & Jenkins, 1999). 이

> **주변화**
> 원문화와 주류 문화 어디에도 정체성을 갖지 않거나 가질 수 없는 상황을 말한다.

전략은 주류 문화에 의해 주변화되는 것뿐만 아니라(분리와 함께 발생할 수도 있다), 자신의 원문화와의 교류 및 참여 역시 상실하는 것을 의미한다.

이중문화 통합 자신의 원문화와 주류 문화 모두에서 의미 있는 방식으로 정체성을 갖거나 참여한다면 베리(Berry, 1994)가 정의한 통합(integration)과 다른 연구자들이 고려한 이중문화 전략(Birman, 1994; LaFromboise et al., 1993)을 사용하는 것이다. 이를 **이중문화 통합**(bicultural integration)이라고 부른다.

이중문화는 다양한 형태가 있는데, 어떤 사람은 자신의 원문화에는 강한 정체성을 가지지만, 주류 문화의 정체성은 강하지 않으면서 주류 문화에 행동적으로만 참여하는 경우도 있다(Birman, 1994; Ortiz-Torres et al., 2000). 이것은 특히 지속적인 차별을 받았던 사회 집단 구성원의 경험에 잘 들어맞는다. 이민자 집단의 경우에는 종종 자신의 원문화의 정체성은 유지하면서 시간이 지나면서 점차 주류 문화의 정체성이 깊어지는 형태를 띤다(Birman, 1994; Phinney, 2003).

> **이중문화 통합**
> 원문화와 주류 문화 모두에서 의미 있는 방식으로 정체성을 가지거나 참여하는 것을 말한다.

문화변용에서 맥락적 관점을 위한 요구

무슬림과 기독교인에게도 친숙한 유대인에게 전해 내려오는 두 가지 오래된 이야기는 강력하고 억압적인 사회 내의 작은 문화 집단은 이중문화 통합보다 다른 문화변용 전략이 더 효과적임을 보여 주고 있다. 형제들에 의해 애굽의 노예로 팔려 간 유대인 요셉은 애굽 사회에 동화되어 권력을 얻은 다음 기근의 시대에 유대 문화를 보존하는 수단이 되었다. 이후 애굽 왕족에 의해 길러져 자신의 문화적 혈통에 대하여 전혀 알지 못했던 모세는 자신의 혈통에 대하여 배우게 되고, 이후 분리주의 운동과 애굽으로부터 탈출을 이끌게 된다. 요셉과 모세는 서로 다른 방식으로 그들의 문화를 보존하는 데 도움이 되었다(Birman, 1994, p. 281에서 인용)

가장 적응적인 심리적 문화변용 전략은 무엇인가? 요셉과 모세가 했던 것처럼, 그것은 맥락에 달려 있다(Birman et al., 2014; Trickett, 2009).

이중문화 통합이 가장 흔하게 나타나는 전략은 아니다. 예를 들면, 라틴 아메리카에서 워싱턴으로 이민 온 가족의 청소년 연구에서 대부분의 청소년은 히스패닉 문화 및 사회 연결망에 깊게 관여하고 있거나(분리), 아니면 더 광범위한 미국 문화의 연결망에 깊게 관여하고 있었고(동화), 일부만 둘 모두와 관여하고 있었다(Birman, 1998). 뉴욕에 사는 푸에르토리코인을 조상으로 둔 주민을 대상으로 조사했을 때는 단지 1/4가량만이 이중문화를 가지고 있었다. 1/3은 압도적으로 푸에르토리코의 문화에 집중하였고(분리), 1/4은 높은 수준으로 미국 문화에 관여하였으며(동화), 나머지는 어느 쪽 문화에도 관심이 없었다(주변화; Cortés et al., 1994). 미국의 많은 이민 집단이, 특히 가족 중 미국에서 태어난 구성원이 있을 때는 이중문화 전략을 추구하였지만, 모두 그런 것은 아니었다(Phinney, 2003).

이중문화 통합이 반드시 적응적인 것은 아니다. 청소년과 성인의 문화변용 및 개인 적응의 연구 결과는 혼재되어 나타났다(Birman et al., 2002; Phinney, 2003). 교차적 관점의 입장에서는 성별, 사회 계급, 성적 지향, 종교, 가족 역동 및 세팅의 특징 등이 특정 문화변용 전략의 효과에 영향을 줄 수 있다. 미국에 정착한 베트남 난민의 연구에서는 문화변용이 가족이나 친구와 함께 머무는 세팅에서부터 직장에 이르기까지 세팅에 따라 다르게 나타난다는 것을 보여 주었다(Salo & Birman, 2015). 사회 정체성 발달과 문화변용 모두 앞서 묘사한 예시보다 훨씬 더 복잡한 과정을 거친다. 공동체심리학자는 문화변용을 반드시 다양한 생태학적 수준과 관련하여 이해하여야 하고(Trickett, 2009), 개인뿐만 아니라 새롭게 적응한 세팅의 변화에 대한 조사도 포함해야 한다(Dinh & Bond, 2008).

이웃이나 지역은 새로운 주민의 유입으로 어떻게 변화하는가? 구체적으로 공동체의 어떤 특징이 다른 공동체 및 문화와 더 광범위한 일체감 및 긍정적 다양성의 이해를 높이는가?(Jones, 1994; Kress & Elias, 2000) 스미스(Smith, 2008)는 지난 20년간 이주민과 난민이 엄청나게 유입된 뉴욕 유티카 지역의 공동체 적응을 조사하였다. 주민 6명 중 1명이 미국이 아닌 곳에서 태어났다. 이민에 대한 수사학적 관점에서는 이러한 이민의 물결은 "공동체를 파괴하는" 그리고 "직업을 빼앗는" 것과 같은 두려움을 불러올 수 있다. 유티카에는 이민자를 지원하는 어느 정도의 자원(예, 난민 사회 서비스 기관)과 그들을 도울 수 있는 역사 및 사회적 규준(예, 높은 수준의 자원봉사, 부모나 조부모가 이민자인 시민이 다수)이 있었지만, 짧은 시간 동안에 이루어진 이러한 대량 유입은 많은 적응이 필요하였다.

스미스(Smith, 2008)는 유티카에서 일어난 적응을 다음과 같이 설명하였다. 유티카로 새로 유입된 주민은 엉망이 된 마을을 재건하고 개선하는 데 실질적인 도움을 주었고, 몇몇 고용주는 많은 인구가 사라져 버린 도시를 살리기 위해 힘든 작업을 마다하지 않는 이주민에게 감사했다. 교육과 공중보건 분야에서 지역 단체와 기관이 보스니아, 버마, 소말리아, 그리고 수단에서 건너온 새로운 주민을 위해 많은 편의 시설을 마련해 주었다. 주거와 고용의 영역에 대한 적응은 더 어려웠는데, 이는 상호작용이 쉽지 않은 정책과 실무에서 문제가 발생하였다. 스미스는 공공 생활에서의 주거와 고용을 담당하는 공적 사회복지 인력이 적고 새로운 거주자의 적응을 돕는 자원도 적다는 것을 발견하였다.

유티카는 대규모의 이민자를 수용하는 데 많은 어려움을 겪었다. 유티카의 지역사회 대표와의 인터뷰에 의하면, 교통, 여러 언어로의 통역, 그리고 공중보건, 학교, 도시 생활의 참여에서 겪는 이민자의 문화적 기대의 차이 등을 해결하는 데 실질적 어려움이 있었다. 스미스(Smith, 2008)는 유티카 지역은 난민과 유티카 원주민 사이의 갈등보다 난민 집단 간 갈등이 더 크다고 언급하였다. 특정 지역에 집중한 스미스의 연구는 공동체심리학의 개념이 어떻게 문화변용과 이민자를 이해하는 데 활용할 수 있는지를 잘 보여 준다. 공동체심리학자는 공동체의 과정을 더 잘 이해할 수 있는 지식과 공동체의 적응을 지원하는 방법을 개발하기 위해 힘쓰고 있다(Tseng & Yoshikawa, 2008).

해방, 억압, 탈식민지의 개념

> 그는 나에게 다음과 같이 말했다. 당신이 누군가를 비난하고 싶은 생각이 들 때마다, 이 세상 모든 사람은 당신이 누린 특권을 가지지 않았다는 것을 기억하라.
>
> (Fitzgerald, 1925/1995, p. 5)

미국 사회에 대한 다음의 사실을 생각해 보라.

- 2016년 전일제로 일하는 여성은 전일제로 일하는 남성 월급의 82%만 받고 있다(Bureau of Labor Statistics, 2016).
- 2017년 백인의 평균 가계소득은 65,845달러이고, 히스패닉은 49,793달러(백인 평균의 76%), 흑인은 40,232달러(백인 평균의 61%)이다(U.S. Census Bureat, 2018).
- 가계소득의 불평등은 꾸준히 증가하고 있다. 1979~2015년 사이의 소득(인플레이션을 감안하여)을 살펴보면, 가장 소득이 많은 상위 20%는 74%가 증가하였고, 상위 1%는 233%가 증가하였다. 반면, 하위 80%의 소득은 훨씬 낮다. 이러한 추세 때문에 1920년대 이후로 어느 시기보다 소득 수준의 상위 계층으로 엄청난 부의 집중 현상이 나타났다(Center on Budget and Policy Priorities, 2018).
- 상위 계층으로의 경제적 이동은 줄어들고 있다. 앞선 시대와 비교하여 저임금 집단이 고임금 집단으로 옮겨 가는 경우는 적다(Chetty et al., 2017).
- 부(연봉이 아닌 순자산)의 편중이 깊어졌다. 전체 인구의 자산 상위 1%가 국가 자산의 34.6%를 보유하고 있고, 그다음 19%의 사람들이 50.5%의 자산을 가지고 있다. 이는 미국 가계의 80%는 국가 자산의 15%만을 소유하고 있음을 의미한다(Wolff, 2010).
- 1978년 이후, 미국 노동자의 임금은 11.2% 상승하였지만, CEO의 임금은 937%가 상승하였다. 미국의 상위 350개 기업의 CEO는 평균 1,560만 달러, 일반 노동자의 271배의 임금을 받았다(Mishel & Schieder, 2017).
- 미국의 부자와 가난한 사람 간의 기대 수명의 격차는 남성은 14.6년, 여성은 10.1년이었다. 임금에 따른 기대 수명의 격차는 지난 15년 동안 계속해서 증가하였다(Chetty et al., 2016).
- 미국 아동의 빈곤율은 20%가 넘고, 이는 영국, 스웨덴, 프랑스와 비교하면 두 배이다(Smeeding & Thevenot, 2016). [지속된 빈곤 속에서 성장하는 아동은 많은 문제와 질병이 높은 수준으로 발생한다(Bradley & Corwyn, 2002; McLoyd, 1998)] 많은 저소득층 가족은 회복탄력성은 있지만 경제적인 문제들에 직면한다.

미국에 사는 사람과 가족에게 발생하는 이러한 그리고 이와 유사한 문제들은 문화적 요인의 결과가 아니다. 이는 권력과 자원 접근의 개념으로 더 잘 이해될 수 있다. 이러한 차이를 이해하기 위해서는 해방과 억압에 대한 개념을 알아야 한다(예, Bond et al., 2000a, 2000b; Montero et al., 2017; Nelson & Prilleltensky, 2010; Watts & Serrano-García, 2003).

억압: 초기 정의

억압
지배 집단이 부당하게 권력과 자원을 독점하고 다른 집단으로부터 그것을 빼앗는 위계적 관계에서 발생하는 것을 일컫는다.

지배 집단 또는 권력 집단
억압적 위계에서 좀 더 힘을 가진 집단이다.

억압 집단 또는 종속 집단
억압적 위계에서 좀 덜 힘을 가진 집단이다.

억압(oppression)은 지배집단이 부당하게 권력과 자원을 독점하고 다른 집단으로부터 그것을 빼앗는 위계적 관계에서 발생한다(Prilleltensky, 2008; Tatum, 1997; Watts et al., 2003). 좀 더 힘을 가진 집단을 지배 집단(dominant group) 또는 권력 집단(privileged group)이라고 하고, 힘을 덜 가진 집단을 억압 집단(oppressed group) 또는 종속 집단(subordinated group)이라고 한다. 억압적 위계는 종종 출생 시에 고정된 생득적 특성을 바탕으로 하거나, 그렇지 않으면 개인의 통제를 벗어난 특성[예, 성(sex) 또는 인종]을 바탕으로 한다.

억압체제는 전 세계적으로 존재한다. 사진의 런던에서 열린 '블랙 라이브스 매터'의 시위와 같이 억압에 대한 저항 운동 역시 국제적으로 확산되어 유사한 소외 집단에게 영향을 미치고 있다.

출처: David Mbiyu/Shutterstock.com

　예를 들면, 미국에서의 억압 체제는 특권을 가진 백인 집단과 다른 모든 종속 집단(아프리카계 미국인, 라틴계 미국인, 아시아계 미국인 및 미국 원주민 등)으로 구성된다. 유사하게 남성, 신체적 또는 정신적 장애가 없는 사람, 이성애자, 그리고 경제력과 자본을 가진 사람도 특권층이다. 또한 억압 체제는 중간에 위치한 집단을 만들기도 한다. 예를 들면, 남아프리카공화국의 아파르트헤이트와 인도의 영국 식민주의는 "유색" 남아프리카공화국인 및 "앵글로 인도인"과 같은 계층을 만들었고, 이들은 지배 계층에 의해 종속되었지만 더 낮은 계층보다는 특권을 누렸다(Sonn & Fisher, 2003, 2010). 많은 서구 사회에서 특권 계층은 상대적인 연속선상에 놓이게 된다. 즉, 중간 계층은 더 낮은 임금을 받는 사람보다 많은 특권을 누렸지만 여전히 부유층보다는 힘이 약했고, 종종 그들에 의해 조종을 당하기도 하였다. 미국의 이민자 집단 일부는 지배 집단이었던 앵글로계 미국인에게 점차 받아들여졌다. 오늘날 미국에서의 인종적 특권은 다양한 인종 간에 다른 영향력을 미치고 있다.

　지배 집단 또는 특권 집단이 통제하는 자원에는 경제적 자원, 지위와 영향력, 사회정치적 권력, 엘리트 내의 관계 연결망, 갈등에 관한 토론을 구조화하는 힘(종종 미디어와 교육 시스템을 통해), 정치와 기업의 대표, 그리고 심지어 결혼과 대인 관계에서의 불평등도 포함된다. 아마도 가장 은밀하게 그리고 서서히 영향을 미치는 것이 종속 집단 구성원이 스스로 열등하다고 확신하게 하는 이데올로기와 통념이다(Hasford, 2016). 이러한 열등감을 **내재화된 억압**(internalized oppression)이라고 한다.

내재화된 억압
지배 집단 또는 특권 집단이 영속시키는 신념과 통념에 의해 억압 집단 또는 종속 집단 구성원이 갖게 되는 열등감을 말한다.

　권력 집단 구성원은 자원, 기회 및 자신의 노력이 아닌 억압 체제로 얻은 권력을 부여받는다(Mclntosh, 1998). 특권 계층 구성원은 이를 인정하거나 동의하지 않겠지만 그들의 의지와 상관없이 그들에게는 특권이 부여된다. 미국에서는 많은 백인이 인종차별에 반대하지만 이로 인해 만들어진 체제 속에서 그들은 특권을 누리고 있다. 비슷한 상황은 남성, 부유층, 이성애자와 같은 특권 계층에게도 적용된다.

　종속 집단은 그들이 동의하지도 않았는데 더 많은 권력과 자원의 접근이 제한된다. 그렇다고 해서 이들이 무력한 것은 아니다. 이들은 직간접적인 많은 방법으로 부당함에 저항하기도 한다. 예를 들면, '블랙 라이브스 매터(Black Live Matter)'와 같은 저항운동을 생각해 보라. 원문화와의 관계가 강하다면 이러한 저항을 위한 자원을 제공할 것이다. 또한 종속 집단은 억압에 대한 대처와 스스로를 보호하는 방법을 발달시킨다(Case & Hunter, 2012). 예를 들면, 장애가 있는 사람은 그들 스스로 억압적 환경을 제거하기도 하고, 자신의 능력과 잠재력을 무시하는 지배 문화의 서사에 도전하거나 재구성하여 자신들에 대한 새로운 이야기를 만들기도 한다(McDonald et al., 2007). 종속 집단은 유색 남아프리카공화국인이 아파르트헤이트의 억압 아래서 했던 것처럼, 공개적으로는 억압을 따르지만 내집단 구성원끼리만 공유하는 개인의 정체성을 만들어 냈다(Sonn & Fisher, 1998, 2003). 이 장의 앞부분에서 언급한 대항공간을 떠올려 보라. 이것은 억압 집단의 구성원이 만들어 낸 세팅으로, 자신들에 대한 고정관념에 대항할 뿐 아니라 억압에 직면하여서도 웰빙을 증진시키는 역할을 한다.

억압 체제는 오랜 역사적 뿌리가 있다. 이는 그 체제 안에서 살고 있는 사람의 문제가 아니라 그 체제 자체가 부당함의 원천이다(Freire, 1970/1993; Prilleltensky & Gonick, 1994). 예를 들면, 성차별주의를 없애기 위해서는 개별 남성이 아닌 가부장주의(patriarchy; 노력하지 않고도 그저 남성이기 때문에 권력을 얻는 체제)에 반대해야 한다. 사실 가부장주의는 여성뿐 아니라 남성에게도 해롭다. 예를 들면, 남성도 가부장주의로 인한 정서적 억압과 남성에게 주어지는 기대 때문에 많은 경쟁을 하고 있다(O'Neil, 2014). 물론 이러한 피해는 특권 집단보다는 종속 집단에게 더 크다. 와츠(Watts, 2010)는 남성이 "프랑켄슈타인 죽이기"를 위한 필요성을 기술하면서 이 현상을 언급하였다. 그는 억압적 남성성은 프랑켄슈타인 박사가 만들었지만, 통제할 수 없는 창조물과 같다고 주장하였다. 사람들은 프랑켄슈타인 박사의 투쟁에 공감하면서도 해로운 창조물에 맞설 수 있는 가장 적절한 사람이 프랑켄슈타인 박사 자신이라는 것도 알고 있다. 이 적절한 은유를 사용하여 와츠는 남성이 어떻게 억압적 남성성의 주체와 대상이 되는지를 지적하였다. 그는 억압의 해체가 특권층과 억압층 모두를 비인간적으로 만든 구조로부터 어떻게 해방시킬 수 있는지를 보여 주었다(Friere, 1970/1993; Mankowski & Maton, 2010 참조).

복잡한 사회에서는 복합적 형태의 억압이 존재한다. 스틸(Steele, 1997)은 미국 사회에서는 심지어 가장 훌륭한 아프리카계 미국인 학생조차도 인종 고정관념의 영향을 받고, 또한 가장 훌륭한 수학적 능력을 가진 여성도 여성의 수

가부장주의
남성 우월주의 및 성역할 기대와 관련한 역사적으로 오랫동안 지속된 믿음을 바탕으로, 노력하지 않고도 그저 남성이기 때문에 권력을 얻는 체제를 말하며, 이는 성별과 관계없이 모든 사람에게 해를 끼친다.

학 능력에 대한 고정관념의 영향을 받는다는 증거를 보여 주었다. 더욱이 한 개인이 어떤 체제에서는 특권을 누릴 수 있지만 다른 체제에서는 억압받을 수 있다. 미국에서 흑인 남성은 인종차별에 의해서는 억압을 받지만 성차별주의에 의해서는 특권을 누리며, 백인 여성은 성차별주의로 억압을 받지만 인종차별에 의해서는 특권이 주어진다. 노동자 계층의 저임금 백인 남성은 사회경제적 계층의 억압은 받지만 인종차별 및 성차별에 의한 특권이 주어진다.

억압: 생태학의 여러 수준

> 더 상위 사회의 권력 관계는 종종 생태학의 여러 수준에 반영된다.
>
> (James et al., 2003; Prilleltensky, 2008)

"연기" 들이마시기: 사회적 통념   억압적인 위계는 부분적으로 그들을 합리화하는 광범위하게 퍼져 있는 통념들에 의해 유지된다(Freire, 1970/1993; Prilleltensky & Nelson, 2002; Watts, 1994). 예를 들면, 이용 가능한 적절한 가격의 주택 부족으로 노숙자가 된 사람을 비난하는 것처럼 거시 경제의 영향으로 피해를 입은 사람을 비난하는 것이 한 예이다(Ryan, 1971). 결과적으로 지배 집단, 심지어 종속 집단의 구성원마저도 종종 억압 체제가 어떻게 불공정을 만들어 내는지 알아차리지 못한다. 테이텀(Tatum, 1997)은 이 과정을 "연기 들이마시기(breathing smog)"라고 비유하였다. 연기를 들이마시고 잠시 후면 그것을 인식하지 못하고 그 공기가 자연스럽게 느껴지는 것처럼, 사람들은 부지불식간에 불공정을 당연하게 여기게 된다는 것이다.

'연기'의 예로는 학업 성과 또는 소득 차이에 대한 거짓 정보를 들 수 있다. 개인주의가 표방하는 가치는 우리가 이 차이를 개인의 노력 또는 능력의 결과로 해석하도록 유도한다. 이 편향은 서구 국가의 사람에게는 아주 잘 확립되어 있고, 이를 사회심리학에서는 "기본적 귀인 오류(fundamental attribution error)"라고 부른다. 비록 개인의 노력이 중요하게 작용하기는 하지만, 억압 체제는 특권 집단 구성원의 노력과 능력은 보상하면서 이와 비교하여 종속 집단 구성원의 동일한 노력과 능력은 무시하는 것이 사실이다. 그러한 부당함을 깨닫는 것은, 특히 권력 집단 구성원이 이것을 깨닫는 것은 그동안 확고하게 지켜 왔던 개인의 자유에 관한 믿음에 의문을 제기하는 것이다. 하지만 많은 권력 집단 구성원은 기존의 자신의 믿음을 바꾸려고 하지 않는다. 그래서 백인이 다른 인종 집단보다 또는 남성이 여성보다 수입이 높을 때, 권력 집단 구성원은 더 큰 요인은 무시한 채 이 차이가 개인 요인에서 비롯된 것이라고 해석하는 경향이 있다.

사실 억압 체제는 종종 억압받는 집단의 구성원 중 일부가 지배 집단으로 진입하여 지배 집단의 권력을 누렸을 때 가장 잘 이용된다. 그들은 단지 공식적 평판을 위해 받아들인 토큰(token)에 불과하거나 지배 계층의 가치와 행동을 동화시키려는 정책의 모범 사례로 이용될 수 있다. 그들의 성공은 개인의 노력의 중요성을 보여 주는 좋은 예시인 것 같지만, 사회적 상황에 대한 분석을 제한하는 것이다. 연구에 따르면, 이러한 토큰으로 이용된 개인은 종종 권력 집단의 구성원보다 성공 기준이 더 높은 힘든 환경에 놓인다고 한다 (Ridgeway, 2001).

> **토큰**
> 지배 집단이 덜 배척적인 것으로 보이기 위해 지배 집단의 특권을 누리게 해 주는 소수의 종속 집단 구성원을 말한다.

대중매체의 역할　신문, 잡지, 텔레비전, 영화, 라디오 및 인터넷은 매우 영향력 있는 거시체계를 구성한다. 여성, 유색인, 그리고 그 외의 억압받는 집단 구성원의 존재와 지위는 지난 반세기 동안 미국 대중매체에서 증가하였다. 하지만 대중매체는 계속해서 특권 집단과 억압 집단에 대한 잘못된 이미지를 방출하고 있다.

가난한 사람은 뉴스에서 잘 다루지 않는다. 월가(Wall Street)와 경제적 합병에 대한 뉴스는 헤드라인이 되는 반면, 실업은 드문드문 언급되고 경제적 불평등은 거의 찾아볼 수 없다. 뉴스에서 빈곤을 다룰 때에도 저임금 및 주거 공급 부족과 같은 거시체계의 요인은 자주 무시된다. 미국의 마약 사용자와 마약 거래자 상당수가 유럽계 미국 남성이지만 뉴스와 범죄 프로그램에서는 도시의 아프리카계 미국인과 라틴계 남성을 자주 보여 준다. 저임금 여성 또한 부정적인 이미지로 묘사된다(Bullock et al., 2001; Gilliam & Lyengar, 2000).

길렌스(Gilens, 1996)는 빈곤과 관련한 미국 주요 뉴스와 잡지를 조사하면서 다음과 같은 사실을 발견하였다. 아프리카계 미국인 중 빈곤층은 1/3이 되지 않음에도 불구하고, 뉴스와 잡지의 빈곤층 이야기에 묘사된 모든 사람은 아프리카계 미국인이었다. 이러한 편향은 실제로 영향이 있었다. 길렌스가 인용한 설문 결과에 따르면, 미국 시민은 가난한 흑인의 비율을 계속해서 부풀려 인식하고 있었다. 또한 백인 여성은 다른 인종의 여성보다 폭력 피해자로 묘사되는 경우가 더 많았다. 매체에서 계속해서 이렇게 다룬다면 사람들은 백인 여성을 대상으로 하는 범죄율을 왜곡하여 인식하게 된다(Parrott & Parrott, 2015).

제도적 억압: 직장　조직의 정책이 차별적이라면, 심지어 좋은 의도를 가진 사람이 운영할 때조차도 차별적 결과를 가져올 수 있다. 예를 들어, 표준화된 시험 성적만으로 대학 입학을 결정한다면 촉망받는 유색인 학생과 경제적으로 불리한 학생은 배제될 수 있다.

조직에서 여성이 겪고 있는 복합적 장벽 또는 미로(labyrinth)는 또 다른 예시이다(Eagly & Carli, 2007). 업무 의사소통에 관한 연구들은 성별 혼합 집단에서 남성이 더 많은 말과 제안을 하고, 더 확신에 찬 말과 몸짓을 사용하며, 집단 결정에 더 많은 영향을 준다고 하였다. 여성은 쉽게 장벽에 부딪히고(Hancock & Rubin, 2015), 맨스플레인(mansplaining)을 더 많이 겪는데, 맨스플레인이란 다른 사람에게 무언가를 설명하면서 자신이 상대방보다 그것에 대하여 더 많은 것을 알고 있다고 가정한 상태에서 거들먹거리며 말하는 것을 일컫는 용어이다(Solnit, 2008/2012). 이러한 일상에서의 의사소통 유형은 집단의 권력을 보여 주는 것이다. 그리고 남성과 여성 모두 권력을 유능하게 쓰는 남성 지도자는 받아들였지만, 여성이 이러한 행동을 확신에 차서 주도하면 남성에게 보인 반응과는 다소 차이가 나타났다. 많은 남성과 심지어 여성조차도 이 여성을 불편하게 느꼈고, 공개적으로 드러내지는 않았지만 감정적 반발이 더 많이 발생하였다. 예를 들면, 적극적인 여성 관리자는 비슷한 수준의 남성 관리자보다 적대적으로 표현되는 경우가 훨씬 더 많았다(Heilman, 2001). 이들이 느끼는 불편함의 원천은 바로 이러한 형태의 권력을 합법적으로 행사할 수 있도록 사회가 교묘하게 남성에게 부여한 (부당한) 기대를 적극적인 여성이 정면으로 반박했기 때문이다(Carli, 1999, 2003; Ridgeway, 2001; Rudman & Glick, 2001). 다시 말하면, 적극적인 여성은 억압의 위계 구조에 도전하고 있는 것이다. 심지어 다른 여성조차도 불편함과 반발을 드러내는 것은 단순히 남성의 탓만이 아니라 이미 확립된 권력 및 역할 체제와 관련되어 있다.

미로
여성과 소외 집단이 직장에서 성공하기 위해 부딪히는 일련의 장애물을 의미하며, 이것은 종종 백인 남성이 자신에게 부여된 권력을 이용하여 더 많은 기회를 가져가기 때문에 발생한다.

심리학 연구를 살펴보면, 여성의 직업 수행과 리더십은 남성과 같은 결과를 보였음에도 불구하고 여전히 덜 긍정적으로 평가된다(Eagly & Carli, 2007). 남성과 여성이 동일한 구직 이력서를 제출하였을 때, 남성의 이력서가 대부분 더 긍정적으로 평가되었다(Ridgeway, 2001). 심지어 대학생조차 학내 구인으로 학생을 뽑는 경우에 동등한 조건의 여학생보다 남학생에게 더 높은 점수를 주는 것을 몇몇 연구는 보여 주었다(Carli, 1999).

페이저(Pager, 2003)는 사원을 채용할 때 인종과 범죄 기록이 어떤 역할을 하는지 살펴보기 위해 현장 실험을 진행하였다. 2001년 4명의 남성(2명은 백인, 2명은 흑인)이 밀워키 지역의 신입 직책의 광고를 보고 지원하였다. 이들 중 두 명은 백인으로, 다른 모든 조건은 유사하였으나 한 명은 코카인 판매 전과로 18개월의 복역 기록이 있었다. 다른 두 명의 흑인도 능력과 범죄 기록을 백인과 동일하게 조작하였다. 이들은 모집 광고에 직접 지원하였고 범죄 기록 유무는 서로 바꾸어 가며 지원하였다. 종속 변인은 일자리를 제안받은 비율 또는 고용주로부터 다음 단계의 인터뷰를 위해 전화를 받은 비율이었다.

결과는 백인이 흑인보다 두 배 이상의 전화 또는 제안을 받은 것으로 나타났다. 실제로 마약 전과가 있는 백인이 범죄 기록이 전혀 없는 흑인보다 더 많은 전화와 제의를 받았다(Pager, 2003). 이 연구를 미국의 다른 지역에서 실시하였을 때에도 비슷한 결과가 나타났다(Crosby et al., 2003; Quillian et al., 2003).

많은 사회심리학 연구는 스스로 편견이 없다고 믿는 사람마저도 차별적 방식으로 행동할 수 있음을 보여 주었다(Jones, 1997, 1998). 페이저(Pager, 2003)와 다른 연구자들에 의해 밝혀진 우리 사회의 만연한 차별은 단순히 개인의 문제가 아니라 제도적이고 사회적인 문제라고 볼 수 있다. 우리가 사회적 범주를 기반으로 가지고 있는 암묵적 편향(implicit bias)의 총합은 국가, 도시, 공동체, 또는 직장 등의 특정 장소에서의 차별의 총합과 강하게 관련되어 있는 것으로, 사회적 범주를 바탕으로 우리가 가지고 있는 정신적 연합을 일컫는다. 암묵적 편향은 개인이 특정 고정관념을 내면화한 것이 반영된 것뿐만 아니라 어떤 장소와 더 상위의 생태학적 맥락에서 공유되는 가장 광범위한 영향력이 반영된 "군중의 편향"으로 보아야 한다(Payne et al., 2017). 불평등과 체제화된 편견이 광범위하게 퍼진 사회에서는 체계적이고 암묵적인 편향이 발생하

암묵적 편향
사회적 편향에 의해 영향을 받는 사회적 범주(예, 인종, 사회 경제적 지위, 성별)에 대한 개인이 가진 정신적 연합을 일컫는다.

는 것은 당연하다.

제도적 억압: 학교   미국 사회에서 학교는 종종 인종을 통합하고 경제적인 상승을 할 수 있는 경로라고 알려져 있다. 이것은 어느 정도 사실이다. 하지만 학교는 때로 현재의 인종과 계급 차이를 계속 유지하는 역할을 한다(Condron, 2009; Fine & Burns, 2003; Hochschild, 2003; Lott, 2001). 그 이유 중 하나는 인종에 따른 주거지역의 분리이다. 또한 학교가 속한 지역 간의 엄청난 부의 격차가 학교에 대한 지역의 재정 지원 의존도와 결합하면서 특정 학생에게만 엄청나게 많은 기회가 제공된다. 학교 내에서는 성적이 저조한 학생을 열등반으로 분류하는데, 여기에는 유색인 학생과 저소득 계층의 학생이 상당히 많고, 이 학급에서는 대학 진학이나 좋은 직장을 위한 준비는 하지 않는다(Lott, 2001; Weinstem, 2002a). 유색인 학생의 정학 및 퇴학이 높은 비율을 차지하는데, 미국 공립학교 흑인 학생의 비율이 15%인 것에 반해, 이들의 정학 비율은 39%에 달한다(Government Accountability Office, 2018). 또한 교사와 학교는 학생의 현재 지식과 자원을 적절하게 고려하지 않을 수도 있다(Gonzalez et al., 2005).

집단 간 관계와 개인의 편견   사회심리학에서 집단 간 관계의 연구는 다음의 결과를 보여 주었다. 우리는 종종 우리가 속한 내집단(우리와 유사하다고 생각되는)에 대하여는 긍정적인 태도를 유지하고, 반대로 외집단 구성원(우리와 다르다고 느끼는)에 대해서는 고정관념과 심지어 편견을 갖게 된다는 것이다. 이는 공동체심리학이 고려해야 할 중요한 통찰로서 우리 것이 최고라고 믿는 자민족 중심주의(ethnocentric)에 대한 이해 또는 그것의 정의를 분명히 해야만 관련 문제에 접근하고 그것을 해결할 수 있음을 상기시킨다. 이러한 자민족 중심주의의 가정을 조사하고, 집단 간 협력을 도모하는 것은 문화적 유능성의 핵심 요인이다. 문화적 유능성에 대해서는 이 장의 뒤에서 다시 논의할 것이다.

> **자민족 중심주의**
> 자신이 속한 집단의 규준과 신념을 근거로 제한된 관점을 사용하여 공동체와 공동체 문제를 이해하거나 정의하는 것을 말한다.

지배 집단과 종속 집단의 구성원 모두 타 집단에 대한 고정관념과 편견을 가지고 있다. 하지만 해방운동의 관점(다음 절에서 설명할 것이다)은 모든 고정관념과 편견이 동일한 영향력을 가지는 것이 아니라는 점을 주시하고 있다. 한 사람이 다른 사람보다 더 강한 권력의 위치에 있다면(예, 고용주, 교사, 경찰, 또는 선출직 공무원), 그들의 편향은 상대방보다 더 큰 영향력을 가진다. 특권 집단 구성원이 지닌 편견은 조직, 공동체 및 사회에 미치는 영향력이 더 크다. 종속 집단 구성원도 편견이 있겠지만, 그들은 권력이 제한된 복종 당한 지위에 있기 때문에 그들이 가진 편견의 영향력은 덜하다. 미국 사회에서 백인과 유색인 모두 서로에 대하여 적어도 어느 정도의 고정관념과 편견은 가지고 있다. 하지만 백인은 경제적 · 정치적 · 사회적 제도를 지배한다(예, 고용, 주거, 교육, 담보와 대출, 호의적인 언론, 정치력). 힘 있는 백인의 편향은 이러한 자원의 통제를 영속시키는 그들만의 사회적 모임을 굳건히 결속하여 연계할 것이고, 이것은 결국 인종차별이 유지되는 결과를 낳는다(Jone, 1997). 모든 백인, 심지어 인종차별에 반대하는 백인조차도 이 체제로부터 이익을 얻고 있고, 불가피하게 모든 백인은 이 체제에 의해 특권을 누리고 있다. 다른 유형의 억압도 이와 유사한 역동 관계로 지속되고 있다.

해방운동 관점: 실천행동의 촉구

> 완전한 의미의 해방은 억압하는 사람과 억압받는 사람의 역할이 없는 상태에서 충분한 인권의 확보 및 사회의 재생산이 필수적이다.   (Watts et al., 2003, p. 187)

해방운동 관점
부당함을 설명하고, 상대방에게 지금의 상황이 억압 체제라고 알리며, 체제를 바꾸고 사회정의를 이루기 위한 실천행동을 촉구하는 것을 말한다.

해방운동 관점(liberation perspective)은 단순히 지적인 분석에 그치는 것이 아니라 실천행동을 촉구한다. 이것은 부당함을 설명하고, 현재의 제도를 억압 체제라고 명명한다. 또한 무엇을 해야 하는지의 방향도 제시한다. 목표는 체제를 바꾸고 특권층과 억압받는 층 모두를 해방시키는 것이다(Freire, 1970/1993). 이 상황에서 1차 변화는 억압받는 집단이 현재 권력을 가진 특권 집단을 대체하는 것으로, 억압 체제 내에서의 재편성을 의미한다. 2차 변화는 억압 체제와 체제의 불평등을 와해시키는 것으로, 이것이 해방운동의 목표이다. 〈표 7-3〉은 해방운동 관점의 원칙을 요약하였다.

종속 집단 구성원은 억압 체제를 특권 집단보다 더 잘 이해한다. 특권 집단의 경우에는 체제 내에서 어려움 없이 계속 지내 왔기 때문에 부당함을 자연스러운 것처럼 여기게 되어(연기 들이마시기처럼) 자신이 특권층이라는 인식이 무뎌진다. 하지만 그 상황에서 종속 집단은 다른 통찰을 가져올 수 있다. 예를 들면, 유럽계 미국인은 인종차별이 존재한다는 것을 느낄 수 있는 상황이 거의 없지만, 다른 인종 집단은 그것을 매일 경험할 것이다. 그러므로 해방을 위한 실질적인 문제가 무엇인지를 인식하기 위해서는 종속 집단에서 해방 운동의 대표가 나와야 한다는 것을 의미한다. 또한 해방은 특권 집단 구성원이 억압에 대한 문제를 해결하겠다는 약속이 필요하다. 유명한 해방운동 이론가인 프레이리(Freire, 1970/1993)는 억압을 해체하기 위해서 다음의 세 가지 자원이 필요하다고 하였다.

〈표 7-3〉 **해방운동 관점의 가정과 개념**

1. 억압은 지배 집단이 불공정하게 권력과 자원을 움켜쥐고 다른 집단의 권력과 자원을 몰수하는 위계적 관계에서 발생한다.
2. 더 힘이 센 집단이 지배 집단 또는 특권 집단이고, 힘이 약한 집단이 억압 집단 또는 종속 집단이다. 개인이 가지는 집단의 소속감은 종종 개인이 통제할 수 없는 출생 또는 다른 요인들로 결정된다.
3. 지배 집단이 통제하는 자원에는 경제적 자원, 지위와 영향력, 사회정치적 권력, 대인관계 연결망 및 쟁점에 대한 대중의 의견을 조정할 수 있는 힘 등이 있다.
4. 억압 체제는 지배 집단 구성원의 인식이나 동의와 관계없이 그들이 노력하지 않고 얻을 수 있는 특권을 보장한다.
5. 억압받는 집단은 그들이 가진 힘으로 직접적이든 간접적이든 억압에 저항한다.
6. 억압은 복합적 형태로 존재한다. 개인은 한 억압 유형으로부터는 특권을 누릴 수 있지만, 다른 유형의 억압 체제에서는 종속 집단일 수도 있다.
7. 억압은 여러 생태학 수준—거시체계, 지역, 조직, 대인관계 및 개인의 편견—과 관련된다.
8. 사회적 통념은 억압 체제를 합리화한다. 테이텀(Tatum, 1997)은 이 과정을 "연기 들이마시기"에 비유하였다. 연기를 들이마시고 얼마 지나지 않아 억압 체제는 자연스럽게 느껴질 것이다.
9. 종속 집단은 억압 체제의 결과를 직접적으로 경험하기 때문에 지배 집단보다 억압 체제를 더 잘 이해한다.
10. 편견은 일부 사람들만 가지고 있을 수 있지만, 지배 집단 구성원은 억압 체제의 권력을 쥐고 있기 때문에 더 큰 피해를 끼친다.
11. 해방 이론은 억압 체제를 해체하기 위해 공동으로 노력하는 실천행동을 촉구한다.
12. 억압은 억압하는 자와 억압받는 자 모두의 인간성을 말살한다. 이를 실질적으로 해체하기 위해서는 억압 체제에서 억압받는 집단과 억압하는 집단 모두를 해방시키려는 목표를 가져야만 한다.

출처: Freire (1970/1993); Miller (1976); Nelson & Prilleltensky (2005); Prilleltensky & Gonick (1994); Tatum (1997); Watts (1994); Watts & Serrano-Garcia (2003).

- 억압적 체제에 대한 비판적 인식과 이해
- 종속 집단 구성원의 개입과 리더십
- 집합적 실천행동: 개인의 단독 행동만으로는 권력층의 반대에 대항하는 세력을 유지하기가 어렵다.

탈식민지화
어떤 지식이 그리고 누구의 지식이 합법적 권력을 가지는지, 그리고 누구의 해석과 삶의 경험이 "다른" 것으로 간주되는지에 관심을 갖고, 세계의 억압적 조건에 문제를 제기하며, 역사적으로 연구와 실천행동에서 배제되었던 공동체와 협력하는 것이다.

탈중심화
교육 세팅을 뛰어넘어 전 세계 많은 공동체의 지식과 경험을 통합하는 것이다.

공동체심리학의 해방운동 관점은 이 분야의 탈식민지화(decoloniality)에 점점 더 주목하고 있다. 글로벌사우스(Global South) 국가들의 공동체심리학자는 사회적 해방을 위한 생태학적 지식을 확장함으로써 억압을 다루고 있다(Sonn, 2016). 탈식민지의 관점은 어떤 지식이 그리고 누구의 지식이 합법적 권력을 가지는지, 그리고 누구의 해석과 삶의 경험이 "다른" 것으로 간주되는지에 관심이 있다. 이 관점은 공동체심리학이 세계의 억압적 조건에 문제를 제기하고, 연구와 실천행동에서 배제되었던 사람들의 해방운동과 웰빙을 위해 협력하도록 돕는다(Montero, 2007; Sonn et al., 2017). 이는 공동체심리학자에게 탈중심화(decentering)에 참여하기를 촉구하여 대학교와 많은 지역사회 안팎의 지식 및 경험을 전 세계에서 일어나는 정의를 위한 투쟁에 통합하여 공동체심리학의 분야를 다방 면에서 재편하는 노력을 통해 이루어 낼 수 있다.

공동체심리학의 실천에서 다양성 다루기

이 책에서는 다양성을 공동체심리학의 발전을 위해 다루어야 할 도전인 동시에 자산으로 보고 있다. 이 장에서 다루는 개념들은 공동체심리학을 위한 많은 시사점이 포함되어 있다. 이 절에서는 공동체심리학자와 조직에서 일하는 사람의 문화적 역량을 살펴보고, 2장과 3장에서 소개한 협력에 대하여 논의할 것이다. 마지막으로, 공동체 프로그램의 문화적 적절성을 고려하고자 한다.

모든 분석 수준을 아우르는 문화적 역량

공동체심리학자는 공동체 관점에서 공동체를 이해하려고 한다. 이를 위해서는 종종 문화적 경계를 넘나들면서 일할 수 있는 역량이 요구된다. 공동체 연구자와 현장실무자를 위한 문화적 역량의 정의와 설명은 다양하다(예, Balcazar et al., 2009; Castro et al., 2004; Guerra & Knox, 2008; Harrell et al., 1999; Sasao, 1999). 하지만 다음의 요소들이 공통적으로 포함된다(몇몇 요소는 앞서 언급했던 이중문화 역량의 특성과 유사하다).

- 함께 일하는 사람의 문화의 특성, 경험, 신념, 가치 및 규준에 대한 지식과 존중
- 해당 문화 내에서 적용되는 대인관계 행동에 관한 기술
- 함께 일하는 사람의 문화 및 자신의 문화에서 지지적 관계 확립
- 자신이 가진 지식의 한계를 인식하고 배움에 대한 열정적 자세를 견지하는 "잘 모른다는 사실의 인정(informed naiveté), 호기심, 그리고 겸손을 갖춘 전문가의 자세"(Mock, 1999, p. 40)
- 자신이 속한 문화와 경험이 자신의 세계관에 얼마나 영향을 주었는지에 대한 인식
- 문화적 역량을 발달시키는 것은 끝없이 계속되는 과정이라는 자세

이러한 자질은 단지 인지적 지식과 행동적 기술뿐만 아니라 태도와도 관련되어 있다. 특히 문화적 겸손은 중요한 태도이다. 문화적 겸손은 차이를 극복하려는 자세를 말하며, 여기에는 배움과 개인의 성장에 대한 개방성, 다른 문화에 대한 호기심, 문화적 전통의 강점에 대한 진정한 존중, 특권과 권력에 대한 개인적 경험의 차이를 해결하려는 의지, 그리고 개인적 편향과 문화적 편향에 대한 자기 성찰과 비판을 받아들이려는 노력 등이 포함된다. 하지만 공동체심리학의 관점에서 보면, 문화적 역량은 단순히 개인의 분석 수준에서만 개념화되는 문제가 아니다. 공동체심리학자가 새로운 공동체 구성원과 일을 시작할 때, 그 사람의 관심, 도전, 과거의 사회변화 노력 등이 어떠하였는지를 아는 것은 문화적 민감성을 갖기 위해 중요하다(Guerra & Knox, 2008; Trickett, 2009). 또한 공동체심리학의 성찰적 실천을 위해서는 현재 함께 일하는 문화뿐만 아니라 자신의 문화도 동시에 살펴볼 필요가 있다. 문화적 역량을 높이려고 노력하는 공동체심리학자는 종종 개인과 일하기보다 조직과 협력하여 일할 것이다. 예를 들면, 발카사르와 동료들(Balcazar et al., 2009)은 문화적 역량

을 지지하는 훈련 모델을 개발하였는데, 이 모델은 역량 증진에 있어 개인의
태도와 실천뿐만 아니라 조직 맥락의 중요성을 강조한다.

이 모델은 다음의 훈련 요소들을 강조하는 개인 수준에서 시작한다. 첫째,
문화적 다양성을 실천하고 배우려는 개인의 의지를 의미하는 참여 욕구, 둘째,
다른 문화적 배경을 가진 사람을 향한 개인의 편향에 대한 비판적 인식의 발달,
셋째, 다양성에 영향을 줄 수 있는 여러 요인에 대한 지식 및 다양한 문화 집단
이 가진 특성, 역사, 가치, 신념 및 행동에 대한 익숙함, 넷째, 다양한 문화적 배
경을 가진 사람과 효율적으로 일할 수 있는 기술의 발달과 연습이다.

또한 문화적 역량은 앞의 네 가지에 더하여 5번째 중요한 요소에 의해 촉진
되기도 하고 방해받기도 하는데, 그것은 서비스 제공자의 문화적 역량을 유효
하게 하는 조직의 지지 정도이다. 조직에 따라 갈등을 유발하는 쟁점을 훈련하
고 논의하는 준비 정도는 다르다. 그들의 정치력, 훈련에 대한 자원의 분배,
그리고 조직의 관행을 변화시키려는 의지를 통해서 조직은 그들의 구성원과
문화적 역량의 중요성에 대하여 강력한 메시지를 주고받는다. 테일러-리슬러
와 동료들(Taylor-Ritzler et al., 2008)은 개인의 태도 및 지식은 변화할 수 있음
을 발견하였다. 동시에 연구자들은 변화를 위해 조직이 해야 할 일도 조사하
였다(예, 해당 문화를 반영하고 다른 언어로 번역한 홍보 자료). 그들은 "문화적 역
량은 변화를 위해 개인 및 조직 모두의 의지와 열정이 요구되는 복합적인 과
정"이라고 결론을 내렸다(Taylor-Ritzler et al., 2008, p. 89). 문화적 역량을 결
과가 아닌 과정이라고 본다면, 이 작업은 꽤 긴 시간이 소요되고 다양한 복합
적 요인의 적용과 인식이 요구된다.

다양성의 가치와 공동체의 가치 충돌

6장에서 논의한 것과 같이, 공동체 의식은 공동체심리학의 핵심 가치이며
공동체심리학에서 가장 많이 사용되고 연구되는 개념 중 하나이다. 하지만 공
동체 의식은 공동체심리학의 또 다른 핵심 가치인 다양성의 가치와 충돌될 때
문제가 생길 수 있다. 연구자들은 공동체 의식이 집단 구성원의 유사성을 강
조하고 동질한 공동체에서 높게 나타나기 때문에 다양성과 충돌될 수 있다고
언급하였다(예, Farrell et al., 2004; Neal & Neal, 2014).

타운리와 동료들(Townley et al., 2011)은 공동체-다양성 변증법에 대한 체계적 검토를 위해서는 공동체 의식과 다양성의 가치 사이에 내재한 긴장을 확인하고, 이를 해결하기 위한 많은 공동체심리학 연구가 필요하다고 주장하였다. 그들은 주거 환경과 웰빙에 관한 자신들이 수행했던 연구―전쟁 이후 우간다 공동체의 삶, 미국 남부 지방의 라티노 이주민의 경험, 중증 정신장애인이 지역사회로 통합되는 과정에서의 경험―에서 다양성의 이해가 어떻게 나타났는지 검토하였는데, 그들은 결과를 해석하기 위해서는 문화적 관점이 필요하다는 것을 발견하였다. 타운리와 동료들은 다양성 또는 공동체의 가치는 문화적 맥락에 따라 다르다는 것을 찾아내었다. 즉, 어떤 맥락에서는 공동체심리학의 가치 간 충돌이 문제가 되는 것으로 볼 수도 있는 반면, 다른 맥락에서는 이를 다문화 사회에 내재된 긴장과 기회를 의미하는 공동체-다양성 변증법으로 볼 수도 있다는 것이다(Townley, 2017). 공동체심리학자로서 다양한 환경 내에서 각 개인이 공동체 의식을 실행하고 성취하는 방법을 이해하는 것은 중요하다. 이 가치들이 균형을 이루어 작동하는 방식은 공동체마다 다를 것이다(Thomas et al., 2015). 공동체 개입과 연구에서 공동체-다양성 변증법을 고려해 보는 것은 우리의 연구 맥락, 협력적 관계, 가능한 결과(도움이 되거나 해가 되는) 등에 대하여 우리가 이해하고 있는 것들을 다시 한번 상기시켜 볼 수 있는 기회가 된다.

문화와 해방의 충돌

> 문화가 억압의 안식처가 될 수 없음을 우리는 안다. 하지만 문화는 다양성의 존중 및 새로운 가치 발달을 위한 참여를 통해 우리 모두를 건강, 존엄성, 그리고 자유에 더 가까이 인도하는 공간이 되어야 한다고 우리는 믿는다.
>
> (Ortiz-Torres et al., 2000, p. 877)

문화적 전통이 해방의 목표를 억압하고 갈등을 일으킬 때, 이 갈등을 어떻게 다루어야 할까? 가부장적 문화의 가치와 관행은 여성의 사회적 역할을 제한하고(온정적 성차별주의는 종종 여성을 존중하거나 보호하는 것으로 해석된다), 남성에게 더 많은 권한을 부여한다.

오르티스-토레스와 동료들(Ortiz-Torres et al., 2000)은 『문화 정복(Subverting culture)』이라는 제목의 논문에서 이 쟁점을 언급하였다. 그들은 HIV 예방을 위해 푸에르토리코 여성의 능력을 증진시켜 남성 파트너에게 안전한 성관계를 합의할 수 있도록 하는 목표를 세웠다. 이러한 능력 구축의 목적은 푸에르토리코 문화의 두 가지 가치와 충돌하였다. 마리아니스모(Marianismo, 마리아니즘)라고 불리는 문화 가치는 많은 라틴 문화에서 여성의 역할을 정의하는 것으로, 이상적인 여성상은 성모마리아의 기독교 이미지에 기반을 둔 순수하고, 순결하며, 남성을 양육하는, 하지만 남성에게 복종하는 것이라고 가르친다. 이 가치로 인해 성과 관련한 내용은 지극히 사적인 대화에서만 가능하고 젊은 여성이 자신의 성에 대하여 무지하게 만들었다. 마리아니스모는 순결을 과도하게 극찬함으로써 성행동과 관련한 위험을 예방할 수 있었다. 하지만 동시에 성에 대한 논의나 이해를 억압하고 남성에게 복종을 강요함으로써 많은 여성이 성과 관련한 상황에 대한 지식을 익히지 못하고 그 상황에서 자신의 의지를 표현하지 못하게 하는 역할도 하였다. 마치스모(Machismo, 남성다움)는 정력과 성적 능력을 강조하는 남성의 역할을 말한다. 성관계 상황에서 마리아니스모와 마치스모의 결합은 여성에게 내재된 양립하는 문화적 기대(예, 순진하게 행동 대 성관계 상황에서 상대방을 즐겁게 해 주는 행동)로 인해 여성보다 남성이 더 큰 권력을 갖게 된다.

표적 집단 면담 및 개인 면담에서 푸에르토리코와 뉴욕에 거주하는 라틴계 여자 대학생은 안전한 성관계를 토의하거나 남성의 콘돔 사용을 협상하는 데 있어 정서적으로 그리고 대인 관계에서의 어려움을 보고하였다. 여학생이 느끼는 어려움은 거절에 대한 두려움, 상처와 불안한 감정, 자신의 행동이 신뢰의 부족으로 보인다는 남성의 주장, 그리고 남자 친구에 대한 사랑 등이라고 참여자들은 대답하였다. 이러한 우려는 거의 모든 문화의 이성애 관계에서 일어날 수 있는 것으로, 남녀 간 권력의 차이 및 사회적 성역할에 의해서 비롯되는 것이다(Peasant et al., 2015).

하지만 완전히 고정되고 불변하는 문화는 없다. 많은 문화에서 일어난 여성 운동은 여성을 희생시키고 권력을 빼앗았던 전통과 현실적 관행에 도전하였다. 더욱이 문화적 관습으로 인해 사회적으로 혜택을 받지 못했던 여성들이 문화적 자원 역시 가지게 되었다. 오르티스-토레스와 동료들(Ortiz-Torres et al., 2000)의 연구는 이러한 문화적 자원은 다른 여성이 보내는 사회적 지지, 그 문화 내의 여성 운동의 영향력, 그리고 다른 문화의 성역할을 접하게 되는 것 등이 포함된다는 것을 보여 주었다. 연구자들은 라틴계 문화 내의 여성 공동체심리학자가 성교육을 촉진하고, 여성의 성에 대한 담론을 수면 위로 올리고, 여성에게 해가 되는 가치와 관행에 도전하며, 여성의 개인적 협상 능력 및 사회적 지지를 강화하는 역할을 할 수 있다고 하였다. 이를 위해서 금욕주의와 여성 보호라는 전통적인 마리아니스모 개념을 사용할 수 있고, 또한 콘돔 사용, 비삽입 성교, 그리고 성관계 시 남성과 동등한 결정과 협상을 할 수 있는 능력을 주장할 수 있다.

문화와 해방 사이의 갈등과 관련해서는 세 가지 정도의 결론을 내릴 수 있다. 첫째, 문화적 가치는 종종 모순을 가지고 있다. 마리아니스모와 마치스모 같은 문화적 가치는 오랜 역사가 있지만, 또한 라틴계 여성을 보호하는 가치도 마찬가지로 긴 역사를 가지고 있다.

둘째, 문화는 내부와 외부 조건, 예를 들면 다른 문화와의 접촉이나 그 문화 내에서의 다양성 등에 맞추어 끊임없이 진화한다는 것이다. 문화의 변혁을 위한 노력은 문화의 지속적인 변화의 흐름을 제기한다.

마지막으로, 문화 변혁이 합법화되기 위해서는 그 문화 구성원에 의해 그 문화 내부에서 시작되어야 한다. 오르티스-토레스와 동료들은 그들의 개입을 문화 내부자의 위치에서 발전시켰다. 3장에서 언급했던 아프가니스탄 여성 역시 자신의 나라에서 여성의 권리, 나아가 인간으로서의 권리를 주장하기 위해 아프가니스탄 여성혁명회를 출범시켰다(Brodsky. 2003). 자신이 가지고 있는 문화에 대한 개념을 적용하려는 외부자의 시선에서는 사회정의와 관련한 많은 의문점이 생길 것이다.

문화에 기반한 공동체 프로그램 설계

공동체 프로그램이 문화적인 세심함과 적절성을 갖추려면 반드시 프로그램이 시행되는 문화의 많은 측면을 고려해야 한다. 이는 해당 지역 문화 및 공동체 구성원과의 진정한 협력이 이루어져야만 가장 잘 개발될 수 있다. 레스니

코우와 동료들(Resnicow et al., 1999)은 공동체 프로그램을 설계할 때의 문화적 쟁점을 묘사하기 위해 언어학의 개념을 빌려와 표면 구조와 심층 구조라는 유용한 개념을 제안하였다.

표면 구조(surface structure)는 프로그램에서 관찰 가능한 측면을 말한다. 여기에는 프로그램 구성원의 인종, 민족, 성별이 포함되고, 프로그램에서 사용하는 언어도 해당된다. 또한 음식 또는 음악과 같은 문화적 요소의 선택도 표면 구조이며, 세팅도 여기에 속한다. 표면 구조의 요소도 중요하지만, 이것만으로는 효율적인 프로그램의 충분조건이 될 수 없다. 예를 들면, 사사오(Sasao, 1999)는 아시아계 미국인을 위한 병원 서비스를 위해 단순히 아시아계 미국인 직원을 고용하는 것이 치료자와 내담자 간의 모든 문화적 차이를 해결하는 것이 아님을 보여 주었다. 심층 구조(deep structure)는 중요한 문화적 신념, 가치, 관습과 관련된다. 문화의 심층 구조를 이해하기 위해서는 그 문화의 역사적 · 심리적 · 사회적 지식이 필요하다. 예를 들면, 일부 라틴계 사람 및 아프리카인의 문화적 신념은 자연재해뿐만 아니라 질병도 초자연적 원인이 있다고 믿는다(Resnicow et al., 1999). 질병에 대한 이러한 생각은 증상 보고의 의지, 토착 치료사 또는 서구 건강 전문가의 선택, 그리고 많은 건강 관련 행동에 영향을 줄 것이다. 이들을 위한 건강 증진 지원 프로그램은 반드시 이러한 쟁점들을 살펴보아야 한다.

알래스카 원주민 공동체가 공동체심리학자와 협력하여 청소년 자살을 막기 위해 여러 세대의 연결망을 재활성화하고 재구조화한 것을 떠올려 보라. 이 개입은 표면 구조와 심층 구조를 모두 다루면서 공동체 구성원이 개발한 문화에 입각한 공동체 계획의 예시를 보여 준다.

표면 구조
공동체 프로그램의 관찰 가능한 측면을 말하며, 프로그램 구성원의 인종, 민족, 성별이 포함되고, 프로그램에서 사용하는 언어도 해당된다. 또한 음식 또는 음악과 같은 문화적 요소를 선택하는 것과 세팅도 표면 구조의 예시이다.

심층 구조
공동체 프로그램에서 덜 가시적인 측면으로, 문화적 신념, 가치, 관습이 포함된다. 그 문화에 대한 역사적 · 심리적 · 사회적 지식이 필요하다.

결론

세계는 점점 더 다양한 집단으로 구성되고 있다. 예를 들면, 미국 인구의 39%는 소수 인종이 차지하고 있다(Census Bureau, 2017). 또한 현재의 이민율과 출산율이 계속된다면 2045년 즈음에는 유색인이 미국 인구의 절반이 될 것이라고 예측한다. 직장과 공동체 세팅에서의 다양성과 사회적 불평등에 대한 인식이 증가하면서 새로운 법률(예, 공정주택 거래 및 성차별 금지)이 제정되었다.

중요한 두 가지 질문이 남았다. 첫째, 다양성에 대한 이 장의 관점은 모든 도덕적 가치 체계(예, 나치즘, 종교적 편협, 또는 여성 억압)를 동등하게 인정하는 도덕적 상대주의를 지지하는가?

결론부터 말하면 그렇지 않다. 이 장의 견해는 맥락에서의 다양성을 이해하는 것에 초점을 둔다. 여기서는 다른 사람 및 다른 문화를 그들의 관점, 특히 강점으로 이해하는 것을 포함한다. 이는 종종 자신의 가정 및 가치가 무엇인지 살펴보도록 하고 타인과 나 자신에 대한 인식을 높일 수 있도록 돕는다. 이 과정이 간단하거나 쉽지는 않지만, 그러한 다원적이고 맥락적인 이해가 선행되어야만 인간의 문제에 대한 원칙적이고 도덕적인 태도를 형성할 수 있다.

공동체심리학에서 제안한 여덟 가지 가치는 이러한 쟁점을 다루는 데 도움이 된다. 가치 간의 갈등을 다루었던 절에서 논의한 것처럼, 사회정의와 같은 원칙적 가치에 기반한 행동은 그들 자신의 문화 내에서 집합적 행동을 하는 시민에 의해 개인 및 사회의 변화를 이끌 수 있다. 물론 공동체심리학자가 사회정의 또는 다른 가치에 대하여 생각하는 방식은 자신의 문화적 경험에 뿌리를 두고 있다. 하지만 여성의 권력강화와 같은 변화를 위해 일하는 공동체심리학자를 포함한 관계자들은 다른 문화 또는 공동체 구성원의 문화적 맥락이 자신과 유사한 가치를 가지고 있다면 협력할 수 있다.

둘째, 인간은 문화, 인종, 민족, 성별 및 여러 범주에 따라 다르다고 지금까지 강조하였는데, 그렇다면 인간이 가진 공통점은 무엇인가? 다문화 및 다양한 공동체 또는 사회는 어떤 공통점을 기반으로 구성되고 유지될 수 있는가?

이 질문에 답하기 위해서는 몇 가지 역사적 관점을 알아야 한다. 이 질문은 특권층과 종속 집단 구성원 모두가 "그들의 위치를 알고" 있었기 때문에 특권층의 관점에서 문제가 없어 보이는 이전 시대의 그럴듯함을 전제로 한다. 서구의 사회과학자는 종종 자신의 개념과 관점을 보편적이라고 가정하였지만, 이는 자민족중심주의로 볼 수 있음을 아는 것은 중요하다. 이 질문을 어떻게 다루는가에 따라 다른 관점이 적용된다(예, Fowers & Richardson, 1996; Hall, 1997; Sue, 2004). 각 개인의 관점이 자신의 문화적 경험의 틀에 의해 필연적으로 제한된다는 것을 알고 있다면 중요한 가치에 대한 공통점을 찾는 데 도움이 될 것이다.

물론 보편적인 인간의 경험도 있지만, 나와 다른 사람은 같은 경험을 다르게 볼 수 있다는 것도 이해해야만 이 질문의 답을 찾을 수 있다. 초창기 심리학자 중 한 명인 윌리엄 제임스(William James)는 다음과 같이 주장했다. "이 사람과 저 사람 사이의 차이는 미미하지만, 그 작은 차이가 아주 중요하다"(Hall, 1997, p. 650에서 인용).

토론거리

1. 다양성을 토론할 수 있는 용감한 공간을 구축하는 데 당신은 어떤 도움을 줄 수 있는가?

2. 당신의 삶에서 중요한 다양성의 범주를 생각해 보았을 때, 이 장에서 언급하지 않은 범주가 있는가?

3. 다양성의 범주와 관련한 질문에 대한 당신의 대답을 다시 떠올려 보라. 이 범주와 관련한 당신의 경험이 공동체 심리학에 대한 당신의 생각에 어떤 영향을 미치는가?

4. 블랙 라이브스 매터(BLM)나 미투(#MeToo) 등의 현재의 사회 운동은 부당함과 억압에 대한 저항을 어떻게 표현하는가? 해방을 위한 투쟁으로써 그들의 강점과 제한점은 무엇이라고 생각하는가?

5. 당신은 건강 증진 프로그램을 실시할 때 어떤 방식으로 공동체의 문화적 가치를 존중하고 병합하겠는가?

제 4 부

도전 과제에 대한
공동체의 대응

제8장 권력강화와 시민참여

미리 보기 ▶

이 장을 마치고 나면 다음의 질문에 답할 수 있을 것이다.

1. 생태학적 관점은 공동체심리학자가 권력강화를 생각하는 방식에 어떻게 정보를 제공하는가?
2. 공동체심리학자는 왜 시민참여를 수단(목표를 향한 통로)과 목적(목표 그 자체) 둘 모두에서 중요하게 생각하는가?
3. 시민으로서 권력이 강화되고 공동체에 참여하기 위해 개발할 수 있는 기술은 무엇인가?
4. 세팅의 권력을 강화할 수 있는 요인은 무엇인가?
5. 권력강화 관점은 공동체심리학자가 관계를 개선하는 사고방식에 어떻게 정보를 제공하는가?

여는 글

가정(assumptions)을 해체하기

당신이 나를 도우러 왔다면, 당신은 시간 낭비를 하는 것이다. 하지만 당신의 해방이 나의 해방과 밀접한 관련이 있기 때문에 여기 왔다면, 그때는 우리가 함께 일할 수 있다.

– 릴라 왓슨(Lilla Watson),
호주 원주민 시각 예술가이자 행동주의 교육자로서 선교사들에게 한 얘기

모두가 자유로워지기 전에 아무도 자유로워질 수 없다.

– 패니 루 해머(Fannie Lou Hamer),
미국 시민운동 지도자, 전국 여성 정치 위원회 연설에서

앞의 인용구를 읽고 당신은 어떤 생각이 들었는가? 이 인용구가 나온 맥락을 이해한다면 이 말

을 이해하는 데 도움이 될 것이다. 릴라 왓슨이 한 말은 호주의 퀸즐랜드 도시에 사는 원주민 아동과 가족을 옹호하면서 나온 것이다. 1910년에서 1970년대까지 많은 정부 기관과 교회 선교 단체는 원주민 아동을 "보호"하고 주류 문화에 동화시킨다는 명목으로 아동을 가족과 공동체에서 강제로 끌고 나왔다. 아이를 빼앗긴 세대와 그 후손들은 크나큰 고통을 경험하였고 호주 정부는 2008년 원주민에게 공식적으로 사과하였다.

패니 루 해머는 미국의 시민운동 지도자로, 1964년 미시시피 지역에서 프리덤 서머 (Freedom Summer)를 조직하였다. 그녀는 아프리카계 미국인을 투표에 등록하도록 돕는다는 이유로 위협과 신체적 폭행을 견뎌야 했다. 앞의 인용은 해머가 정치에 참여하는 여성의 수를 늘리고 여성이 공직에 나가도록 지원하기 위해 그녀와 동료들이 공동으로 설립한 전국 여성 정치 위원회의 연설에서 언급한 내용이다.

당신의 생각은?

1. 릴라 왓슨은 왜 호주 원주민을 위한 서비스의 도움을 원하지 않았는가?
2. 해머가 모든 사람이 자유로워지기 전에 아무도 자유로워질 수 없다고 한 말은 무슨 뜻이라고 생각하는가?
3. 이 인용구가 오늘날의 상황과 어떻게 관련되는가? 더 구체적으로 왓슨은 그녀와 함께하는 사람들에게 어떤 역할을 할 것이라고 생각하는가? 그리고 더 많은 자유를 위해 해머와 함께 일하는 것은 어떤 모습일까?

우리는 공동체의 삶의 질을 이해하고 증진하기 위해 노력하는 공동체심리학자로서, 또한 학생, 교사, 학부모, 청소년, 노인, 이웃, 사회복지사, 연구자, 건강관리 전문가로서 우리의 역할이 무엇인지 생각해 보기 위해 이러한 핵심 질문들을 탐색할 것이다. 또한 권력강화의 절차 및 결과를 촉진하는 데 사용하는 개념과 도구들을 소개할 것이다.

이 장에서는 관계, 조직, 공동체에서 권력의 역동에 초점을 맞추면서 개인의 삶의 질과 생태학적 맥락 사이의 연결을 구체적으로 살펴볼 것이다. 또한 공동체심리학의 권력강화의 개념과 핵심 역할을 소개한 2장의 내용을 확장하여 논의한다. 권력강화의 관점은 문제 및 해결법에 대하여 생각하는 방식과 다른 사람과 협력하는 방식을 바꾼다. 이 장에서는 권력강화의 개념 정의부터 시작하여 실천과 세팅의 권력을 강화하기 위한 논의까지 아주 상세하게 살펴볼 것이다. 또한 권력강화의 근원이 되는 개념인 권력과 공동체 의사결정에서 권력을 행사하는 전략인 시민참여도 자세하게 다룰 것이다. 12장에서는 프로그램 평가 방법이 어떻게 공동체 프로그램의 개발과 개선을 통해 개인 및 공동체의 권력을 강화하는 데 사용될 수 있는지 살펴본다. 13장에서는 공동체와 사회변화의 절차에 초점을 두고 논의한다. 하지만 이렇게 장을 나누는 것은 공간의 제약 때문임을 기억하라. 실제 현실에서는 세팅의 권력을 강화하는 것은 공동체 및 거시체계의 변화와 밀접하게 관련되어 있다.

권력강화란 무엇인가

"권력강화(empowerment)"는 많은 의미를 가진 용어이다. 이는 미국 정치사에서 진보와 보수 모두가 사용하면서 다양한 의미를 지니는 전문용어가 되었다(Cattaneo et al., 2014). 기업들은 실제로는 자신들의 권력을 나눌 의도가 없으면서 고용인의 권력을 강화하겠다고 말한다(Klein et al., 2000). 국제기구도 지역에 대한 지식이나 의제에 근거하지 않는 경제 개발 맥락에서 권력강화라는 단어를 사용한다(Grabe, 2012). 미국의 비영리 단체도 권력강화를 주요한 목표라고 자주 얘기하지만, 옹호 또는 서비스가 고객의 권력을 어떻게 강화하는지는 정의하지 않는다(Kasturirangan, 2008). 육체적 운동, 명상, 그리고 심리치료가 마치 권력강화에 도움이 되는 것으로 묘사되어 왔다. 하지만 이것들은 개인의 성장 또는 개인 훈련의 측면에서 더 잘 이해되는 것이지 공동체심리학자가 사용하는 용어로서의 권력강화가 아니다. 학자들은 심지어 공동체심리학 내에서조차 이 용어가 다양하고 비일관되게 사용된다고 비판하였다(Brodsky & Cattaneo, 2013; Riger, 1993). 모든 것을 의미할 수 있는 단어는 아무런 특성이 없다는 뜻이다. 때로 권력강화가 이러한 운명을 겪는 것 같다.

라파포트(Rappaport, 1981)는 공동체심리학의 관점에서 권력강화는 사람들이 자신의 삶을 스스로 통제할 가능성을 높이는 것을 목표로 하는 것이라고 처음 제안하였다. 그는 권력강화를 "사람, 조직, 공동체가 자신들의 업무에 대한 지배력을 얻는 과정 또는 기제"라고 정의하였다(Rappaport, 1987, p. 122).

> **권력강화**
> 지역 공동체를 중심으로 상호 존중, 비판적 성찰, 돌봄 및 집단 참여 등을 실천하는 의도적이고 지속적인 절차로서 자원의 평등한 분배를 받지 못한 사람이 이 자원에 대하여 접근성과 통제력을 더 많이 가지는 것을 말한다.

이후 라파포트와 동료들은 코넬 대학의 권력강화 집단(Cornell Empowerment Group, 1989)이 제안한 공동체-지향에 더 특화된 정의를 받아들였다.

> 지역 공동체를 중심으로 상호 존중, 비판적 성찰, 돌봄, 그리고 집단 참여 등을 실천하는 의도적이고 지속적인 절차로서 자원의 평등한 분배를 받지 못한 사람이 자원에 대한 접근성과 통제력을 더 많이 가지는 것. (p. 2)

이 정의에서의 권력강화는 혼자가 아니라 다른 이들과 함께 성취하는 것이다. 이것은 단지 자신의 삶에 대한 통제감뿐만 아니라 (자원에 접근하는) 더 강한 권력을 얻어 행사하는 것과 관련된다. 개인 수준에서는 인식(코넬 대학교의 정의로는 "비판적 성찰")과 정서("돌봄")뿐만 아니라 참여 행동이 포함된다. 그래서 심지어 개인의 권력강화가 사고나 감정처럼 내부적으로 경험되는 것이라도 이것은 개인에게만 한정된다기보다 사회적으로 그리고 맥락적 수준에서 규정된다. 예를 들어, 개인의 권력강화가 더 군건한 사회적 맥락이 있다. 세팅 수준에서는 상호 영향 및 상호 도움과 같은 역할 관계가 포함된다. 공동체 수준에서 권력강화는 더 광범위한 참여에 대한 사회적 규준, 연합체, 공유된 리더십, 자원에 대한 포괄적 의사결정 등이 해당된다. 라파포트는 권력강화의 정의를 단 하나로 규정해 버리면 다양한 형태로 이해할 수 있는 가능성을 제한한다고 주장하면서 권력강화의 정의를 의도적으로 열어 두었다.

권력강화는 복합적 수준의 개념이다. 개인, 조직, 공동체, 그리고 사회는 권력강화를 더 높일 수 있다(Rappaport, 1987). 더 많은 인식과 정보를 얻고, 전통적 권위에 도전하고, 부당함에 반대하고, 시민참여에 관여하는 경향성이 더 높은 사람이 더 많은 권력강화를 이룰 수 있다. 조직은 조직 내 팀들이 일상의 결정을 책임지게 하려는 목적으로 권력을 부여한다. 공동체 조직은 다른 집단과의 연결망을 형성하여 더 상위의 지역 조직에 영향을 줄 수 있다. 상위 수준인 정부가 옹호해 준다면 지자체는 그 지역 업무에 더 많은 통제력을 얻을 수 있다. 권력강화는 또한 거시체계 또는 다른 수준에서 일어나는 부당한 억압적인 체제를 해체하거나 거부하는 것에 관심을 가질 수도 있다.

권력강화가 다양한 수준에서 효과를 발휘할 수 있는 반면, 한 수준에서의 권력강화가 반드시 다른 수준의 권력강화를 이끌어 내는 것은 아니다. 또한 권력이 강화되었다는 느낌만으로 집단의 결정에서 언제나 실질적인 영향력을 미치는 것도 아니고, 자신의 삶에 대한 영향력과 통제력이 더 많은 사람이라고 해서 반드시 그들의 조직 또는 공동체의 권력을 강화하는 것도 아니다. 조직의 권력을 강화하는 것이 더 상위 공동체의 변화를 가져오는 권력강화로 이어지지 않을 수도 있다. 리더십을 엄격히 통제하는 힘 있는 조직은 그 구성원에게 권력을 부여하지 않는다. 그러므로 권력강화 노력이 성공하려면 여러 수준을 넘나들며 이루어져야 한다(Perkins & Zimmerman, 1995; Zimmerman, 2000). 실제로 최근 연구는 맥락 간 그리고 분석 수준 간의 연결 공간을 조사하여 개인, 미시체계, 거시체계의 다리 역할을 하는 관계적 양상과 연결망을 찾고 있다(Christens, 2012, 2019; Christens et al., 2014; Langhout et al., 2013).

권력강화의 맥락과 제한점

권력강화는 맥락적이다. 이는 조직, 지역, 공동체 및 문화에 따른 각자의 역사, 경험, 환경의 차이 때문에 다르게 나타난다(Rappaport, 1981). 예를 들면, 시민 단체의 개인은 토론, 팀워크 및 타협을 통해서 의사결정에 영향을 미치는 기술을 익힐 수 있다. 하지만 이 기술은 지시적이고 업무 위주의 의사결정이 진행되는 작업 환경에서는 비효율적이다. 그러므로 이 사람은 전자의 맥락에서는 권력이 강화되겠지만, 후자의 맥락에서는 그렇지 않을 것이다. 심지어 권력강화 의미의 본질조차도 두 세팅에서 다를 수 있다.

권력강화가 맥락에 초점을 맞추는 것이 중요한 이유는 권력강화의 절차가 세팅 및 문화마다 다르기 때문만이 아니라 다음의 핵심 질문을 던지기 때문이다. 누구의 권한을 강화해야 하고 목적은 무엇인가(Berkowitz, 1990)? 앞서 논의한 것과 같이, 권력강화는 공동체 또는 더 상위의 공동체를 위해서가 아니라 개인에게 초점을 맞춘 용어로 종종 이해되고 개인의 자기향상 또는 기업가 개인의 정신을 고취하기 위해 사용되어 왔다. 또한 권력강화는 다른 집단을 희생해서 자신의 내집단의 지위와 자원을 강화하는 의미로 이해되기도 한다. 대표적인 예가 백인 우월주의 집단이다. 생태학적 접근은 권력을 강화하는 과정에서 부딪히는 복합성과 딜레마를 이해하는 데 도움을 준다. 7장에서 논의했던 가부장적인 문화에서 여성의 권력강화 쟁점을 다시 상기해 보라

(Brodsky, 2003; Ortiz-Torres et al., 2000).

공동체심리학자는 다양한 국제적 맥락에서 해방의 개념틀 및 더 상위 사회의 변화 전략과 관련한 권력강화의 과정을 연구하고 있다(Chan et al., 2017; Montero et al., 2017; Watts & Serrano-Garcia, 2003). 예를 들면, 니카라과의 시골 마을에 사는 여성의 권력강화에 대한 연구는 이 지역의 만연한 성 불평등을 다루었는데, 여기에는 자원의 접근성 부족과 여성의 능력에 대한 제한된 문화적 신념 등이 있다. 이 맥락에서 권력강화 절차는 여성을 토지 소유권 및 성에 대한 진보적인 사고를 키울 수 있는 조직에 참여하도록 유도하여, 이 관계를 통해 더 많은 통제력과 더 높은 웰빙을 경험하도록 하여야 한다(Grabe, 2012).

권력강화는 맥락을 바탕으로 시간이 지남에 따라 발달하는 복잡하고 역동적인 과정이다. 이는 성장하기도 하고 쇠퇴하기도 하지만 작은 방해물에 의해 되돌아가지는 않는다(Zimmerman, 2000). 3장과 4장에서 논의했고 12장에서 다시 얘기하겠지만, 이러한 역사적 과정은 종단 연구를 통해 가장 잘 이해할 수 있다. 권력강화는 도움을 주는 역할 및 관계가 상호적이라는 확신을 가지고 전문지식이 광범위하게 제공되는 세팅에 참여함으로써 발생한다. 권력강화는 규모가 제한되고, 긍정적인 공동체 의식을 소유하고, 구성원이 의사결정에 참여하며, 리더십의 공유 및 상호 영향을 강조하는 풀뿌리 집단과 관련된다(Maton & Salem, 1995; Rappaport, 1987). 또한 조직 간의 연계(Zimmerman, 2000) 및 집합적 행동과도 관련된다. 이 장의 후반부에서 실천과 세팅에 권력을 강화하는 예시를 살펴보기로 하고, 먼저 집단의 의사결정에 대한 논의를 확장하기 위해 시민참여의 개념을 살펴보자.

시민참여란 무엇인가

시민참여
개인이 그들에게 영향을 주는 공동체 의사결정에 참여하는 과정으로, 민주적인 방법으로 그들의 목소리를 낼 수 있고, 그 결정에 영향을 끼칠 수 있는 것을 말한다.

반데르스만(Wandersman, 1984)은 시민참여(citizen participation)의 정의를 "개인이 그들에게 영향을 주는 제도, 프로그램, 환경에 대한 의사결정에 참여하는 과정"이라고 하였다(p. 339).

이 정의를 좀 더 자세히 분석해 보자. "제도, 프로그램, 환경"에는 직장, 병원, 또는 정신건강 센터, 이웃, 학교, 종교 단체, 그리고 사회 전반이 포함된다. 또한 더 넓은 환경에 영향을 미칠 목적으로 결성된 풀뿌리 조직인 주민협의 회, 종교 연합, 정치적 활동 단체 또는 노동조합 등이 있다. 시민참여는 의사 결정에 관여하는 과정이다. 이는 모든 의견의 통제력을 장악한다는 의미가 아 니라 자신의 목소리를 내고 민주적인 방식으로 영향력 있는 의견에 참여하는 것이다.

의뢰인(client)과 시민의 차이점을 생각해 보자. 공동체심리학자는 욕구, 결핍, 위계적 의사−환자의 관계를 강조하는 전통적인 의학 모델보다 권리, 역량, 집 합적 관계의 개념을 강조하는 모델을 소개하려고 노력한다. 소외 집단이나 낙 인 집단과 함께 일하는 공동체심리학자의 업무에서 이 차이를 알 수 있다. 예 를 들어, 노숙자를 줄이거나 정신장애가 있는 노숙자를 온전히 공동체로 통합 하려고 할 때, 실천가는 시민권의 개념틀을 사용하여 공동체 구성원 및 조직 에게 노숙자와 그들의 관계에 대하여 다시 생각해 보도록 권장한다. 노숙자를 서비스가 필요한 단순한 환자 또는 고객으로 보기보다 동료 시민으로 생각할 수 있도록 관점을 변화시키는 것이 목표이다. 이를 위해 우리는 노숙자가 자 신이 속한 공동체에 기여할 수 있고 사회에 가치 있는 활동을 찾을 수 있도록 도움을 주는 일에 중점을 둔다(Ponce & Rowe, 2018; Rowe et al., 2001).

이 예시에서는 시민권의 개념이 우리와 함께 일하는 사람 및 집단으로 사용 되지만, 일반적으로 이해되는 시민권의 개념은 자신의 공동체에 다른 사람의 참여를 막기 위한 용도로 사용되기도 한다. 전 세계의 개인과 집단은 폭력, 전 쟁, 정치 파동, 경제적 고통 때문에 고향을 떠나 살고 있다. 이들 중 대부분은 자신이 일하며 살고 있는 곳에서 공식적인 시민권을 행사하지 못한다. 이 때 문에 학자들은 공동체 소속감과 시민참여를 이해하는 방식으로써 "문화적 시 민권" 또는 "세계적 시민권" 등의 표현처럼 시민권에 대한 포괄적 개념을 찾 고 있다(Berryhill & Linney, 2006; Flores & Benmayor, 1997). 전 세계 많은 사 람은 자신이 최근에 이민자였거나 아니면 시민권과 관련한 어려움을 겪는 사 람이 포함된 집단 및 공동체와 함께 일하고 있다(예, 6장에서 논의했던 호주인 의 의미에 대한 논란을 기억해 보라). 시민권의 개념을 확장하는 것은 우리가 다 양한 맥락에서 일하는 데 도움이 되는데, 예를 들면 아동이나 청소년을 아직 성장 중인 시민이 아니라 시민 생활에 참여하는 사회적 주체로 볼 수도 있다

(Langhout & Thomas, 2010a; Zeldin et al., 2014). 청소년과 함께하는 참여 실천 행동 연구에서(3장 참조) 아동이 성인의 도움을 받을 수 있는 경우에는 실질적인 문제를 조사하고 의미 있는 변화를 이끄는 공동체의 온전한 구성원의 권리와 책임을 행사할 수 있었다.

그렇다면 참여란 무엇인가? 권력강화처럼 참여의 개념도 대중적인 용어가 되었다. 하지만 국제적인 개발을 위한 노력에서부터 일부 지역의 공동체 개입에 이르기까지 다양한 분야에서 참여는 진정한 실천이라기보다 유용한 수사학 또는 세련된 화법일 뿐이라는 비판도 제기되고 있다(Arnstein, 1969; Cooke & Kothari, 2001). 공동체 구성원이 공공 포럼이나 자문 위원회 등에 참여해야 한다는 요구는 점점 높아지고 있지만, 실제 결정에서는 여전히 그들의 목소리가 힘을 얻지 못할 수도 있다. 예를 들면, 고등학생이 지역 학교 위원회에 참석하거나 지역 주민이 공동체 연합의 구성원으로 지명되어 그들이 회의장에 앉아 있는 사진이 웹사이트에 나올 수는 있다. 하지만 학교 위원회나 공동체 연합의 의사결정에 영향을 미치는 실질적인 목소리나 힘을 가지지는 못할 것이다. 이러한 형식주의(tokenism)에 대한 경고는 시민참여가 소수의 권력 집단이 결정을 좌지우지하는 곳에 단순히 참여 또는 동의하는 과정을 의미하는 것은 아님을 상기시키고 있다. 참여 전략은 의사결정이 이루어지는 방법에 대한 변화와 실질적인 실천 과정 전반에 민주적 가치를 부여하겠다는 약속이 필요하다(Hickey & Mohan, 2005).

참여 전략은 틀림없이 가치 있는 것이지만 실제로 실행하기는 어렵다. 예를 들면, 빈곤 감소를 위해 일하는 복지 기관은 참여 절차와 협력적 의사결정을 높이는 데 전념할 수 있지만, 기관의 직원은 시민보다는 의뢰인, 또는 파트너나 조력자보다는 서비스의 직접 제공자를 우선시하는 기존의 서비스 패러다임에 갇혀 있을 수 있다. 기존의 위계에 도전하고, 협력의 가능성을 높이고, 개인의 강점을 기반으로 하는 참여 실천(participatory practices)은 전문성과 조력에 대한 우리의 신념과 가정에 위배될 수 있다. 시민참여를 실행하기 위해서는 참여의 가치를 명확히 하고, 더 상위의 가치 및 공유된 목표와의 연계성을 확실히 하는 것이 중요하다(Bess et al., 2009).

참여는 집단, 공동체, 또는 사회에서 집합적 의사결정에 영향력을 미치는 것과 관련된다. 이는 다양한 형태로 일어날 수 있다. 예를 들면, 공동체 연합

형식주의
공동체 구성원이, 특히 소외된 공동체 구성원이 실질적으로 공동체 의사결정에 목소리를 내거나 영향을 미치지 못하면서 권력이 강화된 것처럼 피상적인 방식으로 관여하는 것을 말한다.

참여 실천
공동체와 그 구성원에게 더 나은 이익을 제공하기 위해 기존의 절차와 위계에 도전하고, 협력을 위한 더 많은 기회를 제공하며, 개인의 강점을 증진하는 실천을 의미한다.

체에서 일하기, 신문사 편집자에게 편지 쓰기, 학교 이사회의 예산 논의하기, 행동을 촉구하기 위해 정부 관료 만나기, 공청회에서 증언하기, 투표하기 등이 있다. 각각의 형태는 많은 사람이 주저하는 공적 영역에서의 활동이다. 아마도 이러한 망설임은 공적 영역의 참여에 관한 통념에서 비롯되었을 것이다(〈표 8-1〉 참조).

〈표 8-1〉 개인의 삶의 영역과 공적 영역에 대한 통념과 이해

통념: 공적 영역은 유명인, 정치인 및 활동가들, 즉 각광받고 싶어 하거나 열풍을 일으키기를 원하는 사람들을 위한 것이다.

이해: 학교에서, 일터에서, 예배하는 곳에서, 시민 또는 사회 집단 내에서, 매 순간 우리의 행동은 공적 영역을 형성하고 동시에 그것에 의해 형성된다. 우리 모두는 공적인 삶 속에 있다.

통념: 공적 영역에 관여하는 것은 너무 우울하고 쉽게 지친다.

이해: 공적 영역은 타인과 함께 일하거나 변화를 만들기 위한 인간의 깊은 욕구를 충족시켜 준다. 개인의 삶의 영역만큼 중요하다.

통념: 공적 영역은 항상 불쾌하고, 경쟁이 치열하며, 갈등 그 자체이다.

이해: 공적 영역은 차이가 발생할 수 있지만 갈등을 불쾌하게 생각할 필요는 없다. 이해하고 잘 조정한다면 개인과 집단의 성장으로 이어질 수 있다.

통념: 공적 영역은 개인이 자신의 이기심을 추구하는 것이다.

이해: 이기심과 진보적 이기주의는 같은 것이 아니다. 우리의 실질적 이익과 타인의 이익이 어떻게 접점을 이루는지를 이해하는 방법은 오직 공적 생활의 관여를 통해서만 가능하다.

통념: 공적 영역은 사적 생활을 방해한다.

이해: 공적 영역은 종종 더 의미 있고 즐거운 사적 생활을 할 수 있도록 사적 영역을 확장한다.

출처: Adapted from The Quickening of America: Rebuilding Our Nation, Remaking Our Lives (pp. 21, 24, 29, 33, 39), by F. M. Lappe and P. M. DuBois, 1994, Jossey-Bass.

실천행동에서의 시민참여

시민참여 활동은 다른 사람과 함께 일을 할 때와 적절한 지원이 지속적으로 제공될 때 더 효과적이다[도전과 성공의 열쇠에 대한 요약은 Wandersman(2009) 참조]. 다음의 이야기는 위스콘신주 오펀 지역의 청소년 집단과 앨리슨 스미스

(Alison Smith)가 집합적 실천행동을 통해 공동체의 의사결정에 영향을 주었다는 것을 소개한다.

오편 중학교에 재학 중인 약 30명의 1학년 학생들은 학교와 공동체를 돕기 위한 프로젝트에 참여하기로 뜻을 모으고, 실행이 가능한 프로젝트를 선택하기 위해 방과 후에 모임을 가졌다. 그들은 소집단으로 나누어서 가능한 서비스 활동을 토의한 후, 자신들의 생각을 발표하고 시행할 프로젝트를 투표하였다. 그들은 상위 3개를 선택하기로 의견을 모았는데, 그것은 현장 학습 입장료를 내기 힘든 학생을 위해 기금 모으기, 학교 놀이터에 새 기구 들여 오기, 그리고 몇 구역 떨어진 에지우드 거리의 철도 건널목에 경고 신호등을 설치하기 위해 해당 관계자 설득하기였다. 철도 건널목에는 현재 아주 작은 표지판만 있고 덤불과 흙더미 때문에 선로 아래쪽이 제대로 보이지 않는 상황이었다.

카메론 데리(Cameron Dary)는 철도 건널목 프로젝트를 이끄는 중학교 1학년 학생으로, 그와 친구들은 자신들의 생각을 오편시의회에서 발표하였다. 학생들은 자신들의 의견을 지지할 증거를 모으기 위해 건널목 근처에 사는 주민을 대상으로 설문을 실시하였다. 14명의 주민이 참여하였는데, 10명은 건널목이 위험하다고 생각하였고, 12명은 사람들이 멈추지 않고 가는 것을 보았다고 했으며, 13명은 좀 더 나은 경고 장치를 원한다고 하였다. 데리는 다음과 같이 말했다. "일부 어른들은 결코 경고등이 설치될 수 없다고 생각했다. 그런데 그들은 그저 그렇게 되기를 기다리는 것처럼 아무것도 하지 않는다는 것을 당신도 알고 있을 것이다"(Putnam & Feldstein, 2003, p. 14). 하지만 학생들의 1년 동안 계속되는 노력은 결국에 실천행동을 이끌어 내었다. 철길에는 경고 표지판이 여러 개 설치되었고 건널목의 선이 잘 보이도록 쓰레기 더미들은 치워졌다.

데리는 시의회에서 학생들의 의견을 발표할 때 느꼈던 것을 다음과 같이 묘사했다. "나는 수백 명의 사람이 모인 회의에 가서 나의 의견을 최선을 다해서 말하였다. 비록 얼굴이 붉어지고, 주저하고, 당황하였지만"(Putnam & Feldstein, 2003, pp. 142-144).

앨리슨 스미스가 공동체 문제에 목소리를 내기 시작한 방법도 이와 유사하다. 러브(Loeb, 1999)는 그녀가 어떻게 여성 유권자 동맹에 가입하여 그녀가 사는 코네티컷주와 이후에는 메인주에서 환경 문제에 참여하게 되었는지 다음과 같이 얘기하였다. "처음에는 주저하였다. 나에게는 대학 졸업장이 없다. 사실 나는 보이지 않게 일하는 사람이다. 하지만 나는 내가 무엇을 해야 하는지 잘 알지 못했음에도 항상 관심을 가지고 있는 사람이라고 느꼈다"(p. 63).

메인주의 여성 유권자 동맹이 그녀에게 깨끗한 선거(clean elections)를 지지하는 투표에 찬성하는 서명을 받아오라고 하였고 그녀는 그것을 해내었다. "나는 그저 탁자에 앉아서 '정치인으로부터 많은 돈을 받기를 원하십니까?'라고 쓴 팻말을 들고만 있었다. 거의 모든 사람이 서명해 주었다"(Loeb, 1999, p. 65). 정치 캠페인을 위한 공적 기금 마련의 자발적 프로그램을 만들려는 이 운동은 주 전역으로 퍼져 나갔고, 앨리슨은 천 명 이상의 자원봉사자 중 한 명이었다. "나는 이 새로운 일을 부탁받았을 때 긴장하였다. … 하지만 나는 또한 내가 일반인으로서 전문 정치가보다 더 신뢰성이 있다는 것을 알게 되었다"(Loeb, 1999, p. 65).

「깨끗한 선거 운동법」의 입안은 유권자 56%의 찬성으로 통과하였고 정치자금법 개혁에 대한 국가적 모델이 되었다. (2015년 메인주의 유권자들은 이 운동을 강화하여 또 다른 국민 투표를 통과시켰다) 앨리슨 스미스는 자신의 업적을 다음과 같이 회상하였다. "나는 내가 더 많은 대의명분에 가담하는 것만으로도 실질적인 무엇인가를 할 수 있다는 느낌을 받았다. … 나는 나 자신과 우리 사회의 냉소와 절망에 도전하기 위해 노력하고 있다"(Loeb, 1999, p. 66).

당신의 생각은?

1. 데리와 스미스는 공동체심리학자가 아니지만 그들의 행동은 공동체심리학자의 업무를 반영한다. 지금까지 이 책에서 배운 것을 바탕으로 한다면, 공동체심리학의 지식이 그들에게 도움이 되었다고 생각하는가? 그렇다면 어떻게 도움이 되었다고 생각하는가?
2. 그들이 한 일은 공동체심리학의 가치를 어떻게 반영하는가?
3. 당신이 속한 공동체에서 시민참여를 통해 해결할 수 있을 것 같은 이와 유사한 쟁점이 있는가? 있다면 어떻게 해결하겠는가?

시민참여: 수단인가, 목적인가

시민참여는 수단(목표로 가는 길)이자 목적(목표 그 자체)이다. 수단으로서의 참여는 종종 계획의 질을 향상할 수 있기 때문에 권장하고, 또는 시민이 의사결정에 참여한다면 결정에 대한 그들의 관여가 더 커지기 때문에도 권한다(Wandersman & Florin, 2000). 목적의 의미는 시민참여를 민주주의의 핵심 자질로 보는 것이다.

수단과 목적의 차이는 단순히 학문적인 것이 아니다. 왜냐하면 시민참여가 항상 더 나은 의사결정을 위한 수단은 아니기 때문이다. 특히 갈등이 해결되지 않거나 유효한 전문지식이 무시될 때는 더욱 그렇다. 그럼에도 불구하고 시민참여는 많은 장점이 있다. 조직의 현장 연구들은 구성원의 참여가 대개는 (항상은 아니지만) 결정의 질과 조직의 전반적인 효율성을 높인다는 것을 보여주었다. 이는 특히 불일치를 위협이 아닌 정보를 얻는 자료로 간주할 때는 사실이다. 자원봉사 조직에 관한 연구들은 참여가 효과적인 리더십 및 목표 성취를 증진시킨다고 하였다(Bartunek & Keys, 1979; Fawcett et al., 1996; Maton & Salem, 1995; Wandersman & Florin, 2000).

권력강화와 시민참여 모두 집합적 의사결정에서 힘을 발휘한다. 차이점은 참여가 구체적인 전략 또는 행동인 반면, 권력강화는 보다 광범위한 과정에 해당한다는 것이다. 공동체 생활에서 의미 있는 참여를 통해 권력이 강화될 수 있고, 반대로 의미 있는 참여에 대한 기회를 제한하여 권력을 악화시킬 수도 있다(Langhout & Thomas, 2010; Rich et al., 1995).

권력의 다양한 형태

권력강화와 시민참여를 이해하기 위해서는 권력의 다양한 형태를 고려할 필요가 있다. 여기서는 세 가지 형태의 권력을 소개하고 권력이 사회 및 공동체 생활에 어떻게 작용하는지 자세하게 살펴볼 것이다. 우리는 시민과 공동체의 권력강화에 도움이 되지만 종종 간과되는 권력의 근원을 분명히 하고자 한다. 이 절을 읽기 전에 이 장을 시작할 때 인용한 문구와 다음의 추가적인 질문에 대하여 생각해 보라.

- 당신이 살고 있는 세팅과 대인관계에서 당신은 어떻게 권력을 행사하고 있는가? 다른 상황이나 다른 관계에서 행사하는 권력과 차이가 있는가?
- 권력이 없다고 느낀 적은 언제인가? 어떤 맥락에서 그것을 경험했는가?
- 당신의 지도교수는 어느 정도까지 당신에게 권력을 행사하는가? 학급마다 권력에 대한 차이가 나타나는가? 어떻게 나타나는가? 당신은 학생으로서 어떤 종류의 권력을 행사할 수 있는가? 그것의 제한점은 무엇인가?
- 이제 당신의 공동체와 사회로 눈을 돌려 더 넓게 생각해 보자. 여기에는 어떤 종류의 권력이 존재하는가? 당신과 유사한 위치에 있는 누군가는 이곳에서 어떻게 권력을 행사하는가?

지배 권력, 생산 권력, 대리 권력

권력을 이해하는 유용한 개념으로 지배 권력, 생산 권력, 대리 권력으로 대표되는 세 가지 형태가 있다(Riger, 1993; Rudkin, 2003). 지배 권력(power over)은 가치 있는 자원을 통제하거나 처벌을 사용하여 다른 사람을 강제하거나 지배하는 개인 또는 집단의 능력이다(French & Raven, 1959; Neal & Neal, 2011). 지배 권력은 상대의 행동적 순응을 강요하지만, 한편으로는 암암리에 또는 노골적으로 저항을 불러일으키기도 한다. 권력을 신사적인 방식으로 행사하기도 하지만, 만약 대상이 순순히 응하지 않는다면 더 강력한 방법이 뒤따를 것이라는 암시를 분명히 한다. 예를 들면, 조직이 가진 권력의 한 형태는 "자원의 사용과 관련한 명령을 내리고 집행하는 능력"이다(Levine et al., 2005, p. 382). 조직의 연간 예산을 결정하는 힘은 개별 대표자와 관계없이 조직의 구조에 의해 생겨난다. 또한 7장에서 언급한 억압 체제에서는 지배 집단이 지배 권력을 가지는데, 예를 들면 사회 관습과 신념 체계는 여성보다 남성이 더 유리한 사회적 지위를 차지할 수 있도록 구조화되어 있다. 지배 권력은 전통적인 사회적 권력 개념과 유사하다(예, Giddens et al., 2003). 지배 권력의 사용은 위계적이고 불평등한 관계와 관련이 있으며 부당함을 가져올 수 있다. 하지만 법률로 시행되었던 인종차별을 원칙으로 종식시킨 것처럼, 정의를 촉진하기 위해

지배 권력
개인 또는 집단이 자원을 통제하고 공동체 결정에 영향을 미치는 영향력의 정도를 말한다. 이 권력은 위계적이고 불평등한 세팅에서는 권력을 더 많이 가진 사람이 힘없는 사람을 억압하기 위해 공개적으로 또는 비공개적으로 사용한다. 권력이 없는 사람은 저항의 행위를 통해 권력을 행사할 수 있다.

집합적으로 권력을 행사할 수도 있다.

생산 권력(power to)은 목표를 추구하고 자신의 능력을 개발하기 위한 개인 또는 집단의 힘과 관련된다. 지배 권력과는 달리, 각 개인의 자기 결정이 관련되어 있다. 예를 들면, 수많은 국제 개발 및 인권 단체에서는 누스바움(Nussbaum, 2000, 2001)의 능력 개념틀을 채택하였는데, 이는 가치 있는 사회 활동과 역할에 적극적으로 참여하기 위한 개인의 권력과 자유를 강조한다. 이 개념틀(과 긍정적인 청소년 발달을 촉진하는 등의 구체적인 맥락에서 능력을 육성하는 방식에 관한 관심)은 실천의 권력을 강화하는 목표와 일치한다(Shinn, 2015). 이 내용은 이 장의 후반부에서 사람, 조직, 공동체가 자신의 삶을 더 온전하게 만들기 위한 가능성을 확장하는 세팅의 특징을 논의할 때 다시 다룬다. 이러한 종류의 생산 권력은 제한된 재화나 제로섬 게임 등의 개념이 아니라 서로가 공유할 수 있는 권력이다.

저항 권력(power from)은 다른 사람의 권력이나 원치 않는 요구에 저항할 수 있는 능력이다. 이는 지배적인 상사 또는 친구에게 저항하거나 사회적 억압 등의 더 큰 형태에 저항할 때 사용할 수 있다. 가부장 제도(지배 권력과 관련된)에 대한 일부 여성주의자의 비판은 여성이 지배 구조에 저항하기 위해 생산 권력과 저항 권력을 어떻게 사용하는지에 주목한다(Hooks, 1984; Miller, 1976; van Uchelen, 2000).

직장은 지배 권력, 생산 권력, 저항 권력이 발생하는 세팅 중 한 곳이다. 예를 들면, 고용인은 명령을 하거나, 자신이 원하는 것을 하도록 피고용인을 설득하거나, 또는 피고용인에게 결정을 위임(피고용인에게 생산 권력을 허락하는 것)함으로써 지배 권력을 행사할 수 있다. 피고용인은 개인적 또는 집단적으로 생산 권력과 저항 권력을 사용할 수 있다. 그들은 경영 관리의 결정과 정책에 영향을 주기 위해 다양한 설득과 협상 전략을 사용할 수 있다. 예를 들면, 고용인이 보고 있지 않다면 명령을 회피하거나 더 높은 상사에게 가서 불만을 말할 수 있다. 극단적으로는 피고용인이 자신의 업무를 철회할 수 있다(개인적으로는 일을 그만두는 것이고, 집단적으로는 파업하는 것). 이것이 고용인과 피고용인의 권력이 동등하다는 것을 말하는 것이 아니다. 피고용인의 권력 사용이 방해받는 것은(예, 집단적 행동의 조직화의 어려움) 고용인이 부딪히는 어려움보다 훨씬 크다. 하지만 고용인과 피고용인 모두 어떤 형태로든 권력을 가지

생산 권력
개인 또는 집단이 자신의 목표를 추구하고 자신 능력을 개발하기 위해 가지고 있는 힘을 말한다. 개인의 자기 결정이 관련되어 있다.

저항 권력
자신의 욕구를 억압하는 원치 않는 권력 또는 요구를 거부하는 능력을 말하며, 개인 또는 집단이 행사하는 억압과 지배에 저항하는 것이 포함된다.

고 있기 때문에 권력을 행사하는 전략은 조직 내의 맥락(예, 차별금지 정책의 유무)뿐만 아니라 더 큰 거시체계의 맥락(예, 「노동권리법」)에 따라 달라진다. 또한 전략은 권력과 자원을 어떻게 규정하는지에 따라 달라진다. 권력과 자원을 더 광범위한 개념으로 여기는 맥락에서는 협력이 가능하지만, 제로섬 게임처럼 부족한 자원을 할당해야 하는 맥락에서는 갈등이 필연적으로 발생할 수도 있다(Keys et al., 2017).

통합 권력

볼딩(Boulding, 1989, p. 25)은 함께 협력하고, 집단을 조직하고, 사람들을 모으고, 충성도를 고취하는 능력을 통합 권력(integrative power)이라고 정의하였다. 이것은 때로 "민중의 권력(people power)"이라고 불리는데, 앞서 논의한 생산 권력과 저항 권력이 실현된 상태이기도 하다. 마하트마 간디(Mohandas Gandhi)를 비롯한 사람들은 폭력보다 더 강하고 더 폭넓은 권력 형태가 존재한다고 주장한다.

사람들은 날마다 이러한 통합된 형태의 권력을 행사한다. 어떤 면에서 통합 권력의 사회적 자원은 돈과 같은 제한된 자원과 달리 무한하다(Katz, 1984). 가장 두드러진 통합 권력의 형태는 도덕적 또는 영적인 원리에 기반한다. 간디는 사티아그라하(stayagraha)라는 개념을 제안하였는데, 직역하면 "진실에 집착"이라는 뜻이고 넓게는 "진심의 힘"으로 번역할 수 있다(Dalton, 1993, p. 249). 사티아그라하는 영국 식민지에 대한 간디의 비폭력 저항, 미국 시민 혁명의 비폭력 시위, 그리고 폴란드, 남아프리카공화국, 칠레 및 세계 각국에서 일어나는 최근의 비폭력 저항의 근간이다(Ackerman & Duvall, 2000; Boulding, 2000). 이는 억압에 대하여 원칙적이고, 적극적이고, 공개적인 저항을 기본으로 잘 확립된 사회정의에 호소하는 것이다.

통합 권력은 다른 형태로도 존재한다. 노동조합은 민중의 권력 형태로 파업을 오랫동안 사용했다. 불매운동은 경제적으로 통합 권력을 행사하는 것이다. 미국의 식민지 시기에는 영국 정책에 항의하기 위해 차(tea)를 거부하였고, 이후 노예 제도에 대한 항의로 (강제 노동자들이 만든) 목화와 설탕을 거부하였다. 최근에는 사회정의에 대한 구체적인 변화를 요구하는 조직된 집단의 힘을 볼

> **통합 권력**
> 때로 "민중의 권력"이라고 불리며, 함께 협력하고, 집단을 조직 및 유지하고, 공통의 이유로 통합하며, 충성도를 고취하는 능력을 말한다. 이는 생산 권력과 지배 권력을 실현하는 것이다.

수 있다. 예를 들면, 미국의 밀레니엄 세대가 이끄는 post-2008의 사회 항의 운동, 월가(Wall Street) 점령 시위, 성폭력에 항의하는 캠퍼스 운동, 블랙 라이브스 매터 운동은 계속해서 반향을 일으키고 있다(Mileman, 2017). 공동체 수준에서 주민협의회, 지원 네트워크, 조합 및 상호 조력 집단 역시 통합 권력이 필요하다.

사회적 권력의 세 가지 도구

사회 활동가인 가벤타(Gaventa, 1980)는 정치학의 개념을 사용하여 사회적 권력의 세 가지 도구(three instruments of social power), 다시 말하면 공동체 및 사회 생활에서 권력이 작동하는 세 가지 방식을 설명하였다(Speer & Hughey, 1995; Culley & Hughey, 2008 참조). 그것은 다음과 같다.

- 협상, 보상, 처벌에 사용될 수 있는 자원을 통제
- 공동체 의사결정의 참여 경로를 통제
- 공공의 쟁점 또는 갈등에 대한 정의를 형성

월킬강을 오염시키는 물질을 유출한 농장의 이야기는 이 세 가지 도구의 예시를 보여 준다(Rich et al., 1995, pp. 660-662).

한 회사가 뉴욕시 북부 월킬강 주변에 있는 자신들 소유의 농장에 인간의 배설물을 포함한 폐기물 매립을 허가해 달라고 신청하였다. 농장이 있는 지역 주민의 의견을 들어 보지도 않은 상황에서 뉴욕주의 권한으로 임시 허가를 받은 후 쓰레기를 폐기하기 시작하였다. 지역 주민들은 악취에 대한 경고도 받지 못한 채 이러한 일이 벌어진 것에 당연히 분노하였다. 환경보존과(Department of Environmental Conservation)는 영구적으로 허가를 해 달라는 회사의 신청에 대하여 행정법 판사 앞에서 추가적인 공청회를 열었다. 이 공청회에서 기술 전문가와 지역 주민이 여러 시간 동안 증언을 하였다. 이론적으로는 양쪽 모두가 환경보존과가 내리는 결정에 충분한 영향력이 있어 보였다.

하지만 이 형식적 과정은 회사 측에 전적으로 유리하게 이루어졌다. 지역

수질 오염을 포함한 유해 환경은 전 세계 공동체의 관심 사항이다. 공동체심리학자는 주민들과 함께 문제를 정의하고 변화를 위한 사회적 권력을 획득하는 일을 할 수 있다.

출처: Asianet-Pakistan/Shutterstock.com

주민은 회사 측 변호사의 뒷줄에 앉았다. 주민들은 법적인 훈련도 받지 못하였고, 전문적 지식도 없었으며, 공청회에서 이루어지는 법적인 절차 및 전문용어도 알지 못했다. 결국 주민들은 그들을 위해 일할 변호사를 고용하기 전까지 많은 절차적 오류를 범하였다. 법적 결정 이후 그 지역의 많은 농부는 자신들이 실질적인 정보가 부족하였다는 것에 당황하였고, 그들은 쓰레기가 농가로 오는 것을 저지하기 위해 트랙터로 막고 버티었다. 하지만 이 방법은 단지 일시적으로만 성공하였을 뿐이었다.

　법원의 가장 큰 오류는 지역의 상황에 대한 주민의 지식을 과소평가하였다는 것이다. 오랫동안 축적된 실제 경험을 가진 농부들은 빗물 유출이 하천과 월킬강에 미치는 영향을 직관적으로 이해하고 있었다. 하지만 그 지역에 살지 않는 자문으로 온 전문가의 증언이 판사의 결정에 주요하게 영향을 끼쳤다. 회사는 전문가의 증언을 앞세워 자신들의 계획이 뉴욕주의 모든 법 규정을 충족하였다는 것을 보여 주었고, 뉴욕주는 쓰레기 매립 허가를 통과시켰다.

　5년이 지나지 않아 지역 주민들이 예상했던 모든 부정적 결과가 실제로 발생하였다. 쓰레기가 월킬강에 넘쳐났고, 지하수는 독성 카드뮴으로 오염되었으며, 불법적인 유해 폐기물이 그곳에 매립되었다. 환경보존과는 회사의 반복되는 위반에 대하여 그곳의 관리자를 소송하였고, 마침내 이 지역을 폐기물로 인한 정화가 필요한 장소로 지정하였다. 지역 주민들은 이 소송을 성공시키지 못했지만 힘을 모아 오렌지 환경단체(Orange Environment)를 설립하였다(이 운동이 일어난 뉴욕주의 마을 이름을 따서 붙임). 오렌지 환경단체는 환경 문제에 대하여 공동체 조직화, 법적 활동, 정책 옹호를 통해 적극적으로 대처하고 있다.

또 다른 예시는 미시간주 플린트 지역의 식수원 위기이다. 주지사가 임명한 플린트 지역의 긴급 관리자와 대표들은 새로운 상수원으로 교체하면서 부식 제어 장치를 설치하지 않았다. 그 결과 2014년 봄부터 납과 기타 오염물질이 식수로 방출되었다. 도시의 다수 주민이 아프리카계 미국인이었던 그곳의 주민들은 즉각 그 문제를 항의했지만 그들의 의견은 무시되었다. 전문가들은 10만 명 이상의 주민이 먹는 식수에 납 수치가 높아졌음에도 식수가 안전하다고 주민들을 납득시켰다(Carrera et al., 2019). 마침내 2016년 지역과 국제적 공동체 조직의 노력으로 국가 비상 선언을 이끌었지만, 플린트 지역의 납 파이프는 2019년까지도 여전히 교체를 끝내지 못했다(Hanna-Attisha, 2018).

그렇다면 권력이 이 사건들에 어떻게 작용했는지 자세히 살펴보자. 가벤타 (Gaventa, 1980)의 첫 번째 권력 도구는 협상, 보상, 처벌에 사용될 수 있는 자원을 통제하는 것이다. 이는 통제 권력과 유사하다. 플린트의 예시에서 주지사가 임명한 대표는 공공 제반 시설을 통제하였고, 지역 주민보다 그 주에 책임이 있었으므로 공중보건보다 비용 절감을 추구하였다. 월킬강의 예시에서 회사는 전문가와 변호사를 고용하고, 법을 이용하거나 피해 갈 수 있었으며, 지역의 반대를 누를 수 있는 자금을 가지고 있었다. 조직된 시민이 할 수 있는 활동에는 부정적 인식 확산 또는 불매운동 등으로 효과적으로 위협하거나 또는 매력적인 협상을 제안할 수 있다.

사회 권력의 두 번째 도구는 공동체 의사결정의 참여 경로를 통제하는 것이다. 공청회에서 발언하기, 청원서에 서명하기, 투표하기는 전통적인 참여 방식이다. 하지만 가벤타(Gaventa, 1980)는 회의 안건을 통제하여 주민의 발언이나 논쟁을 배제하거나 주민에게 회사 측을 옹호해 줄 변호사를 고용하도록 교묘하게 일을 꾸미는 것도 하나의 방식이라고 언급하였다. 7장의 억압에서 언급한 것처럼, 숨은 "게임의 규칙"은 조직적으로 다른 집단보다 특정 집단에게 유리하도록 이용하는 것이다(Culley & Hughey, 2008). 월킬강의 경우, 이러한 권력의

도구가 주민의 증언을 제한하기 위해 사용되었다. 겉보기에는 환경보존과의
공청회가 주민에게 그들의 건강과 생계에 영향을 주는 의사결정에 참여하고
힘을 행사하는 통로를 제공하였다. 하지만 실제 법적 절차는 주민들의 의미
있는 참여를 효과적으로 방해하였다. 이 경우, 주민이 할 수 있는 활동으로는
공개적 시위 또는 언론매체 사용 등의 참여 통로를 열어서 조직적으로 반대할
수 있다.

　월킬강의 주민들은 의사결정에 참여할 필요가 있을 때 법적 옹호를 제공받
기 위해 오렌지 환경단체를 설립하였다. 또한 오렌지 환경단체는 주민이 연
구와 교육을 통해서 지역의 지식과 전문성을 개발하도록 도와주었다. 주민들
은 기술 및 법률 전문가가 지역 공동체 구성원은 하지 못하는 방식으로 결정
에 참여하고 영향을 미칠 수 있음을 알게 되었다. 주민은 자신들도 전문적 권력
(expert power), 다시 말하면 개인 또는 집단의 지식, 기술, 경험을 바탕으로
한 권력을 구축하고 행사할 필요가 있음을 깨달았다.

전문적 권력
개인 또는 집단의 지식,
기술, 그리고 경험과 관
련한 권력을 말한다. 공
동체심리학자는 자신의
전문적 권력에 의존하면
서 또한 그것의 한계점
에 의문을 가지고, 일부
개인과 집단을 소외시키
기 위해 누군가가 사용
하는 전문적 권력을 비
판하는 일을 한다.

　공동체심리학자가 전문적 권력과 전문가로서의 역할(예, 월킬강의 경우에서
변호사와 과학자)을 하는 것에 대하여 많은 관심을 기울이고 있다는 것에 주목
하라. 공동체심리학자는 연구자 및 전문가로서 전문적 권력에 관심이 있지만,
또한 이 권력이 참여 통로를 통제하거나 고통받는 사람의 자유를 제한하는 데
사용되는 것을 비판하는 일도 해 오고 있다(Rappaport, 1977a; Ryan, 1971). 예
를 들면, 정신과 의사와 정신건강 전문가는 심리적 장애가 있는 사람을 진단
하고 치료하는 전문가로 알려져 있다. 우울 또는 주의력결핍력장애의 진단이
고통받는 사람에게 큰 위로와 필요한 자원을 제공하기도 하지만 동시에 낙인
과 선택의 제한을 가져올 수도 있다.

　비정상이 무엇인가에 대한 정의를 내리고 다루는 것과 관련한 권력은 돌봄
체계의 한 부분이 될 수도 있지만 사회적 통제와 배제의 체계의 한 부분일 수
도 있다. 예를 들면, 맥도날드와 키스(McDonald & Keys, 2008)는 검토 위원회
의 연구자가 연구 참여자를 선택할 때 장애인을 어떻게 배제하는지를 조사하
여, 주요 의사결정권자의 태도가 장애인의 공동체 접근을 어떻게 제한하는지
보여 주었다. 하지만 이와 반대로 전문적 권력은 상호 조력 집단의 자격으로
심리적 어려움이나 장애에 대한 전문지식을 제공하여 상대의 권력을 상쇄하
는 데 사용될 수도 있다. 전문적 권력을 가진 사람은 그들의 공동체 구성원에

게 질병 및 회복에 대한 다른 관점 및 공동체 참여에 대한 다른 방식을 제공한다. 3장과 4장에서 논의했던 참여 연구 방식 또한 공동체를 위한 전문적 권력의 기틀이 될 수 있다. 앞서 언급했던 오편의 청소년은 시와 철도청에 압력을 행사하는 도구로서 설문을 시행하였다. 플린트 예시에서 공동체 개념틀은 공무원에게 책임을 부여하고 공동체의 신뢰를 회복하는 데 핵심적인 역할을 하였다.

자주 간과되는 세 번째 권력은 공공의 쟁점 또는 갈등에 대한 정의를 형성하는 것이다. 이 책 전반에 걸쳐 언급되는 문제 정의의 논의를 상기해 보라. 우리는 다양한 수준에서 분석을 검토하고 인류 및 사회 문제에 대한 다양한 정의에 내포된 가치와 가정을 조사하는 것이 중요하다는 것을 강조해왔다. 공공의 문제 또는 쟁점을 정의하는 권력을 흔히 "선회" 권력(power of "spin") 또는 쟁점에 대한 공개 토론의 용어를 형성하는 능력이라고 일컫는다(Gaventa, 1980). 이 권력을 책임감 있게 사용할 수도 있다. 또한 공공의 쟁점을 논의하다 보면 의견이 다르거나 가치의 차이로 인해 서로 다른 정의를 내릴 수도 있다. 하지만 룩스(Lukes, 2005)는 선회 권력이 부당하게 사용되는 상황에 주목하였다. 이 권력이 전면적인 검열과 잘못된 정보로 인해서 또는 개인 및 집단의 판단을 평가 절하하는 다양한 방법을 이용하여 잘못 사용될 수 있다는 것이다. 즉, 특정 관점은 자연스럽고, 일상적이며, 중요하고 또는 이성적인 것으로 만드는 반면, 다른 관점은 이상하고, 섬뜩하고, 관련 없으며, 불합리한 것으로 보이게 만들 수 있다. 윌킬강과 플린트 지역의 경우, 주요 의사결정권자는 기술적 용어와 과학적 전문지식을 선호하는 반면, 지역 주민의 실질적인 지식은 무시하였다. 컬리와 허기(Culley & Hughey, 2008)는 다음의 사례를 예로 들었다. 권력을 가진 이해관계자는 지역의 토양과 지하수로 스며드는 계속되는 정유 유출 및 오염물질에 대하여 걱정할 이유가 전혀 없다고 수가크리크 지역의 주민을 설득하였다. 그들은 정유공장은 "좋은 이웃"이자 경제적 후원자이며, 주민 스스로 "정유 마을" 주민이라는 인식을 가져야 한다고 호소하였다.

모든 매체는 권력의 세 번째 도구를 이용하여 사회 문제를 정의하는 방식에 강력한 역할을 하고 있지만 이 도구를 이용하는 것은 그들만이 아니다. 매체 뒤에는 사회 제도와 이익 집단이 있고 이들은 자금과 공신력으로 그들의 목소리를 내고 매체와 대중의 생각을 조정한다. 공동체 또는 사회에서 공유되

선회 권력
공개 담론에서 문제를 정의하는 데 사용하는 용어를 형성하는 능력을 일컫는다. 이는 사람들이 쟁점을 이해할 수 있도록 도와주기 위해 책임감 있게 사용될 수도 있지만, 때로는 개인과 집단이 사용할 수 있는 권력을 제한하는 거짓이나 검열을 통해 잘못된 방향으로 안내할 수도 있다. 이는 자신의 관점을 확대하면서 다른 관점은 축소시키는 데 사용되기도 한다.

는 이러한 지배적 신념은 사회적 쟁점을 해석하는 방식을 형성한다(Rappaport, 2000). 테이텀(Tatum, 1997)이 비유한 사회의 고정관념에 대한 "연기 들이마시기"(7장 참조)가 한 예이다. 하지만 어떤 상황에서는 매체나 입소문을 능숙하게 사용하는 시민들 역시 여론과 사회적 상상력을 형성하기도 한다(Christens et al., 2007). 예를 들면, 사회 매체는 특히 아프리카계 미국인에 대한 경찰 폭력을 바라보는 방식에 중요한 역할을 하고 있다. 또한 공동체 구성원은 지배적 고정관념에 도전하고 고정관념이 없는 세상을 그려 볼 수 있도록 설득적인 반론을 형성할 수도 있다(Sonn et al., 2013; Thomas & Rappaport, 1996). 오렌지 환경단체도 수가크리크 지역의 주민들이 했던 것처럼 지역 환경 문제에 대한 대중적 옹호를 위해 이 권력 도구를 사용하였다.

권력에 관한 생각 요약

공동체심리학자에게 유용한 용어인 권력이란 무엇인가?

권력은 단순히 영향력 있고, 탁월하고, 자신감 있는 느낌을 나타내는 순수한 내적 상태가 아니다. 권력을 쥔다는 것은 의사결정에 있어 실질적 영향력을 행사할 수 있는 능력과 관련된다(Keys et al., 2017; Riger, 1993). 권력은 실무율처럼 이분법적인 것이 아니라 차원으로 이해하는 것이 가장 좋다. 모든 권력을 다 가지고 있거나 또는 전혀 없는 개인 또는 집단은 거의 없다. 더 많은 권력을 쥐고 있는 사람은 변화에 반대할 수 있지만, 상대방도 권력의 대체 자원을 사용할 수 있다. 심지어 작은 행동도 어느 정도의 권력을 반영하는 것이다. 강하게 밀고 나갈 수 있는 능력이 미미하거나 전혀 없는 사람 및 집단도 권력에 저항하는 방법을 찾을 수 있다. 억압 체제에서 나타나는 권력의 차이를 무시하는 것이 아니라 시민들이 사용할 수 있는 권력의 자원에 집중하고자 한다.

권력은 관계 속에서 가장 잘 이해된다(Neal & Neal, 2011; Serrano-García, 1994). 가족, 공동체, 사회에서 나타나는 관계의 양상은 일반적으로 스스로 유지되고, 그 결과 완고한 사회적 규칙을 만들어 낸다(Gruber & Trickett, 1987; Tseng et al., 2002; 5장의 '사회 규칙성' 참조). 그 관계는 예측되는 방향으로 이동할 수도 있지만 예측하지 못하는 방향으로 이동하거나 변할 수도 있다. 또한 권력은 맥락적이어서 어떤 곳에서는 권력을 획득할 수 있지만(예, 학생회의 결정에 영향을 주는), 다른 곳에서는 그렇지 못할 수도 있다(예, 직장에서는 결정권이 거의 없는).

권력을 행사하거나 결정에 영향을 준다는 것은 어떤 자원을 통제하여 저항하는 사람을 강제할 수 있는 적어도 어느 정도의 능력을 가지고 있어서 궁극적으로 상대방을 설득하거나 타협할 수 있다는 것이다. 많은 자원은 공동체의 권력을 강화할 수 있고 다른 사람과 함께 일하고자 하는 개인의 의지에 의해 자원을 움직이도록 할 수 있다(이 장 도입부의 예시를 살펴보라). 통합 권력은 안전한 놀이터를 만들려고 합심하는 마을 주민들에서부터 기후 변화에 대한 국제적 조약에 영향을 미치는 풀뿌리 집단까지 다양한 수준에서 나타난다. 이러한 "민중의 권력"은 시간이 경과하면서 어떻게 발달하는가?

시민은 자신의 공동체에서 어떻게 권력이 강화된 지도자가 될 것인가

이것에 관한 이야기를 시작하기 위해 다음의 예시를 살펴보자. 예시에 나타난 변화 과정에서 가장 중요한 것은 무엇인지 생각해 보라.

버지니아 라미레스(Virginia Ramirez)는 성당 모임에서 다음과 같은 질문을 하였다. "저는 걱정거리가 하나 있어요. 이웃 여자가 추위로 죽었는데 아무도 그녀의 집을 고쳐 주려고 하지 않아요. 나는 누군가 그것을 해 줬으면 해요"(Loeb, 1999, p. 16).

모임의 주관자인 수녀님이 물었다. "당신은 그 일과 관련해서 무엇을 할 것입니까?"(Loeb, 1999, p. 16) 그러자 버지니아는 화를 내며 모임에서 나와 버렸다. 며칠 후, 모임의 주관자였던 수녀님이 버지니아의 집을 방문하였다. 버지니아는 그녀가 수녀님이기 때문에 집으로 들어오게 하였다. 수녀님은 그녀에게 왜 화가 났는지를 물었다. 그녀는 이웃 때문만이 아니라 열악한 학교 환경과 노골적인 인종차별에 관한 이야기를 하였다. 결국 버지니아는 이 문제를 논의하기 위해 그녀의 집에서 이웃들과 모임을 여는 것에 동의하였다.

버지니아는 지금까지 한 번도 회의를 주관한 적이 없었지만, 이 회의에서 열악한 주거, 하수 처리, 시의 서비스 등의 마을 문제를 토의하였다. 이들이 시청의 문서를 조사한 결과, 그들의 마을에 쓰여야 할 주택 보수를 위한 시의 자금이 부유한 지역의 거리를 건설하는 데 쓰였다는 것을 발견하였다. 그들이 항의를 하기 위해 시 의회에 갔을 때 버지니아는 긴장하였다.

> 무슨 말을 했는지 기억이 나지 않아요. 내 이름조차 잊어버릴 만큼 긴장했어요. 정신을 차리고 보니 나는 우리 지역의 이야기를 하고 있더군요. 그래서 우리 지역에 대한 의견을 주장하였고, 결국 우리의 돈을 돌려 받았어요. 이것은 나에게 너무 어려운 일이었지만, 나는 사람들에게 책임을 지게 하는 것의 중요성을 이해하기 시작했어요.
>
> (Loeb, 1999, p. 17)

공동체 조직가(community organizer)는 버지니아가 사회적 쟁점에 효율적으로 관여할 수 있도록 배움을 계속하라고 격려하였다. 공동체 조직가는 그녀가 참여하는 모든 일을 검토하고 새로운 기술을 배우도록 도와주었다. 버지니아는 고등학교 졸업장을 취득하였고, 마침내 대학도 졸업하였다. 그녀의 남편은 처음에는 강하게 반대하였다. 그녀가 집을 청소하고 장을 보는 것 대신에 공부를 하는 것을 보고 남편이 소리를 질렀을 때, 그녀는 무서움에 떨면서도 남편에게 말했다. "나는 나의 미래를 준비하고 있어요. 당신이 싫다고 해도 나는 포기할 생각이 없으니 아주 나쁜 상황이네요. 미안하지만 나는 이것이 다른 것보다 우선이에요"(Loeb, 1999, p. 19). 남편도 천천히 그리고 마지못해 받아들였고, 나중에는 그녀의 성공을 자랑스럽게 여기기 시작하였다.

버지니아는 공동체 조직가가 되어 건강 교육 지원을 위한 자원봉사자를 감독하고 그녀가 다니는 성당과 지역 사람들, 특히 여성이 자신의 의견을 주장할 수 있도록 훈련하는 일을 하였다. 그녀는 공동체 발전과 더 나은 일자리 증진을 위해 정치인이나 기업 대표와 협상하고, 그녀가 개발에 도움을 준 혁신적인 직업 훈련 프로그램에 대하여 미국 상원의원 앞에서 증언하였다(Loeb, 1999).

시민참여와 권력강화를 이해하는 방법 중 한 가지는 버지니아처럼 공동체 내에서 개인이 시간이 지남에 따라 어떻게 발전하는가를 살펴보는 것이다. 예를 들면, 왓츠와 동료들(Watts et al., 2003)은 뉴욕, 시카고, 샌프란시스코 지역에 사는 24명의 아프리카계 미국인 청소년 및 젊은 성인 활동가의 사회정치학적 발달을 연구하였다. 또 다른 관점에서 안젤리크와 컬리(Angelique & Culley,

2014)는 1979년 미국 역사상 최악의 원전 사고였던 펜실베이니아주 해리스버그 지역 근처의 스리마일(Three Mile)섬에서 일어난 반핵 시민 활동을 종단 설계 방법으로 연구하였다. 두 접근법 모두 질적 분석을 사용하여 참여자의 경험에 대한 방대한 자료를 수집하였다.

두 연구의 참여자 모두 처음에는 사회 및 정치적 상황이 평등하다고 생각하였지만, 점점 사회의 부당함을 깨닫기 시작하였다. 그들은 공동체와 개인에게 발생하는 사건이 지배 집단 구성원에게만 혜택을 주는 권력과 관련되었음을 알아채기 시작하였다. 버지니아의 경우에도 이웃의 죽음 뒤에 사회적 부당함을 깨달았을 때 이 과정이 시작되었다. 왓츠와 동료들(Watts et al., 2003) 연구의 참여자들은 인종차별의 경험이, 안젤리크와 컬리(Angelique & Culley, 2014)의 연구 참여자들은 공동체를 위협하는 대규모 원전 사고가 구체적인 촉발 자극이었다. 이러한 사건들은 원치 않았지만 시민들이 그 사건에 책임이 있는 사람에게 항의와 대항을 하게 되는 계기가 되었다.

스리마일섬 연구에 오랫동안 참여한 활동가 중 한 명인 전업주부 파울라는 "내가 고등학교를 졸업하던 1965년은 베트남 전쟁이 한창이었어요. 나는 그때 시위대가 역겨웠어요. 내 말은 어떻게 감히 그들이 우리 정부에게 의문을 제기할 수 있느냐는 생각이었어요."라고 말했다(Angelique & Culley, 2014, p. 215). 하지만 그런 그녀가 여러 마을에서 열리는 마을 회의에 참가해야겠다는 동기를 부여한 "이해하고 싶은 욕구"가 어떻게 생겼는지는 다음과 같이 회고하였다.

> 나는 약 4~5개의 회의에 참석하였어요. … 한 마을에서 다른 마을 주민이 했던 질문과 같은 것을 물었을 때, 회사와 규제 당국은 미들타운 마을 또는 하이스파이어 마을에서 한 대답과 다른 답을 하고 있다는 것을 알아차렸어요. … 그 순간 다음의 둘 중 하나라고 생각했어요. … 그들이 정말 몰라서 얼버무리는 것이거나 아니면 그들이 거짓말을 하는 것이라고…. 그 어떤 것도 나에게 위로가 되지 않았어요.
>
> (Angelique & Culley, 2014, p. 215)

사회 활동에 참여하면서 권력이 강화된 지도자가 나타난다. 그들은 갈등, 비판적 성찰을 통한 통찰력 획득, 그리고 지지와 멘토링의 혜택을 경험한다.

그들은 공동체 및 권력 관계에 대한 깨달음과 이러한 관계는 시민이 협력한다면 바꿀 수 있다는 사고를 발달시킨다. 이렇게 발전하는 성찰은 유용하지만, 이는 참여, 권력강화, 공동체가 어떻게 엮여 있는지를 이해하는 하나의 기준점일 뿐이다. 또 다른 관점은 권력이 강화된 지도자가 지닌 자질을 연구하는 것이다.

시민참여와 권력강화를 위한 개인의 자질

권력강화는 보는 것으로 끝나는 스포츠는 아닌 것 같다. (McMillan et al., 1995, p. 721)

우리가 살펴본 연구들에서 시민참여에 관여하는 권력이 강화된 사람의 공통적인 개인의 자질을 여섯 가지로 정리할 수 있다[Berkowitz(2000)과 Zimmerman(2000) 참조].

- 비판적 인식
- 참여 기술
- 집합적 효능감
- 개인의 참여 효능감
- 참여적 가치와 전념
- 관계적 연결

하지만 권력강화는 맥락적임을 기억하라. 이는 특정 상황, 특정 공동체, 특정 문화에서 발달하는 것이기 때문에 그 맥락의 영향을 강하게 받는다. 그러므로 여기서 설명하는 자질의 목록은 단지 권장하는 것일 뿐 모든 상황에 적용되리라고 기대하지 않는다.

비판적 인식   비판적 인식(critical awareness)은 권력과 사회정치적 힘이 개인과 공동체의 삶에 어떻게 영향을 주는지에 대한 이해이다(Freire, 1970/ 1993; Zimmerman, 2000). 세라노-가르시아(Serrano-García, 1994)는 이것의 두 가지 인지적 요소를 "상황에 대한 비판적 판단 그리고 문제의 근본 원인 및 결과 탐

비판적 인식
권력과 사회정치적 힘이 개인과 공동체의 삶을 어떻게 변화시키고, 증진시키고 또는 방해하는지에 대한 지식을 말한다. 이것은 억압적 위계에 대한 지식과 의문이 포함되며, 사회적 통념이 어떻게 그것을 유지하는지를 아는 것이다. 비판적 인식은 삶의 경험, 이러한 경험에 대한 성찰, 그리고 다른 사람과의 대화로부터 형성된다.

색"(p. 178)이라고 제안하였다. 비판적 인식의 한 가지는 억압의 위계, 지배 집단과 종속 집단, 그리고 그 위계를 유지하는 사회적 통념을 이해하는 것이다 (Moane, 2003; Watts et al., 2003). "개인은 정치적이다."라는 페미니스트의 금언은 비판적 인식의 표현이다.

비판적 인식은 불평등에 대한 삶의 경험, 이 경험과 그로부터 배운 교훈에 대한 성찰, 그리고 다른 사람과의 대화로부터 형성된다. 이는 기존의 사회적 조건과 권위의 적법성에 관한 질문 및 문제를 세상의 자연스러운 질서로서가 아니라 변화가 가능한 사회적 관습으로 보려는 관점에서 시작된다. 그리고 다음과 같은 질문을 이어 간다. 공동체 문제를 누가 정의하는가? 공동체 결정은 어떻게 이루어지는가? 누구의 의견이 반영되고 누구의 의견은 배제되는가? 누가 권력을 쥐고 있으며 그들이 어떻게 사용하고 있는가? 이것을 어떻게 바꿀 수 있는가?

버지니아 라미레스, 앨리슨 스미스, 그리고 오편 지역의 청소년 이야기에서도 비판적 인식을 엿볼 수 있다. 버지니아 모임에서 했던 연구(자신의 이웃에게 시행되어야 할 서비스가 어떻게 다른 곳으로 갔는지에 대한 공식 문서를 찾는 것)로 인해 시의 결정이 그들의 삶에 어떻게 영향을 미치고 어떻게 행동해야 할지에 대한 그들의 비판적 인식을 높인 것을 기억하라.

참여 기술
공동체 쟁점을 다룰 수 있는 의사소통, 조직화, 문제 해결, 그리고 물질적이고 사회적인 자원을 확인하고 얻어 내는 개인의 능력을 일컫는다.

참여 기술   개인이 효율적인 시민참여를 위해서는 의사소통, 조직화, 그리고 문제 해결 기술을 포함하는 참여 기술(participatory skills)이 필요하다. 특히 전문적 기술의 유용성은 점점 더 커지고 있는데, 스리마일섬에서 장기간 참여하는 환경 활동가들도 에너지 과학 기술과 생태학의 관계를 공부하고자 하였다 (Angelique & Culley, 2014).

자원을 확인하고 동원하는 기술은 더욱 중요하다. 자원은 시간, 돈, 기술, 지식 및 영향력 있는 동맹과 같이 구체적이고 가시적인 요인이 포함된다. 또한 공동체가 가지는 적법성이나 지위, 공동체 구성원의 능력과 아이디어, 공동체 변화에 대한 개인의 기여, 그리고 사회적 지지 등과 같은 덜 가시적인 요인도 해당된다. 사회적 자원으로는 공유된 가치와 그 가치를 표현하는 공동체 의식이나 서사 등이 있다(Rappaport, 1995). 권력강화와 관련한 많은 심리적이고 사회적인 자원(예, 사회적 지지, 참여, 지식)을 함께 사용한다면 그 효과는 증폭된다(Katz, 1984; Rappaport, 1987). 이 기술들은 앨리슨 스미스와 버지니아 라미레스의 사례처럼 학습이 가능하다.

집합적 효능감   집합적 효능감(sense of collective efficacy)은 시민의 집합적 행동이 공동체의 삶을 증진하는 데 효과적일 수 있다는 믿음이다(Bandura, 1986; Perkins & Long, 2002). 집합적 행동이 건설적 변화를 가져올 것이라는 사람들의 믿음이 없다면 비판적 인식과 참여 기술만으로는 실질적인 실천행동을 이끌어 내는 것은 불가능하다(Saegert & Winkel, 1996; Zimmerman, 2000).

> **집합적 효능감**
> 함께 협력하는 것이 사회변화를 이끌고 공동체 삶을 증진할 수 있다는 믿음을 말한다.

일부 연구자는 이것을 단순히 집합적 효능이라고 정의하였다. 우리가 그 용어를 집합적 효능감(sense)으로 지칭한 것은 믿음 또는 개인의 인식이 중요하다는 것을 명시적으로 보여 주기 위해서이다. 집합적 효능감은 일반적으로 시민참여를 경험하거나 시민들과 신뢰 관계를 구축할 기회가 주어질 때 나타난다(Collins et al., 2014). 집합적 효능감은 맥락적인 것으로, 시민인 자신들이 집합적으로 특정 상황(다른 상황에서가 아닌)에 대한 공동체 결정에 영향을 미칠 수 있다고 믿는 것이다(Bandura, 1986; Duncan et al., 2003; Perkins & Long, 2002).

미국 도시를 대상으로 한 양적 연구에서 비판적 인식, 집합적 효능감, 또는 둘 모두에 대한 강한 믿음을 가진 시민은 공동체 조직에 더 많이 참여하고, 더 높은 공동체 의식을 나타내었으며(Perkins & Long, 2002; Perkins et al., 1996; Speer, 2000), 높은 수준의 집합적 효능감을 가진 동네는 낮은 범죄율을 보였다(Snowden, 2005). 크랄과 이들로트(Kral & Idlout, 2008)는 집합적 효능감이 캐나다의 토착 공동체의 정신건강과 웰빙의 근간을 제공한다는 것을 발견하였다. 자살 예방과 치료 노력은 지역 공동체의 세대 간 지혜 및 집합적 능력과 밀접하게 관련되어 있다.

개인의 참여 효능감   개인의 참여 효능감(sense of personal participatory efficacy)은 개인이 시민참여에 효율적으로 관여하여 공동체 결정에 영향을 미치는 능력이 있다는 믿음을 말한다. 여기에는 개인이 시민 활동에서 영향력 있는 지도자가 될 수 있다는 자신감이 가장 강하게 관련된다. 이는 단순히 권력이 강화된 느낌이 아니라 행동적인 참여와 반드시 연결되어야만 한다. 이 또한 맥락적 믿음으로, 개인은 다른 상황에서보다 특정 상황에 더 영향력이

> **개인의 참여 효능감**
> 개인이 시민참여에 효율적으로 관여하여 공동체 결정에 영향을 주는 능력이 있다는 믿음을 말한다. 이것은 다른 세팅보다 특정 세팅에 더 영향력이 있다고 느낄 수 있기 때문에 당연히 맥락적이다.

있다고 느낄 수 있다. 그러므로 이것은 자기 효능감의 구체적인 유형으로 볼
수 있다(Bandura, 1986). 버지니아와 앨리슨은 집합적 효능감과 개인의 참여
효능감 모두를 성장시켰다.

연구들은 사회정치적 통제, 인지된 통제, 그리고 정치적 효능감 등의 유사
한 개념에도 관심을 가져왔다(Zimmerman, 2000). [다시 우리는 감(sense)을 덧붙
여 인지적 초점을 명확히 하려고 한다] 이 믿음은 유해 환경지역 근처의 주민, 도
시에 사는 주민 및 여러 다른 상황에 처한 주민의 시민참여와 관련된다(Speer,
2000; Zimmerman, 2000). 하지만 이러한 관련성은 맥락에 따라 다를 수 있다.
한 연구에 따르면, 공동체 서비스 경험에 대한 참여는 대학생의 정치적 관여
에 대한 느낌은 증가시켰지만 정치적 효능감은 감소시켰다고 하였다(Angelique
et al., 2002). 아마 이 학생들은 그들이 처음 기대한 수준까지 변하지 않는 공
동체와 사회의 권력에 실망하였을 것이다.

공동체 활동가를 대상으로 한 질적 연구의 결과, 장기간의 시민참여를 가능
하게 하는 것은 낙관주의로, 즉 도전의 즐거움, 할 수 있다는 정신, 그리고 일
에 대한 재미로 나타났다(Berkowitz, 1987; Colby & Damon, 1992). 이 연구에
서 시민 활동가는 차질이 생겼을 때 이를 개인의 실패로 보기보다는 일시적이
거나 상황적 원인으로 돌렸고, 그 일로부터 교훈을 찾으려고 노력했다. 그들은
성공은 자축하였고 역경은 유머를 섞어 받아들였다. 이러한 낙관적 사고방식은
참여에 대한 개인의 효능감과 관련되는 것 같다.

참여적 가치와 전념   효능에 대한 믿음만으로 시민 실천행동의 동기가 부여
되지 않는다. 참여는 확고한 가치관을 가진 열정과 몰입으로 시작되고 지속된
다. 시민 실천행동은 머리뿐 아니라 가슴이 뜨겁게 관여되는 작업으로서 정
서적으로 경험하는 열정 및 몰입과 함께 실천으로 완전히 구현되는 것이다
(Langhout, 2015). 질적 연구를 비롯한 여러 연구는 몰입이 시민참여와 권력
강화를 유지한다는 것을 보여 주었다(Berkowitz, 1987; Colby & Damon, 1992;
Loeb, 1999; Moane, 2003; Nagler, 2001; Schorr, 1997). 어떤 사람에게는 이것이
종교적 신념 및 실천과 관련되고, 다른 사람에게는 사회정의 및 우리의 아이
들과 지구의 미래 같은 도덕적 원칙 등의 현실적인 것이 중심에 있을 수 있다
(Angelique & Culley, 2014). 공동체 관여에 대한 종교적 지원에는 모든 사람의

마음속에 내재된 가치에 대한 인식, 그 일에 대한 "소명" 의식, 그리고 그 일의 종교적 필요성에 대한 확실성 등이 포함된다. 위험을 감수할 수 있다는 믿음에는 새로운 도전을 시작할 때 "신이 (필요한 모든 것을) 제공해 줄 것이다."와 "(신이) 두려움과 의심을 멈추게 할 것이다."라는 확신이 관련된다. 공동체 의사결정에서 소란이 있었던 것을 용서하는 능력 또한 중요하다(Colby & Damon, 1992, pp. 78-80, 189-194, 296). 참여에 몰입하게 한 종교적 신념은 버지니아와 성당 사람들의 예시에서 볼 수 있다.

아일랜드 여성 해방운동에서 권력강화는 창의력과 영성에 대한 개인의 강점 증진 및 해방과 관련한 더 크고 긍정적인 비전이 포함되어 있다고 모아네(Moane, 2003)는 설명하였다. 버코위츠(Berkowitz, 1987)는 많은 지역 활동가에게서 타인 돌봄, 진실성, 인내, 몰입 등의 "전통적 미덕"이라고 지칭되는 것을 발견하였다(p. 323). 콜비와 데이먼(Colby & Damon, 1992)은 정의, 화합, 정직 및 관용이 몰입과 유사하다는 것을 발견하였다. 쇼르(Schorr, 1977)는 효율적인 공동체 조직에 관한 연구를 검토한 결과, 그러한 조직 대부분은 종교적인 또는 세속적인 이상이 바탕이 되는 분위기를 공유하였는데, 이러한 이상에는 공동체 변화에 대한 합의된 의미 및 목적이 담겨 있었다.

관계적 연결　권력강화와 시민참여는 사회적 진공 상태에서 일어나는 것이 아니라 대인 간 관계와 연결망의 맥락에서 발생한다(Christens et al., 2014). 이것은 유대와 연대를 모두 포함하는 타인과 맺는 넓고 다양한 관계를 의미한다(Putnam, 2000; 6장 참조). 또한 참여에 대한 사회적 지지와 멘토링, 이웃되기 활동, 공동체 조직에 참여하기 등이 관련된다(Kieffer, 1984; Moane, 2003; Putnam & Feldstein, 2003; Speer & Hughey, 1995). 관계적 연결은 버지니아 라미레스, 앨리슨 스미스, 그리고 오펀 청소년이 시민 지도자로서 발전하는 데 필수적인 것이었다. 그들은 다른 사람들의 지원이 없었다면 그 일을 해내지 못할 것이라고 굳게 믿었다.

다시 말하지만, 이 여섯 가지 목록은 단지 권장되는 것일 뿐이다. 권력이 강화된 시민과 시민 활동가를 위한 단일한 프로파일은 없다(Berkowitz, 2000; Simmerman, 2000). 공동체와 세팅 역시 권력강화와 시민참여를 형성한다.

마을 조직에서 공동체 의식과 시민참여

마을 조직은 풀뿌리 시민참여와 권력강화가 어떻게 공동체 의식과 엮여 있는지를 보여 준다(6장 참조). 예를 들면, 자원봉사 구역협의회(volunteer block associations)는 주민 결정에 참여할 수 있는 많은 기회를 제공한다. [여기서 "구역(block)"의 범위는 행정구역 1길 정도에 해당하는 곳이라고 볼 수 있다.] 구역협의회는 지역 설정, 주거, 마을 외견, 범죄, 교통 및 여가 활동과 같은 주민의 다양한 문제를 다룬다. 협의회는 주민 개개인과 시 정부 사이를 조정하는 역할을 한다. 뉴욕시의 연구에서 협의회가 있는 구역의 주민은 시간이 지나면서 구역의 문제가 감소한다고 느꼈지만, 협의회가 없는 구역의 주민은 문제가 증가한다고 느꼈다(Wandersman & Florin, 2000).

공동체심리학자는 구역협의회와 미국 몇몇 도시(내슈빌, 뉴욕시티, 볼티모어, 솔트레이크시티)의 더 큰 마을 조직에 대한 시민참여를 연구하였다. 시민참여가 이루어지고 있는지를 살펴보는 방법은 회의 참석 여부에서부터 협의회의 대표가 되는 것에 이르기까지 다양하게 측정하였다. 4개의 도시에서 추출된 표본은 다양한 인종, 다양한 국가, 그리고 저소득층에서 중산층까지 포함하였다(Chavis & Wandersman, 1990; Florin et al., 1992; Florin & Wandersman, 1984; Perkins & Long, 2002; Perkins et al., 1990, 1996; Unger & Wandersman, 1983, 1985; Wandersman & Florin, 2000).

이 연구들은 다섯 가지 핵심 요인의 상관관계를 보여 주었다. 다섯 가지 요인으로는 자신의 마을에 대한 공동체 의식, 이웃과 대화하거나 그들이 집을 비운 동안에 그 집을 지켜봐 주기 등의 비공식적 이웃되기 활동, 마을의 문제에 대한 초기 불만족, 마을 조직을 통한 협업과 관련한 집합적 효능감, 그리고 마을 조직의 시민참여 정도였다.

이 발견은 앞서 언급한 발달적 연구(Kieffer, 1984; Peterson & Reid, 2003; Watts et al., 2003)에서 찾은 발견과 유사하게 시민참여의 경로를 제시하였는데, 이것에는 공동체에 뿌리 내리기, 변화에 대한 도전이 필요하다는 인식, 그 도전은 집합적으로 해결되어야 한다는 생각, 그리고 풀뿌리 조직 참여의 점진적 증가와 효능감의 강화 등으로 나타났다. 마을에서 발생하는 문제는 시민참여를 시작하게 하는 요인이 될 수도 있지만 구성원의 참여를 방해하는 요인이 될 수도 있는데, 높은 범죄율이 한 예이다(Saegert & Winkel, 2004). 뉴욕시의 종단 분석 자료에 의하면, 참여는 효능감을 높이는 것으로 나타났다(Chavis & Wandersman, 1990). 최근의 연구에서도 공동체 의식, 사회 자본 및 풀뿌리 조직에의 참여는 상관관계가 있었다(Collins et al., 2014). 물론 모든 사람, 모든 조직 또는 모든 지역이 이러한 양상을 보이지는 않지만 이 요인들은 서로 관련된 경우가 많다.

　공동체 의식, 이웃되기 활동, 그리고 시민참여는 물질적 자원이 거의 없는 곳에서도 공동체의 자원이 된다는 것을 이 연구들은 보여 주었다. 이 자원들은 단순히 개인이 아닌 공동체 내의 개인과 관련되어 있다.

실천 및 세팅의 권력을 강화하기

　　내가 애틀랜타로 다시 돌아갔을 때(시민 권리 운동에 오랫동안 참여하고, UN 대사로 일

　　한 후), 나는 정치와 관련된 것은 아무것도 하고 싶지 않았다. 하지만 에벤에젤 침례

　　교회의 몇몇 여성이 나에게 시장 선거에 나가라고 권유하였다. 내가 많이 망설이자,

　　그들 중 한 명이 나에게 말했다. "우리는 당신이 이 일을 하는 것을 원해요. 우리가 지

　　금의 당신을 만들었어요." 나는 그녀에게 "말도 안 돼요. 나는 마틴 루터 킹이 나를 만

　　들었다고 생각했어요." 그녀는 "아니에요, 마틴 루터 킹도 우리가 만들었어요."라고

　　대답하였다.　　(Andrew Young, 공동체 연구와 실천행동 협회에서의 연설, 2001년 6월)

　이 이야기가 보여 주듯이, 애틀랜타 지역의 에벤에젤 침례 교회는 시민권리 운동의 핵심 장소이다[그리고 구성원들이 희망했듯이, 인용문의 앤드류 영(Andrew Young)은 애틀랜타의 시장이 되었다]. 시민참여와 권력강화를 더 잘 이해하기 위해서는 공동체가 어떻게 시민의 권력을 강화하고 시민참여를 조성하는지에 대하여 좀 더 공부해야 한다. 또한 공동체 내부의 역할 관계를 바꾸는 실천의 권력강화(Rappaport, 1995)와 권력을 박탈당했거나 권력이 전혀 없는 세팅이 권력을 강화하는 곳으로 변할 수 있도록 하는 조건(Maton, 2008)을 더 잘 이해해야 한다.

　실천 및 공동체의 권력을 강화하는 것에 관한 이 절의 목적은 당신이 당신

의 공동체를 다른 사람과 함께 관찰하고 활동할 수 있는 수단을 제공하고자 하는 것이다. 당신은 학생, 교사, 조부모, 청년 지도자, 과학자, 예술가(당신이 가장 바꾸고 싶은 역할을 넣어 보라!)를 포함한 다양한 역할에서 변화의 주체가 될 수 있음을 기억하라. 이 절은 실천의 권력강화에 대한 간략한 토의로 시작하여 세팅의 권력을 강화하는 것과 권력이 강화된 세팅의 차이를 보여 주고, 공동체 실천 및 세팅의 권력을 강화하는 예시를 제공하며, 이러한 실천과 세팅의 핵심 특징을 확인한다. 권력이 강화된 공동체 및 조직이 그들의 공동체와 사회에 어떤 영향을 미칠 수 있는지는 13장에서 다룬다.

실천의 권력 강화하기

실천의 권력 강화하기
세팅과 조직에 더 많은 권력을 강화하기 위한 협력적 노력을 말한다. 공동체심리학자는 공동체 내의 역할 관계를 유지하거나 변화시키는 일상의 활동에 집중하면서 다양한 경험과 강점이 일상에서 어떻게 발달하는지 살펴본다.

변화를 위한 일을 하려는 사람으로서 우리는 타인과 협력하여 세팅과 조직에 권력을 부여하는 실천의 권력 강화하기(empowering practice)를 어떻게 이룰 수 있을까? 공동체심리학자는 조직이나 공동체의 변화 과정에서 주인공이 아닌 촉진자가 되려고 노력해 왔다. 하지만 우리의 역할에 대한 상대적 무관심과 협상 방식은 연구자와 실천가로서 우리가 업무를 어떻게 수행해야 하는지를 종종 모호하게 한다. 이 분야의 선구자는 일관되게 "어떻게"가 "무엇을"보다 더 중요하다고 주장해 왔고, 우리는 이제 실천가로서 우리 일에 대하여 분명히 설명하고 그 가치를 충분히 표방하기 시작했다. 예를 들면, 데아우겔리(D'Augelli, 2006)는 시골의 대학 공동체에서 게이, 레즈비언 및 양성애자의 권력을 강화하는 데 있어 공동체심리학자의 역할을 살펴보았다. 그는 성소수자가 공개적으로 모여 공동체 내에서 새로운 자원을 만들 때 그들이 두려움을 느끼는 상황에서 필요한 것은 조직화와 가시적인 성과를 얻기 위한 도전이라는 것에 주목하였다. 종단 연구 결과, 그는 더 많은 사회 권력을 가진 사람이 앞장서야 하고 위험을 감수해야 한다는 것을 발견하였다.

공동체심리학자는 현재 실천의 권력을 강화하는 공동체심리학자의 역할을 탐색하고 있다. 공동체심리학 실천에 대한 회담(Summit on Community Psychology Practice)이 2007년에 처음 개최되었고, 새로운 공동체심리학 학회지가 2009년에 발간되었으며, 실천가, 연구자, 그리고 교육자는 이론 및 실천 현장에서 공동체심리학자로서 필요한 일에 대한 실제 훈련을 더 명확히 하려고 노력하고 있다(Christens et al., 2015; Faust et al., 2017; Francescato et al., 2007; Langhout, 2015; Meissen et al., 2008).

　　협력적 변화의 주체로서 우리의 역할을 찾는 것도 중요하지만 실천의 권력을 강화하는 데 집중하는 것은 세팅 내의 역할 관계를 유지하거나 변화시키는 일상의 활동에 관심을 두고 있음을 뜻한다. 이는 전문 조력자와 전문가가 촉진자이자 파트너(Gone, 2007, 2008) 그리고 교사이자 학습자(Horton & Freire, 1990)의 접근 방식으로 보는 것과 관련된다. 이 관심은 상호 호혜적인 도움, 상호 영향력, 협력, 의사결정, 그리고 변화 창출 등에 대한 기회를 살펴보게 한다. 실천의 권력을 강화하는 것은 다양한 경험, 강점, 능력이 일상의 대화와 의사소통을 통해 어떻게 발전하는지에 관심을 집중시킨다(Ullman & Townsend, 2008). 우리는 다양한 수준을 아우르는 관계적 맥락이 어떻게 세팅의 권력을 강화하는 기초로 작용하는지를 알아보고자 한다(Christens, 2012; Neal, 2014). 이제 공동체의 권력강화를 자세히 살펴보자.

권력을 강화하는 공동체 세팅과 권력이 강화된 공동체 세팅

　　공동체와 다양한 공동체 상황은 권력을 강화하는 또는 권력이 강화된 등으로 표현된다(Peterson & Zimmerman, 2004; Zimmerman, 2000). 권력을 강화하는 세팅(empowering settings)은 집단의 의사결정과 실천행동에 있어 구성원의 참여와 공유 또는 권력을 육성한다. 세팅은 실행 가능하고 중요한 관계 공동체의 역할을 한다(Maton, 2008). 권력이 강화된 세팅(empowered settings)은 공동체와 거시체계의 의사결정에 영향을 주고, 변화 창출에 도움을 주면서, 더 넓은 공동체 또는 사회에 권력을 행사한다.

> **권력을 강화하는 세팅**
> 구성원의 참여를 격려하고 집단의 의사결정과 실천행동에 권력을 공유하는 세팅을 말한다.

> **권력이 강화된 세팅**
> 거시체계 수준에 영향을 미치고 더 큰 사회와 공동체의 변화를 행사하기 위해 권력을 이용하는 세팅을 말한다.

　　권력이 강화된 공동체 또는 조직이 되려면 구성원과 시민의 권력을 강화하는 기회를 만드는 것이 필수이다(McMillan et al., 1995). 하지만 권력을 강화하는 세팅과 권력이 강화된 세팅이 항상 함께하는 것은 아니다. 실제로는 의사결정 권력에서 일반 구성원을 제외하는 조직이 공동체와 사회에서 강력한 힘을 가질 수 있다. 예를 들면, 퍼트넘(Putnam, 2000)은 국가 옹호 단체들이 미국에서 부상하고 있는데, 이들은 우편 및 온라인 기금 모금에 의존하고 권력 행사를 위해 대중매체와 로비를 이용하지만 오히려 지역 지부에서의 활동은 부족하다는 것을 발견하였다.

또한 구성원의 권력을 강화하는 몇몇 조직은 더 넓은 영향력을 미치지 않는 선택을 할 수도 있다. 예를 들면, 상호 조력 집단 또는 영성 집단은 구성원에게 집단 내부의 의사결정에는 참여하도록 권력을 강화한다. 하지만 이러한 많은 집단은 공동체 또는 사회에 영향을 미치는 것에는 관심이 없다. 때로 공동체심리학에서도 그랬던 것처럼, 개인에게 초점을 두는 관점을 강조한 심리학에서는 최근까지 권력강화의 연구를 개인의 권력강화 과정에 초점을 맞추어 진행하였다. 그러다 보니 지금까지의 많은 연구는 시민 조직이 어떻게 공동체 또는 사회에서 권력을 얻고 행사하는가가 아니라 단지 개인의 권력을 강화하는 요인만을 조사하였다(Peterson & Zimmerman, 2004; Riger, 1993). 이 관심은 현재 권력이 강화된 공동체가 어떻게 더 넓은 범위로 영향력을 행사하는지를 조사하는 것으로 확장되고 있다(Maton, 2008). 이는 다양한 수준에서의 권력강화를 강조했던 라파포트(Rappaport, 1987)의 초기 주장과 일치한다(Zimmerman, 2000).

다음에서 실천 및 세팅의 권력을 강화하는 예시를 살펴보자. 실천 및 세팅의 무엇이 참여자의 권력을 강화하도록 하였는지 생각해 보라.

권력을 강화하는 세팅은 집단 결속, 구성원 참여, 그리고 협력을 증진한다.
출처: iStock.com/FG Trade

맥락의 권력을 강화하는 가정폭력 조정위원회

조정위원회에서는 사법, 보건, 교육, 사회 서비스 및 여러 공동체 집단을 포함하는 다양한 이해관계자가 협력하여 친밀한 파트너 폭력의 대응 방법 및 피해자의 안전을 위한 정책 지원에 대한 공동체 인식을 높이는 업무를 한다. 예를 들면, 위원회는 보호 명령의 접근성을 개선하는 일을 할 수 있는데, 이것은 폭력을 줄이거나 피해자가 그들의 파트너에 대한 두려움을 보고하는 것과 관련되어 있다. 위원회는 사법 체계의 개선과 장기적인 안목에서 공동체가 건강해질 수 있도록 문제를 협력하여 해결하려고 노력한다(Allen et al., 2013). 그들은 공동으로 변호사를 법원에 배치하여 피해자가 더 쉽게 이용할 수 있도록 노력하고, 피해자가 보호 명령으로 받는 혜택을 정보 책자를 만들어 알리며, 친밀한 파트너 폭력 피해자에게 도움이 되는 자원을 잘 아는 판사와 함께 특화된 법정을 만들 수 있다. 위원회는 그들의 구성원이 변화의 주체로서 권력을 강화하여 실천행동을 할 수 있도록 돕는다(Javdani & Allen, 2011). 위원회의 권력을 강화할 수 있는 요인에는 효율적 리더십, 민주적 참여로 인한 긍정적인 위원회 분위기, 갈등 해결을 위한 효율적인 전략, 공유된 사명감 등이 있다. 흥미롭게도 구성원이 본인의 원래 조직에서 높은 지지를 받고 있다고 지각할 때 조정위원회에서도 권력이 강화되었다고 지각하였다.

당신의 생각은?

1. 권력강화 이외에 공동체심리학의 어떤 가치를 이 세팅에서 볼 수 있는가? 이유는 무엇인가?
2. 조정위원회와 같이 권력을 강화하는 세팅으로 혜택을 얻은 또 다른 공동체를 알고 있는가? 그 공동체 내에서 세팅의 권력을 강화하기 위해 다른 사람과 함께 일하였다면, 조정위원회와의 유사점 및 차이점은 무엇인가?

실천 및 세팅의 권력강화를 위한 요인

구성원의 권력을 강화하는 공동체 조직의 자질은 무엇인가? 이 절에서는 실천 및 세팅의 권력을 강화하는 아홉 가지의 핵심 특징을 모아 보았다(〈표 8-2〉 참조). 이 특징들은 공동체의 사례 연구, 공동체심리학자의 개인적 기록, 그리고 효과적인 주민 조직, 공동체 연대, 조직의 권력강화에 대한 연구를 검토하여 구성하였다(Bond, 1999; Bond & Keys, 1993; Christens et al., 2014; Foster-Fishman et al., 2001; Maton, 2008; Peterson & Zimmerman, 2004; Speer & Hughey, 1995; Wandersman & Florin, 2000; Wolff, 2001). 개인의 발달에 초점을 둔 공동체 세팅에서 중요한 것으로 확인된 몇몇 요인은(Maton & Salem, 1995) 공동체 의사결정에서의 시민참여와 관련된 세팅에서도 중요한 것으로 입증되었다. 우리가 제시하는 목록은 제안일 뿐이다. 경우에 따라 다른 내용으로 목록을 구성할 수도 있다.

학습에 도움을 주기 위해 아홉 가지 요인을 집단 결속, 구성원 참여, 다양성과 협력의 3개 하위 요인으로 분류하였다(〈표 8-2〉 참조). 물론 이 하위 요인 간에는 서로 겹치는 내용이 있다.

강점-기반 신념 체계 촉진　세팅의 권력을 강화하는 것은 구성원 및 조직의 목표를 설정하고, 실천행동의 의미와 영감을 제공하고, 강점을 개발하며, 어려움에 직면하였을 때 낙관적인 자세를 취할 수 있도록 하는 원칙 또는 신념을 고취하는 것이다. 공동체가 공유하는 행사, 의식 및 서사는 핵심 가치를 구축하고 공동체 의식과 집단에 대한 개인의 몰입을 강화한다. 호튼(Horton, 1990)은 민주주의에 대한 신념에 대하여 다음과 같이 말하였다.

> 당신이 내가 실천하고 있는 민주주의를 믿는다면, 사람들은 스스로가 자신을 통치할 능력을 개발할 수 있는 역량이 그들 내부에 있다는 것을 믿어야 한다. 당신은 그들의 잠재력을 믿고, 그 상황에 맞도록 일해야 한다. (p. 131)

또 다른 명확히 드러나는 원칙으로, 변화의 핵심은 사람들의 일상 경험에서 발견된다는 것이다. 이 공유된 경험은 종종 개인과 사회의 변화에서 예술의 역할, 예를 들면 스토리텔링, 노래, 예술 작품 등의 형태로 나타난다(Greene, 1995; Sarason, 1990; Thomas & Rappaport, 1996; Thomas et al., 2015).

사회적 지지 육성   세팅의 권력을 강화하는 또 다른 요인은 세팅에서 발생하는 대인 관계 자질과 본질에 중점을 두고 구성원 간의 사회적 지지의 교환을 촉진하는 것이다(Brown et al., 2008; Maton, 2008). 효과적인 신뢰-기반 공동체 옹호 조직의 사례 연구에서는 구성원 간의 일대일 회의가 상호 지지를 공고히 하고 실천행동을 위한 문제를 인식하는 데 도움이 된다는 것을 발견하였다(Speer et al., 1995). 또한 구성원 간의 사회적 지지와 대인 관계 연결은 더 상위의 공동체에 영향을 줄 수 있는 조직의 결속과 힘을 구축한다(Putnam & Feldstein, 2003; Speer & Hughey, 1995).

리더십 개발   조직의 비전을 분명히 하고, 대인관계 및 조직의 기술을 증진하고, 권력을 공유하며, 새로운 대표에게 조언을 하는 등의 지도자와 관련된 것이다(Maton, 2008; Maton & Salem, 1995).

참여 환경과 기회 역할 환경 제공   구성원이 참여할 수 있는 기회를 제공하여 책임감을 가질 수 있는 역할이나 업무를 만드는 것으로, 이를 참여 환경(Speer & Hughey, 1995) 또는 기회 역할 환경(Maton, 2008; Maton & Salem, 1995)이라고 한다. 조정위원회는 구성원이 공동체의 변화 주체로서 행동할 수 있는 기회를 제공한다. 종종 세팅의 권력강화는 구성원의 참여를 촉진하는 과소 인구밀도에서 나타난다(Barker, 1968; Schoggen, 1989; 5장의 개념 참조). 참여 환경은 그 세팅에 필요한 역할을 위해 사람을 모집하고, 훈련하고, 구성원의 리더십 기술을 증진하며, 집단 안에서 그들의 대인관계 결속을 강화한다.

구성원은 다양한 기술을 공동체 조직에 적용한다. 예를 들면, 주장하기, 정서적 민감성 키우기, 재무관리, 글쓰기, 행사 계획, 자원봉사자 확보, 노후한 사무실의 리모델링 등이 있다. 문화, 언어, 또는 공동체 역사에 대한 지식은 유용하다. 사회적 연결망, 공동체 대표로서의 권위와 합법성 및 그 외 사회적 자원들은 중요하다. 조직의 권력을 강화하는 것은 이러한 자원을 확인하고 활용할 수 있는 대표 및 구성원을 갖는 것이다(Foster-Fishman et al., 2001; Peterson & Zimmerman, 2004).

기회 역할 환경이 확립되면 구성원은 조직 내에서 기술을 발달시킨다. 권력은 참여를 통해 획득할 수도 있지만 세팅에 실질적인 영향을 주는 필수적인 기술과 능력을 개발하는 기회를 통해서도 얻을 수 있다. 비영리 단체와 학교 관리에 대한 청소년의 참여를 예로 들 수 있다. 뉴저지 지역은 위탁 보호를 받을 수 있는 연령의 기준을 정해 두었는데, 이 기준에 문제가 있다고 생각한 기준 연령 이상의 청소년들은 이 체계를 바꾸기 위해 청소년 옹호 위원회에 참여하였다(Forenza, 2016).

에반스(Evans, 2007)는 많은 젊은이가 적극적이고 활발한 공동체 참여자로서 초대받기를 기다리고 있지만, 그들이 참여하기 위해서는 학교 및 청년 기반 조직에서 일하는 성인의 도움이 필요하다고 주장하였다. 연구는 청년의 참여가 실질적인 학습 경험과 긍정적 관계 속에서 육성된다는 생각을 지지한다. 학생은 의미 있고 가치 있는 활동에 참여를 제안받았을 때 개입 활동을 시작하게 된다(Rahm, 2002). 공동체-기반 서비스 학습을 통해 학생은 구체적이고 실질적인 기술 또는 사고를 증진할 수 있다(Seely Brown & Duguid, 1993). 경험 많은 지도자와 동료는 조직 내에서 학습과 발전을 지원해 주는 숙련된 파트너가 될 수 있다(Lave & Wenger, 1991). 그들은 또한 새로운 구성원에게 새로운 아이디어를 소개하고 보여 주는 안내자의 역할도 할 수 있다.

업무와 목표의 초점 유지 많은 시민은 명확한 목표와 생산적인 회의를 통해 일을 마무리하는 공동체 조직에 참여하는 것을 선호한다(Wandersman & Florin, 2000). 또한 그러한 조직 구조는 공동체에 영향을 줄 수 있는 조직의 능력을 증가시킨다(Allen, 2005; Foster-Fishman et al., 2001). 여기에는 실천행동을 위한 조직의 목표와 구체적인 목적, 회의 안건, 시간 제한, 그리고 긴 토론을 요약할 수 있고 선택을 명확하게 할 수 있는 지도자 등이 포함된다.

포용적 의사결정 이것은 시민참여의 핵심으로, 조직의 의사결정과 계획을 실천할 때 시민을 위한 광범위하고 진실된 권력과 목소리를 말한다. 공동체 연대는 그들이 포용적인 결정을 내렸을 때 가장 좋은 활동을 하였다(Foster-Fishman et al., 2001). 친밀한 파트너 폭력의 효과성의 가장 좋은 예측 변인은 많은 공동체 기관과 집단 구성원이 적극적으로 참여하였던 공동 의사결정에 대한 포용적 분위기였다(Allen, 2005; Javdani & Allen, 2011).

참여에 대한 보상 공동체 집단은 자원봉사자에 의존한다. 자원봉사자가 자신의 참여에 대한 보상을 얻지 못하거나 개인적으로 너무 많은 비용을 써야 한다면 더 이상 참여하지 않을 것이다. 그들이 참여에 대한 보상을 받는다면 참여는 더 늘어날 것이다. 공동체 세팅의 권력을 강화하여 시민참여를 장려한다면, 권력강화를 위해 투입된 비용을 능가하는 보상을 받을 수 있다(Prestby et al., 1990; Kaye, 2001; Kaye & Wolff, 1997). 라페와 두보이스(Lappe & DuBois, 1994)는 미국 시민이 공동체 참여로부터 얻은 보상에는 성취에 대한 자부심, 기여에 대한 발견, 관심과 희망을 함께하는 사람과의 협력, 새로운 기술 함양, 노력으로 더 나은 세상을 만들 수 있다는 깨달음, 그리고 더 나은 공동체, 학교, 직장, 주거 및 의료복지의 향유 등이 포함된다고 하였다.

참여를 방해하는 것에는 시간과 에너지의 요구, 자녀를 돌봐 줄 곳 찾기, 소외된다는 느낌 및 불쾌한 회의(예, 두서 없는 회의나 비생산적인 갈등) 등이 있다.

다양성 장려 공동체 조직의 권력을 강화하는 것은 구성원의 다양성에 가치를 두는 것으로, 이를 통해 공동체에서 이용할 수 있는 기술, 지식, 자원, 합법성 및 사회적 연결을 넓힐 수 있다. 공동체 연대와 공동체의 다양한 영역을 대표하는 조직들은 다양성을 추구하는 것이 필수적이다.

하지만 다양성의 장려가 단순히 구성원을 다양하게 조직하는 것만으로 끝나는 것은 아니다. 모든 견해를 진정으로 포용하는 분위기를 조성하는 것은 더힘들다. 권력을 가진 공동체 지도자 또는 전문가(말하고 외면하는 데 익숙한)가 토론을 장악한다면, 상대적으로 권력이 약한 구성원의 의견 표출, 상호 지지, 의사결정을 높일 수 있는 방법을 찾아야 한다.

다양한 참여를 장려하는 것은 집단의 대표자만이 아니라 권리를 박탈당한 집단의 구성원도 다수 포함하는 것이다. 또한 시간을 내어 다양성의 쟁점을 토론하고 조직의 포용적인 의견을 수렴하는 것을 포함한다(예, 여성 또는 청소년의 존재를 인식). 마지막으로, 다양성은 멤버십이 아니라 리더십이 다양해져야만 진정으로 실현될 수 있다(Foster-Fishman et al., 2001; Goodkind & Foster-Fishman, 2002). 예를 들어, 비영리 세팅과 교육 세팅에서는 교사, 사례 관리자, 행정 관리자 모두가 의사결정을 위해 참가할 수 있어야 한다.

집단 간 협력 육성 다양성의 장려는 동시에 공동체가 해결해야 할 다른 문제를 유발한다. 공동체 구성원은 자신의 공동체에 대한 전반적인 공동체 의식을 공유하고 있지만, 공동체 하위 집단 또는 외부 집단의 정체성도 동시에 가지고 있다(Wiesenfeld, 1996). 이는 조직에서도 마찬가지이다. 다양성은 그 조직의 구성원이 관여하고 있다고 느끼는 집단의 수와 종류를 증폭시킨다. 이는 종종 그 환경에서 변화를 위한 조직의 학습, 성장 및 적응에 중요하다. 하지만 조직이 성공하려면 조직 그 자체에 대한 헌신이 필요하다. 그래서 연대(bridging) 결속을 촉진하는 동시에 유대(bonding) 결속을 발달시키는 것은 해결해야 할 과제이다(Putnam, 2000; 이 개념은 6장 참조). 연대 기제, 또는 조직 심리학에서 말하는 **경계 확장(boundary spanning)**(Katz & Kahn, 1978)은 다른 사람을 이해하는 데 도움이 되고, 협력을 위한 능력을 증가시키는 조직 내 집단 간의 연결된 관계를 의미한다. 경계 확장은 친밀한 파트너 폭력을 위한 조정위원회와 그외의 공동체 연대의 업무에 필수적이다.

경계 확장
조직 내의 다른 집단을 연결하고, 타인에 대한 이해를 높이며, 협력적 노력을 강화하는 연대의 기제이다.

〈표 8-2〉 실천 및 세팅의 권력을 강화하는 9가지 특징

집단 결속(solidarity)
1. 강점-기반 신념 체계 촉진
2. 사회적 지지 육성
3. 리더십 개발

구성원 참여(member participation)
4. 참여 환경과 기회 역할 환경 제공
5. 업무와 목표의 초점 유지
6. 포용적 의사결정
7. 참여에 대한 보상

다양성과 협력(diversity and collaboration)
8. 다양성 장려
9. 집단 간 협력 육성

조직은 갈등을 확인하고, 토론하고, 관리하고, 해결하는 데 있어 실행 및 구성원의 기술을 발달시켜야 한다(Chavis, 2001; Foster-Fishman et al., 2001). 이것은 조정위원회의 권력을 강화하는 핵심 요소이다. 중요한 기술은 단순히 대

인관계 방식이 아닌 억압 체제가 관련되어 있을 때 이를 인지하는 것이다. 갈등은 종종 문제를 학습하고 실천행동에 대한 창의적인 아이디어에 유용한 자원이다. 갈등에 대하여 그저 서로를 비난하는 것이 아니라 문제를 함께 공유하는 것으로 재인식할 수도 있고, 조직의 신뢰 체계를 기반으로 공유된 가치 또는 목표를 찾는 데 도움을 줄 수도 있다.

결론

시민참여와 권력강화를 이해하고 촉진하는 것은 도전적인 일이다. 권력강화의 원리를 말로만 하는 것은 권력강화를 실천하기 위한 적극적인 개인 또는 조직의 몰입을 보장하지 않는다. 다양한 직업, 교육, 그리고 건강 관리 영역 모두에서 조직의 이상과 일상의 방법 간에는 간극이 존재한다(Gruber & Trickett, 1987).

더 나아가 시민참여와 권력강화는 다양한 맥락과 공동체마다 다르게 실행된다. 전문 조력자와 숙련가는 좋은 의도 또는 잘 고안된 프로그램만으로 사람들의 권력을 강화할 수 있다고 가정하지 않는다. 대신에 도입부에서 릴라 왓슨이 언급한 것처럼, 상호 조력, 협력, 그리고 공동체 변화 과정에서 다른 사람과 더불어 촉진자이자 파트너, 교사이자 학습자로서 함께할 수 있다. 물론 이 과정은 단순하지 않다.

토론거리

1. 도입부의 '여는 글'을 상기해 보라. 공동체심리학의 관점에서 권력강화의 개념을 학습하고 난 후, 그 인용구들이 다르게 이해되는 측면이 있는가?

2. 교사, 사회복지사, 간호사, 의사 등의 전문 조력자의 역할을 고려해 봤을 때, 권력강화 접근법을 채택한다면 예상되는 어려움은 무엇인가?

3. 권력강화와 시민참여를 통해 배운 것을 당신의 삶에 어떻게 적용할 수 있는가? 당신의 실천을 위한 권력을 강화하고 참여 및 리더십 기술을 발달시킬 수 있는 세팅이 있는가?

제**9**장 맥락에서 스트레스와
대처 이해

미리 보기 ⅢⅢ➡

이 장을 마치고 나면 다음의 질문에 답할 수 있을 것이다.

1. 위험 요인과 보호 요인은 무엇이고, 이것은 스트레스와 어떻게 연관되어 있는가?

2. 스트레스와 대처의 전통적 모델과 비교하여 생태학적 모델의 장점은 무엇인가?

3. 대처란 무엇이고, 대처를 이해하는 것이 개입법을 개발하는 데 어떻게 정보를 줄 수 있는가?

4. 사회적 지지의 다른 형태는 어떤 것이 있고 어떤 도움을 제공하는가?

여는 글

자연재해로 인해 인도주의의 위기가 초래될 때

2017년 가을, 허리케인 마리아가 푸에르토리코를 초토화시켰다. 이 섬 역사상 가장 강력하고, 가장 피해가 크며, 가장 치명적인 허리케인이었다. 이로 인해 2,900명 이상의 사망자와 910억 달러 이상의 피해가 발생하였다. 허리케인의 반경은 너무도 커서 도미니카, 도미니카 공화국, 과들루프, 아이티, 미국령의 버진아일랜드를 포함한 카리브해 여러 섬에도 피해와 사망자가 속출하고, 미국 노스캐롤라이나주까지 영향을 미쳤다. 이들 지역 중 특히 푸에르토리코의 피해 규모는 압도적이었다. 이 자연재해의 여파는 인도주의의 위기를 초래하였고 지금도 계속해서 푸에르토리코 시민 다수의 건강과 웰빙에 부정적인 영향을 주고 있다. 많은 사람이 식수, 음식, 전기, 대피소를 구하지 못하였다. 병원은 전기와 물이 없었고 그에 대한 요구가 빗발쳤다. 학교는 몇 달간 휴교하였고 많은 도로가 정부의 지원이 가능해진 이후에도 복구되지 못했다. 음식과 응급처치가 잘 공급되지 않았고 전화와 매체의 네트워크 대부분이 연결되지 않았다. 많은 사람이 우울, 불안, 외상후스트레스 장애의 증상을 보인 것은 어쩌면 당연하였다. 이미 건강에 문제가 있었던 사람은 더 나빠졌다.

이러한 인도주의의 위기는 몇몇 요인에 의해 더 악화되었다. 첫째, 자연재해에 대응할 수 있는 지방 정부의 능력이 부족하였고, 2주 전에 들이닥친 허리케인 어마로 인한 피해를 복구 중이었기 때문에 더욱 힘든 상황이었다. 마리아는 어마보다 훨씬 강력하여 재난으로부터 웰빙을 유지하고 대응할 수 있는 기반시설 대부분이 무용지물이 되었다. 연방 정부의 대응은 지체되고 부적절하였다. 푸에르토리코의 전력기관은 부채, 예산 및 인력 삭감, 발전소의 노후화, 부적절한 안전 시스템 등으로 인해 이미 취약한 상태였다. 이런 이유로 마리아는 전력망을 가뿐히 파괴하였고 섬의 약 95%에 전기가 공급되지 못하였다. 섬 전체의 전기를 복구하는 데 거의 1년이 걸렸다. 수도 공급도 마찬가지로 취약하였다. 섬의 70%가 안전한 식수의 최소 기준을 충족하지 못한 채 공급되고 있었다. 그 결과, 허리케인 발생 후 2주 동안은 전체 인구의 절반이 깨끗한 물을 공급받지 못하였다. 허리케인 마리아의 여파로 푸에르토리코가 직면한 문제는 단순히 지방 정부의 관리 실책이나 정치적 부패만은 아니었다. 푸에르토리코의 경제 발전을 저해한 미국 연방 정책과 관련한 오랜 역사가 있었다. 이에 대한 가장 명확한 증거는 미국 연방 정부가 푸에르토리코에의 부채를 구제하여 기반시설을 개발하고자 하는 것을 오랫동안 주저했다는 것이다. 부채를 억제한다는 것은 긴축재정을 의미하였고, 이는 이 섬의 기반시설을 개선하는 것을 방해하였다. 스페인어를 모국어로 사용하는 영토에 대한 미국의 인종차별적 고정관념과 식민지적 태도로 인해 그 정책의 실행 여부는 논쟁이 되어 왔다. 의회는 재난구호 기금으로 최소 1,361억 달러를 배정하였지만 2020년까지 일부만 지출되었다. 복구 원조의 대부분은 연방 정부와 계약한 외부 계약자에게 돌아갔다. 연방 기금의 20%만이 실제로 지역 경제에 기여했다고 추정된다. 주민들은 문제를 예방하고 치료를 제공하는 정부와 시스템의 모든 수준이 실패하는 것을 목격하였다.

푸에르토리코의 복구를 방해하는 요인도 많았지만, 반대로 복구에 도움을 주었던 요인도 있었다. 마리아가 섬을 휩쓸고 지나간 직후, 주민들은 힘을 합쳐 쓰레기와 쓰러진 나무들을 도로에서 치웠다. 또한 긴급 구호가 지연되면 지역 주민은 사람들을 조직하여 섬에서 멀리 떨어져 음식과 식수의 접근이 불가능한 지역으로 이것들을 전달하였다. 섬 안팎의 지역 조직들은 발전기와 태양전지판을 기업, 가정, 학교에 가져다주었다. 미국에 사는 푸에르토리코인은 성금을 모아 복구를 도왔다. 또한 푸에르토리코 사람들은 지방 정부에 재난구호 기금을 어떻게 사용했는지를 밝히도록 요구했다. 일반 시민에서 도시계획자, 비영리 지도자, 공동체 조직가까지 푸에르토리코 사람들은 정부의 장기 경제 및 재난 복구 계획을 알리려고 노력하였다. 비록 도로의 복구는 오래 걸렸지만 푸에르토리코 사람들은 그들의 삶과 사회의 재건 과정에 동참하기 위해 그들의 자원과 재능을 동원하기 시작하였다.

스트레스와 대처: 생태–맥락적 모델

이 장은 이 책의 전환점이다. 이 장에서는 삶의 문제를 예방하고 웰빙을 증진하는 앞선 8개의 장에서 소개되었던 공동체심리학의 개념을 적용하여 설명할 것이다. 또한 그것이 어떻게 적용될 수 있는지에 대한 예시를 보여 줄 것이다. 특히 ① 언제, 어떻게, 어느 지점에서 개입해야 하는지를 토의하고, ② 질병과 피해를 막는 데 집중했던 전통적 관점을 뛰어넘어 회복탄력성과 웰빙을 증진할 때 얻을 수 있는 결과를 확장할 것이다. 이 장은 이후 10장부터 13장까지에 걸쳐 소개될 개입 모델들을 토의하기 위한 준비 단계에 해당한다. 1장과 2장에서 언급한 것처럼, 문제 정의 방식은 변화를 위한 최상의 접근법을 어떻게 선택할 수 있는지에 대한 지침을 제공한다.

스트레스와 대처에 대한 공동체심리학의 관점은 사람들이 다수의 맥락에 얼마나 깊이 관련되어 있는지를 강조한다. 이 장에서는 공동체심리학이 통합적인 보건과 웰빙 증진의 접근법을 개발하기 위해서 임상 및 상담심리학과 어떻게 서로 교차하며 보강하는지를 보여 줄 것이다. 이를 위해 스트레스에 대처하는 맥락 및 공동체의 과정과 절차를 중심으로 살펴볼 것이다. 개인의 인지 및 정서의 대처 과정에 대한 설명은 개인에게 초점을 맞춘 책이나 자료 등에 잘 나타나 있다(예, Nevid & Rathus, 2016; Straub, 2019). 하지만 스트레스와 대처의 역동적 경험과 결과를 이해하기 위해서는 공동체–맥락 관점과 임상–개인 관점 모두 필요하다는 것을 기억해야 한다. 스트레스 상황에 대한 반응은 개인에게 발생하는 과정과 맥락에서 발생하는 과정이 서로 엮여 있다.

[그림 9-1]은 개입에 대한 공동체심리학의 사고 과정을 보여 주는 개념적 모델을 소개하고 있다. 이 모델을 통해 주요 절차와 결과, 이들 간의 관계, 그리고 건설적인 개입을 위한 중요한 사항을 확인할 수 있다. 이 모델은 바바라 도렌웬드(Barbara Dohrenwend), 루돌프 무스(Rudolf Moos), 아브라함 반데르스만(Abraham Wandersman)과 동료들의 연구를 바탕으로 하였다 (Dohrenwend, 1978; Moos, 2002; Wandersman, Morsbach et al., 2002). 우리는 당신이 이 모델을 사용하여 삶의 위기에 대응하는 스트레스와 대처 과정을 숙고해 보기를 권한다. 이 모델에서 도형은 스트레스원을 해결하거나 더 나은 대처를 위한 서로 다른 가능성을 의미하고 모델의 화살표는 각 요소 간의 연결을 뜻한다. 이 모델이 너무 복잡해지지 않도록 단일 선을 사용하여 이론적 연결을 살펴볼 것이다. 예측을 위한 통계 모델에서는 스트레스와 대처에 대한 맥락의 효과와 관련한 복합 과정을 표현하기 위해 여러 개의 선을 사용하게 된다. 그러므로 이 그림은 생태학적이고 맥락적인 방식으로 스트레스원, 대처, 그리고 결과에 대하여 생각해 볼 계기를 마련하는 정도로만 사용하는 것이 가장 좋다.

이 장에서는 차별, 노숙자, 자연재해와 관련된 연구와 개입법의 사례들을 예시로 살펴볼 것이다. 하지만 이 모델은 더 다양한 스트레스원과 스트레스 상

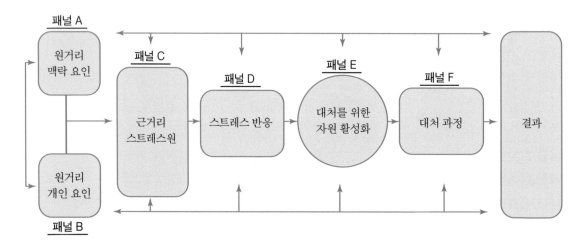

[그림 9-1] 생태학적 수준, 스트레스원, 대처 과정 간의 잠재적 관계

황에 대한 대응을 적용할 수 있는 유용한 방식일 수 있다. 스트레스와 대처는
맥락에 따라, 그리고 사람에 따라 다르게 작동한다. 스트레스원에 대응하는 맥
락 요인은 스트레스가 경험되는 방식, 이용 가능한 자원, 사용된 자원, 그리고
결과를 이끈 대처 노력 등이 영향을 미치는 역동적인 과정의 일부분이다.

위험 요인과 보호 요인

생태학적 모델을 스트레스와 대처에 적용하기 위해서는 위험 요인과 보호 요
인으로 구별할 필요가 있다. 위험 요인은 문제의 발생과 관련이 있는 것이고,
보호 요인은 문제를 피하거나 웰빙을 증진하는 것과 관련이 있다(이 차이는
5장에서 이웃에 관하여 얘기할 때에도 언급하였다). 그리고 위험 요인과 보호 요
인이 어떻게 개인에서부터 거시체계에 이르기까지 다양한 분석 수준에 존재할
수 있는지를 설명하기 위해서 [그림 9-1]에 제시한 생태학적 모델을 이용할
것이다.

위험 요인은 개인의 고통, 정신장애, 또는 행동 문제 등과 같은 결과를 경험
할 가능성을 증가시키는 개인 및 상황의 특성이다. 예를 들면, 만성 질환을 앓
는 부모의 자녀는 자신의 문제가 불거질 수 있는 다양한 위험 요인을 가질 수
있다. 아픈 부모는 아동의 학교 숙제를 도와주거나, 친구 집에 데려다주거나,
특별 활동 또는 아동과 함께하는 프로그램에 참석하기 위해 학교에 가는 등의
일을 할 수 없을 것이다. 또한 다른 한 명의 부모도 아픈 배우자를 돌보고 가
족의 생계를 책임지기 위해 일을 해야 하므로 자녀에게 관심을 덜 가질 수 있
고, 자녀의 선생님과도 정기적인 만남을 지속할 수 없다. 아동의 반응은 실망
에서 좌절, 분노, 그리고 문제 행동까지 보일 수 있고 학습과 학업 성적도 좋
지 않을 것이다. 게다가 질병은 가족의 수입과 건강 관리 비용에도 영향을 미
칠 수 있다. 아동은 자라면서 비슷한 질병에 걸릴 수 있는 유전적 취약성을 걱
정할 수도 있다. 그러므로 부모의 만성 질환이 비록 많은 가족의 생활 요인 중
단지 한 측면일지라도 아동의 학업 또는 사회적 문제, 그리고 가족의 경제 및
웰빙과 관련될 수 있다. 이러한 요인 각각은 구체적인 위험 과정을 발전시키
는 역할을 하기 때문에 개입 시 중점을 두는 부분이 된다.

많은 위험 요인이 누적되면 문제가 발생하는 아주 취약한 상황에 놓이게 된

다. 앞서 예시로 든 것처럼, 부모의 만성 질환이 부모의 지원 감소, 소득 감소 및 가족의 고통 증가 등을 일으킨다면, 이로 인해 아동은 원만한 학교생활이 어렵고 그들의 대처에도 영향을 줄 수 있음은 쉽게 예상된다. 물론 만성 질환을 앓는 부모를 둔 모든 아동이 정신건강 또는 학업 문제를 일으키는 것은 아니며, 위험 요인이 항상 문제 상황으로 귀결되는 것도 아니다. 유사한 위험 요인이라도 그들의 발달 과정, 가족 외부의 사회적 지원 또는 또래와의 관계에 따라 아동에게 다르게 영향을 미칠 수 있다. 그러므로 위험 요인에 대한 노출만으로 스트레스와 대처를 모두 설명할 수는 없다.

반대로, 보호 요인은 대처를 위한 자원을 제공하는 것으로, 종종 개인, 가족 및 공동체의 강점이 이에 해당한다. 대처를 위한 생태학적 접근은 잠재적 위험에만 초점을 두기보다 스트레스로부터 완충 작용을 할 수 있는 다양한 분석 수준에서의 잠재적 강점을 찾는다. 보호 요인에는 개인의 자질(예, 부모의 낙관성 또는 영성), 대인관계 자원(예, 도움을 제공해 줄 친구), 공동체 자원(예, 종교 단체, 학교 프로그램 또는 여가 기회), 그리고 거시적 자원(예, 이용 가능한 의료 시설, 보육, 또는 가정 간호 등에 대한 접근성)이 있다. 이러한 보호 요인을 이용할 수 있다면 스트레스원의 영향을 완충하는 보호 과정의 절차를 밟을 수 있다. 6장에서 제시한 것처럼, 긍정적인 공동체 의식과 이웃 및 조직이 보유한 사회적 자본은 스트레스 상황에서 대처를 위한 보호 요인이 될 수 있다.

만성 질환을 앓는 부모가 있는 가족의 예시에서 이 가족에게 도움을 주고 아동을 돌봐 주는 친척 또는 친구가 여러 명 있다고 가정해 보자. 더하여 학교에서 보살핌을 받고 이 학생이 특별한 도움이 필요하다는 것을 알게 된 선생님이 있다고 생각해 보자. 또한 부모 중 질환이 없는 사람이 탄력적 근무 시간이나 생활 지원금을 제공하는 제도가 있는 직장을 다닌다면 경제적 어려움은 줄어들 수 있다. 거시 수준에서는 의료 응급 상황에 대처해야 할 때 저렴한 건강보험과 가족 돌봄을 위한 휴가제가 가능하다면 가족의 경제적 상황은 보호받을 수 있다. 이러한 보호 요인이 있다면 아동에게 발생할 수 있는 부정적 결과에 대한 위험은 상당히 줄어들 것이다.

보호 과정 및 강점의 역량을 키우는 것은 개입 노력 그 자체의 주된 관심사가 될 수 있다. 예를 들면, 학업 문제가 있는 "위험군" 청소년은 자신의 개인 강점을 확인하고, 강화받고, 가치를 인정받으면서 잘 성장할 수 있다(DuBois,

2017). 공동체심리학은 오랫동안 개인의 강점과 그러한 강점을 발달시킬 수 있는 환경에 관심을 가져왔다(Cowen & Kilmer, 2002; Kelly, 1970b; Rappaport et al., 1975). 공동체심리학에서는 강점을 개인의 영역을 넘어서는 문화적 전통, 이웃, 조직 및 친구와의 연결망 등을 포함하는 복합적 생태학 수준으로 정의한다(Perkins et al., 2004; Shinn & Yoshikawa, 2008). 특히 사회적으로 불이익을 경험한 사람에 대한 역량을 증진시킨다. 공동체심리학의 관점에서 보호 요인은 문화적 전통이 보호 자원이 될 수 있는 생태학적 모델에서 정의되어야 한다. 이는 사람과 공동체의 강점이 어떻게 스트레스와 대처 결과에 영향을 주는지를 더 명확히 이해할 수 있도록 할 것이다.

위험 요인과 보호 요인에 대한 지식이 어떻게 개입에 유용하게 사용될 수 있는가? 생태학적 모델에서 개입은 ① 위험 요인의 노출을 줄이고, ② 보호 요인 및 경험을 강화하고, ③ 두 전략을 혼합할 수 있도록 설계한다. 위험 또는 강점을 맥락에서 설명하기 위해서는 이러한 요인이 우리의 삶에 영향을 주는 과정에 대한 이론이 필요하다. 이는 취약성 또는 보호력이 증가했다는 통계적 유의성만으로는 충분하지 않다. 개입은 언제, 어디서, 어떻게, 그리고 누구와 함께할 것인지의 계획이 필요하다. 이러한 이론들은 단순히 문제 발생 가능성을 식별하는 데 그치는 것이 아니라 실질적인 개입을 위해 검증되고, 연구되고, 개선될 수 있다.

원거리 요인과 근거리 요인

스트레스에 영향을 주는 요인에는 문제를 발생시킬 위험이 더 큰 요인과 문제가 발생하지 않도록 보호하는 요인이 있다는 것을 살펴봄으로써 [그림 9-1]의 이론을 설명하고자 한다. 또한 위험 요인과 보호 요인은 생활의 경험 및 인식에서 근거리에 있을 수도 있고 원거리에 위치할 수도 있다. 생태학적 분석 수준의 개념틀을 사용하여 서로 다른 수준의 요인이 문제 발생의 위험을 어떻게 증가시키는지 또는 어떻게 보호하는지에 대하여 생각해 보자.

원거리 요인(distal factors)은 쉽게 관찰되지 않는 불명확한 것이지만 문제를 발생시키거나 문제를 완화할 수 있다. 어떤 면에서 이것은 문제가 불거진 바

원거리 요인
쉽게 관찰되지 않는 불명확한 것이지만 문제를 발생시키거나 문제를 완화하는 역할을 하는 요인을 말한다. 이 요인은 개인으로부터 좀 더 "멀리" 위치해 있다.

로 그 지점에서는 다소 떨어져 있을 수 있어 식물의 뿌리처럼 눈에 쉽게 띄지 않지만 문제의 발생과 매우 관련되어 있을 수 있다. 원거리 요인은 문제에 대한 직접적인 촉발 요인이 아니라 문제 발생 확률을 ① 증가시킬 수 있는 취약성 또는 ② 감소시킬 수 있는 완충 장치로 생각할 수 있다. 예를 들면, 경기 침체는 고용주(조직 수준)의 경제력을 약화시키는 원거리 요인(거시 수준)이다. 결국 이 조직은 근로자를 해고하여 그 가족의 생계(미시 수준)에 직접적인 영향을 미치게 된다. 이러한 상황에 대한 개인의 스트레스가 커지면 약물남용이 증가하거나 우울이 발생하게 된다(개인 수준). 문제를 규명할 때 원거리 요인은 개인으로부터 더 멀리 떨어진 것이지만, 복합적 생태 수준 간의 연결을 고려한다면 개념적으로 개인에게 미치는 잠재적 영향력은 결코 멀리 떨어져 있지 않다. 앞선 장들에서 논의한 것처럼, 문제 발생을 완벽하게 이해하기 위해서는 개인 및 소규모 집단뿐만 아니라 원거리 분석 수준을 포함해야만 한다.

또한 원거리 요인은 그 사람 내에 위치하지만 쉽게 관찰되지 않는 개인적인 것일 수도 있다. 대표적인 예시가 질병에 대한 생물학적 취약성이다. 생물학적 취약성은 검사를 하지 않는다면 질병의 발생 원인에서 멀리 떨어져 위치하지만 즉각적인 영향을 끼치는 것이다. 이러한 개인의 원거리 위험 요인은 문제를 더 취약하게 만들 수 있으나 그것만으로 문제가 발생하는 것은 아니다. 또 다른 원거리 요인(예, 실직)이 동반되면서 스트레스로 인한 취약성이 질병을 수면 위로 밀어 올리는 과정을 겪게 된다. 건강과 관련한 대다수의 원거리 촉발 요인에는 이러한 개인의 취약성이 포함된다. [그림 9-1]은 문제의 맥락과 개인의 원거리 요인 모두를 고려하는 생태학적 분석 수준의 개념틀을 사용할 것을 권장하고 있다.

앞서 말한 것처럼, 원거리 요인에는 위험 요인과 보호 요인이 모두 포함되어 있다. 이 이론은 또한 대부분 개인의 삶에 원거리 보호 요인이 존재할 것이라고 기대한다. 예를 들면, 거시체계 수준에서 문화는 위험 요인(예, 섭식장애를 발생시킬 수 있는 마른 몸매에 대한 기대)과 보호 요인(예, 사랑하는 사람의 상실을 극복하는 데 도움이 되는 신념 체계)을 모두 내포하여 우리에게 영향을 준다. 우리는 문화를 체화하고 있지만 그것이 우리의 경험을 어떻게 형성하는지 항상 인식하고 있지는 않다. 개인 수준에서는 스트레스를 증가시키는 위험 요인(예, 불안) 또는 스트레스 상황에서 강인함을 증가시키는 보호 요인이 있을 수 있다.

근거리 요인(proximal factors)은 개인의 가까운 곳에 위치하여 위험 또는 보호를 제공한다. 즉, 사람들은 문제의 발생 또는 회피가 자신과 직접 연결되어 있다는 것을 알고 있다. 생태학적 분석 수준의 개념틀에서 근거리 요인은 대부분 개인, 개인 간, 또는 소규모 집단의 분석 수준에 있는 것으로 분류된다. 근거리 요인은 종종 문제를 직접적으로 발생시키거나 대처를 직접적으로 가능하게 하는 자원을 제공한다. [그림 9-1]에서 근거리 스트레스원은 대처가 필요한 문제를 촉발한다. 예를 들면, 최근에 겪은 타인과의 갈등 또는 실직을 생각해 보자. [그림 9-1]에서 친구에게 사회적 지지를 얻어 대처할 수 있는 직접적인 도움을 받았다면 대처를 위한 자원 활성화는 근거리 요인에 해당한다.

> **근거리 요인**
> 문제를 직접 발생시키거나 문제를 보호하는 요인으로, 개인에게 "보다 가까운" 곳에 위치하며, 사람들은 문제의 발생 또는 회피가 자신과 연결되어 있다는 것을 알고 있다.

당신의 생각은?

1. 당신의 웰빙을 위한 보호 요인으로 작용하는 원거리 요인은 무엇인가?

2. 당신의 웰빙을 위한 위험 요인으로 작용하는 원거리 요인은 무엇인가?

3. 당신에게 해당되는 위험 요인과 보호 요인을 더 생각해 보라. 두 요인 중 한쪽이 더 많다면 왜 그렇다고 생각하는가?

4. 이러한 원거리 요인이 당신의 근거리 스트레스원과 어떻게 연관되는가?

생태-맥락적 모델을 통한 작용

스트레스와 대처에 대한 생태학적 개념틀을 설명하기 위해서 앞서 얘기한 모델을 구체적으로 하나씩 살펴볼 것이다. [그림 9-1]은 패널 A와 패널 B의 차이뿐만 아니라 원거리 맥락 요인과 원거리 개인 요인 간의 상호 영향도 보여 준다.

원거리 맥락 요인 원거리 맥락 요인(distal contextual factors)에는 사회적 분석 수준에서 삶의 다양한 영역이 상호작용하고 있는 상황이 포함된다. 힘든 시기에는 문화적 전통, 신념, 관행 또는 의식 절차, 그리고 제도가 의미와 강점을 제공할 수 있다. 하지만 이것은 스트레스원으로 작용할 수도 있다. 예를 들면, 성역할에 대한 많은 문화적 관점은 여성에 대한 불평등한 업무와 기회 제

> **원거리 맥락 요인**
> 문화적 신념 및 전통을 포함하여 삶의 다양한 영역에서 상호작용하고 있는 사회적 또는 공동체의 상황을 말한다. 이는 강점과 회복탄력성을 증진시킬 수도 있지만, 스트레스원을 만들 수도 있다.

한을 공고히 하였다. 또한 다문화 사회에서는 자신의 원문화뿐만 아니라 다른 문화의 영향도 받는다. 이민자는 자신의 원문화와 현재 그들이 사는 곳의 문화 모두의 문화적 기대에 부응해야 한다. 세계 경제에서 지역 경제까지의 다양한 수준에서 발생하는 경제 상황 역시 스트레스원과 기회를 모두 제공한다. 예를 들면, 사회정치적 영향은 차별의 형태나 차별을 제한하는 정책을 통해서 개인에게 영향을 미친다. 동네 주변에서 계속해서 생산되는 독성 폐기물과 같은 환경 유해물은 신체적 위험과 심리적 위험 모두를 가지고 있다. 5장과 6장에서 언급한 것처럼, 지역에서 발생하는 폭력, 공동체 의식 또는 이웃되기 활동은 개인의 웰빙에 영향을 줄 수 있다. 또한 가족 역동이나 대인관계의 역동성도 개인에게 스트레스원과 자원 모두를 제공한다.

원거리 맥락 위험 요인은 자원의 접근성에 영향을 주거나 장기간 계속되는 불이익을 야기하는 만성적 스트레스원으로 작용하는 경향이 있다(Shinn & McCormack, 2017). '여는 글'에서 언급된 푸에르토리코의 경제 성장과 발전을 방해한 미국의 정책, 지방 정부의 붕괴, 그리고 부실한 기반 시설은 허리케인 마리아의 여파로 인도주의의 위기 가능성을 높인 원거리 맥락 위험 요인이었다. 또 다른 일반적인 예로는 빈곤, 인종차별, 낙인, 환경오염, 소음, 주거 밀집, 지역 범죄, 보건 의료 부족 등이 있다(Dupéré & Perkins, 2007; Evans, 2004; Rasmussen et al., 2004; Turner, 2007). 발달심리학자들에 따르면, 욕구 충족을 위한 자원이 부족한 상황이 오랫동안 지속되는 빈곤은 여러 문제를 유발하는 가장 높은 수준의 위험 요인이라고 하였다(Leventhal et al., 2005). (우리의 모델에서는 갑작스러운 실직으로 인한 소득 문제는 근거리 스트레스원으로 설정한 것을 기억하라.) 빈곤, 주거 밀집, 그리고 만성 질환이 서로 관련되어 발생하는 것처럼, 지속적인 환경 조건 역시 누적되는 경향이 있다. 부모의 알코올 중독 또는 만성 질병과 같이 지속적인 가족 환경은 그로 인해 고통받는 가족의 만성적인 스트레스원일뿐 아니라 가족 내의 아동에게는 부적응의 위험 요인을 증가시키는 맥락 요인이기도 하다(Barrera et al., 1995; Ozer & Russo, 2017).

원거리 개인 요인

원거리 개인 요인(distal personal factors)은 일반적으로 쉽게 눈에 띄지 않는 개인적 측면이다. 여기에는 유전적이고 생물학적 요인이 포함되는데, 수줍음, 낙천성, 또는 외향성 등과 같은 성격 특성, 문제의 원인을 귀인하는 등의 학습된 사고방식, 그리고 아동 학대와 같은 경험의 지속적인 영향 등이 있다. 맥락 요인과 마찬가지로 원거리 개인 요인도 스트레스원 또는 자원으로 작용할 수 있고 위험 역할 또는 보호 역할을 한다. 예를 들면, 낙천적 성향은 스트레스원에 대한 긍정적 평가와 효과적 대처를 촉진한다(Conneor-Smith & Flachsbart, 2007; Scheier et al., 2001). 개인 요인은 스트레스와 대처와 관련한 다른 원인에서 잘 설명하고 있으므로 여기서는 자세히 다루지 않을 것이다. 우리는 지금까지 스트레스와 대처 연구에서 크게 관심을 두지 않았던 맥락 요인에 초점을 둘 것이다(Dohrenwend, 1978).

맥락 요인과 개인 요인 사이의 경계는 그리 명확하지 않다는 점을 말해 두고 싶다. 예를 들면, 만성 질병은 단지 개인에게만 문제가 되는 것이 아니다. 질병이 개인에게 미치는 영향은 그 질병에 대한 사회문화적인 해석, 그 질병을 어느 정도 장애로 간주하는지, 그리고 그 사회가 장애를 지닌 개인에게 기대하는 행동 등에 의해 영향을 받는다. 비록 가족 역동은 맥락에 해당하지만, 그것은 넓은 범위의 개인 요인과 밀접하게 상호작용한다. 이 모델에서 중요하게 여기는 것은 스트레스와 대처의 영향을 이해하기 위해서는 맥락 요인과 개인 요인 모두를 살펴봐야 한다는 것이다. 〈표 9-1〉의 원거리 요인의 예시를 살펴보라.

원거리 맥락 요인과 원거리 개인 요인을 구별한다면 개입을 설계하는 데 도움이 된다. 예를 들면, 신경성 폭식증의 유병률을 줄이고자 하는 개입은 극도로 마른 여성을 이상적인 여성상으로 묘사하는 대중매체 등의 원거리 맥락 요인에 초점을 맞출 수 있다. 또는 장기간의 절제된 식사의 위험을 교육하기 위해 대학 차원에서 사회적 마케팅 접근(예, 기숙사와 학생회에서 주최하는 공익 광고 캠페인)을 할 수 있다. 개인을 위한 개입으로는 개인의 식사 습관과 신체상 등의 개인 위험 요인을 감소시키는 것에 초점을 맞추면 좋을 것이다.

> **원거리 개인 요인**
> 생물학적 요인, 성격 특성, 사고 방식, 개인적 경험과 같은 일반적으로 쉽게 눈에 띄지 않는 개인적 측면이다.

〈표 9-1〉 대처를 위한 원거리 요인 예시

맥락	개인
문화적 전통과 관습	생물학적 · 유전적 요인
경제적 조건	개인의 기질과 특성
사회적 · 정치적 영향력	사고방식
환경의 위험	만성 질병 또는 유사한 조건
이웃 형성 과정	삶의 경험의 지속적인 영향
사회적 분위기	
사회 규칙	
가족 역동	

근거리 스트레스원

근거리 스트레스원
위협 또는 실제 자원의 상실을 의미하는 사건 또는 상황으로, 그것은 기간, 강도, 빈도, 개인에게 다가가는 의미 및 영향력이 사람마다 다를 수 있다.

근거리 스트레스원(proxiaml stressors)은 위협 또는 실제 자원의 상실을 의미하는 사건 또는 상황으로 [그림 9-1]의 패널 C에 해당한다(Hobfoll, 1998; Lazarus & Folkman, 1984). 근거리 스트레스원은 기간, 강도, 빈도, 개인에게 다가가는 의미 및 영향력이 사람마다 아주 다양하게 적용되는 위험 요인이다. 또한 근거리 스트레스원과 원거리-만성적 스트레스원 사이의 경계도 항상 명확한 것은 아니다. 예를 들면, 강간 또는 전쟁과 같은 외상 사건은 사건의 경험 이후 오랫동안 고통을 유발할 수 있다. 다음에서 소개할 여섯 가지 유형의 근거리 스트레스원도 서로가 일정 부분 겹쳐 있으며 이외의 또 다른 유형의 근거리 스트레스원도 존재한다.

- 주요 생활사건
- 삶의 전환기
- 일상 스트레스
- 재난
- 소외 집단 관련 스트레스원과 문화변용 스트레스원
- 악순환

우리가 제시한 모델에서 잠재적 스트레스원은 평가나 대처에 선행하는 것으로 나타나 있다. 하지만 스트레스원과 대처 노력은 어느 정도 서로 관련이 있다([그림 9-1]의 양방향 화살표). 예를 들면, 스트레스 상황을 견디기 위해 많은 양의 술을 마시게 되면 직장이나 대인관계에서 추가적인 스트레스원이 발생할 수 있다.

　　주요 생활사건　홈즈와 라헤(Holmes & Rahe, 1967)는 주요 생활사건(major fife events)의 영향에 관한 연구를 처음 시작하였다. 그들이 만든 사회 재적응 평가 척도(social readjustment rating scale)는 상실, 이혼, 실직과 같이 스트레스가 되는 생활사건의 목록을 표준화한 것이다. 경험 연구를 바탕으로 각 사건마다 변화의 정도 또는 적응에 필요한 정도 등을 평가하여 점수를 매겼고, 개인이 그 사건을 경험한 여부를 합산하여 개인의 점수를 측정하였다. 근거리 스트레스원을 이해하기 위한 이 접근법은 교각이 하중을 견디다가 역치를 넘어서면 붕괴할 수 있는 것과 유사하게, 스트레스 사건이 누적되면 심리적 문제로 발전할 수 있음을 보여 주고 있다.

　　생활사건 점수와 그 결과의 상관은 전체 변량의 9~10% 정도의 설명량을 보이며 비교적 중간 정도의 관련성이 나왔다(즉, 부정적인 결과의 단지 10% 정도만 주요 생활사건과 관련이 있다는 것이다). 공동체심리학 연구는 생활사건 원 척도의 단점을 발견하였고 몇 가지 개선 방향을 제시하였다(Sandler et al., 2000). 스트레스원을 단순히 문제를 일으키는 원인이 아니라 적응적 변화가 필요한 사건이라고 정의하게 되면 변화의 종류에는 차이점이 있다. 생활사건은 긍정적으로 여기는 결혼 또는 출산과 같은 '입구(entrances)'에 해당하는 사건과 가족의 죽음이나 실직과 같은 '출구(exits)'에 해당하는 사건 모두를 포함한다. 연구들은 입구 사건보다는 출구 사건이 심리적 고통이나 질병과 더 강한 상관을 갖는다는 것을 보여 주었다(Thoits, 1983; Vinokur & Selzer, 1975). 또 다른 고려점은 표준화된 생활사건은 사건을 겪은 개인의 문화적 의미와 개인적 의미를 민감하게 고려하지 않는다는 것이다(Green et al., 2006; Mirowsky & Ross, 1989). 예를 들어, 이혼의 경우에는 이혼에 대한 문화적 허용 또는 충격 정도와 상관없이 동일한 점수가 부여된다. 또한 통제할 수 없고 예측할 수 없는 사건(예, 심각한 교통사고)은 상당한 스트레스가 되는 것으로 밝혀졌지만, 이 측면은 대부분의 생활사건 척도에서 측정하지 않는다(Thoits, 1983). 공동체심리학 연구는 다양한 주요 생활사건 스트레스원이 어떻게 서로 다른 결과를 초래하

주요 생활사건
결혼과 출산("입구") 또는 사랑하는 사람의 죽음, 이혼 또는 실직("출구") 등과 같이 스트레스가 많고 상당한 변화를 요구하는 사건을 말한다.

는지를 이해하는 데 도움을 줄 것이다.

삶의 전환기
정해진 인간 발달의 시기로서 대처를 위한 도전이 필요한 전환기를 의미하며, 이 전환기에는 변화에의 적응, 새로운 기술의 습득, 그리고 새로운 역할 채택 등이 필요하다.

삶의 전환기   스트레스와 대처 모델은 삶의 전환기(life transitions)에 대처가 필요한 문제가 발생한다고 예상한다. 전환기는 개인의 삶의 맥락에서 새로운 기술 습득 또는 새로운 역할을 요구하면서 끊임없는 변화를 가져온다. 삶의 전환기는 정해진 인간 발달의 시기(예, 청소년, 성인, 노인이 되는 것)와 삶의 상황적 시기(예, 새로운 책임감이 필요한 직장을 구하거나 부모가 되는 것)에 나타난다. 대학 입학으로 인한 삶의 전환기를 떠올려 보자. 이때 당신은 어떤 변화를 겪었는가? 아마도 당신은 학업, 시간 관리, 또는 의사결정 기술 능을 높여야만 했을 것이다. 또한 친구 관계나 사랑하는 사람과의 관계도 변화가 있었을 것이다. 이 전환 사건이 당신 또는 다른 사람에 대한 새로운 통찰을 가져왔는가? 삶의 전환기의 영향은 맥락적이다. 각각의 전환기에는 당신이 가진 대처 기술들을 통합해야 한다. 그것은 당신이 속한 문화 및 사회에서 부여한 의미(예, 이혼에 대한 태도)를 가지며 사람들은 그 전환 사건에 대하여 서로 다른 개인적이고 사회적인 자원을 사용한다.

몇몇 공동체심리학자는 아동의 건강한 발달을 도모하기 위한 치료개입의 시점을 삶의 전환기에 초점을 둔다. 초등학교에서 중학교, 중학교에서 고등학교로의 전환기에 특히 학생과 교직원 간의 개인적 접촉이 감소하는 규모가 큰 학교 시스템은 스트레스로 작용할 수 있다. 사이드만(Seidman)과 동료들은 뉴욕, 발티모어, 워싱턴 D.C.에 사는 여러 인종의 저소득층 청소년을 조사하였다. 이들은 중학교로 진학한 후, 성적, 진학 준비, 학교생활 참여, 학교 교직원의 사회적 지지 및 자존감이 모두 감소하였다. 또래와의 관계는 증가하였는데 이들은 점점 반사회적 태도를 보였으므로 건설적이라고 할 수 없다(Seidman et al., 1994). 고등학교로의 전환기에도 유사한 형태가 나타났지만 부정적인 영향은 덜 발생하였다(Seidman et al., 1996). 비슷한 결과는 시카고의 저소득층 히스패닉계 학생에게서도 나타났는데 성적, 출석, 그리고 가족, 동료, 직원으로부터의 지지에 대한 인식 등이 감소하였다(Gillock & Reyes, 1996). 초기 청소년 시기라는 발달상의 중요성을 고려할 때 학업에 대한 참여가 감소하는 것은 매우 심각하다(Seidman et al., 2004). 이상의 연구들은 청소년이 지니는 많은 자원이 삶의 전환기에 감소한다는 것을 보여 주었고, 특히 학교에서 어른들로부터 받는 사회적 지지가 감소하였다.

　　일상 스트레스　세 번째 근거리 스트레스원은 일상의 경험에서 부딪히는 여러 사건, 즉 일상 스트레스(daily hassles)를 살펴보는 것이다. 주요 생활사건 접근법과는 반대로 일상 스트레스 연구는 단기간의 소규모의 일상 생활사건 접근법을 적용한다(Kanner et al., 1981; Kilmer et al., 1998). 일상 스트레스의 예로는 가족 간 언쟁, 교통 체증, 직장에서의 갈등 등이 포함된다. 캐너(Kanner)와 동료들은 일상 고양 척도를 추가하였는데, 이는 잠재적 위험 과정과 잠재적 보호 과정 모두를 조사하는 공동체심리학의 접근법과 일치한다. 일상 고양(daily uplifts)이란 동료의 친절한 행동이나 친구로부터 걸려온 전화 등과 같이 일상에서 일어나는 사소하지만 기분 좋은 일을 의미한다.

　　인종차별에 관한 심리학 연구에서는 원거리 맥락 조건이 어떻게 다양한 근거리 스트레스원을 발생시키는지를 보여 준다. 헤럴(Harrell, 2000)은 다인종으로 구성된 미국 학생과 아프리카계 미국인을 대상으로 인종차별과 관련한 스트레스를 연구하기 위해서 학생들의 다양한 스트레스원을 측정하였다. 경찰에게 괴롭힘을 당하거나 대출을 부당하게 거절당하는 등의 구체적인 인종차별 관련 생활사건은 그 수는 적었지만 스트레스를 유발하였다. 인종차별과 관련한 주요 생활사건이 스트레스인 것은 확실하였고, 이 연구에서는 인종차별과 관련한 "낮은 수준"의 스트레스가 어떤 결과를 나타내는지를 살펴보았다. 미세공격(microaggressions)은 일상 스트레스와 유사하지만, 인종, 성별 및 성적 지향에 근거한 소외 집단을 향한 차별로 인해 발생하는 일상 스트레스에 중점을 둔다(Sue, 2010). 인종에 대한 미세공격은 "의도적이든 아니든 유색 인종에 대한 적대, 경멸, 또는 부정적인 경시 및 모욕감을 전달하는 간략하고 흔한 일상의 언어적 · 행동적 · 상황적 모욕"으로 정의된다(Sue et al., 2007, p. 271). 이 연구는 인종차별을 겪는 것을 직접 목격하는 것도 스트레스가 된다고 하였는데, 이러한 예시로는 유색인 청소년을 향한 기대치를 낮추는 일반적인 시선, 공동체 폭력, 소득과 자원에 대한 만성적 불평등 등이 있다. 우울, 불안, 심리적 외상 등의 증상은 스트레스원, 특히 일상의 미세 공격과 관련이 있었다(Harrell, 2000; Prelow et al., 2004; Sue, 2010). 미세 공격에 대한 대처에는 반인종차별주의자의 사회적 실천행동을 통하여 원거리 맥락 영향을 변화시키려는

일상 스트레스
주요 생활사건보다 규모가 작은 단기간에 발생하는 일상의 문제를 말하며, 가족 간 언쟁, 교통 체증, 직장에서의 갈등 등이 포함된다.

일상 고양
주요 생활 사건보다 규모가 작은 단기간에 발생하는 일상의 기분 좋은 일을 의미하며, 동료의 친절한 행동이나 친구로부터 걸려온 전화 등이 그 예이다.

미세공격
일상적으로 발생하는 소외 집단 구성원을 향한 간접적이고, 교묘하며, 또는 의도하지 않은 차별 행동을 말한다.

노력과 개인의 대인관계 및 조직의 실천을 통한 근거리 요인을 변화시키려는 노력 등이 있다. 수와 동료들(Sue et al., 2019)은 미세 개입의 전략을 제안하였는데, 인종차별 사건을 가시화하고 동맹을 결정하여 미세 공격의 피해를 완화시키고, 이러한 사건을 저지를 사람을 교육하며, 미세 공격을 경험한 사람에 대한 지원을 독려하는 것 등이다.

재난

재난
근거리 스트레스원으로, 공동체, 지역, 또는 국가 전체에 영향을 미치는 매우 파괴적인 사건을 말한다. 여기에는 자연재해, 기술재해, 그리고 대규모 폭력이 포함된다.

재난   공동체심리학자가 주로 조사하는 근거리 스트레스원은 재난(disasters)이다. 재난은 공동체, 지역, 또는 국가 전체에 영향을 미친다. 여기에는 태풍 및 홍수(예, '여는 글'의 허리케인 마리아)와 같은 자연재해, 핵발전소의 사고와 같은 기술재해, 그리고 테러나 전쟁과 같은 대규모 폭력 등이 포함된다(Norris et al., 2002, 2008). 노리스(Norris)와 동료들은 160개 연구에 참여한 60,000명의 재난 피해자를 조사한 결과, 재난의 종류에 따라 스트레스의 결과에 차이가 있음을 발견하였다. 대규모 폭력은 자연재해 또는 기술재해보다 심리적으로 더 큰 상처를 남기는 것으로 나타났다. 또한 사회적 맥락에 따른 차이도 보였다. 재난의 부정적 영향은 주로 아동, 여성, 소수 민족, 그리고 개발도상국 국민에게 더 크게 나타났다. 더 심각한 상황에 노출된 사람, 재난 전에 문제가 많았던 사람, 그리고 자원이 적다고 보고한 사람이 재난 후에 더 많은 고통을 호소하였다.

노리스와 동료들(Norris et al., 2002, 2008)은 어떤 재난의 경우에는 문제들이 서로 얽혀서 함께 나타나는 경향이 있음을 발견하였다. 정신건강 문제를 호소한 사람은 신체 건강, 가족 불화, 사회 연결망 파괴, 재정 손실 및 고립 등의 문제도 함께 가지고 있었다. 왜 위험 요인들이 함께 발생하는가? 우리는 건강한 대처 증진 개입이 가능한 지점뿐만 아니라 위험 요인들의 동시 발생 및 그 과정의 이해를 위해 생태학적 관점의 필요성을 제안한다.

소외 집단 관련 스트레스원과 문화변용 스트레스원

소외집단 관련 스트레스원과 문화변용 스트레스원
소외집단 구성원이기 때문에 사회로부터 경험하게 되는 스트레스 사건 또는 상황을 말한다.

소외 집단 관련 스트레스원과 문화변용 스트레스원   사회에서 소외된 집단 구성원이라는 경험은 그들의 건강과 웰빙에 영향을 끼칠 수 있는 독특한 종류의 스트레스원이다(Clark et al., 1999; Harrell, 2000). 소외 집단 관련 스트레스원과 문화변용 스트레스원(minority-related and acculturative stressors)은 빈번하게, 심지어 매일 발생할 수 있다. 일상 스트레스였던 미세공격의 내용을 상기해 보라. 인종차별, 성차별, 또는 종교의 편협함이 끊임없이 일어나는 지역에 살거나 직장을 다닌다고 생각해 보라. 연구에 따르면, 자신의 집단에서 자신 또는 다른 사람에 대한 차별을 더 많이 인지할수록 그들의 신체적 그리고 정신적 건강이 나빠질 가능성은 더 높았다(Pascoe & Smart Richman, 2009; Pieterse et al., 2012).

존스(Jones, 1972), 엇세이와 폰테로토(Utsey & Ponterotto, 1996), 그리고 헤렐(Harrell, 2000)의 인종차별 학파는 소외 집단 관련 스트레스원은 그것이 발생하는 생태학적 수준에 따라 구분할 수 있다고 제안하였다. 소외 집단과 관련한 제도적 스트레스원에는 소외 집단을 불공정하게 처우하도록 규정한 체제, 정책, 관습 등이 포함된다. 이것의 예시 중 하나가 법 집행 기관의 인종 프로파일이다. 소외 집단과 관련한 개인의 스트레스원은 혐오 범죄뿐 아니라 인종 및 성별에 대한 미세공격 등 개인에 의해 자행되는 차별적 행동이다. 소외 집단과 관련된 문화변용 스트레스원은 특정 집단의 문화적 관습, 가치, 지식 습득 방법 및 공헌 등이 다른 집단보다 우월하다고 규정될 때 발생한다. 유럽의 문화가 다른 문화보다 우월하다고 가정하는 백인 민족주의와 우월성이 그 예이다. 또한 소수 인종 집단 구성원의 공헌이 미국 사회에서 과소 평가되거나 평가 절하된다는 사실은 문화적 인종차별을 반영한다. 7장에서 언급했던 탈식민지화를 떠올려 보라. 탈식민지화의 관점은 부분적으로 유럽 중심의 가치, 이상, 지식 습득 방식이 비유럽 집단 및 국가에서도 규범으로 유지되고 있는 현실에 대한 저항이다.

문화변용 스트레스원은 여러 문화를 탐색하는 것과 관련한 스트레스 사건 또는 상황이다(Berry, 1970). 최근에 이민 온 사람은 이주한 국가의 언어 또는 관습과 기대를 학습해야 하는 도전적 형태의 문화변용 스트레스원을 겪게 된다. 이들의 자녀에게 흔히 볼 수 있는 문화변용 스트레스원은 그 사회의 가치와 부모가 가진 전통적인 문화에 대한 기대가 상충할 때 균형을 맞추는 것이다. 예를 들면, 최근에 이민한 여자 아동은 가족의 전통을 보존하고 가족을 위해 개인의 목표를 희생하는 불평등한 부담을 주는 성역할에 순응해야 한다는 압박을 느낄 수 있다. 하지만 더 큰 사회에서 그들은 자신의 꿈을 추구하고 남성과 공평하고 평등한 관계를 맺을 권리가 있다는 메시지를 받는다. 이러한 긴장은 심리적 희생을 수반한다. 문화변용 스트레스의 연구에 따르면, 문화변용 스트레스가 클수록 심리적 고통이 더 크다는 것을 보여 주었다(Berry, 1970; Berry

& Sam, 1997). 문화변용과 관련하여 제기되는 문제는 7장에서 다루고 있다.

악순환
한 자원의 손실이 다른 자원의 손실을 촉발하는 것으로, 여러 스트레스 원이 연속적으로 발생하여, 위험 요인의 영향이 복합적으로 일어나는 것이다. 사건 초기에 사용할 자원이 없는 사람에게서 흔히 발생한다.

악순환　악순환(vicious spirals)은 여러 스트레스원이 연속적으로 발생하는 것으로, 위험 요인의 영향이 복합적으로 일어나는 것이다. 이 현상은 한 자원의 손실이 다른 자원의 손실을 촉발할 때 나타난다(Hobfoll, 1998; Thorn & Dixon, 2007). 사고로 차가 고장났지만 수리할 돈이 없는 한부모 어머니의 경우를 상상해 보자. 그녀는 다른 이동 수단이 없기 때문에 일을 나갈 수도 없고, 그 결과 직업을 잃게 되었다. 그래서 더 이상 자녀를 돌볼 여력이 없게 되고, 새로운 직업을 찾는 것은 더 힘들게 된다. 아마 그녀는 자신 또는 자녀에게 필요한 병원 치료도 받을 수 없을 것이다. 이러한 시련은 그녀의 자존감 및 자신의 대처 능력에 대한 믿음 역시 감소시킬 것이다. 자원의 손실이 심해지면 집을 버리고 쉼터로 가야 할지도 모른다. 악순환은 특히 물질적, 사회적 또는 인적 자원이 부족한 사람에게 흔하게 일어난다. 한부모의 예처럼 악순환은 여러 다른 자원 중 하나라도 지원받을 수 있다면 멈출 수 있다. 예를 들면, 고용주의 이해, 지역사회에서의 단기간 대출 지원, 아이를 돌봐 줄 수 있는 친척, 또는 차 수리를 할 수 있는 친구 등이 있다면 최악의 결과로 내달리지는 않을 수 있다. 아동 양육을 보조하는 등의 초기 개입이 이루어진다면 어머니는 자립할 수 있는 시간을 얻을 수 있으므로 악순환을 멈출 수 있을 것이다.

스트레스 반응

스트레스 반응
스트레스원을 접했을 때 개인이 보이는 즉각적인 반응을 말한다. 반응은 가벼운 짜증에서 심각한 건강 문제에 이르기까지 범위가 넓고, 신체적, 정서적, 사회적 등으로 다양하게 나타날 수 있다. 하나의 스트레스 반응은 다른 스트레스 반응을 촉발하여 스트레스의 순환을 만들어 낼 수 있다.

스트레스와 대처의 생태학적 모델의 다음 요소는 스트레스원을 접했을 때 개인이 보이는 즉각적인 반응이다. 이 반응은 가벼운 짜증에서 심각한 건강 문제에 이르기까지 범위가 넓다. 스트레스에 대한 개인의 경험에는 신체적(예, 빠른 심장 박동, 코르티솔 증가, 혈압 증가), 정서적(예, 불안, 초조, 우울), 행동적(예, 음주, 도움 요청), 인지적(예, 스트레스를 위협/의미 평가, 과도한 걱정), 그리고 사회적(예, 사회적 철수) 요소가 있다. 이러한 스트레스 반응(stress reactions)은 상호 의존적이고 순환적이다. 위협이 바로 코 앞에 닥쳤을 때는 뇌 구조와 신경 연결이 즉각적으로 반응하여 이성적인 숙고를 할 수 있는 시간이 거의 주어지지 않는다. 반대로, 그보다 덜 위험한 상황에서는 숙고와 계획을 위한 시

간을 좀 더 가질 수 있다. [그림 9–1]의 패널 D에 나타나 있듯이, 스트레스 반
응은 근거리 스트레스원에 더 영향을 받고 결국 결과에도 더 큰 영향을 미친
다. 어떤 상황에서는 근거리 스트레스원이 증가하면 문제를 해결하려는 의욕
이 상승하는 등의 긍정적 경험으로 볼 수 있는 스트레스 반응이 나타날 수 있
다. 더 높은 분석 수준인 조직과 지역은 근거리 스트레스원에 대한 반응을 조
직과 지역의 기능 변화가 필요한 시점으로 이해할 수 있다. 개인의 스트레스
에 대한 비유를 조직에 그대로 적용할 수는 없지만, 조직 및 지역 역시 잠재
적 위협에 반응하기 위해서 자원을 동원해야만 한다(예, 작은 마을 근처에 큰 공
장이 들어온다면 잠재적 고객을 잃을 수 있는 사업체는 이 스트레스에 어떻게 반응
하겠는가?). 스트레스원에 대한 또 다른 반응으로, 조직은 손상된 기능을 확인
하거나(예, 부실한 의사결정, 빈약한 의사소통, 동료 간의 관계 단절, 또는 다른 조직
과의 단절) 아니면 직면한 문제를 극복할 역량을 증진할 수도 있다(예, 6장에서
언급한 것처럼 사회 자본의 연대를 사용한 새로운 작업 관계 생성). 스트레스 반응
에 대한 자세한 설명은 포크먼과 모스코비츠(Folkman & Moskowitz, 2004), 골
먼(Goleman, 1995), 그리고 서머필드와 맥크리어(Somerfield & McCrea, 2000)의
연구를 참조하라.

모든 스트레스 반응이 고통스러운 것은 아니다. 이 장에서 초점을 맞추는
것은 건강과 웰빙을 해치는 위험 상황을 만드는 스트레스 반응이다. 이 말은
어떤 스트레스는 우리에게 혜택을 주기도 하고 심지어 생산적일 수 있다는 것
이다. 예를 들면, 여키스–도슨 법칙(Yerkes–Dodson law)은 신체적 각성이 너
무 높거나 또는 너무 낮은 경우에는 과제 수행이 좋지 못하고 적절한 각성 상
태에서 최고의 수행을 할 수 있다고 제안한다. 그러므로 스트레스를 경험하는
것이 스트레스가 전혀 없거나 또는 너무 많은 것보다 좀 더 적응적일 수 있다.
일부 연구자는 스트레스 반응의 긍정적 측면을 유스트레스(eustress)라고 지칭
하였다. 유스트레스 상태는 삶의 희망과 의미를 느끼는 것을 의미한다(Nelson
& Simmons, 2003).

유스트레스
나쁜 상황에서 희망과
의미를 부여하는 것처
럼, 긍정적이고 적응적
인 영향을 주고 유익하
거나 생산적일 수 있는
스트레스를 의미한다.

대처를 위한 자원 활성화

스트레스와 대처의 생태학적 모델의 다음 요소는 스트레스원의 영향을 완충

하거나 또는 개인의 강점 발달을 지원하기 위해 사용되는 자원이다. 스트레스 원을 다루기 위해서 개인은 스트레스 대처를 위해 이용할 수 있는 자원을 동원한다([그림 9-1]의 패널 E). 자원이 생태학적 모델의 많은 지점과 관련된다는 점은 중요하다. 맥락 보호 요인과 개인 보호 요인은 자원이고 스트레스원은 자원을 위협하는 것으로 정의되며, 개입은 일반적으로 자원을 제공하는 것이다. 이용 가능한 자원의 보유가 곧바로 긍정적인 대처 결과로 이어지는 것은 아니며, 이 자원이 대처를 위해 작용할 수 있도록 활성화되어야 한다. 이 모델에서 대처를 위해 활성화하는 자원은 근거리 자원에 해당하며 다음과 같은 자원이 포함된다.

- 물질적 자원
- 사회-정서적 능력
- 사회적 세팅
- 문화적 자원
- 사회적 지지
- 상호 조력 집단
- 영적 자원

물질적 자원
개인의 욕구와 기본 욕구를 만족시키고 목표 달성의 기회를 제공하는 일상에서 사용되는 물리적인 것들을 말한다.

물질적 자원   물질적 자원(material resources)은 손으로 만질 수 있는 것으로 일상생활에서 개인의 욕구를 해결하기 위해 사용되는 자원이다(예, 돈, 자동차, 쉼터, 음식, 의복). 대부분의 스트레스원은 물질적 자원이 충분하지 않은 것과 관련되며 이로 인한 심리적 영향은 사람들이 알고 있는 것보다 훨씬 크다. 앞서 언급한 직업, 운송 수단, 주거 공간은 실직 또는 이혼으로 발생하는 연속적인 악순환을 피해 갈 수 있는 자원이다. 물질적 자원은 기본적 욕구를 만족시키는 것 외에도 목표 달성을 위한 기회를 제공한다. 물질적 자원은 학생이 직업을 구하거나 경력을 쌓는 기술을 연마할 수 있는 교육 기회(예, 학비, 책, 또는 실험실)를 제공한다.

사회-정서적 능력
타인과의 교감을 위해 필요한 자기 조절 기술을 포함하는 개인의 자질을 말하며 공감, 대인관계 발달, 갈등 관리 등이 있다.

사회-정서적 능력   사회-정서적 능력(social-emotional competencies)은 개인의 자기 조절 기술을 포함하는 자질을 의미하며 정서, 동기, 인지, 자기 성찰

과정 등이 포함된다(Goleman, 1995). 타인과의 교감 및 그들이 제공하는 자원을 잘 이용하기 위해서는 사회적 능력이 필요하다. 공감은 타인의 감정을 정확히 이해하는 것을 의미한다. 스트레스를 많이 받는 미국의 저소득층 아동을 대상으로 한 연구에서 공감은 회복탄력성 및 적응과 관련 있는 것으로 나타났다(Hoyt-Meyers et al., 1995). 개인의 연결망 구축, 인간관계 형성, 갈등 관리는 성인과 아동 모두에게 중요하다(Elias et al., 2007). 자기주장은 약물남용에 대한 저항을 포함하여 아동의 수많은 긍정적 결과와 연관되었다(Rotheram-Borus, 1988). 10장에서 살펴보겠지만, 사회-정서적 능력은 공동체심리학 및 관련 분야에서 예방 및 증진 프로그램의 주 관심사이다.

사회적 · 문화적 · 영적 자원 사회적 자원은 "한 명의 아이를 기르기 위해서는 온 마을이 나서야 한다."는 아프리카 속담에 잘 나타난다. 청소년 집단, 상호 조력 집단, 종교 집단 등의 사회적 세팅(social settings)은 대처 자원이 될 수 있다. 소외 집단 구성원은 대항공간이 대처 자원이 될 수 있다. 전통, 의식 및 신념을 포함하는 문화적 자원(cultural resources)은 스트레스원의 해석 방식, 대처 기술의 예시, 그리고 대처 방법을 선택할 때 의미 있는 체계를 제공한다. 종교 서적, 널리 알려진 이야기 및 속담 등이 이러한 예시이다. 어떤 문화에서는 장례 절차가 남아 있는 사람에게 자원을 제공하기도 한다. 이 장의 후반부에서는 사회적 지지, 상호 조력, 영적인 자원의 측면을 살펴볼 것이다.

사회적 세팅
공동체 구성원에게 사회적 자원을 제공하면서 상호작용하는 공동체 맥락을 말하며, 청소년 집단, 상호 조력 집단, 그리고 종교 집단 등이 있다.

문화적 자원
스트레스원과 대처 모델을 이해하는 방식을 제공하는 자신의 문화가 가진 전통, 의식, 그리고 신념을 말한다.

대처 과정

[그림 9-1]의 패널 F는 스트레스를 감소시키기 위해 사용하는 대응 또는 전략을 보여 준다(Moos, 2002). 대처는 역동적인 과정으로, 상황의 요구, 이용 가능한 자원, 개인의 지속적인 평가 및 정서 등에 따라 시간이 지나면서 변화한다. 대처의 대응에 관한 문헌들은 방대하다. 연구자들은 기존 자료를 바탕으로 접근-회피, 인지-행동, 친사회-반사회 등으로 대처 전략 및 방식을 분류하였다(Folkman & Moskowitz, 2004; Hobfoll, 1998; Lazarus & Folkman, 1984; Moos, 1984, 2002; Shapiro et al., 1996). 다음에서 몇몇 핵심 개념을 간단히 살펴보자.

인지적 평가

인지적 평가
상황과 사건의 의미를
지속적으로 평가하는 것
을 의미하며, 사건에 대
한 자신의 해석을 수정하
는 재평가도 포함한다.

인지적 평가 인지적 평가(cognitive appraisal)는 스트레스에 대응하는 동안에 스트레스 상황 또는 사건의 의미를 계속해서 구조화하는 과정이다(Lazarus & Folkman, 1984). 인지적 평가는 스트레스 상황을 도전적인 것으로 보는지 아니면 위협적인 것으로 보는지, 예상했던 것인지 아니면 예상하지 못했던 것인지, 또는 통제 가능하다고 인식하는지 아니면 불가능하다고 인식하는지 등이 있다. 스트레스원 또는 자원에 대한 평가는 시간이 지나면서 변할 수 있다.

재평가 대처 과정 동안에 문제를 재평가하거나 "재구성"하는 것은 그 상황 또는 그 의미에 대한 개인의 지각이 변하는 것이다(Lazarus & Folkman, 1984; Watzlawick et al., 1974). 이것은 스트레스원의 강도에 대한 개인의 인식 변화, 인지하지 못했던 자원의 탐색, 또는 그 상황을 성장 또는 의미를 찾는 기회로 포착하는 것이다. 예를 들면, 당신은 스트레스 상황을 새로운 기술을 배울 수 있는 기회로 재평가하거나 위협적으로 생각한 것을 도전으로 재구성할 수 있다. 실직자는 그들의 상황을 직장을 바꾸거나 더 나은 교육을 받을 수 있는 기회로 재해석할 수도 있다. 문화적 가치와 사회적 지지는 현실적이고 건설적인 재평가를 할 수 있도록 도움을 준다.

문제-중심 대처
상황을 변화시킬 계획을
세우고 실천함으로써 직
접적으로 문제를 해결
하려는 대처 반응을 말
한다.

정서-중심 대처
스트레스원과 결과에 동
반하는 감정을 해결하려
는 대처 반응을 말한다.

의미-중심 대처
스트레스원을 재평가하
여, 특히 그것이 성장과
교훈을 주는 것으로 평
가하여 특별한 의미를
찾으려는 대처 반응을
말한다.

대처의 종류 경험 기반 연구들은 대처에 대한 대응을 일반적으로 3개의 범주로 분류하였다(Folkman & Moskowitz, 2004). 문제-중심 대처(problem-focused coping)는 상황을 변화시킬 계획을 세우고 실천함으로써 문제 상황을 직접적으로 해결하려는 것과 관련된다. 시험을 위해 공부 방법을 변경하는 것, 식습관 개선을 위해 계획을 세우는 것, 새로운 직장을 구하기 위해 면접 기술을 익히는 것 등이 예시가 될 수 있다. 정서-중심 대처(emotion-focused coping)는 스트레스원과 동반하는 감정을 다룬다. 이 접근법은 대부분 불안을 낮추거나 친구나 가족으로부터 정서적 지지를 증가시키는 것이다. 의미-중심 대처(meaning-focused coping)는 스트레스원을 재평가하는 것으로, 특히 그것이 성장을 가져오거나 삶의 중요한 교훈을 주는 것으로 평가하여 특별한 의미를 찾는 것이다. 이는 고통이 성장을 가져오는 것으로 해석될 때처럼, 그것이 세속적이든 영적이든 더 깊은 가치를 바탕으로 한다. 이 대처 방법들은 친구에게 정서적 지지를 구할 때처럼 서로 중첩되기도 한다.

생태학적 관점에서 보면 대처는 맥락적이다. 현명한 대처를 선택하려면 맥락과 사람을 중심에 두어야 한다. 언제 어디서나 최고인 대처 방식이나 전략은 없다. 사회문화적 요인, 성별을 포함한 다른 다양한 요소, 생태학적 수준(예, 공동체, 이웃, 가족), 그리고 스트레스원 등을 포함한 모든 것을 고려해야 한다.

선순환 앞서 스트레스원이 어떻게 때로 악순환의 연결로 촉발되는지를 언급하였다. 하지만 적절한 대처는 매우 다른 방향의 연속적 결과의 출발점이 될 수 있다. 즉, 자원이 증가하고, 성공이 다른 성공을 가져오고, 스트레스원이 성장을 위한 촉매제로 변화하는 선순환(virtuous spirals)이 나타날 수 있다(Habfoll, 1998). 선순환에서는 대처 자원의 접근과 그 자원을 이용하는 능력이 위험은 줄이면서 기능은 증진하여 대처의 효과를 증폭시킨다. 약물남용에 의한 악순환으로 완전히 바닥까지 갔다가 장기간의 회복기에 있는 사람은 그들이 마약을 끊게 된 대처 자원 및 기회를 어떻게 얻었으며, 그것이 어떻게 동료의 지지와 관계 회복으로 이어졌는지 회고하면서 많은 사람이 "바닥을 친" 것에 대하여 감사하다고 얘기한다. 왜냐하면 그들의 삶은 그들이 마약으로 악순환을 겪기 전보다 더 나아졌기 때문이다. 직장, 일, 그리고 충만한 삶에 대한 새로운 기회는 새로운 자원에 대한 문을 열어 주는 선순환으로 볼 수 있다.

긍정 정서 기쁨, 만족, 자부심, 사랑 등의 긍정 정서를 가지는 것 역시 회복탄력성과 웰빙을 향한 상승 곡선을 촉발할 수 있다. 프레드릭슨(Fredrickson, 1998, 2001)의 확장-구축 이론은 부정 정서가 스트레스 상황을 적절하게 대응할 수 있는 능력을 제한하는 반면, 긍정 정서는 새롭고 적절한 마음가짐과 대처 방식을 자극하는 "사고-행동 레퍼토리"를 확장한다고 설명하였다. 그러므로 긍정 정서는 우리의 지적·사회적·심리적 대처 자원을 구축하도록 돕는다.

외상후성장 어떤 사람에게 선순환은 외상 경험에 대한 적절한 대처 때문이 아니라 그 경험 자체의 여파로 발생할 수 있다. 즉, 고통의 경험과 고통과의 고군분투가 긍정적인 결과를 가져올 수 있다는 것이다. 연구자들은 이것을 외상후성장(posttraumatic growth)이라고 부르며, 매우 도전적인 상황을 견디며

선순환
대처 자원의 접근을 높이고 그 자원을 성공적으로 이용한다면 이것이 서로의 촉매제 역할을 하게 되어 위험이 감소하고 건강한 기능이 증가하는 연속적인 성장이 발생하는 것을 말한다.

외상후성장
힘든 상황이나 사건에 대한 고통을 경험하거나 고군분투의 결과로 얻게 되는 긍정적인 심리적 상태를 일컫는다.

애쓴 결과로 얻는 심리적 변화를 뜻한다(Tedeschi & Calhoum, 2004). 긍정적 변화는 삶의 감사 및 우선순위의 변화, 타인과의 관계 개선 및 만족, 개인의 강점 인식, 삶의 새로운 가능성과 방향의 인식, 영성 증가 등이 있다. 이러한 결과는 외상후성장이 그 자체로 대처 기제가 아니라 "일부 사람에게 나타나는 심오한 성장 경험"임을 시사한다(Tedeschi & Calhoun, 2004, p. 4). 연구에 따르면, 전쟁 참전 군인, 성폭행 및 학대 피해자, 만성 질환을 앓고 있는 사람, 난민 등을 포함하여 많은 집단에서 외상후성장이 나타났다(Tedeschi & Calhoun, 2004 참조).

대처 결과

심리학자는 전통적으로 부적응 기능을 측정하여 대처 결과를 연구한다. 문제가 되는 결과에는 심리적 장애 및 신체적 장애, 고통 수준의 증가, 기능 부전 또는 임상적 장애로 분류되는 개인의 문제 등이 있다(Folkman & Moskowitz, 2004). 하지만 대처에 대한 이러한 관점은 두 가지 측면에서 문제가 있다. 첫째, 이 관점은 긍정 결과를 증진할 가능성보다는 부정적 대처 결과를 회피하는 것에 초점을 둔다. 둘째, 개인의 기능이 어떻게 더 넓은 생태학적 수준(가족, 조직, 공동체, 사회)과 관련되는지를 연구하기보다는 개인만 따로 떼어 내어 보는 경향이 있다. 공동체심리학 관점에서 보면 웰빙의 증진 및 긍정적 결과는 부정적 결과를 피하는 것만큼이나 중요하다. 그러므로 우리는 스트레스와 대처의 생태학적 모델의 결과를 두 가지로 나누어 제시하고자 한다. [그림 9-2]의 패널 G는 긍정적 대처 결과와 더 상위의 생태학적 수준과 연결되는 것을 의미하고, 반면에 패널 H는 고통, 기능부전, 장애 등의 부정적 결과와 관련된다.

안녕
건강과 개인의 웰빙에 대한 긍정적인 상태를 말한다.

안녕(wellness)은 단순히 장애 또는 고통의 증상이 없음을 말하는 것이 아니다. 이것은 건강과 주관적 웰빙에 대한 긍정적 결과를 경험하는 것을 의미한다(Cowen, 1994, 2000; Nelson & Prilleltensky, 2010). 삶의 만족, 직업 만족, 긍정적 감정, 자아존중감, 사회적 관계, 학업 성취는 단순한 증상이 없는 것을 넘어서는 이상적인 안녕의 결과를 나타낸다(Cicchetti et al., 2000; Prilleltensky, 2012).

회복탄력성(resilience)은 스트레스, 역경, 또는 만성적 외상의 노출에도 불구하고 성공적인 적응과 능숙한 기능을 가능하게 하는 개인의 능력이다(Bonanno, 2004; Masten, 2001). 10장에서 카우아이(Kauai) 종단 연구를 통해 공동체심리학자가 회복탄력성을 어떻게 이해하는지 더 자세하게 다룬다. 회복탄력성은 일반적인 대처 과정인 것처럼 보인다. 많은 사람은 스트레스원(예, 사랑하는 사람의 죽음)으로 고통을 겪지만 병원을 가지 않고 예전의 기능 수준을 회복한다.

> **회복탄력성**
> 스트레스, 역경, 또는 만성적 외상의 노출을 경험한 후, 긍정적으로 적응하고 능숙하게 행동하는 능력을 일컫는다.

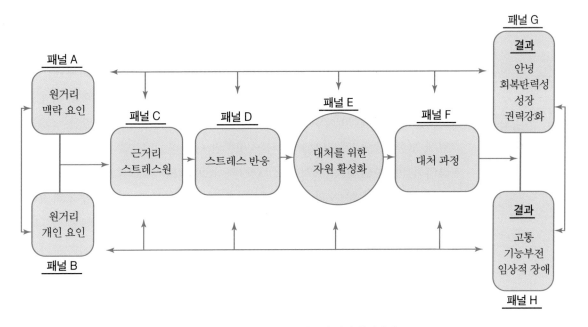

[그림 9-2]   스트레스와 대처의 결과 확장하기

어떤 사람은 스트레스원에 노출되어도 정서적 고통이나 신체적 증상이 거의 없이 건강한 기능을 안정적인 수준으로 유지할 수 있다. 회복탄력성은 개인 요인과 환경 요인의 상호작용으로 나타난다(Luthar et al., 2000; Werner, 1993). 세라노-가르시아(Serrano-García, 2020)는 허리케인 마리아 이후의 푸에르토리코 상황을 설명하기 위해 "회복탄력성"이 어떻게 사용되었는지 연구하였다. 푸에르토리코 정부는 개인의 비범한 인내력을 의미하는 "얕은 회복탄력성"에 주로 집중하면서 자신들이 자원을 제대로 제공하지 못한 행위를 정당화하기 위한 수단으로 회복탄력성의 개념을 너무 빈번하게 사용하였다는 것을 세라노-가르시아는 발견하였다. 그녀는 "변화, 불확실성, 예측 불가능의 특징이 두드러지는 환경에서 적응을 위한 공동체 역량과 사회 자본의 가용과 동원"으로 정의되는 공동체 회복탄력성의 개념을 제안하였다(Serrano-García, 2020, p. 4).

환경의 영향력을 인식한다는 것은 공동체심리학의 관점과 일치하는 것으로 단순히 개인만이 아니라 복합적 생태학 수준들이 관련된 실천 활동의 경로를 제시하는 것이다. 자연재해에 관한 공동체 연구들은 개인뿐 아니라 공동체 역시 홍수 이후에 회복되는 지역사회처럼 회복탄력성을 가질 수 있음을 보여 주었다(Velázquez et al., 2017).

성장   어떤 사람은 역경을 극복하면서 자신의 이전 기능을 뛰어넘는 수준까지 도달하기도 한다. 이러한 긍정적 결과를 성장(thriving)이라고 부른다(Ickovics & Park, 1998). 이는 "회복탄력성 더하기"로 생각할 수도 있다. 스트레스원에 노출되었을 때 그것을 견디는 것뿐만 아니라 그 경험을 통해 성장하기 때문이다. 예를 들면, 아브라이도-란자와 동료들(Abraído-Lanza et al., 1998)은 빈곤한 마을에 사는 만성 질병을 가진 라티노 여성의 성장을 연구하였다. 스트레스원에 대한 반응에서 성장은 의미 중심 대처, 대처 자원의 접근, 그리고 부족한 자원을 동원할 수 있는 능력과 관련이 있었다.

성장
역경을 극복하면서 자신의 이전 기능을 뛰어넘는 수준까지 도달하는 긍정적 발달을 의미한다.

권력강화   와일리와 라파포트(Wiley & Rappaport, 2000)는 권력강화를 가치 있는 자원의 접근성을 획득하는 것이라고 정의하였다. 8장에서 다룬 권력강화를 상기해 보라. 권력강화는 단순히 자신의 삶에 대한 결정권을 가지고 있다는 느낌이 아니라 몇몇 방법으로 실질적인 힘을 얻는 것과 관련된 것으로 인식하는 것이 중요하다(Zimmerman, 2000). 예를 들면, 권력강화는 중증 정신장애인이 자신의 권리를 이해하고 주장하거나 치료 계획에서 더 많은 통제권을 가지거나 살 곳과 일할 곳을 결정할 수 있을 때 획득된다. 또한 권력강화는 여러 분석 수준에서 발생할 수 있다. 예를 들면, 상호 조력 집단은 특정 문제에 대한 대처, 자신들의 자원 공유, 그리고 개인 및 더 상위 집단을 위한 긍정적 결과의 증진이라는 공통의 해결 과제를 가진 사람이 함께 모인 것이다. 집단의 권력강화에 대한 인식이 높아진다면 긍정적 대처 결과를 가져올 수 있는 효과적인 옹호 및 자원 획득을 이끌어 낼 수 있다.

고통, 기능부전, 임상적 장애 [그림 9-2]의 패널 H는 대처의 부정적 결과를 보여 준다. 여기에는 정신장애 증상에서부터 비록 임상적 장애까지는 아니지만 문제가 되는 결과까지 포함되며, 높은 수준의 고통, 과민함, 가족 또는 동료의 관계에서 기능부전의 행동(무시, 적대감, 심지어 폭력) 등이 나타난다. 학교(예, 성적에 대한 불안), 가족(예, 불만족스러운 결혼생활), 직장(예, 직업 기회 제한에 대한 좌절)에서 경험하는 많은 심리적 결과는 정신장애라고 진단을 받지 않더라도 이들에게는 괴로운 고통이며 기능부전과 관련된다. 임상적 개입과 관련한 대처 연구는 부적응적 대처, 스트레스원의 과도한 노출, 그리고 부족한 대처 자원으로 인한 장애의 증상(예, 우울, 불안, 외상 후 스트레스 장애, 약물남용 등)을 피하는 것에 초점을 맞추어 왔다.

역동적이고 맥락적인 대처 [그림 9-2]의 피드백 순환 주기와 양측 화살표를 주목하라. 결과는 끝을 의미하는 것이 아니라 순환적 대처 과정에서 한 단계 더 나아간 것이다. 결과는 이후의 대처를 위한 스트레스원과 자원에 영향을 줄 수 있다. 결과는 삶의 계속되는 과정 중의 순간을 포착한 스냅사진으로 이해하는 것이 가장 좋다. 우리가 맞닥뜨리는 대처 과정과 스트레스원은 역동적이고, 시간이 지남에 따라 변하며, 우리 삶의 여러 맥락에서 다양하게 나타난다.

대처 증진을 위한 개입

[그림 9-2]의 개념적 모델을 발전시키기 위한 첫 번째 목적은 공동체심리학자가 대처 결과의 증진과 위험 요인 노출의 감소를 위하여 다른 사람과 어떻게 그리고 어디에서 일할 수 있는가를 생각해 보는 것이다. 공동체심리학자는 결과에 영향을 주기 위한 실천행동을 개입이라고 지칭한다. 개입은 각 분석 수준에서 이루어질 수 있고, 건강·교육·사회 전문가, 연구자, 공공 영역 지도자, 또는 관련 시민에 의해 시행될 수 있다. 10장부터 시작되는 다섯 개의 장을 통해 공동체심리학자가 시행했거나 지원한 여러 개입에 대하여 자세히

언급할 것이다.

공동체심리학자는 우리가 제안한 스트레스와 대처의 생태학적 모델을 사용하여 더 구체적인 개입뿐만 아니라 더 전반적인 개입 모두에 대한 가능성의 범위를 개념화할 수 있다(Yoshikawa & Shinn, 2002). 이후의 장에서 언급하겠지만, 개입은 문제의 정의, 문제를 정의할 때 사용한 분석 수준, 그리고 이용 가능한 자원이 모두 부합하는 것을 선택해야만 한다. 또한 이 모델은 공동체심리학자, 임상심리학자, 그리고 사회적 개입을 실행하는 기타 다른 영역의 사람들이 협력의 상승 효과를 얻어 내기 위하여 어떻게 함께 일할 수 있는지를 보여 준다.

개입을 계획할 때는 몇 가지 측면을 고려해야 한다(Domlyn & Wandersman, 2019; Wandersman, Morsbach et al., 2002). 시기는 생태학적 모델에서 개입 지점과 관련되는 것으로, 개입의 목표가 원거리 요인, 근거리 스트레스원, 스트레스 반응, 자원 활성화, 또는 대처 전략에 영향을 미치는지 살펴보는 것이다. 생태학적 수준은 개입의 초점(예, 개인, 미시체계, 조직, 지역, 거시체계)과 관련된다. 개입의 내용은 인식 증가(심리치료의 목표, 해방운동에 대한 의식 함양), 행동 변화, 기술 향상, 사회적 지지, 영성 촉진, 개인 또는 가족을 위한 옹호, 사회적 정책 변화 등이 있다. 개입의 내재된 가치 체계는 개입의 성격과 효과에 중요한 역할을 한다. 예를 들면, 환경 스트레스원을 감소시키기 위해서는 전문 조력가의 노력보다 시민참여 및 권력강화를 강조하는 접근법이 주민들에게 더 효과적일 수 있다. 이 장에서 강조하는 것은 개인의 대처만으로는 많은 스트레스원을 해결할 수 없다는 것이다(Wong et al, 2006). 직장 스트레스의 원인은 집합적 행동을 요구하는 조직이나 거시체계의 환경에서 기인한 것일 수 있기 때문에 개인의 대처 기술만을 증진하는 것으로 환경을 바꿀 수 없다.

[그림 9-3]에서는 우리가 제안한 생태학적 모델의 각 패널에서 다룰 수 있는 가장 적절한 개입 유형을 제안하고 있다. 왼쪽에서 오른쪽으로 갈수록 개입은 전반적인 것에서 개인적인 영역으로 좁혀진다. 그림은 개입에 대한 공동체 접근과 임상적 접근 모두를 포함하고 있다. 이후의 설명에서는 임상적 치료가 아닌 공동체심리학과 관련된 개입에 초점을 둘 것이다. [그림 9-3]에 나타나 있듯이, 공동체심리학자는 대처를 도와주는 개입의 유형을 더 넓게 생각한다.

사회 정책과 옹호 많은 사람의 웰빙을 증진하기 위해서는 대처 자원에 영향을 미치는 정책 개정, 조직의 실천, 사회 프로그램, 그리고 자금 지원 등이 고려되어야 한다. 이러한 개입은 대처를 위한 스트레스원과 원거리 요인을 다루는 것으로 생각할 수 있다. 호소의 대상은 정부 관료, 민간 영역 대표 및 공동체 대표, 또는 대중매체와 일반 대중이라고 할 수 있다. 옹호는 쟁점에 대한 대중의 인식을 높이는 일을 하는 것으로, 예를 들면 대중매체가 지역의 노숙자 가족에게 관심을 갖는 것 등이 있다. 또한 이것은 사회적 실천행동과도 관련되는데, 예를 들면 정신건강 또는 청소년 발달 프로그램의 삭감에 항의하거나 여성을 향한 폭력에 관심을 끌기 위한 "Take Back the Night"[1] 집회 등이 있을 수 있다.

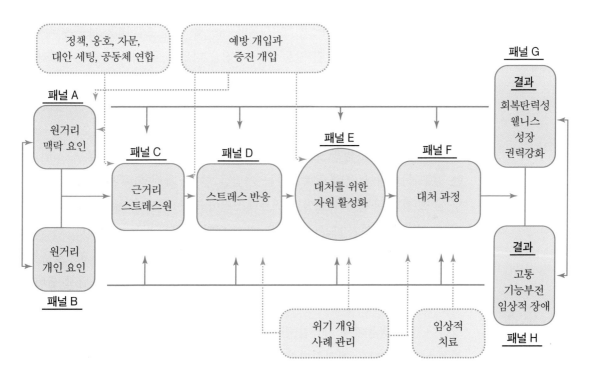

[그림 9-3] 다양한 공동체 수준에서의 스트레스원, 대처 과정, 공동체심리학 개입 간의 잠재적 관계

공동체 연구는 옹호를 지지할 수 있다. 공동체심리학자와 발달심리학자는 아동, 청소년, 가족에 대한 미국의 정부 정책이 강점을 강화하는 관점을 가질

---

1) 밤늦은 시간에 여성이 안전하게 다닐 수 있도록 하자는 여성의 권리를 주장하는 집회

수 있도록 협력하였고(Maton et al., 2004), 옹호를 통해 공동체 구성원을 지지하였다(Velázquez et al., 2017). 공동체심리학자는 그들의 전문지식을 동원하여 공동체가 어떻게 자연재해에 대비하고 대처할 수 있는지에 대한 지침서를 개발하였다(Norris et al., 2009). 이들은 지침서를 만들었을 뿐만 아니라 자금 제공자 및 정부 기관과 관계를 형성하여 이 지침서를 현장에서 실시하고 수정하여 자연재해의 초기 대응을 맡은 기관들에 배포하였다. 이러한 공동체와 사회 변화 접근에 대한 자세한 설명은 13장에서 다룬다.

　　조직의 자문　　조직의 문제로 구성원이 너무 많은 스트레스를 받게 된다면 공동체의 효율성은 떨어진다. 공동체심리학자와 조직심리학자는 이러한 조건에서 그 조직이 정책과 실행을 바꿀 수 있도록 자문한다. 여기에는 직원의 역할, 의사결정 과정, 또는 의사소통 방식을 바꾸는 것 등이 포함된다. 자문은 직장-가정 관계, 다양성, 집단 간 갈등 등의 쟁점을 다룬다. 이러한 개입은 스트레스를 줄이고, 사회적 지지를 높이며, 직원의 직업 만족도를 고취하거나 고객에게 효율적인 서비스를 할 수 있도록 한다(예, Boyd et al., 2015; Trickett et al., 2000).

　　대안 세팅　　기관, 병원 또는 그외 다른 세팅의 단점이 너무 큰 경우, 시민 또는 전문가는 대안 세팅 구축이라는 개입을 한다. 차터 학교(Charter school)[2] 및 자조 기관은 원거리 요인과 스트레스원이 기존의 서비스로는 도저히 해결될 수 없다고 느꼈기 때문에 시민과 함께 대안 세팅을 만든 예시이다. 예를 들면, 많은 공동체 기관이 가정폭력 피해 여성과 성폭력 피해자의 요구를 인식하지 못했기 때문에, 관련 여성들이 여성을 위한 쉼터와 성폭력 위기 센터를 만들었다. 처음에 이 센터는 자금과 외부 지원을 거의 받지 못했지만 점점 성장하여 많은 공동체에 자리를 잡았다. 공동체 랏지(2장과 5장 참조)와 옥스퍼드 하우스(1장 참조)도 정신장애와 약물남용 문제를 가진 개인의 웰빙에 관심이 있었던 사람들이 설립한 대안적이고 지지적인 주거 시설의 예이다. 또한 일부 대안 세팅은 대항공간의 기능을 할 수 있다. 대학 캠퍼스에 인종학과가 신설되기 전에는 소수 민족 및 소수 인종 학생이 원하는 그들의 문화와 역사에 대한 정보를 문화 센터가 제공하였다. 대안 세팅은 1960년대 캠퍼스에서 발생한

---

2) 교사, 부모, 지역 단체 등이 정부로부터 자금을 받아 설립한 학교

공격적인 차별의 피난처 역할을 하였을 뿐만 아니라 인종차별에 반대하는 시위 및 여러 형태의 사회적 행동의 발판이 되었다(Stovall, 2005).

공동체 연합   공동체 연합은 약물남용 예방 또는 건강 및 청소년 발달 증진과 같은 쟁점을 해결하기 위하여 지역 공동체 대표들이 함께 일하는 것이다. 연합체는 이전에 함께 일해 본 적은 없지만 그 쟁점을 해결하려고 이미 노력해 오고 있는 집단들이 함께 문제를 해결해 보기 위해 구성된다. 효과적인 연합은 많은 영역의 시민들이 함께 모여서 공동체의 쟁점을 의논하고 공동의 목표를 위해 일하는 것이다. 예를 들면, 공동체 연합은 아동의 면역 예방 주사 비율을 높였고, 약물남용과 가정폭력에 대한 공동체 변화에 영향을 주었으며, 지역의 범죄 조직의 폭력 수준을 낮추었다(Allen, 2005; Wolff, 2014). 이 접근법은 13장에서 자세히 다룬다.

예방 및 증진 프로그램   예방 및 증진 프로그램은 개인의 삶의 문제 및 질병을 줄이거나 건강 및 개인의 발전을 증진하기 위해 고안된 개입법이다([그림 9-3]의 가운데 위의 상자 참조). 사회−정서적 능력 증진을 위한 학교 기반 프로그램, 양육과 회복탄력성 증진을 위한 가족 기반 프로그램, 운동 증진 또는 약물남용 예방을 위한 공동체 전반의 노력 등이 해당된다(DuBois, 2017). 많은 예방 및 증진 프로그램은 공동체 연합, 학교, 그리고 연구자 간의 공동 작업으로 이루어진다. 이 프로그램은 임상 치료 장면에서 대처 기술 또는 다른 보호 요인을 강화하기 위해 사용될 수도 있지만 문제가 발생하기 전에 개입을 진행하는 것에 초점을 맞춘다. 10장과 11장에서 이 접근법에 대하여 자세하게 다룬다.

다음은 [그림 9-3]의 가운데 아래쪽 상자의 설명으로 임상적 치료와 밀접하게 관련된 공동체 접근법을 설명하고 있다.

위기 개입   2001년 9월 11일 미국에서 일어난 테러리스트의 공격 이후, 백만 명 이상의 뉴욕 사람들이 재난 정신건강 공공 프로그램인 자유 프로젝트(project liberty)를 통해 대중 교육 또는 개인 상담을 받았다(Felton, 2004). 외상사건 직후에 실시되는 가장 확실한 위기 개입 접근법은 정서적 지지, 실질적 지원, 대처에 대한 정보와 이후 지원과 치료를 원할 때 이 정보를 사용할 수 있도록 알려 주는 것들을 제공하는 데 중점을 둔다(McNally et al., 2003). 이는 공동체-생태학 관점과 일치한다. 정신건강 전문가가 훈련받는 재난 대응 기술에는 개인과 가족이 다양한 문제 를 다룰 수 있도록 도와주는 것, 학교, 직장, 종교 모임 등과 같은 공동체 자원을 이용하는 것, 그리고 정보 제공을 위해 대중매체를 사용하는 것 등이 있다(Felton, 2000). 더욱이 위기 개입 프로그램은 반드시 해당 공동체의 문화, 욕구, 자원에 부합해야 한다(Aber, 2005). 공동체심리학자는 오랫동안 스트레스 반응의 충격을 줄이기 위해서 준전문가와 공동체 구성원을 훈련시켜서 이들이 봉사 활동을 할 수 있도록 도와야 한다고 주장해 왔다. 준전문가는 기능 부전과 임상적 증상이 나타나기 전에 사람들이 대처 자원을 사용할 수 있도록 도울 수 있다(DeWolfe, 2000; Rappaport, 1977a). 12장에서 논의하겠지만, 공동체심리학자는 위기 개입과 같은 프로그램의 효과성도 평가한다. 위기 개입이 유용하다는 연구가 있는 반면(Jones et al., 2009), 어떤 경우에는 위기 개입이 개선보다는 장기간의 고통을 증가시킨다는 연구 결과가 나타나기도 하였다(Gist & Lubin, 1989).

사례 관리 조직 내에서 대처 자원의 이용가능성을 높이기 위한 전문적 치료는 사례 관리와 고객 옹호라는 개입으로 보강한다. 이 개입은 실질적인 요구(예, 주거)와 심리적 문제(예, 의사결정과 사회적 지지)에 초점을 맞춘다. 예를 들어, 노숙자를 위한 주거 자원에 관심이 있었던 공동체심리학자는 주거를 제공하기 위한 새로운 접근법을 개발하였다. 이들은 노숙자가 쉼터를 통해 자립 능력을 갖추어서 주거시설로 이동할 준비를 하기보다는 "주거시설 먼저(housing first)"라는 뉴욕시의 주거 길잡이(Pathways to Housing) 프로그램을 개발하여 정신장애를 가진 노숙자를 곧바로 아파트에 살게 하였다(Padgett et al., 2016). "주거 시설 먼저" 접근법은 적극적 공동체 치료(Assertive Community Treatment; Bond et al., 1990)의 다학제팀(예, 간호자, 정신과 의사, 사례 관리자, 직업 전문가, 또는 약물남용 상담사)이 이들의 다양한 요구를 반영하기 위해 그들의 아파트로 방문하는 방식으로 구체적인 사례 관리와 치료를 가능하게 하였다. 이 접근법은 노숙자가 적절한 독립적인 주거 시설을 찾는 것을 도와서 주거를 해결한 후에 치료 계획을 세우는 것이 과도기적인 주거 접근법(노숙자가 "주거 준비성"을 보이면 감독의 강도가 조금 더 낮은 곳으로 옮기는 것을 점진적으로 진행하는 접근법)보다 효과적이라는 것을 보여 주었다. 그 결과, 주거 일수의 증가, 병원 방문의 감소, 개입 비용의 효과 증가 등이 나타났다(Gulcur et al., 2003; Tsemberis et al., 2004).

비록 대처 개입과 관련한 내용이 자세하지는 않지만 우리의 목표는 스트레스와 대처를 다룰 수 있는 개입의 선택과 개입 지점에 대한 많은 예시를 제공하는 것이다. 다음 절에서 대처를 위한 중요한 세 가지 공동체–기반 자원으로, 사회적 지지, 상호 조력 집단, 그리고 영성과 종교 세팅에 대하여 설명할 것이다. 이 영역의 공동체심리학 연구와 실천은 개인의 대처와 전문적 서비스에 대한 시사점을 제시한다.

글상자 9-1 **관점 바꾸기: 스트레스와 대처에 관한 생각의 방식을 확장하기**

당신의 삶에서 중요한 스트레스 경험을 떠올려 보라. 그것은 심각한 질병이나 부상 또는 중요한 시험에서의 불합격 등의 단일 사건일 수도 있고, 대학 또는 대학원 생활의 시작, 이혼, 실업, 사랑하는 사람과의 이별, 또는 부모 되기 등의 삶의 전환기의 사건일 수도 있다. 아니면 빈곤, 만성적 질병, 학대, 또는 엄마, 아내, 학생, 근로자 등의 여러 부담스러운 역할 사이의 균형을 맞추는 것 등의 장기간 그 상황에 놓여 있는 스트레스일 수도 있다. 아니면 앞의 범주 어디에도 속하지 않는 경험일 수도 있다.

당신의 스트레스 사건을 적어 보고, [그림 9-2]와 비교해 보라. 당신이 떠올린 그 경험에 대하여 다음의 질문들에 답해 보라.

• 그 경험의 어떤 측면이 스트레스였는가?
• 그것은 단기적 상황이었는가, 아니면 장기적 상황이었는가?
• 그 경험을 대처하기 위하여 당신은 어떤 것을 하였는가? (패널 E와 F)
• 그 경험의 원인이 되는 원거리 요인은 무엇이었는가? (패널 A와 B)
• 그러한 스트레스 경험을 대처하는 데 도움을 주었던 자원은 무엇이었는가? 도움이 될 수 있었다고 생각하는 다른 자원이 있는가?
• 그 경험은 어떤 결과를 가져왔는가? (패널 G와 H)

- 그 경험을 겪기 전에 원거리 요인을 해결하려고 했다면 무엇을 했어야 했는가?
- 그 경험은 당신에게 어떤 영향을 주었는가? 그로 인해 당신은 어떻게 변화했는가?

사회적 지지

사회적 지지는 대처와 웰빙을 강화하는 핵심 자원이다. 사람들 대부분은 사회적 지지의 개념을 직관적으로 알고 있지만, 공동체심리학자는 이를 대인관계와 사회 연결망 속에서 발생하는 사회적 · 정서적 · 인지적 · 행동적 과정의 집합으로 이해한다. 이것이 우리의 삶에서 어떻게 작용하는지 이해하기 위해서는 그 개념과 관련 연구를 구체적으로 살펴보는 것이 필요하다. 이 장에서는 정책이나 개입으로 강화되거나 감소될 수 있는 대처 자원을 간략히 소개하고자 한다.

사회적 지지에 관한 관심은 스트레스 상황에서 높은 수준의 사회적 지지와 낮은 수준의 고통 및 질병과 상관관계가 있다는 연구가 발표된 이후인 1980년대에 급증하였다. 많은 연구는 사회적 지지가 높을 때 아동, 청소년, 성인의 불안, 우울, 고통 및 신체적 질병이 낮다는 것을 발견하였다. 또한 이것은 건강한 심혈관 및 면역 기능, 학업 수행, 양육 기술, 그리고 직업 만족도 및 삶의 만족도와도 상관을 보였다. 하지만 이후의 연구들은 사회적 지지가 가져오는 효과가 다양한 다른 요인과의 복합적 결과라는 것을 밝혀 내었고 몇몇 지지적 관계의 부정적 영향도 지적하였다(Saegert & Carpiano, 2017).

일반적 지지와 구체적 지지

일반적 지지
특정 스트레스원에 국한된 것이 아닌 개인의 삶과 대처에 안전 기지를 제공하는 것으로 시간이 지나도 지속되는 도움과 돌봄을 말한다.

지각된 지지
개인의 주관적 판단에 의해 결정되는 지지의 가치 또는 이용가능성을 측정한 것이다.

일반적 지지(generalized support)는 개인의 삶과 대처에 안전 기지를 제공하는 것으로 시간이 지나도 지속되는 것이다. 이는 하나의 특정 스트레스원에 국한되는 것이 아니며, 또한 특정 상황에 도움이 되는 행동과 반드시 관련되는 것도 아니다. 지각된 지지(perceived support)는 측정으로 나타나는 것을 의미하며 참여자에게 자신이 느끼는 지지에 대한 일반적인 질 또는 이용가능성을 질문한다(Barrera, 1986, 2000). 그러므로 일반적 지지는 자신의 삶에서 의미 있는 타인의 존재를 평가하는 것과 관련된다(Berrera, 2000; Cohen, 2004). 특히 결혼, 부모—자녀 관계, 또는 친구 관계 등의 친밀한 대인관계에서 돌봄과 애착의 경험을 의미한다. 이것은 어떠한 형태로든 항상 존재한다.

구체적 지지(specific support) 또는 실행 지지(enacted support)는 특정 스트레스의 대처를 위해 지원되는 도움 행동이다. 여기에는 정서적 격려, 정보 또는 충고, 그리고 돈을 빌려 주는 등의 실질적 지원 등이 있다. 구체적 지지는 현재 일어난 스트레스 및 고통과 관련되기 때문에 해당 스트레스원이 요구하는 지원에 초점을 두고 있다(Barrera, 2000). 이러한 종류의 지지는 단지 인식하는 것이라기보다 실질적으로 얻을 수 있는 것을 말한다.

일반적 지지와 구체적 지지는 서로 연관될 수 있다. 실직과 같은 스트레스원은 두 종류의 지지 모두가 필요하다. 친밀한 관계는 대개 일반적 지지와 구체적 지지 모두를 제공한다. 덜 친밀한 관계는 친밀한 관계만큼 자신을 돌봐 주는 것은 아니지만 실질적 지지와 관련되어 도움을 준다. 지각된 지지와 구체적 지지가 다르다는 것을 아는 것은 중요하다. 예를 들면, 당신이 심리학 수업 과제를 할 때 어려움을 겪고 있다면 좋은 친구가 도움이 되겠지만 강사 역시 도움을 줄 수 있다. 지각된 일반적 지지와 실행의 구체적 지지에 관한 23개의 연구를 검토한 결과, 이 두 지지는 평균 35%의 상관관계가 나타났다(Haber et al., 2007).

> **구체적 지지**
> 실행 지지라고도 불리며 개인의 삶에 이미 발생한 특정 스트레스를 대처하는 데 도움을 주는 것으로, 충고, 경제적 지원 또는 정서적 격려 등이 있다.

지지의 관계적 맥락

사회적 지지는 진공 상태에서 일어나는 것이 아니라 타인과의 관계 속에서 발생한다. 이러한 관계에서 발생하는 역동이 사회적 지지를 형성한다. 수많은 연구는 상호 간의 친근하고 신뢰할 수 있는 관계가 높은 수준의 사회적 지지와 삶의 만족도 및 낮은 수준의 외로움과 관련된다는 것을 보여 주었다(Barrera, 2000; Terry & Townley, 2019). 하지만 관계는 지지를 제공할 뿐만 아니라 스트레스원을 만들 수 있다는 것 역시 진실이다. 다음에서 다양한 지지 관계 중 연구를 바탕으로 한 몇 가지 유형을 살펴보자.

맥락으로서의 가족 가족 구성원, 특히 부모와 배우자는 중요한 일반적 지지와 구체적 지지의 근원이다. 다른 지지와 비교해 볼 때, 이들은 개인의 관여 정도가 아주 높고 그들에 대한 많은 정보를 가지고 있다. 하지만 가족은 상호 간에 너무 큰 의무와 갈등의 가능성이 있으므로 모든 스트레스원에 도움이 되는 자원이 아닐 수도 있다.

트로터와 알렌(Trotter & Allen, 2009)은 지난 12개월 동안 가정폭력을 경험한 45명의 여성이 가족과 친구로부터 받은 사회적 지지의 역할을 연구하였다. 질적 연구 결과, 가족과 친구의 반응을 항상 지지적으로 인식하지 않았다는 것은 그리 놀라운 일은 아닐 것이다. 여성의 22%만이 가족과 친구의 반응이 일관되게 지지적이었다고 하였고, 여기에는 안전한 곳을 구하는 것의 도움, 정서적 지지, 그리고 다른 실질적 도움 등이 포함되었다. 대다수 여성은 일관되지 않은 지지(78%)를 경험하였는데, 안전을 위협하는 부정적 반응(25%), 제한적인 정서적 지지 또는 정서적 지지가 없음(50%), 그리고 제한적인 실질적 도움(33%) 등이 있었다. 트로터와 알렌은 가족과 친구의 도움을 동원하는 프로그램은 가정폭력으로 발생하는 스트레스원을 해결하는 수단으로 이용할 수 있지만 동시에 가족과 친구가 제공하는 지각된 지지와 구체적 지지의 성격을 살펴보지 않는다면 그 프로그램은 의도치 않게 여성을 위험에 빠뜨릴 수도 있을 것이라고 결론을 내렸다.

일상에서의 조력자와 멘토 일상에서의 조력자와 멘토는 정보적 지지의 관계이다. 어떤 사람은 미용사나 바텐더와 같은 개인적이고 정서적으로 의미있는 대화를 이끄는 직업을 가졌기 때문에 자연스럽게 일상에서의 조력자가 된다(Cowen, McKim, & Weissberg, 1981). 멘토는 경험이 적은 어린 사람을 지원하고 이끄는 역할을 하는 경험과 나이가 많은 사람(부모와는 다른)을 지칭한다(Lyons et al., 2019; Rhodes & DuBois, 2008). 멘토는 개인의 사회적 연결망에서 자연스럽게 생기거나 멘토링 프로그램을 통해 구하기도 한다. 청소년을 위한 멘토링 프로그램 연구들은 멘토링의 긍정적 효과가 그리 크지 않음을 발견하였지만, 멘토링 프로그램의 향상에 도움이 되는 효과적인 멘토링 관계의 특성을 확인하였다(Lyons et al., 2019; Rhodes & Dubois, 2008). 멘토링 프로그램은 소외되고 위험한 환경에 있는 청소년에게 가장 도움이 되었다.

<u>스트레스원이 되는 관계</u>　관계는 지지뿐만 아니라 스트레스원을 발생시킬 수 있다(Saegert & Carpiano, 2017). HIV 양성인 사람의 연구에서 우울 증상은 타인과의 갈등 관계와 상관이 있음을 밝혀내었다(Fleishman et al., 2003). 청소년 미혼모의 연구 결과, 지지가 높으면 우울이 낮게 나타났지만 그러한 관계에서 비난, 갈등, 실망 등이 연관되어 있을 때는 높은 수준의 우울을 보였다(Fhodes & Woods, 1995). 다른 맥락을 살펴보면, 질병이나 다른 장기적인 문제 때문에 오랫동안 지속적인 지지가 필요한 상황에서는 지지자가 피곤해지는 것으로 인한 갈등이 발생한다(Kohn-Wood & Wilson, 2005). 다른 사람에게 지지를 제공하는 것은 노력과 시간이 든다. 그래서 만성 질병을 앓는 가족을 돌보는 이들의 경우, 기존 지지 연결망으로 자신의 스트레스가 충분히 해결되지 않는 상황에 대비하여 이들의 사회적 지지의 증진에 도움을 주는 개입법이 개발되고 있다. 관계의 맥락에서 발생하는 지지에 관한 연구는 지지의 긍정적 효과와 부정적 효과를 명확히 하는 데 도움을 준다.

사회적 지지 연결망

사회적 지지는 관계 연결망 내에서 발생한다. 연구자들은 사회적 지지와 관련된 많은 변인에 대한 사회적 연결망을 분석하였다. 지지 연결망 특성 중 다차원, 밀도, 그리고 상호성에 대하여 살펴보자.

<u>다차원</u>　다차원 관계(multidimensional relationships)는 관련된 두 사람이 다양한 일을 함께하고 다양한 역할 관계를 공유하는 것을 말한다. 예를 들면, 동료이자 친구의 관계이거나 이웃이면서 다양한 관심사나 활동을 공유하는 관계를 말한다. 이와 반대로 일차원 관계(unidimensional relationships)란 한 가지 역할로만 서로의 관계가 한정된 것으로 직장에서만 보는 회사 동료나 이웃이지만 친구는 아닌 관계이다. 학생인 경우, 같은 과 친구가 이웃일 수도 있고 같은 동아리의 구성원일 수도 있는 다차원 관계를 맺을 수 있다. 만약 학급에서만 알고 지낸다면 이는 일차원 관계이다.

다차원 관계는 그 사람을 좀 더 자주 본다는 것을 의미하기 때문에 깊은 관계를 맺기 쉽다. 다차원으로 묶인 관계는 회복력도 좋다. 예를 들면, 직장을

다차원 관계
관련된 두 사람이 여러 역할 관계와 그 역할에 대한 책임과 활동을 맺는 관계를 말한다. 친구이면서 이웃인 사람들이 그 예이다.

일차원 관계
한 가지 역할로만 서로의 관계가 한정된 사이로, 수업에서만 보는 학급의 친구가 그 예이다.

그만두면 일차원 관계의 동료와는 끝을 의미하지만 다차원 관계라면 그 동료와의 관계는 계속될 것이다. 하지만 일차원 관계 역시 더 많은 수의 사람과 관계를 맺고 알아 가기 위해서는 중요하다.

밀도 한 개인의 사회적 연결망에 위치한 다른 사람 간에도 서로 관계를 맺고 있는데, 이를 밀도(density)라고 한다. 고밀도의 연결망은 그 내부 구성원 간의 높은 결속이 있을 때, 예를 들면 연결망 내의 다른 구성원이 서로 친구 관계일 때 나타난다. 작은 마을의 주민들과 몇몇 도시의 주민들은 고밀도의 연결망을 가지고 있다. 저밀도의 연결망은 개인의 연결망 내 다른 구성원들이 친밀한 관계를 맺지 않을 때 나타난다. 많은 친구가 있는 어떤 사람의 경우, 그 친구들이 서로를 알지 못한다면 그 사람은 저밀도 연결망을 가진 것이다. 고밀도 연결망과 저밀도 연결망에 속한 지인의 수는 비슷할 수 있지만 고밀도 연결망을 가진 사람이 훨씬 더 상호 관련성이 높다.

고밀도 연결망의 구성원들이 상호 관련성이 높기 때문에 규준과 조언에 있어 높은 의견 일치를 보이고(Hirsch et al., 1990), 위기 시에 더 신속한 도움을 준다. 하지만 저밀도 연결망은 다양한 기술과 삶의 경험을 가진 사람을 포함하고 있기 때문에 이혼, 사별, 대학 입학 같은 삶의 전환기에 필요한 자원을 다양하게 제공할 수 있다(Hobfoll & Vaux, 1993; Wilcox, 1981). 이러한 전환기에 너무 강한 고밀도의 연결망은 새로운 역할과 정체성의 발달 또는 변화된 상황에의 적응을 방해할 수 있다.

상호성 사회적 연결망은 자신이 다른 사람에게 지지를 받고 또 지지를 주는 둘 모두의 정도에 따라 다양하다. 지지의 상호성은 전 생애를 통해 친구 관계의 가장 중요한 요소이다(Hartup & Stevens, 1997).

자조 집단과 종교 집단의 연구에서 마톤(Maton, 1987, 1988)은 지지의 상호성이 심리적 웰빙과 관련이 있음을 발견하였다. 즉, 지지를 주는 것과 받는 것 모두를 하는 사람이 높은 웰빙을 보였다. 대부분 지지를 주기만 하거나 아니면 받기만 한 경우와 둘 다 거의 없었던 경우에는 웰빙이 낮았다. 마톤의 연구 결과는 단순히 두 사람 간의 상호성을 말하는 것이 아니라 사회적 연결망 전체를 통한 상호성을 의미한다. 즉, 한 개인이 어떤 사람에게는 지지를 주로 제

> **밀도**
> 개인의 사회적 연결망 내의 구성원 간의 결속 관계의 정도를 일컫는 것이다.

공만 할 수도 있고 어떤 사람에게는 주로 받기만 할 수도 있지만 그 개인 전체를 본다면 주고받음은 비슷하다.

　　전문가 지지 관계에서 상호성의 역할을 무엇인가　도움 관계를 연구할 때 지지의 상호성은 얼마나 중요한가? 보통은 의사, 치료자, 또는 건강 전문가와의 관계에서 상호성을 기대하지 않는다. 몇몇 공동체심리학자는 오랫동안 정신과 치료를 받은 사람의 소규모의 사회적 지지 체계에 관심을 가져왔다(Kloos, 2020; Nelson et al., 2014). 중증의 만성 정신장애인은 그들의 많은 요구를 충족하기 위해서 정신건강 체계에 의존하는 경우가 많다. 주거, 교통수단, 고용과 같은 자원이나 심지어 친구를 사귀는 것도 정신건강 전문가가 관리한다. 이 경우, 정신장애인은 지지를 주는 것과 받는 것 모두의 기회가 줄어든다.

　　공동체심리학의 연구 및 실천행동에서 공동체심리학자는 그들의 작업이 얼마나 협력할 수 있으며 전문적인 관계에서 상호성의 요소를 가질 수 있는지를 살피는 것이 필요하다(1장과 3장 참조). 공동체심리학자는 상호 조력 조직들이 협력해야 한다는 접근법을 주장하는데, 이들은 비전문가의 도움을 받을 수 있는 가능성을 촉진하고 일방향적인 전문적 치료 체계를 변화시키는 것에 관심이 있다.

상호 조력 집단

　　상호 조력 집단에는 상호 원조 또는 자조 집단, 그리고 상호 지지 집단 등이 포함되며, 대처가 필요한 삶의 상황이나 사건을 함께 해결하려는 사람들의 자발적인 모임을 말한다. 많은 경우, 이 집단은 스트레스원을 다루는 기존의 자원이 부족한 것을 해결하기 위해 형성된 대안 세팅이다. 예를 들면, 음주 문제를 가진 사람을 위한 국제적인 지지 조직인 AA와 같은 공식 조직도 있고, 지역 공동체 내의 사별한 사람의 모임인 비공식적 조직도 있다. 상호 조력 조직은 지난 40년 동안 전 세계를 통해 엄청난 성장을 해 오고 있다(Borkman et al., 2005; Nelson et al., 2017). 전 세계 1,200개 이상의 상호 조력 조직이 존재하고 이들 각각은 지역 단체 연결망을 가지고 있다(Chinman et al., 2002). 상호 조력 집단은 보통 그들의 상위 조직과 제휴하여 미시체계에 고립되어 있지 않다.

자조 집단의 수는 미국의 정신건강 단체 및 조직의 수를 훌쩍 넘기고 있다 (Goldstron et al., 2006). 상호 조력 집단의 성인 인구 비율은 심리치료를 받는 비율과 동일하다(Munn-Giddings & Borkman, 2017). 지난 60년 동안, 가장 널리 알려진 상호 조력 조직인 AA는 두 명의 설립자로 시작하여 현재 수천 개의 지역 모임을 갖는 세계적인 조직으로 성장하였다. 미국의 음주 문제로 도움을 찾는 사람 대부분은 AA모임에 참석한다(Munn-Giddings & Borkman, 2017).

상호 조력 집단은 구성원이 그 집단을 얼마나 감독하고 있는지의 정도에 따라 다양하다. 상호 원조 집단(mutual assistance groups) 또는 자조 집단은 주 관심사를 경험한 사람에 의해 운영되고 전문가의 관여는 없다(예, AA). 어떤 상호 지지 집단은 전문가의 지지적 역할(예, 의뢰를 제공)이 제공되지만 "상호 지지"의 용어는 동료 주도의 집단을 표방한다는 것을 알아야 한다. 몇몇 정신건강 전문가는 상호 지지에 전문적 도움을 결합한 형태의 동료 지지 집단을 만들려고 노력해 왔다[예, 고등학교에서 또래 상담 집단; 유방암 환자를 위한 리치 투리커버리(Reach to Recovery); Borkman, 1990; Salem et al., 2008]. 하지만 이렇게 전문적으로 집단을 운영하는 것이 상호 지지 경험의 핵심적인 요소를 유지하는지에 대한 논쟁도 있다(Salem et al., 2008; Segal, 2018). 그럼에도 불구하고 자조를 옹호하는 사람들은 전문가와 자조 집단 간의 협력이 증가할 것이라고 예측하였다(Munn-Giddings & Borkman, 2017; Riessman & Banks, 2001). 이 책을 읽는 당신은 다양한 집단을 염두에 두어야 하지만, 세팅의 공통 측면에 초점을 맞추어 간결하게 표현하기 위해서 이 책에서는 "상호 조력"이라는 용어를 사용하였다.

> **상호 원조 집단**
> AA와 같이, 참여자가 공통의 관심을 공유하는 동료에 의해 촉진되는 자조 집단을 말한다.

상호 조력 집단의 특징

상호 조력 집단은 5개의 구별되는 특징이 있다(Pistrang et al., 2008; Riessman, 1990).

- 주 관심사: 모든 구성원에게 해당하는 공통된 문제, 삶의 위기, 또는 쟁점
- 전문가-내담자 관계라기보다는 (또는 동시에) 동료 관계

- 도움의 상호성: 구성원 서로가 도움을 주고받음
- 대처를 위해 경험적 지식 사용
- 구성원의 경험과 지혜가 녹아 있는 공동체 서사

상호 조력은 동료 관계가 기초이다. 이는 비용을 지불하는 전문적 서비스라기보다 상호성의 대인관계를 기본으로 도움을 교환한다는 것을 의미한다. 각 구성원은 도움을 주는 것과 받는 것 모두 실행한다. 그러므로 도움 관계는 전문가-내담자의 비대칭 관계가 아니라 대칭 관계이다. 또한 타인에게 도움을 줌으로써 자신의 웰빙도 증진한다는 조력자 치료 원리(helper therapy principle)도 포함한다(Riessman, 1990). 예를 들면, 정신장애인을 위한 상호 조력 집단인 GROW는 이 원리를 강조하며, "당신이 도움이 필요하다면 다른 사람을 도와주라."라고 얘기한다(Maton & Salem, 1995, p. 641). 또한 그 집단의 모든 사람이 동일한 문제를 가지고 있고 동시에 누군가가 도움을 제공할 것이라고 기대한다면, 문제에 대한 도움이 필요하거나 받는 것에 대하여 낙인을 찍는 일도 줄어들 것이다.

상호 조력의 또 다른 구별되는 특징은 경험적 지식(experiential knowledge)으로 상호 조력에서 가장 높게 평가받고 가장 많이 사용된다. 경험적 지식은 오랫동안 주 관심사를 다루어 온 집단 구성원의 개인적 경험을 바탕으로 한다(Borkman et al., 2016). 이러한 실질적 "내부자" 지식은 상호 조력 집단의 모임을 통해 공유된다. 전문가의 지식은 많은 상황에서 매우 유용하지만 전문가 대부분은 해당 문제에 대한 직접적이고, 일상적이며, 개인적인 경험을 한 적이 없다.

상호 조력 집단은 공동체 서사(community narratives)를 제공하는데, 이는 해당 문제의 묘사와 설명을 이야기 형태로 표현하는 것으로 회복 또는 대처를 위한 명확한 지침을 제공한다(서사에 관한 것은 6장 참조). 그 집단의 신념 체계, 의식 절차, 그리고 서로 간의 이야기는 삶의 경험에 의미를 부여하고, 자신의 정체성을 변화시키며, 대처를 증진하는 방법을 제공한다. 구성원이 그 집단에 더 몰입할수록 자신의 살아온 이야기와 정체성을 공동체 서사와 유사한 방식으로 해석한다.

전문적인 정신건강 치료와 상호 조력은 서로 보완적인 도움의 형태일 수 있

조력자 치료 원리
타인을 돕는 것이 동시에 자신의 웰빙을 증진하는 것이라는 믿음을 말한다.

경험적 지식
주 관심사를 직접 경험한 사람으로부터의 조언을 말한다.

공동체 서사
해당 문제를 설명하고, 그것에서 의미를 찾아내고, 참여자가 자신의 정체성을 변화시키며, 회복 또는 대처를 위한 명확한 방향을 제공하는 참여자 간에 공유하는 이야기를 말한다.

다(Chinman et al., 2002; Segal, 2018). 예를 들면, 전문적 치료는 증상과 치료에 대한 과학적이고 임상적인 지식을 제공하고, 특히 복잡한 문제를 평가하고 치료하는 데 유용하다. 상호 조력은 동료 관계의 혜택, 도움 행동, 경험적-실증적 지식을 저비용 또는 무비용으로 제공한다. 미시간주의 조현병을 가진 사람들의 모임은 집단 구성원 및 대표의 전문지식과 정신건강 전문가의 전문지식을 명확히 구분하였지만, 둘 모두 중요하게 다루었다(Salem et al., 2000). 하지만 모든 전문가가 삶의 문제를 해결하기 위해 상호 지지의 방법에 동의하는 것은 아니다(Salzer et al., 1994; Segal, 2018). 코네티컷주의 정신건강 전문가와 재활 전문가의 설문조사에서는 전문적 경험이 많을수록 그리고 정신장애인과 그 가족을 더 많이 접촉했던 전문가일수록 상호 조력 집단을 더 긍정적으로 생각하였고 내담자에게 상호 조력 집단을 더 많이 소개하는 것으로 나타났다(Chinman et al., 2002).

상호 조력 집단이 모든 사람에게 도움이 되는 것은 아니다. 전문가가 내담자에게 특정 상호 조력 집단을 소개할 때는 지식, 개인적 접촉, 신중함 등이 필요하다. 하지만 이러한 주의사항은 전문가를 추천할 때에도 마찬가지이다. 연구자들의 공통된 결론은 치료 전문가와 자조 집단 간의 유대를 강화해야 한다는 것이다(Humphreys et al., 2004). 전문가가 상호 이해와 협력을 시작하고자 한다면 상호 조력 집단의 모임에 참석하는 것이 도움이 된다.

온라인 상호 조력

온라인 상호 조력 집단은 사생활 침해에 대한 걱정이나 대면 모임이 불가능한 사람에게 자원을 제공한다(Figueroa Sarriera & González Hilario, 2017; Kral, 2006). 온라인 상호 조력 집단은 우울증과 음주 문제를 해결하는 데 효과적일 수 있다(Kelly et al., 2019; Pistrang et al., 2008). 클로와 동료들(Klaw et al., 2000)은 온라인 집단의 상호작용이 일반적으로 대면 집단에서의 상호작용과 유사하다는 것을 발견하였다. 흥미로운 점은 우울 집단은 남성이 온라인 모임을 더 많이 사용하였고 음주 집단은 여성이 온라인 모임을 더 많이 사용하였다는 것이다. 이는 대면 모임과는 반대의 결과이다. 아시아계 미국인 남자 대학생을 대상으로 민족 정체성과 관련한 지지를 온라인으로 실시하였을 때는 효과가 있었지만 대면 지지는 실패하였다(Chang et al., 2001). 이 결과는 대면 집단의 참여를 꺼리는 사람은 온라인 집단의 참여를 더 원하고 대면에서와 유사한 혜택을 받을 수 있음을 보여 준다.

온라인 집단은 집을 나가는 것이 힘든 사람이 접근하기에 쉽다. 캠벨과 동료들(Campbell et al., 2016)은 음주 문제 해결을 위해 웹-기반 개입을 개발하였다. 그들은 술을 많이 마시는 189명의 참여자를 모집하여 웹-기반 개입, 대면 상호 조력, 또는 둘 모두의 집단에 무작위로 배정하였다. 결과는 웹-기반 앱과 대면 상호 지지의 차이가 나타나지 않았고 둘 모두 음주 문제를 해결하는 데 도움이 되었다.

영성과 대처

공동체심리학이라는 학문이 갖추어지기 오래전부터 많은 사람은 스트레스가 있으면 지지를 받기 위해 영적인 활동과 종교 집단에 의지하였다. 상실이나 고통의 시간뿐만 아니라 기쁨이나 열정의 순간에도 사람들은 자신의 삶을 이해하고, 지지를 주고받으며, 초월적 경험을 이해하기 위해서 영적인 자원을 이용하고 있다. 영적인 관점은 불완전하고, 예측할 수 없으며, 통제 불가능한 것들을 받아들일 수 있다(Todd, 2017). 삶의 모든 결과를 스스로 통제할 수 있다고 믿는 서구 문화의 가정이 무너지는 상황을 경험할 때와 같이, 특히 자신의 대처 능력이 한계에 부딪히는 상황에서 이 관점은 의미를 지닌다.

영성과 종교는 대처와 관련하여 독특한 개인적 자원과 사회적 자원을 제공한다. 개인적 자원에는 신과의 영적 관계나 또 다른 초월적 경험, 삶의 의미를 제공하고 대처 능력을 높여 주는 신념 체계, 그리고 기도와 명상과 같은 구체적인 대처 방법 등이 포함된다. 사회적 자원에는 종교 단체 또는 다른 영적 세팅(영성을 바탕으로 한 상호 조력 집단 포함)과의 소속감 및 지지, 그리고 영적인 관습과 의식 절차가 포함된다(Mammana-Lupo et al., 2014; Pargament, 2008).

하지만 종교와 영성의 개인적이고 사회적인 영향이 부정적일 수도 있다(Hebert et al., 2009). 미국의 가정폭력을 경험한 여성을 대상으로 한 설문 조사에서 응답자의 절반은 종교에 대한 부정적 경험을 보고하였다(Pargament,

1997). 영성과 종교가 스트레스원을 발생시키거나 악화시킬 수도 있는데, 개인이 스트레스원을 대처에 도움이 되지 않는 영적 방법으로 해석하거나 또는 종교 단체와의 개인적 갈등이 해결되지 않을 때가 그러한 경우이다(Pargament, 1997). 회복탄력성이 높은 아프리카계 미국인 한부모 어머니의 연구에서 일부는 종교 공동체에 관련되는 것이 "보호와 축복"(Brodsky, 2000, pp. 213-214)을 제공한다고 하였지만, 다른 이들은 종교 단체가 아닌 곳이나 그들을 회피하였을 때 영적 위안과 강점을 발견하였다.

물론 종교적 믿음, 단체, 그리고 영성의 문화적 형태는 대처의 자원으로서만 존재하기보다 더 많은 목적이 있다(Todd, 2017). 대처와 관련한 영성의 유용성은 더 큰 목적 안에서 이해하여야 한다. 영성은 자신과 일상을 뛰어넘는 초월성과 관련된다(Hill, 2000; Kelly, 2002; Sarason, 1993). 영적인 사람은 종종 신과의 관계 또는 영적인 영역을 다른 관계와 구별 짓는다. 영성을 단순히 대처 자원으로만 한정할 수 없다(Mattis & Jagers, 2001). 대처에 관한 이 책의 초점은 단지 영성의 의미 중 일부만 다룰 뿐이다.

결론

이 장에서는 스트레스와 대처의 관계에 대한 생태학적 모델을 제안하였다. 특히 부정적인 결과를 예방하거나 긍정적인 결과를 증진할 수 있는 개입법의 선택에 있어 맥락에 대한 이해가 왜 중요한지를 살펴보았다. 또한 이 모델은 대처의 과정 및 자원, 특히 공동체-기반의 자원을 집중적으로 소개하였다. 하지만 우리는 이러한 개념들이 대처의 복잡한 현실 또는 사용 가능한 자원 및 개입의 다양성을 충분히 반영하였다고 생각하지 않는다. 그래서 우리는 당신이 이외의 필요한 것들을 고려하고 당신에게 맞는 대처의 생태학적 모델을 그려 볼 것을 권한다.

토론거리

1. 이 장에서 다룬 스트레스와 대처의 생태-맥락적 모델은 정신건강 문제의 발생 원인을 어떻게 확장하였는가?

2. 이 모델은 건강 문제와 사회 문제를 해결하기 위한 지점과 시기를 어떻게 확장하였는가?

3. 스트레스와 대처의 생태-맥락적 모델에서 사회적 지지의 역할을 무엇인가?

4. [그림 9-3]에서, 시민참여와 권력강화가 관련된 곳은 어디인가?

5. 스트레스와 대처의 생태-맥락적 모델은 정신건강 전문가가 자신의 업무에 대하여 생각하는 방식을 어떻게 변화시킬 수 있는가?

제 5 부

문제 예방과
사회적 역량 향상

제**10**장 예방과 증진의
주요 개념

미리 보기 ⫸

이 장을 마치고 나면 다음의 질문에 답할 수 있을 것이다.

1. 20세기 중반, 일부 심리학자는 왜 웰빙 증진을 위한 개인 수준의 치료−중심 접근법에 좌절하
   였는가?

2. 개인과 공동체 모두에서 사건이 발생한 후에 문제를 다루는 것과 비교하여 예방의 장점은 무
   엇인가?

3. "회복탄력성"은 무엇을 의미하며, 예방과 증진의 개념과 어떻게 관련되는가?

4. 효과적인 예방 프로그램들의 공통 요소는 무엇인가?

5. 예방 프로그램이 효과적인지를 어떻게 평가할 수 있는가?

여는 글

브로드 거리의 우물(the Broad street pump)

1854년, 콜레라가 런던을 휩쓸었다. 그 당시에 콜레라는 새로운 질병(세계적으로 콜레라의 첫
번째 전염 시기는 1816년이었다)이었고, 걸리면 죽음에 이르렀다. 1832년에 발생했을 때는 영국
인구의 55,000명 이상이 사망했고, 1849년에는 런던에서만 14,137명의 피해자가 속출하
였는데, 이 질병이 다시 발발한 것이다. 이때는 콜레라도 다른 질병과 같이 나쁜 공기를 통해서 전
염되는 것으로 알려져 있었다. 이 질병의 특성이 잘 알려지지 않았기 때문에 사람들은 두려움과
공포에 휩싸였다. 이 질병에 걸리지 않는 단 한 가지 방법은 콜레라가 발생한 도시나 마을을 떠나
는 것이었다. 하지만 많은 사람, 특히 가난한 사람들은 살던 곳을 떠나는 것이 쉽지가 않았다. 런
던의 외과 의사였던 존 스노우(John Snow)는 나쁜 공기로 인해 콜레라가 전염된다는 이론에 반
박하는 글을 기고하면서 콜레라는 인간의 몸에서 번식하여 음식 또는 물(둘 중 어느 것인지는 그도 알
지 못했다)을 통해 전염된다고 주장하였다. 당신이 1854년 런던의 스노우 의사라면 콜레라의 전

염을 멈추기 위해 무엇을 할 수 있겠는가? 콜레라로 인한 죽음을 막을 수 있을까?

스노우는 새로운 시각에서 전염병에 접근하였다. 그는 런던의 지도를 구하여서 콜레라로 숨진 578명이 살았던 집의 위치를 표시한 후, 그 집들을 찾아가서 가족을 면담하였다. 그리고 사망한 사람 거의 모두가 브로드 거리에 있는 우물에서 물을 길어 마셨다는 것을 발견하였다. 그는 지도에 브로드 거리의 우물과 콜레라의 죽음의 관계를 도표로 보여 주기 위해 13개의 우물 위치를 표시하였다. 그는 이 정보를 런던시의 위원회에 제출하였고 공무원들은 바로 다음 날 그 우물을 폐쇄하였다. 그리고 콜레라는 진정되었다(Johnson, 2006).

스노우는 오늘날 역학의 아버지 중 한 명으로 여겨지며 1854년 런던 콜레라 전염의 근본 원인을 찾아낸 그의 업적은 이후 공중보건 분야의 창립을 이끈 사건 중 하나로 기록된다. 이 이야기는 예방의 속성을 우리에게 알려 주기 때문에 공동체심리학의 발달에도 중추적인 역할을 하였다. 예방의 첫 번째 특성은 문제를 치료하는 방법을 설사 모를지라도 문제를 예방할 수 있다는 것이다. 두 번째 특성은 그것을 예방하기 위해 그 문제의 원인을 알 필요가 없다는 것이다. 단지 그 문제가 다른 곳에서 발생하여 넘어 온 것인지, 아니면 이곳에서 지속되어 온 것인지에 대한 기제를 이해하기만 하면 된다. 셋째, 행동을 변화시킴으로써 문제를 예방할 수 있다. 넷째, 개인의 행동 변화가 예방에 도움이 될 수 있지만 문제에 대한 완전한 예방은 대부분 정부의 실천행동에 달려 있다.

이 교훈은 정서적, 행동적, 그리고 인지적 장애에도 적용될 뿐 아니라 예방 과학 발달의 초석이 되고 있다.

당신의 생각은?

1. 스노우가 한 일은 관점의 변화가 필요한 것이었는가? 그 변화를 어떻게 설명할 수 있는가?

2. 콜레라가 "나쁜 공기"와 관련이 없다는 스노우의 이론에 반대하는 그 당시의 엄청난 저항이 있었다. 그가 그렇게 많은 저항을 받은 이유는 무엇이라고 생각하는가? 사람들의 생각을 바꾸기 위해 필요한 것은 무엇이었는가?

3. 그가 개입을 실시한 생태학적 수준은 어디인가? 이것과 그의 생각이 저항에 부딪힌 부분이 어떻게 관련된다고 생각하는가?

일상의 모든 곳에 존재하는 예방과 증진

9장에서 공동체심리학자가 개인과 공동체를 이해하는 데 사용하는 개념들을 소개하였다. 이 장과 다음 장에서는 공동체심리학의 가치, 개념, 도구들이 어떻게 문제 행동 및 정신건강 고통을 예방하고 건강한 정신건강 및 사회적 역량을 증진하는지를 보여 준다. 이번 장에서는 핵심 개념을 살펴보고 실제 프로그램의 예시를 제시하며, 11장에서는 다양한 맥락에서 예방 및 증진 프로그램이 어떻게 실행되는지를 자세하게 살펴볼 것이다.

예방 및 증진 활동은 어디에서나 볼 수 있다. 부모, 교사, 보건 직원, 경찰관, 안전 검사관, 공무원 및 기타 많은 사람이 예방 활동에 상당한 시간을 할애한다. 부모가 아이에게 자전거를 타고 길을 건너기 전에 헬멧을 쓰고 길 양쪽을 살피라고 말하는 것은 위험한 결과를 막으려는 그들의 의도가 담겨 있다. 대부분의 예방 업무가 공동체심리학자를 비롯한 심리학자에 의해서만 수행되는 것은 아니다. 예방은 모든 사람이 자신의 직장에서뿐만 아니라 일상생활에서도 시행하고 있다. 1장에서 언급한 것처럼, 공동체심리학이라는 전공 분야가 잘 알려지지 않았음에도 불구하고 공동체심리학의 접근법은 광범위하게 채택되고 있는 "기이한 성공(peculiar success)"을 거두었다(Snowden, 1987). 이는 특히 예방과학 분야에서는 사실이다. 공동체심리학은 예방 및 증진에 있어 법, 교육, 정부, 공중보건, 사회복지, 재계, 그리고 심리학의 여러 분야(특히 발달, 건강, 조직, 학교, 임상)를 포함한 많은 영역에서 다학제적이고 협력적으로 일해 왔다. 또한 다른 학문 분야의 구성원도 종종 공동체심리학에서 진행하는 연구와 개입에 함께 협력한다. 이 장에서는 다양한 학문 영역에서 활동한 실천가들의 업적과 함께 공동체심리학자가 실시한 예방 및 증진 프로그램을 소개할 것이다. 그리고 이 장에서 소개하는 이론으로 진행된 성공적인 예방 및 증진 프로그램에 대하여 논의할 것이다.

예방이란 무엇인가

예방(prevention)은 "기대하는" 또는 "무엇인가 일어나기 전"을 의미하는 라틴어에서 유래된 개념이다. 예방이라는 말은 모든 공적 영역에서 찾아볼 수

예방
사건의 부정적 영향을 다루기보다 부정적 사건이 발생하지 않도록 조치를 취하는 것을 말한다.

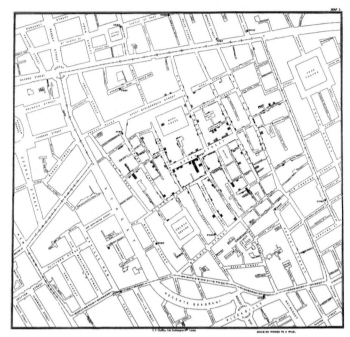

콜레라 전염과 브로드 거리 우물의 관계에 관한 존 스노우의 지도는 공동체심리학자가 목표로 하는 환경 요인이
공동체 웰빙에 어떻게 영향을 미치는지를 보여 준다.

있다. 예방에 관한 견해는 인류 역사 전반에 걸쳐 나타나지만 예방의 개념이
체계적으로 정신장애 영역에 적용될 수 있다는 생각은 매우 최근의 일이다.

1959년, 조지 올비(Geroge Albee)는 미국에서 그 해에 정신건강 상담을 통
해 혜택받은 사람의 수와 동시에 미국에서 그 해에 훈련받은 정신건강 임상가
의 수를 계산하였다. 분석을 통해 정신건강 서비스에 필요한 훈련을 받은 임
상가의 수가 절대적으로 부족하다는 것을 보여 주었다. 이것이 의미하는 것
을 생각해 보라. 치료를 위한 자원이 부족하였다는 것은 실제 현장에서 치료
자가 부족하다는 것을 의미한다. 만일 전문가와 내담자의 일대일 치료 방식에
계속해서 의존한다면 미국 사회는 결코 치료가 필요한 모든 사람을 위한 충분
한 수의 전문가를 훈련시킬 수 없다. 그리고 필연적으로 모든 내담자를 치료
할 수도 없다.

올비(Albee, 1959)의 발견은 또한 부족한 치료 자원을 어떻게 배분할 것인가
의 문제를 제기하였다. 종단 역학 연구(Hollingshead & Redlich, 1958; Myers &
Bean, 1968)에서는 사회경제적 지위 및 민족과 공급되는 서비스 간의 높은 상

관관계를 보여 주었다. 가난한 사람과 소수 집단의 구성원은 더 심각한 진단을 받았고, 심리치료보다 약물치료를 받았으며, 개인치료보다는 집단치료를 더 많이 받았다. 치료자는 자신과 비슷한 범주에 속하는 내담자(남성, 백인, 의사소통이 되는, 그리고 성공한)를 선호했다.

1950년대의 심리학자는 다음과 같이 주장하는 연구를 보았다. ① 심리치료는 효과가 없다. ② 심리치료가 효과가 있다고 하더라도 우리는 그것이 필요한 모든 사람에게 제공할 수 없다. ③ 우리가 심리치료를 제공할 수 있다고 하더라도 모든 집단에 동등하게 사용할 수 없다. 이들은 이 주장을 보고 다음과 같이 말했다. "더 나은 방법이 있을 거야."

'여는 글'의 스노우의 이야기로 돌아가서 공중보건 모델의 시초를 생각해 보자. 공중보건 모델의 전제는 질병 피해자를 치료하는 것만으로는 질병이 박멸되지 않는다는 것이다. 스노우는 콜레라를 치료하거나 더 효과적인 치료법을 개발하지 않았다. 대신에 그 질병의 새로운 발생을 막았다(공중보건 용어로 질병의 발병률). 이를 바탕으로 정신건강 전문가는 이 개념을 인지 · 정서 · 행동 장애에 적용하는 것에 대하여 생각하기 시작하였다. 만약 장애가 발생하기 전에 예방한다면 심리치료에 대한 요구는 상당히 줄어들 것이다.

증진이란 무엇인가

비록 공동체심리학이 예방의 개념을 포함하고 있지만 고려해야 할 예방의 또 다른 측면에는 증진(promotion)이 있다. 이것은 문제를 일으킬 수 있는 부적응적 행동에 초점을 맞추기보다 긍정적인 행동을 개발하고 강화하는 것을 일컫는다. 예를 들어, 아동 학대의 발생을 줄이려는 프로그램을 실시한다면 목표는 부모가 자신의 자녀를 학대하는 것을 멈추게 하는 것에 그치는 것이 아니라 부모의 긍정적인 양육 기술을 높일 수 있도록 지원하는 것이다. 이혼 예방 프로그램은 실제로 이혼을 방지하고자 하는 것이 목적이 아니라 건강하고 성공적인 결혼생활을 이끌어 가는 것을 돕는 것이다. 이 예시들은 바람직한 역량, 기술, 능력을 개발하는 것에 초점을 둔다. 삶의 전반적인 건강과 질은 단순히 심리 장애 또는 문제 행동 유형을 예방하기 위해서라기보다 그 자체가 삶의 목표인 것이다. 코웬(Cowen, 1991, 2000a)은 예방 노력의 전반적인 목표

증진
문제를 일으킬 수 있는 부적응적 행동에 초점을 맞추기보다는 긍정적이고 건강한 행동을 강화하는 것을 말한다.

를 설명하기 위해서 안녕(wellness)이라는 용어를 사용할 것을 주장했다. 안녕은 보통 일상생활의 만족 또는 희열을 의미하지만, 또한 이 책의 다수의 개념처럼 생태학적이고 상호교류의 특징을 가지고 있다. 코웬의 견해는 공동체심리학자가 장애의 예방뿐 아니라 역량 및 안녕의 증진을 생각하는 방식의 핵심이 되고 있다.

예방과 증진의 이해를 위한 개념

이 절에서는 장애 예방, 역량 증진, 강점, 그리고 성장에 대한 개념이 어떻게 역사적으로 발전해 왔는지를 살펴보고자 한다. 이를 위해서 이 개념들이 사용되는 맥락에서 어떻게 정의되고 이해되는지 아는 것은 중요하다.

1차 · 2차 · 3차 예방

20세기 초반의 공중보건과 정신위생 분야에 뿌리를 둔 예방의 개념은 깊은 역사를 가지고 있다(Heller et al., 1984; Spaulding & Balch, 1983). 이후 제럴드 캐플란(Gerald Caplan)은 '예방'이라는 용어를 정신건강 분야에 적용한 사람 중 한 명으로 인정받고 있다. 캐플란(Caplan, 1964)은 예방 유형을 다음의 세 가지로 구별하였다.

1차 예방
유해 상황이 고통을 유발하기 전에 그 가능성을 감소시키는 예방 개입법을 일컫는다.

1차 예방 1차 예방(primary prevention)은 고통이나 요구가 없는 상황에서 전체 인구에게 실시하는 개입이다. 목적은 장애가 새롭게 발생하는 경우(공중보건 관점에서 발병률을 낮추는 것)를 줄이는 것이다. 1차 예방은 고통이 발생하기 전에 잠재적 유해 상황을 감소시킬 목적으로 개입한다. 예로는 예방접종, 식수에 불소 첨가, 그리고 유치원에서 아동에게 의사결정, 문제 해결, 기술 향상의 프로그램을 제공하는 것 등이 있다. 그러므로 1차 예방은 잠재적 요구와 상관없이 주어진 환경의 모든 사람에게 적용하는 것이다(예, 중학교에 진학하는 모든 초등학생 또는 모든 대학교 신입생).

2차 예방   2차 예방(secondary prevention)은 장애 또는 고통의 초기 신호를 보내는 사람을 대상으로 하는 개입법이다. 이것의 다른 용어는 '초기 개입'이다. 이 개념은 다음에서 설명할 현재 '위험'한 상황의 전조이다. 2차 예방의 예시로는 불편한 정도로 수줍음을 경험하는 아동, 학업의 어려움을 막 보이기 시작한 아동, 또는 직장에서 동료들과 갈등을 겪기 시작한 성인을 대상으로 한 프로그램이다.

2차 예방은 위험 수준에 있는 사람을 판별할 방법이 있어야 한다는 것을 전제로 한다. 주의할 것은 이러한 구별 과정으로 인해 현재는 장애가 없고, 심지어 장애로 발전되지 않을 수 있는 사람을 낙인 찍을 가능성이 있다는 것이다. 위험 식별의 방법을 개선하는 것은 공동체심리학의 중요한 과제이다.

2차 예방
장애 또는 고통의 초기 신호를 보내는 사람을 대상으로 하는 개입법으로, 다른 용어는 "초기 개입"이다.

3차 예방   3차 예방(tertiary prevention)은 정신건강 또는 행동 장애가 있는 사람을 대상으로 강도와 기간을 감소시키고 장애로 인한 장기적인 부정적 효과를 막을 의도로 실시한다. 이 유형의 프로그램은 추가적인 문제를 차단하여 대상자의 정신건강과 삶의 질을 개선하는 것을 목적으로 한다. 오랫동안 정신건강 치료를 받았거나 감옥에 있었던 사람은 그들의 가족, 고향, 직업, 또는 교육 장면으로 돌아가야 하고 그들의 요구에 부합하는 지원 체계를 제공해야 한다. 3차 예방은 현재 우리 사회에서 실행되고 있는 형태로, 개인뿐 아니라 해당 집단 전체를 대상으로 종종 시스템 수준에서 이루어진다.

3차 예방
정신건강 또는 행동 장애를 가진 사람을 대상으로 강도와 기간을 감소시키고, 장애로 인한 장기적인 부정적 효과를 막을 의도로 실시하는 개입법으로, 이 프로그램은 해당 집단 전체가 대상이 되며, 시스템 수준에서 제공된다.

보편적·선택적·지표적 예방법

미국 국립의학연구소에서 발간한 보고서는 예방에 대한 우리의 생각에 많은 영향을 미쳤다(Mrazek & Haggerty, 1994). 이 보고서는 예방을 위한 방법을 보편적, 선택적, 그리고 지표적 측정법으로 분류하였다. 이 보고서는 이러한 분류의 측정 또는 방법에 관한 생각에 큰 공헌을 하였으며, 예방과학 분야에서는 이 용어가 사용되는 것을 흔히 볼 수 있다. 이 개념들은 캐플란이 제안한 개념과 유사하지만 해당되는 사람이 아직 장애를 경험하지 않았다는 점에서 차이가 있다. 이 예방법은 해당 인구의 위험 또는 고통 수준에 근거하여 분류한다.

보편적 예방 측정
1차 예방과 유사하게, 해당 모집단의 모든 사람에게 제공되도록 설계한 개입법으로, 현재 고통이 없는 사람을 대상으로 실시하는 개입법이다.

선택적 예방 측정
행동장애 또는 정서 장애를 발달시킬 위험이 평균 이상인 사람을 대상으로 제공되는 개입법이다.

지표적 예방 측정
행동장애 또는 정서 장애를 발달시킬 위험이 높은 사람에게 제공되는 개입법으로, 특히 그 장애의 초기 증상이 나타나는 경우이지만 아직 정신장애 진단의 근거에 완전히 부합한 것은 아니다.

보편적 예방 측정 보편적 예방 측정(universal preventive measures)은 해당 모집단의 모든 사람에게 제공되도록 설계한 개입법으로 현재 고통이 없는 사람에게도 실시하는 것이다. 이는 1차 예방과 유사하다.

선택적 예방 측정 선택적 예방 측정(selective preventive measures)은 행동장애 또는 정서 장애를 발달시킬 위험이 평균 이상인 사람을 대상으로 실시한다. 위험 요인은 그들의 환경(예, 저소득 또는 가족 갈등) 또는 개인적 요인(예, 낮은 자존감, 학교 부적응)을 근거로 한다. 이러한 위험 요소는 특정 장애의 발달과 관련되어 있지만 그 장애 자체의 증상은 아니다.

지표적 예방 측정 지표적 예방 측정(indicated preventive measures)은 미래에 장애를 발전시킬 가능성이 높은 위험군에 속하는 개인을 대상으로 하는 개입법이다. 이 개입법의 대상자는 아직 정신장애 진단 근거에 완전히 부합한 것은 아니며 해당 장애의 초기 증상이 나타나는 경우이다.

흥미로운 것은 국립의학연구소의 보고서(Mrazek & Haggerty, 1994)는 정신건강 증진(역량 및 안녕과 관련한 개념을 포함하여)을 예방과는 별개의 영역에 배치하였다. 보고서의 편집자들은 자아존중감과 숙달을 이러한 노력을 묘사할 때 주로 사용하는 용어인 역량, 자기효능감, 개인의 권력강화와 함께 정신건강 증진에 주요한 요인으로 보았다. 국립의학연구소의 보고서는 역량을 향상하는 관점에서 본 것이 아니라 구체적인 장애를 예방하는 접근법인지 아닌지의 관점에 초점을 맞추어 정의하였다.

장애 예방과 안녕 및 역량 증진

앞서 개입의 목적은 장애의 예방만이 아니라 안녕 및 역량의 증진이어야 한다는 코웬(cowen, 1991, 2000a)의 견해를 소개하였다. 코웬과 그의 견해에 공감하는 많은 학자는 단순한 장애 예방은 우리의 목적을 너무 낮게 설정하고 있다고 생각하였다. 우리의 목표는 개인과 가족이 최소한의 기능을 할 수 있도록 하는 것이 아니라 그들의 잠재력을 최대한 발휘하도록 하는 것이다.

예방 과학자와 공공 정책입안자는 예방 또는 증진의 시기와 자원을 어디에 배치할지에 대하여 끊임없이 논쟁한다. 또한 같은 영역 내에서도 중점을 두어야 할 다양한 선택이 있다(예, 나이, 사회경제력, 성별, 민족에 기반한). 견해가 다른 대변인을 설득하는 일은 주기적으로 발생하며 이러한 논쟁은 계속되고 있다. 견해의 차이는 일반적으로 장애의 예방을 주장하는 것과 안녕 및 사회적 역량 증진을 강조하는 것으로 나눌 수 있다.

예방 관점을 옹호하는 입장은 우울, 자살, 품행장애 및 조현병 등과 같은 구체적인 장애의 예방법을 배워야 한다고 주장한다. 연구의 방향은 각 장애를 일으키는 가장 위험한 요인의 효과를 막거나 감소시키는 것이다. 이 견해는 국립의학연구소의 보고서에서 설명했던 선택적 예방 및 지표적 예방과 관련이 있다고 볼 수 있다(Mrazek & Haggerty, 1994).

증진을 옹호하는 이들은 많은 사람이 구체적인 장애가 없음에도 불구하고 건강한 심리적 안녕을 경험하는 것은 아니라고 주장한다. 우리는 건강과 사회적 역량을 증진하는 방법에 대하여 많은 것을 알고 있다. 예를 들면, 심장 질환 예방은 공중보건 개입으로, 사회적이고 정서적인 기술 증진은 학교에서의 개입으로, 그리고 조직의 업무 효율성 증가는 직장에서의 개입으로 부분적으로 이루어 낼 수 있음을 안다. 연구의 방향은 일상생활에서 건강, 안녕, 역량을 증진하는 요인을 확인하고 이해하는 쪽으로 이루어져야 한다. 이것은 생활환경, 문화 및 국가에 따라 차이가 있을 것이다.

현실에서는 건강 증진과 문제 예방의 두 목표를 구별하는 것이 어려울 때가 많다. 몇몇 예방 과학자는 예방과 증진을 구별하는 것은, 특히 아동 발달을 논할 때는 의미가 없다고 주장한다. 학교를 그만두지 않거나, 약물중독에 빠지지 않거나, 청소년 비행에 관여하지 않거나, 청소년이 임신을 하지 않았다고 해서 건강하고, 행복하며, 잘 기능하는 성인으로 발달한다는 보장이 없다. 그러므로 단지 부정적인 결과를 예방하는 것에만 초점을 둔 프로그램이 최적의 발달을 이끈다고 할 수 없다(Weissberg et al., 2003). 구체적인 문제를 예방하는 목적의 프로그램은 그 모집단의 결함에만 초점을 두기 때문에 공동체심리학의 핵심인 강점과 역량 증진을 무시하게 된다. 사실 예방에만 초점을 맞춘 프로그램은 더 넓은 범위의 건강 증진을 목표로 하는 사람에게는 효과가 없을 것이다. 이 두 종류의 프로그램을 구별하는 것이 더욱 혼란스러운 이유는 건강 증진 프로그램이 종종 구체적인 예방 목적의 관점에서 평가되기 때문이다. 그 이유는 예방 목표가 증진 목표보다 구체화하고 측정하기가 더 쉽기 때문이다.

구체적인 장애를 예방하는 목표와 안녕 및 역량을 증진하는 목표는 상호 배타적이지 않으며, 이를 위해 사용하는 기법은 어떤 상황에서는 동일할 수도 있다. 이는 신체적 건강과 상당히 유사한데, 건강한 식습관은 중요한 건강 증진 행동인 동시에 심장 질환과 같은 문제를 예방할 수도 있다. 하지만 이것이 특정 질병 또는 상황에 특화된 예방 노력은 아니다. 이 문제는 예방과 증진 프로그램의 정치적 영역과 관련될 수 있는데, 예방 프로그램의 목적이 일반적으로 증진 프로그램의 목적보다 더 쉽게 이해되고 평가되기 때문에 정책입안자와 기금지원 기관으로부터 더 많은 지원을 받을 수 있기 때문이다. 하지만 다음 장에서 다시 언급하겠지만 예방을 위해 설계된 많은 프로그램은 실제로는 광범위한 건강 증진 효과를 가져오는 것으로 마무리된다.

무엇을 증진하는가: 회복력 구축하기

1955년, 발달심리학 역사상 가장 유명한 종단 연구 중 하나가 카우아이 섬에서 시작되었다. 에미 베르너(Emmy Werner)와 동료들은 그해 그 섬에서 태어난 698명을 40년 이상 추적 조사하였다. 이들은 다인종으로, 이들 중 30% 가량은 태아·출산 합병증, 빈곤, 가정폭력, 이혼, 정신병리를 경험한 부모 또는 낮은 교육 수준의 부모 등의 위험 요소를 한 가지 이상 경험하였다. 이 연구로부터 나온 중요한 발견 중 하나는 생애 첫 2년 동안 네 가지 이상의 위험 요인을 경험한 아동의 2/3가 성인이 되기 전에 학습 장애, 행동장애, 비행, 또는 정신건강 문제를 일으켰다(Werner, 1996, 2005). 이 발견을 토대로 누적-위험 가설(cumulative-risk hypothesis)의 개념이 나왔다(Rutter, 1979). 이 가설에 따르면, 아동은 하나 또는 둘 정도의 삶의 위험 요인을 경험한다 할지라도 부정적인 결과를 발생시키지 않을 능력이 있다는 것이다. 하지만 위험 요인이 4개까지 누적되면 부정적인 결과가 나올 확률은 기하급수적으로 증가한다. 즉, 부정적인 결과가 나타나는 것은 아동기 위험 요인의 존재 여부가 아니라 누적된 위험 수준이다.

누적-위험 가설
아동기에 여러 위험 요인이 동시에 작용하면 심리적이고 행동적인 측면에서 부정적 결과의 가능성이 기하급수적 높아진다는 이론이다.

흥미로운 것은 이 연구가 시작된 후 40년 동안, 베르너를 비롯한 많은 연구

베르너의 연구는 아동이 더 많은 위험 요인에 노출될수록 더 많은 부정적 결과에 직면한다는 것을 발견하였다. 하지만 그들은 공동체심리학자가 지원할 수 있는 과정인 회복탄력성도 성장시켰다.

출처: iStock.com/YinYang

자가 발견한 대부분의 의미 있는 제안점은 누적 위험으로부터 나온 결과가 아니라 오히려 위험 요인에 노출되었지만 행동 문제 또는 학습 문제를 보이지 않은 30%의 아동에게서 도출되었다.

> 위험 요인에 노출된 아동의 3명 중 1명은 능력있고, 신뢰할 만하고, 배려심이 있는 성인으로 성장했다. 그들은 아동기 또는 청소년기 동안에 행동 문제 또는 학습 문제를 일으키지 않았다. 학교 생활, 가정 및 사회 생활도 잘 수행하였고, 스스로 현실적인 교육 및 직업 목표와 기대를 설정하였다. 그들이 40세가 되었을 때 그들 중 누구도 무직이거나, 법을 위반하거나, 복지 서비스에 의존하지 않았다. 이혼율, 사망률, 그리고 만성적 건강 문제의 비율도 같은 나이의 다른 사람보다 현저하게 낮았다. 그들의 교육 및 직업적 성취는 경제적으로 안정된 가정환경에서 자란 아동과 유사하거나 심지어 더 높았다. (Werner, 2005, pp. 11-12)

당신의 생각은?

1. 베르너와 동료들은 다수의 위험 요인을 경험하였지만 주요한 문제를 일으키지 않고 성인이 된 아동이 심각한 문제를 경험한 아동보다 왜 더 많은 것을 우리에게 제공한다고 믿었을까?

2. 개인에게 초점을 맞춘 관점에서 보면 이 아동의 결과를 어떻게 설명할 수 있는가? 구조적 관점에서는 이것을 어떻게 설명할 수 있는가?

3. 예방과 증진과 관련하여 이 연구에서 무엇을 배워야 한다고 생각하는가?

베르너는 복합적 위험 요인을 극복하고 '능력 있고, 신뢰할 만하고, 배려심이 있는 성인'으로 자란 이 아동들을 회복탄력적이라고 설명하였는데, 회복탄력성은 이후 그녀의 연구에서 핵심이 되었다. 회복탄력성(resiliency)은 열악한 조건을 극복하고 건강한 발달을 경험한 개인의 능력을 일컫는다. 그녀와 동료들은 복합적인 위험 요인이 부정적 결과로 이어지는 것을 차단하는 요인들을 확인하였다. 이 보호 요인(〈표 10-1〉에 요약함)은 다른 연구자들에 의해서도 발견되었다(Garmezy, 1985; Masten & Powell, 2003; Rutter & Sroufe, 2000).

〈표 10-1〉에서 찾을 수 있는 중요한 시사점은 각 요인이 서로 얽혀서 상호 영향을 주고 있다는 것이다. 삶에 대한 긍정적 관점과 적응적인 사회성을 가진 아동은 긍정적인 관계를 더 쉽게 형성하고 유지한다. 공동체에 친사회적 조직이 존재할 때 아동(또는 성인)이 이 서비스에 접근할 수 있는 능력이 있다면 긍정적 관계를 발달시킬 기회를 가질 수 있다. 공동체의 서비스와 건강 관

회복탄력성
열악한 조건을 극복하고 건강한 발달을 경험한 개인의 능력을 의미한다.

〈표 10-1〉 회복탄력성과 관련된 개인의 특성 및 맥락의 예시

개인 특성	인지적 능력(IQ 점수, 집중력, 실행 기능 기술) 능력, 가치, 자신감에 대한 자각(자기효능감, 자아존중감) 기질과 성격(적응력, 사회성) 자기 조절 기술(충동 통제, 감정 및 흥분 조절) 삶에 대한 긍정적 관점(희망, 삶의 의미에 대한 믿음, 신념)
관계	양육의 질(온화함, 체계화 및 감독, 기대) 유능한 성인과의 친밀한 관계(부모, 친인척, 멘토) 친사회적이고 준법적인 동료와의 관계
공동체 자원 및 기회	좋은 학교 친사회적 조직과의 관계(소모임, 종교 단체) 이웃의 질(공공 안전, 도서관, 놀이 시설) 사회 서비스와 건강 관리의 질

주: Masten & Powell, 2003. 케임브리지 대학교 출판사의 허락을 얻어 재구성함.

리 수준이 높다는 것은 적절한 양육 기술을 가르쳐 주는 프로그램이 존재한다는 것을 의미한다. 그리고 가족 외의 강력하고 지지적인 관계는 양육에 도움이 된다.

카우아이 종단 연구의 이야기를 끝내기 전에 당신은 4개 이상의 위험 요인에 노출되어 아동기에 회복탄력성을 보이지 않았던 나머지 70%의 아동이 궁금할 것이다. 이 아동들은 모두 18세까지 실질적인 행동적 그리고 정신적 건강 문제를 보였다. 그들은 학업 실패, 약물남용, 10대 임신, 비행 및 정신적·정서적 장애를 경험하였다. 하지만 베르너와 동료들은 이 아동들을 32세와 40세에 다시 조사하였을 때는 대부분 잘 지내고 있었다. 그들은 안정된 직업을 가졌고, 행복한 관계를 맺고 있었으며, 그들의 공동체에서 생산적인 구성원이었다. 이 연구를 비롯한 회복탄력성을 연구한 여러 종단 연구가 발견한 것은 문제를 일으킨 청소년 대부분은 초기 성인기에 기회가 편견 없이 주어진다면

정원사가 모든 식물이 잘 자라도록 하는 환경을 만들기 위해 노력하는 것처럼, 공동체심리학자도 모든 사람이 번영할 수 있는 공동체를 만들기 위해 노력한다.

출처: "The Gardens Community Garden, Haringey," by Department for Communities and Local Government. Licensed under CC BY-ND 2.0. Adapted with permission.

(opening of opportunities) 중년기에 이르러 자신의 능력을 충분히 발휘하여 개선하였다는 것이다(Werner, 2005, p. 12). 이러한 기회에는 교육, 군대에서 제공되는 직업 및 교육의 기회, 지리적 이동, 좋은 결혼, 진실한 종교 생활 등이 있었다. 이 연구 참여자 중 일부는 삶의 위협적 경험을 극복함으로써 자신의 삶을 돌아보고 긍정적 변화를 만드는 기회를 가질 수 있었다.

마스튼과 포웰(Maston & Powell, 2003)은 회복탄력성이 일상의 마술(ordinary magic)(p. 15)에서 비롯된다고 강조하였다. 그들이 평범하지 않은 역경에 부딪히는 동안(아동기에 4개 이상의 위험 요인에 노출되는 것이 무엇을 의미하는지 생각해 보라), 그들은 평범하고 일상적인 자원 및 관계를 이용하여 역경을 극복하였다. 그러므로 전문적 개입은 회복탄력적인 개인에게는 아주 작은 역할만을 한다는 것을 알 수 있다(Werner, 2005).

위험 요인과 보호 요인, 회복탄력성, 그리고 일상의 마술에 관한 연구로 인해 모든 아동의 삶에서 위험 요인의 존재를 줄이고 보호 요인의 존재를 늘리는 방법을 찾는 학문 분야가 발전하였다. 이들의 연구 목표는 장애 및 문제 행동의 출현을 감소하는 것뿐만 아니라 오히려 강점 발달, 긍정적 발달의 지지, 그리고 회복탄력성과 성장의 증진에 있다. 이것은 이 장과 다음 장에서 소개되는 대다수 프로그램의 목표가 되었다. 심지어 프로그램의 초기 관심이 구체적인 문제 예방이었어도 말이다.

8장에서 회복탄력성, 안녕, 성장, 그리고 권력강화라는 긍정적 결과를 도출하는 대처의 위험 과정과 보호 과정의 모델을 소개하였다. 이 모델을 사용하여 예방과 증진의 과정과 결과를 설명할 수 있다. 이것의 목적은 구체적인 위험 요인과 보호 요인에 관한 연구를 사용하여 공동체의 모든 사람이 자신의 성장에 도움이 되는 일상의 마술을 경험하도록 하는 것이다.

공동체 수준에서 위험 요인과 보호 요인 통합하기

카우아이 연구 이후에 구체적인 위험 요인과 보호 요인을 확인하는 연구가 급증하였다. 예를 들면, 4장에서 언급했던 남아프리카공화국의 청소년과 그들 보호자의 위험 요인과 보호 요인에 관한 카살레와 동료들(Casale et al., 2015)의 연구도 그 예이다. 하지만 그러한 요인 목록이 개입에 기반이 되는 일관된 개념틀을 제공하는 것은 아니다. 1982년, 올비가 개발한 공식은 위험 요인만으로 행동적 및 정서적 장애를 유발하지 않으며, 오히려 장애의 발생을 예측하는 것은 위험 요인의 누적 효과와 보호 요인의 여부라는 것을 보여 주고 있다. 보호 요인은 위험 요인의 효과에 직접적인 영향을 준다. 이 공식은 또한 예방 개입법이 들어갈 가능한 지점을 고려할 수 있는 개념틀로 사용할 수 있다.

올비의 공식은 위험 요인의 두 범주(신체적 취약성과 스트레스)와 보호 요인의 세 범주(대처기술, 사회적 지지, 자아존중감)를 포함한다. 엘리아스(Elias, 1987)는 올비의 공식이 개인 수준에서만 해석될 수 있다고 주장하였다(비록 올비의 의도는 아니었지만). 공동체심리학은 단지 개인이 아니라 집단 및 공동체의 위험 과정과 보호 과정을 조사하는 방식이 필요하다. 이것을 반영하기 위해서 엘리아스는 올비의 공식을 확장하여 조직, 공동체 및 사회의 위험 요인과 보호 요인을 포함하였다. 그는 두 개의 위험 요인(환경, 환경의 스트레스원)과 세 개의 보호 요인(긍정적 사회화 관습, 사회적 지지 자원, 상호작용의 기회)을 새롭게 추가하였다. 스트레스와 대처에 대한 근거리·원거리 요인과 위험·보호 요인의 역할을 설명하는 모델은 9장에서 자세히 언급하였다([그림 9-2] 참조).

안녕, 회복탄력성, 성장의 증진에 초점을 맞추는 최근의 연구들은 긍정적 청소년 발달(Positive Youth Development: PYD)과 사회적 발달 전략(Social Development Strategy: SDS)이라는 두 모델을 만들었다. 두 모델 모두 생활 맥락의 변화를 통해 아동 및 청소년의 건강한 발달을 증진하기 위하여 공동체에서 일상의 마술을 강화하는 전략을 확인하는 것에 집중한다. 각 모델이 갖는 장점에 대한 다소의 논쟁이 있었는데, 이는 서로 다른 이론적 배경 때문이며 최근에는 두 모델의 공통점에 초점을 맞추고 있다(Catalano et al., 2002). 두 모델의 목적은 개인이 생활하는 곳의 지지적인 환경을 증진하는 것이다. 두 모델의 공통 요소를 요약하여 〈표 10-2〉에 제시하였다.

두 모델 모두 아동과 청소년에 특화되었지만 위험 요인과 보호 요인에 대한 일반적인 이해는 성인에게도 적용할 수 있다. 〈표 10-2〉의 사회적 발달 전략을 보면 보호 요인의 존재는 약물남용에서 회복 단계에 있거나, 최근에 실직을 하였거나, 학대 관계에서 막 벗어난 성인에게도 동일하게 중요할 수 있다.

실질적이고 구조적인 보호 요인을 제공하는 공동체는, 즉 성장과 안녕을 위한 지지적인 환경을 제공하는 공동체는 삶의 모든 단계의 웰빙을 지원한다.

〈표 10-2〉 긍정적 청소년 발달 및 사회적 발달 전략의 공통 요소

긍정적 청소년 발달	사회적 발달 전략
의미 있는 참여를 위한 기회	공동체는 청소년에게 유용한 역할을 부여한다.
기회를 습득하는 기술	청소년은 학습과 사회적 역량의 전념을 발달시킬 수 있도록 지원받는다.
성과와 노력에 대한 인정	공동체는 청소년을 가치 있게 여긴다.
긍정적 영향과의 유대	가족 및 다른 성인과의 관계를 지원한다.
건강한 신념 및 행동의 명확한 기준	가족, 학교, 이웃 및 또래는 청소년에게 명확한 기준과 높은 기대를 가지고 있다.

위험 요인과 보호 요인에 대한 우리의 지식은 완벽하지 않다. 인종차별로 인한 유색인이 가진 위험 요인을 설명하지 못하는 것이 한 예이다. 하지만 최근에는 인종차별 경험이 얼마나 깊고 광범위한 영향을 미치는지를 여러 경로를 통해 밝히려고 애쓰고 있고, 이 위험에 맞서는 보호 과정을 알아내었다. 그중 하나가 부모에 의해 진행되는 아동의 사회정치적 발달이며, 이는 아동이 인종차별 경험을 바라보는 개념틀과 긍정적인 인종 정체성 및 자기효능감의 발달을 돕기 때문에 대처와 웰빙의 증진에 도움이 될 수 있다(Anderson & Stevenson, 2019).

당신의 공동체에 위험 요인과 보호 요인의 지식 적용하기

당신이 이사 간 새집에서 정원을 발견하였다고 상상해 보라. 그 정원에 잡초가 가득 차서 식물을 뒤덮고 있고, 토양은 메마르고, 바위들이 굴러다니며, 많은 나무가 시들어서 말라가고 있다. 단지 일부만 괜찮았다. 당신은 한 번도 정원을 가꾸어 본 적이 없었지만 그 정원에서 많은 시간을 보냈다. 당신은 원예 서적을 읽었고 당신의 정원과 비슷한 조건에서 다양한 식물을 성공적으로 키우는 이웃에게 조언을 구한 후에 작업을 시작하였다. 토양을 점검하고, 일조량을 살펴보며, 정원의 각 영역에 공급되는 물의 양을 측정하였다. 그런 다

음, 퇴비로 토양을 개선하고, 식물의 공간을 마련하기 위해 잡초를 제거하고, 모든 식물에게 충분한 햇빛과 물이 공급되도록 하였다. 당신이 이 작업을 진행하면서 깨달은 것이 있는데, 그것은 당신이 식물 하나하나를 돌보려고 하지는 않는다는 것이었다. 당신의 목표는 정원 전체를 건강하게 만드는 것이었다. 정원 전체가 제대로 가꾸어진다면 개별 식물이 번창할 가능성은 더 높아질 것이다.

이것이 공동체심리학자가 공동체의 위험 요인과 보호 요인을 생각하는 방식의 기본 핵심이다. 우리는 잡초를 제거하거나 개별 식물을 돌보는 것에만 초점을 두지 않는다. 우리의 정원에는 항상 잡초가 있다는 것을 안다. 개인 수준의 개입에 초점을 두기보다 정원 전체, 즉 우리가 사는 조직 및 공동체를 강화하는 방법을 찾는다. 위험 요인을 이해하고 보호 요인을 강화함으로써 모든 사람이 성장할 기회를 갖는 공동체 환경을 만들기를 희망한다.

위험 요인과 보호 요인을 이해할 때 중요한 것은 이들 중 하나가 다른 것을 능가하거나 상쇄하는 것으로 생각하지 않는 것이다. 오히려 위험 요인을 확인함으로써 개입할 여러 지점을 찾을 수 있다(부가적인 설명은 9장 및 [그림 9-2] 참조). 그리고 이러한 개입의 목적은 위험 요인만을 제거하는 것이 아니라 적극적으로 위험 요인을 보호 요인으로 변환시키는 것이다.

다음의 [그림 10-1]은 이러한 아이디어를 그림으로 나타낸 것이다. 위험 요인과 보호 요인은 다양한 생태학적 수준들에 존재한다(1장 참조). 이 그림에서 위험 요인은 어린 아동에게 영향을 주는 것들의 예시이다. 오각형은 개입의 지점을 나타내며, 이 장의 뒷부분과 11장 및 13장에서 다룰 근거-기반 프로그램들이다. 마지막 오른쪽 줄은 이러한 개입의 결과로 얻을 수 있는 보호 요인을 보여 준다.

[그림 10-1]은 6장에서 소개한 생태-교류 모델을 기반으로 한다. 생태학적 측면은 위험 요인과 보호 요인이 특정 생태학적 수준에 배치되는 것이고, 교류의 측면은 세팅이 개입에 의해 변화한다는 것을 인식하는 것이다. 목표는 위험 요인과 보호 요인을 평가하고 해결하는 것이며 이는 공동체심리학의 목표이기도 하다. 또한 단순히 일부 사람들을 돕는 것이 아니라 모든 사람이 혜택받는 세팅으로 변환시키는 것이다.

이 모델은 특정 생태학적 수준에서 다루어지는 특정 위험 요인을 지정하고 있지만, 중요한 것은 위험 요인이 다른 수준에도 존재한다는 것과 그에 따라 그 쟁점을 이해하는 방식의 변화도 뒤따라야 한다는 것이다. 예를 들면, 이용 가능한 적절한 가격의 주택 부족은 특정 지역의 문제로 인식될 수 있다. 특정 지역에 대한 문제로 정의한다면 가용 주택 프로젝트를 개발하기 위해서 지역의 구역 설정이 실제로 어떻게 이루어지는지 또는 지역에서 시행되고 있는 접

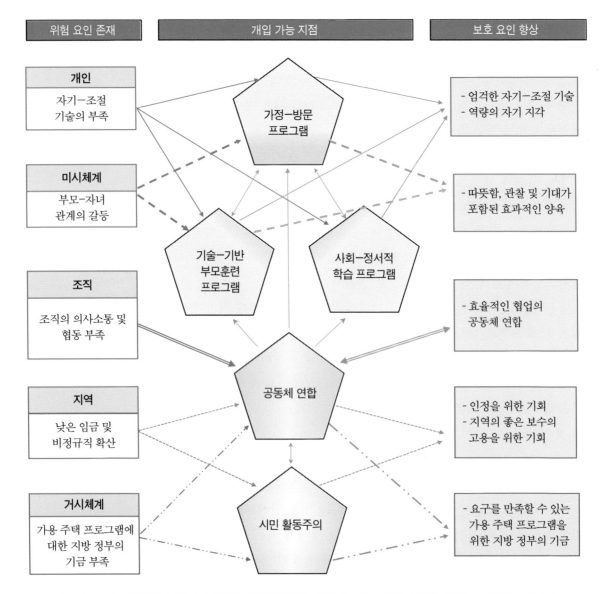

[그림 10-1] 공동체심리학자가 아동의 웰빙을 증진하는 보호 요인을 강화하기 위해 다양한 생태학적 수준에서
위험 요인과 개입을 개념화하는 방법의 예시

근법은 어떤 것이 있는지를 살펴볼 것이다. 하지만 이를 거시체계 문제로 정의한다면, 이 모델에서 제시하는 것처럼 문제의 정의와 개입은 모두 다른 관점으로 봐야 한다.

그림에서 여러 개의 화살표를 보내거나 받는 것으로 표시된 것은 실제 연구 결과에 기반하여 설정한 것이다. 또한 이 개입들이 다른 맥락에서도 적용이 가능하다는 것을 강조한다. 한 맥락에서 효과적으로 개입을 수행하였다면 다른 맥락에도 영향을 줄 수 있어 그 효과가 증폭된다. 예를 들면, 아동의 자기-조절 기술의 증진은 여러 세팅에서 학습되고 지원될 때 가장 효과적이다. 이는 자기-조절 기술이 가정-방문 프로그램, 기술-기반 부모훈련 프로그램, (일반적으로 학교에서 시행되는) 사회-정서적 학습 프로그램과 연결되어 있기 때문이다. 따뜻하고 효과적인 양육은 아동의 자기-조절 기술 발달의 핵심이며, 양육은 아동이 이러한 기술을 가졌을 때 더 효과적이라는 것을 설명하기 위해서 이 그림에서 자기-조절의 보호 요인과 효과적 양육 간의 화살표를 추가할 수도 있다(Rosanbalm & Murray, 2017).

공동체 연합이 이 그림의 중심에 자리 잡고 있는 것에 주목하라. 이는 효과적인 연합을 구축하는 것이 공동체의 변화를 위한 위험 요인과 보호 요인을 성공적으로 실행할 수 있는 핵심이기 때문이다. 연합 형성 및 근거-기반 프로그램의 실행을 통해 공동체를 강화하는 효과적인 프로그램의 두 예시가 공동체 돌봄(Communities That Care: CTC) 프로그램과 서치 연구소(Search Institute)의 발달 자산(Developmental Assets) 접근법이다. 서치 연구소는 PYD 모델을, 공동체 돌봄은 SDS 모델을 이용한다. 두 프로그램 모두 공동체 연합, 공동체 자원 평가, 공동체 요구에 적합한 근거-기반 개입, 그리고 효과성의 지속적인 평가의 중요성을 강조한다.

서치 연구소(Search Institute, 2004)는 기존의 연구를 검토하여 확장된 연구를 수행하였는데, 그 결과 40개의 발달 사정 목록을 개발하였다. 발달 자산(developmental assets)은 아동, 아동의 가족, 또는 아동의 학교, 이웃, 공동체가 보유한 것으로, 아동과 청소년의 건강한 발달을 증진하는 데 필요한 요인을 말한다(Scales et al., 2004). 내적 자산에는 학업에 대한 강한 의지, 긍정적 가치, 사회적 유능감, 그리고 긍정적 정체감 등이 있다. 외적 자산에는 지지적 관계, 친사회적 참여의 기회, 행동에 대한 명확한 기준과 기대, 그리고 건

발달 자산
아동, 아동의 가족, 또는 아동의 학교, 이웃, 공동체가 보유한 것으로, 아동과 청소년의 건강한 발달을 증진하는 데 필요한 요인을 말한다.

설적인 시간 사용의 기회 등이 포함된다. 연구를 통해 확인된 발달 자산은 〈표 10-1〉에 수록된 회복탄력성과 관련한 요인들이 많이 반영되어 있다. 다른 연령대의 자산에 대한 자세한 설명은 서치 연구소의 웹사이트(https://www.search-institute.org/)에서 찾아볼 수 있다.

공동체 연합은 서치 연구소가 보유한 설문을 청소년에게 실시하여 청소년 발달 자산 중 공동체에 잘 드러나는 것은 어떤 것이고 약하거나 부재한 것은 어떤 것인지 결정할 수 있다. 그런 다음 공동체 연합은 청소년의 긍정적 발달을 증진하는 실천행동 계획을 개발하기 위해 사정한 결과를 이용한다.

공동체 돌봄(CTC) 프로그램은 데이비드 호킨스(David Hawkins)와 리차드 탈라노(Richard Catalano)가 개발하였다. CTC는 발달 자산 접근법과 유사하지만 사정 시 위험 요인과 보호 요인이 모두 포함한다. 24개의 공동체를 대상으로 참여자를 CTC 개입 집단과 통제 집단에 무작위로 배정한 10년 간의 대규모 종단 연구 결과, 비록 중간 평가에서는 일관되게 나타나지 않았지만 10년 후 참여자가 21세였을 때 실시한 마지막 평가에서는 약물사용(49%), 반사회적 행동(18%), 폭력 가담(11%)이 최초 기저선보다 감소한 것으로 나타남으로써 장기적으로 긍정적인 결과를 보여 주었다(Oesterle et al., 2018). CTC에 대한 더 많은 정보는 그들의 웹사이트를 참고하라(https://www.communitiesthatcare.net).

두 프로그램 모두 현재 당신의 공동체가 보유한 발달 자산 또는 위험 요인 및 보호 요인을 사정하는 것에서 출발한다. 그런 다음 프로그램을 통해 당신의 공동체의 구체적인 요구에 적합한 개입을 선택하고 실행하도록 도와준다. 공동체 자산과 개입에 대한 종합적이며 강점에 기반한 접근법은 명확히 공동체심리학의 가치와 철학을 반영한다.

예방 프로그램은 효과가 있는가

이 질문에 대하여 결론부터 답한다면, 그렇다이다. 예방 프로그램은 효과가 있다. 하지만 심리치료의 효율성에 관한 연구와 마찬가지로, 예방 과학 연구는 단순히 "효과가 있는가?"라는 질문을 넘어서서 "누구에게, 어떤 조건에서,

어떻게 효과가 있는가, 그리고 그 효과를 설명하는 기제는 무엇인가?"로 구체적이고 정교하게 묻고 있다. 이 질문에 명확히 답할 수 있어야 예방 프로그램, 정책, 그리고 지원 기금에 대한 좋은 결정을 내릴 수 있다. 하지만 이 질문에 답을 얻는 것은 쉽지 않다.

이 질문의 답을 찾는 방법 중 한 가지가 메타 분석법이다. 메타 분석은 특정 방법론의 기준에 부합하는 주제를 수행한 모든 양적 연구의 통계적 수치를 비교한다(예, 유사한 독립 변수들을 사용한 무작위 현장 연구에서 부모 훈련 프로그램과 통제 집단 비교). 예방 프로그램에 대한 실험 연구와 양적 연구는 메타 분석을 위해 효과 크기(effect size)라는 통계적 수치를 구한다. 효과 크기는 해당 개입(독립 변수)이 결과물(종속 변수)에 미치는 영향의 강도를 말한다. 효과 크기와 관련한 정보를 나타내는 방식은 다양하다. 예를 들면, "개입에 참여한 아동은 그들의 시험 점수가 10% 상승함을 보여 주었다. 반면 통제 집단은 그러한 증가율이 나타나지 않았다."는 말은 개입의 효과에 대한 강도를 묘사한 것이다. 양적 메타 분석에서 평균 효과 크기는 여러 연구에서 조사한 유사한 프로그램으로부터 계산한 후, 0에서 1 사이에 해당하는 수치로 나타낼 수 있다. 비록 논란의 여지가 전혀 없는 것은 아니지만(예, Gurevitch et al., 2018; Trickett, 1997), 메타 분석은 예방 프로그램의 효과성을 폭넓게 분석할 수 있는 유용한 방법 중 하나이다.

효과적인 예방 프로그램을 위한 요소를 이해하기 위한 또 다른 방법은 모범 사례 접근법(best practices approach)이다. 이 접근법은 질적 분석에 초점을 둔다. 모범 사례 접근법에서는 여러 세팅에서 경험적으로 효과적이라고 입증된 프로그램의 구체적 유형을 조사하고, 그러한 효과적인 유형의 프로그램들이 공통으로 가지고 있는 절차를 추가적으로 연구한다. 어떤 모범 사례 분석은 관련 연구들을 검토하고, 다른 모범 사례 분석은 직접 그곳에 방문하여 논문에서 발견한 것보다 더 자세히 기술하는 질적 연구를 수행하기도 한다.

그래서 이 모든 연구가 말하고자 하는 것은 무엇인가? 이 연구들로부터 얻을 수 있는 수많은 정보가 있고 그것을 요약한다는 것은 상당히 어려운 일이다. 우리는 이 절의 후반부에 이것을 요약하여 제시하였지만 먼저 당신에게 메타 분석 결과의 일부분이 어떤 모습일지에 대해 생각해 보기를 권한다.

효과 크기
프로그램의 효과성을 결정하는 양적 방법으로 개입의 효과 강도를 보고하는 것이다.

모범 사례 접근법
효과성을 이해하는 질적 방법으로, 현재 효과적인 것으로 입증된 프로그램을 분석하거나 더 많은 것을 얻기 위해서 그 장소를 방문하여 공통 특성을 조사하는 것이다.

예방 프로그램의 메타 분석

지금까지 예방 프로그램과 관련한 많은 메타 분석 논문이 출간되었는데, 대부분의 논문은 예방의 한 영역에만 초점을 맞추었다. 예를 들면, 예방 프로그램의 가장 초기 메타 분석 연구 중 하나는 1997년 덜락과 웰스(Durlak & Wells)가 시행한 아동과 청소년을 위한 177개의 1차 예방 프로그램들을 조사한 것이다. 그들은 1차 예방 프로그램에 참여한 59%에서 82%의 참여자가 통제 집단 참여자의 평균보다 높은 수행 결과가 나타난 것을 발견하였다. 이는 예방 집단이 통제 집단보다 명확히 우수하다는 것을 보여 주는 것이다. 덜락과 웰스(Durlak & Wells, 1998)는 학습 장애 및 반사회적 행동 등의 초기 징후를 경험한 아동을 대상으로 한 130개의 2차 또는 지표적 예방 프로그램으로 두 번째 메타 분석을 실시하였다. 이 프로그램들의 참여자는 통제 집단보다 70%가량 더 좋은 결과가 나타났다. 이 프로그램들은 이후 치료가 어려운 품행 장애나 비행으로 발전할 수 있는 행동을 보인 아동에게 특히 효과적이었다.

다른 메타 분석 연구들은 다음의 예방 영역들을 조사하였고 예방 프로그램이 유의미한 효과가 있음을 보여 주었다.

- 아동과 청소년의 우울 예방(Fisak et al., 2011; Horowitz & Garber, 2006; Stice et al., 2009)
- 학교 폭력 예방 프로그램(Gaffney et al., 2018; Merrell et al., 2008)
- 10대 임신(Corcoran & Pillai, 2007; SmithBattle et al., 2018).
- 아동과 청소년의 약물 사용(Brown et al., 2007; Das et al., 2016; Tobler et al., 2000)
- 유아기와 초기 아동기에 시행되는 프로그램(Manning et al., 2010)
- 멘토링 프로그램(DuBois et al., 2002; Raposa et al., 2019)
- 아동을 위한 사회적·정서적 학습 프로그램(Taylor et al., 2017; Weissberg & Durlak, 2006)

양적 메타 분석은 효과적인 예방 프로그램을 조사할 수 있는 중요한 분석이고 앞으로도 그렇겠지만, 분석 결과를 프로그램 설계 및 실행을 위한 명확한 지침으로 옮기고자 할 때는 어려움이 있을 수 있다. 이를 위해 모범 사례 분석에서 제공하는 기술적인 부분을 추가할 필요가 있다. 지난 20여 년 동안 두 접근법에서 얻은 정보를 결합함으로써 생산적인 결과를 얻었다. 〈표 10-3〉에 효과적인 예방 및 증진 프로그램을 위한 열 가지 원리를 요약하였다. 이 장의 뒤에서 효과적인 예방 프로그램을 소개할 때 다시 살펴볼 것이다.

〈표 10-3〉 효과적인 예방 및 증진 프로그램의 원리

원리	정의
이론-주도 및 경험-기반	프로그램은 이론적으로 타당하고, 연구에서 확인되는 위험 요인과 보호 요인을 다루며, 효율성에 대한 경험적인 지원을 가진다.
종합	프로그램은 서로 연관된 목표를 다루기 위해 다양한 환경에서 다양한 개입을 제공한다.
적절한 시기	프로그램은 장애가 발생하기 전 참여자의 적절한 발달 단계 또는 삶의 중요한 전환기에 제공된다.
사회문화적 관련성	프로그램은 적절한 시기에 문화적인 부분을 잘 살피고 문화적 규준을 잘 통합한다.
행동 및 기술 기반	프로그램은 구체적인 기술 습득에 초점을 두는 행동적 요소를 포함하고 이러한 기술을 익힐 수 있는 기회를 제공한다.
충분한 노출	프로그램은 목표한 효과를 도출할 수 있는 충분한 기간과 강도를 가지고 적절한 시기에 이 효과를 강화하는 추가적인 회기를 제공한다.
긍정적 관계	프로그램은 멘토링과 사회적 지지를 제공하기 위해 긍정적 관계의 발달을 구체적으로 증진한다.
2차 변화	프로그램은 공급 정책과 구체적 관습의 변화, 긍정적 발달을 위한 자원의 발달을 포함하는 환경과 공동체의 변화에 초점을 맞춘다.
스태프 지지	프로그램은 스태프들을 위한 적절한 훈련을 제공하고 효과적인 실행과 평가를 위한 지속적인 지원을 제공한다.
프로그램 평가	프로그램은 계속되는 평가와 개선, 결과의 측정, 그리고 공동체 요구 평가를 위해 지속적인 점검 과정을 갖는다.

주: 이 표는 Nation et al. (2003), Weissberg et al. (2003), 그리고 Zins et al. (2004)의 내용을 재구성하였다.

예방 프로그램은 비용 대비 효과적인가

사람들이 예방 프로그램의 효과성에 관한 자료를 처음 보았을 때 일반적인 반응은 "물론 이 모든 것이 좋아 보여. 하지만 분명 이것은 너무 많은 돈이 들 거야. 우리는 그 비용을 감당할 수 없어."이다. 예방 또는 증진 프로그램을 성공적으로 실행하기 위해서는 시간, 헌신, 노력의 측면에서 상당한 자원이 필요하다. 이러한 자원에 대한 요구는 11장에서 자세하게 살펴보고, 이 절에서는 비용에 대하여 구체적으로 논의하고자 한다. 몇몇 예방 및 증진 프로그램은 거의 비용을 들이지 않고 시행할 수 있는 반면, 대부분의 경우는 꽤 많은 비용이 든다. "우리는 그 비용을 감당할 수 없어."라는 말이 예방 프로그램을 시행하지 않는 것에 대한 좋은 이유가 될 수 있는가?

비용-효과 분석
개입, 프로그램, 또는 서비스의 가치가 그것의 비용에 비추어 적절한지의 여부를 결정하기 위해 사용되는 평가 절차로 분석이 어렵고 평가가 복잡하기 때문에 연구에 한계가 있다.

비용-효과 분석(cost-effectiveness analysis)은 기본적으로 예방 및 증진 프로그램을 투자로 보는 것으로 분석은 투자에 대한 수익을 결정하는 것이다. 예방 프로그램의 비용-효과에 관한 연구는 그동안 계속되어 왔지만, 특히 최근 10여 년 동안 이 개념은 더 중요해졌다. 비용-효과에 관한 관심의 급증과 이것이 정책 결정에 중요한 정보를 제공함에도 불구하고 좋은 비용-효과 평가와 관련한 연구는 여전히 매우 적다. 그 이유는 분명하다. 이 평가를 실시하는 것이 아주 복잡하고 매우 어렵기 때문이다.

비용-효과 분석의 한 방법은 해당 프로그램의 목표를 경제적 관점에서 얼마나 효율적으로 달성하였는지를 살펴보기 위해 목표가 비슷한 몇 개의 다른 프로그램과 비교하는 것이다. 특정 문제 예방에 효과적이었다고 알려진 프로그램들이 있다면, 이들 프로그램 중 최소한의 비용으로 문제 발생률이 가장 낮은 프로그램을 찾는 것이다.

이 분석 방법에 대한 예시로는 랜드(RAND) 회사가 실시한 캘리포니아 「삼진아웃제(three-strikes laws)」의 영향을 분석한 것이다. 삼진아웃제란 3번의 중죄를 범한 개인은 평생 동안 감옥에 있도록 하는 법이다. 캘리포니아는 1994년에 「삼진아웃제」를 통과시켰다(2000년에 개정되었다). 1996년에 랜드 회사는 4개의 예방 프로그램—초기 아동기 동안의 가정 방문과 주간 돌봄 프로그램, 양육 훈련 프로그램, 고위험군 고등학생의 졸업을 위한 금전적 보상 프로그램, 그리고 청소년 범죄 집중 감독 프로그램—을 「삼진아웃제」와 비교하여 비용 효과를 분석하였다. 분석에는 각 프로그램이 예방할 수 있다고 합리적으로 추정 되는 중범죄의 수를 평가하였고, 이를 통해 예방된 범죄당 각 프로그램의 비 용을 계산하였다. 예방된 범죄당 지불한 비용이 낮은 프로그램이 경제적으로 더 효율적인 것으로 간주하였다. 그들의 분석에 의하면 양육 훈련 프로그램과 졸업 보상제 프로그램이 「삼진아웃제」보다 심각한 범죄를 가장 낮은 비용으로 예방하였다(Greenwood et al., 1998). 이 연구자들이 주장하는 것처럼 「삼진아 웃제」는 범죄 예방의 측면에서 다른 4개의 예방 프로그램보다 효과적이었지만 (이 법은 "참여자"가 미래에 범죄를 저지르지 않게 하는 데에는 100%의 효과성이 있 었다), 다른 프로그램보다 아주 많은 비용이 들었다.

하지만 이 분석 방법에는 많은 정보가 누락된다. 예를 들면, 예방 프로그 램을 성공적으로 받은 사람이 감옥에 가지 않음으로써 발생하는 사회적 이익 은 어떠한가? 그리고 이 사람이 수감자가 아닌 세금을 내는 사회의 일원이 됨 으로써 생기는 사회적 이익은 어떠한가? 다수의 비용-효과 연구는 단지 여 러 프로그램의 상대적인 경제적 효과성에만 관심이 있는 것이 아니라, 예방 프로그램이 앞으로 가져올 사회 전반에 미치는 경제적 이익의 여부와 관련 한 기본 질문을 해결하기를 원한다. 즉, 경제적 이익이 프로그램의 비용보다 더 큰가에 대한 질문이다. 이러한 분석 방법으로 비용-편익 분석(cost-benefit analysis)이 있는데, 이는 개입 실행에 드는 비용과 그로 인해 얻어 낸 경제적 이익을 비교하는 것이다. 이는 주로 투자에 대한 수익으로 표현된다. 개입으 로 최종 절약된 돈이 1달러당 얼마인가를 찾는 것이다. 이 분석 방법은 예방 프로그램으로 인해 발생하지 않은 사건을 측정해야 한다. 즉, 비용-편익 평가 는 그 사건이 발생하지 않은 것으로 인해 얼마나 절약되었는지를 답해야 하기 때문에 더 많이 복잡하다.

비용-편익 공식을 살펴보면 꽤 간단해 보인다. 대부분의 프로그램은 프로 그램 참여자 1인당 드는 비용을 쉽게 계산할 수 있다(이것을 계산하는 것도 어 려운 프로그램이 많기는 하다). 하지만 예방 프로그램의 금전적 이익을 계산하 는 것은 조금 더 어렵다. 일반적으로 금전적 이익은 다음의 두 범주 중 하나에 해당한다. 이는 ① 프로그램의 성공으로 프로그램 참여자가 더 이상 필요하지 않게 된 서비스와 ② 참여자가 프로그램을 받지 않았다면 얻지 못했을 임금이 나 세금으로 인해 사회가 얻은 금전적 이익이다. 전자에 해당하는 서비스에는

비용-편익 분석
개입 실행에 드는 비용 과 그로 인해 얻어 낸 경 제적 이익을 비교하는 것으로 발생하지 않은 어떤 것을 예방함으로써 절약된 금액을 구해야 하기 때문에 복잡하다.

교육 서비스, 정신건강 서비스(위탁과 입원 포함), 신체건강 서비스(예, 흡연, 약물, 또는 비만과 관련된 건강 문제 치료), 형사 사법제도 비용, 그리고 복지 프로그램 등이 있다.

이를 설명하기 위해서 청소년의 품행장애 및 다른 행동장애를 예방하기 위해 개발된 프로그램인 페리 유치원(Perry Preschool)의 하이스코프 프로젝트(High Scope Project)를 살펴보자. 이 프로그램은 가난한 집에서 태어난 아동에게 주간 돌봄을 통해 높은 수준의 학업 서비스를 제공하였다. 아동은 3세와 4세가 되었을 때 이 프로그램에 등록하였다. 123명의 아동은 모두 아프리카계 미국인이었고 이들은 무작위로 개입 집단 또는 통제 집단에 배정받았다. 이 프로그램의 가장 최근의 결과는 이들이 40세가 되었을 때 발표되었다. 그때까지 생존한 참여자의 97%에서 분석 자료를 수집하였다. 비용-편익 분석에 의하면 프로그램에 투입된 비용 1달러당 12.90달러의 이익을 생산하였다(Belfield et al., 2006). 다른 분석 방법을 사용하였을 때는 조금 낮은 수익을 보였지만, 프로그램으로 얻은 이익이 프로그램의 비용을 능가한다는 공통된 결과는 그 어떤 분석 방법을 사용하여도 사실이었다(Heckman et al., 2009; Schweinhart et al., 2005).

이 분석의 또 다른 예는 앞서 소개한 공동체 돌봄 프로그램을 대상으로 시행한 것이다. 이 분석에 의하면 공동체 돌봄 프로그램에 투자한 1달러당 4.95달러를 절약하였다. 이는 참여자가 물질남용 예방으로 인해 수입이 증가한 것과 이 프로그램에 참여하지 않았다면 발생하였을 법 집행, 의학적 및 정신적 건강 치료, 그리고 그 외의 공공 서비스 비용 등이다.

경제적 분석이 주는 이점은 어떤 프로그램이 동일 결과 대비 경제적으로 가장 효율적인지와 어떤 프로그램이 비용 대비 경제적 이익을 가져오는지와 같은 질문에 대한 혜안을 가질 수 있다는 것이다. 또한 프로그램의 구성 요소를 선택할 때에도 좋은 정보를 준다. 만일 당신이 〈표 10-3〉을 다시 살펴본다면 효과적인 예방 프로그램의 원리 중 하나인 종합의 원리가 적용되었을 때 다양한 세팅에서 다양한 개입을 제공한다는 것을 알 수 있을 것이다. 하지만 다양한 구성 요소가 긍정적 효과를 높인다고 해서 구성 요소를 추가할 때 증가하는 비용이 경제적으로 항상 적절하다는 것을 의미하는 것은 아니다. 비용-효과 분석은 이러한 질문에 답하도록 도와줄 것이다.

많은 연구는 예방 프로그램이 효과가 있을 뿐만 아니라 프로그램에 투입된 비용보다 훨씬 많은 경제적 이익을 사회에 제공하였음을 보여 주었다. 일반적으로 목표가 구체적인 프로그램이 목표가 광범위한 프로그램보다 경제적으로 효율적이었고, 초기 아동기를 대상으로 한 프로그램이 전 생애를 대상으로 한 프로그램보다 더 많은 이익을 제공하였다. 초기 아동기 예방 프로그램의 경제적 분석에 대한 최근의 논의들은 다음의 결론을 내렸다.

> 프로그램에 대한 평가들이 점점 쌓여 감에 따라 초기 아동기 정책을 다른 사회적 투자와 비교하였을 때 경제적 측면에 대한 메시지는 다음과 같다. 초기 아동기에 실시되는 프로그램은 그 비용을 상환하고도 남으며 대부분의 개인 및 공공 투자를 능가함으로써 사회 전체에 이익을 창출하여 정부의 예산을 절감한다는 것이다.
>
> (Kilburn & Karoley, 2008, p. 11)

비용-효과 분석의 가장 큰 장점은 자료를 바탕으로 의사결정을 하는 모든 사람이 이 분석에 관심이 있다는 것이다. 연구자와 기관은 이 분석을 위해 많은 시간과 노력을 들이고, 이는 공공 정책 수립에 좋은 정보를 줄 수 있기 때문에 가장 좋은 자료 분석 방법이다. 하지만 실제로 이 분석 자료가 공공 정책에 미치는 효과는 미미하다. 이 점에 대해서는 13장에서 논의한다.

성공적 예방 및 증진 프로그램 예시

이 절에서는 실제 성공 사례에 해당하는 예방 및 증진 프로그램의 예시를 보여 주고자 한다. 이 예시는 이 장의 가장 첫 부분에서 언급했던 예방 과학과 관련한 생각을 설명하기 위해서 선택하였다. 성공적인 프로그램의 다른 예시들은 다음 장에서 소개할 것이다. 또한 당신의 공동체에 적용해 볼 만한 경험적으로 인정받는 다른 프로그램의 정보도 제공할 것이다.

부모 훈련 프로그램은 아동과 청소년의 행동장애를 예방하고, 양육과 부모-자녀 관계의 개선을 통해 가족의 미시체계에 영향을 주기 위해 개발되었다. 이 프로그램은 부모의 행동을 변화시키는 데 초점을 두고 있지만 목표는 가족의 미시체계 및 아동의 행동 변화이다. 이 프로그램은 품행장애라는 구체적인 문제를 예방하기 위해 설계되었고 실제로 모든 프로그램에서 확실한 긍정적 효과를 보여 주었다.

아동기 행동장애 예방: 긍정적 양육 방식 증진

문헌에 나타난 효과적인 예방 프로그램의 가장 명확한 예시 중 하나가 양육 연습과 관련된 것이다. 발달심리학 연구와 특히 회복탄력성 요인에 관한 연구는 명확하고 일관된 규율 및 훈육과 함께 따뜻하고 수용적인 부모의 행동은 행복하고 건강한 아동 발달에 결정적인 역할을 한다고 오랫동안 강조해 왔다(Baumrind, 1991; Werner, 1996). 행동에 기반한 부모 훈련 프로그램은 유아기의 문제 행동(공격성, 저항 행동, 과잉 행동 포함) 감소에 매우 효과적이라는 것은 수많은 연구에서 나타난다. 연구들은 초기 아동기의 이러한 문제 행동의 감소는 학업 실패, 약물남용, 그리고 비행과 같은 청소년기의 문제 행동의 예방과 연결된다는 것을 보여 주었다(Center for Substance Abuse Prevention, 1998; Kumpfer & Alvarado, 2003; Leijten et al., 2019).

이 결과가 부모 교육 프로그램에는 나타나지 않았는데 이 프로그램을 통해 눈에 띌 만한 아동의 행동 변화가 나타나지 않았다. 부모 교육 프로그램은 아동 양육과 관련한 효과적인 의사소통과 아동기의 규준 행동에 대한 정보를 부모에게 제공하는 것에 초점을 둔다. 여기에 참여한 부모는 대개 이 프로그램이 효과적이었다고 보고하지만 그들 자녀의 행동 변화는 나타나지 않았다(Kumpfer & Alvarado, 2003).

행동-기반 부모 훈련 프로그램은 부모를 위한 구체적인 기술 훈련에 집중한다. 정보도 제공하지만 프로그램의 주요 내용은 새로운 양육 기술의 습득이다. 부모-자녀 상호작용의 증진을 가장 강조하면서 부모에게 자녀와 긍정적인 관계를 맺게 하고, 좋은 행동에 대해서는 강화를 자주 주고, 원치 않는 행동은 무시하고, 기대에 대한 깔끔한 의사소통을 시도하며, 명확한 결과를 설정하도록 가르친다. 긍정적 결과와 밀접하게 관련된 기술을 살펴보면, 착한 행동에는 정적 강화(특히 칭찬)를 사용하고 나쁜 행동에는 중립적이고 논리적인 대처를 사용하는 것이다(Leijten et al., 2019).

이 프로그램 중 하나가 3P라고 불리는 긍정 양육 프로그램(Positive Parenting Program)이다(Prinz et al., 2009; Sanders, 1999). 3P는 명확한 공공 의료 접근법을 바탕으로 부모-자녀의 관계를 개선하고, 아동의 행동장애 및 아동 학대를 방지하며, 가족의 삶을 증진하는 것을 목표로 한다. 이 프로그램은 보편적 예방 프로그램으로 개발되었다. 가장 중요한 목표는 공동체의 모든 부모에게 그들이 필요로 하는 수준의 양육 지원을 제공하는 것이고 다른 요구가 있는 가족에게는 다른 수준의 개입을 제공하는 것이다.

3P는 이 장의 앞에서 언급한 보편적·선택적·지표적 예방 측정과 유사하게 5개의 다른 수준에서 프로그램을 제공한다. 이 프로그램은 0~12세 아동의 부모를 대상으로 한다. 1수준은 공동체의 모든 사람이 사용할 수 있는 긍정적 양육 기법과 서비스에 대한 기본적인 정보를 제공하기 위해 설계된 공동체 미디어 캠페인이다. 2수준은 일상적으로 화와 짜증을 내는 등의 가벼운 문제 행동을 보이는 자녀를 둔 부모를 대상으로 한 두 번의 상담 회기가 포함된다. 3수준은 조금 더 강하고, 지속적이며, 구체적인 문제 행동을 보이는 자녀가 있는 부모를 대상으로 하며 개인 상담과 집단 상담이 모두 포함된다. 4수준은 심각한 문제 행동을 보이는 자녀가 있는 부모를 위한 것으로 8~10회기의 상담과 아동의 행동장애 감소에 효과적이라고 밝혀진 구체적인 양육 기술을 가르치고, 연습하며, 강화하는 데 초점을 둔다. 5수준은 부부 갈등 또는 아동 학대의 위험 요인과 같은 복잡한 양육 문제가 있는 가정이 대상이다. 또한 발달장애 아동의 부모와 청소년 자녀를 둔 부모를 위한 프로그램도 있다.

프로그램은 정보만 제공하는 것에서부터 온라인, 대규모, 소규모, 일대일 개입까지 다양한 종류가 있다. 3P는 적어도 25개 국가에서 다양한 수준으로 실행되고 있으며, 자료는 4개 언어로 번역되어 있다.

〈표 10-3〉을 참고하면, 3P 프로그램은 효과적인 예방 프로그램의 모든 원칙을 적어도 일정 수준까지 통합하였다. 이 프로그램은 호주의 퀸즐랜드 대학교에서 개발하였고 지난 수십 년간 자체 평가뿐만 아니라 예방 과학 발달에 발맞춰 프로그램의 수정과 확장을 계속해 왔다.

3P에 대한 몇 개의 비용-효과 평가가 있다. 최근의 평가는 4수준으로 시행된 두 개의 개입으로, 품행장애 진단 기준에 부합하는 아동의 부모를 대상으로 하였다(Sampaio et al., 2018). 한 개입은 집단으로 실시되었고 다른 개입은

일대일로 진행하였다. 두 개입 모두 품행장애 진단과 관련한 전 생애 비용을 비교하면 개입 처치의 비용 및 이익은 비용−효과적이었다. 특히 흥미로운 것은 3P는 보편적 수준에서 비용−효과적이었는데, 5개의 모든 수준을 전체 모집단에 제공할 경우, 1달러의 비용으로 10.05달러의 이익을 얻는 것으로 나타났다(Prinz et al., 2009; Washington State Institute for Public Policy, 2018a).

프로그램의 실행과 유지

지금까지 살펴본 것처럼, "예방이 효과가 있는가?"라는 질문의 답은 "수술이 효과가 있는가?" 또는 "교육이 효과가 있는가?"라는 질문의 답과 아주 비슷하다. 대답은 "그렇다."이지만 그 개입이 얼마나 잘 실행되었는지를 알아야만 대답이 가능하다. 그러므로 보다 자세한 질문, 즉 "이 프로그램은 이론과 연구를 바탕으로 설계되어 실행이 되었는가?"와 "해당 집단과 맥락에서 어떻게 작용하는가?" 등이 적절할 것이다.

최근의 연구는 예방 및 증진 프로그램을 해당 맥락에서 실제로 시행해 보는 것에 관심을 두고 있다. 이 장 전체를 통해 언급했던 것처럼 어떤 접근법이 특정 조직, 지역, 문화 또는 맥락에서는 매우 잘 이루어질 수 있지만 다른 곳에서는 그렇지 않을 수 있다. 심지어 메타 분석의 결과에서 효과적임을 확인받고 다양한 환경에서 경험적 연구로 효과성이 입증된 개입법조차도 새로운 환경에 적용할 때는 반드시 그 맥락의 국지적이고 독특한 역동과 자원에 맞추어 조정되어야 한다. 공동체심리학자와 예방 옹호자는 끊임없이 맥락에서의 실행 계획과 관련하여 조심하고 고려해야 할 점들을 숙지해야 한다. 이제 또 다른 관심은 적절한 실행이 진행된 이후에 효과적인 예방 및 증진 계획을 어떻게 유지하느냐일 것이다. 이 문제는 11장에서 다룬다.

토론거리

1. 카우이 종단 연구의 가장 중요한 결과는 무엇인가? 당신의 삶을 생각해 볼 때 이 결과가 당신에게 와닿는 부분이 있는가? 당신이 힘들었던 시기를 떠올려 보라. 그 경험이 당신의 회복탄력성을 높이는 데 도움이 되었다고 생각하는가?

2. 이 장을 읽으면서 떠오른 당신이 속한 공동체의 문제가 있는가? 학습한 것을 바탕으로 이 문제를 어떻게 해결할 수 있겠는가? 당신이 생각한 접근법이 공동체 연합을 구축하는 것과 관련있는가? 여기에 관여된 사람은 누구인가?

3. 존 스노우는 효과적인 콜레라 예방에 대한 그의 생각을 권력자들에게 설득하는 데 어려움을 겪었다. 이 장에서 주장하는 예방 및 건강 증진의 관점이 공동체와 구성원들의 삶을 증진하는 효과적인 도구라는 것에 당신은 이제 동의하는가? 이 장에서 제시된 어떤 내용이 당신을 설득하는 데 가장 효과적이었는가? 비용-효과 분석과 비용-편익 분석의 논의가 당신에게 중요했는가?

제**11**장 예방 및 증진 프로그램
실행

미리 보기 ⅢⅢ➡

이 장을 마치고 나면 다음의 질문에 답할 수 있을 것이다.

1. 공동체심리학자(와 예방 및 증진 프로그램에 관련된 연구자)는 왜 프로그램을 단순히 실행하는
   것보다는 혁신(innovation)과 조정(adaptation)하는 것을 강조하는가?

2. 프로그램의 성공적 실행을 보장하기 위해서 갖추어야 할 체계는 무엇인가?

3. 프로그램의 실행에 있어 세팅의 역량이 왜 중요한 요소인가? 예방 프로그램을 채택할 때 역량
   의 어떤 측면을 살펴봐야 하는가? 역량을 구축하기 위해 무엇을 해야 하는가?

4. "핵심 요소의 충실도(fidelity)"는 무엇을 뜻하며, 이 개념이 특정 세팅에 프로그램을 어떻게 조
   정할지를 결정할 때 왜 중요한가?

여는 글

당신의 미래를 예방하라

당신이 지역사회 센터의 책임 활동가로 일한다고 상상해 보라. 당신에게 주어진 일 중 하나는
만성 정신장애가 있는 지역 구성원을 지원하는 지역 위원회에 참여하는 것이다. 위원회의 첫 번째
회의에 참석하였을 때 위원회가 현재 집중하는 일은 병원 퇴원 후 독립적인 생활로 전환하려는 사
람을 지원하는 것임을 알았다. 그리고 그 회의가 끝나갈 무렵, 위원회 구성원들과 함께 고용의 기
회를 제공하는 방법을 조사하는 분과 위원회에 당신이 속하였다는 것을 알게 되었다.

또 다른 미래를 상상해 보라. 당신은 중학교에서 상담가로 일하고 있다. 하루는 교장 선생님이
당신을 불러서 학교에 폭행 사고가 증가하고 있는데, 학교 교직원들이 공격적인 학생을 다루기 힘
들어 해서 경찰에 점점 더 의존하는 것이 걱정된다고 말하였다. 교장은 당신에게 학교폭력에 개입
할 수 있는 또는 예방까지 할 수 있다면 더 좋은 방법을 조사해 보라고 하였다.

이건 어떤가? 당신은 당신 자녀의 학교에서 학부모-교사 위원회(Parent-Teacher

Association: PTA)의 회장을 맡고 있다. 어느 날 시장으로부터 전화가 와서 지역의 아동 학대를 예방하는 방법을 조사하기 위해 시에서 마련한 기금이 있는데, 기금 사용을 위해 첫 번째 할 일은 그 과정을 감독하는 부서를 만드는 것이고, 시에서는 그 부서에 학부모가 합류하기를 원했으며, 누군가 당신을 추천하였다고 하였다.

당신의 생각은?

1. 이러한 상황들에서 당신은 무엇을 어떻게 하겠는가?
2. 당신이 지금까지 배운 것을 바탕으로 공동체심리학자는 이 일을 어떻게 할 것이라고 생각하는가?
3. 당신이 이러한 상황에 처하게 된다면 어떤 종류의 정보, 지원, 자원이 필요하다고 생각하는가?

예방, 공동체심리학, 또는 정신건강과 관련한 일을 하지 않는 사람들조차도 매일 그들이 속한 공동체의 어떤 문제를 예방하는 일과 마주한다. 이 책을 읽는 대다수는 언젠가 학부모, 공동체 구성원, 전문가, 또는 공동체심리학자로서 이와 비슷한 상황에 놓이게 된다. 이 장의 목적은 이러한 상황을 효과적으로 해결하기 위한 지침을 제공하는 것이다.

예방이란: 프로그램 실행은 도전이다

이 장에서는 실생활에서 어떻게 예방 과학이 실행되는지를 살펴보고자 한다. 앞으로 보게 되겠지만 이는 쉽지 않다. 또한 10장에서 소개한 이론과 연구들이 이 장의 기초를 이루지만 그것만으로는 예방 및 증진 프로그램의 성공적인 결과를 보장하지는 못한다.

이 장은 다른 모든 장에서 소개한 개념을 적용하고 있다는 측면에서 이 책의 내용을 요약한 장이라고 할 수 있다. 그렇지만 여기서는 일부의 관련성만 보여 주기 때문에 나머지 부분은 당신이 스스로 찾길 바란다. 프로그램 실행은 공동체를 기반으로 하는 작업이고 공동체심리학의 분야를 정의하는 기본이 되는 활동이다. 우리는 프로그램 실행과 13장에서 논의할 사회변화의 업무에 참여함으로써 1장에서 소개한 공동체심리학의 핵심 가치—개인과 가족의 안녕, 공동체 의식, 다양성 존중, 사회정의, 권력강화와 시민참여, 협력과 공동체 강점, 경험적 근거—를 반영하고 구현해야 하는 윤리적 의무가 있다.

공동체심리학자와 예방심리학자는 예방 노력을 실행하는 기술과 지식에 대하여 많은 것을 배우고 있다. 10장에서 언급한 좋은 아이디어와 절차를 양질의 지속적인 실행으로 연결하는 것은 가능하지만, 이론과 실제의 차이는 도서관에서 시험을 준비하는 것과 실제 시험을 치르는 것 간의 차이 또는 불펜에서 투구 연습을 하는 것과 사람들이 꽉 찬 경기장에서 실제 타자와 마주 서서 던질 때마다 커다란 함성을 듣는 것과의 차이와 비슷하다. 연습 상황에서의 수행이 항상 실제 상황에서 일어나는 것과 같지는 않다. 이러한 어려움은 공동체-기반 약물남용 예방 프로그램의 효과성을 조사한 다음의 연구에서 명확히 나타난다.

2005년, 연구자들은 미국의 약물남용 및 정신건강청(U. S. Substance Abuse and Mental Health Services Administration: SAMHSA)의 후원으로 시행된 46개의 약물 예방 프로그램의 결과를 메타 분석하였다. 프로그램의 종류는 다양하였지만 모두 고위험군 아동 및 청소년이 대상이었다. 일부 프로그램은 교실에서 약물남용에 대하여 설명하는 것이었고, 다른 프로그램은 아동에게 약물과 알코올의 제안을 어떻게 거절하는지 등의 구체적인 기술을 가르쳐 주었으며, 또 다른 프로그램은 레크리에이션 중심이었다. 메타 분석은 0에서 1까지의 수치가 나오는 효과 크기를 비교하였다. 분석 결과는 상당히 실망스러웠는데, 실시한 46개 지역 전체의 효과 크기는 겨우 0.02로 이는 0에 가까운 것이다. 더 실망스러운 것은 46개 중 21개의 효과 크기는 음수가 나타났고, 이는 비교 집단과 비교하여 참여 집단이 더 높은 약물남용을 보였다는 것이다(Derzon et al., 2005).

왜 이런 일이 일어났을까? 이 프로그램들은 모두 시범 프로젝트에서는 꽤 좋은 결과를 보여 주었기 때문에 SAMHSA는 이 프로그램들의 대규모 보급을 후원하고자 하였다. 하지만 이 프로그램이 다양한 공동체 맥락에 실시되었을 때 확신했던 결과는 사라졌다. 왜 실제 세팅에서는 프로그램이 긍정적 결과를 보여 주지 못하였을까?

프로그램에 따라 효과성에서 차이가 났던 이유 중 하나는 프로그램의 종류가 다르기 때문일 수도 있다. 예를 들면, 행동 및 기술 기반 프로그램 및 논리적인 이론을 기반으로 한 프로그램이 가장 효과적인 것으로 분석되었고(10장의 〈표 10-2〉 참조), 약물남용에 대한 정보만을 제공한 프로그램은 효과적이지 않았다. 하지만 전반적으로 긍정적인 결과를 도출하지 않은 이유가 단지 프로그램의 차이만이라고 하기에는 충분한 설명이 되지 않았다. 심지어 행동 기반 프로그램과 이론 기반 프로그램 간에도 효과의 변산성이 크게 나타났다.

평가자들이 결과를 더 자세히 살펴보았을 때 다음의 두 가지 사실을 알아내었다. 첫째, 많은 프로그램에서 통제 집단이 실제로 통제 집단이 되지 못했다. 참여 아동들은 분석 대상이었던 프로그램은 아니지만 비슷한 약물남용 예방 또는 개입 프로그램의 경험이 있었기 때문에 어떤 식으로든 영향을 받았을 것이다. 둘째, 프로그램은 실시 장소에 따라 매우 다른 방식으로 실행되었다. 예를 들면, 프로그램의 목표와 절차가 그 조직의 일상 기능에 잘 통합되었는지의 여부는 실시 장소마다 차이가 있었다. 연구자들은 통제 집단이 실제 통제 집단의 역할을 제대로 하고 프로그램이 모든 세팅에서 일관되게 실행되는 것을 가정했을 때의 프로그램의 효과성을 알고 싶었다. 연구자들이 통계적으로 이러한 요소를 모두 통제하자 46개 프로그램의 추정 효과 크기는 0.24까지 올라갔고, 이는 통계적으로 유의미한 수준이었다(Derzon et al., 2005).

좋은 결과를 가져올 것으로 예상했던 예방 및 증진 프로그램이 실제로는 실망스러운 결과가 나타나는 경우도 있고 반대로 성공적인 사례들도 있었다. 이는 프로그램의 실행과 관련한 영역을 독자적으로 연구할 필요성을 보여 주는 것이다. 이 장의 목적은 당신의 공동체에서 예방 프로그램을 성공적으로 실시하는 데 필요한 정보를 제공하는 것이다. 10장에서 설명한 것처럼 예방 과학은 흥미롭고 중요한 발전을 하고 있고 이 장에서는 이러한 발전이 공동체에 어떻게 도움이 될 수 있는지 보여 주고자 한다. 이제 우리가 의미하는 실행을 정의해 보고 좋은 실행이 프로그램의 긍정적인 결과로 이어진 연구를 살펴볼 것이다. 그리고 실행 및 보급의 연구 영역에서 사용하는 모델을 얘기해 보고자 한다. 그런 다음 2개의 예방 프로그램을 자세하게 소개할 것이다.

이것은 단순한 프로그램 실행이 아니라 프로그램 혁신이다

소규모의 잘 통제된 세팅에서 좋은 결과를 도출하는 개입 프로그램을 개발하는 것이 쉬운 작업은 아니지만, 사실 예방 과학의 가장 단순한 부분일 수도 있다. 여러 다양한 세팅을 고려해야 한다는 개입의 복합적 특성으로 인해 실행 분야는 예방 과학에서 가장 빠르게 성장한 하위 영역이 되었다. 실행(implementation)은 프로그램이 실제 현실 세팅에서 어떻게 구현되는지를 말한다. 프로그램이 어떻게 실험적 개발에서 광범위한 세팅으로 실행을 확대할 것인가에 대한 연구는 지난 50여 년 동안 엄청나게 성장하고 변화하였다. 실행 분야는 현재 예방 과학 분야에서 가장 빠르게 성장하는 영역이자 가장 중요한 분야이다. 다음에서 예방 과학의 이론과 연구를 짧게 소개하겠지만, 그 전에 프로그램 실행에 대한 이해가 어떻게 변해 왔는지를 아는 것은 도움이 된다.

> **실행**
> 프로그램이 실제 현실 세팅에서 수행되는 과정을 말한다. 실행 분야는 프로그램을 구현하는 최적의 방법을 연구하는 영역이다.

프로그램 실행 접근법의 역사

효과적인 교육 프로그램을 전달하고 그것을 새로운 환경에 적용하는 가장 좋은 방법에 대한 관점은 다음의 4단계를 거치면서 발전하였다(RMC Research Corporation, 1995).

- **상세설명서(cookbook)** 1970년대의 프로그램은 처음부터 끝까지 단계별로 명확한 절차가 명시되는 일명 "키트(kits)"라는 것을 가지고 진행되어야 한다고 믿었다.
- **복제(replication)** 이후의 시기에는 프로그램 개발자가 사용한 방식으로 스태프를 훈련시켜서 복제하도록 한 후, 이와 되도록 유사한 방식이지만 그 세팅에 조정할 수 있는 조금의 여지는 남겨 두고 각 세팅에 적용하였다.
- **조정(adaptation)** 1980년대 후반 이후의 프로그램은 그 장소의 독특한 맥락에 따라 조정되어야 한다는 것을 깨닫게 되었고, 개발자는 꼭 필요한 변화에 대한 자문의 역할을 하는 것이 이상적인 것으로 보았다.
- **발명/혁신(invention/innovation)** 최근에는 모델을 복제 또는 조정의 절차

라기보다 아이디어와 영감을 얻는 자료로 생각한다. 모범 사례 문헌에서 얻은 아이디어를 사용하여 그 시기와 특정 상황에 맞는 프로그램을 만드는 것을 강조한다.

실생활에서 예방 프로그램을 실행하는 것은 과학일뿐 아니라 예술이라고 표현할 수 있다. 1970년대에 사용한 상세설명서 접근법에서는 사용하지 않았던 과학적 방법은 반드시 실행의 기초가 되어야 한다. 상세설명서 접근법이 실시했던 프로그램 실행을 위해서 구체적인 지침을 부여하고, 공동체 구성원이 최선을 다해 그 지침을 따르는 동안에 지속적으로 지원을 제공하며, 그 프로그램이 얼마나 잘 완료되었는지 문서화하는 것은 효과가 없었다. 모든 예방 프로그램은 특정 세팅에 단순히 복제하거나 심지어 조정되는 것으로도 성공할 수 없다. 모든 실행은 반드시 실질적인 혁신이 동반되어야 하고 그러한 혁신은 현실적 지식을 바탕으로 해야 한다. 이 지점에서 세팅, 공동체, 그리고 다양성에 대한 생태학적 이해는 상당히 도움이 된다.

규모 확장
초기 프로그램의 개념을 더 광범위한 적용을 통해 확장하는 과정을 말한다.

혁신 프로그램 개발에서 광범위한 실행으로 나아가는 과정을 규모 확장(scaling up)이라고 부른다(Schorr, 1997). 이 과정이 이 장의 핵심이다. 이 작업을 공동체심리학의 관점과 결합하여 프로그램 개발 및 실행의 4단계를 다음과 같이 정립할 수 있다.

- 실험 개발(experimental development) 프로그램을 소규모로 최적화하여 잘 통제된 조건에서 통제 집단과의 비교를 통해 효과성을 보여 준다.
- 기술적 응용(technological application) 실제 현실 조건 상황이지만 개발자가 의도한 조건에서 프로그램의 효과성을 보여 준다. 그러므로 이 역시 여전히 개발자의 지침에서 벗어난 것은 아니다.
- 혁신의 유포(diffusion of innovation) 프로그램을 다른 조직 또는 공동체에 적용하여 개발자의 직접적 관찰과 지침이 없는 실제 현실 조건 상황에서 효과성을 보여 준다.
- 실행 확대(widespread implementation) 유포 단계가 단지 몇몇 세팅에서 프로그램을 진행하는 것이라면 이 단계에서는 다양한 세팅을 통해 효과성을 계속해서 확인하고 개발자로부터 새로운 실행자에게 옮겨 감으로써

실행이 확대된다. 결국 실행자는 프로그램의 유포보다 한 단계 더 나아가 프로그램을 수행하게 된다. 프로그램은 이 마지막 단계를 거쳐야만 그 영향력이 확대된다.

그렇다면 성공적인 예방 및 증진 프로그램의 지식을 실제 현장에 옮기고자 할 때 어떤 일이 발생하는가? 수많은 연구자, 기금제공자, 정책개발자, 그리고 공동체 구성원은 단지 부분적인 성공을 통해 이 질문에 답하려고 노력해 왔다. 이는 예방 연구와 예방 실천 간의 "간격"의 측면에서 논의되고 몇몇 모델은 그 간격을 설명하기 위해 개발되었다. 일반적으로 두 가지 유형의 모델이 있는데, 연구-실천 모델과 공동체-중심 모델이 그것이다.

연구-실천 모델(research-to-practice models)은 근거-기반 프로그램을 채택하기 위해 연구자와 정책입안자가 원하는 것을 공동체와 조직에 "압박"하는 것에 중점을 맞춘다. 프로그램 개발자는 그들의 접근법이 특정 문제를 다루는 데 효과적이라는 것을 보여 주기 위해 많은 노력과 자원을 쏟아붓는다. 그리고 그들은 사람들이 그 프로그램을 사용하기를 기대한다. 연구-실천 모델은 "우리는 어떤 것이 효과가 있는지 알고 있다. 그럼 어떻게 하면 이것을 현실 장면에 성공적으로 채택할 수 있을까?"라고 질문한다. 공동체-중심 모델(community-centered models)은 다소 다른 관점을 지닌다. 공동체는 "우리 공동체의 쟁점을 잘 해결할 수 있는 프로그램을 어떻게 찾고 그것을 어떻게 성공적으로 채택할 수 있을까?"라는 질문에 답할 수 있어야 한다(Saul et al., 2008).

두 모델 간에 큰 차이가 있는 것처럼 보이지만, 두 모델 모두 주요한 목표는 예방 연구의 성공적인 실행을 지원하는 정보 획득을 돕는 것이다. 차이점은 각 모델이 취하고 있는 관점이다. 즉, 연구자의 관점인지 아니면 공동체의 관점인지의 차이이다. 공동체의 역할은 점점 더 우선시되고 있다. 밀러와 쉰(Miller & Shinn, 2005)이 지적한 것처럼 공동체는 이미 자신에게 맞는 효과적인 예방 프로그램을 가지고 있을 가능성이 있다. 예방 과학은 이러한 토착 예방 노력의 예시를 찾고 그것들로부터 배워야 한다고 주장하였다. 토착 예방 노력은 공동체 역량과 가치에 부합할 가능성이 높다. 이는 잘 통제된 연구 조건 아래에서 개발된 프로그램은 가질 수 없는 가장 큰 장점이다.

연구-실천 모델
근거-기반 프로그램을 채택하기 위해 연구자와 정책입안자가 원하는 것을 공동체와 조직에 "압박"하는 것에 중점을 둔다(예, "연구자는 프로그램이 효과적이라는 것을 보여 줬어. 이제 이 프로그램을 어떻게 실제 현실에 적용할 수 있을까?")

공동체-중심 모델
공동체 구성원이 그들 공동체의 독특한 요구, 강점, 가치에 적합하다고 믿는 프로그램을 성공적으로 채택하는 것에 중점을 둔다(예, "우리 공동체가 가진 문제가 있어. 어떻게 하면 이 문제를 해결할 프로그램을 찾고 그것을 성공적으로 채택할 수 있을까?")

공동체심리학자로서 우리는 공동체 관점에 대한 이해의 필요성을 강조하고 성공적인 실행은 참여 실천 연구 접근법(3장 참조)을 기반으로 하여야 함을 이 장을 통해 강조할 것이다. 공동체 구성원은 문제를 정의하는 것에서부터 좋은 프로그램을 결정하는 매 단계에 참여해야 한다. 연구자 역할의 중요성에서 공동체 역할의 중요성으로 전환하는 것은 공동체심리학자가 그들 자신을 어떻게 규정해야 하는지에 중대한 영향을 미친다. 와이스버그(Weissber, 2019)는 사회-정서적 학습 프로그램(이 장의 후반부에서 다룬다)으로 일했던 자신의 삶에 대하여 다음과 같이 회고하였다.

> 나와 대학 동료들은 처음 일을 시작할 때 **연구자-실천가**(researcher-practitioner) 모델을 주로 사용하여 프로그램의 개념화, 설계, 실행, 평가 및 보급을 연구하였다. 이후 프로그램을 현실에서 직접 실행하면서 **실천가-연구자**(practitioner-researcher) 모델이 더 큰 영향을 미칠 수 있겠다고 생각하였다. (p. 68)

통합 모델

보급 및 실행을 위한 상호 체계틀(Interactive Systems Framework for Dissemination and Implementation: ISF)은 연구-실천 모델과 공동체-중심 모델을 성공적으로 통합한 모델로 실행 과정과 관련된 핵심 요소 및 그것들의 관계를 설명한다(Flaspohler et al., 2012; Wandersman et al., 2008). 이 통합 모델은 다음의 세 가지 체계를 가지고 있다.

- 예방 통합 및 해석 체계
- 예방 지지 체계
- 예방 전달 체계

예방 통합 및 해석 체계
도움이 되는 예방 접근법을 이용하는 것과 관련한 쟁점에 주목하고, 이 정보가 프로그램 채택자에게 유용한 방식으로 정보를 검색하고, 결합하며, 해석하는 것의 필요성을 강조한다.

이 모델은 프로그램의 보급 및 실행과 관련한 단계 또는 과정을 설명하고자 한 것이 아니라 오히려 이 과정이 성공하기 위해서는 적재적소에 사용되어야 하는 체계를 설명한 것이다.

예방 통합 및 해석 체계(prevention synthesis and translation system)는 사람

들이 유망한 예방 접근법과 관련한 정보에 접근하기 어렵다는 사실을 해결하고자 한다. 출간된 다양한 논문은 전문용어로 표현되었거나 프로그램 채택에 꼭 필요한 자세한 사항들이 누락된 경우가 많다. 이 체계는 프로그램을 채택하고자 하는 사람을 위해 관련 정보를 검색하고 그것을 인위적으로 통합하여 유용한 형태로 해석해 주는 역할의 필요성을 주장한다. 이 장의 후반부에 이 체계의 역할을 하는 조직을 소개할 것이다.

예방 지지 체계(prevention support system)는 새로운 혁신 프로그램을 성공적으로 채택하기 위한 조직과 공동체의 능력을 다룬다. 이 체계는 역량 구축의 측면에서 이해하는 것이 가장 좋다. 역량(capacity)이란 어떤 것을 성취할 수 있는 자원, 지식, 능력을 보유하는 것을 말한다. 프로그램 실행의 목적을 위해서는 일반 역량(general capacity, 모든 종류의 프로그램을 실행할 수 있는 능력)과 혁신에 특화된 역량(innovation-specific capacity, 특정 프로그램을 성공적으로 실행할 수 있는 능력) 모두가 필요하다. 어떤 공동체 세팅도 새로운 혁신 프로그램에 요구되는 모든 역량을 갖추었거나 또는 가질 것으로 기대하지 않는다. 이러한 역량은 반드시 개발되어야만 한다. 예방 지지 체계는 개입을 위한 역량 구축에 관련된 세팅의 모든 측면이 포함된다. 역량의 개념은 매우 중요하기 때문에 이 절의 뒤에서 자세하게 다룬다.

예방 전달 체계(prevention delivery system)는 새로운 혁신 프로그램을 실제로 실행하는 집단(조직, 공동체, 또는 정부 기관)을 말한다. 이 조직들이 성공적인 실행을 위해 필요한 활동에 전념하는 역량을 적용할 능력이 있는지는 중요한 문제이다.

[그림 11-1]에서 볼 수 있듯이 기존의 이론과 연구, 현재의 조직, 공동체, 정부의 정책, 기금의 이용가능성, 사회적·정치적 분위기와 같은 거시체계의 영향을 받는다. 이 체계들은 또한 서로 영향을 주는 상호 관계성을 가진다. 예방 지지 체계는 세팅의 역량을 구축할 수 있고, 그 역량은 결국 더 탄탄한 예방 지지 체계를 지원할 수 있다. 이 모든 과정을 통해 혁신 프로그램은 해당 세팅에 더 특화되고 효과적으로 실행되는 결과를 가져올 수 있다.

[그림 11-1]에서 체계를 연결하는 화살표가 의미하는 것은 세 체계에서 얻은 지식은 기존 연구와 이론에 정보를 제공한다는 것이다. 이 장의 후반부에서 ISF 모델을 사용하여 성공적인 보급과 실행을 이해하는 구체적인 예방 프

예방 지지 체계
조직과 공동체가 새로운 혁신을 채택하기 위해 필요한 자원을 제공하는 능력을 의미하며, 역량 개발과 관련한 모든 측면을 포함한다.

역량
목표를 성취하기 위한 자원, 지식, 능력의 보유를 말한다.

일반 역량
모든 종류의 프로그램을 실행하는 데 필요한 기술과 자원을 의미한다.

혁신에 특화된 역량
조직의 일반 역량 외에 특정 프로그램을 실행하는 데 필요한 기술과 자원을 말한다. 이 역량은 해당 프로그램에서 요구하는 능력을 개발해야 한다.

예방 전달 체계
실제 현실 세팅에서 새로운 프로그램 또는 혁신을 실행하는 집단(조직, 공동체, 또는 정부 기관)을 말한다.

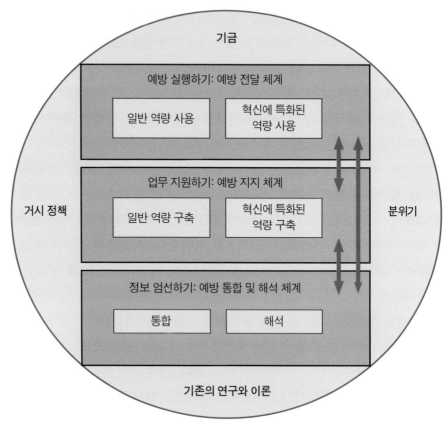

[그림 11-1] 보급 및 실행을 위한 상호 체계틀

로그램을 소개할 때 [그림 11-1]을 다시 언급할 것이다.

ISF 모델은 프로그램 실행과 관련한 쟁점을 구체적으로 조사한 매우 흥미로운 메타 분석으로 지지되었다(Durlak & Dupre, 2008). 이 연구는 총 483개의 연구가 포함된 5개의 메타 분석 연구 외에 프로그램 실행의 영향을 구체적으로 조사한 59개의 연구를 추가하여 분석하였다.

이 연구의 주된 결과는 간단하지만 시사하는 바가 크다. 효과 크기는 더 잘 실행된 프로그램이 그렇지 못한 프로그램보다 2~3배가 높았다(Durlak & Dupre, 2008). 이 결과를 바탕으로 연구자들은 어떤 요인이 실행 과정에 가장 큰 영향을 주었는지를 자세하게 조사하였다. 프로그램 실행에 영향을 주는 것으로 확인된 것은 23개의 요인이었고 각 요인은 적어도 5개 이상의 논문에서 프로그램 실행에 영향을 주었다. 23개의 요인을 다시 4개의 범주로 구분하였고 23개 중 11개의 요인이 예방 전달 체계의 조직의 역량과 관련되어 있다고 지금까지 밝혀져 있다. 〈표 11-1〉은 이 목록의 단축 버전이다.

〈표 11-1〉 실행 과정에 영향을 주는 요인

공동체-수준 요인	예방 이론과 연구의 현재 상황 정치, 기금, 정책적 고려
제공자 특성	프로그램의 필요성에 대한 채택자의 인식 프로그램 실행 능력에 대한 채택자의 평가
혁신의 특성	해당 공동체 환경에 대한 프로그램의 호환성 해당 공동체 환경의 요구를 프로그램이 충족시키는 정도
예방 전달 체계: 조직의 역량	긍정적인 업무 분위기 변화를 지지하는 규범 의사결정 과정의 공유 의사전달의 개방성 프로그램을 이끄는 강한 리더십과 프로그램 실행자

주) 더랙과 듀프(2008)에서 인용함.

ISF 모델은 개발 이후 널리 사용되고 평가되고 있다. 그 결과, 예방 지지 체계가 중요하다는 인식은 훨씬 더 커졌다. 그중 한 가지는 혁신 프로그램을 실행하는 역량을 갖는 것만으로는 충분하지 않다는 것이다. 역량은 복잡하고 제한된 자원이다. [그림 11-1]을 다시 살펴보자. [그림 11-1]에서 "역량"이라는 단어는 혁신을 실행하기 위해 사용될 수 있는 일반 역량과 혁신에 특화된 역량까지 총 4번이 사용되었다.

하지만 역량만으로 실행의 성공을 결정할 수 있는 것은 아니다. 여기에는 반드시 구체적인 목표에 도달하기 위해 그 역량을 쏟아붓겠다는 동기가 있어야 한다. 이러한 이해 덕분에 예방 지지 체계는 준비성(readiness)의 개념이 포함되면서 확장되었다. 준비성을 계산하는 공식은 동기와 역량을 곱한 결과로 다음과 같이 표기한다(Scaccia et al., 2015; Scott et al., 2017).

> **준비성**
> 동기, 일반 역량, 그리고 혁신에 특화된 역량을 바탕으로 목표를 달성하려는 준비와 의지의 정도를 말한다.

준비성 = 동기 × (일반 역량 + 혁신에 특화된 역량)

개입을 실행할 세팅의 준비성을 검토하는 것은 시작 지점을 결정하는 열쇠가 될 수 있다. 이는 기본적으로 다음의 두 질문에 대한 답을 찾는 것이다. "이

것이 당신이 하고자 하는 것인가?" "당신은 그것을 할 수 있는 자원을 보유하고 있는가?" 세팅의 준비성을 검토하는 방법은 현재 새롭게 부상하는 연구 영역이다(Scott et al., 2017).

성공적 실행의 요소

ISF 모델은 프로그램의 성공적 실행을 위해 세팅에 필요한 체계를 확인한다. 이 절에서는 프로그램의 성공적 실행에 기본이 되는 것으로 알려진 프로그램의 구체적 요소들을 살펴보고자 한다. 더랙과 뒤프레(Durlak & Dupre, 2008)는 프로그램 실행의 모범 사례들을 검토한 후 다음의 여덟 가지 측면을 제안하였다[이 중 다섯 가지는 데인과 슈나이더(Dane & Schneider, 1998)의 자료를 바탕으로 하였다].

- 충실도(fidelity) 원 프로그램의 설계와 얼마나 근접하게 유지하는가?
- 노출량/강도(dosage/intensity) 프로그램이 몇 차례 그리고 얼마나 자주 제시되었는가?
- 자질(quality) 프로그램의 구성 요소가 얼마나 잘 제시되었는가?
- 참여자 반응(participant responsiveness) 참여자는 얼마나 몰입하였는가?
- 프로그램 차별성(program differentiation) 이 프로그램과 다른 개입법 간에 명확한 이론적 · 실제적 구별이 있는가?
- 통제/비교 조건의 감독(monitoring of control/comparison conditions) 통제 집단 참여자가 다른 종류의 개입에 노출되지 않았는가?
- 프로그램의 유효 범위(program reach) 참가할 것으로 고려했던 참여자가 얼마나 많이 프로그램에 등록하였는가?
- 조정(adaptation) 프로그램의 어떤 측면이 그 세팅의 구체적인 맥락에 맞도록 수정되었는가?

실행 영역에 대한 우리의 이해 수준은 여전히 진행 중이기 때문에 이 목록은 단지 기초적인 것이다. 하지만 이것은 실행과 관련하여 해결해야 할 쟁점을 논의할 때 실행의 각 측면을 분리해서 따로 측정할 수 있기 때문에 유용하게 사용할 수 있는 방식이다. 예를 들면, 미성년 부모를 위한 프로그램의 유효 범위를 측정하기 위해서 당신은 두 가지를 할 수 있다. 첫째, 프로그램에 등록한 모든 참여자가 미성년 부모인지 확인하는 것이다. 둘째, 지역의 미성년 부모의 수를 보건 의료 자료를 토대로 확인하여 그 수와 프로그램 참여자의 수를 비교하는 것이다. 참여자 반응의 측정은 프로그램의 출석률을 보면 알 수 있다. 참여자가 프로그램에 적극적으로 참여하지 않는다면 중도 탈락할 것이다. 또한 참여자에게 프로그램이 얼마나 재밌고 흥미로운지를 평가할 수도 있다.

불행하게도 이 요소를 각각 측정할 수는 있지만 이 모두를 측정하는 것은 드문 일이다. 단지 소수의 프로그램만이 모든 요소를 확인하였는데(비록 그 수는 점점 증가하고 있지만), 그 프로그램마저도 충실도, 노출량/강도, 프로그램의 유효 범위와 같은 몇 가지 요소에 집중하는 경향이 있다. 다음 절에서 프로그램 실행이 성공하기 위해 사정 및 평가의 역할은 무엇인지 살펴보고자 한다.

더 나은 실행을 위한 수단으로서의 평가

우리 모두는 다양한 방식으로 예방 및 증진 프로그램의 이해관계자가 될 기회가 있다. 프로그램 이해관계자에는 아동, 청소년, 학부모, 학교, 공동체 및 건강 관련 조직, 경찰, 정책입안자, 서비스 제공자와 의뢰인, 그리고 그 외의 공동체 구성원이 포함된다. 광범위한 자원이 프로그램에 투입될 것이고 좋은 결과에 대한 기대도 클 것이다. 우리는 앞서 효과적인 실행을 보장하기 위해 당신이 알아야 할 많은 요소를 제시하였다. 하지만 당신은 좋은 지지 체계가 잘 갖추어져 있는지 어떻게 알 수 있는가? 프로그램에 잘 맞는 참여자를 어떻게 찾아서 참여시킬 것인가? 프로그램이 실행될 때 충실도의 핵심 요소가 반영되면서도 해당 세팅에 적절히 조정되었는지를 어떻게 알 수 있는가?

프로그램의 실행이 완전히 마무리될 때까지 기다린 후에 결과를 평가한다면 이상의 질문들을 해결할 수 없다. 만일 많은 자원이 투입된 개입에서 의도했던 결과가 충분히 나타나지 않았다는 평가를 받는다면 너무나 좌절할 것이다. 또한 프로그램이 기대한 결과를 산출하지 못한 이유를 마지막 평가를 통해서도 알 수 없는 경우에는 괴로울 것이다. 심지어 실행 초기에 그 문제가 발생했고 그 당시에 알았다면 해결할 수 있었다는 것이 최종 평가를 통해 드러난다면 더욱 그럴 것이다.

12장에서 이러한 결과를 피하기 위해 사용할 수 있는 평가 기법인 형성 평가와 게팅투아웃컴(Getting To Outcomes) 평가를 소개할 것이다. 이 두 평가 기법이 강조하는 것은 사정 및 평가는 프로그램 초기부터 시작해야 한다는 것이며, 심지어 개입 프로그램을 선택하기 전부터 시작할 것을 권한다. 이러한 접근법은 평가 과정보다는 실행 과정으로 보는 것이 더 적절하다. 목적은 프로그램의 성공 여부를 알고자 하는 것이 아니라 프로그램을 개선하기 위해 사용할 수 있는 정보가 지속적으로 제공되는지, 그래서 성공을 위한 지식과 기회 모두가 증가할 것인지를 살피는 것이다. 이는 평가가 프로그램 또는 프로그램에 관여한 개인의 성공을 판단한다기보다 구성원의 의견이 반영되는 환경을 강조하고 평가를 프로그램의 지속적인 개선과 실행을 위한 도구로 생각할 수 있는 문화를 기르는 것이다(Scott et al., 2020).

변화 이론
개입이 원하는 결과를 어떻게 가져올 것인가에 대한 집단이 가진 개념을 말한다. 이 이론은 초기에는 광범위할 수 있지만 공동체 개입이 지속적으로 적용되고 해결됨에 따라 확장되고 구체화된다.

공동체 개입법을 선택하고 실행하는 것과 관련된 모든 집단은 그들의 개입이 바람직한 결과를 어떻게 가져올 것인지에 대한 그들의 생각을 의미하는 변화 이론(theory of change)을 계속해서 발전시키고 있다. 변화 이론은 특정 문제를 유발하거나 예방하는 세팅에서 원인이라고 생각되는 모든 요인을 출발점으로 하는 광범위한 가설로 이론을 시작한다. 예를 들면, "성인이 지도하는 방과 후 활동의 참여를 늘리면 공동체 청소년의 비행 행동을 줄일 수 있다."라는 변화 이론이 있다고 생각해 보자. 이 작업이 진행되면서 광범위한 가설의 이론은 확장되고 세부화되어 "교통수단을 무료로 제공하면 더 많은 청소년이 방과 후 프로그램에 참여할 수 있을 것이다."와 같이 프로그램의 각 구성 요소가 왜 그리고 어떻게 영향을 미치는지를 구체화될 것이다.

개입으로 기대한 결과가 나타나지 않았다면 그 문제는 이론 실패와 실행 실패 중 하나일 수 있다. 형성 평가 접근법을 사용하면 ① 변화 이론을 개발하고, ② 프로그램을 실행하는 동안에 실시간으로 맥락에서 얻은 자료를 통해 그 이론을 확장 및 수정하며, ③ 이론 실패와 실행 실패를 확인하는 동안에 그 문제를 해결할 기회를 가질 수 있다(Scott et al., 2020).

사정을 통해서 획득된 지식은 프로그램 및 실행 과정을 개선하는 데 계속해서 투입되어 사용되며 이것은 더 나은 사정으로 연결된다. 다음 절에서는 이 과정에 대한 일반적인 개념틀을 소개한다.

프로그램 실행에서 공동체-기반 참여 실천행동 연구

효과적인 프로그램 실행은 해당 맥락에 대한 이해와 그 세팅의 현실에 부합하도록 프로그램을 조정하는 작업이 지속적으로 이루어져야 한다. 이것은 환경 및 선택한 프로그램에 대한 경험적 지식뿐만 아니라 프로그램과 공동체 환경 간의 계속되는 상호작용에 대한 상세한 지식도 바탕이 되어야 한다. 이러한 경험적 지식은 참여 실천행동 연구 패러다임을 통해서 얻을 수 있다.

3장에서 논의한 것처럼 실행 프로젝트를 포함하여 연구 프로젝트는 참여가 기본이 되는 것임을 확신하는 많은 모델이 있다. 조직의 기존 구조를 그대로 이용할 수도 있고, 현재의 조직, 위원회, 그리고 개인 간의 새로운 연결망을 개발할 수도 있으며, 해당 프로그램에 특화된 실행을 위해 완전히 새로운 조직 구조를 구성할 수도 있다. 하지만 프로그램을 선택할 때 중요한 것은 모든 주요 이해관계자가 협력적 역할을 할 수 있는 구조와 과정을 개발하는 것이 프로그램 실행을 성공적으로 이끄는 핵심일 뿐 아니라 조직 및 공동체 변화에 필요한 공동체 역량의 발달을 가져오는 핵심이라는 것이다. 진정한 공동체 협력이 이루어진다면 공동체 역량을 강화할 수 있다. 개입이 성공적으로 실행되었다면 공동체 구성원의 기술은 반드시 증가하고 이러한 기술이 다른 사람에게 적절히 전수되는 공식적·비공식적 과정이 발생해야 한다. 아동 또는 청소년과 관련한 문제나 공동체 세팅에서 일할 때는 이들이 반드시 주요 이해관계자로 인식되어야 하며 이들에게 협업의 역할을 부여해야 함을 기억하라(Kennedy et al., 2019; Langhout & Thomas, 2010b). 참여 실천행동 연구에서 아동 및 청소년과 함께 프로그램을 실행하는 것의 중요성과 효과성은 3장에서 자세히 다루었다.

참여 실천행동 연구는 연구(사정)가 끊임없이 실천행동(실행)에 정보를 주는 방식으로 이루어지는 협력적인 순환구조이다. 또한 반대의 경우인 실천행동이 연구에 정보를 제공하는 방식도 발생한다. 이 장에서 강조하는 두 프로그램—사회-정서 학습 프로그램, 가정방문 프로그램—모두 실행 중에 얻은 지식으

로부터 많은 혜택을 얻을 수 있었다. 프로그램 실행에 대한 실천행동 연구의
순환구조 원리는 일반적으로 다음의 활동으로 요약할 수 있다.

- 문제 확인 및 정의
- 세팅 사정
- 이용 가능한 개입 검토
- 개입과 세팅 간의 적합성 사정
- 스태프의 훈련 및 지원
- 평가 과정 개발
- 실행, 조정, 유지

실천행동 연구 과정은 순환하면서 계속된다. 즉, 마지막 지점에서 멈추지
않고 전 과정을 다시 반복한다. 5장에서 언급한 켈리와 트리켓의 4요인 생
태학 원리인 상호 의존, 자원 순환, 적용, 연속성을 떠올려 보라(Kelly, 1966;
Trickett, 1984). 마지막 원리인 연속성 단계는 앞의 3개의 원리가 시간이 지남
에 따라 계속해서 변할 것임을 말하고 있다. 세팅의 다양한 측면, 가용 자원,
그리고 세팅과 프로그램이 계속해서 서로 조정해 가는 방식 간의 관계는 끊임
없이 변화한다. 이러한 변화를 알아차릴 수 있고 그것을 숙고하여 대응하는
것은 지속적인 사정 과정을 통해서 이루어진다.

어떤 모델은 이러한 활동을 위한 구체적인 개념틀을 제공하는 반면 어떤 모
델은 어떤 세팅에도 적용할 수 있는 프로그램의 개발, 실행, 평가를 제시하기
도 한다. 그러한 모델 중 한 가지가 게팅투아우컴(Getting To Outcomes: GTO)
접근법이며, 이 모델은 12장에서 설명한다. 프로그램 실행과 관련한 논의를
위해 이 절에서 소개할 활동은 GTO 접근법의 단계와 매우 긴밀하게 연관되어
있다(Wandersman et al., 1999).

이제부터는 구체적인 예방 활동에 대하여 설명하고자 한다. 시작하기에 앞
서 자주 간과되는 평가의 중요한 측면인 예상하지 않은 결과를 평가하는 것의
필요성을 논의하고자 한다.

의도하지 않은 결과 평가

지속적인 평가는 프로그램의 혁신을 위한 자료를 제공하기 때문만이 아니라 심지어 가장 잘 설계된 프로그램조차 의도하지 않은 결과, 즉 부정적인 결과가 나올 수 있기 때문에 중요하다. 유용할 것으로 계획한 개입이 의도하지 않은 해로운 결과가 나타나는 것을 의인성 효과(iatrogenic effects)라고 부른다.

의도하지 않은 부정적 결과가 나온 예방 프로그램의 좋은 예시가 공포직진(Scared Straight) 프로그램이다. 이 프로그램은 1970년대에 뉴저지주 라웨이 교도소의 종신형 수감자를 청소년이 직접 만난다면 청소년 범죄를 예방할 수 있을 것이라는 믿음으로 시작하였다. 청소년을 겁주기 위한 의도로 청소년이 교도소에 직접 방문하여 종신형 수감자의 강간과 살인에 대한 시각적 자료를 포함하여 감옥생활의 잔인한 모습을 그들에게 보여 주었다. 이 프로그램은 94%의 성공률을 보였으며(Shapiro, 1978), 그 결과 미국 전역에 광범위하게 실시되었다.

다른 곳에서도 이 프로그램은 80~90%의 성공률을 보였다. 하지만 이 프로그램에 대한 그 어떤 평가 연구도 통제 집단이나 무선 할당을 포함하지 않았다. 1982년 공포직진 프로그램의 평가를 위해 처음으로 통제 집단 및 무선 할당을 포함하였을 때 지금까지와는 다른 결과가 나타났다. 평가 결과, 프로그램에 참여했던 청소년이 통제 집단의 청소년보다 실제로는 더 많은 범죄를 저질러서 체포된 것으로 나타났다(Finckenauer, 1982). 즉, 청소년 범죄가 감소한 것이 아니라 범죄 위험이 높아진 것으로 이 프로그램이 의도했던 효과와 정반대의 결과를 보였다. 이후 다양한 세팅에서 실시된 잘 설계된 수많은 연구도 같은 결과가 나타났다(Petrosino et al., 2003; Schembri, 2009). 연구들은 프로그램이 실제로 범죄 행동을 높인 이유가 프로그램을 통해 범죄와 관련한 태도 및 행동을 강화하였다고 분석하면서 예시로 프로그램에서 소개한 공격성이 타인을 통제할 수 있는 효과적인 방식이라고 믿도록 하였다는 것이다.

예방 프로그램(및 다른 유형의 행동 개입법)의 부정적인 효과에 대한 세밀한 과학적 조사는 여전히 시작 단계이고 안전 문제를 확인할 수 있는 공식화된 절차가 없다(예, 미국 식품의약국은 유해성 의약품을 확인하기 위한 공식화된 절차가 있다). 라웨이 프로그램과 같이 해로울 수 있는 개입에 대한 몇몇 예비적 연

의인성 효과
도움을 주기 위해 계획한 개입이 의도하지 않은 부정적 결과가 나타나는 것을 말한다.

구가 있다(Lilienfeld, 2007). 하지만 여전히 부정적 영향을 조사하고 확인하는 업무는 대부분 현장실무자에게 달려 있다.

다음 절에서는 예방 및 증진 프로그램의 성공적 실행을 위한 이 모든 개념과 관련된 지식을 어떻게 사용할 수 있는지 설명할 것이다. 이 과정을 설명하기 위해 성공적으로 보급된 두 개의 프로그램을 예시로 사용한다.

성공적 보급의 예시

이 절에서는 성공적으로 보급된 두 개의 예방 프로그램을 소개한다. 하나는 사회-정서적 학습 프로그램이고 다른 하나는 가정방문 프로그램이다. 그런 다음 이 프로그램을 예시로 프로그램 실행의 일반적인 원리를 살펴볼 것이다. 이 내용이 공동체에 효과적인 예방 및 증진 프로그램을 지원하고자 하는 당신의 노력에 지침이 되기를 바란다.

사회-정서적 학습 프로그램

사회-정서적 학습(Social-Emotional Learning: SEL) 프로그램은 아동의 사회-정서적 학습을 증진하기 위해 고안된 학교-기반 프로그램이다. SEL 프로그램은 PYD의 개념을 이론적 기반으로 하는 증진 프로그램으로 분류되지만 몇몇 부정적인 결과의 예방에도 효과적으로 나타났다.(PYD 프로그램에 대한 자세한 설명은 10장 참조). SEL 프로그램은 아동, 청소년, 성인이 자신의 정서를 성공적으로 이해하고 조절하며 타인에게 공감과 이해를 보여 줄 수 있도록 하는 기술을 일컫는다. 이 지식과 기술은 스스로를 위해 긍정적 목표를 설정하고 성취하는 능력, 책임있는 결정을 하는 능력, 그리고 타인과 긍정적인 관계를 맺고 유지하는 능력을 지원한다(Weissberg et al., 2015). SEL 프로그램은 아동에게 이러한 기술을 가르칠 수 있고 학교 전체 조직의 직접적인 변화를 통해 지원받을 수 있다는 것을 보여 준 연구들을 기반으로 한다(Elias et al., 1997; Weissberg et al., 2015).

SEL 프로그램은 성공적인 프로그램 실행의 좋은 예시가 되고 있다. 그 이유는 아동의 사회적이고 정서적인 기술을 함양할 뿐만 아니라 학교의 문화를 변화시키려고 노력했기 때문이다.

출처: iStock.com/monkeybusinessimages

　[그림 11-2]는 SEL 프로그램과 관련한 이론과 작동 기제를 도식화한 것이다. SEL 프로그램에서 가르치는 구체적 기술은 [그림 11-2]의 'SEL 역량' 칸에 제시되어 있지만, 이 프로그램의 다른 요소는 학습이 진행되는 생태학적 맥락을 묘사하고 있다. [그림 11-2]를 10장에서 제시한 회복탄력성과 관련한 요인 목록인 〈표 10-1〉과 위험 요인을 보호 요인으로 바꾸기 위한 개입의 잠재력을 보여 주는 [그림 10-1]과 비교해 보라. SEL 프로그램은 구체적으로 아동의 삶에서 보호 요인의 강화와 수를 증가시키기 위해 고안되었다.

　이용할 수 있는 SEL 프로그램은 다양하다. 거의 모든 성공적인 프로그램은 학생의 기술을 구축하는 것을 가장 중요하게 생각한다. 대부분의 프로그램은 교실 수업과 관련한 구성 요소가 가장 많지만 효과적인 SEL 프로그램은 학교 전체의 노력이 필요하다는 것은 잘 알려져 있다. 개입의 수준은 학교이고 개입의 목표는 SEL 프로그램의 기술을 알리고, 인정받고, 가르치며, 지원하는 학교 문화를 조성하는 것이다. 이와 관련한 구성 요소 및 절차는 잘 연구되고 확인되어 오고 있다. 학업, 사회, 정서 학습을 위한 협력(Collaborative for Academic, Social, and Emotional Learning: CASEL) 조직은 유치원에서 고등학교에 이르기까지 SEL 프로그램을 적용하여 설립되었다. CASEL은 그들의 웹사이트(https://casel.org)에서 SEL 프로그램의 적용을 돕는 여러 자료를 제공하고 있다.

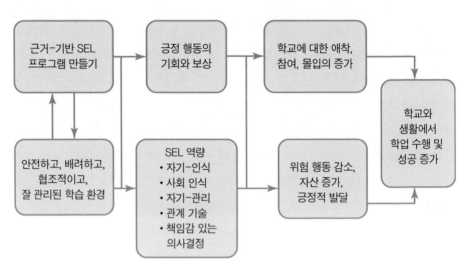

[그림 11-2] 학교생활과 성공을 예측하는 학교 관련 요인

SEL 프로그램의 효과성은 유치원생부터 고등학생까지 포함된 82개의 SEL 프로그램에 참가한 총 97,406명을 대상으로 메타 분석한 최근의 연구에서 입증되었다(Taylor et al., 2017). 프로그램은 다양한 집단을 대상으로 다양한 국가에서 실시되었고 모두 보편적 측정을 시행하였다(개입에 필요한 아동을 선택한 것이 아니었다). 메타 분석은 개입 이후 짧게는 8개월, 길게는 18년 후에 수집된 추후 연구의 자료를 사용하였다. 프로그램의 추후 연구 시점에서 SEL 기술 및 태도는 상당한 향상이 있었다. 또한 SEL 프로그램의 참가는 친사회적 행동의 증가, 학업 수행의 향상, 그리고 품행 문제, 정서적 고통 및 약물 사용의 감소와 관련성이 큰 것으로 나타났다. 심지어 어떤 프로그램은 안전한 성행위와 고등학교 졸업과 같은 결과에도 긍정적인 영향을 보여 주었다. 연구에 포함되지 않은 SEL 프로그램에서도 이러한 효과가 나타났을 수 있다. 또한 6개의 SEL 프로그램을 꼼꼼하게 조사한 연구에 따르면, SEL 프로그램은 투자한 1달러당 11달러의 결과를 산출함으로써 비용-효과적인 것으로 밝혀졌다(Belfield et al., 2015).

가정방문 프로그램

가정방문 프로그램은 훈련받은 직원이 임산부나 산모의 집을 방문하는 것이다. 일반적으로 이 프로그램은 1주일에 1회부터 1달에 1회씩 2~5년 동안에 실시되는 집중 프로그램이다. 방문을 통해 어머니에게 양육 정보와 지원을 제공한다. 이 프로그램의 목적은 건강한 아동 발달을 지원하고, 긍정적인 양육 및 부모-자녀 상호작용을 높이며, 아동 학대를 예방하는 것이다. 가정방문 프로그램은 매우 인기가 많고 민간 기금 및 공적 기금 모두에서 지원받는다. 미국은 보건복지부에서 주관하는 산모, 유아, 초기 아동기 가정방문 프로그램이 기금의 주요 제공처이다. 이 프로그램은 2017년 미국의 모든 주에서 80,000가정에 서비스를 제공하였다(Department of Health and Human Services, 2017). 이 프로그램은 또한 많은 다른 국가에서도 실시되고 있다.

가정방문 모델의 핵심 구성 요소를 기본으로 하는 적어도 20개의 서로 다른 프로그램이 있다. 최근의 연구에서는 가장 대중적인 4개의 프로그램의 추적 조사 자료를 분석하였다(추적 조사의 기간은 유치원부터 21세까지이다). 연구 결과, 이 프로그램들은 아동 발달 및 학업 수행, 가족의 경제적 자급자족, 청소년 비행과 가정폭력 및 범죄, 산모 건강, 아동 건강, 아동 학대, 그리고 육아에 긍정적인 영향을 주었다. 물론 실제 결과는 프로그램 내에서 그리고 프로그램 간에 다양하였다. 비용-편익 분석에서는 프로그램 대부분이 비용보다 이익이 더 많이 나타났는데, 특히 소외 계층을 위한 프로그램이거나 전 생애 혜택을 계산하였을 때는 더 크게 나타났다. 대부분의 이익은 참여자의 수입이 증가하는 것과 정부 지원 프로그램의 의존도가 감소하는 것에서 비롯되었다(Michalopoulus et al., 2017).

당신의 생각은?

1. SEL 프로그램과 가정방문 프로그램은 공통적으로 어떤 주제와 목표를 가지고 있는가? 두 프로그램의 주요한 차이가 있는가?

2. 이 프로그램들에 반영된 공동체심리학의 가치는 무엇인가?

3. 왜 이 프로그램들이 성공적이었을까? 효과적인 예방 프로그램의 실행에 필요한 핵심 구성요소는 무엇이라고 생각하는가?

가정방문 프로그램은 또 다른 성공적인 프로그램 실행의 예시로 보는데 그 이유는 각 가족에게 개별화된 요구 사정을 실시하여 임산부와 산모의 권력을 강화하였기 때문이다.

출처: iStock. com/monkeybusinessimages

우리의 지식을 프로그램 실행에 적용하기

SEL과 가정방문 프로그램의 문헌 연구는 ISF 모델, 성공적인 실행의 구성 요소, 그리고 공동체-기반 참여 실천행동 연구 접근법이 어떻게 프로그램 실행의 성공에 중추적인 역할을 하였는지에 대한 수많은 사례를 제공한다. 이 절에서는 이 장의 앞에서 소개한 참여 실천행동 연구의 활동 목록에 따라 SEL과 가정방문 프로그램의 연구를 살펴볼 것이다.

문제 인식과 정의

프로그램 실행을 위한 참여 실천행동 연구 모델의 첫 번째 활동은 문제 또는 관심 영역을 인지하고 정의하는 것이다. 예방 노력이 항상 특정 문제에 관한 것이 아닐 수 있기 때문에 이를 "문제 또는 관심 영역"이라고 지칭하고자 한다. 공동체는 특정 문제가 아닌 현재의 공동체 자원과 건강 증진 활동을 강화하는 것을 원할 수도 있다. 10장에서 논의한 것처럼 이 두 목표는 종종 겹친다.

문제는 그것이 문제라고 광범위하게 인식되기 전까지는 효과적으로 해결될수 없다. 이것은 공동체 준비성의 개념과 직접적으로 관련되어 있고 ISF 모델의 예방 지지 체계에서 중요한 부분이다. 즉, 목표를 이루기 위한 자원이 투입되기 전에 먼저 공동체와 조직이 목표를 달성하겠다는 동기부여가 되어야 한다. 문제 인식과 정의는 이 과정에서 가장 중요한 핵심 사항이다. 공동체는 일반적으로 이미 인식하고 있는 쟁점을 중심으로 움직인다. 하지만 잘 알려지지 않은 쟁점을 다루기 위해 그 쟁점에 대한 관심을 불러일으키는 것은 가능하다. 생각이 비슷한 사람과 연대를 결성하고, 공동체 문제와 그것의 파급 효과를 조사하며, 그리고 그 문제와 관련한 논의를 계속 제안하는 것이다. 지방 신문사에 편지를 쓰고, 시의회와 입법 기관에 대화를 요청하고, 가능한 많은 단체(예, 종교 집단, 학부모-교사 위원회, 공동체 조직, 상공회의소)에 알리는 방법이있다. 이 활동들은 구체적인 문제를 예방하기보다 건강 증진 또는 긍정적인청소년 발달을 해결하는 것이 목적이라면 특히 중요할 수 있다.

일단 특정 문제 또는 그것의 관심 영역이 중요하다는 대중의 인식과 합의가일정 수준에 이르고 나면, 그 문제에 대한 공통의 이해를 발전시켜야 한다. 이것은 문제 정의의 과정이다. 1장과 3장에서 언급된 문제 정의를 생각해 보라. 문제를 어떻게 정의하는가는 직접적으로 그 문제를 어떻게 해결할 것인가에영향을 미친다. 중요한 것은 이해관계자들이 그 문제가 예방으로 해결할 수있는지의 여부를 고려하기 전에 그 문제가 예방이 가능한 것이라고 먼저 정의되어야 한다. 문제에 대한 대중의 인식이 그 문제는 해결할 수 없다는 믿음으로기울게 되면 예방 프로그램에 사용할 에너지와 자원을 끌어올 수 없다.

문제 정의의 쟁점은 단순히 특정 문제를 예방할 수 있다는 일반적 믿음을주입하는 것을 넘어서는 것이다. 문제를 정의하는 방식은 개입 방식에도 영향을 미친다. SEL 프로그램이 좋은 예이다. 교실에서 일어나는 문제 행동, 왕따, 폭력, 기물 파손 및 낮은 학업 성취를 보이는 학군이 있다고 가정해 보자. 이문제들을 이해하는 방식은 다양할 것이다. 예를 들면, 이 문제가 훈육할 수 없는 공격적이고 통제가 안 되는 아동에 의해 발생한다고 정의한다면, 해결 방법은 학교 정책을 만들어서 문제 아동을 체포하거나 퇴학시킬 수 있다. 만일 문제가 교사의 자질 부족과 서투른 관리자 때문이라면, 능력이 부족한 인력을 해고하는 것이 명백한 해결책이다. 문제를 학군 내의 자원 부족이 원인이라고 정의한다면, 그 학군에 더 많은 자금을 지원하는 방법이 선호될 것이다. 만일 문제를 친사회적 행동과 자기 조절 기술을 배울 수 있는 학교 분위기 및 아동의 기회 부족의 측면에서 정의한다면, SEL 프로그램은 좋은 시작점이 될 수 있다.

세팅의 사정

실천행동 연구 순환 주기의 다음 단계는 세팅의 자원과 조직의 역량을 사정하는 것이다. 이것은 ISF 모델의 예방 지지 체계와 공동체 및 조직의 준비성을 사정하는 것이다. 이 단계는 작업을 시작할 세팅을 이해하였는지를 확인하기 위해서는 필수적이다. 공동체심리학의 관점에서 보면, 프로그램의 목표 및 방식과 프로그램을 실행할 맥락의 가치 및 자원 사이에는 생태학적 적합성이 있어야 한다. 세팅 맥락(setting context)은 복잡한 개념으로 문화적 전통과 규범, 개인의 기술, 목표, 관심, 공동체의 역사적 쟁점(예, 비슷한 프로그램을 했던 이전의 경험), 그리고 공동체 역량의 모든 구성 요소 등을 포함한 공동체와 관련한 측면을 일컫는다. 앞서 언급한 것처럼, 더랙과 뒤프레(Durlak & Duper, 2008)가 정리한 프로그램 실행에 영향을 주는 23가지 중 11개의 요인이 예방 전달 체계의 조직 역량과 관련이 있었다.

광범위한 의미에서 공동체 및 조직의 역량(community and organizational capacity)은 새로운 프로그램 또는 다른 유형의 혁신 프로그램을 실행하는 데 도움이 되는 현재 존재하는 공동체의 자원을 말한다. 역량은 개인 수준의 자원(예, 기술, 교육, 동기), 조직 수준의 자원(예, 임무의 명확성, 자금 유치 능력, 스태프의 화합), 또는 공동체 수준의 자원(예, 다양한 집단 간의 연대, 공동체 의식, 성공적인 혁신의 역사)이라고 할 수 있다, 공동체 수준의 역량은 6장에서 논의했던 사회적 자본의 개념과 관련지어 볼 수 있다.

지금까지의 설명과 [그림 11-2]에서 볼 수 있듯이 많은 실행 모델은 프로그램에 특화된 역량과 일반 역량을 구분한다. 프로그램에 특화된 역량은 특정 프로그램의 실행에 필수적인 동기, 기술, 자원을 말한다. 일반 역량은 모든

세팅 맥락
문화적 전통과 규범, 개인의 기술, 목표, 관심, 공동체의 역사적 쟁점(예, 비슷한 혁신을 했던 이전의 경험), 그리고 공동체 역량의 모든 구성 요소 등을 포함한 공동체와 관련한 측면을 일컫는다.

공동체 및 조직의 역량
새로운 프로그램 또는 다른 유형의 혁신 프로그램을 실행하는 데 도움이 되는 현재 존재하는 공동체의 자원을 말한다. 자원은 개인, 조직, 또는 공동체 수준에서 존재할 수 있다.

유형의 프로그램 실행에 필요한 기술, 특성, 전반적인 기능 수준을 일컫는다. 두 유형의 역량 모두 개인, 조직, 공동체 수준에서 존재한다(Flaspohler et al., 2008; Wandersman et al., 2008). 역량 사정은 반드시 프로그램을 선택하기 전에 이루어져야 한다.

만일 간호-가족 파트너십(Nurse-Family Partnership) 모델을 기반으로 한 가정방문 프로그램을 실행하기 위해 프로그램에 특화된 공동체 역량을 사정한 결과, 지역사회에 간호사가 부족하여 프로그램을 실행할 간호사를 충분히 고용하는 것이 불가능하다는 것을 알게 되었다면, 이 경우에는 가정방문과 관련한 다른 모델을 고려할 수 있다. 그 공동체에 이미 시행되고 있는 프로그램이 있다면 문제 예방을 위한 외부 프로그램을 채택하지 않고 기존 프로그램을 조금 수정하여 사용할 수도 있다(Miller & Shinn, 2005).

〈표 11-1〉을 다시 살펴보라. 실행 과정의 핵심으로 밝혀진 조직 역량의 구성 요소 중 하나는 강한 리더십으로 이것은 프로그램과 프로그램을 실행하는 사람을 지원한다. CASEL이 주도한 SEL 프로그램에 대한 연구는 그 세팅에서 강하고 명확한 리더십(strong, clear leadership)이 성공적 실행의 열쇠로 규정하고, 학교 몰입, 교직원의 프로그램 채택과 유지, 기금과 자원 유치, 그리고 학부모와 공동체 구성원에게 프로그램 소개 등을 위해 중요한 것은 프로그램에 대한 적극적인 행정 지원임을 강조하였다(Elias et al., 1997). 행정상의 교체가 발생하는 경우에 강한 리더십을 가진 프로그램은 타격을 최소한으로 진행하였는데, 그 이유는 프로그램 개발자가 새로운 관리자를 고용하고 교직원에게 프로그램 자문을 제공했기 때문이다. 하지만 프로그램이 계속해서 바뀌거나 불확실한 상태가 지속된다면 가장 헌신적인 구성원조차도 정서적인 타격을 받을 수 있다.

프로그램 실행에 대한 연구를 통해 점점 더 명확해지는 공동체 및 조직의 역량에 관한 중요한 사실이 있다. 기존의 역량 수준으로 특정 프로그램의 성공적인 도입이 의심된다는 사정 결과가 나온다면, 가장 유용한 개입법은 공동체 역량의 증가에 초점을 맞추어야 한다는 것이다. 몇몇 연구는 구체적인 문제를 해결하려고 노력하는 데 주력하기보다 공동체 역량을 강화하는 접근법이 가장 유용하다고 제안하였다(Miller & Shinn, 2005). 이와 관련한 공동체 조직의 예시는 13장에 소개하였다.

이용 가능한 개입 검토

문제 정의와 공동체 세팅에 대한 기본적인 이해가 이루어지면 사용할 프로그램을 선택해야 한다. 원하는 목표와 공동체에 적절한 프로그램을 선택하기 위해서 세팅 사정, 목표 명료화, 그리고 이용 가능한 프로그램 검토의 순서를 따를 것을 제안한다. 하지만 실제로는 사정, 검토, 선택의 과정이 대부분 체계적으로 이루어지지 않는다. 미국의 여러 주에서 특정 가정방문 프로그램을 어떻게 선택하였는지 조사한 연구 결과, 대부분 주에서 이용 가능한 프로그램에 대하여 체계적인 평가를 하지 않았음이 드러났다. 대부분은 단지 하나의 프로그램만 고려하였고 그것은 그 당시 전국적으로 가장 유행하는 것이었다(Wasserman, 2006). 앞서 논의한 맥락의 쟁점을 다시 상기해 보자. 특정 공동체의 적합성을 고려하지 않은 채 대중성을 기반으로 선택된 프로그램이 성공할 확률이 높다고 생각하는가?

개입 프로그램을 선택하는 가장 잘 알려진 접근법은 이용 가능한 근거-기반 프로그램을 검토하는 것이다. 10장에서 본 것처럼, 효과적인 예방 프로그램에 관한 많은 연구가 있고, 원하는 목표와 세팅에 부합하는 근거-기반 예방 프로그램을 선택하는 데 도움을 주는 많은 조직이 있다. 이미 언급한 CASEL과 가정방문 프로그램 외에도 다음의 조직들이 높은 평가를 받고 있다.

- 건강한 청소년 발달을 위한 청사진(Blueprints for Healthy Youth Development) (www.blueprintsporgrams.org)
- 약물남용 및 정신건강청(SAMHSA)의 국가 인정 근거-기반 프로그램 및 실천(National Registry of Evidence-Based Program and Practices) (www.samhsa.gov/nrepp)
- 소년 사법 및 비행 방지국 모범 프로그램 지침 모델 프로그램(Office of Juvenile Justice and Delinquency Prevention Model Programs Guide) (www.ojjdp.gov/mpg)

이 조직들은 이 장의 초반에 소개한 ISF 모델의 예방 통합 및 해석 체계를 사용하고 있다. 이 조직들의 목표는 가능한 많은 대중에게 이 프로그램들과 관련한 명확한 정보를 제공하는 것이다. 이 조직들은 연구로부터 도출된 어렵고 복잡한 정보를 통합하여 이를 일반 대중에게 유용한 형식으로 제시함으로써 연구와 실천 간의 차이를 메우는 데 도움이 되기를 원한다. 물론 이것은 프로그램 개발자의 목표이기도 하다.

이 조직들은 특정한 하나의 프로그램을 증진하려고 노력하지 않는다. 이들은 공동체 관점인 공동체-중심 모델을 표방한다. 이들은 특정 문제를 해결할 수 있는 최상의 프로그램이 단 한가지만 있다고 가정하지 않는다. 오히려 그 공동체의 구성원만이 그 공동체의 요구를 가장 만족시킬 프로그램이 어떤 것인지에 관해서 현명한 결정을 내릴 수 있다고 주장한다. 이 조직들의 목표는 공동체 구성원이 정보에 입각한 결정임을 확신할 수 있도록 근거-기반 예방 프로그램에 대한 많은 정보를 제공하는 것이다.

이 작업은 쉽지 않다. '건강한 청소년 발달을 위한 청사진' 웹사이트에서 제공하는 모델 프로그램 목록을 보면 1,500개가 넘는 청소년 프로그램에 대한 검토 결과를 볼 수 있다. 이 글을 쓰는 현재 이 조직이 규정한 엄격한 기준에 부합하는 프로그램은 단지 17개이고, 그 아래 단계인 좋은 프로그램의 기준으로 선정된 프로그램은 70여 개이다. 이 조직들이 추천하는 프로그램을 고려해 보기를 권장하지만, 근거-기반 프로그램 접근법의 측면에서 본다면 우려가 되는 부분이 있다. 그것은 개입의 규모가 커지면 동일한 평가 결과가 나올 것인지와 그 개입과 해당 세팅 간의 적합성이 보장될 것인가이다(Wandersman et al., 2016). 앞서 언급한 것처럼, 작은 규모의 잘 통제된 조건에서 프로그램을 개발하는 것은 예방 과학 절차의 첫 단계이다. 기금 제공자와 이해관계자는 그들의 세팅에서도 동일한 결과를 기대하지만, 선택한 프로그램이 세팅의 자원, 가치, 또는 문화와 부합하지 않는다면 문제가 발생한다. 이것은 12장의 프로그램 실행과 평가의 GTO 접근법에서 다루겠지만 프로그램과 세팅의 적합성에 대한 중요한 질문은 여기서 살펴보자.

이 조직들이 많은 공동체에 도움을 준다는 것은 그만큼 특정 맥락에 정확히 부합하는 프로그램을 결정하기 힘들다는 의미일 수도 있다. 〈표 11-1〉에서 언급한 것처럼 공동체 구성원은 프로그램이 그 세팅에 적합할지와 프로그램이 공동체의 요구에 어느 정도 조정이 가능할지에 관한 결정을 모두 해야 한다. 이를 위해서 공동체 구성원은 세팅에 존재하는 구체적인 문제와 목표에 대한 명확한 사고를 가져야만 한다. 예를 들면, 근거-기반 SEL 프로그램은 수없이 많고 중요하게 생각하는 방식도 각각 다르다. 몇몇 프로그램은 학교 분위기의 변화에 초점을 두고, 다른 것은 교수법에 관심이 있다. 어떤 것은 방과 후 프로그램을 위해 만들어졌고, 또 다른 것은 문해력 등의 교육 목표와 깊게 관련되었다. 이들 모두는 암묵적인 문화적 편향을 가지고 있다. 어떤 프로그램이 그들에게 가장 효과가 있을지는 세팅과 이용 가능한 프로그램의 협력적 사정 과정을 통해서만 결정할 수 있다.

핵심 구성 요소 및 가변 구성 요소   프로그램을 성공적으로 조정하기 위해서 프로그램 실행자는 프로그램의 핵심 요소가 무엇이고 그것의 충실도가 유지되고 있는지 알아야만 한다. 그 외의 다른 모든 것은 세팅 맥락에 맞게 조정될 수 있는 여지가 있다. 예방 및 증진 프로그램 개발자는 프로그램이 새로운 세팅에 실시될 때 중요한 구성 요소를 구체화해야 한다는 것을 알고 있다. 이 구성 요소에는 두 가지가 있는데, 그중 하나인 핵심 구성 요소(core components)는 프로그램의 정체성 및 효과성에 결정적인 것으로 충실도를 지켜서 옮겨 와야 한다. 다른 하나는 가변 구성 요소(adaptive components)로 새로운 세팅의 사회적 생태 또는 실질적 제약에 부합하도록 변경하는 것이다(Price & Lorion, 1989). 일부 연구자는 프로그램의 가변 구성 요소를 "주 특성"이라는 용어로 칭하기도 한다. 여기에는 구체적인 활동 또는 전달 방법(예, 비디오 테이프의 사용 또는 묘사를 위해 선택된 예시) 등이 포함된다. 예를 들면, 이 장에서 제시한 예시를 포함하여 많은 예방 프로그램은 구조화된 커리큘럼이 프로그램 성공의 핵심 구성 요소라고 명시한다. 하지만 이 커리큘럼에서 다루는 세부 내용은 동일한 커리큘럼을 채택하여도 매우 다양하다.

가정방문 프로그램에 관한 연구는 핵심 구성 요소와 가변 구성 요소 간의 차이를 왜 명확히 해야 하는지를 보여 준다. 이 프로그램은 목표, 가정방문의 빈도와 기간, 제공 대상, 가정방문을 하는 사람의 배경, 주간 돌봄 시설과 같은 다른 서비스와의 연계 여부에 따라 실시되는 프로그램 간에는 상당한 차이가 나타난다(Howard & Brooks-Gunn, 2009). 몇몇 프로그램은 출생 시부터 가정방문이 시작되고, 다른 프로그램은 임신할 때부터 시작된다. 방문 빈도는 매주, 2주에 한 번, 매달, 또는 그 외에 다양할 수 있고, 기간은 3개월에서 5년

핵심 구성 요소
프로그램의 정체성 및 효과성에 결정적인 것으로, 프로그램을 새로운 세팅에 적용할 때 원래의 설계와 동일하게 실행해야 하는 프로그램의 측면을 말한다.

가변 구성 요소
프로그램을 적용할 때 새로운 세팅의 사회적 생태 또는 실질적 제약에 부합하기 위해 변경할 수 있는 프로그램의 측면을 말하며, 주 특성이라고 지칭하기도 한다.

까지 지속될 수 있다. 방문하는 사람은 간호사, 석사 수준의 심리학자, 대학원생 또는 준전문가(관련 경험은 있으나 정식 교육 또는 훈련을 받지 못한 사람)일 수도 있다. 그렇다면 이러한 다양한 변동성을 고려할 때 핵심 구성 요소는 어떻게 결정할 수 있는가?

구체적인 프로그램의 실행을 지원하기 위해 발전한 대부분의 조직은 핵심 요소를 명확히 하기 위한 요구를 충분히 인식하고 이 요소들의 충실도를 확신하기 위해 많은 노력을 기울인다. 가정방문 프로그램도 예외는 아니다. 비록 가정방문 프로그램의 핵심 구성 요소에 대하여 잘 알려진 목록은 없지만 개별 프로그램은 핵심 구성 요소를 확인하기 위해 노력하였고, 이는 웹사이트에서 찾아볼 수 있다.

연구자들은 수십 년간 모든 예방 프로그램에 공통으로 적용되는 핵심 구성 요소를 확인하기 위해 노력하고 있지만 아직 명확히 규정하지 못하였다. 문헌들은 대개 한 유형의 프로그램에만 해당하는 핵심 구성 요소를 제시하고 있다. 예를 들면, 모든 가정방문 프로그램은 이 프로그램으로 가장 많은 혜택을 받을 수 있는 가족은 누구인지를 사정하는 적절한 방법이 있어야 한다는 것에 동의한다. 하지만 특정 공동체에서 정확히 누가 대상이 되어야 하는가? 이 질문에 대한 대답은 프로그램의 목표와 세팅에 따라 다르다. 다양한 연구에서 가정방문 프로그램은 10대 미혼모, 심리적 자원이 낮은 산모, 그리고 이민 가정, 특히 라틴계 가정과 같은 특정 모집단에 가장 효과적임을 보여 주었다(Astuto & Allen, 2009; Howard & Brooks-Gunn, 2009). 어떤 프로그램을 선택할지는 목표로 하는 참여 대상에 달려 있을 것이다.

가정방문 프로그램에서 고려할 수 있는 가변 구성 요소는 가정방문을 하는 사람이 지녀야 할 필수적인 자질에 대한 것이다. 연구들은 일반적으로 최대한 효과를 얻기 위해서 준전문가보다는 전문가(간호사, 사회복지사, 정신건강 상담사)를 투입할 것을 권한다(Howard & Brooks-Gunn, 2009). 하지만 준전문가의 긍정적 효과를 발견한 연구도 있다(Dumont et al., 2008). 맥락의 쟁점을 고려하면 왜 공동체가 가정방문 프로그램에 준전문가를 선택하는지 쉽게 알 수 있다. 프로그램 실행을 위해 고용되는 사람은 해당 지역의 주민이어야 한다는 공동체 구성원들의 생각 때문에 모든 가정방문 인력을 전문가 자격증이 있는 사람으로 고용하는 것은 어려운 일이다. 또한 방문자와 참여자 간의 문화적인 일치라는 중요한 사안을 고려한다면 준전문가를 선택하는 것이 더 적절할 수 있다.

이에 대한 SEL 프로그램 문헌에 나타난 또 다른 예시로 시카고 지역의 초등학교에서 진행된 사례 연구가 있다. 이 학교는 1994년부터 SEL 프로그램을 검토하여 아동 발달 프로젝트(Child Development Project: CDP)를 실행하기로 최종적으로 선택하였다. CDP의 효과성은 다양한 학교 세팅에서 수십 개의 연구를 통해 지지되었다. 학교는 장기간 이 프로그램에 전념하였고, 많은 시간과 자원을 동원하여 교사를 훈련하고 학교 전체를 교육하는 것에 매진하였다. 하지만 훈련과 교육은 단지 이 프로그램에만 국한되지 않았다. 교사, 관리자, 그리고 여러 관계자는 SEL 프로그램의 다양한 측면에 대한 글을 읽기 시작하였고, 그러면서 그들이 무엇을 해야 하는지 그리고 어떻게 해야 하는지에 대한 이해도 깊어졌다. 이 학교의 교장인 메리 타베지아(Mary Tavegia)의 말처럼, "우리는 여전히 이 프로그램의 구성 요소를 실행한다. 하지만 우리가 SEL 프로그램에 대하여 읽고 배운 모든 것으로부터 얻은 지식과 최상의 실천을 끌어내려고 노력하고 있다"(Collaborative for Academic, Social, and Emotional Learning, 2006, p. 8). 학교 교직원들이 SEL 프로그램의 핵심 구성 요소를 명확히 이해하였다고 느끼기 시작하고 그들이 그 요소들을 성공적으로 실행하고 있음을 알게 될수록 학교의 요구에 더 잘 부합하는 프로그램의 다른 측면들을 조정하는 것에 편안함을 느끼게 되었다.

프로그램과 세팅 간의 적합성 사정

문제를 정의하고 그 문제를 예방하는 경험적 근거가 있는 프로그램을 선택하는 것이 필수이지만 그것만으로 성공적인 실행을 확신할 수는 없다. 프로그램의 주 목적이 무엇이든 간에 프로그램은 명확하게 그 세팅과 거기에 살고 있는 사람들의 가장 긴급한 목표를 해결해야 한다. 학교, 회사, 정부 조직은 복합적인 압박을 받고 있다. 조직은 다양한 하위 집단이 있고 각 집단은 그들의 요구가 해결되기를 기대한다. 그들의 요구는 세팅의 우선순위 간에 충돌을 일으키기 때문에 경쟁하기도 한다. 때로는 규제기관 또는 권력을 가진 지지층은 그들이 원하는 특정 목적이 세팅에 우선되도록 명령할 수 있다. 예방 프로그램이 성공하기 위해서는 세팅의 우선순위를 반드시 조정해야 한다.

맥락의 사정과 평가는 공동체 또는 조직의 가치에 대한 인식을 포함해야 한다고 앞서 얘기하였다. 채택하고자 하는 예방 프로그램이 지지하는 가치가 해당 세팅의 가치(또는 자금지원 조직의 가치)와 부합하지 않는다면 프로그램이 성공적으로 실행될 가능성은 적다. 하지만 이 결정이 나기 전에 그것이 실제로 세팅의 가치와 부합하는지를 살펴보기 위해서는 반드시 프로그램의 핵심 구성 요소에 대한 상세한 사정 절차가 있어야만 한다. 핵심 구성 요소가 해당 공동체의 가치와 일치한다면 프로그램과 관련한 다른 문제는 아마도 조율될 수 있을 것이다.

프로그램이 성공적으로 보급되기 위해서 신중하게 고려되어야 하는 맥락의 한 측면은 그것을 실행할 스태프들의 기술과 목표이다. 어떤 세팅에서도 숙련된 스태프는 자신의 기술에 자부심과 주인의식을 가지고 일을 한다. 그들이 전념하기 위해서는 프로그램은 반드시 그들의 가치 및 정체성과 일치해야 한다. 예를 들면, 경찰관은 경찰이 하는 일에 대한 자부심이 있어야 하는 것과 같다. 동시에 프로그램은 스태프의 효능감을 증진할 수 있는 새로운 것을 제공해야 한다. 나이, 조직에서의 서열, 그리고 직급이 다른 스태프의 경우에는 그들을 업무와 역할을 이해한 정도에 따라 프로그램에 합류할 수도 아니면 거부할 수도 있다.

거의 모든 사람은 각자의 세팅에서 실시되거나 없어지는 프로그램들을 경험하고 있다. 그들이 그 세팅에 오래 있을수록 이 과정을 더 많이 경험한다. 그 경험이 긍정적이라면 그들은 자신의 공동체 또는 조직의 문제가 프로그램을 통해 해결되는 것을 보아 온 것이다. 반대로, 그 경험이 부정적이라면 그들은 긍정적 혁신이 가능했던 프로그램이 충분한 지원을 받지 못해 없어졌다고 느꼈을 수도 있고 또는 프로그램이 그 세팅에 전혀 적절하지 않았는데 억지로 실시되었다고 느꼈을 수도 있다. 어떤 사람은 "혁신 프로그램"들이 계속해서 실행되는 세팅에서 지낼 수 있는데, 만약 그러한 프로그램 중 1년 또는 2년 이상 지속된 것이 없다면 프로그램의 목표나 가치에 대한 생각은 완전히 사라지고 프로그램의 실행으로 달라지는 것은 아무것도 없다고 확신할 수도 있다.

세팅의 목표와 우선순위를 이해하고 만족시키고자 하는 요구는 SEL 프로그램 중 하나인 사회적 의사결정(Social Decision Making: SDM) 및 사회적 문제 해결(Social Problem Solving: SPS) 프로그램 개발자의 경험으로 설명할 수 있다. 러트거즈(Rutgers) 대학의 사회-정서적 학습 연구 팀은 경제적으로 열악한 도시의 학교 세팅에 이 프로그램을 실행하였다. 이 학군은 시험 평균 점수를 높이자는 요구를 충족시켜야 하는 전례 없는 상당한 압박이 있었다. 이를 위해 사회-정서 발달 및 인성 발달을 위한 많은 프로그램이 개발되었다(Elias & Kamarinos, 2003).

SEL 프로그램이 이 학군에 성공적으로 채택되기 위해서는 프로그램이 이들 학교가 위치한 지자체의 요구에 부합함을 보여 주는 것이 중요하다. SDM/SPS 프로그램은 SEL의 다섯 가지 기술 영역([그림 11-2] 참조)이 이 학군의 목표 및 표준 학업 사항과 일치한다는 사실을 기반으로 실행에 성공하였다.

대부분의 SEL 프로그램과 같이 SDM/SPS 프로그램은 교육과정이 있다. 이 학군의 요구를 충족하기 위해서 교육과정은 이 지역이 당면한 다양한 요구, 특히 문맹과 관련된 것이어야만 하였다. 초기의 읽기 부진 저학년을 위한 소규모 개입뿐 아니라 초등학교 1학년의 읽기 능력을 증진하기 위한 주제별 모듈 시리즈를 개발하였다(Elias & Kamarinos, 2003). 이러한 개입은 SEL 프로그램이 그들이 직면하고 있는 학업 요구 사항을 해결할 수 있다는 것을 이 학군의 구성원에게 보여 준 것이다.

스태프의 훈련 및 지원

모든 프로그램에 해당하는 핵심 구성 요소는 프로그램을 실행하는 사람을 위한 많은 훈련과 지속적인 지원을 제공하는 것이다. 이 장에서 관심 있게 살펴보고 있는 두 영역의 예방 프로그램 모두 프로그램을 전달하는 사람에 대한 고강도 훈련의 필요성을 강조한다. 가정방문 프로그램의 예로 언급했던 간호-가족 파트너십 프로그램과 건강한 가족 프로그램에서 구체화된 모델의 구성 요소를 살펴보면(웹사이트에서 볼 수 있다), 이 두 기관 모두 가정방문을 하는 사람을 위한 훈련의 중요성을 강조하고 있다. 또한 두 프로그램 모두 방문자에 대한 감독의 필요성을 강조하고, 심지어 감독자가 관리하는 사례 수에 관한 지침을 제시하기도 한다.

방문자에 대한 훈련이 제공되고 있지만 다양한 학력을 가진 가정방문자를 위한 프로그램 실행의 특정 기술 및 지원은 부족할 수 있다는 우려가 여전히 있다(Michalopoulos et al., 2015). 2009년 이후 많은 기금이 미국의 산모, 유아, 초기 아동을 위한 가정방문 프로그램에 제공된 이유도 가정방문자의 추가 훈련을 지원하기 위해서였다. 상호체계틀을 기반으로 한 최근의 프로그램은 관계 구축, 의사소통, 그리고 문화 역량의 기술 향상에 대한 요구를 확인하는 데 성공하였다. 연구자는 그런 다음 ISF 이론을 이용하여 가정방문자를 위한 훈련 프로그램을 개발하고 실시하였다. 이 프로그램은 가정방문자의 자기효능감을 증가시킬 뿐 아니라 민감한 주제에 대한 의사소통 능력의 향상을 보여 주었다(Schultz et al., 2019).

하지만 훈련 그 자체만으로 성공적인 실행을 확신할 수 없다. 프로그램을 실시하는 사람을 지원하는 절차에 대한 논의는 프로그램이 실행되기 전에 계획되어야 한다. 스태프는 또한 자신들의 일이 가치 있고 인정받고 있다고 느껴야 한다. 10장에서 보았던 올비(Albee, 1982)와 엘리아스(Elias, 1987)의 예방 등식에서 긍정적이고 친사회적인 행동을 인식하는 기회를 제공하는 세팅의 보호 요인에 대하여 언급하였다. 이 보호 요인은 단지 아동에게만 적용되는 것은 아니다. 성인에게도 중요하며 프로그램의 실행을 지원하는 구조를 설계할 때는 반드시 명심해야 한다. 작은 성공(small wins)을 느낄 수 있는 과정을 프로그램 초기에 배치하는 것이 필요하며 이를 통해서 구성원은 프로그램의 성공을 경험할 수 있다.

웨익(Weick, 1984)은 사회심리학 및 인지 심리학에서 나온 증거를 바탕으로 조직 구성원의 광범위한 변화가 요구될 때는 위협에 대한 인식이 높아지고 그만큼 변화에 대한 저항도 높아진다는 결론을 얻었다. 만일 변화가 크지 않은 것처럼 보인다면, 위협에 대한 인식이 낮아지면서 이에 대한 위험은 감수할 수 있다고 생각하기 때문에 더 쉽게 동참하도록 할 수 있으며 저항 세력도 적어진다. 작은 성공(small wins)은 웨익(weick, 1984)이 사용한 용어로 성공과 추진력을 경험할 수 있는 크지 않지만 가시적인 혁신 또는 변화를 뜻한다.

출산 전부터 시작되는 가정방문 프로그램의 작은 성공의 예시는 의뢰인이 출산 전 건강관리 약속을 성공적으로 마무리한 횟수이다. 이는 이 프로그램의 영향이 긍정적이었음을 보여 주는 척도이고, 프로그램 평가 중 하나가 되는 자료이며, 가정방문자(특히 건강 전문가일 경우)가 중요하게 인식해야 할 성과

작은 성공
성공과 추진력을 이끌어 낼 수 있는 소소하지만 구체적인 변화를 말한다.

이다. 이 척도로 나타나는 진척 상황은 명확히 눈에 보이도록 배치한다. 예를 들면, 프로그램 스태프들의 정기적인 회의 장소에 차트를 걸어 두어 각 스태프는 산모와 출산 전 관리 약속이 지켜질 때마다 그 차트에 표시하도록 할 수 있다. 차트는 아동에게 주로 사용하는 방법이지만 성인에게도 성공에 대한 이러한 가시적인 찬사가 필요하다는 것은 믿어도 좋다.

프로그램의 실행, 혁신, 유지

이 장에서 강조하고 있는 것은 프로그램의 성공을 위해서는 단순히 상세설명서(cookbook) 형식으로 실행하는 것은 효과가 없다는 것이다. 프로그램은 세팅의 독특한 강점, 가치, 관습에 대한 정보가 있어야 하고, 성공적인 프로그램 실행은 반드시 프로그램 혁신의 수준과 관련되어야 한다. 우리는 핵심 구성 요소를 확인하고 고집하는 반면, 프로그램은 반드시 그것이 실행되는 특정 맥락에 맞게 조정되어야 한다는 연구를 지지한다.

이 절에서 논의할 실행과 관련한 많은 과제는 다시 핵심 구성 요소, 맥락, 그리고 프로그램 선택에 대한 문제와 관련된다. 이는 프로그램 실행에 대한 참여 실천행동 연구의 필요성을 재차 강조하는 것이다. 만약 당신이 세팅과 프로그램을 이해하면서 사전 작업을 시행한다면 실행은 훨씬 더 쉬울 것이다. 하지만 과정은 현재 진행형이다. 그러므로 프로그램을 조정하고 개선하기 위해서는 지속적으로 정보를 모으고 자료를 수집해야 한다.

5장의 개인과 환경 사이의 상호작용에 대한 논의에서 언급한 것처럼, 조정은 일방통행이 아니다. 프로그램이 세팅에 조정되는 동안, 세팅 또한 프로그램에 맞추어 변화하고 조정된다. 프로그램 조정은 시간의 경과에 따라 진행되며, 이는 본질적으로 종단적(longitudinal)이어야 한다. 이 생각은 켈리가 제안한 세팅과 사회 체계는 시간이 지나면서 변화한다는 연속성의 원리와 유사하다(Trickett et al., 1972). 프로그램 혁신은 역사와 문화가 있는 세팅에서 진행되는 것이다. 그러므로 효과적인 프로그램 혁신이 일어나려면 반드시 그 세팅은 어떤 식으로든 변화해야 한다(Tornatzky & Fleischer, 1986). 혁신의 결과가 지속되기 위해서 그 결과는 반드시 세팅의 역사와 문화의 일부분이 되어야 하고, 언젠가는 그 세팅을 떠나는 영향력 있는 지도자 또는 몇몇 스태프에 의존

종단적
시간이 지나면서 발생하는 것을 말한다.

하지 않아야 한다. 그러기 위해서는 혁신이 반드시 세팅의 일상적 기능의 일부가 되도록 제도화(institutionalized)되어야 한다.

또한 효과적인 예방 및 증진 프로그램은 반드시 주기적으로 그 효과성이 반복되어 나타나거나 다듬어져야 한다. 일회성 발표 또는 단발성 활동은 지속적인 영향을 주지 못한다. 아동에게 읽기를 가르치는 것은 글자를 익히는 것에서 소설을 읽는 것까지 포함되는 다년간의 노력이다(Shriver, 1992). 사회−정서적 기술을 배우거나 위험한 행동을 하지 않는 태도를 기르는 것이 단번에 이루어지지 않는다는 사실은 당연하지 않은가?

프로그램의 제도화를 위해서는 프로그램 활동이 세팅의 지속적인 활동에 통합되어야 하며 "별도의" 것으로 비춰지면 안 된다. 사회−정서적 학습 프로그램에 대한 CASEL 평가 결과, 계속해서 유지되는 프로그램들의 공통점은 다른 교과과정 및 학교의 일상생활과 엮여 있음을 발견하였다. 이러한 프로그램에는 독서, 보건, 교과 외 학습에 대한 것뿐만 아니라 학교 협의회, 학교 규율 및 학생 간의 갈등 해결, 그리고 운동장 및 점심시간 동안의 기대 행동과 관련한 프로그램 등이 포함되었다. 이러한 통합에 걸리는 시간은 1년 이상이었고 프로그램은 학교 정규 예산으로 편성되었다. 학교 정규 예산이 아닌 추가로 지원되는 기금은 보통 일시적으로 몇 년간만 가능하거나 시간이 지나면 감소할 수 있다(Elias et al., 1997).

CASEL 평가가 발견한 또 다른 결과는 지속적인 실행을 위해서는 관련 스태프(교사와 그 외)의 프로그램에 대한 지속적인 전문적 개발이 필요하다는 것이다. 이를 위해서는 스태프 중 일부가 프로그램 중재자 및 롤모델이 되어야 한다. 지속성은 전문적 개발이 계속되면서 실행자가 끊임없이 프로그램의 바탕이 되는 이론적 원리와 교수법을 심도 있게 이해해야만 가능하다. 프로그램에 깊이 관여한 실행 팀이 함께 일한다면 심지어 조직의 구조가 격변하는 시기에도 프로그램의 추진력을 유지할 수 있다. 가장 중요한 것은 실행자가 프로그램의 원리를 깊이 이해하고 있다면 프로그램의 핵심 요소를 유지하면서 상황의 변화에 대응하여 프로그램을 조정할 수 있다는 것이다. 물론 프로그램을 피상적으로 이해하여도 적용할 수 있지만, 프로그램을 제도화하기 위해서는 세팅의 다양한 구성원이 반드시 프로그램과 프로그램의 핵심 구성 요소를 깊이 이해해야 하고 다른 이들에게 그것을 가르칠 수 있어야 한다.

맥로린과 미트라(McLaughlin & Mitra, 2001)는 학교 개혁을 5년 이상 지속할 수 있는 원동력을 분석한 결과, 심층적인 이론 학습과 계획적이고 능동적인 스태프 그리고 관리자의 훈련이 중요한 요인임을 발견하였다. 관리자 및 스태프에 대한 지원은 개혁 초기보다는 개혁이 실현 가능하고 명확한 실행 경로와 그 혜택이 곧 나타나는 시기에 더 중요하였다. 행정적인 에너지와 방향이 프로그램 유지에 중요한 요소이지만 조직의 갑작스러운 변화에 대응하기 위해서는 교육을 받은 헌신적인 스태프가 필요하다. 행정적 약속, 지속적인 변화에 대한 인력의 깊은 관여(특히 면대면 미세체계 수준에서), 그리고 조직 사명의 핵심적 측면을 다루는 혁신 프로그램은 개혁의 지속 가능성을 높여 준다(Elias & Kanarinos, 2003).

프로그램 실행의 문화적 다양성

이 장에서는 해당 공동체 및 세팅에 대한 이해가 필요하고 프로그램은 공동체의 가치, 강점 및 스스로의 정체성을 반영해야 한다는 것을 강조하였다. 7장에서 다양성의 여러 측면과 그것이 우리가 사는 맥락에 어떻게 교차하고 영향을 주는지를 살펴보았다. 특히 문화적 다양성의 영역에서만큼 공동체−기반 참여 접근법의 중요성이 명확한 곳은 없다. 프로그램의 실행과 조정은 문화내부 관점(emic perspective)(해당 공동체에서 비롯되어 발생한 관점)에서 진행되어야 하고 그 과정은 공동체 구성원의 목소리로 이루어져야 한다. 문화일반 관점(etic perspective)은 이와 반대되는 개념으로, 프로그램의 실행은 공동체 외부 사람 또는 외부 집단이 실시한다(프로그램 개발자 또는 대학 연구 팀처럼).

문화내부 관점
해당 공동체에서 비롯되어 발생한 관점을 뜻한다.

이것은 모든 공동체와 세팅에 해당하는 것으로, 특히 식민 역사를 가진 공동체에서는 더욱 그렇다. 특정 집단에서 발생하는 특정 문제를 맥락과 관련하여 살펴보는 것은 도움이 된다. 다음의 미국 알래스카 원주민의 자살 예방을 예시로 살펴보자.

미국 알래스카 원주민 공동체의 자살 예방 프로그램

이 책에서 많이 토의한 것처럼, 이 예시도 문제 정의의 개념에서 출발한다. 문제 정의는 역사적 관점과 문화적 가치에 뿌리를 두고 있다. 몇몇 미국 원주민 마을에 나타나는 약물남용이나 우울과 같은 많은 정신건강 문제는 원주민의 문화, 전통, 종교를 파괴하려는 유럽계 미국인이 저지른 역사로부터 비롯된 직접적인 결과이다(Gone & Alcántara, 2007). 탈식민지 개념틀은 외부에서 주어진 합의와 절차에서 벗어나 토착 지식과 관습으로 이행하는 것을 말한다. 이 관점에서 본다면 유럽계 미국인 문화에서 나온 개입법을 채택하는 것은 확실히 문제가 있다. 이 문제는 공동체심리학자인 곤(Gone, 2007)이 "Traveling Thunder"라고 지칭한 포르 벨크냅(Fort Belknap) 인디언 공동체 구성원과의 민족지적 면담에 잘 나타나 있다.

> 당신이 큰 그림을 볼 수 있다면, 즉 당신의 과거, 당신의 역사, 당신이 어디에서 왔는지를 볼 수 있고, 백인에게 지배당한 당신의 미래를 볼 수 있다면 당신은 선택할 수 있다고 생각해. 결국 내가 원하는 것은 무엇인가? 나는 많은 사람이 백인에게 잘 보이기를 원한다고 생각해. 그렇다면 인디언 정신건강 서비스 센터에 있는 백인 정신과 의사를 찾아가서 "나의 역사와 과거를 지우고 영원히 세뇌시켜서 나를 백인처럼 될 수 있게 해 달라."고 말하는 것도 나쁘지 않겠지. (p. 294)

문제 정의의 핵심 역할은 명확히 여기에 있다. 미국 원주민의 약물남용, 우울 및 자살을 미국 주류 문화에 의해 소멸한 그들의 문화, 가치, 영성의 결과라고 정의한다면, 주류 문화의 개입법을 채택하는 것은 결코 해결책으로 볼 수 없을 것이다. 오히려 이는 문제를 지속시킬 수 있다(Gone, 2007; Gone & Alcántara, 2007).

이 관점에 의하면, 성공적인 개입 또는 예방 프로그램은 해당 공동체의 영성과 문화적 전통을 통해서 개발해야 한다. 근본적인 문제는 우울이 아니라 오히려 공동체의 구성원이 세상을 이해하는 전통적 접근법에서 그들을 분리하려는 것이었기 때문에 이 경우의 개입은 그러한 근본 문제를 얼마나 잘 해결할 수 있는 시도인가를 살펴야 한다.

미국 원주민 공동체의 자살 예방 프로그램도 이런 방식으로 문제를 개념화할 필요가 있다는 생각은 점점 더 광범위하게 인식되고 있다. 사실 미국 알래스카 원주민 청소년의 자살 예방과 관련하여 미국 보건복지부(U.S. Department of Health and Human Services, 2010)가 최근 발간한 지침서는 역사적 외상을 위험 요인으로 그리고 문화적 연계성을 보호 요인으로 수록하였다.

하지만 이렇게 문화적 입장에서 문제를 정의한다고 해서 이것이 근거-기반 예방 프로그램에 반영되고 있음을 의미하는 것은 아니다. "근거-기반" 프로그램의 전반적인 개념은 일부 공동체가 표방하는 과학을 중요시하는 문화적 가치를 다른 공동체, 즉 그러한 가치를 공유할 필요가 없는 공동체에 강요하는 시도로 볼 수도 있다(Gone & Alcántara, 2007). 다시 말하면, 참여 실천행동 연구 순환 주기의 모든 측면, 즉 정의 및 사정에서부터 실행 및 평가에 이르는 모든 측면에 공동체의 가치가 반영되고 이와 일치해야 한다는 것을 의미한다.

자살 방지 연구에 대한 공동체 대화 증진 프로그램이 좋은 예시이다(Promoting Community Conversations About Research to End Suicide: PC CARES; Trout et al., 2018). 이 프로그램은 알래스카 토착 공동체의 일련의 대화를 바탕으로 자살 예방의 과학적 연구와 친숙한 알래스카 원주민들에 의해 원활히 진행되었다. 이 연구는 청소년 자살을 그들의 공동체와 문화에서 어떻게 개념화하고, 효과적인 개입을 위해 공동체의 역사, 신념, 가치 및 자원에 대한 정보를 어떻게 제공하고 지원할 것인지를 논의할 수 있는 장을 마련해 주었다. 예를 들면, 자살 생각을 하는 청소년에 대한 일반적인 의학적 접근은 입원과 집중 치료이다. 알래스카 시골 지역의 경우, 병원이 500마일 떨어진 곳에 있기 때문에 청소년들은 자신의 공동체에서 멀어져야만 한다. 이 접근법은 즉각적 자살을 예방할 수는 있지만, 이 공동체에서의 청소년 자살이 식민지화의 결과로 인한 세대 간 멘토링의 붕괴와 관련되었음을 이해한다면 청소년을 공동체에서 떨어뜨리는 것은 문제를 악화시킬 수 있다(Trout et al., 2018).

이 예시는 단순히 표면 구조 수준이 아닌 심층 구조 수준에서 문화적 가치를 통합하였음을 보여 준다(이 개념에 대한 설명은 7장 참조). 프로그램의 문화적 연관성만을 포함하는 것은 표면적 수준의 변화로서 이는 특정 공동체에서의 프로그램의 효과성 및 적절성에 영향을 주지 못할 수도 있다. 심층적 수준의 통합은 공동체의 가치, 역사, 관습에 대한 면밀한 이해가 필요하고, 이 요소들이 프로그램의 이론과 실행의 근본 바탕임을 확신하는 것이 중요하다(Allen &

Mohatt, 2014).

당신의 생각은?

1. 이러한 자살–예방 프로그램은 공동체심리학의 핵심 가치를 어떻게 보여 주는가?

2. SEL 프로그램과 가정방문 프로그램을 다시 생각해 보라. 이 프로그램과 알래스카 토착 공동체에 사용된 프로그램을 어떻게 비교할 수 있는가? 특히 실행 방법과 관련한 차이점은 무엇인가?

3. 당신과 다른 문화적 배경을 가진 토착인과 함께 유사한 프로그램에 참여하고 있다고 상상해 보라. 당신의 노력이 효율적이고, 그 공동체를 존중하며, 공동체심리학의 가치를 반영한다는 것을 어떻게 확신할 수 있는가?

결론

이 장을 모두 읽고 나서 당신은 아마도 "하지만 나는 그것을 모두 하고 싶어."라고 결론을 내렸을 것이다. 당신은 건강한 유아기 발달과 부모–자녀 애착을 증진하기 위해 가정방문 프로그램을 원하고, 당신의 지역 학교에 SEL 프로그램을 원하며, 아동 학대를 막기 위해 광범위하고 복합적 수준에서의 공동체 양육 프로그램을 원할 것이다. 또한 10장에서 읽었던 다양한 프로그램 중 일부도 원할 것이다.

다시 말하면, 당신은 단순히 단편적인 특정 문제만 해결하고 싶은 것이 아니라 공동체 전체를 강화하고 싶을 것이다. 그렇다면 가장 먼저 근거가 뒷받침되어야 한다. 이 모든 프로그램은 다른 프로그램 및 서비스가 함께 체계적으로 제공될 때 가장 큰 효과를 가진다. 예를 들면, 가정방문 프로그램은 주간 보호 프로그램 및 가족 연계의 다른 서비스가 함께 실시될 때 가장 큰 효과가 나타났다(Astuto & Allen, 2009). 사실 하와이의 건강한 출발(Healthy Start) 프로그램이 실패한 가장 중요한 요인은 가정방문자가 해당 가족을 다른 서비스와 연계시키지 않았기 때문으로 나타났다(Howard & Brooks–Gunn, 2009).

모든 프로그램을 한 번에 실시하는 것이 일반적으로 가능한 일이 아니지만,

이것이 공동체의 집단적 접근법에서 벗어난 것은 아니다. 13장에서 공동체 변화의 출발과 지속적인 공동체 변화에 있어 공동체 연합의 중요성을 다룬다. 공동체 연합은 특정 문제보다 공동체의 전반적인 쟁점을 다루고자 할 때 가장 긍정적인 효과가 나타날 수 있다. 또한 이들은 공동체 평가와 프로그램 실행 및 조정의 장기적 과정에 오랜 시간 관여한다. 그래서 공동체 구성원은 긴 시간 동안 그들의 공동체에 관하여 "모든 것을 하기" 위해 시도한다.

이 장을 읽은 후 당신은 예방과 증진 프로그램이 실제로 효과가 있다면 왜 국가적 차원에서 그 결과가 나타나지 않는지에 대하여 궁금해 할 것이다. 예를 들면, SEL 프로그램이 매우 효과적이고 많은 학교에 실행되었다면, 왜 미국의 공립학교 체계는 여전히 그렇게 문제가 많은가? 왜 더 나아지는 것이 없는가? 이 질문에 대한 기본적인 대답은 빈곤, 정치, 그리고 주와 연방 정책 등의 영향력이 학교의 기능에 너무나 큰 영향을 주고 있기 때문이다. 이 효과는 SEL 프로그램의 실행보다 훨씬 더 국가적 차원에서의 학교 수행 평가에 영향을 미칠 수 있다(이 쟁점에 대한 논의는 Ravitch, 2010 참조). 이러한 거시 수준의 요인을 해결하려는 노력에 대한 논의는 13장에서 다룬다. 하지만 국가 차원에서의 좌절이 지역 수준에서 발생한 좌절의 이유는 아니라는 것을 강조하고 싶다. 당신이 미국 공립학교 체계 전체를 의미 있게 증진시킬 수 없을지라도 당신의 지역사회의 학교를 더 좋은 방향으로 향상시킬 수는 있다.

토론거리

1. 10장의 [토론거리]에서 당신이 속한 공동체의 문제와 당신이 생각한 해결 방안을 떠올려 보라. 이 장에서 제시한 실행 지침과 예시가 10장의 답변을 어떻게 수정하였는가?

2. 이 장에서는 근거-기반 예방 프로그램의 사항을 엄격하게 채택하는 '상세설명서(cookbook)' 사고방식을 넘어설 것을 강조하였다. 대신, 프로그램 실행에는 혁신의 구성요소가 항상 있어야만 한다. 이 말은 무엇을 의미하는가? 이것과 공동체 역량, 공동체 가치, 그리고 핵심 구성요소는 어떻게 관련되어 있는가?

3. 이 장에서는 예방 프로그램 실행의 예시들을 제시하였다. 당신의 눈에 띄는 예시가 있는가? 그 예시가 당신에게 개인적으로 중요한 이유를 설명할 수 있겠는가?

미리 보기 ⅢⅢ➡

이 장을 마치고 나면 다음의 질문에 답할 수 있을 것이다.

1. 일상에서는 어떻게 평가가 이루어지는가?

2. 결과−기반 책임성의 개념이 왜 몇몇 프로그램의 이해관계자에게 불안을 유발하는가?

3. 평가의 세 가지 유형은 무엇이고 각 유형의 목적은 무엇인가?

4. 프로그램의 개발, 평가, 개선 간의 연결성이란 무엇인가?

5. 공동체심리학의 가치는 평가에 어떠한 지침을 제공하는가?

여는 글

DARE 약물 예방 프로그램 평가하기

지난 30년간 미국에서 공립 학교를 다닌 사람은 DARE(Drug Abuse Resistance Education)라고 불리는 청소년 약물남용 예방 프로그램을 경험하였을 것이다. DARE는 경찰관이 지역 학교의 학급에 몇 주간 직접 찾아가서 진행되는 교육과정이다. 경찰관은 마약 사용의 위험에 대한 정보를 제공하고 친구가 마약을 같이하자고 압력을 가할 때 저항할 수 있는 거절 방법을 가르쳤다. 초기 프로그램은 마약 사용에 대한 무관용 정책을 기반으로 하였고 학생에게 마약을 하지 않겠다는 진술 서약에 서명하도록 독려하였다. 이 프로그램을 마친 학생은 "마약은 단호히 거절합니다(Just say no to drugs)."의 메시지가 담긴 수료장, 티셔츠, 그리고 기타 물건들을 받았다.

당신이 혹시 DARE에 참여하였다면 잠시 그때를 생각해 보라. DARE에 대하여 어떤 것이 기억나는가? 즐거웠는가? 이것이 효과적이라고 생각하는가? 학교 및 공동체의 청소년 약물남용 예방에 도움이 되었다고 생각하는가? 프로그램에 참가하였다면 시간이 흐른 뒤 프로그램에 대한 당신의 생각이 바뀐 부분이 있는가? 참가하지 않았다면 그것에 대하여 들었던 얘기가 있는가? 당신이 알고 있는 것 중 청소년의 약물 사용을 예방하는 데 효과적인 것이 있는가?

DARE는 1983년 로스앤젤레스 경찰청이 로스앤젤레스의 여러 학군과 협력하여 시작되었다. 수년 동안 학년과 주제별로 다양한 교육과정이 개발되었다. DARE는 미국 50개 주 대부분의 학교 및 54개 국가에서 진행되어 수백만 명의 학생이 접하고 있고 전 세계 12,000명 이상의 법 집행관을 양성하고 있다(DARE, 2008). 이것은 미국에서 가장 인기 있는 학교-기반 약물 예방 프로그램이다. 하지만 학교 교육과정으로 진행된 DARE에 대한 많은 평가는 이 프로그램의 효과성에 의문을 제기하는 증거를 제공하였다. 예를 들면, 프로그램의 종단적 평가 결과, 개입 직후에 나타나는 학생의 약물 사용에 대한 영향은 아주 미미하였고, DARE 참여 1년 또는 2년 후의 약물 사용에 대한 영향력은 없는 것으로 나타났다. 또한 평가는 DARE가 자아존중감과 같은 2차이득 변인에 대한 긍정적 영향은 제한적이고 친구의 압력에 대한 저항 등과 같은 사회적 기술 변인에 대한 효과는 없다는 결과를 보여 주었다(Enett et al., 1994, p. 113). 이러한 부정적 평가는 수십 년간 계속 쌓이고 있다. 1998년 국가 사법 연구소는 DARE가 효과가 없다고 결론을 내렸고, 2001년 미국 의무 총감(Surgeon General of the U.S.)은 DARE를 "효과 없음"의 예방 프로그램으로 분류하였다(Satcher, 2001; Sherman et al., 1998).

당신의 생각은?

1. 10장과 11장의 핵심 개념 및 실행 지침을 바탕으로 한다면 DARE가 결과적으로 원하는 효과를 얻지 못한 이유는 무엇이라고 생각하는가? 만약 그렇다면, DARE가 어떻게 개선될 수 있을까? 청소년 약물 예방 프로그램을 보다 효과적으로 만들기 위해서는 앞 장에서 언급한 자질 중 어떤 것이 필요할까?

이 장에서는 DARE와 같은 프로그램의 효과성을 개발하고 향상하기 위해서 평가가 어떻게 사용되는지 논의할 것이다. 이 장의 목표 중 하나는 평가의 개념 및 공동체 개입법을 평가하고 향상하는 데 사용할 수 있는 구체적인 모델을 소개하는 것이다. 하지만 당신은 이미 평가에 대해서 많은 것을 알고 있다. 왜냐하면 당신은 평가를 언제 어떻게 하는지를 인식하지 못한 채 일상에서 자연스럽게 평가를 수행하고 있기 때문이다.

일상에서의 평가

   평가는 단순히 사회과학자만 수행하는 활동이 아니다. 우리 모두는 기본적으로 프로그램 평가에 종사하고 그것을 일상에서 수행한다. 당신이 새로운 식당에 가거나 가장 좋아하는 스포츠 팀의 경기를 볼 때 당신은 자연스럽게 평가를 하게 된다. 식당에서는 서비스의 질, 음식의 질, 가격 및 분위기를 생각한다. 서비스가 좋지 않거나, 음식이 별로이거나, 또는 가격이 비싸다면, 당신은 아마 다시는 그곳에 가지 않을 것이다. 그리고 "당신이 내린 결과를 퍼뜨릴 것이다". 친구가 그 식당에 대하여 물어본다면, 당신은 당신의 정보(빈약한 서비스, 그저 그런 음식, 높은 가격)와 전반적 평가(가지 마라)를 전달할 것이다.

   당신이 가장 좋아하는 스포츠 팀의 경기를 볼 때, 선수 개개인의 경기(현재 경기, 이번 시즌 및 이전 시즌), 과거 상대 팀과의 결과 전적, 감독의 실력, 각 선수를 데려오기 위해 팀이 쓴 비용 등을 생각하고 있을 것이다. 당신은 또한 경기가 진행되고 있는 맥락도 고려할 것이다. 고려할 수 있는 맥락에는 날씨, 홈 경기인지 원정 경기인지, 경기 이후 휴식 시간이 있었는지, 그리고 팀의 승산에 대한 대중의 의견 등이 있다. 당신의 평가 및 여러 자료는 스포츠 팀에 대

DARE 프로그램은 광범위한 비판적 평가에도 불구하고 적절하게 수정되지 않은 예방 프로그램의 예시이다.

출처: rchat/Shutterstock.com

해서 뿐만 아니라 팀에 대한 당신이 기대하는 바에 의해서도 상당히 좌우될 수 있다. 그 팀이 새로운 선수 및 새로운 코치의 영입으로 지난 시즌보다 훨씬 잘하고 있다면, 이번 시즌에 뛰어난 성적을 내고 있지 못할지라도 당신의 평가는 긍정적일 수 있다. 당신이 자녀의 축구 팀을 평가할 때 기대하는 바는 모든 아이가 경기에 출전할 기회가 주어지고, 서로 잘 지내는 것을 배우며, 즐기는 것일 수 있다. 그렇다면 당신이 평가하는 성공은 팀의 실질적인 수행 결과와는 상관이 없을 것이다.

평가 활동은 어떤 경우에는 '예' 또는 '아니오'의 결정을 내리는 것인 반면(식당에 다시 가지 않겠다고 결정한 경우처럼), 어떤 경우에는 좋아하는 스포츠 팀을 응원하는 것과 같이 개선을 위한 조치를 결정하기 위한 것일 수도 있다. 대부분의 스포츠 팬은 자신이 응원하는 팀이 그 시즌에 졌다고 해서 팀을 버리지 않는다. 대신, 그들은 팀의 개선 방법을 결정하기 위해 평가 자료를 오랜 시간 검토한다. 공동체 실천가는 결과 개선이 목표인 평가(형성 평가라고 알려진)에 점점 더 많은 관심을 기울이고 있다. 이 장에서는 이러한 유형의 평가와 함께 전통적인 평가 유형도 살펴볼 것이다.

프로그램 평가의 논리

좋은 아이디어 같지만 실현 가능한가? (결과–기반 책임성)

DARE는 프로그램의 통합적 평가의 중요성을 보여 준다. DARE는 많은 공공 자원[기금의 주요 출처는 기업 및 재단 외에도 주 및 연방 기관]을 배정받았고, 여러 다른 교육 목적을 위해 사용될 수 있었던 수업 시간의 상당 부분을 사용하였다. 또한 거기에는 기회비용(opportunity cost)이 있다(A를 포기하고 B를 선택함으로써 발생하는 누락 또는 손실되는 가치). DARE를 실시한 학군은 이 프로그램을 선택함으로써 활용 가능한 다른 프로그램은 실시하지 못했는데, 이러한 다른 프로그램이 청소년 약물남용 예방에 더 효과적이었을 수 있다는 것이다.

기회비용
여러 대안 중 하나를 선택했을 때, 선택되지 않은 대안에 대한 잠재적 이득 또는 잠재적 가치에 대한 손실을 말한다.

매년 수백만 달러의 세금, 자선기금, 자선단체에서 지원되는 보조금이 공동체를 위해 좋은 일에 투자되고 있다. 전국의 시민은 사회정의를 향상하기 위해 시간과 노력을 자원해서 제공한다. 심지어 공동체 조직에서 임금을 받는 직원도 대개는 개인의 안녕과 집합적 안녕을 높이기 위해 낮은 급여를 받고도 기꺼이 일하고 있다. 이러한 돈, 시간, 노력이 프로그램의 차이를 만드는가? 다시 말하면, 그것이 가치 있는 투자인가? 정부, 비영리 단체, 민간 영역들은 명확한 결과를 보여 주어야 하는 부담을 안고 있다. 평가를 통해 프로그램의 결과를 보여 주어야 하는 책임을 일반적으로 결과-기반 책임성(results-based accountability)이라고 한다. 처음에는 이러한 요구가 프로그램을 감독하고 운영하는 사람에게는 두려운 상황이 될 수 있다. 다음은 프로그램 평가에 대한 일반적인 불평과 두려움들이다(Grosvenort Performance Group 편집, n.d.).

> **결과-기반 책임성**
> 입증된 결과를 보여 주기 위해 프로그램을 평가하는 것을 일컫는다.

- 평가는 프로그램 스태프의 불안을 조성할 수 있다.
- 스태프는 평가를 어떻게 진행해야 하는지 잘 알지 못한다.
- 평가로 인해 프로그램 활동이 방해받을 수 있고, 자원이 부족한 경우에는 평가 때문에 서비스 간의 경쟁을 유발할 수도 있다.
- 평가 결과는 특히 프로그램 반대자에 의해 오용되거나 오역될 수 있다.

　만약 당신이 공동체 프로그램의 기금을 결정하는 재단의 이사회 구성원이라고 상상해 보자. 당신은 재단이 지원할 수 있는 자금보다 더 많은 자금 지원을 요청받게 된다. 기금 수혜자에게 "우리의 기금이 지원되는 프로그램이 실제로 목표를 달성했는지를 우리가 어떻게 알 수 있는가?"라고 질문하는 것은 당연한 것이다. 쇼르(Schorr, 1997)는 비영리 조직과 정부 기관이 주로 하는 이러한 질문에 대한 몇 가지 답변의 특징을 다음과 같이 서술하였다.

- **절차와 산출물** "우리 기관은 20개의 학부모 교육 프로그램으로 매년 200명의 고객을 만나고 있고, 면허 자격이 있는 2명의 직원이 당신들의 보조금을 받고 있습니다." 이것은 아마도 가장 전형적인 대답으로 제공된 프로그램이나 서비스 및 지출한 자금에 대하여 상세 내역서를 제출하는 것이다. 하지만 서비스를 제공했다는 것이 단순히 그 서비스가 효과적이었다는 의미는 아니다. 서비스가 잘못 제공되어 실질적인 문제가 해결되지 못할 수도 있고 서비스는 잘 계획되었지만 좋은 결과를 도출할 만큼의 충분

한 자금이 제공되지 않았을 수도 있다. 또한 의도치 않은 부작용이 발생할 수도 있다. 많은 공동체 프로그램은 아직 완전히 문서화되지 않은 그들의 기대를 바탕으로 대답하는 경우가 많다.

- **신뢰와 가치** "우리를 믿으십시오. 우리가 하는 것은 매우 가치 있습니다. 비록 그것이 복합적이고 문서화하기에는 매우 어렵고 판단도 쉽지 않지만, 공공기관은 효과성에 대한 증거를 요구하지 않은 채 우리를 지원해야 한다고 생각합니다. 모든 것을 비용으로 보고 아무것도 아닌 것에 가치를 부여하는 회계 담당자에게 우리의 용감한 노력이 무산되게 두지 마십시오." 하지만 프로그램 기금이 신뢰로만 결정된다면 시민 및 의사결정자는 프로그램이 운용되는 절차와 도출한 결과를 알 수 없다.

- **결과—기반 책임성** "지역 보건 향상의 목적으로 근거—기반 접근법을 사용한 가정방문 프로그램을 구현하기 위해 주요 의료 체계에 지역사회 간호사를 배치한 이후, 우리 지역의 병원 재입원율은 감소하였다." 기관의 직원과 평가자는 프로그램 평가를 통해서 그 프로그램이 의도했던 효과를 달성했는지 알 수 있을 것이다. 또한 효과를 더 많이 내기 위해 프로그램을 조정할 수도 있다. 하지만 기관 구성원은 평가를 위한 교육을 받는 경우가 거의 없다. 또한 평가에서 그 프로그램이 의도한 결과가 나타나지 않았다면 어떻게 되는가? 그 프로그램은 개선을 위한 기회와 그것에 필요한 지원을 받을 수 있는가?

1998년 국가 사법 연구소는 "DARE 지지자들은 과학적인 DARE 평가의 결과에 대항한다. DARE 미국 사무소는 실용성의 측면에서 프로그램에 대한 강력한 대중적 지지가 과학적 연구보다 더 나은 지표라는 말을 인용하고 있다"(Sherman et al., 1998, p. 191). DARE 지지자들은 프로그램을 개선하기 위해서 평가 결과를 사용하지 않았고 그 결과의 타당성을 처음부터 거부하였다.

하지만 DARE 이야기는 이것이 끝이 아니다. 평가 결과가 실망스러웠지만 DARE를 바로 없애지 않은 이유가 있었다. DARE는 다른 프로그램에는 없는 것을 가지고 있었는데, 그것은 국가 및 세계의 예방 지지 체계와 예방 전달 체계가 아주 군건하였다. 11장에서 언급한 보급 및 실행을 위한 상호 체계들의 하위 체계를 기억해 보라. DARE는 수십 년 동안 경찰관이 프로그램을 제공하기 위해 성공적으로 훈련받도록 체계화되어 있고(이들은 최소 80시간의 훈련을 받는다), 학교와 경찰서는 협력하여 필요한 학생에게 높은 충실도가 보장된 프로그램을 실행하고 있다(Merrill et al., 2006). 다른 많은 근거-기반 프로그램은 개발할 수 없었던 효과적인 대규모 예방 지지 체계 및 예방 전달 체계를 DARE가 개발했다는 사실은 중요하다.

또한 DARE는 초등학생부터 고등학생까지 참여하도록 개발된 교육과정이 포함되어 있다. 초등학교 교육과정에 대한 평가는 많이 시행되고 있지만, 중학교와 고등학교 교육과정의 효과성에 관한 연구는 많지 않다. 마지막으로, 효능성 연구는 아직 개발 중인 프로그램을 일반적으로 잘 통제된 조건에서 수행하면서 긍정적인 결과를 도출할지를 검토하도록 설계된다. 효과성 연구는 프로그램을 다양한 세팅에서 시행해 보는 것으로 덜 통제된 조건인 실제 상황에서도 프로그램이 긍정적인 결과를 도출하는지를 점검하는 것이다. 효능성 연구에서 성공했던 많은 프로그램이 효과성 연구에서 동일한 결과를 반복하지 못했다. DARE는 개발 당시의 여러 상황 때문에 어떤 효능성 연구도 실시하지 못한 상태에서 더 혹독한 기준인 효과성 연구로 직행하였다.

DARE 담당자는 이 프로그램이 문제가 있다는 것을 깨닫기 시작했고 평가 피드백을 통해서 수정을 거듭하여 새로운 프로그램을 개발하였다. 2008년, DARE는 펜실바니아 주립대와 아리조나 주립대의 연구진이 개발한 새로운 근거-기반 중학교 교육과정을 채택하였다. "keepin' it REAL"이라고 불리는 이 프로그램은 'SAMHSA(2014)의 국가 인정 근거-기반 프로그램 및 실천'에 등록되었다. 여러 정부 발표와 논문은 DARE의 "keepin' it REAL" 교육과정을 긍정적으로 보고하였다(예, Christie et al., 2017; Office of the Surgeon General, 2016). 이 프로그램을 실행한 집단은 통제 집단과 비교하여 약물 사용이 72% 감소한 것으로 나타났다(Kulis et al., 2007).

DARE는 다음의 몇 가지 중요한 사실을 보여 준다.

- 프로그램의 효과성에 대한 평가는 프로그램의 개선 노력을 이끌어 낼 수 있다.
- 프로그램의 효과성과 대상은 자료에 입각하여 결정해야 한다(예, 초기 약물남용 예방 교육이 좋은 생각이지만 고위험이 예측되는 해에 추후 교육을 고려

해야 한다).

- 의사결정에 정보를 제공하기 위해서는 프로그램 개발, 프로그램 평가, 그리고 프로그램 개선의 연계성이 있어야 한다.

프로그램 평가와 프로그램 개발이 연계되어 있다면 처음에 실망스러운 결과가 나타났다고 할지라도 프로그램의 체계적 개선 및 누구와 함께 어떤 전략을 실행할지에 대하여 자료에 입각하여 결정을 내릴 수 있다.

다음 절에서 프로그램의 개발, 평가, 개선 간의 관련성을 살펴볼 것이다.

프로그램의 개발, 평가, 개선 간의 연계성

1960년대 이후 프로그램의 평가 영역은 프로그램 이론 및 실행을 연구하기 위한 사회과학의 방법론을 바탕으로 발전해 오고 있다. 이 장은 이러한 기본적인 프로그램 평가 개념을 많이 사용할 것이다. 그중에서 프로그램 평가를 사용자-친화적이고 더 많은 사람의 접근이 가능하도록 하는 접근법에 집중할 것이다.

전문 평가자는 원인과 결과를 생각하도록 훈련받으며, 개입 활동과 예방 활동은 변화 이론을 기본으로 한다(11장 참조). 사회과학자는 이러한 방식의 사고가 자동적이어서 이것이 현실에서는 일반적이지 않다는 것을 쉽게 잊어버린다. 프로그램 실무자는 종종 비판적 친구(critical friend)로부터 혜택을 얻는데, 이들은 프로그램의 이론, 목적, 실행 계획에 대한 기본 전제를 확인하는 데 도움을 준다. 비판적 친구는 격려와 지지를 해 주면서도 불편하거나 말하기 어려운 솔직한 피드백을 제공한다. 비판적 친구는 약점, 문제, 정서적으로 민감한 사안을 솔직하지만 건설적으로 제안한다.

인과관계에 대한 사고의 가치를 보여 주는 예를 살펴보자. 대부분의 공동체 예방 활동은 빨간 리본 인식 캠페인(Red Ribbon Awareness Campaign)을 후원하고 있다. 지역의 유관 집단들은 시민에게 빨간 리본을 보여 주어 음주, 담배 및 다른 약물(Alcohol, Tobacco, and Other Drug: ATOD) 사용이 유의미하게 감소하기를 원한다. 빨간 리본을 다는 것이 어떻게 ATOD의 사용을 감소시킬 수

비판적 친구
프로그램 실행의 피드백을 정직하고 건설적으로 제공하는 지지적인 사람으로서 프로그램 실무자가 자신의 편향성을 인식하고 강점, 약점, 정서적으로 민감한 사안을 확인할 수 있도록 격려한다.

있는가? 빨간 리본은 음주 사용이 위험하다는 인식을 자극하여 스스로 음주 소비를 줄이거나 적어도 술을 먹지 않은 친구에게 운전을 맡겨야 한다는 생각을 고무시킬 수 있다. 빨간 리본의 존재가 궁극적으로 음주 운전의 감소와 연결되느냐는 질문은 원인과 결과에 대한 비판적 사고가 요구된다. 학교 및 공동체 실무자가 인과적 사고를 하고 가능한 공동체 프로그램에 인과적 모델(변화 이론)을 개발하는 것은 중요하다. 변화 이론은 논리적 모델(logic model)로 다듬어지고 프로그램 평가의 지침으로 사용될 수 있다. 논리적 모델은 프로그램의 작동 방식을 도표로 표현한 것이다. 이것의 주요 목적은 프로그램이 그 공동체에 필요한 조건(상황), 관여하는 자원(투입), 이 상황을 해결하기 위한 행동(활동), 그리고 그 행동으로 인해 기대되는 즉각적인 산출물, 단기간의 성과물, 장기적인 영향력 간의 논리적 연결성을 보여 주는 것이다.

[그림 12-1]은 프로그램 평가에 적용할 수 있는 6단계 논리적 모델을 보여 주고 있다. 상황(conditions)은 프로그램의 필요성을 구체화한다. 여기에는 프로그램으로 해결하려고 하는 위험 요인 또는 과정, 공동체 문제, 조직의 어려운 점이 포함된다. 투입(inputs)은 상황을 해결하는 데 관련된 자원이다. 활동(activities)은 개입 프로그램으로 지칭되기도 하는 데, 각 상황을 해결하기 위

논리적 모델
공동체 상황, 투입, 활동, 산출물, 성과물, 영향력 간의 연결성을 보여 줌으로써 공동체의 요구에 부합하는 프로그램의 작동 방식을 시각적 자료로 보여 주는 것이다.

상황
프로그램의 필요성을 확인하는 것으로, 프로그램이 해결해야 할 위험 요인, 공동체 문제, 조직의 과제 등이 포함된다.

투입
상황을 해결하는 데 이용되는 여러 자원을 말한다.

활동
개입 프로그램으로 지칭되기도 하는데, 각 상황을 해결하기 위해 필요한 업무나 활동을 말한다.

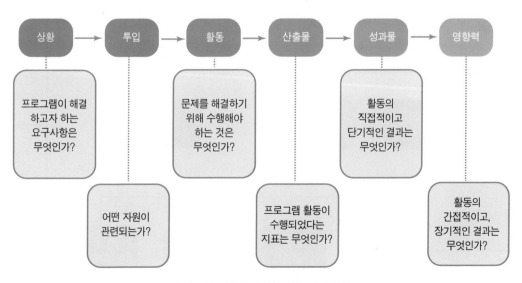

[그림 12-1] **프로그램의 논리적 모델**

산출물
프로그램 활동의 즉각적인 결과이다.

성과물
프로그램 활동과 관련한 직접적이고 단기적인 결과 또는 변화를 말한다.

영향력
공동체 전반에 영향을 주는 프로그램과 관련한 간접적이고 장기적인 결과 또는 변화를 말한다.

해 실시하는 업무나 활동을 구체화한다. 하나 이상의 활동은 각 상황을 해결하기 위한 목표가 있다(예, 매뉴얼 개발, 훈련 실행, 옹호). 산출물(outputs)은 프로그램 활동으로 이루어낸 지표이다(예, 프로그램 등록 참여자 수, 프로그램을 마친 참여자 비율). 성과물(outcomes)은 활동으로 인한 직접적이고 단기적인 결과물을 말한다(예, 프로그램 참여자의 약물 사용에 대한 지식 또는 태도 변화, 지역의 법 또는 조직의 정책 변화). 영향력(impacts)은 공동체 전반에 영향을 주는 활동의 원거리(간접적이고, 장기적인) 결과이다. 예를 들면, ATOD에 대한 영향력은 그 지역사회의 음주와 기타 약물남용의 감소뿐만 아니라 낮은 범죄율과 개인의 향상된 건강 등의 결과를 포함할 수 있다. 논리적 모델의 6개의 원은 선으로 연결되어 있는데, 이는 프로그램의 변화 이론을 바탕으로 그것 간의 예상되는 논리적 관련성을 나타낸다.

[그림 12-2]는 논리적 모델과 프로그램의 개발, 평가, 개선 간의 관계를 보여 준다. 맨 윗줄은 논리적 모델의 6단계이고, 가운뎃줄은 프로그램 개발의 주요 순서를 보여 주고 있다. 여기서는 프로그램 개발 순서의 개요만 설명하고, 더 자세한 논의는 이 장의 뒤에서 다룰 것이다(GTO 참조). 먼저 사정은 프로그

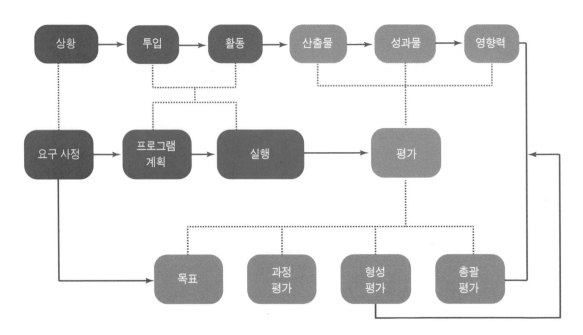

[그림 12-2] 프로그램의 논리적 모델과 프로그램의 개발, 평가, 개선 간의 연결

램의 요구를 결정하는 단계이다(요구 사정). 이 단계는 논리적 모델의 상황을 반영한다. 두 번째 단계는 확인된 요구를 해결하기 위한 계획을 설계하고(프로그램 계획), 그 계획을 행동으로 옮기는 것(실행)이 포함된다. 이 두 번째 프로그램 개발 단계는 논리적 모델의 투입과 활동이 관련되어 있다. 마지막으로 평가는 프로그램 실행을 추적 관찰하고 프로그램 활동의 결과를 살펴보기 위해 사용한다. 평가 활동은 [그림 12-2]의 프로그램 개발 마지막 단계에 배치되어 있지만, 이는 실행하는 동안 그리고 실행 이후에 수행되는 것이 가장 적절하다. 평가의 이 개념들은 다음 절에서 자세히 다룬다. 평가는 논리적 모델의 마지막 3개의 단계와 관련되어 있다(산출물, 성과물, 영향력). 프로그램 개발의 모든 단계는 이상적으로 프로그램 수혜자와 다른 이해관계자의 참여가 필요하다. [그림 12-2]의 맨 아랫줄은 프로그램 평가가 논리적 모델 및 프로그램 개발과 어떻게 관련되어 있는지 보여 준다. 특히 프로그램 목표를 측정하고 관찰하기 위한 평가의 세 가지 유형(과정 평가, 형성 평가, 총괄 평가)과의 관련성을 알 수 있다. 피드백은 평가와 논리적 모델, 그리고 평가와 프로그램 개발 사이에서 일어나고, 이러한 평가 결과는 프로그램 이론과 실행을 개선할 수 있는 정보를 얻는 데 사용한다. 다음 절에서 [그림 12-2]의 맨 아랫줄에 제시한 평가의 세 가지 유형에 대해서 살펴보자.

평가의 세 가지 유형

프로그램 평가는 일반적으로 다음의 두 가지 사항에 관심이 있다. ① 프로그램은 효과가 있었나?(총괄 평가), ② 그 이유는 또는 그렇지 못한 이유는 무엇인가?(과정 평가)가 그것이다. 보다 최근의 공동체-기반 프로그램의 평가 연구자와 실무자는 추가적인 질문을 탐색하기 시작하였다. ③ 개입의 효과를 더 높이기 위해 어떤 변화가 필요한가?(형성 평가) 이 절에서는 평가의 세 유형을 자세히 살펴보고자 한다.

과정 평가

과정 평가(process evaluation)는 프로그램의 실행을 문서화하고 추적 관찰하기 위해서 실시하는 것이다. 여기에는 프로그램과 활동을 조사하고 활동의 어떤 측면이 실행되었는지를 살펴본다. 과정 평가는 일반적으로 다음의 질문이 주어진다.

- 프로그램의 어떤 측면이 잘 수행되었는가?
- 프로그램의 어떤 측면이 수행되지 못했거나 부진했는가?

이 질문에 답하는 것은 누가, 무엇을, 누구와, 언제 했는지를 포함하는 것이다. 이것은 또한 (11장에서 언급한) 다음과 같은 실행의 쟁점을 살펴보는 것과도 관련이 있다.

- **충실도** 프로그램이 의도했던 활동과 실제로 이루어진 활동은 어떤 것인가? 의도했던 활동을 하지 않게 된(고의적이든 아니든) 요인은 무엇인가?
- **프로그램의 유효 범위** 참가할 것으로 고려했던 참여자가 실제로 얼마나 프로그램에 등록하였는가?
- **참여자 반응** 참여자는 얼마나 몰입하였는가?
- **자질** 프로그램의 구성 요소가 얼마나 잘 실행되었는가?

알코올과 약물 예방 프로그램의 맥락에서 과정 평가는 참가의 비율과 프로그램 수료의 비율, 그리고 예방 프로그램의 교육과정을 전달하는 프로그램 조력자와 훈련자의 효과성을 조사하는 것이다.

과정 평가는 몇 가지 목적이 있다. 첫째, 프로그램 활동을 추적 관찰하는 것은 프로그램의 활동을 조직화하도록 돕는다. 이를 통해 프로그램의 모든 부분이 계획대로 수행되고 있음을 확신할 수 있다. 또한 프로그램 담당자가 신중하게 자원을 할당할 수 있도록 한다. 예를 들면, 자원이 여러 활동 및 집단에 투입되어야 하는 경우, 한 가지 활동 또는 한 집단에만 집중해서 사용하지 않도록 하는 것이다. 둘째, 과정 평가에서 나온 정보를 통해 프로그램 담당 직원이 합의한 일련의 활동을 수행하고 있는지를 확인하여 그에 대한 책임을 갖

도록 한다. 책임 소재는 관리자, 기금제공자, 이사회 및 기타 이해관계자에게
있다. 셋째, 과정 평가를 통해 프로그램 담당자는 프로그램 효과성을 사정해
도 되는지를 결정할 수 있다. 예를 들면, 프로그램의 실행 기간이 짧아서 7개
의 활동 중에 3개만 실시했다면, 프로그램 산출물에 대한 사정은 아직 시기상
조이다. 넷째, 상황은 때로 변하고 계획한 것이 실제로 일어나지 않을 수 있는
데, 과정 평가를 통해 이러한 변화가 추적 가능하다. 계획 활동 전, 도중, 그리
고 이후 단계마다 과정 평가를 실시한다면 실제로 발생한 일들을 문서화할 수
있다. 마지막으로, 산출물과 영향력에 대한 총괄 평가 이후의 과정 평가는 프
로그램이 왜 성공했는지 또는 성공하지 못했는지에 대한 정보를 제공한다. 무
엇이 실행되었고 누가 등록하였는지에 대한 정보는 프로그램 계획자에게 특정
산출물을 성취한 이유를 더 잘 이해할 수 있도록 해 준다. 또한 과정 평가에서
나온 정보는 차후 개선에 대한 시사점 및 유사한 프로그램을 계획하는 다른 이
들과 실질적인 조언을 나눌 수 있는 정보를 제공한다.

형성 평가

  형성 평가(formative evaluation)는 프로그램의 개선을 위해 실행 활동이 얼마
나 진전되었고 그 효과성은 어떠한가에 대한 잠재적 그리고 실질적 영향력을
확인하도록 설계된 사정 방법이다(Stetler et al., 2006). 형성 평가는 과정 평가
의 자료에 의존하지만 과정 평가의 목표와는 다르다. 과정 평가의 목적은 단
순히 실행 활동을 추적 관찰하는 것인 반면, 형성 평가의 목적은 중간 과정에
서 프로그램의 개선을 촉진하는 것이다. 형성 평가는 갑작스러운 돌발 문제를
식별하고 해결하도록 돕는다(Scott et al., 2020). 형성 평가는 다음의 광범위한
질문이 주어진다.

> **형성 평가**
> 프로그램이 실행되는 동안에 진행되며 프로그램을 개선할 수 있는 정보를 제공하기 위한 사정 과정이다.

• 프로그램의 어떤 측면이 개선되어야 하는가?
• 개선을 어떻게 할 수 있을까?

  알코올 및 약물남용 예방 프로그램의 형성 평가는 다음의 질문들이 포함될
수 있다.

- 약물남용 예방 훈련 프로그램의 어떤 측면이 참여자를 효과적으로 참가시키는가?(예, 교육시설, 강사의 전달력, 훈련방식)
- 프로그램을 강화하기 위해서 훈련 설계의 어떤 측면이 개선되어야 하는가?
- 예상치 못한 돌발 문제는 무엇인가?
- 이 문제에 대비하기 위해 차후에 훈련 전에 취해야 할 유용한 단계는 무엇인가?

총괄 평가

총괄 평가
프로그램 효과의 전체적인 결과를 말한다.

성과물 평가
참여자 또는 수혜자가 얻은 프로그램의 즉각적이고 단기적인 효과를 살펴보는 것으로, 산출물 자료와 성과물 자료가 포함된다.

영향력 평가
참여자 또는 수혜자가 얻은 프로그램의 장기적 효과를 살펴보는 것으로, 프로그램의 궁극적인 효과와 목표했던 결과와의 일치 여부를 비교한다.

총괄 평가(summative evaluation)는 프로그램의 최종 결과 또는 효과를 사정한다. 이 효과는 일반적으로 시간에 따라 단기(성과물 평가)와 장기(영향력 평가)로 구분한다. 성과물 평가(outcome evaluation)는 참여자 또는 수혜자가 얻은 프로그램의 즉각적이고 단기적인 효과를 살펴보는 것이다. 여기에는 산출물 자료와 성과물 자료가 포함된다. 산출물 자료는 활동 완결 지표를 말하고 (예, 훈련 회기 수, 훈련받은 인원수), 성과물 자료는 프로그램의 직접적인 효과를 측정하는 것으로, 약물 사용 예방 프로그램에 의해 약물에 대한 지식과 약물 사용 위협의 인식이 증가한 정도를 말한다. 약물남용 예방 프로그램의 성과물 증거는 약물 위험의 인식 증가 또는 약물 사용의 압박을 거절하는 사회적 기술 척도 점수의 증가 등이 될 수 있다. 영향력 평가(impact evaluation)는 프로그램의 궁극적인 효과 및 프로그램이 예상했던 결과와의 일치 여부와 관련된다. 알코올 및 기타 약물 예방 프로그램에서 궁극적인 효과는 전반적인 약물 사용의 감소(유병률), 약물을 처음 시작하는 고등학생의 비율 감소(발생률), 음주 운전 감소, 약물 또는 알코올 범죄로 인한 학교 징계 조치 감소 등이 있을 수 있다.

[평가 영역에서는 이 장에서 사용했던 것처럼 "성과물"과 "영향력"의 용어를 사용한다. 하지만 공중보건 영역에서는 이 용어를 반대로 사용하여 "성과물"을 장기적 지표로 "영향력"을 단기적 지표를 의미하는 것으로 사용한다]

평가 자료 수집 방법

과정 평가, 형성 평가, 총괄 평가는 일반적으로 질적 접근과 양적 접근이 모두 포함된 혼합 방식으로 자료를 수집하게 된다. 헤이스와 동료들(Hayes et al., 2016)은 자료 수집을 위해 세 가지 방법을 혼합하여 질의(inquiry)−관찰(observation)−숙고(reflection)의 IOR 개념틀을 개발하였다. 질의 방법은 "평가자 질문, 참여자 대답"이라는 명확하고 간결한 형식을 사용하여 정보를 적극적으로 찾는 것이다(예, 설문, 간략한 피드백 양식). 관찰 방법은 과거 또는 현재에 자연스럽게 일어나는 활동에 대한 자료를 수집하는 것을 의미한다(예, 회의 결과 조사, 파트너십 회의 관찰). 관찰 방법에서는 평가자의 질문이 활동 전에 참여자에게 전달되지 않을 수 있다. 숙고 방법은 참여자에게 쟁점 또는 경험에 대하여 깊이 생각해 보도록 격려한다. 이것은 관심 질문에 대한 여러 이해관계자의 의견을 얻기 위해 구조화된 서사 접근법[예, 면담과 표적 집단을 통한 비판적 성찰 방법론(critical moments reflection methodology), 사례 연구]을 사용한다. IOR 개념틀은 발달적 평가에 개념적 뿌리를 두고 의학 연구회(Medical Research Council)가 명시한 전략을 사용한다(Moore et al., 2015; Patton, 2006). IOR 평가틀에서 사용한 자료 수집 방법은 공동체−기반 연구에서 사용한 방법과 겹치는 부분이 있다(4장 참조).

권력강화 평가

권력강화 평가(Empowerment Evaluation: EE)는 공동체 구성원이 자신들의 수행을 스스로 감독하고 평가하도록 설계된 평가 접근법이다. EE의 목적은 ① 프로그램 이해관계자가 프로그램의 계획, 실행, 자기−평가를 측정할 수 있는 도구를 제공하고, ② 프로그램 및 조직의 계획과 관리의 일부로서 평가를 당연하게 여기도록 하여 프로그램의 성공 가능성을 높이는 것이다(Wandersman, Snell−Johns et al., 2005, p. 28).

이 평가 접근법은 평가의 세 유형(과정 · 형성 · 총괄 평가) 모두 사용하지만, 특히 형성 평가를 강조한다(즉, 프로그램 개선에 정보를 주는 자료 수집). EE는 평가의 "새로운" 그리고 진화하는 역할을 고민하면서 제안되었다. 이 평가 접근법은 프로그램 실무자의 자기−결정을 독려하고 프로그램 실행을 강화하는 중간 기회를 사전에 표면화하기 위해서 고안되었다(예, Fetterman, 2001;

권력강화 평가
공동체 구성원이 자신들의 수행을 스스로 감독하고 평가하도록 설계된 평가 접근법이다.

Fetterman & Wandersman, 2005; Linney & Wandersman, 1991). EE에서는 평가자가 참여자-개념화자의 역할을 하며 평가를 함께 설계하고 참여한다. 이는 평가자가 평가 대상 프로그램의 외부에 있는 기존의 평가자 역할과 확연히 차이가 있다. EE는 이러한 방식으로 전통적인 평가 방식 및 가치에 내재한 단점을 극복하고 8장에서 논의한 권력강화와 시민참여의 목표를 촉진한다 (Fetterman, 1996).

권력강화 평가자는 공동체 구성원 및 프로그램 실무자와 함께 협력하여 프로그램의 목표와 실행 전략을 결정한다. 그들은 촉진자 또는 코치의 역할을 하며, 공동체 구성원과 프로그램 스태프가 자체 평가를 수행할 수 있는 역량을 구축하는 데 도움을 제공하고 프로그램의 지속적인 개선을 위해 평가 정보를 사용하는 것의 중요성을 강조한다. 그들은 프로그램 스태프와 함께 일하면서 스태프에게 프로그램의 계획, 실행, 결과를 측정하고 향상할 수 있는 도구를 제공하여 프로그램의 목표를 달성하고자 한다. 프로그램이 목표하는 결과를 얻기 위해 프로그램 참여자와 스태프에게 평가 도구를 제공하는 것이 평가의 주요 목적이라면 EE는 적절한 평가 접근법이다. 만일 평가의 주요 목적이 평가자에게 영향을 받지 않고 기존에 결정한 이론에 따라 프로그램이 잘 수행되었는지를 조사하는 것이라면 전통적 평가가 더 적절한 접근법이 될 것이다.

권력강화 평가의 원칙

EE는 전통적인 평가 방법 및 EE와 유사한 평가 방법(협력적 평가, 참여 평가, 활용-중심 평가)과 일치하는 가치와 방식이 있다. 하지만 EE가 다른 평가 방법과 구별되는 점은 프로그램을 완전체로 고려한다는 것이다(〈표 12-1〉 참조). 이 접근법은 두 명의 학자[데이비드 페터만(David Fetterman)과 아브라함 반데르스만(Abraham Wandersman)]가 공동체심리학 분야에서 발달시켰고, 이 원칙은 EE 평가 접근법의 지침이 되고 있으며, 공동체심리학의 가치(1장 참조) 및 참여 실천행동 연구(3장 참조)와도 중첩되는 부분이 있다.

〈표 12-1〉 권력강화 평가 원칙

원칙 1: 개선
권력강화 평가자는 프로그램이 성공하기를 원한다. 이를 위해서 EE는 사람, 프로그램, 조직 및 공동체의 개선에 가치를 둔다.

원칙 2: 공동체 소유권
권력강화 평가자는 공동체가 평가 과정을 지휘하는 결정에 대한 합법적 권한을 행사할 수 있을 만큼 권력이 강화되어야 평가가 프로그램의 향상을 최상으로 가져올 수 있다고 믿는다. EE에서 이해관계자는 권력강화 평가자의 도움으로 평가를 실행하고 평가 결과를 이용한다.

원칙 3: 포용
권력강화 평가자는 계획이나 의사결정과 관련한 다양한 수준의 이해관계자 및 스태프가 프로그램 또는 조직의 평가에 도움이 된다고 믿는다. 포용한다는 것은 민주적 형태의 참여처럼 사람들이 집단으로 의사결정을 하는 방식과는 다른 것이다(원칙 4 참조).

원칙 4: 민주적 참여
EE는 이해관계자가 적절한 정보와 조건이 갖추어지면 지적인 판단과 실행 활동의 능력을 보유하고 있음을 전제로 한다. 민주적 참여는 ① 공동체에 존재하는 기술과 지식의 사용을 최대화하는 중요한 과정으로서 숙고와 진정한 협동의 중요성을 강조하고, ② 공정함과 정당한 절차는 EE 과정의 기본 요소임을 강조한다.

원칙 5: 사회정의
권력강화 평가자는 자원, 기회, 업무, 그리고 협상력의 공정하고 공평한 분배와 같은 사회정의를 믿고 이에 전념하는 일을 한다(Prilleltensky, 1999). EE는 그들의 수행을 향상하는 데 관심이 있는 모든 프로그램과 집단에게 매우 적합하다. 모든 프로그램이 사회정의를 표방하는 것은 아니다. 그러나 EE 옹호자는 모든 수준(개인, 가족, 이웃)과 영역(예, 교육, 건강, 경제)의 사람들과 공동체를 돕기 위해 설계된 거의 모든 프로그램이 궁극적으로 사회정의라는 큰 목표에 기여한다고 믿는다.

원칙 6: 공동체 지식
EE는 공동체-기반 지식과 지혜에 가치를 부여하고 촉진하려고 한다. EE는 지역 공동체의 지식을 포용하고, 구성원은 자신의 문제를 잘 알고 있어 그 해결책을 찾을 수 있는 좋은 위치에 있다고 믿는다.

원칙 7: 근거-기반 전략
EE는 과학의 역할과 근거-기반 전략에 가치를 둔다. 그래서 관련된 근거-기반 개입법 또는 모범 실천 개입법을 검토하는 시기는 공동체 요구를 다루는 프로그램을 설계하고 선택하는 과정의 초기에 고려하는 것이 중요하다고 믿는다. EE가 공동체 작업과 공동체로부터 나온 지식 기반을 존중하듯이 특정 영역(예, 예방, 치료)에 관한 경험적 정보를 제공하는 학자 및 실무자의 지식 기반 역시 존중한다.

원칙 8: 역량 구축

평가 역량 구축이란 평가 과정에서 얻은 자료의 결과를 평가할 수 있는 개인 수준, 프로그램 수준, 그리고 조직 수준의 역량 향상을 의미한다(Patton, 2008, p. 90). 권력강화 평가자는 이해관계자가 프로그램 평가 수행과 관련한 기본적인 단계와 기술을 배운다면 그들의 삶과 프로그램에 참여하는 사람들의 삶을 향상할 수 있다고 믿는다.

원칙 9: 조직의 학습

개선은 학습을 촉진하는 과정(조직의 학습)과 학습을 촉진하는 조직의 구조(학습하는 조직)에서 더 향상된다. 권력강화 평가는 학습 문화가 정착된 조직에서 가장 효율적이다.

원칙 10: 책임성

EE는 프로그램이 자신에게뿐만 아니라 공공에도 책임을 질 수 있도록 하는 혁신적인 도구를 제공한다. EE는 평가 개념틀 내에서 과정-중심 자료와 결과-중심 자료를 산출하고, 이는 공공과 조직에 대한 책임을 더 민감하게 만든다.

주: EE 원칙의 설명은 Wandersman, Snell-Johns 및 동료들(2005, pp. 29-38)의 연구에서 발췌·요약하였다.

GTO: 결과-기반 책임성의 접근법

권력강화 평가는 많은 기금제공자와 실무자에게 매력적이지만, 실제로 EE를 어떻게 사용할 것인가? 반데르스만과 동료들(Wandersman et al., 1999, 2000)은 GTO라고 불리는 결과-기반 책임성에 대한 10단계 접근법을 개발하였다. GTO는 권력강화 평가자가 프로그램의 평가 구성 요소를 프로그램 스태프와 함께 설계하고 협력하여 일할 때 사용할 수 있는 체계적인 개념틀을 제공한다. 프로그램 스태프 역시 체계적인 프로그램 개발을 위해 GTO를 사용할 수 있다([그림 12-2]의 두 번째 줄 참조).

GTO 책임성에 대한 질문

새로운 프로그램을 시작하거나 기존의 프로그램을 이어 갈 때에도 프로그램 실무자는 GTO 책임성에 대한 열 가지 질문에 답함으로써 프로그램의 효과성과 프로그램 실행에 관한 생각을 시작할 수 있다. 각 질문은 프로그램 사정에 관한 질문 및 프로그램 계획, 실행, 평가를 체계적으로 촉진하는 도구들과 연결된다. 각 질문에 대한 대답은 다음 질문으로 이어지는데, 이는 "자료에 입각한 의사결정"이라고 불리는 방식이다.

열 가지의 GTO 질문은 프로그램의 이해관계자가 프로그램의 선택, 개발, 평가, 실행의 과정에 대하여 충분히 숙고하도록 돕는다. GTO 질문의 1번에서 5번까지는 프로그램 스태프가 올바른 프로그램을 선택하도록 도와주고, 6번에서 10번까지는 프로그램 스태프가 프로그램을 실행하고 유지하는 데 도움을 준다. 각 질문에 대한 신중한 숙고와 그에 대한 답변을 통해 조직은 프로그램이 목표했던 결과를 달성할 가능성을 상당히 높일 수 있다.

질문 1: 당신이 속한 조직, 학교, 공동체, 시도 행정 구역의 요구와 자원은 무엇인가? (요구 · 자원 사정). 당신은 선택할 프로그램을 어떻게 알게 되었나? 대개는 프로그램이 당신이 속한 세팅에서 구체적인 문제를 효율적으로 예방한다는 것을 입증하였기 때문이 아니라, 그것이 대중적이거나 다른 지역에서 실행되었기 때문에 선택되는 경우가 많다. 예를 들면, 카스쿠타스와 동료들(Kaskutas et al., 1991)은 부처 간 협력으로 수행된 프로젝트에서 일했던 생활지도 상담사의 경험을 기술하였다. "직업을 가지고 있지 않았던 고등학교 졸업반 학생을 위해 약물 예방 집단을 계획하였지만 2개월 후에 이들이 모두 직업을 가지게 되어 프로그램을 더 이상 실시할 수 없었다!"(p.179) 그러므로 이 프로그램은 더 이상 필요하지 않게 되었다.

어떤 유형의 프로그램이 해당 공동체, 학교 또는 기관에 필요할 것인지를 결정하기 위해서 요구 사정이라고 불리는 계획 전략이 종종 사용된다(Altschuld, 2010; Soriano, 1995). 요구 사정은 공동체 또는 조직에서 개선 또는 개입의 요구 중 가장 쟁점이 되는 정보를 수집하도록 설계되었다(예, 청소년 폭력, 음주와 마약 남용). 잘 설계된 요구 사정은 공동체 요구의 해결을 위해 사용할 수 있는 자원 평가 및 개인, 조직, 공동체의 강점을 확인하는 단계가 포함된다. 자산으로는 개인의 능력, 프로그램과 관련된 사람들을 위한 사회적 지지 체계를 제공해 줄 수 있는 미시체계, 그리고 자금, 회의 장소, 프로그램 목표를 공개 및 토론할 수 있는 모임 등이 해당된다. 자원 사정은 요구 사정과 대척점에 있는 것으로 요구 사정에서 나온 공동체 문제는 공동체 자원 및 강점을 사정하여 균형을 맞출 수 있다(Kretzmann & McKniight, 1993).

질문 2: 당신의 조직, 학교, 공동체, 시도 행정 구역의 목표, 대상 집단, 그리고 기대하는 결과(목적)는 무엇인가? (목표) 프로그램의 요구와 자원을 결정하고 나면 프로그램의 목표, 프로그램의 대상 집단, 그리고 기대하는 결과를 구체화하는 단계로 나아간다. 이 단계에서는 다음의 내용을 포함한다.

- 장기적으로 달성하고자 하는 목표에 대한 개략적 보고서 작성하기
- 프로그램이 초점을 맞출 대상을 확인하고, 프로그램이 어떻게 그들의 변화를 도울 수 있는지 설명하기
- 측정할 수 있는 구체적인 용어로 목표를 작성하기. 누구를 위해, 얼마나, 언제까지, 무엇을 변화시킬 것인가? 그 변화는 어떻게 측정할 것인가?

이 단계를 밟아 가면 프로그램을 대상 집단 및 목표에 집중할 수 있다. 이를 통해 프로그램이 구체적인 단기 목표에 적합한지 또는 장기 목표 달성을 향해 나아가고 있는지를 알 수 있고, 이를 바탕으로 이후 시점에서의 프로그램 "성공"을 판단할 수 있다.

질문 3: 목표를 이루기 위해서 어떤 경험-기반 개입법이 사용될 수 있는가? (모범 사례) 프로그램 담당자가 프로그램의 필요성 및 그들의 목표와 기대하는 결과를 결정하였다면, 그것을 어떻게 성취할 수 있을까? 원하는 결과를 성취하기 위해서는 전략을 수립해야 하는데, 이는 어떤 프로그램 또는 개입법을 사용할지를 결정하는 것이다. 예를 들면, 학교와 공동체 프로그램의 관리자는 폭력 예방, 성교육 및 약물남용 예방과 같은 프로그램을 위한 멀티미디어 교육과정을 홍보하는 우편물을 수도 없이 받는다. 그 많은 프로그램 중 어떤 것을 선택해야 할까? 이 결정은 주로 편의성이나 이용가능성을 기초로 한다. 즉, 성공 여부에 관계없이 작년에 사용된 프로그램을 선택할 수도 있고, 출처를 무료로 쓸 수 있는 프로그램을 사용할 수도 있으며, 지난 회의에서 제안된 프로그램을 사용할 수도 있다. 편의성과 이용가능성도 중요하지만 그것이 프로그램의 효과성을 보장하는 것은 아니라는 것을 명심해야 한다.

예방 과학의 목적은 두 가지 정보를 제공하는 것이다. 첫 번째는 확인된 목표를 달성할 수 있는 프로그램의 효과성에 관한 경험적 발견(일반적으로 양적인)이다. 두 번째는 모범 사례에 관한 정보(일반적으로 질적인)로서 특정 유형

의 집단에서 특정 유형의 문제를 가장 잘 해결할 수 있는 프로그램의 구성 요소와 방법을 말한다(10장과 11장 참조). 이러한 종류의 지식은 어떤 프로그램을 선택할지의 질문에 답하는 데 유용하다. 효과적인 프로그램은 해당 문제에 특화된 이론과 해당 문제와 관련하여 현재 진행되는 연구에 기반한 것이어야 한다. 과학과 모범 사례에 대한 지식은 프로그램의 선택뿐만 아니라 프로그램의 계획 및 실천에도 도움이 된다. 약물남용방지센터(Center for Substance Abuse Prevention)와 미국 교육부 등의 연방 기관은 근거-기반 프로그램에 대한 정보를 웹사이트에 기재하고 있다.

질문 4: 개입은 이미 제공되고 있는 다른 프로그램들과 어떻게 균형을 맞추는가? (균형) 새로 도입되는 프로그램은 이미 제공되고 있는 다른 프로그램을 향상시킬 것인가, 방해할 것인가, 또는 관련이 없을 것인가? 종합적이고 통합된 더 큰 프로그램의 일부분으로 작동할 것인가, 아니면 기존의 수많은 프로그램 중 하나로 남을 것인가?

새로운 프로그램을 구상할 때는 기존의 서비스로 이용 가능할 뿐만 아니라 해당 공동체의 요구에 적합한지 확인하는 것이 중요하다(Elias, 1995). 새로운 프로그램이 학교 또는 다른 공동체 세팅에 실행될 때 가장 고려할 점은 새로운 개입법이 기존의 노력을 향상시킬 수 있어야 한다는 것이다. 실무자는 중복을 피하기 위해서 그들의 학교 또는 공동체에 이미 존재하는 프로그램들을 잘 알고 있어야 한다.

질문 5: 좋은 개입을 실행하기 위해서 어떤 역량이 필요한가? (역량) 조직의 역량은 예방 프로그램의 실행을 위해 조직이 보유하고 있는 자원을 말한다(Flaspohler et al., 2008). 어떤 프로그램은 조직에서 실행하기에 너무 어렵거나 자원 집약적일 수 있다. GTO에서는 사정을 위한 조직 역량으로 ① 프로그램 실행을 위한 적합한 자격과 경험이 있는 적절한 인원수의 스태프, ② 명확하게 정의된 스태프의 역할과 프로그램에 열정적으로 전념하는 스태프, ③ 프로그램을 잘 이해하는 대표가 이끄는 강력한 프로그램 리더십, ④ 프로그램 또는 프로그램의 계획을 위한 충분한 자금과 기술적 자원을 제안한다. 이 단계에서는 개입을 실행하고자 하는 프로그램 스태프의 의지(동기)를 사정하는 것이 중요하다.

질문 6: 개입은 어떻게 수행할 것인가? (계획) 계획 단계 동안에 프로그램 개발자는 그들이 프로그램을 어떻게 실행할 것인지를 확인해야 한다. 프로그램을 어떻게 실행할 것인지에 대한 전체 개요에는 프로그램 실행을 위한 구체적인 단계 결정, 각 단계를 실행하기 위한 담당자 훈련, 그리고 계획의 일정 및 시간표 개발이 포함된다. 프로그램 담당자는 예정된 프로그램 활동 중에 일어날 일과 활동이 수행되는 장소를 구체적으로 정해야 한다. 프로그램을 효과적으로 계획하고 실행하기 위해서는 이 모든 구성 요소를 명확하게 설정해야 한다.

질문 7: 실행의 질은 어떻게 사정할 것인가? (실행, 절차, 형성 평가) 이것은 다음의 질문들을 생각해 봄으로써 답할 수 있다.

- 실제로 실시된 활동은 무엇인가? (대 계획했던 활동은 무엇인가?)
- 프로그램은 제시간에 실행되었는가?
- 잘 실행된 것은 무엇인가? (예, 당신이 선택한 모범 사례 프로그램과의 충실도는 어떠한가?)
- 프로그램 참여자는 프로그램이 의도한 대상 범위와 일치했는가?
- 중간 과정에서 수정이 필요한 부분은 어떤 것인가?

이 질문들은 과정 평가와 형성 평가를 통해서 해결할 수 있고 프로그램 스태프와 참여자의 피드백이 필요한 부분이다. 이 질문에 답을 구하는 과정을 통해 가까운 미래와 먼 미래 모두에 실시하고자 계획하는 프로그램의 강점과 약점에 대한 통찰을 얻을 수 있다.

질문 8: 개입은 얼마나 잘 이루어졌는가? (성과물 평가) 프로그램이 끝난 시점에서 (개입 종결) 시행되는 성과물 평가는 프로그램의 효과성을 사정하는 것으로, 프로그램의 성과물과 영향에 대한 증거를 모으는 것이다. 다음은 성과물 평가를 위한 질문의 예시이다.

- 프로그램이 기대했던 효과와 계획했던 결과가 나왔는가?
- 예상하지 못한 결과는 없었는가?

질문 9: 지속적인 개선을 위한 전략은 어떻게 통합할 것인가? (개선, 지속적 개선) 많은 프로그램은 반복된다. 완벽한 프로그램은 없다는 것을 고려하면 프로그램의 향후 효과성과 효율성을 향상하기 위해 무엇을 할 수 있는가? 프로그램의 절차와 결과가 잘 문서화된다면 이전의 실행 노력으로부터 배울 수 있는 기회는 상당히 많다. 잘 수행된 프로그램의 구성 요소를 찾는다면 향후에 이 요소를 포함할 수 있고, 잘 수행되지 못한 프로그램의 구성 요소를 검토한다면 이를 통해 향후 개선의 기회를 가질 수 있다.

프로그램에서 잘된 것과 개선할 것에 대한 교훈은 관계자의 관찰 및 구술 보고서 등과 같은 비공식 자료와 프로그램 절차와 결과에 대한 참여자의 만족도 및 평가 등의 공식 자료로부터 얻을 수 있다. 그리고 프로그램 개선에 대한 정보는 질문 1번에서 8번에 대한 답변으로부터 구할 수 있다.

질문 10: 개입(또는 구성 요소)이 성공했다면 이 개입을 어떻게 유지할 것인가? (유지)

서비스 제공자가 성공적인 프로그램 개발을 위해 시간, 에너지, 자금을 쏟아부은 후에 이를 지속시키기 위해서는 무엇을 해야 하는가? 불행히도 예방 프로그램을 만들면서 이 질문은 종종 무시된다. 심지어 프로그램이 성공적인 결과를 도출하였을 때에도 자금 부족, 스태프 이탈 또는 추진력 상실로 인해 지속되지 못하는 경우가 많다. 청소년 발달을 위한 예방 프로그램에 대한 러너(Lerner, 1995)의 검토 보고서는 위험 및 문제 행동 예방을 위한 수많은 효과적인 프로그램이 있지만 불행히도 이 프로그램들은 시간이 지나면서 거의 유지되지 못했다고 발표하였다.

굿맨과 스테클러(Goodman & Steckler, 1987)는 건강 증진 및 예방 프로그램을 위한 공동체 및 조직의 지원을 개발하여 이를 장기적으로 실행할 수 있도록 하는 것을 제도화라고 정의하였다. 이들은 성공적인 제도화와 관련된 요소를 제안하였는데, 예를 들면 자원을 파악하는 것이나 실무자가 프로그램 구성요소에 쉽게 접근하고 사용할 수 있도록 하는 것 등이 포함된다. 존슨과 동료들(Johnson et al., 2004)은 지속가능성에 대한 문헌들을 검토하여 프로그램 유지 및 프로그램을 실행할 조직의 유지와 관련한 요인들에 대한 모델을 개발하였다(예, 연합).

GTO는 반복적으로 사용되도록 설계되었다. 심지어 효율적으로 실행된 철저하게 제도화된 프로그램이라고 할지라도 담당자는 GTO 질문을 다시 시작

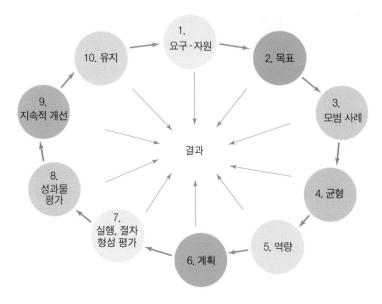

[그림 12-3] GTO 팔레트

한다. [그림 12-3]은 GTO가 ① 지속적이고, ② 결과 지향적이며, ③ 프로그램의 전체 주기의 어느 단계에서나 사용할 수 있다는 것을 보여 준다(마치 회전목마와 같이 당신은 어떤 단계에서라도 올라탈 수 있다).

결론

첼림스키(Chelimsky, 1997)는 평가의 목적을 다음의 세 가지로 기술하였다.

- 프로그램 개발(예, 프로그램 또는 제도를 강화하기 위한 정보 수집)
- 책임성(예, 결과 또는 효율성 척도)
- 폭넓은 지식(예, 공공 문제의 기저에 있는 요인들에 대한 이해 증대)

전통적인 평가는 주로 두 번째 목적에 집중하였다. 이 장에서 설명한 방법론은 첫 번째와 두 번째 목적을 포함하기 위해 초점을 확장하였고, 세 번째 목적에 관한 연구를 위해 정보를 제공하였다(Wandersman et al., 2004). 하지만 이것이 전통적인 평가를 배제한 것은 아니다(Fetterman, 2001). 평가 접근법이 갖는 가치는 그 평가의 목적에 달려 있다(Chelimsky, 1997; Patton, 2008; Rossi et al., 2018).

이 장에서 기술한 것처럼, 프로그램 평가에 대한 개념은 프로그램의 개발, 평가, 개선으로 통합될 수 있다. 이것이 이루어졌을 때 프로그램 개발과 프로그램 평가 간의 경계는 희미해지고, 이는 프로그램의 향상과 성공적 결과의 가능성을 높일 것이다. GTO는 이러한 접근법 중 하나의 예시이다. 지금까지 GTO는 예방(또는 치료나 교육)을 위해 기금을 받는 실무자의 책임성을 강조하였지만, 반데르스만(Wandersman, 2003)은 기금제공자와 연구자 또는 평가자에게도 책임성 질문을 해야 한다고 주장하였다. 평가자, 프로그램 스태프, 기금제공자, 그리고 공동체 이해관계자 간의 강한 파트너십은 결과-기반 책임성에 일조하고 기대하는 결과를 성취하고 유지할 가능성을 높인다(Scott et al., 2020). 예를 들면, 기금제공자가 새로운 프로그램 개발을 고려할 때 그 프로그램의 필요성을 어떻게 알 수 있는지, 그 프로그램이 모범 사례를 어떻게 사용할지, 다른 프로그램들과 어떻게 균형을 맞출지 등의 질문을 받고 대답해야 한다. 평가자 역시 새로운 또는 강화된 평가 절차가 필요한지 또는 정당한지, 그것이 기존의 평가 절차와 어떻게 균형을 맞출 것인지, 프로그램 평가를 위한 모범 사례는 이 평가 계획에서 어떻게 사용할 것인지 등의 질문에 고민해야 한다. 평가의 유형(형성·과정·총괄 평가)과 상관없이 모든 이해관계자의 평가 요구를 고려하는 것은 가치 있는 일이다. 이 때 평가의 질문과 방법을 개발하고 우선순위를 정하는 과정에서 참여자를 가능한 많이 참가시켜야 한다. 모든 이해관계자와 관련된 요구, 가치, 질문을 고려하는 것은 평가를 시작할 때 이루어지는 것이 이상적이다.

사회, 기금제공자, 그리고 시민이 학교, 의료, 복지 서비스 및 관련 분야에 대한 책임성과 결과에 더 관심을 가진다면 평가는 두려움과 저항이 나타날 수도 있지만, 오히려 개방성, 정직성, 권력강화 및 향상으로 이어질 수도 있다. 우리가 결과를 위해 함께 노력한다면 평가와 책임성을 두려워할 필요는 없다. 결과-기반 책임성은 우리가 프로그램 평가를 이해해야 하고 프로그램의 목표를 이루기 위해 개선 방법이 필요하다는 것을 얘기하고 있다. 평가가 잘 이루어진다면 비판에 대한 저항 능력뿐 아니라 프로그램의 질도 강화할 수 있다.

토론거리

1. 프로그램을 평가하는 세 가지 이유는 무엇인가? 각 이유와 관련해서 당신은 어떤 유형의 평가(과정, 형성, 총괄 평가)를 사용하겠는가?

2. 프로그램 스태프는 왜 평가 활동을 반대하는가? 프로그램 평가에 저항하는 스태프에게 당신은 어떤 얘기를 해 줄 수 있겠는가?

3. 관심있는 예방 프로그램(예, 대학 캠퍼스의 약물남용 또는 자살 방지, 고등학교 중퇴자 예방, 지구 온난화 예방)을 선택해 보라. 이 장에서 제안했던 논리적 모델의 6단계([그림 12-1] 참조)를 사용하여 선택한 예방 프로그램의 변화 이론을 만들어 보라. 예방 프로그램이 왜 필요한가? 프로그램에서 어떤 자원과 활동이 중요한가? 프로그램이 성취하고자 하는 즉각적, 단기적, 장기적 결과는 무엇인가?

4. 당신이 속한 공동체에서 현재 주목하고 있는 쟁점을 생각해 보라. (예, 총기 사건, 지방 선거에서의 투표 참여, 의료 서비스 접근). GTO의 10단계를 사용하여 당신은 그 쟁점을 어떻게 다루겠는가?

제 6 부

공동체 및 사회의 변화를
촉진하기 위한
공동체심리학의 활용

제**13**장 공동체 실천행동을 통한 사회변화

미리 보기 ┃┃┃➡

이 장을 마치고 나면 다음의 질문에 답할 수 있을 것이다.

1. 공동체심리학의 맥락에서 "사회변화"라는 용어는 어떤 의미이며, 왜 공동체심리학의 핵심 개념으로 간주되는가?

2. 공동체의 의미 있는 변화를 이끌기 위해 사용할 수 있는 공동체 조직화 접근법은 어떤 것이 있는가?

3. 사회변화 노력에 윤리적 갈등이 만연한 이유는 무엇이고, 공동체심리학의 가치에 기반하는 것이 이러한 갈등을 협상하는 데 어떤 도움을 줄 수 있는가?

4. 공동체심리학자가 사회변화와 사회정의에 영향을 줄 수 있는 중심 통로로 공공정책에 초점을 맞추는 이유는 무엇인가?

여는 글

공동체 조직화를 통한 사회정의에 대한 두 가지 이야기

캠던 지역의 공동체 개발

론 에반스(Ron Evans)는 태어나서 지금까지 50년을 뉴저지주의 캠던 지역에 살고 있다. 캠던은 2009년 미국에서 가장 높은 폭력범죄율을 기록했고, 이것은 전국 평균의 5배가 넘는 수치였다. 캠던 주민의 40% 이상이 국가가 정한 최저 빈곤선을 밑도는 가계소득을 기록하였다. 론은 뉴저지주의 캠던 교회 조직체(Camden Churches Organized for People)의 설립을 도왔고 다른 여러 공동체 조직과 협력하여 1,500명의 주민이 뉴저지 주지사를 만날 수 있는 공청회를 개최하였다. 공청회의 목적은 캠던의 회복 자금으로 175만 달러를 제공하는 법안을 추진하는 것이었다. 3년 후, 론은 캠던 주민에게 그 회복 프로그램이 얼마나 잘 진행되고 있다고 생각하는지를 물었다. 주민들은 "잘 이루어지고 있지 않다."라고 대답하였다(Ott, 2005). 주민들은 회복을 위한 대부분의 기금이 장기 거주 주민을 위해 쓰이지 않고 대규모 개발 프로젝트에 쓰이고 있다고 응답하였다.

론은 "우리는 '그 사람들에게 혜택이 돌아가도록 이 돈을 어떻게 쓸 수 있을까?'를 우리에게 물었다. 우리가 생각해 낸 것은 캠던에 사는 주민이 혜택을 받는 대상이어야 한다는 것이다."라고 그 상황을 설명하였다.

또 다른 공청회를 통해 500명의 주민들은 뉴저지주의 회계 담당자를 만나서 주민들의 집을 고칠 수 있도록 20,000달러까지 빌려 주는 상환면제가능 대출(forgivable loan) 프로그램을 제안하였다. 뉴저지주는 캠던의 주거 향상 프로그램(Camden Home Improvement Program)을 시작하였고, 장기간 캠던에 거주한 주민에게 7백 5십만 달러의 상환면제가능 대출을 실시하였다. 프로그램은 대출을 받지 않은 주민에게까지 영향을 끼쳤다. 대출자의 이웃은 그들 동네의 주택이 개량되는 것을 보면서 자신의 주택 개량도 생각하게 하였다. 캠던 주거 향상 프로그램의 결과로 이 지역의 주택 가치는 유의미하게 증가한 것으로 평가되었다(Chisholm, 개인 서신, 2010년 4월 23일자).

올리브 나무 숲 대 발전소

올리브 나무는 터키 문화권의 핵심이다. 올리브 오일과 올리브 열매는 이곳의 주식 중 하나이고 터키는 이 둘의 주요 수출국이다. 2014년, 콜린회사(Kolin Group of Companies)는 예르카 마을의 올리브 숲을 파괴한 후 그 곳에 석탄 발전소를 지으려는 계획을 세우고 있었다. 24명의 올리브 마을 주민은 발전소 건립을 중단하는 소송을 제기하였고 올리브 숲에서의 법적 체류를 허가받았다. 콜린 회사는 주민들이 법원으로부터 받은 체류 결과를 무시하고 숲을 파괴하기 위해 불법으로 불도저를 보냈다. 13그루의 나무가 쓰러진 뒤에야 불도저 앞을 막는 마을 사람들에 의해 파괴 행위가 멈췄다. 하지만 콜린의 불도저는 마을 사람들을 제지하기 위해 보안부대를 데리고 다시 돌아왔다. 그 대치 상황에서 폭력이 난무하였고 이번에는 6,000그루의 나무가 베어져 나갔다(Tashea, 2015).

예르카의 선출 지도자인 무스타파 아킨(Mustafa Akin)은 터키 텔레비전에서 "이 짓을 한 사람도 분명히 올리브를 먹는다. 그들은 그들의 저녁 식사에 올리브 오일을 사용한다. 지금 그들은 어떻게 올리브를 먹을 수 있단 말인가?"라고 감정에 호소하는 인터뷰를 하였다. 인터뷰는 국회의원과 지역 의회 구성원들의 관심을 받았다. 연이은 분노는 콜린 발전소뿐만 아니라 발전소 건립을 위해 올리브 숲의 압류를 합법화하려는 법안을 중지시켰다.

당신이 이와 비슷한 상황이라면 무엇을 하겠는가? 우리 모두는 우리가 속한 공동체, 사회, 국가에서 일어나는 일을 직접 겪으면서 "뭔가 잘못되었어. 우리는 지금 보다 더 잘할 수 있어."라고 얘기한 경험이 있을 것이다. 예시에 나온 사람들은 적극적으로 행동하였고, 그 과정에서 자신이 속한 공동체, 사회, 그리고 그들 자신을 변화시켰다.

당신의 생각은?

1. 공동체 조직화의 두 예시가 성공했다고 생각하는 이유는 무엇인가?

2. 두 이야기의 유사점이 있는가?

3. 특정 문제를 해결하기 위해 공동체 조직화 캠페인에 관여한 적이 있는가? 당신은 어떤 경험을 했는가?

터키 문화권에서 중요한 올리브 나무를 대기업으로부터 지켜낸 예르카 마을의 예시는 사회변화를 일으키는 공동체의 힘을 보여 준다.

출처: Franco Damian Coronel/Shutterstock.com

왜 우리는 사회변화를 시도해야 하는가

> 더 좋아지도록 의도적으로 변화하지 않는다면 더 나빠지는 쪽으로 자연스럽게 변할 것
> 이다.
> —프랜시스 베이컨(Francis Bacon)

변화는 불가피하다. 우리가 사는 세상은 우리가 원하든 아니든 변화할 것이
다. 이 책은 당신에게 의식적으로 이러한 변화 과정을 검토하고 관리해야 한
다고 촉구한다. 왜냐하면 변화가 일어났을 때 그 변화로 인해 더 강력하고 더
건강하며 더 효율적인 조직, 이웃, 공동체 및 사회를 만들기 위해서이다. 그렇
게 된다면 세팅은 그곳에서 생활하는 사람들의 건강한 기능을 더 잘 지원할
수 있을 것이다. 이 목표를 염두에 두고 과학을 사회변화(social change) 및 사
회정의에 적용하는 것에 대하여 생각해 보기를 권한다. 사회변화는 문화 및
사회 제도의 변화로 정의할 수 있다.

> **사회변화**
> 사람들의 상호작용과 관계로 인해 문화 및 사회 제도가 변화하는 복합적이고 장기적인 과정을 일컫는다.

역사적으로 사회변화를 달성하기 위해 과학을 적용하는 것은 논란이 되어
왔다. 이러한 우려는 과학자가 사회공학자로서 가지고 있는 사고, 즉 "연구하
는" 공동체는 개인적 이해관계가 전혀 없어야 한다는 생각에 관한 것이었다.
공동체심리학은 공동체가 채택하는 사회 정책이나 관습을 지시만 하는 고립된
지식인의 생각을 지지하지 않는다. 이러한 접근법은 공동체심리학의 기본 가
치를 위배하는 것이고, 특히 공동체가 기본적인 자기 결정권을 가진다는 생각
에 반하는 것이다.

하지만 우리는 과학은 응용을 통해서 가치를 획득한다는 강한 믿음이 있다.
예를 들면, 11장에서 언급한 ISF 모델의 반복 과정을 생각해 보라([그림 11-
1] 참조). 연구는 공동체에서 해석 또는 번역되고, 각 공동체에서 실행 절차를
밟으면서 그들에게 새로운 지식을 생성하며, 이것은 다시 연구를 위한 정보를
제공한다. 이 책 전체를 통해 강조하는 것처럼 과학과 실천은 서로에게 정보
를 주고 있다. 과학적 연구는 계속해서 기업 실무와 정치적 과정에 정보를 제
공하고 있다. 그렇다면 연구가 사회변화와 사회정의 향상을 위해서도 사용될
수 있지 않겠는가?

사회변화는 장기간의 과정이므로 참여 실천행동 연구의 순환주기 관점을 통
해 그것을 바라보는 것이 유용하다(3장과 11장에서 논의한 것처럼). 사회변화는

단순히 새로운 프로그램이나 자원을 추가하는 것이 아니라, 공동체 및 사회의 2차 변화와 관련이 있다. 이것은 무엇보다 자원과 권력이 재분배되는 것을 의미한다(5장의 생태학 원리에 대한 논의 참조). 이러한 변화는 갈등이나 의도치 않은 결과를 가져올 수 있다.

당신이 어떤 수준에서 변화를 원할 때 당신이 제안하는 해결책은 의도하지 않은 새로운 문제를 발생시킬 수 있다. 공동체심리학자인 라파포트(Rappaport, 1981)가 언급한 것처럼 오늘날의 해결책은 종종 내일의 문제가 되기도 한다. 어떤 문제에 대해서는 복합적이고 다방면의 해결책이 항상 존재하고, 그 해결책 각각은 이득과 손실을 동시에 가지고 있다. 완전히 단일한 공동체는 거의 없기 때문에 공동체의 다양성이 허락되는 한 그 공동체 내의 한 집단에게는 이로운 것이 실제로 다른 집단에게는 해로울 수 있다. 문제 정의는 좋은 해결책이라고 생각되는 것에 큰 영향을 주기 때문에 실천행동 연구는 항상 주기적으로 정의된 문제를 재조사하는 것이 포함되어야 한다(1장과 11장에서 이 쟁점의 논의 참조).

심리학과 학생은 공동체 및 사회와 관련한 내용을 그들의 능력을 넘어서는 매우 어려운 것이라고 느낀다. 하지만 사회변화는 우리 주위에서 항상 일어나고 있다. 많은 생태학적 수준에서 발생하는 역동적 변화 과정에 우리 삶의 모든 행위가 관련되어 있다. 공동체심리학의 다양한 접근법과 범위는 변화를 도입할 수 있는 지점을 찾기 위한 도구를 제공할 뿐 아니라 성공적인 변화를 위한 기술도 제공한다. 이 장을 다 읽어 갈 즈음에는 세상을 변화시키는 것에 대하여 자주 언급한 마거릿 미드(Margaret Mead)의 말이 얼마나 잘 실현되었고 당신이 어떻게 참여할 수 있는지 알게 되기를 희망한다.

> 사려 깊고 헌신적인 소수의 시민이 세상을 바꿀 수 있다는 것을 의심하지 마라. 실제로 그것이 지금까지 세상을 변화시킨 유일한 것이다.   (마거릿 미드의 keys, 1982, p. 79 인용)

공동체 조직화(community organizing)는 공동체를 개선하려는 목표를 가지고 공동체 구성원에 의해 이루어지는 조직화된 협력 작업을 말한다. 공동체 조직화의 목적은 사회변화를 달성하는 것이다. 이 장에서는 공동체 개발, 의식 함양, 직접적 행동, 공동체 연합, 그리고 자문 등을 포함한 여러 공동체 조직화

공동체 조직화
공동체를 개선하고 사회변화를 달성하기 위해 공동체 구성원에 의해 이루어지는 조직화된 협력 작업을 말한다.

접근법을 살펴본 후, 사회변화의 구체적 영역인 공공 정책을 다룰 것이다.

공동체 개발

공동체심리학 문헌에서는 공동체 개발(community development)을 "정부, 비영리 조직, 자원봉사 협회, 또는 민간 협력이 공동체의 경제, 정치, 사회, 그리고 물리적 환경에서의 역경을 개선하거나 예방하고 강점을 개발하는 과정"으로 정의한다(Perkins et al., 2004, p. 325). '여는 글'에서 소개한 사람들과 조직은 모두 공동체 개발에 전념하였다. 거의 모든 사람은 살아가면서 여러 종류의 공동체 개발에 참여하고 어떤 사람은 그것을 자신의 소명으로 선택한다. 조직의 명시적 목표는 공동체 개발 노력을 효율적으로 조직하는 시민을 길러내고 권력을 강화하는 것이다. 8장에서 소개한 시민참여와 권력강화를 위한 개인의 자질 및 권력을 강화하는 실천은 공동체 개발과 직접적으로 관련되어 있다.

공동체심리학의 관점에서 공동체 개발이 가장 효과적인 경우는 여러 수준에서 강점-기반 관점을 근거로 하였을 때, 사회 불공평 및 사회정의의 쟁점을 해결할 때, 그리고 공동체의 협력적 관계를 바탕으로 하였을 때이다(Perkins et al., 2004). 가장 효율적인 공동체 개발 프로젝트는 공동체의 문제를 여러 영역에서 함께 해결하는 것이다. 예를 들면, 지역 기업의 발전과 좋은 일자리 개발의 지원을 통해 경제적 환경을 개선하거나, 공동체와 그 구성원에게 영향을 주는 정치 과정 및 결정에 이들을 참여시키거나, 권력을 강화하는 연합을 형성하여 정치적 환경을 개선하는 것도 해당된다. 또한 이웃되기 활동의 증가와 범죄 예방을 위해 공동체 자산을 강화하여 사회적 환경을 개선하는 것도 좋은 예이며, 노후화된 건물을 재건하고, 대중교통을 증가시키며, 유해한 환경을 다룸으로써 물리적 환경을 개선하는 것도 한 방법이다(Perkins et al., 2004).

공동체 개발 프로젝트는 그 핵심에 공동체 및 사회적 자본의 개발이 있다. 6장에서 언급했던 사회적 자본은 공동체 구성원이 그들의 공통 목표를 효율적으로 성취할 수 있도록 하는 공동체의 사회생활 특징(연결망, 규범, 관계)을 말한다. 공동체 자본은 더 광범위한 용어로, 사회적 자본뿐만 아니라 10장과 11장에서 언급한 사회기반시설, 투자, 조직 역량의 구성 요소까지 아우르는 개념이다. 공동체 내의 이러한 유형 및 무형의 자원이 증가한다면 공동체 삶의 일시적 향상뿐 아니라 앞으로 일어날 문제를 효과적으로 해결할 수 있는 공동체의 역량을 강화할 수 있다.

본질적으로 공동체 개발은 공동체 자원 및 공동체 구성원의 권력강화 증진에 관심이 있다. 이러한 자원에는 직업, 사회기반시설, 개인과 조직 간의 관계 강화, 또는 정치적 과정의 접근성 증가일 수 있다. 공동체 개발 노력은 공동체의 눈에 띄는 자원(예, 좋은 직장, 학교, 공원, 건강 시설)을 증가시킬 뿐만 아니라 명확히 보이지는 않지만 보이는 자원만큼 중요한 사회적 자본 및 공동체 주민의 개인적 효능감 및 집합적 효능감 등의 자원을 증가시키는 것이다.

의식 함양과 공동체 준비성

의식 함양(consciousness raising)은 시민에게 영향을 주는 사회적 조건에 대한 비판적 인식의 증가와 그러한 조건에 도전하고 바꾸려는 그들의 참여를 활성화하는 것이다(Freire, 1970/1993). 개인은 인종차별주의, 계급주의 또는 노인차별과 같은 체제의 억압에 대한 자신의 경험을 인식하면서 의식이 함양된다. 이 경험은 사적 맥락 또는 공적 맥락에서 발생할 수 있다(예, 가정, 직장, 학교, 예배당, 소매상). 하지만 의식 함양이 인지적 또는 정서적인 것에만 머무르는 것은 아니다. 깨달음을 얻은 개인이 다른 사람과 함께 변화와 관련한 활동을 하는 등의 행동적인 변화가 나타난다. 실천행동과 성찰은 서로를 성장시킨다.

> **의식 함양**
> 시민에게 영향을 주는 사회적 조건에 대한 비판적 인식의 증가와 그러한 조건에 도전하고 바꾸려는 그들의 참여를 활성화하는 것을 말한다. 개인이 체제의 억압에 대한 경험을 인식하면서 발달한다.

의식 함양은 문제 정의의 사고와 직접적인 관련이 있지만 문제의 인식 및 이해의 기초가 되는 과정에 초점을 맞춘다(11장에서 논의한 문제 정의를 상기해 보라). 8장에서 소개한 권력의 역학은 이 과정에서 핵심적인 역할을 한다. 문제 인식 과정에서 불공평한 권력 관계로 인해 발생하는 가장 많은 사례는 비권력 집단이 제기한 문제를 권력 집단이 무시하거나 없는 문제로 치부하며 인정하지 않는 경우이다. 당신이 인정하기를 거부하는 문제를 해결할 의무는 없지 않은가? 블랙 라이브 매터(BLM) 운동은 미국 사법 체제에 존재하는 제도적 인종차별을 사람들에게 인식시키기 위해 소셜미디어를 효과적으로 사용한 예시이다(Milkman, 2017). 온라인 운동의 목표는 특정 입법 또는 사회적 의제를 홍보하려는 것이 아니다(결과적으로 그렇게 된 부분도 있으나). 오히려 이것은 인식되지 않고 무시되고 드러나지 않은 문제를 공개적으로 명명하는 것이다.

심지어 문제가 인식되었더라도 문제를 해결하기 위해 원인을 개념화하고 최상의 방법을 찾는 것은 매우 다양할 수 있다. 공동체 구성원이 인종차별, 식민주의, 사회적 권력 및 경제적 부당성 등의 현상을 새로운 시각으로 이해하려는 열린 사고를 갖고자 한다면 일정 수준의 의식 함양에 기꺼이 참여해야 한다.

공동체에서 의식 함양이 이루어지는 과정을 살펴보자. 의식 함양은 다양한 견해를 가진 다양한 집단을 통합하는 것과 관련된다. 목표는 그들의 공동체에 영향을 주는 구조적 힘에 대한 공통의 이해를 높이는 것이다. 개별 사안은 존중하면서 서로에 대한 공유를 통해 새로운 공통의 관점을 만들어 낼 수 있다. 심지어 결코 넘을 수 없는 거대한 격차를 느끼면서 대화를 시작한 공동체 구성원조차도 접합점을 찾을 수 있다. 이것에 대한 예시는 미국의 '언덕을 가로질러 손 맞잡기(Hands Across the Hills)' 프로젝트로, 여러 공동체가 구조화된 대화법에 참여함으로써 정치적 분열을 해결하고자 하였다. 자세한 내용은 〈글상자 13-1〉에 설명하였다(또한 https://www.handsacrossthehills.org/ 참조).

공동체 준비성
공동체가 문제를 인식하고 있는 정도와 그것의 해결 및 예방을 위한 자원을 쏟아 부을 수 있는 정도를 의미한다.

의식 함양의 결과는 공동체 준비성(community readiness)을 증가시킨다. 공동체 준비성은 공동체가 문제를 인식하고 있는 정도와 그것의 해결 및 예방을 위한 자원을 쏟아부을 수 있는 정도를 의미한다(11장의 조직의 수준에서 이 개념을 설명한 것 참조). 또한 공동체 준비성은 문제를 해결하기 위한 공동체 역량의 사정과 관련되며, 이것은 종종 그러한 역량을 높이기 위한 구체적인 공동체 개발 노력으로 이어진다. 의식 함양이 공동체 준비성을 증가시킬 수 있지만 이 둘은 다른 개념이며, 의식 함양은 준비성을 향상시키는 데 있어 비교적 작은 역할을 한다. 공동체 준비성에 기여하는 다른 많은 요인에는 변화를 위한 동기 및 공동체 역량 등이 포함된다(11장 참조).

> **글상자 13-1   공동체심리학의 실천행동: Hands Across the Hills**
>
> 2016년 미국 대선 이후, 미국은 예상치 못한 정치적 분열에 직면하였다. 이 글을 쓰는 시점에도 여전히 사실이다. 하지만 이러한 분열을 해결하기 위한 시

도들이 있었다. 그중 하나가 매우 보수적인 켄터키주의 레처 마을과 아주 진보적인 매사추세츠주의 레버렛 마을의 주민들과 함께한 '언덕을 가로질러 손 맞잡기(Hands Across the Hills)' 프로젝트이다. 서로의 마을을 방문한 참여자들은 상대방과 대화하고 공유하고 서로에 대해 배워 갔다. 목표는 "우리를 분열시키려고 하고 빨강 대 파랑으로 나누어서 서로를 적으로 보게 했던 정치인과 매체를 배제한 채, 우리와 투표를 다르게 했던 사람들을 직접 만나는 것"이었다.

만남에는 구조화된 대화법, 함께 식사하고 음악 듣기, 서로의 집에 머무르기, 서로의 동네를 탐방하기 등이 포함되었다. 프로젝트 결과, 참여자들은 정치적 차이를 연결하는 공통의 가치를 지닌 친구가 되었다. 그들은 현재 구술 역사 프로젝트, 청소년 교환, 연사국(speakers' bureau) 등의 프로젝트를 함께 진행하고 있다. 이 프로젝트는 2018년 국내 평화를 구축한 공로로 멜라니 그린버그 어워드(Melanie Greenberg Award)를 수상하였다.

당신의 생각은?

1. 이 프로젝트가 어떻게 의식 함양의 예시가 되는가? 의식을 함양하는 것이 어떻게 공동체 준비성을 도출하고, 이러한 준비성은 어떻게 공동체 실천행동으로 옮겨지는가? 앞의 예시에서 공동체 준비성을 이끌어 낸 또 다른 요인은 무엇인가?

2. 이 프로젝트가 장기적으로 미치는 영향은 무엇이라고 생각하는가? 이 프로젝트의 중요한 제한점이 있는가? 또는 장기적으로 봤을 때 나타날 수 있는 중대한 도전과제가 있는가? 이러한 제한점 또는 도전과제는 공동체심리학의 관점에서 어떻게 해결할 수 있는가?

직접적 실천행동

풀뿌리 집단은 조직된 자금의 힘을 조직된 시민의 힘으로 상쇄하기 위해 직접적 실천행동을 사용한다(8장에서 언급한 '통합 권력'; Alinsky, 1971). 직접적 실천행동(direct action)은 공동체 개발에 방해가 되는 것을 구체적으로 확인한 후, 건설적이고, 비폭력적이며, 공개적인 갈등을 불러일으켜서 권력을 가진 기관(사람 또는 조직)이 장애물을 제거하는 책임을 갖도록 하는 것을 일컫는다. 이것은 공동체 문제를 해결하기 위해 특정 개인에게 요구하는 특정 행동을 공

직접적 실천행동
공동체 개발에 방해가 되는 것을 구체적으로 확인한 후, 건설적이고, 비폭력적이며, 공개적인 갈등을 불러일으켜서 힘 있는 기관(사람 또는 조직)이 장애물을 제거하는 책임을 갖도록 하는 것을 일컫는다.

개적으로 확인한다는 점에서 공개 시위와는 다르다.

ACT UP(AIDS Coalition to Unleash Power) 조직은 AIDS 위기에 대한 정부의 대응 부족을 해결하는 방편으로 직접적 실천행동을 구현하기 위해 1987년에 설립되었다. 가장 성공적인 실천행동 중 하나는 식약청에서 이루어졌는데 이들은 하루 동안 식약청 사무실을 폐쇄하였다. 그 행동은 평화로웠지만, 대치 상황을 만들었다. ACT UP 구성원들은 출입구와 복도를 막고 "식약청, 오늘은 몇 명이나 죽였는가?" 등의 구호를 외쳤다. 그들은 실험 약물에 더 빠르고 더 공정한 접근이 가능하도록 식약청 승인 과정과 관련한 구체적인 요구를 제시하였다. 실천행동이 있고 1년이 되지 않아 AIDS를 다루는 정부 기관은 AIDS 활동가들을 그들의 계획 및 의사결정 과정에 참여시키기 시작하였다(Crimp, 2011).

직접적 실천행동은 인도의 해방을 위한 간디의 운동 및 미국 시민권 운동을 포함하여 많은 국가의 노동 운동에 오래전부터 반영되었다. 또한 직접적 실천행동은 이 장의 '여는 글'에도 소개되어 있다. 직접적 실천행동 노력은 자금 비리를 저지른 지역 의원에게 대항하는 것에서부터 올리브 숲을 없애려는 불도저를 퇴출하는 것까지 그 범위가 다양하다. 즉각적인 목표를 달성함에 있어 직접적 실천행동의 효과성은 맥락에 따라 달라질 수 있으나 적절한 상황이라면 이것으로 놀라운 변화를 가져올 수 있다.

앨린스키(Alinsky, 1971)의 잘 알려진 저서인 『급진주의의 규칙(Rules for Radicals)』은 직접적 실천행동의 원칙들을 설명하고 있다. 조직적이고 강력한 이해 관계에 효과적으로 대항하기 위해서는 시민이 그들의 역량(공동체 집단 구성원의 강점 및 함께 행동할 수 있는 잠재력)과 상대 집단 또는 기관의 역량을 파악해야 한다. 또한 그들은 변화의 필요성이 극적으로 보이도록 하는 상황과 시민의 강점을 발현시키는 상황을 확인할 필요가 있다. 그 상황은 그들의 반대자가 이전에 결코 접한 적이 없으면서 반대자가 우세하지 않은 상황이라면 가장 유리하다.

직접적 실천행동은 권력 및 갈등과 관련이 있다(9장 참조). 권력을 가진 엘리트들이 의사결정을 할 때 시민참여를 제한하는 경우에는 시민이 직접적 실천행동을 통한 전략적 선택으로 자신의 관점을 주장할 수 있고 시민의 용어로 쟁점을 바라보는 틀을 제안할 수 있다. 이러한 이유로 인해 직접적 실천행동은 사회정의의 문제를 다룰 때 중요한 수단이 된다. 공동체 조직화를 위한 태평양 기구(Pacific Institute for Community Organizing: PICO)의 "책임성 설명회" 접근법은 직접적 실천행동의 예이고 그들의 업무에 핵심적인 부분이다. 직접적 실천행동은 특정 대상의 특정 요구를 해결하기 위해 공동체를 조직하여 권력을 얻는 것이다.

공동체심리학의 관점에서 보면 직접적 실천행동의 이 부분은(특정 대상의 특정 요구를 해결하는 것) 필수적이다. 직접적 실천행동은 일반적으로 참여자 중 일부가 공개적 위험을 감당해야 하는 정서적 에너지가 많이 관여되는 활동이다. 눈에 보이는 성과 없이 모든 일이 발생하면 참여자는 공동체 참여에 대한 전반적인 의욕이 감소할 수 있고, 그들의 개인적·집합적 효능감은 상처받게 된다. 믿을 만한 연구를 기반으로 개인이 책임질 수 있는 직접적 실천행동이 좋은 결과를 가져올 것이라는 명확한 기대가 있다면, 참여자는 그 일의 성공 확률이 상당히 높다고 생각할 것이다. 그리고 직접적 실천행동이 성공했다고 인식하면 자기효능감 및 사회적 역량에 대한 집합적 의식이 형성된다.

'여는 글' 다시 보기: 직접적 실천행동의 예시　이 장의 도입부에 소개된 두 상황은 그들의 공동체에서 목격한 문제에 대하여 어떤 행동을 하기로 결정한 사람들의 이야기였다. 그들은 사회변화가 촉진되기를 원하였다. 그들은 직접적 실천행동이라고 불리는 접근법을 통해 활동을 하였고 두 경우 모두 더 상위의 조직을 결성하여 지침을 받았다. 캠던에서는 론 에반스와 캠던 교회 조직이 직접적 실천행동 캠페인의 수행을 위한 훈련을 제공하는 국제 조직인 PICO의 도움을 받았다. 터키 주민들은 그린피스 터키(Greenpeace Turkey)와 함께 일을 하였다. 그린피스 터키는 소송을 돕고 자문을 제공하고 올리브 숲에서 일어난 일에 대한 국가적 관심을 집중시키는 일을 하였다.

PICO는 미국의 각 지역에서 신앙을 기반으로 하는 집단들의 전국적 연결망이다. 공동체 조직화를 위한 종교적 모임의 핵심은 많은 불이익을 받는 공동체를 위해 안정된 모임 장소를 종교 조직이 제공해 준다는 것이다. 또한 모임은 그 지역의 구체적 쟁점과 관련하여 분노하기보다 사회정의의 긍정적 가치를 공유하는 것을 전제로 사람들을 모을 수 있는 수단을 제공한다. PICO는 모든 신앙 및 교단의 단체들과 함께 일하며, PICO의 지역 조직은 종종 다른 지역의 조직과 관계를 발전시킨다. PICO는 공동체 주민의 쟁점을 확인하고, 그 쟁점을 효과적으로 해결하기 위해 민주적 절차를 사용하는 집중적인 리더십 훈련을 제공한다.

PICO와 같은 유형의 공동체 조직이 많지만, 공동체심리학자가 집중적으로 보고하였던 조직이 PICO이기 때문에 이 책에서는 이 조직을 주로 언급하였다. 폴 스피어(Paul Speer), 조셉 허기(Joseph Hughey), 그리고 동료들은 자신들의 방식에 대한 과정과 결과를 공동체 조직들과 함께 작업하고 연구하였다(Speer, 2008; Speer & Hughey, 1995; Speer et al., 1995). 그들의 공동체 조직화 전략은 강력한 대인관계 및 공동체 관계를 구축하고 "압력 단체 전술"을 결합하여 정부 및 공동체의 대표와 기관에 영향을 주는 것이다.

사회변화를 이끌기 위한 직접적 실천행동 모델 직접적 실천행동은 공동체 조직화의 순환 주기를 통해 진행된다.

1. 사정
2. 탐색
3. 동원/실천행동
4. 성찰

첫 번째 단계인 사정(assessment)에서는 공동체 조직의 구성원이 공동체 쟁점을 정의하고, 그 집단을 강화하는 파트너십을 개발하기 위해서 시민과 일대일로 만남을 갖는다. 이 단계에서 상호 의존과 상호 지지를 구축한다.

두 번째 단계인 탐색(research)에서는 조직 구성원 전체가 함께 모여서 앞 단계에서 실시했던 시민과의 대화를 바탕으로 가장 시급한 공동체 쟁점을 확인한다. 구성원은 인터뷰, 문서 검색 또는 여러 자료를 통해서 쟁점에 대한 더 많은 자료를 수집한다. 주요 목표는 명시된 정책과 정부, 기업 및 공동체 서비스의 실제 관행 사이의 모순을 파악하는 것이다.

세 번째 단계는 동원/실천행동(mobilization/action)이다. 조직 구성원은 회의를 통해 실천행동 계획과 공동체 변화를 의논할 대상이 되는 사람 또는 정부 관료를 결정한다. 정부 관료와의 예비 모임을 성공하지 못하면 공개적으로 "책임성 설명회"를 공무원과 함께 마련한다. 이 회의의 주요 기능은 담당 공무원과 대면하여 공동체 문제의 현재 상황과 그것을 해결하기 위해 시민이 요구하는 행동을 제시하는 것이다. 회의는 (조직이 수행한 광범위한 기초 작업으로 인해) 명확하고 정확한 요구를 하는 박식한 시민 집단과 시의 공무원이 함께하여 담당 공무원으로부터 약속을 받아내는 것이 목표이다.

정부 관료가 정책 변화에 대한 명확한 요구를 하는 수백 명의 단합된 시민을 마주하는 것은 시민 권력의 강력한 경험이다. 더욱이 공동체 조직은 공청회를 주최하고 신중하게 의제를 작성하여 8장에서 언급한 권력의 두 번째와 세 번째 도구를 사용한다. 즉, 시민의 목소리를 최대치의 강도로 끌어올리기 위한 참여의 통로를 만들고 토론을 위한 쟁점의 틀을 만드는 것이다.

마지막 단계인 성찰(reflection)은 순환 주기를 시작할 때처럼 일대일 관계로 돌아와서 결과와 교훈을 평가한다. 그리고 이 주제들은 조직의 전체 회의에서 토의된다. 조직은 또한 담당 공무원과 기관이 약속을 잘 지키는지도 감독한다. 조직은 이 순환 주기를 사정 단계부터 다시 시작한다.

에르카 지역의 그린피스 터키는 비록 모델의 4단계를 모두 밟은 것은 아니지만, 공동체 구성원 간의 개인적인 대화를 실시한 다음 동원/실천행동으로 옮겨갔기 때문에 직접적 실천행동 접근법의 예시로 볼 수 있다(Tashea, 2015).

공동체 연합

효과적인 공동체 연합은 공동체 문제를 해결하는 성공적인 활동의 원동력으로 인식되고 있다. 공동체 연합(community coalition)은 공동 목표를 위해 함께 일하는 조직 또는 단체의 대표들로 구성된다(Butterfoss, 2007). [그림 10-1]을 또 다른 시각으로 살펴보자. [그림 10-1]에서 공동체 연합은 다수의 공동체 수준에서 여러 개입법과 긍정적인 결과를 연결하는 중심적인 역할을 한다. 효과적인 공동체 연합은 공동체 개발이 발생하는 작동 기제일 뿐 아니라 공동체 역량 증가로 인해 자체적으로 도출된 공동체 개발의 강력한 결과로도 볼 수 있다.

연합을 이루는 주체는 시민이나 공동체 조직(예, 공동체 기관, 학교, 정부, 종교단체, 기업, 언론매체, 풀뿌리 집단), 또는 가장 많은 경우처럼 둘 모두가 포함될

공동체 연합
지역의 조직 또는 단체의 대표들이 공동체 문제를 해결하기 위해 조직한 집단으로, 문제를 확인하고 실천행동 계획을 개발한다. 그들은 공동체 개발의 원동력이자 결과라고 볼 수 있다.

수 있다. 연합에 참여한 사람들은 그들의 임무에 동의하고 실천행동 계획을 수립하고 실행한다. 이 계획은 이들이 직접 수행하거나 산하 조직이 수행하는 활동이고 정치적인 변화 또는 공동체 프로그램의 개발로 이어질 수 있다. 연합은 시민참여를 강화하고 공동체 변화를 촉발하는 대중적이고 효과적인 수단이 되고 있다(Bess, 2015; Harper et al., 2014; Oesterle et al., 2018; Shapiro et al., 2015; Wolff, 2010).

10장에서 소개한 공동체 돌봄(CTC) 운동은 공동체 연합의 개발을 기초로 한 프로그램의 예시이다. 이 운동은 청소년의 긍정적 발달 촉진과 심리사회적 능력 향상을 목표로 10장과 11장에서 강조했던 많은 개념이 포함된 공동체 전반의 실천행동이다. CTC 연합 모델은 경험적 연구가 뒷받침되는 예방 및 증진 방법을 지역 공동체의 요구와 자원에 맞추기 위해 지역 연합을 개발하는 것을 포함한다(Brown et al., 2010; Hawkins et al., 1992; Oesterle et al., 2018). 8장에서 소개한 가정폭력 조정 위원회는 연합-기반 개입법의 또 다른 예시로, 친밀한 파트너 폭력의 문제를 해결하는 경우가 이에 해당한다(Allen et al., 2013; Javdani & Allen, 2011).

공동체 연합은 그들이 어떻게 기능할 것인지를 결정하는 데 많은 노력을 기울일 필요가 있다. 공동체 연합은 그들의 사명을 폭넓게 할 것인지 아니면 제한적으로 할 것인지를 선택하고, 기존의 사회 구조 내에서 할 것인지 아니면 사회변화를 가져오는 방향으로 할 것인지를 결정해야 하며, 자금은 어떻게 마련할 것인지와 갈등은 어떻게 협상할 것인지를 반드시 결정해야 한다. 공동체 연합 운동의 대표 중 한 사람인 공동체심리학자 톰 울프(Tom Wolff)는 다양한 자료를 통해서 기존 실무자들의 많은 지혜를 요약하여 정리하였다(Wolff, 2001, 2004, 2010).

효과적인 공동체 연합의 자질 및 그들이 영향을 끼치는 과정에 관한 경험적 연구는 계속 증가하고 있다. 이 주제에 관한 연구 및 이론은 이미 존재하는 개입 체계 내에서 연합이 어떤 영향을 미칠 것인지의 측면에서 보아야 한다고 강력히 제안한다(Bess, 2015; Harper et al., 2014; Shapiro et al., 2015). 예를 들면, CTC 연합은 예방에 대한 과학-기반 접근법의 채택 가능성을 높이는 결과를 가져왔다(Shapiro et al., 2015). 유사하게 가정폭력 조정 위원회도 체계의 변화를 이끌었는데, 주 전역에 위원회가 세워짐으로써 친밀한 파트너 폭력의 영역에서 모범 사례로 인식되는 보호명령 발동이 증가하였다(Allen et al., 2013).

체계의 변화 및 공동체 역량의 증가에 대한 공동체 연합의 영향력을 강조하는 것은 공동체 연합이 원래의 목표뿐만 아니라 그 이상의 이익을 가져올 수 있음을 보여 준다. 청소년 폭력-예방 연합에 대한 최근의 연구는 연합에 속한 조직뿐만 아니라 속하지 않았던 조직에도 영향을 미친다고 발표하였다(Bess, 2015). 이러한 체계 수준에서 변화를 이끄는 공동체 연합의 성격과 공동체 조건에 관한 연구 및 이론은 공동체 개발과 공동체 변화에 대한 이해를 높일 수 있는 가능성을 가진 새롭게 부상하는 관심 영역이다.

공동체 개발 도구로서의 자문

다른 영역에서 활동하는 전문가와 실무 및 학계에서 일하는 모든 공동체심리학자는 공동체 연합 및 조직과 직접 협력하여 공동체 개발을 위해 자신의 능력을 발휘한다. 이는 영리 또는 비영리 목적으로 조직의 정책, 구조, 또는 실무 영역의 변화를 위해 일하는 자문가로서의 전문 영역에 해당한다. 공동체 또는 사회변화를 이루기 위해서는 개별 구성원이 변해야 하는 게 아니라 그 조직이 변화해야 하고, 더 상위의 공동체 또는 사회의 변화와 연결되어야 한다. 다시 말하면, 자문은 단순히 피상적 수준의 변화가 아니라 반드시 이차 변화를 이끌어 내어야 한다. 조직의 자문은 조직의 정책을 변경하고, 조직의 역할, 의사결정 및 의사소통을 바꾸며, 일-가족 관계, 인간의 다양성 이해 및 집단 간 갈등과 같은 조직의 문제를 다루는 일이다.

공동체심리학에서 개념화한 것처럼, 조직의 자문은 해당 조직의 생태적이고 맥락적인 이해를 기초로 한다(Trickett et al., 2000). 이러한 이유로 5장에서 언급한 모든 공동체 원리는 자문 작업의 바탕이 된다. 또한 권력과 권력강화의 쟁점은(8장 참조) 조직 변화의 핵심이며, 조직의 권력이 강화되는 것을 돕는 것은 자문 과정의 구체적인 목표가 될 수 있다.

토론을 통해 의사전달이 명확해지는 것처럼, 자문 관계는 양방향으로 진행된다. 조직이 자문가로부터 배움을 얻는 동안 자문가 또한 해당 조직과의 협력 업무를 통해 많은 것을 얻게 된다. 이후 자문가는 정보를 배포하는 역할을 함으로써 다른 사람에게 정보를 전달하는 일을 한다. 공동체심리학에서 조직의 개념과 접근법에 관한 연구는 보이드와 안젤리크(Boyd & Angelique, 2002), 쉰과 펄킨스(Shinn & Perkins, 2000), 트리켓과 동료들(Trickett et al., 2000)이 진행하였다.

공동체 개발 업무에 있어 윤리적 문제 공동체 개발 업무에서 자문은 복잡하고 근본적인 윤리적 딜레마를 야기한다. 공동체 개발은 권력 수준이 동일하지 않은 다수의 기관이 관여하고, 사회정의, 인종차별, 식민지화 등의 역사적 배경이 깊게 관련된 복잡한 공동체의 쟁점을 다룬다. 〈글상자 13-2〉는 도미니크 공화국에서 진행된 공동체 개발 프로젝트에 대한 사라 수이터(Sarah Suiter)의 연구를 통해 이러한 윤리적 딜레마를 보여 주고 있다.

효과적인 공동체 변화 프로젝트는 반드시 장기적인 관점을 가져야 한다 (Schorr, 1997). 이 책 전체에 걸쳐 소개된 공동체 작업은 대부분 수년간 노력하여 이루어진 성과물이다. 진정한 시민참여를 통한 결정이 이루어지기 위해서는 시간은 필수적인 자원이다. 시민이 참여하여 천천히 그리고 꾸준히 구축된 계획이라면 상황이 변하더라도 시민의 탄탄한 참여를 기반으로 하였기 때문에 프로젝트가 유지될 가능성은 높다.

공동체 변화에 대한 정확한 공식은 없다(Alinsky, 1971). 각 공동체와 공동체 문제는 자원, 방해물, 동료와 적, 수단과 방법, 의도, 그리고 예상치 못한 결과들의 독특한 조합으로 이루어진다. 공동체 변화에 대한 계획은 하나의 예술이다. 더 정확히는 인간관계와 성공 및 실패의 공유로 설명되는 집단 예술이다. 다음 절에서는 공동체 수준 및 사회 수준 모두에서 변화를 이끄는 수단인 공공 정책을 살펴보자.

글상자 13-2 공동체 실천행동: 공동체의 목소리를 듣는 것을 보장하라

사라 수이터의 프로젝트는 극심한 빈곤, 열악한 건강, 사회적 차별, 그리고 정치적 배제로 특징짓는 아이티 이민자와 그들의 후손인 7개 공동체를 중심으로 이루어졌다. 2013년, 도미니카 공화국 헌법재판소는 도미니카 공화국에서 태어났지만 그들의 부모 또는 조부모가 1929년 이후에 아이티에서 이민 온 210,000명에 대하여 시민권을 박탈하는 결정을 내렸다. 이 결정으로 바테예스(bateyes)라고 불리는 이민 공동체는 경제적 자원뿐 아니라 정부의 지원, 서비스, 그리고 이 상황을 해결할 정치적 자본마저도 남지 않았다.

수이터의 프로젝트는 바테예스의 건강 관련 공동체 개발 프로젝트에 자금을 지원한 이력이 있는 재단[비정부기구(NGO)]과 함께 광범위한 요구 사정을 실시하였다(Suiter, 2017). 요구 사정 절차는 주요 이해관계자인 재단, 공동체 구성원, 그리고 연구 팀이 동일하게 강력한 대표성을 표방하며 의도적으로 협력하였다. 요구 사정에서 깨끗한 식수, 경제 개발, 저렴하고 건강한 음식 구입에 대한 심각한 문제를 확인하였다. 모든 이해관계자는 이 문제들이 재단의 전략적 우선순위의 기초가 되어야 한다는 것에 동의하였다. 윤리적 딜레마는 이 목표를 달성하는 방법을 결정하는 과정에서 발생하였는데, 특히 결정을 내리는 데 있어 어느 집단이 전문가를 가장 많이 보유하고 있느냐의 문제였다.

수이터는 공동체를 위한 깨끗한 식수를 제공하는 것을 예시로 보여 주었다. 도미니카 공화국의 다른 공동체는 정부로부터 식수를 제공받는 반면 바테예스는 그렇지 않았다. 재단은 미국에서 기금을 조달하고 프로젝트를 실행할 자원봉사자를 미국에서 모집하기를 원하였다. 연구 팀은 미국에서 기금을 모으는 것에는 동의했지만 프로젝트를 관리하고 실무를 맡을 공동체 구성원에게 보수를 지불하는 일은(이것은 결과적으로 해당 공동체의 더 많은 일자리를 창출할 수 있다) 라틴 아메리카의 NGO에게 맡기기를 원하였다. 공동체 구성원은 다른 비전을 가지고 있었다. 그들은 도미니카 공화국이 다른 지역에 식수를 공급하는 것처럼 자신의 공동체에도 이를 위한 기반 시설을 국가가 제공할 수 있도록 재단과 연구자들이 국가를 상대로 압박해 주기를 원하였다(Suiter, 2017).

수이터는 그녀의 연구 팀이 이 딜레마에 어떻게 접근했는지를 설명하면서 "공동체심리학 가치 툴박스"를 재안했다. 이러한 딜레마에 직면했을 때, 그들은 실천행동 및 의사결정의 지침을 위한 1장에서 제시된 가치들에 의존하였다. 우리는 수이터 팀이 사용한 해결책을 당신에게 알려 주는 대신, 당신이 그 가치들을 다시 한 번 검토하고 가치가 수이터 팀에게 어떻게 정보를 제공하였을지 생각해 보기를 권한다.

당신의 생각은?

1. 깨끗한 식수를 위한 요구 사정에서 세 팀(재단, 공동체 구성원, 연구 팀)이 선호하는 접근법이 왜 달랐다고 생각하는가?

2. 재단의 기금을 가장 효과적으로 사용할 수 있는 것은 어떤 접근법이라고 생각하는가? 공동체의 사회적 자본(즉, 공동체 권력강화와 집단적 자아효능감)에 가장 이득이 되는 것은 어떤 접근법인가? 사회정의의 목표를 가장 잘 제공하는 것은 어떤 접근법인가?

3. 당신이 이 딜레마를 해결해야 하는 위치에 있다면 공동체심리학의 다른 가치 중 어떤 것을 고려하겠는가?

공공 정책

공공 정책
정부 또는 공공 기관에 의해 제정되는 법, 규제, 정책을 의미한다. 공공 정책의 변화는 공동체 및 사회 전반의 변화를 달성하기 위한 필수적인 작동 기제이다.

이 장에서 언급되는 공공 정책(public policy)의 정의는 조세정책, 교통 법률, 지방 조례 및 이러한 정책 수행에 관한 규정 등을 포함하는 광범위한 의미로 사용된다. 지역의 공립학교 복장 규정도 공공 정책이고 개인이 직접 작성하여 제출한 신청서만 받는 시도의 아동 건강 보험 프로그램의 정책도 공공 정책이다. 이 정의에 의하면 앞서 언급한 PICO의 모든 구성원은 공공 정책 업무에 관여한 것이다.

공공 정책 업무는 연구를 수행하거나 공공의 의사결정, 정책 또는 법률에 영향을 미치려는 노력과 관련된다. 공공 정책에 관한 권고안을 개발하고, 이 권고안을 실행하기 위해서 이 책에서 논의한 공동체와 예방 과학의 모든 측면과 이 장에서 소개한 공동체조직화의 모든 기법을 사용한다. 이는 종종 정부 관료를 설득하는 동시에 민간 영역의 대표, 저널리스트 또는 다른 이해관계자들에게도 영향을 미치는 것이다. 특히 사회 문제를 어떻게 이해하는가에 대한 참조틀을 형성하는 것과도 관련된다. 공공 정책 업무를 시행할 때는 문제 정의가 중요하다는 것을 기억하라. 이 작업에는 일반적으로 정보(특히 연구 결과) 및 논리적인 근거를 가지고 설득하는 것도 포함되지만 직접적 실천행동과 같은 보다 대항적인 접근법을 사용할 수도 있다.

공공 정책 및 옹호는 지방, 주 정부, 국가 또는 세계적 수준에서 입법, 행정, 사법부에 중점을 둘 수 있다. 공동체심리학자가 시행한 정책 옹호의 예시에는 공익 소송에 대한 전문가 증언, 법정 소송 사건의 "법정 조언자"로서 보고서 제출, 자문 위원회 활동[예, 노숙자에 대한 연방 중개 의회(Federal Interagency Council)], 입법자 또는 정부 관료와의 만남, 제안된 법안에 대한 입법 청문회에서의 증언, 언론 인터뷰 또는 기고, 옹호 단체(예, 아동 방어 기금 또는 전국 정신건강 협회)와의 협력, 국회의원으로 또는 행정/사법부의 스태프로서 활동, 그리고 심지어 지역의 학교 위원회 또는 더 큰 조직의 선출직 공무원으로 활동하는 것 등이 포함된다(Maton, 2016; Mayer & Davidson, 2000; Melton, 1995, 2000; Meyers, 2000; Shinn et al., 2001; Solarz, 2001; Toro, 1998). 이 책에서 언급한 공동체 연구들은 정책 관련 연구 및 결과에 대하여 많은 예시를 보여 준다. 특히 연구와 실천행동 모두에 관한 관심, 다양한 생태 수준의 강조, 그리고 시민과 함께 일하는 참여 접근법 등의 공동체심리학의 특성은 정책 문제를 잘 다룰 수 있는 도구들이다(Melton, 1995; Perkins, 1988; Phillips, 2000).

정책 옹호는 정책 연구를 기반으로 하며, 정책 연구는 사회 쟁점에 대한 경험적 정보를 제공하기 위해 실행된다. 연구-기반 정책 옹호의 초기 예시는 1954년 브라운 대 교육위원회(Brown vs. Board of Education)의 대법원 인종차별 철폐 사건에서 사회과학 연구 결과를 사용한 것이다. 또한 심리학 연구는 지역 공동체 정신건강 개선과 헤드스타트(Head Start)와 같은 유아기 프로그램에도 사용되었다(Phillips, 2000).

공공 정책이 사회변화를 위한 중요한 수단인 이유는 많은 정책이 거시체계 생태 수준에서 존재하기 때문이다(1장 참조). 거시체계 수준의 영향력은 모든 다른 생태학적 수준에 영향을 미치게 된다. 사회학을 전공했거나, 구체적으로 사회 계층화 수업을 들은 사람이라면 개인의 안녕에 대한 사회적 힘의 영향력을 잘 알고 있을 것이다. 구조적 힘은 당신이 누구이고, 무엇을 믿고, 어떻게 행동하며, 당신에게 어떤 기회가 주어지는지를 결정한다. 간단한 예시로, 당신이 가난하고, 부모가 HIV 감염자이고, 기근에 시달리는 에티오피아의 어느 지역에서 태어났다면 당신의 삶이 어떻게 달라졌을지 상상해 보라. 하지만 구조적 힘의 영향력에 대한 이러한 인식이 우리가 아무것도 할 수 없는 로봇임을 의미하는 것은 아니다. 우리는 의식적으로 이러한 구조적 힘을 검토할 수 있고 이를 바꿀 수 있다.

정책의 함의점을 지닌 예방 연구의 예시를 살펴보자.

범죄 정책: 처벌 대 예방

범죄 정책은 왜 우리가 공공 정책을 체계적으로 조사해야 하는지를 가장 명확하게 보여 주는 예시이다. 모든 현대 사회는 범죄 행동을 정의하는 법과 그 법을 시행하는 절차를 가지고 있다. 또한 범죄 정책의 효과에 대한 오랜 기간 연구된 많은 자료가 있다. 그 결과, 우리는 다음의 것들을 알고 있다.

- 지속적으로 시행된 온건한 처벌이 가장 큰 억제 효과가 있다.
- 어떤 종류 및 어떤 기간의 투옥도 지역사회 봉사 및 회복적 사법 프로그램과 같은 선도 프로그램보다 재발률이 높다.
- 비용-효과 접근법의 측면에서 본다면 약물 관련 범죄는 투옥보다 치료를 선택하는 것이 더 나은 결정이다.
- 전과자에게 교육을 더 많이 제공할수록 재범률은 감소한다.
- 가족과 가까운 관계를 유지하는 전과자일수록 재범률은 감소한다.

앞의 주장들은 장기간의 연구를 통해 알려진 것이다(Sherman et al., 1998; Wright, 1996 참조). 감옥에 가두는 것은 긍정적인 사회적 지지가 거의 사라지면서 제한된 경제적 자원으로 인해 개인에게 치명적인 손실과 사회로부터의 격리를 가져온다. 심지어 아주 단기간의 투옥을 경험한 사람도 같은 범죄를 저질렀지만 투옥되지 않은 사람과 비교하면 소외와 재발률이 증가한다. 또한 처벌의 강도가 커진다고 해서 억제 효과가 증가하지는 않았다. 미국의 기존 범죄 정책과 연구 결과를 비교해 보자.

미국은 전 세계 어느 나라보다 자국민을 가장 많이 투옥하고 있으며, 전 세계 투옥 인구의 20%를 차지하고 있다(Institute for Criminal Policy Research, n.d.). 미국 성인 십만 명당 920명이 구치소 또는 감옥에 있으며, 십만 명당 1,400명이 보호 관찰 또는 가석방 상태이다. 이는 미국 성인 38명 중 1명은 교정 시스템의 감독하에 있으며, 미국 성인 109명 중 1명은 감금되어 있다는 의미이다(Bureau of Justice Statistics, 2019). 이 수치는 2006년 이후부터 실제로 유의미한 상승이 이루어지고 있는데, 2006년에는 성인 31명 중 1명이 교정 시스템의 감독하에 있었고 100명당 1명이 수감되어 있었다.

이러한 놀라운 상승률을 가져온 몇 가지 요인이 있다. 1980년대에 확대된 마약과의 전쟁(War on Drugs)도 한 요인이고, 의무적 최소 형량 지침 및 10장에서 소개한 삼진아웃제를 포함하여 처벌의 강도를 높이도록 설계된 "범죄를 강경하게 대처(get touch on crime)"하는 다양한 정책도 또 다른 요인이다. 미국의 강력 범죄율은 1991년에 인구 십만 명당 758건에서 2017년에는 383건으로 감소되었음에도 높은 투옥률은 계속되고 있다(Federal Bureau of Investigation, 2018).

10장에서 언급한 비용—편익 분석을 논의할 때, 비용—효과 분석의 아쉬운 점은 이것이 공공 정책에 미치는 실질적인 영향이 거의 없다는 것이었다. 이것은 범죄 정책에서 여실히 드러난다. 예를 들면, 교육 프로그램은 비용—편익 분석을 사용하였을 때 좋은 결과를 보여 주었다. 재범에 대한 교육의 긍정적 효과에 관한 연구는 1924년까지 거슬러 올라가고 거의 100년 동안 일관되게 나타났다(Silva, 1994).

이 결과는 교육 수준의 향상과 관련 있지만, 특히 미국의 범죄 정책에서의 논쟁은 고등교육, 구체적으로 펠 보조금(Pell Grant)과 관련이 있다. 펠 보조금은 저소득 계층의 학생이 고등교육을 받을 수 있도록 지원하는 연방 정부의 프로그램이다. 1972년에 이 프로그램이 시작된 이후 자격이 있는 미국의 모든 학생이 펠 보조금을 신청할 수 있었고, 수감자 중에서도 자격 요건이 되면 이용할 수 있었다. 펠 보조금은 감옥에서 대학 수업과 학위를 받을 수 있는 프로그램을 지원하였다. 하지만 1994년에 "범죄를 강경하게 대처"하는 정책의 일환으로 수감자는 펠 보조금의 자격을 얻지 못하는 법안이 통과되었다. 법안과 수감인구와의 관계성을 살펴보면, 지금까지 재범을 예방하는 가장 효과적인 수단에 수감자가 더 이상 접근하지 못하도록 거부당한 바로 그 시점이 미국의 수감인구가 급격히 증가한 때와 일치한다.

다양한 연구 결과를 바탕으로 조직과 개인은 계속해서 정책 변화를 요구하고 있다. 예를 들면, RAND 기업이 최근에 실시한 메타 분석에 의하면 수감 중 중등교육 프로그램을 받은 사람은 그렇지 않은 수감자보다 재수감률이 23%

가 낮았다(Bozick et al., 2018). 2015년 미국 교육부는 '두 번째 펠 기회'(Second Chance Pell) 시범 프로그램을 시작하였는데, 67개 대학이 펠이 지원하는 감옥에서의 중등교육 프로그램에 참여하였다. 이 프로그램에서 나온 자료를 바탕으로 추정해 보면, 수감자에게 펠 보조금을 다시 제공할 경우 더 나은 교육을 받은 인력이 제공되고, 수감자 및 그들의 가족에게 출감 후 첫해에 4,530만 달러의 소득 증대가 나타나며, 재범률의 감소로 인해 매년 3억6천580만 달러의 수감 비용을 절감하는 도미노 효과를 볼 수 있다(Oakford et al., 2019).

이 예시는 정책 옹호의 중요한 측면을 기술한다. 사회과학 연구가 정책 입안에 미치는 영향은 일반적으로 특정 규칙을 옹호하는 것 이상으로 광범위하다. 정책 옹호는 종종 정책입안자를 교육하고 쟁점에 대한 그들의 전반적인 관점에 영향을 준다. 범죄 예방과 관련된 연구자 및 조직은 중등교육에 대한 증거 및 재범률에 미치는 이익의 효과를 대중에게 알리기 위해 끊임없이 노력했다. 그들은 펠 보조금이 개인에게 주는 혜택이므로 수감된 사람은 자격이 없다는 관점에서 벗어나 수감자에게 제공되는 보조금은 국가 차원에서 상당한 이익을 산출하는 공공의 예방 및 안녕 프로그램으로 인식할 수 있도록 대중의 관점 및 법률적 관점의 변화를 가져올 필요가 있었다. 관점의 전환은 시간이 오래 걸리는 작업일 수 있다. 이 글을 쓰는 시점에 미국 의회는 25년 만에 수감자도 펠 보조금을 받을 수 있는 법안의 채택을 고려하고 있다.

결론

이 장에서는 사회변화뿐만 아니라 강한 공동체를 개발하고 공동체에 참여하는 우리의 역할을 살펴보았다. 이 장에서 설명한 각 활동은 공동체 자본 및 공동체 리더십을 발달시킨다. 하지만 이러한 활동은 꽤 긴 시간이 필요하다. 사회변화 계획을 위해 필요한 다양한 역할이 있으며, 이 모두는 공동체 구성원의 장기간 헌신에 의존한다. 변화는 하루 아침에 일어나는 것이 아니며 불행히도 불가피한 일들로 쉽게 좌절된다. 이 장에서 말하고자 하는 민주적 과정은 저절로 이루어지는 것이 아니다. 그것은 각성과 노력이 필요하다.

당신이 공동체 또는 더 넓은 사회의 변화에 관여하겠다는 의지가 있다면,

시민을 위해 온라인으로 자료를 제공하는 공동체심리학자들이 개발한 공동체 툴박스 웹사이트(https://ctb.ku.edu/en)에서 실무적인 실천행동 단계를 배울 수 있다.

토론거리

1. 우리는 사회변화의 접근법으로 공동체 조직화, 직접적 실천행동, 그리고 의식 함양 등을 논의하였다. 사회변화를 위해 일하는 당신이 알고 있는 집단을 떠올려 보라. 그 집단은 어떤 접근법을 사용하는가? 그것이 얼마나 효과적이었으며 그 이유는 무엇인가?

2. 사회변화를 위한 활동에 관여한 적이 있는가? 어떤 접근법을 사용했으며 얼마나 효과적이었는가?

3. 주거, 빈곤, 아동 보호, 제도적 인종차별, 이민, 형사 사법 체계 및 의료서비스 등의 수많은 사회정의의 쟁점이 있다. 당신에게 중요한 쟁점은 어떤 것인가? 이 장의 내용을 참고로 당신의 공동체의 쟁점을 어떻게 해결하겠는가?

제14장 새롭게 주목받는 과제와 기회: 변화 촉진을 위한 관점의 전환

이 장을 마치고 나면 다음의 질문에 답할 수 있을 것이다.

1. 변화의 필요성에 대한 절박함과 공동체 및 사회변화에 필요한 지속적인 노력에 대한 참여 사이에서 어떻게 균형을 맞출 수 있을까?

2. 공동체 및 사회변화를 촉진함에 있어 도움이 되는 개인의 자질은 무엇인가?

3. 공동체심리학 분야에서 새롭게 부상하는 쟁점은 무엇인가?

4. 당신의 공동체를 개선하기 위해 이 책에서 소개된 전략과 관점을 어떻게 사용할 것인가?

여는 글

행동할 때이다

허리케인 마리아가 카리브해를 가로지르며 파괴적 행보를 할 때, 워싱턴과 브리티시 콜롬비아주의 산불은 숨쉬기 힘들 만큼 번져 가고 있었다. 이러한 폭풍과 화재는 매년 발생하는 일이 되었다. 뉴스 보도는 빙하가 줄어들고 농작물이 가뭄과 홍수에 더 취약한 사례로 가득 차 있다. 2000년 이후에 태어난 사람은 해수면 상승이나 기온 변화가 매년 나빠지고 있다는 소식을 듣고 있지만, 그것을 해결하기 위한 조치는 거의 보지 못했다. 2017년, 10대 청소년들이 모여 기후 변화와 그러한 변화에 취약한 사람에게 미치는 영향에 대하여 어떠한 조치도 하지 않는 것에 항의하기 위하여 조직화를 시작하였다. 그들은 기후 변화에 대한 해결 속도가 느린 것에 불만을 느꼈다. 더욱이 선출직 공무원과 대중은 기후 변화에 대응하지 않아 발생하는 부담을 고스란히 청년들이 짊어지게 됨에도 불구하고 기후 변화에 관한 대화에 청소년의 목소리는 거의 무시하였다.

대부분의 과거 운동과 달리, 그들은 소셜미디어를 사용하여 미국의 광범위한 지역에서 조직화하였고, 기후 변화에 대한 인식을 높이고 정책입안자 및 대중이 긴박함을 느껴 행동하도록 하기 위해 청년–주도 운동을 만들었다. 이 Zero Hour 조직은 2명의 최초 창립자로 시작하여 20명의 대표를 가진 전 세계를 연결하는 조직으로 성장했다. 그들은 쟁점 및 요구를 조직하는 광범위한 플랫폼을 개발하였다. 여기에는 ① 화석 연료를 사용하고 너무 많은 자원을 소비하는 현재의 일상적 관행을 중단하기, ② 모든 이에게 식량, 식수, 주거를 제공하기, ③ 에너지 소비를 줄이기, ④ 생태계를 회복시키기 등이 포함된다(Zero Hour, n.d.). 2018년 여름, Zero Hour는 워싱턴 D.C.에서 로비의 날을 조직하였고, 거기서 40명의 연방 의원을 만났다. 이틀 후, 그들은 전 세계에 25개의 시위대를 조직하였다. 2019년, 그들은 마이애미 지역에서 청년 기후 회담(Youth Climate Summit)을 개최하였고, 2015년에 소송이 제기된 줄리아나 대 미국(Juliana v. the United States)의 사건에도 동참하였다. 이 소송에서 원고는 연방 정부가 화석 연료 생산을 촉진하고 기후 변화에 조치하지 않음으로써 생명, 자유, 재산에 대한 헌법상 권리를 침해받고 있다고 주장하였다. 사회변화를 촉진하기 위한 이러한 노력이 Zero Hour 조직의 플랫폼에 게시된 결과를 이룰 수 있을지의 여부는 아직 확실하지 않다. 하지만 이렇게 많은 청년을 움직이게 하고, 국회의원을 만나고, 많은 매체의 시선을 받는 그들의 능력은 주목할만하다.

당신의 생각은?

1. 이 청소년들이 자신들의 관심사에 대해서 상당히 광범위한 규모로 행동하게 된 이유는 무엇인가?
2. 당신의 관심 쟁점에 대하여 직접 행동하도록 당신을 고무시키는 것은 무엇인가?
3. 이 집단이 자신의 목표를 이루기 위하여 취해야 할 다음 행동은 무엇이라고 생각하는가?
4. 공동체심리학의 원칙과 전략 중 어떤 것이 도움이 되겠는가?

1장에서는 공동체심리학이 사회 문제를 이해하고 해결하는 대안적 패러다임을 어떻게 표방하는지 보여 주었다. 이어지는 각 장에서 공동체심리학의 관점이 사회 문제를 개인의 결점이나 개인의 책임(예, 노숙자는 마약 중독이거나 게으르다)으로 규정하기보다 생태학적 분석 수준 간의 관계로 규정하는 방식을 살펴보았다. 또한 공동체심리학은 문제를 여러 측면에서 정의함으로써 단지 문제 해결의 노력뿐만 아니라 그것을 예방하거나 안녕을 증진하는 방법을 고려할 때 투입할 수 있는 개입의 폭을 넓힐 기회를 제공하였다. 이러한 관점 변화는 공동체 이해관계자가 문제 해결을 위해 공동체 내부의 자원과 집합적 실천행동의 가능성을 찾도록 독려한다. 우리는 공동체심리학의 실용주의를 강조

하면서 사회 문제를 해결할 때 다양한 분석 수준에서 문제를 고려하고, 지역의 이해관계자가 참여하며, 다양성의 잠재적 자원을 찾아야 한다는 것을 제안하였다. 많은 수의 이해관계자가 참여하는 것이 어려울 수 있지만, 이러한 사회변화 노력은 다양한 공동체 관점이 간과되거나 배제되지 않고 포괄적인 해결책을 마련할 가능성을 높인다. 연구와 실천행동 간의 균형을 맞추는 것은 사회 개입에 대한 공동체심리학의 다양한 개입 전략—공동체 조직화, 예방 프로그램의 개발과 개선, 건강 증진 전략, 공공 정책 변화—을 가져올 수 있다. 이와 관련한 장들에서 공동체심리학으로 실천할 수 있는 많은 방법을 제시하였다.

이 장은 이 책의 마지막 장으로 당신에게 다음의 질문을 던진다. 당신이 당신의 이웃, 학교, 직장, 그리고 공동체에 관심이 있다면, 이 공동체의 변화를 위해 공동체심리학의 개념과 전략을 어떻게 유용한 자원으로 사용할 것인가? 이러한 자원은 조직, 지역, 그리고 공동체를 변화시켜 개인 및 집단의 웰빙을 지원하는 데 도움이 될 것이다. 또한 사람들이 복지ㆍ교육ㆍ의료 영역의 직업을 선택할 때에도 자원으로 활용할 수 있다. 이 장에서는 공동체심리학의 관점을 시민의 입장에서 어떻게 사용할 수 있는지에 대해서 먼저 얘기하고, 공동체 및 사회의 변화 노력에 참여하는 사람에게 필요한 자질을 개발하는 것에 대하여 살펴볼 것이다. 그런 다음, 공동체심리학 연구와 실천행동을 위한 새롭게 떠오르는 몇 가지 방향과 도전에 대하여 토론하고자 한다. 그리고 이 영역에 관심이 있는 사람을 위해 사회변화와 관련한 직업을 준비할 수 있는 공동체심리학 분야의 훈련 기회를 살펴볼 것이다.

공동체와 사회의 변화 촉진하기

공동체심리학자는 공동체 파트너와 함께 일하면서 공동체에 긍정적인 변화가 일어날 수 있도록 돕는 일을 해 오고 있다. 사실 이 책에서 언급한 공동체 변화의 대부분의 예시는 공동체 구성원과 공동체심리학자의 파트너십으로 이루어졌다. 이 장은 문제를 정의하고 해결하기 위한 공동체심리학 접근이 어떻게 공동체 및 복지 영역 종사자를 돕는 일과 관련되는지에 초점을 맞추는 것으로 시작하고자 한다.

시민을 위한 기회

공동체심리학 영역을 정식으로 훈련받지 않았거나 공동체심리학자와 공동 작업을 하지 않고도 시민들은 문제를 해결하기 위해 사회적 쟁점에 대한 의식 함양, 옹호 집단 동원하기, 프로그램 개발하기 등을 통해 공동체 조직화에 관여한다. 민주 정부는 지방 정부와 중앙 정부 간의 견제와 균형의 체제를 가지고, 다양하고 경쟁적인 이익 간의 권력 균형을 유지하고자 한다. 이를 효과적으로 시행하기 위해서 시민은 쟁점과 관련한 정보를 듣고 그것을 해결할 방안을 가질 필요가 있다. 이러한 방안이 사용될 수 없을 때 전통적으로 북미 사회에서는 문제 해결을 위한 새로운 세팅을 만들었다[예, 시민혁명, 캐나다 원주민과 원주민의 권리(First Nations and Indigenous), 여성 해방 운동]. 시민 실천행동을 다양한 분석 수준에서 개념화하면 이웃, 지역, 그리고 상위 정부와 관련하여 살펴볼 수 있다. 시민으로서 당신은 문제를 재정의하고, 개입 전략의 효과성에 대한 증거를 요구하며, 문제를 어떻게 해결할지 결정하는 회의의 참가를 요청할 수 있다. 8장에 소개한 지역 정책을 변화시킨 위스콘신주의 학생들과 13장에서 기술한 공동체 개발 기금의 분배 방식을 바꾼 뉴저지주 캠던의 주민들을 떠올려 보라.

민주적 구조가 많은 장점이 있는 반면, 단점은 사회 문제가 존재하는 공동체 내에서는 모두의 동의를 도출하기가 어렵고 대응 방법이 훨씬 적다는 것이다. 실천행동을 위한 관심을 얻기 위해서는 사회적 쟁점(예, 약물남용, 노숙, 빈곤, 인종차별)을 위기 상황으로 인식해야만 한다. 대부분의 경우, 이러한 쟁점을 "위기"라고 인식하여 해결을 위한 실천행동을 시작하기까지는 오랜 시간이 걸린다. 1장과 2장에서 언급했듯이, 시민과 정책입안자는 공동체심리학의 참여자-개념화자 개념을 채택하여, 문제 정의를 할 때부터 분석 수준을 고려하여 위기에 대한 반응을 일시적 미봉책보다 장기적 해결책을 염두에 두는 방향으로 작업할 수 있다. 하지만 이 책에서 제시한 예시들처럼 우리는 변화를 계속해서 유지할 때 발생하는 어려움에 대비할 필요가 있다(Langhout, 2015; Riger, 1993; Schorr, 1997). 즉, 공동체 변화를 실천하기 위한 활동을 유지하는 동안에 발생하는 좌절과 실망을 예상해야 한다.

사회 및 공동체 변화의 역사는 시간과 관련한 두 가지 모순된 생각인 '오늘을 붙잡고' 있으면서 동시에 '긴 관점을 취하는' 것에 대한 가치를 잘 보여 주고 있다.
공동체심리학이 설립된 초기에 켈리(Kelly, 1970b)는 시민과 공동체심리학자
모두에게 이 둘의 중요성을 강조하였다.

시민에게 오늘을 붙잡고(seizing the day) 있어야 한다는 의미는 기회가 왔을
때 변화에 박차를 가하는 효과적인 방법을 사용하는 사람과 협업할 준비가 되
어 있어야 한다는 의미이다. 사회변화를 위한 노력을 할 때, 문제에 대한 인식
을 높이지 못하거나 효과적인 노력을 찾지 못해 힘들어 하는 것은 드문 일이
아니다. "무언가 해야 한다."는 인식이나 공감대가 형성되는 순간, 우리는 바
로 행동할 준비가 되어 있어야 한다. 이것은 13장에서 검토했던 직접적 실천
행동 기술을 사용하는 것과 관련된다(예, 공동체 폭력을 해결하기 위해 구체적인
요구와 함께 시작하는 공동체 조직화 및 표적 시위). 또한 10~12장에서 언급한 효
과성 연구에 대한 근거가 있거나 해당 공동체의 문화에 맞게 조정된 건강 예
방 및 증진 프로그램을 사용하는 것도 이에 해당된다. 당신이 공동체심리학의
개념들에 익숙하다면, 공동체의 구성원이 참여할 준비가 되었을 때 당신은 행
동을 개시할 수 있을 것이다. 오늘을 붙잡고 있는다는 것은 일반적으로 대중
이 관련 문제를 더 깊이 공부할 기회를 갖는 것과 관련된다. 예를 들면, 효과
적인 캠페인, 성공 스토리, 또는 문제에 대한 공통 관심 등을 통해 문제 인식
이 증가하면 전략 및 근거-기반 프로그램을 도입할 수 있다. 또 다른 기회는
공동체 행사, 시도의 책임성을 요구하는 직접적 실천행동, 소셜미디어 및 신문
보도 등을 통해 제공할 수 있다(Kelly, 1970b). 변화는 의식이 함양되는 것만으
로 일어나는 것은 아니다. 10~13장에서 언급했듯이, 변화는 계획된 집합적
실천행동의 지속적인 캠페인이 필요하다. 공동체에 대한 이해를 설명한 6장에
서 배운 것을 적용해 보면, 공동체를 개선하기 위한 대부분의 실천행동은 공
동체 구성원의 지지를 구축하는 사회적 자본의 유대와 안면이 있는 사람은 아
니지만 공통의 경험과 목표를 공유하는 사람과의 파트너십을 구축하는 사회적
자본의 연대가 있어야 한다. 8장의 권력강화와 시민참여에서 제안한 것처럼,
오늘을 붙잡고 있는다는 것은 시민 집단으로서 가능할 때마다 목소리를 내고
행동하는 것을 의미한다.

긴 관점을 취하는(taking the long view) 것은 사회 및 공동체 변화에 필요한
지속적인 장기간의 참여는 시간과 끈기가 요구되는 일임을 인식하는 것이다

오늘을 붙잡고
적절한 시기가 왔을 때,
사회변화 실행을 위한
효과적인 실천행동을 협
력할 준비와 의지를 갖
춘 자세를 말한다.

긴 관점을 취하는
사회 및 공동체 변화를
실행하는 것은 오랜 시
간과 지속적인 끈기가
필요한 작업이라는 것을
이해하는 것으로, 이는
실질적인 변화를 이룬
후에도 계속된다.

(Tseng et al., 2002). 문자, 소셜미디어, 날마다 바뀌는 뉴스가 일상인 세상에서는 재빨리 바뀌지 않는 사회 및 공동체의 복잡한 문제에 대해서 할 수 있는 것이 아무것도 없다고 쉽게 결론 지을 수 있다. 하지만 이 생각은 사회변화가 우리 주위에서 날마다 일어난다는 기본 명제를 놓치고 있다. 미국 공동체심리학의 창시자 중 한 명인 도널드 클레인(Donald Klein)은 1950년대에는 담배가 건강 문제를 일으킨다고 간주하여 많은 공공장소에서 흡연이 금지되리라고는 상상조차 할 수 없었다고 1995년 인터뷰에서 회상했다. 하지만 이것은 오늘날 현실이 되었다(Klein, 1995). 1950년대와 1960년대의 미국에서는 아프리카계 미국인 대학생이 분리교육 정책에 저항하기 위해 실질적인 단계를 밟고, 그들 공동체의 다른 사람들과 함께 연좌 시위, 유권자 등록 및 기타 시민권 운동 활동 등을 수행하면서 극복할 수 없을 것처럼 보였던 현실에 대항하였다(Lewis, 1998). 이들은 정치적 대표가 되거나 스포츠, 문화, 그리고 사회 제도의 통합과 같은 실질적 변화를 이루었지만, 사실 그들의 최종 목표는 아직 실현되지 않았다. 2020년 기준 소수 인종 및 소수 민족의 평등을 쟁취하고 보호하기 위한 운동은 계속되고 있다. 예를 들면, 이들은 흑인과 라틴 민족을 불균형적으로 많이 수감하는 형사 사법 제도를 개선하고, 경찰의 잔혹성에 맞서고, 유권자의 투표권을 박탈하거나 제한하는 것을 종식하려고 노력하며, 아메리카 원주민의 열악한 건강 및 조기 사망과 관련한 사회적 불평등을 해결하기 위해 힘쓰고 있다. 장기적 관점에서 성과는 인정받아야 하지만 이 운동은 아마도 결코 끝나지 않을 것이다.

2020년은 미국에서 여성이 참정권을 쟁취한 지 100년이 되는 해로, 여성 운동이 여성을 향한 부당함을 해결하고 여성을 위한 더 많은 기회를 창출하기 위해 수십 년간 노력해 왔다는 것을 상기해 보라. 북미와 유럽에서의 현대 여성 운동 학파에 따르면, 1900년대의 페미니즘은 3번의 물결이 있었다(Riger, 2017). 첫 번째 물결은 투표권에 집중되었고 피임의 합법화가 시작되었다. 1960년 후반부터 시작된 두 번째 물결에서는 유색인 여성을 포함하려고 애썼고, 가정폭력을 포함하여 더 많은 국가에서 벌어지는 사회적 불평등을 해결하려고 하였다. 이 시기 동안은 공동체 지도자들이 가정폭력 및 강간 위기를 해결하기 위해 많은 쉼터와 공동체 계획을 조직하였다. 피임약뿐만 아니라 법적 발의(예, 미국의 헌법 제9조 및 평등권 수정안)도 이 시기에 이루어졌다. 세 번째 물결은 1990년대에 나타나기 시작하였는데, 이때는 성별, 인종, 계급의 교차성 관점에 기반하여 억압의 여러 계층을 동시에 해결하려고 노력하였다. 이전의 운동도 어느 정도 변화를 이루었지만, 세 번째 물결의 지지자들은 여성이 겪는 고착된 억압(예, 만연한 성희롱, 여성의 관점이 무시된 입법)에 도전하기 위해서는 새로운 접근이 필요하다고 느꼈다. 변화를 위한 노력은 더 상위의 억압 체계(예, 결혼 불평등)에 도전하는 한편, 다른 쪽에서는 여성에게 행복과 자유가 무엇을 의미하는지에 대한 다양한 관점을 더 많이 검토하도록 확대하였다. 2000년대에 이루어진 페미니즘의 네 번째 물결은 부당함에 정면으로 도전하고, 매체를 이용한 직접적 실천행동을 통해 여성의 목소리를 증폭하기 시작하였다. 신체 자율성 및 동일 노동–동일 임금에 대한 오랜 관심은 아직 제대로 해결되지 않았다. #MeToo와 #SayHerName 운동은 소셜미디어를 사용하여 흑인 여성에 대한 성적 학대와 경찰의 잔인성에 대한 부당함의 인식을 높였고, 또한 정책입안자들이 행동하도록 준비하고, 저항하며, 그들을 압박하였다. 여성 운동은 교육에 대한 권리, 건강에 대한 권리, 자기 결정권, 폭력으로부터의 자유를 다루면서 전 세계 사회를 변화시키고 있다. 이러한 예시를 포함한 여러 사례는 사회변화를 위한 시민의 노력이 사회 전체에 퍼져 있으며, 지지자들은 끈기를 가져야 함을 보여 주고 있다. 대부분의 공동체는 사회적 자본과 경험을 갈고 닦아 온 숙련된 사회변화 옹호자들을 보유하고 있고, 이들은 공동체가 기회를 포착하고 행동할 수 있도록 하는 오늘을 붙잡을 때와 장기적 준비를 해야 할 때를 알려 주는 역할을 할 수 있다.

사회변화에 참여하기 위한 공동체심리학자의 준비성

공동체심리학자에게 오늘을 붙잡고 있으라는 의미는 자신들이 살고 있는 공동체에 참여하고 활동하라는 것을 의미한다(Kelly, 1970b). 이 관점은 참여자–개념화자에서 "참여자"의 입장을 강조한다. 이 작업은 공동체 변화에 참여하는 사람과 관계를 형성하고 그들의 노력을 지원하는 것이 포함된다. 협력할 기회가 왔을 때, 공동체심리학자는 변화 전략, 효과적인 프로그램에 대한 지식, 공동체 지도자의 노력을 지원하는 연구 · 평가 기술 등에 자신의 관점을 제안할 수 있다. 다른 측면에서는 공동체심리학자가 시민의 자격으로 공동체 조직에 참여하고, 지역의 문제를 다루고, 공동체 행사에 참여하며, 지역 자원을 개발하거나 조직화하는 데 도움을 주는 일을 할 수 있다. 공동체심리학자는 그들의 기술과 지위를 이용하여 연구와 옹호를 통해 소외되고 힘없는 사람들의 의견과 경험에 주목하도록 할 수 있다(Evans et al., 2017; Langhout, 2016; Rappaport, 1981). 공동체심리학자에게 오늘을 붙잡고 있어야 한다는 것은 시민의 목소리가 변화를 일으키는 결정적 순간에 시민 및 조직과 함께 목소리를 내고 행동을 취하는 것을 의미한다.

사회변화에 대하여 긴 관점을 취하는 것은 참여의 유지, 장기적 파트너십, 그리고 인내심에 대한 계획을 의미한다. 이는 공동체의 역사와 공동체가 사회문제를 해결하기 위해 어떤 시도를 하였는지를 공부하는 것을 뜻하는데, 그 당시의 역사는 그 시기의 쟁점에 영향을 미치기 때문이다(Tseng et al., 2002). 사회 및 공동체 문제를 다루는 방식에 영향을 주었던 관점 및 권력이 과거에서부터 현재까지 어떻게 변해 왔는지를 이해하는 것은 도움이 된다(Levine & Levine, 1992). 더욱이 사회변화에 긴 관점을 취하는 것은 개인의 정서적 관계 및 권력 역할이 포함된 변화의 과정에 깊이 지속적으로 관여한다는 의미이다(Case, 2017; Kelly, 1970b, 1990; Langhout, 2015; Primavera & Brodsky, 2004). 이는 문제 해결을 위해 공동체가 그들의 역량을 구축하는 데 도움이 되도록 노력하는 것을 의미한다. 긴 관점을 취하는 것은 명확하게 정의된 목표를 다루는 데 있어 효과성에 관한 올바르고 과학적인 증거를 제공할 수 있는 공동체 개입법을 고안, 실행, 평가 및 개선하는 것과도 관련된다. 이렇게 함으로써 대중적 호소력만 있는 효과성이 적은 개입보다는 지역의 맥락뿐만 아니라 사회적·정치적·경제적 변화에 더 잘 대응할 수 있는 경험적 지지가 뒷받침되는 개입법을 제공할 수 있다. 마지막으로, 이는 좌절과 도전을 통해 사람과 공동체를 유지하는 과정에서 핵심 가치를 분명하게 표현하는 것을 의미한다(Kelly, 2010; Tseng et al., 2002). 이러한 방식은 공동체심리학자가 현재의 사회 상황이 바뀌어도 공동체와 사회 변혁을 계속해서 추구할 수 있도록 한다.

공동체와 사회의 변화를 위한 작업에 도움이 되는 개인의 자질

공동체심리학이 설립된 직후, 켈리(Kelly, 1971)는 공동체심리학자의 발전을 돕는 여덟 가지 바람직한 개인의 자질을 제안하였다. 또한 이 자질들은 공동체심리학자와 함께 효율적으로 일했던 공동체 파트너 대부분이 가지고 있는 것으로 밝혀졌다. 다음에 기술한 자질을 살펴보면서 당신이 이미 습득한 자질과 앞으로 습득해야 할 자질에 대하여 생각해 보기를 권한다.

- 명확히 구분되는 전문 영역
- 생태학적 정체성 구축
- 다양성에 대한 관용
- 다양한 자원의 효율적 대처
- 위험을 감수하겠다는 약속
- 인내와 열정 간의 균형
- 주목받으려 하지 않기
- 공동체 업무에 대한 정서적 책임감

이 자질들은 오늘날 공동체심리학자에게 통찰력 있는 유용한 조언이 되고 있다(Langout, 2015). 또한 공동체의 변화를 위한 일에 관여하는 모든 사람에게 도움이 되는 지침이다. 이것은 여러 면에서 이 책의 중요한 주제를 요약하고 있다. 이제 사회변화 작업에서 공동체심리학이 취하는 접근법에 관심이 있는 사람이 자신의 역량을 구축하는 데 도움이 되는 자질들을 살펴보자.

명확히 구분되는 전문 영역 공동체심리학자 또는 시민 대표는 변화에 도움이 되는 기술 및 지식을 입증해야 한다. 공동체 파트너에게 당신의 참여가 변화 노력에 어떤 영향을 줄 수 있을지 알리는 것은 중요하다. 이것은 특히 공동체 외부 사람이 변화 작업에 합류할 때 고려되어야 한다. 이것은 공동체 조직화 및 공동체 연합을 구축하는 등의 리더십 기술을 말한다. 사회변화와 관련된 일을 하는 사람은 의사소통에 숙달된 사람 또는 그 쟁점에 전문지식이 있거나 경험이 있는 사람을 영입할 수 있다. 전문 교육을 받은 시민과 공동체심리학자는 참여 연구, 프로그램 평가, 정책 분석, 옹호, 연구비 신청, 자문가 또는 워크숍 지도자로서의 능숙함 등의 변화 업무에 중요한 전문 기술을 보여 주어야 한다. 가능하다면 지식과 기술은 공동체 구성원과 함께 증진시킬 수 있다. 즉,

공동체심리학자 또는 전문 기술이 있는 시민은 단순히 전문가로서가 아니라 공동체의 구성원들의 발전을 위한 자원의 차원에서 그들의 전문성을 공유해야 한다.

생태학적 정체성 구축 공동체 변화 작업은 공동체에 몰입하고, 공동체의 정체성을 가지며, 공동체에 관심을 갖는 것을 말한다. 이는 공동체의 생태계, 즉 자원, 문제, 적응, 상호 의존 패턴, 역사 등에 대한 이해를 의미한다. 이러한 이해는 인지적 측면과 정서적 측면 모두에서 이루어져야 한다. 공동체에 대한 이러한 정서적 관여는 지속적인 헌신, 더 깊은 이해, 그리고 구성원의 선택에 대한 존중을 강화한다.

다양성에 대한 관용 이것은 다양성에 대한 수동적인 지지를 넘어서서 다양성 포용, 포용을 위한 기회 증진, 공평을 위한 노력을 말한다. 7장에서 언급한 것처럼, 여기에는 자신의 편향을 점검하고 문화적 겸손을 실천하는 것이 포함된다. 이것은 나와 매우 다를 수 있는 사람을 찾아서 그들과 관계를 맺는 것으로, 이 차이가 심지어 갈등의 소지가 될지라도 그들 역시 공동체 자원임을 이해하는 것을 의미한다. 또한 공동체 구성원 간의 차이를 이해하고, 공동체 관심사를 다룰 때 다양한 관점과 자원을 사용하는 방법을 찾는 것도 포함된다.

다양한 자원의 효율적 대처 공동체심리학의 관점에서 보면, 모든 공동체 구성원은 그들 자체가 변화에 대한 자원이다. 어떤 경우에는 공동체 구성원이 보유한 자원이 일상에서 눈에 띄지 않을 수도 있다. 그러므로 평소에는 드러나지 않는 구성원의 기술, 지식, 그리고 여러 자원을 확인하고 이들을 참여시켜서 그 자원을 끌어내는 것은 필수적이다. 공동체심리학자는 전문가의 역할에서 벗어나 시민과 진정한 파트너로서 그들의 기술과 통찰력을 존중해야 한다.

위험을 감수하겠다는 약속 긍정적인 공동체 변화를 추구하는 것은 일반적으로 대의명분 또는 사람을 옹호하는 것과 관련된다. 이는 소외되거나 잘 알려지지 않았던 이유의 편에 설 것을 요구한다. 즉, 더 힘 있는 이익 집단에 대항하여 권력 또는 사회적 자본을 덜 가진 사람이나 집단의 입장이 되는 것을 의미한다. 이는 실패를 감수하겠다는 의미로, 예를 들면 성공 여부를 알 수 없는 실천행동 방침을 옹호하는 것 등이 해당된다. 이러한 위험 감수는 충동적인 것이 아니라 공동체를 위한 그들의 가치관의 신중한 결정이자 표현이다.

인내와 열정 간의 균형   공동체에 지속적으로 참여하기 위해서는 자신의 일에 대한 가치와 목표에 대한 열정을 가지는 것이 필수이지만, 동시에 공동체 변화를 위해 필요한 긴 시간을 견뎌야 한다. 말할 때와 침묵할 때를 아는 것 또한 성공과 실패를 통해 자신을 유지하는 방법을 찾는 것과 마찬가지로 습득해야 하는 기술이다. 앞서 얘기한 오늘을 붙잡고 긴 관점을 취하는 것을 떠올려 보라. 인내와 열정 간의 균형을 유지하는 한 가지 방법은 공동의 목표를 공유하는 사람을 찾아서 지지적인 관계를 발전시키는 것이다. 당신들이 함께한다면 공동체와 업무의 위험 감수에 대한 배움을 증진할 수 있다. 이는 개인적인 인간관계일 수도 있고, 또는 공동체 집단 연결망일 수도 있다.

균형을 유지하는 두 번째 요소는 공동체 업무와 관련한 정서를 인식하는 힘을 기르는 것이다(Case, 2017; Langhout, 2015). 미국의 초기 공동체심리학자들을 인터뷰한 비디오를 보면 논문이나 책에서는 보이지 않는 정서가 드러난다(Kelly, 2003). 이 정서에는 옹호를 위한 분노, 공동체에 대한 자부심과 개인적 유대감, 불의에 맞설 때의 환희, 동료를 찾았을 때의 기쁨, 공동체 업무의 역설에 대하여 웃을 수 있는 능력, 공동체 구성원이 스스로 미래를 추구할 준비가 되었다며 심리학자에게 이별을 고할 때의 자부심과 상실감의 복합 정서 등을 살펴볼 수 있다. 정서는 가치를 표현할 수 있고, 참여에 활력을 불어넣으며, 공동체 결속을 강화할 수 있다. 공동체심리학은 열정이 필요하다. 왜냐하면 공동체심리학의 업무들이 열정을 요구하기 때문이다. 또한 공동체심리학자는 그들의 정서, 정서를 처리하는 데 필요한 자기 관리, 작업기간 동안 요구되는 타인에 대한 돌봄의 인식이 필요하다.

주목받으려 하지 않기   대부분의 공동체 변화 노력에는 많은 사람이 관여하게 될 것이다. 이것의 목적은 공동체 자원을 강화하고, 공동체 파트너와 함께 일하며, 긍정적인 공동체 변화를 이루는 것이다. 개인적인 인정이나 공로를 바라거나 누리는 것은 이러한 목표를 장기적으로 추구하는 것을 방해한다. 성공을 자축하면서도 그 공은 나누는 것이 중요하다.

공동체 업무에 대한 정서적 책임감   랑하우트(Langhout, 2015)는 사회변화와 관련한 업무를 할 때 바람직한 개인의 자질에 대한 켈리의 논의를 보강하였다. 그녀는 앞서 언급한 자질들이 공동체 기반 업무의 접근법을 고려할 때 도움이 되기는 하지만, 실제 현실에서 사용할 때는 쟁점과 사람들에 대한 정서적 관여가 요구된다는 것을 발견하였다. "고단한 사건에 직면했을 때 공동체심리학자를 견딜 수 있도록 해 주는 것은 공동체에 대한 사랑, 강인함, 위험 감수이기 때문에 이는 필수적이다"(Langhout, 2015, p. 268). 그녀는 공동체심리학자는 공동체 업무에 대한 그들의 감정적 반응을 알아채고 그것으로부터 정보를 얻어야 한다고 주장하였다. 그녀는 이것을 인간이란 무엇인가에 대한 이해를 뜻하는 감정적 존재론(affective ontology)이라고 언급하였다. 이는 무엇을 유용한 지식으로 간주해야 하고 어떻게 의사결정을 해야 하는가와 관련한 철학 및 정치학 영역의 학파와 유사하다. 3장에서 랑하우트(Langhout, 2015)와 페르난데스(Fernández, 2018b)가 그들 업무에서의 정서적 측면에 대하여 말한 것을 생각해 보라. 두려움, 수치심, 분노, 죄책감, 불안의 정서는 갈등 상황에서 발생하고, 거의 모든 관계에서 갈등이 존재하기 때문에 이러한 정서가 일어날 것을 예상할 수 있다. 하지만 공동체-기반 업무에서 정서 반응을 인지하지 못하거나 준비하지 못한다면 의도치 않게 그 일을 망칠 수 있다. 사람들은 이러한 부정적인 정서를 갖게 되면 갈등을 해결하여 변화를 추진하는 것을 회피하게 되어 현상 유지로만 끝날 수 있다. 더하여 정서는 반대 의견을 잠재우려고 하거나 권력을 가진 사람의 책임 소재에 의문을 제기하는 것을 막는 방법으로 공동체 갈등을 조작할 수 있다. 갈등을 해결하려는 용기는 충동적 행동이 아니라 오랫동안 유지해 온 가치, 관계, 계획된 행동에서 발생한 의도적 행동으로 볼 수 있다. 유사하게, 긍정적 정서는 행동을 독려하고 즐기도록 하기도 하지만, 특정 조건에서는 현재 상황을 계속 유지하는 것에 그치도록 할 수 있다.

랑하우트(Langhout, 2015)는 공동체 업무에서의 정서적 경험은 그 일에 몰입하고 있다는 지표이며, 그 반응을 존중할 필요가 있음을 알려 주는 것이라고 하였다. 자신과 공동체 파트너의 정서를 인식(즉, 감정적 존재론)하는 것은 사회변화 노력을 위한 도구가 될 수 있다(즉, 감정적 정치학; Gould, 2009). 랑하

> **감정적 존재론**
> 인간 존재에 대한 정서적 이해를 말하며, 인간이란 무엇인가와 정서가 개인의 지식과 활동에 어떻게 영향을 주는지에 대한 생각을 일컫는다.

우트는 사람들은 자신의 정서적 반응을 분석하여 이해를 더 높이는 데 사용할 수 있다고 주장하였다. 정서는 자신의 행동이 자신의 가치와 일치하는지에 대한 지표가 될 수 있다. 윤리적 결정을 할 때는 역량 또는 가치만 고려할 것이 아니라 그 쟁점이 적용되는 더 큰 맥락의 가치, 역량, 기준과 함께 우리의 정서적 반응도 고려해야만 한다(예, "사회적 불공정에 대하여 목소리를 높이면 그 프로젝트의 기금을 받지 못하지 않을까?" "이 입장을 취하면 친구를 잃을 수 있지 않을까?" "내가 이것을 주장하면 나의 경력에 어떤 영향을 받는 것은 아닌가?"). 케이스(Case, 2017)는 공동체 구성원과 함께하는 프로젝트에서 윤리적으로 중요한 순간, 특히 연구자가 연구 수행이나 참여자의 웰빙을 훼손할 가능성이 있을 때 필요한 성찰에 대한 논의를 제안하였다. 알 수 없는 두려움에 영향을 받은 결정은 당신의 가치와 일치하지 않을 가능성이 높고 의도하지 않은 피해를 일으킬 수 있다.

공동체심리학의 실천과 연구를 통해 성찰을 얻기 위해서는 우리의 정서를 인지해야 하고, 우리의 가치와 전문적이고 개인적인 관여 간의 균형이 필요하다. 이는 프로젝트가 어려움에 봉착했을 때 우리가 위험을 감수하고 견딜 수 있도록 격려한다. 자신의 정서를 인지하기 위해서는 공동체 파트너와의 관계 구축과 개인의 웰빙을 유지하는 것이 필요하다. 랑하우트(Langhout, 2015)는 공동체심리학자는 자신의 정서를 가시화하여 다른 사람에게 이 작업에 진심이 담겨 있음을 깨닫게 할 수 있다고 하였다. 그녀는 또한 우리가 책임져야 하는 공동체와의 관계에서 자신의 정서적 반응 및 사회적 지위를 분석할 필요가 있다고 주장하였다.

당신의 생각은?

1. 사회변화를 위한 일을 할 때 공동체심리학자에게 적용된 개인의 자질 중 사회변화를 추구하는 당신의 열망에 적용할 수 있는 것은 어떤 것인가?
2. 당신은 공동체 변화를 위해 어떻게 오늘을 붙잡을 수 있는가?
3. 당신은 사회변화의 노력을 유지하기 위해 어떻게 긴 관점을 취할 수 있는가?
4. 사회변화의 작업에 필요한 개인의 자질 중 이 책에서 언급한 것 이외의 것을 경험한 적이 있는가?

공동체심리학의 새로운 동향

현재의 공동체심리학에서 대두되는 새로운 경향을 살펴보자. 현실 평론가들은 많은 공동체에서 발생하는 엄청난 변화들에 대하여 자주 언급한다. 사람들은 이러한 변화에 대한 대응이 필요하다고 생각하고 공동체심리학이라는 학문 및 작업 수행 방식 역시 변화가 필요하다고 생각한다. 공동체의 변화에는 전 세계 인구통계의 변화, 업무의 세계화 증대, 공동체의 사회적 불평등 증가, 일상을 살아가기 위한 새로운 기술 학습의 필요성 등을 들 수 있다. 더하여 갈등수준, 불관용 표현, 폭력은 증가하고 있는 것으로 나타난다. 기후 변화, 차별, 불평등과 같은 문제는 개인이 해결하기에 불가능한 것으로 보인다. 공동체 변화의 부정적 측면에 대항하려는 노력은 힘든 작업이고 심지어 좌절할 수도 있다. 공동체의 이러한 변화는 웰빙과 사회정의 증진을 위한 공동체심리학에 도전과 기회를 제시한다. 우리는 이러한 문제를 헤쳐 나가는 데 도움을 얻기 위해 공동체심리학을 활용해야 한다. 1~3장과 7장에서 논의한 것처럼, 성찰적 실천의 탄탄한 토대는 우리의 실천행동을 검토하는 데 도움을 줄 것이다. 협업을 구축할 때 공동체심리학의 가치와 윤리관은 과제를 어떻게 헤쳐 나갈지와 우리의 노력을 어느 부분에 쏟아야 할지를 결정하는 데 도움을 줄 수 있다. 우리는 공동체심리학 패러다임과 기술이 공동체의 변화를 이해하는 데 도움이 된다는 것을 강조하고 싶다. 공동체심리학자는 다른 영역의 실무자보다 더 강한 가교 역할을 하는 것에 집중한다. 이러한 가교 역할은 이해관계자 간의 연결, 문제 해결을 위한 자원의 연결, 그리고 분석 수준에 따른 연구 문제의 연결, 그리고 연구와 실천행동의 연결 등이 있다. 다음 절에서 이러한 변화를 탐색하는 공동체심리학자가 관심을 두고 있는 최근의 동향에 대하여 살펴보자.

사회정의 및 사회적 실천행동의 관심 확장

공동체심리학은 사회정의, 자유, 사회변화를 위한 옹호를 높이기 위해 다양한 경향성을 통합하고 있다. 2장에서 언급한 것처럼, 공동체심리학은 불공평 또는 부당함으로 인식되는 상황에 오랫동안 관심을 가져 왔다(예, Bond et al., 2017; Langhout, 2015; Ryan, 1971). 공동체심리학은 사회정의 이론이 어떻게 개입에 정보를 줄 수 있는지에 대한 보다 정교한 지식을 만들어 가고 있다. 예를 들면, 사회정의는 예방 및 건강증진 개입을 시행하는 대상의 선택이 중요하다. 여기서는 자원에 대한 접근과 관련한 분배 정의와 사람과 자원의 연결을 위해 공동체심리학의 개입을 어떻게 사용할 수 있는지를 강조한다(Lykes, 2017; Rappaport, 1977b). 권력강화 계획은 ① 개입의 수행 방식과 ② 소외 계층의 참여에 초점을 두는 절차적 정의에 대한 이해를 강조한다(Fondacaro & Weinberg, 2002; Rappaprot, 1981). 비평이론 공동체심리학자는 사회정의도 과학적 연구의 평가 기준에서 바라보기 시작하였다(예, Evans et al., 2017; Nelson & Prilleltensky, 2010). 즉, 이 분야의 지식 및 행동에 대한 영향력과 합법성에 대한 가정을 과학과 개입이 가진 장점으로 밝혀야 한다는 것이다. 비평이론 공동체심리학자는 이 분야가 사회정의에 대한 함의점을 가지지 못하는 절대적 가치를 가정하기보다 사회정의 가치(예, 분배 정의와 절차적 정의)의 입장에서 이러한 영향력의 가정을 연구해야 한다고 촉구한다.

엘살바도르에서 수행된 사회심리학자이자 예수회 신부인 이그나시오 마르틴-바로(Ignacio Martín-Baró)의 연구는 전 세계 공동체심리학의 사회정의에 대한 관심을 넓히는 데 공헌하였다. 마르틴-바로는 반대자들에 대항하여 정신건강과 안녕을 증진하는 일을 하였다. 그는 1980년대의 엘살바도르 내전의 심리사회적 근원과 가난한 엘살바도르인의 과밀화의 영향을 공부하였다(Portillo, 2012). 그는 동료들과 함께 라디오 프로그램을 만들어서 농촌의 지역사회 발전을 촉진하였다. 가난한 사람들의 요구와 이러한 상황에 대한 사회적 불평등을 해결하려는 그의 노력은 정부의 주목을 받게 되었고, 정부는 이 활동을 중단시키려고 하였다. 마르틴-바로는 사회정의를 강조하는 것이 우리가 억압적인 상황을 파악하고 모든 시민이 자원(물적, 사회적, 인적)에 접근할 수 있도록 하는 것이라고 설득하였다. 이러한 상황을 파악하기 위해서는 거시체계, 세계의 역학 관계, 그리고 상황과 개인의 웰빙과의 연결을 이해할 필요가 있다. 예를 들면, 그는 엘살바도르 정부에 대한 미국의 지원이 엘살바도르 시민의 폭력을 조장하고 사회적 상황 및 건강을 상당히 악화시키고 있다고 비판하였다. 그는 심리학이 억압에 대한 도전을 위해 어떻게 사용될 수 있는지를 정리하였고, 이를 해방운동 심리학(liberation psychology)이라고 지칭하였다(Martín-Baró, 1986). 마르틴-바로의 업적은 이 일이 용기를 줄 수 있다는 것

해방운동 심리학
라틴 아메리카의 해방운동 신학에서 영감을 얻은 것으로, 현재의 사회정치적 구조에 도전하여 억압받고 빈곤한 공동체의 상황을 이해하고 해결하려는 접근법이다. 시민의 권력강화와 사회정의와 같은 가치를 강조하고 공동체심리학의 발전에 영향을 주었다.

을 우리에게 알려 준다. 그는 권력이 없는 엘살바도르인의 요구에 대한 의식을 함양하기 위해 심리학의 개념과 옹호를 이용하였고, 정부와 정부 지지자들의 권력에 대항하였다. 그는 자신의 목숨이 위협받는 상황에서도 이 일을 계속하였고, 준군사 조직은 정부에 반대하는 사람들을 위협하면서 "애국자가 되라, 성직자를 죽이라."라는 구호를 내걸었다(Portillo, 2012, p. 81). 안타깝게도 마르틴-바로는 산살바도르 지역에 있는 센트로아메리카나 대학교에서 5명의 사제 학자, 가정부, 가정부의 딸과 함께 그들이 사회 운동을 하였다는 이유로 살해당했다(Portillo, 2012). 하지만 그들의 업적이 남긴 유산은 많은 사회-공동체심리학자의 공동체 사회정의 노력을 통해 계속되고 있다.

사회정의에 입각한 다양한 개입은 공동체심리학 논문과 학술대회를 통해 입증되고 있다. 이 개입들의 공통점은 불평등으로 피해를 입은 사람과 함께 일하고, 심리사회적 및 정치적 체제를 바꾸려는 노력에 집중하고, 자원의 공평한 분배를 촉진하며, 자신의 삶에 영향을 주는 결정에 관여하기 위해 연구 및 사회적 실천행동에 참여하겠다는 의지를 보인다는 것이다(Evans et al., 2017). 예를 들면, 라이크스(Lykes, 2017)는 과테말라, 남아프리카공화국, 북아일랜드 및 미국의 지역 공동체와 함께 해방 실천행동 연구에 30년간 참여한 경험을 책으로 발간하였다. 라이크스와 동료들(Lykes et al., 2003)은 마야 여성들을 공동 연구자로 선정하여 함께 일하면서 과테말라 전역에서 발생한 무력 충돌로 인한 인적 비용을 여성의 관점에서 이야기할 기회를 만들었다. 연구 팀은 상실 및 저항의 이야기와 그림이 담긴 책을 제작하여 정부에 대항하고 책 판매를 통해 관련 여성에게 일정 정도의 수익마저 창출함으로써 정의에 대한 그들의 요구에 정당성을 부여하는 데 도움을 주었다. 공동체심리학 연구자와 실천가는 이 개념을 경제적 어려움과 노숙 문제를 해결하는 데 적용하였다(Israel & Toro, 2003; Shinn & McCormack, 2017). 이러한 노력에는 경제적 불평등의 심리적 영향에 대한 인식을 증가시키고, 자녀가 있는 노숙자 부모와 협력하여 자녀를 위해 학교와 대화할 수 있도록 권력을 강화하며, 노숙자 자녀를 위해 기업 및 공동체가 자원을 제공하는 방법을 찾는 것 등이 있다.

이 책 전체를 통해 논의하고 있는 바와 같이, 사회정의에 대한 의지를 새롭게 하는 것은 공동체심리학의 이론, 연구, 교육에서 찾아볼 수 있다. 공동체심리학 이론가는 사회정의에 참여함으로써 우리의 업무에 대한 이해, 우리가 하는 질문, 그리고 우리가 가져야 하는 책임 등이 얼마나 변할 수 있는지를 설명하기 위해서 비판적 인종 이론(예, Hope et al., 2019; Langhout, 2016), 여성주의 이론(Langhout, 2016; Silva & The Students for Diversity Now, 2018), 탈식민지 연구(Cruz & Sonn, 2011; Dutta, 2018; Seedat & Suffla, 2017), 그리고 비판적 심리학(Evans et al., 2017; Prilleltensky & Nelson, 2009)을 이용한다. 이 이론가들은 우리에게 연구를 수행하는 우리의 지위, 우리가 하는 질문, 그리고 함께 일하는 동료에 대한 비판적 성찰을 할 수 있도록 돕는다. 사회정의에 대한 이러한 성찰적 검토는 인종적 정의(justice)(Sonn, 2018) 또는 제도적·문화적 차별(Hope et al., 2019)이 어떤 의미인지를 재검토하는 연구 등에 정보를 제공하고 있다. 이러한 자기-비판을 이용하여 사회정의를 다르게 보는 방식은 또한 공동체심리학을 가르치고 실천하는 방법에 영향을 주었다. 예를 들면, 주목받지 못하거나 소외된 학생의 관점에서 수업을 진행함으로써 실제 현실과 연결하여 그들이 배운 것을 캠퍼스 활동과 같은 그들의 관심사에 직접 적용하는 방식을 채택하는 것이다(Silva & The Students for Diversity Now, 2018).

물론 공동체심리학에서 사회정의를 강조하는 것이 새삼스러운 일은 아니다. 많은 공동체심리학자가 공동체 연구를 통해 사회정의를 이루고자 헌신하였다. 공동체심리학 접근법을 사용하여 사회정의를 위한 연구 및 실천행동을 이룬 다음 사례를 살펴보자.

혁신적인 사회정의 연구 및 실천의 예시

성폭력에 대한 사법 체계 반응   1장의 '여는 글'에서 언급한 것처럼, 사법 체계는 그동안 성폭력 범죄 결과가 피해자에게 오랫동안 신체적·심리적 문제를 발생시켰음에도 불구하고 성폭력 경험을 간과하였고, 무시하였으며, 무관심하였다. 여기에는 DNA 증거를 보관하는 것, 사건 수사를 거부하는 담당 검사, 또는 신고한 피해자의 진술에 이의를 제기하는 수사관이 원인일 수 있다. 쇼와 동료들(Shaw et al, 2017)은 대부분의 성폭력 사건이 수사 단계에서 기소 단계로 넘어가지 않는다고 보고하였다. 사건이 충분한 증거가 없는 것으로 판단되면 파일이나 창고에 보관되어 사라진다. 하지만 검토되지 않는다면 어떻게 그 증거에 대한 결정을 내릴 수 있는가? 쇼는 수사가 증거를 사용하지 않고 통

여성의 권리와 성폭행은 공동체의 사회적 실천행동으로 해결할 수 있는 많은 중요한 쟁점 중 하나이다.

출처: Nicole Glass Photography/Shutterstock.com

상적으로 기각되는 이유에 의문을 제기하였다. 언론 보도와 이전 연구들은 성폭행 수사를 철저하게 한 경우는 기소되었고 그렇지 못한 경우에 기각되는 사례들을 보여 주면서 수사 과정의 문제 때문이라고 하였지만, 왜 그 많은 증거가 검토되지 않았는지는 알려진 바가 없다. 쇼와 동료들은 경찰서 창고에 보관된 검사되지 않은 수많은 DNA 증거 키트에서 무작위로 248명의 성폭행 사건을 선택하여 경찰 기록을 분석하였다. 경찰 기록을 자세하게 분석한 결과, 법 집행관은 성폭행에 대한 대응을 전통적 강간 통념을 근거로 하여 "실제" 강간의 조건과 강간 피해자의 행동을 검토하였다. 더욱이 가해자의 행동이 아닌 피해자의 행동에 초점을 맞춘 강간 통념으로 인해 법 집행 기관이 수사에서 부작위[1]를 정당화하는 많은 사례가 발견되었다. 이 때문에 성폭력 사건 수사에서 법 집행 요원의 부작위는 피해자 때문으로 치부되었다. 이 연구는 국가적 관심을 받게 되었고 증거를 조사하고 수사관을 훈련하는 프로토콜을 개발하는 노력과 책임감을 강화하는 노력을 도출하였다. 이 연구의 파급력은 컸으나, 피해자를 위한 더 섬세하고 민감한 대응 및 폭력 예방을 위해서는

---

1) inaction: 아무런 조취를 취하지 않은 것

체제 변화를 가져올 수 있는 더 많은 노력이 필요하다.

지역과 세계의 연계성에 대한 과제와 기회

전 세계적으로 공동체심리학의 다양성에 대한 인식이 증가하고 있다. 공동체심리학의 전문가 조직 구성원의 절반 이상이 현재 미국이 아닌 다른 곳에 살고 있다. 공동체심리학이 세팅의 생태를 이해하는 것이 중요하다는 것을 고려하면(5장 참조), 지역이 달라지면 공동체심리학의 다른 측면(예, 사회정의, 사회 개입, 또는 연구)이 강조된다는 것은 그리 놀라운 일이 아니다. 공동체-기반 연구, 실천행동 및 이론에서 강조하는 측면은 지역에 따라 달라지는데, 이는 공동체심리학자가 직면한 지역의 현실 및 각 지역에서 경험하는 문제가 다르기 때문이다.

나라마다 공동체심리학의 발달은 그 나름의 독특한 역사를 지니고 있다. 어떤 지역의 공동체심리학은 정신건강 체계에 대한 대안을 제시하면서 발달한 반면, 다른 지역의 공동체심리학은 사회적 조건과 사회적 실천행동에 집중하였다. 이 또한 놀라운 일이 아니다. 각 지역은 서로 다른 요구, 서로 다른 사회적 조건 및 그것을 다루기 위한 서로 다른 자원을 보유하고 있기 때문이다. 국제 사회에 대한 공동체심리학은 각 지역 공동체의 지역 생태계에 맞는 다양한 접근법과 개입법을 제안한다. 각 나라의 조건에 맞는 공동체심리학 연구와 실천행동은 서로 강조하는 측면은 다르지만 공동체심리학의 핵심 가치는 많은 부분이 겹친다(Reich et al., 2017). 전 세계 공동체심리학의 발전은 호주/뉴질랜드, 유럽 및 라틴 아메리카에서 개최되는 정기적인 공동체심리학 학회에서 볼 수 있다. 각 지역에 특화되어 개발된 공동체심리학의 책과 학회지가 있고, 이것들은 이탈리아어, 일본어, 포르투갈어, 라틴아메리카 스페인어, 유럽계 스페인어 및 호주, 영국 제도, 캐나다, 뉴질랜드 및 미국 등에서 쓰이는 영어로 발간된다.

미국과 캐나다의 많은 지역에서 공동체심리학의 다양성에 대한 인식이 커지고 있다. 지난 15년 동안, 미국과 캐나다 출신의 공동체심리학자를 위한 전문 조직인 공동체 연구와 실천행동을 위한 학회(Society for Community Research and Action: SCRA)에서는 공동체심리학자의 다양성에 대한 관심을 바탕으로 실무단을 만들었다. 이러한 실무단으로는 재난·공동체 준비성·회복에 대한 SCRA 대책위원회(SCRA Task Force on Disaster, Community Readiness, and Recovery), 형사 사법(Criminal Justice), 이민자 정의(Immigrant Justice), 토착민 이익 집단(Indigenous Interest Group), 조직 연구(Organization Studies), 지역사회 정신건강의 혁신적 변화(Transformative Change in Community Mental Health) 등이 있다. 공동체심리학 실천가와 연구자의 관심은 그들의 지역에 따라 상당히 다양하다. 비록 공동체심리학자의 대부분이 도시에 관심이 있지만 농촌 지역의 문제를 다루기 위한 공동체심리학 접근법의 가치를 인식하고 있다.

공동체심리학 학회지에는 문화에 입각한 연구 및 개입이 증가하고 있다(Langhout & Thomas, 2010). 이 부분은 이 책 전체를 통해서 강조하였다. 출간된 저작물과 구성원의 이러한 추세는 공동체심리학 분야에서 점점 증가하는 경향성을 보이며, 이는 공동체심리학의 가치와 관점이 어떻게 다양한 분야의 사람들의 목소리를 포함할 것인지에 대하여 (뒤늦게) 인식하고 있는 것으로 볼 수 있다. 미국에서 공동체심리학이 설립된 후 10년 동안 학생과 교수는 여전히 주로 남성과 백인이었다(Gridley & Turner, 2010; Moore, 1977). 하지만 2020년에 접어들면서 여성과 유색인이 전문 기관과 훈련 프로그램의 대표를 점점 더 많이 차지하고 있다. 많은 사회변화처럼 이 변화에는 유색인과 여성의 참여가 큰 역할을 하였다. 공동체심리학자는 다양한 관점을 포함함으로써 어떻게 연구를 수행하고, 공동체 구성원들과 협력하고, 개입을 설계하며, 자신들의 일을 개념화할 것인지에 대한 변화에 영향을 끼쳤다. 공동체심리학에서 경험과 관점의 다양성을 더 많이 표현하는 것은 현재도 진행 중에 있다.

7장에서 살펴본 것처럼, 다양성 및 공동체의 가치에 대한 관심은 개입과 협력에 대한 새로운 접근법을 요구할 수 있다. 타운리와 동료들의 주장에 의하면, **공동체-다양성 변증법**(community-diversity dialectic)은 다가올 미래의 발전에서 핵심 영역의 창의적인 긴장감을 형성할 것이라고 하였다(Townley, 2017; Townley et al., 2011). 공동체를 이해하기 위해서는 두 개념이 모두 필요하고 서로 상호 의존하는 것으로 보아야 한다. 공동체가 발전하는 것과 다양성의 범위를 넓히는 것 사이의 비중은 세팅에 따라 관심의 정도가 다를 수 있다. 하나가 다른 것보다 더 주목을 받을 수도 있다. 공동체심리학은 ① 많은 형태의 다양성과 ② 공동체 의식으로 대표되는 연계 및 소속감에 대한 다양한 도전,

공동체-다양성 변증법
대립적으로 보이는 두 개념 간의 생산적인 긴장에서 비롯되는 토론을 말하며, 이 두 개념은 상호 의존적이며 공동체 발전을 위해 필수적인 것으로 간주해야 한다.

이 둘에 대한 진정한 이해와 존중을 육성하는 것이 중요하다. 이를 위해서 "공동체"가 의미하는 바를 광범위하게 조사할 필요가 있다(Evans et al., 2017). 서로에 대한 이해를 높일 수 있는 세심한 연구의 수행이 중요하고, 동시에 광범위하게 공유하고 있는 이상과 공동체심리학 분야에서 주장하는 이상도 분명히 하여 다양한 사람 및 다양한 공동체와의 대화에서 우리 자신과 타인 모두를 이해하는 것이 중요하다.

2장의 공동체심리학 발달에서 언급한 것처럼, 우리 모두는 사회의 영향을 받고 공동체심리학은 계속해서 진화하고 있다. 1990년 후반에서 2000년 초반, 기업과 신자유주의 정치가들은 세계화 전망 및 연계성의 증가를 적극적으로 홍보하였다. 2010년대에 접어들면서 세계적 연계성의 증가에 따른 문제는 계속 제기되었고 신자유주의 세계화에 대한 논쟁도 계속되었다(Evans et al., 2017). 마르셀라(Marsella, 1998)는 세계화의 경제 및 정치적 영향력의 관계, 다양한 문화와 지역 공동체의 발달과 쇠퇴, 그리고 이것이 가족과 개인의 심리적 기능과 어떻게 연관되는지를 연구하기 위해 "글로벌–공동체심리학"을 제안하였다. 특히 그는 두 양극단의 관점인 "위로부터의 세계화와 아래로부터의 토착화" 간의 긴장에 관심이 있었다(Marsella, 1998, p.1,284). 이 개념에서 세계화(globalization)란 시장 자본주의, 광고, 대중매체, 그리고 개인주의 및 경제적 생산량의 가치에 대한 중앙 집중화된 효과를 말한다. 토착화(indigenization)란 토착 민족 문화와 지역 공동체의 전통적인 집합적 가치와 공동체 결속에 대한 의식을 일컫는다. 물론 세계화에 대한 반응 역시 지역에 따라 다양하게 나타난다. 하지만 어떤 경우라도 세계화 시장과 전통 문화와의 상호작용은 전 세계 개인과 공동체의 삶에 영향을 주게 된다. 지역 공동체가 자신들의 정체성과 가치를 보존하고자 하는 만큼 세계화에 대한 토착민의 저항은 증가한다. 더 많은 공동체심리학자가 사회정의, 비평적 학문, 그리고 성찰적 실천에 대한 주목을 높이면서 토착화와 세계화 간의 긴장을 해결하기 위해 개인 및 공동체와 함께 재탐색하고 있다.

대부분의 세계화 지지자들은 상호 협력적 시장의 경제적 이점을 강조해 왔지만, 공동체심리학의 가치인 사회정의, 웰빙, 권력강화 및 예방 등을 포함하는 계획은 발전시키지 못했다(Evans et al., 2017; Reich et al., 2007). 세계 문화의 다양성을 인식하여 촉진하고, 그것을 해당 문화의 관점에서 이해하기 위해

세계화
세계 무역, 과학 기술, 그리고 투자로 국가 간 경계를 넘나드는 기업 및 정부 간의 상호작용 및 중앙 집중의 과정을 말한다.

토착화
토착 민족 문화와 지역 공동체에 대한 구성원들의 전통적 가치와 공동체 결속을 인식하는 것을 일컫는다.

노력하며, 서구의 심리학적 이론은 단지 많은 심리학의 형태 중 하나라는 것을 수용하기 위해서는 공동체심리학의 관점이 필요하다. 멀리 떨어진 전 세계 지역 간의 연결망 증가는 공동체심리학이 사회변화를 지원하는 대화와 활동에 참여하는 기회를 만들어 냈다. 하지만 이것은 공동체심리학에 몇 가지 도전과제를 제기하였다. 그러한 과제에는 다양한 사람의 경험에 대한 이해 증가, 참여적 접근법의 연구, 미국 이외의 공동체심리학자로부터의 정보, 그리고 공동체심리학의 핵심 가치를 실천행동에 어떻게 적용할 것인가에 대한 숙고 등이 있다.

탈식민주의   현재 사회정의의 폭넓은 이해는 사회정의에 공동체심리학의 관여가 어떻게 재편되고 최신화되어야 하는지에 대한 논쟁을 불러일으켰다. 특히 영향력 있는 분야 중 하나인 탈식민주의 학파는 공동체심리학의 현재 발전을 형성해 가고 있다. 이 개념은 2장과 7장에서 소개하였지만 여기서 좀 더 자세하게 논의하고자 한다. 글로벌사우스의 많은 학자와 활동가의 주도로 전 세계 공동체심리학자는 2016년에 남아프리카공화국 더반 지역에 모여 연구, 실천행동, 그리고 교육에서 사회정의를 어떻게 생각해야 하는지에 대하여 질문을 던졌다. 이론 및 비평적 학파를 기반으로 한 탈식민주의(decolonialism)는 "역사적으로 그리고 오늘날 불평등의 결과로 나타난 부당한 특권을 조사하고 되돌리는 과정"이다(Silva & The Students for Diversity Now, n.d., p. 2). 두타(Dutta, 2016)는 "탈식민지 접근은 사람들에게 특정 사회의 이상(구체적으로 유럽 지식주의의 계보)을 강요받지 않은 상황에서 인간 삶의 비전을 추구하는 것이 포함된다(p. 331)."라고 하였다. 공동체심리학에서 탈식민지 접근은 공동체심리학을 어떻게 "사용하고", 지식이 어떻게 생산되며, 공동체 파트너십은 어떤 모습일지에 대한 가정을 재검토하는 것이다. 특히 연구 방법, 의사결정 권한, 지원 방식에 대한 우리의 모델은 글로벌놀스 지역을 중심으로 한 국가들이 다른 국가를 그들의 자원 수집과 이익을 위한 소유물로 주장하는 시기에 만들어진 것이다. 또한 그들은 식민지를 일반적으로 과학, 의학, 제조업, 예술, 시민사회 구조가 발전하지 않는 곳으로 보았고 식민지에 사는 사람들의 관점을 무시하였다. 식민지 개척자들은 더 "문명화된" 국가의 지식과 행동 방식을 수입하는 것이 낫다고 생각하였다. 탈식민주의는 비평적 학파를 기반으로 "식

탈식민주의
역사적으로 그리고 오늘날 불평등의 결과로 나타난 부당한 특권을 조사하고, 알리며, 되돌리는 과정을 말한다. 이것은 식민주의로 야기된 권력의 형태와 위계를 조사하고 도전하는 것으로, 현재 우리의 지식의 한계뿐만 아니라 다양한 공동체의 지식이 어떻게 생산되고 가치를 지니는지를 포함한다.

민주의의 결과로 나타났지만, 식민지 행정의 엄격한 한계를 훨씬 뛰어넘는 문화, 노동, 상호 주관성 관계, 지식 생산을 정의하는 오랫동안 유지된 권력 패턴"을 조사한다(Maldonado-Torres, 2007, p. 243). 글로벌사우스의 많은 국가에서 연구 방법에 대한 가정은 지식이 어떻게 생산되고, 누구의 지식이 가치 있으며, 우리가 가진 지식의 한계는 무엇인지에 대한 활발한 논쟁을 촉진하였다(Dutta, 2016).

손(Sonn, 2018)은 아프리카에서 호주로 이민 온 사람이 차별과 배척을 받았을 때 서로 모여서 지지할 수 있는 대안 세팅을 만들기 위한 수년간의 노력을 설명하였다. 인종차별, 공동체 갈등, 힘든 생활 조건으로 인한 스트레스가 높을수록 이민자는 신체적·정신적 건강 문제를 겪고 점점 고립된다는 것은 놀라운 사실이 아니다. 공동체 대표들은 이 문제를 건강 전문가의 일반적인 해결책이 아닌 아프리카 이민자가 모여서 예술 및 자기-표현을 적극적으로 할 수 있는 세팅을 만들었다. 어떤 이들에게는 이것이 사람들의 경제적 또는 건강상의 요구를 해결하는 일반적이지 않은 방법처럼 보일 수 있겠지만, 탈식민지 관점에서 보면 소외된 개인이 그들의 관점과 경험을 표현하고, 다른 사람과 소통하며, 그들의 욕구를 해결할 수 있는 자원을 확인하는 공간을 만드는 것은 중요한 것이었다. 지도력과 상호 도움의 기회를 만들어서 공동체 생활에 참여함으로써 사회 서비스 체계에서 무시되었던 그들의 문제를 말할 수 있다. 손은 정부가 생각하는 아프리카 이민자에 대한 서비스 또는 문제가 어떻게 잘못되었는지에 대하여 정부 기관 및 직원을 대상으로 비판적 대화를 촉진하는 역할을 하였다. 서비스 제공자는 이민자의 요구에 대응하는 법을 학습하기 위해서 이민자의 관점에서 경청할 필요가 있다는 것을 배웠다. 하지만 대안 세팅을 마련하지 않았다면 이민자들은 그들의 경험, 그들의 가능성, 그리고 도움이 될 만한 것들에 대한 다른 견해를 옹호할 집합적 목소리를 내지 못했을 것이다. 새로운 관점을 취하기 위한 대화가 가능했던 이유는 참여를 할 수 있도록 힘을 실어 주는 방식을 취하고 호주에 살고 있는 아프리카 이민자에게 나타난 문제의 원인을 지배 문화로 해석하는 것에 도전하였기 때문에 가능하였다. 손은 또한 이 활동에 참여함으로써 이민자의 정신건강 및 경제적 웰빙이 상당히 향상한다는 것을 보여 주었는데, 이 결과는 당연한 것일지 모른다.

연구자는 자신의 권력 지위와 특권이 연구 협력을 바라보는 방식에 영향을 줄 수 있음을 고려해야 하고, 이러한 지위를 더 투명하게 하여 공동체 파트너와 함께 생산적인 대화를 할 수 있어야 한다(Langhout, 2015). 교육의 측면에서는 학생의 질문을 촉진하는 수업 참여 방식이 고려되고 있다. 절차적 측면에서 탈식민지 관점은 학생들에게 자신이 가진 기본 가정에 이의를 제기하고 세상에 관심을 갖게 하여 능동적 활동을 높이도록 할 수 있다(Fernández, 2018a; Silva & The Students for Diversity Now, 2018). 권력을 이해하고, 성찰적 실천을 실행하며, 이해관계자와 연계성을 구축하는 것은 공동체심리학과 공통점이다. 탈식민지 학파가 공동체심리학에 미치는 지속적인 영향에 대한 평가는 앞으로 더 진행될 것이다.

집합적이고 참여적인 연구 및 실천행동

공동체심리학이 사회과학에 공헌한 것 중 가장 눈에 띄는 한 가지는 의사결정 과정에 진정한 시민참여를 촉진하는 명확한 협력적 실천행동 연구를 위한 개념과 실천 전략을 발달시킨 것이다. 이 책 전체를 통해, 특히 3장, 8장, 13장에서 협력적 참여 작업의 예시를 제시하였다(Jason et al., 2004 참조; Lykes, 2017). 모든 참여-협력 접근법이 동일하지는 않다. 심지어 공동체심리학 내에서도 그리고 유사 관련 분야에서도 공동체 연대, 권력강화 평가, 참여적 실천행동 연구 및 문화에 입각한 연구에 대한 접근법은 서로 다른 가치와 세계관을 기반으로 한다(Trickett & Espino, 2004). 이상과 실천의 다양성은 공동체 협력과 참여의 증진을 위해 상당히 풍부한 자원 및 선택지를 제공한다. 또한 실제 우리가 살아가는 공동체 맥락에 적용하려고 할 때는 이것들의 차이점, 강점, 그리고 제한점에 대한 향후 토론의 기반을 제공한다. 공동체는 다양하므로 협력과 시민참여에 대한 서로 다른 개념은 다양한 공동체에서 유용하게 쓰일 수 있다.

최근 공동체심리학에서 사회정의 증진을 위한 정교한 틀이 발달하고 있는 것처럼, 연구와 실천행동에 대한 협력적 접근법에 대한 구체적인 틀도 명확하게 설명되고 있다. 예를 들면, 센술과 트리켓(Schensul & Trickett, 2009)은 공동체심리학이 다양한 분석 수준에서 협력적 실천행동을 어떻게 개념화할 수 있는지를 고려해야 한다고 주장하였다. 랑하우트(Langhout, 2016)와 두타(Dutta,

2016)는 공동체심리학이 표준화된 연구 방법론 및 이론에 집중하기보다는 공동체 파트너로부터 배움을 얻어야 한다고 하였다. 연구는 개입의 종류에 따라 더 큰 효과를 가져오는 조건을 찾는 데 도움을 줄 수 있는 반면, 협력적 참여 연구 과정은 공동체 파트너에게 도움이 되는 지식과 모델을 제공한다. 더욱이 개입 활동은 협력 파트너의 권력강화를 촉진하기 위해 분석 수준 전체에 걸쳐 조정할 수 있다. 또한 협력 및 참여 실천행동 전체를 위한 모델은 프로젝트가 실시되는 맥락에 부합되도록 재검토되고 수정된다(Langhout, 2016; Sonn, 2018). 협력적 참여 방법을 다른 모집단에 적용할 때는 방법적 가정에 대한 조정과 평가가 필요하다.

랑하우트와 토마스(Langhout & Thomas, 2010a)는 참여 실천행동 연구와 협력 모델을 아동 관련 업무에 적용하려면 무엇이 필요한지를『미국 공동체심리학 학회지』특별판에 게재하였다. 그들은 아동과 함께하는 참여 실천행동 연구를 촉진하기 위해서는 몇 가지 가정이 재조사되어야 한다고 주장하였다. 그것은 아동의 능력과 아동을 사회적 행위자로 확장할 수 있는지의 가능성, 아동의 능력에 대한 이해를 넓혔다면 아동과 "적절하게" 관련된다고 판단되는 연구의 종류, 그리고 아동의 삶을 연구할 때 사용되는 인식론적 개념틀 등이다. 마지막으로, 참여 및 협동적 방법의 한계점은 맥락에 따라 다를 수 있으므로 철저하게 조사해야 한다(Lykes, 2017). 아동을 연구 파트너로 선정했을 때 한계에 부딪히는 상황이 생길 수 있다. 그러한 상황에는 아동이 살고 있는 사회 구조의 현실을 고려해야 하거나, 아동과의 협력 관계 구축 시 필요한 시간을 고려해야 하거나, 그리고 일반적으로 아동의 환경이라고 생각되지 않는 영역(예, 공공 정책 심의)에서 아동을 사회적 행위자로 간주할 때 발생하는 내재된 사회적 권력과 윤리적 쟁점을 고려해야 할 때이다.

참여 접근법의 중요성과 유용성은 많은 영역(예, 공중보건, 인류학, 사회복지)에 반영되고 있다. 공동체 구성원이 자신의 공동체에 연구와 개입에 적극적인 역할을 할 것이라는 기대는 점점 높아지고 있다. 공동체 구성원은 프로그램 개념화에서부터 실행과 평가에 이르는 실천행동 연구 전반에 걸쳐 중심 역할을 해야 한다는 인식이 아직 광범위하게 받아들여지는 것은 아니지만 많은 진전을 이루어 오고 있다. 또한 프로그램은 반드시 현지의 맥락에 맞게 수정되어야 하고 모델 프로그램의 상세설명서에 입각한 실행은 효과적인 접근이 아니라는 인식도 증가하고 있다.

> **당신의 생각은?**
>
> 1. 당신이 생각하는 당신의 공동체의 가장 큰 도전 과제는 무엇인가?
> 2. 그것을 해결하기 위해 보유하고 있는 자원은 무엇인가? 무형 및 유형의 자원을 생각해 보라.
> 3. 이 도전 과제가 공동체심리학의 지속적인 발달 형성에 어떤 영향을 줄 것인가?

공동체심리학자 되기

공동체심리학과 관련한 직업

공동체심리학자를 채용하는 구직 정보보다 공동체심리학자의 기술에 적합한 직업이 더 많다는 사실은 흥미롭다. 공동체심리학의 실무 기술을 익힌 학생은 많은 직종에서 경쟁력을 가질 수 있다. 최근에 발간된『공동체심리학의 다양한 직업(Diverse Careers in community Psychology)』은 공동체심리학의 학위를 취득한 학생이 선택할 수 있는 진로에 초점을 맞추었다. 비올라와 글랜츠만(Viola & Glantsman, 2017)은 400명 이상의 공동체심리학자의 경험을 조사하여 보고하였다. 설문 결과, 공동체-지향의 학위를 가진 사람 대부분은 그들의 기술이 가치를 발휘하는 직업을 어렵지 않게 구하였다. 첫 직장이 그들이 공부를 시작할 때 상상했던 것과 다른 사람들도 있었고, 새로운 세팅에서 자신의 기술을 사용할 기회를 발견하면서 예상하지 못했지만 매우 가치 있는 방향으로 그들의 진로를 전환한 이들도 있었다. 맥마흔과 울프(McMahon & Wolfe, 2017)는 구직자에게 다양한 직책에 익숙해져야 하고, 창의적이고 열린 구직 활동을 하며, 잠재적 고용주에게 자신이 받은 훈련과 직업 기술을 보여 줄 수 있도록 준비되어야 한다고 제안하였다. 또한 이력서는 반드시 공동체 실무 기술 및 경험을 강조하여 작성하도록 권한다. 비올라와 글랜츠만(Viola & Glantsman, 2017)은 설문에 응한 400명 중 절반 이상의 공동체심리학자가 학위를 "마케팅"하기보다 공동체 실무 역량에 초점을 맞추어 그들의 직업을 구하였다. 2장을 참조하여 많은 대학원 프로그램에서 훈련하는 공동체 실무 기술 역량을 검토하라.

공동체심리학 훈련은 대학에서 가르치는 전형적인 것뿐만 아니라 실제 세팅에서 직업에 대비할 수 있는 다양한 경험 및 기술을 제공한다. 여기에는 소규모의 지역 공동체-기반 조직과 규모가 큰 국제 비영리 조직이 포함된다. 비영리 조직은 미국에서만 2010년에 이미 160만 개 이상이 되는 것으로 추정되었다(McMahon & Wolfe, 2017). 이들 대다수는 의료, 교육, 사회복지 프로그램이었다. 공동체심리학자는 웰빙 증진 또는 문제 예방을 위한 프로그램을 설계하는 일을 할 수 있다. 이들은 자신의 전문성을 살려서 프로그램을 실행하기 위해 지역 연합을 구축할 수도 있고, 아니면 프로그램의 범위와 효과성을 평가할 수도 있다. 또한 의료 기관에서는 이런 기술을 갖춘 담당자가 필요하다. 공동체심리학자는 공동체 구성원의 건강을 점검하는 병원, 건강 클리닉, 그리고 정부 기관에서 일한다. 교육 영역은 공동체심리학자가 가장 먼저 강조한 영역 중 하나였고, 많은 전공자가 지금도 교육 영역에서 일하고 있다. 그들은 학부모 참여에서 학교 괴롭힘 예방, 노숙자 학생의 요구 해결, 그리고 10대의 임신 및 육아 지원에 이르기까지 다양한 문제를 다룰 수 있다. 이 프로그램들 중 대다수는 자선 단체에서 지원을 받는데, 재단들은 보조금 지급을 설계하고, 공동체 구성원의 역량을 구축하고, 공동체 구성원과 함께 공동체의 요구, 자원, 우선순위를 확인하기 위해 공동체심리학자를 고용한다. 연구, 평가, 프로그램 개발, 정책 입안, 그리고 자문을 위한 기술은 특히 앞에서 언급한 직종에서 일할 때 유용하다. 많은 소규모 기관은 이러한 전문 분야의 직원이 상주하지 않지만, 기금 제공자가 요구하는 책임 및 보고에 대한 요구를 만족하도록 도움을 주는 자문 인력을 고용하는 데 관심이 있다. 공동체심리학자는 자문을 위한 개인 회사를 시작할 수도 있고, 현재 업무의 일부분으로 자문을 병행할 수도 있다. 마지막으로, 가장 많은 공동체심리학자가 일하는 곳은 대학을 비롯한 학문 영역이다. 어떤 사람은 교육에 그들의 경력을 쏟아붓고, 또 다른 사람은 연구에 매진한다. 대부분은 공동체 실무 기술을 사용하여 학교 밖에서 공동체 파트너와 함께 협력한다. 많은 사람이 학문의 경력으로 시작하여 서비스, 교육, 연구를 아우르는 독특한 조합을 만들어 간다.

이 책에서는 공동체심리학의 핵심 가치를 담고 있는 공동체심리학자의 역할에 대하여 많은 예시를 보여 주고 있다. 한 사람의 공동체심리학자가 모든 역할을 수행할 수 없고, 공동체심리학의 모든 실무 기술에서 전문가가 될 수 없으며, 모든 결정에서 모든 가치에 동등하게 집중할 수 없다는 것을 인식하는 것은 중요하다. 어떤 이는 사회정의, 권력강화, 시민참여를 우선으로 추구하고, 다른 이는 웰니스, 예방, 공동체 의식의 증진을 주로 추구한다. 누구는 실천행동을 위한 경험적 지식 기반을 구축하는 것에 집중하는 반면, 다른 사람은 공동체에 직접 관여하거나 광범위한 사회 활동에 참여하기도 한다. 동료 공동체심리학자, 복지 전문가, 시민과의 협력을 통해 공동체심리학의 가치 및 개입은 현실에서 더 완전하게 실행될 수 있다.

이 책에서 제시한 개념과 접근법의 다양성이 보여 주고 있는 것처럼, 공동체심리학은 빅 텐트(big tent)이다. 즉, 심리학자, 시민, 그 외의 많은 사람들이 공통의 가치를 함께하지만, 동시에 그 가치를 실행하는 다양한 많은 방식이 존재한다. 이러한 다양성은 장점이 될 수 있다. 공통의 가치와 서로 다른 방식이라는 모순은 토론을 통해 서로에 대한 이해를 높일 수 있다. 공동체심리학을 나타내는 또 다른 은유적 표현은 '대화'이다. 대화를 통해 다양한 견해를 표현하고, 깊이 생각하고, 다른 관점을 고려하면서 수정되며, 시간이 지나면서 발전한다. 우리는 다양한 견해를 교환하고 경청하기 위한 공간을 만들려고 노력하며, 라파포트(Rappaport, 1981)의 법칙인 "모든 사람이 당신에게 동의한다면 걱정하라."(p. 3)라는 격언을 기억해야 한다.

대학원에서의 공동체심리학 훈련

이 책을 모두 읽은 후, 여러분 중 일부는 공동체심리학의 전문 분야에 관심이 있을 수 있다. 물론 공동체의 향상을 위한 활동에 관여하기 위해서 공동체심리학의 대학원 학위가 반드시 필요한 것은 아니다. 대학원에서 공동체심리학의 훈련은 ① 문제 및 자원의 접근 방법, ② 개입법의 선택, 조정 또는 개발 방법, 그리고 ③ 개입의 효과성과 필요성에 대한 근거 평가 등을 집중적으로 학습할 수 있다. 복지, 정책, 또는 정부나 교육 분야의 전문 직종에서 일하기 위해서는 더 높은 수준의 학위가 필수적이다. 유사하게 대학원 학위는 연구 영역과 관련된 직업을 가진 사람에게도 필요하다. 연구직이 적성에 맞는지 알아보기 위해서 재학 중 또는 졸업 후에 연구 조교로 일해 보는 것도 좋을 것이다. 실제로 연구실이나 인정받은 공동체 개입 프로젝트에서 일한 경험은 대학원 지원 시에 좋은 경력 사항이 될 수 있다.

미국과 캐나다의 몇몇 대학에는 대학원 훈련 과정이 개설되어 있다. 공동체심리학의 훈련 프로그램의 목록은 공동체 연구와 실천행동을 위한 학회(Society for Community Research and Action: SCRA)의 웹사이트에 주기적으로 업데이트된다(http://www.scra27.org/resources/educationc/academicpr). 석사과정은 전일제의 경우 보통 2년이 소요된다. 물론 직업이 있어 저녁 수업만 들어야 할 경우에도 가능한 프로그램이 있다. 철학박사(Ph.D.) 과정은 대개 5~6년이 걸리고 연구에 더 초점을 맞추어 진행된다. 심리학박사(Psy.D.) 과정 또한 5년 정도 걸리지만 이 과정은 현장 실무에 더 초점을 둔다. 대부분의 프로그램은 기술을 향상하기 위해 교과과정, 실습 및 지역사회 배치 등이 이루어진다. 공동체심리학 훈련 프로그램은 매우 다양하다. 그러므로 자신의 관심과 일치하는 것을 찾는 것이 중요하다. 임상-공동체에서의 훈련, 공동체 개입의 다학제적 접근, 그리고 프로그램 중심의 공동체심리학을 강조하는 석박사 프로그램들이 있다. 훈련 프로그램은 특정 집단(예, 아동, 가족, 소수 민족 또는 장애인) 또는 특정 관심(예, 물질 남용, 건강 문제 예방, 또는 공동체 연대)의 문제를 다루기 위해 전문화된다. 박사과정에서는 자신의 관심과 지도교수의 관심이 일치하는 것이 특히 중요하다. 관심 있는 주제로 대학원 과정을 고려한다면, 지도교수를 만나 어떻게 입학 지원을 준비하면 좋을지를 상의하는 것이 도움이 된다.

> **닫는 글** **당신은 공동체심리학을 어디에 사용할 것인가**
>
> 공동체심리학이 계속해서 발전하고 사회적 타당성을 유지하기 위해서는 새로운 공동체 파트너, 새로운 활동가, 그리고 새로운 연구자가 필요하다. 공동체심리학이 오늘을 붙잡고 있기 위해서는 개입과 변화를 위한 젊은 세대의 비전이 필요하다. 변화를 위한 캠페인을 지속하려고 한다면 문제 해결을 위한 공간을 만들기 위해 싸우고 과거의 도전으로부터 깊은 교훈을 얻은 연배가 있는 기성세

대와 함께할 때 도움을 받을 수 있다(Langhout, 2015). 변화 요구의 즉시성과 지속적인 노력에 대한 헌신 간의 균형을 찾는 것은 심층적인 집합적 경험을 바탕으로 하기 때문에 쉬운 일이 아니지만, 그렇게 함으로써 새로운 해법을 찾을 수 있다. 젊은 세대의 관점은 공동체 증진 노력에 열정과 현장감을 가져올 수 있다. 왜냐하면 그들의 관심은 전통(그리고 한계점)에 묶여 있지 않기 때문이다. 이는 기본 가정이라고 여긴 것들에 많은 질문을 던지고, 신선한 관점과 혁신적 실천을 가능하게 하며, 현재의 쟁점에 집중하는 데 도움을 주기 때문에 강점으로 작용한다. 동시에 경험 많은 공동체심리학자가 젊은 세대의 목소리를 경청하고 자신의 관점을 집합적 방식으로 공유하고자 하는 의지가 있다면 긴 시간을 통해 얻은 개인의 경험과 지혜를 제공할 수 있다. 새로운 관점은 처음에는 이해하기 어렵지만, 오해, 반대, 힘겨운 경험, 그리고 실패 등을 통한 공동체 실천행동 및 지속적인 파트너십의 난투를 거치며 새로운 인식이 생겨날 수 있다(Sarason, 2003b). 공동체 및 사회의 복합성을 이해함에 있어 공동체심리학자를 포함한 우리 모두는 배우는 학생이다. 젊은 세대의 관점과 기성 세대의 경험의 지혜 둘 모두 간과할 수 없이 너무나 값진 것이다.

이 책의 마지막 부분인 여기에서 잠시 멈추어 지금까지 배운 내용과 그것이 어떻게 유용하게 쓰일 수 있는지 잠시 생각해 보자. 당신 삶의 특정 영역과 당신이 부딪힐 수 있는 공동체−기반 문제들(예, 가족생활/대인 관계, 가정/이웃, 직장/학교, 건강 문제)에 대하여 생각해 보라. 현재 자신에게 문제가 없다면, 자신의 공동체를 둘러보았을 때 목격되는 문제는 무엇인가? 한 가지 문제에 집중한 후 다음의 질문을 생각해 보라.

- 이 문제를 어떻게 정의할 수 있는가?
- 다른 생태학적 분석 수준에서 어떻게 이해할 수 있는가?
- 권력 및 사회 규칙성에 대한 비판적 관점을 갖는 것이 어떻게 당신이 선택하는 변화 전략을 새롭게 이해하는 것으로 연결되는가?
- 이 문제를 해결하기 위해 사용 가능한 자원은 무엇인가?
- 이 문제를 해결하기 위해 누구와 협력해야 하는가?
- 개입 전략을 어떻게 선택하고 실행할 수 있는가?

- 어떤 형태로 변화시키고자 하는가?
- 개입의 효과성 여부를 어떻게 알아볼 것인가?
- 더 알고 싶은 것은 무엇인가?

공동체는 공개 시위에만 국한되지 않는 다양한 협력적 접근법을 통해 의미 있는 사회변화를 만들어 낼 수 있다.
출처: iStock.com/franckreporter

이 책을 마치며

　우리는 당신이 이 책에서 제시한 내용을 통해서 공동체심리학을 더 잘 이해하였기를 바란다. 특히 개인, 조직, 공동체 및 사회의 분석 수준은 사회 문제의 발달에 서로 깊이 관련되어 있다는 사실을 이해하였기를 기대한다. 우리는 당신이 사회 문제를 이해하고 해결함에 있어 경험적 연구의 가치 및 다양성의 관점을 존중하면서 문제를 다각적으로 고려하고자 하는 의지를 가지기를 희망한다. 당신들 중 대다수가 이 책을 마무리하며 자신의 가치를 더 잘 인식하게 되었다고 믿고 싶다. 나아가 이 책을 통해 당신이 당신의 공동체를 더 나은 곳으로 바꾸는 시민참여의 기회를 준비하는 데 도움이 되었기를 바란다. 우리는 공동체심리학이 우리의 정신, 우리의 가치, 그리고 우리의 삶과 맞물려 있기 때문에 공동체심리학으로 들어왔다. 당신도 이 책을 통해 그렇게 되었기를 희망한다.

토론거리

1. 6장과 7장에서 토론한 다양성의 이해는 사회변화를 위해 당신이 선택한 접근법에 어떤 정보를 제공하는가?

2. 5장과 8장에서 학습한 세팅, 사회 규칙성, 권력 및 권력강화의 개념은 사회변화를 위해 당신이 선택한 접근법에 어떤 정보를 제공하는가?

3. 1장, 3장, 4장, 그리고 10~12장에서 논의한 것과 같이, 당신이 공동체 변화에 기여하는 예방 프로그램을 실행할 때 공동체 심리학의 사회정의의 가치와 경험 간의 균형을 어떻게 맞출 수 있는가?

4. 2장, 9장, 13장에서 언급한 전략들 중, 당신이 관심 있는 문제를 해결하기 위해 어떤 전략을 선택하겠는가? 그 전략은 상향식 접근법인가, 하향식 접근법인가, 아니면 둘 모두인가? 그것은 문제를 해결하는 것인가, 아니면 강점을 증진하는 것인가?

5. 이 책에서 학습한 모든 것을 적용하여 활동의 효과성을 어떻게 평가하고 누구의 목소리를 담을 것인가?

참고문헌

Aber, J. L. (2005, June). *Children's exposure to war and violence: Knowledge for action* [Keynote address]. Biennial Meeting of the Society for Community Research and Action, Champaign-Urbana, IL.

Aber, L., Butler, S., Danziger, S., Doar, R., Ellwood, D. T., Gueron, J. M., Haidt, J., Haskins, R., Holzer, H. J., Hymowitz, K., Mead, L., Mincy, R., Reeves, R. V., Strain, M. R., & Waldfogel, J. (2015). *Opportunity, responsibility, and security: A consensus plan for reducing poverty and restoring the American dream.* American Enterprise Institute / Brookings Working Group on Poverty and Opportunity. https://www.brookings.edu/wp-content/uploads/2016/07/Full-Report.pdf

Abraído-Lanza, A., Guier, C., & Colon, R. (1998). Psychological thriving among Latinas with chronic illness. *Journal of Social Issues, 54*(2), 405-424. https://doi.org/fnvcd3

Ackerman, P., & DuVall, J. (2000). *A force more powerful: A century of nonviolent conflict.* Palgrave.

Acosta, J., Chinman, M., Ebener, P., Malone, P. S., Paddock, S., Phillips, A., Scales, P., & Slaughter, M. E. (2013). An intervention to improve program implementation: Findings from a two-year cluster randomized trial of Assets-Getting To Outcomes. *Implementation Science, 8*(1), 87. https://doi.org/10.1186/1748-5908-8-87

Addams, J. (1910). *The spirit of youth and the city streets.* University of Illinois Press.

Aiyer, S. M., Zimmerman, M. A., Morrel Samuels, S., & Reischl, T. M. (2015). From broken windows to busy streets: A community empowerment perspective. *Health Education & Behavior, 42*(2), 137-147. https://doi.org/10.1177/1090198114558590

Albee, G. W. (1959). *Mental health manpower trends.* Basic Books.

Albee, G. W. (1982). Preventing psychopathology and promoting human potential. *American Psychologist, 37*(9), 1043-1050. https://doi.org/10.1037/0003-066X.37.9.1043

Albee, G. W. (1996). [Untitled videotape interview]. In J. G. Kelly (Ed.), *The history of community psychology: A video presentation of context and exemplars.* Society for Community Research and Action. https://vimeo.com/69635912

Alexander, M. (2010). *The new Jim Crow: Mass incarceration in the age of colorblindness.* The New Press.

Alinsky, S. (1971). *Rules for radicals: A practical primer for realistic radicals.* Random House.

Allen, J., & Mohatt, G. V. (2014). Introduction to ecological description of a community intervention: Building prevention through collaborative field based research. *American Journal of Community Psychology, 54*(1-2), 83-90. https://doi.org/10.1007/s10464-014-9644-4

Allen, N. E. (2005). A multi-level analysis of community coordinating councils. American *Journal of Community Psychology, 35*(1-2), 49-63. https://doi.org/10.1007/s10464-005-1889-5

Allen, N. E., & Javdani, S. (2017). Toward a contextual analysis of violence: Employing community psychology to advance problem definition, solutions, and future directions. In M. A. Bond, I. Serrano-García, & C. B. Keys, (Eds.), *APA handbook of community psychology: Vol. 2. Methods for community research and action for diverse groups and issues* (pp. 327-343). American Psychological Association. https://doi.org/10.1037/14954-019

Allen, N. E., Todd, N., Anderson, C., Davis, S., Javdani, S., Bruehler, V., & Dorsey, H. (2013). Council-based approaches to intimate partner violence: Evidence for distal change in the system response. *American Journal of Community Psychology, 52*(1-2), 1-12. https://doi.org/10.1007/s10464-013-9572-8

Allen, N. E., Watt, K., & Hess, J. (2008). A qualitative study of the activities and outcomes of domestic violence coordinating councils. *American Journal of Community Psychology, 41*(1-2), 63-73. https://doi.org/10.1007/s10464-007-9149-5

Altschuld, J. (2010). *The needs assessment kit.* Sage.

American Anthropological Association. (1998, May 17). *Statement on "race."* http://www.aaanet.org/stmts/racepp.htm

American Psychological Association. (2006). *Report of the APA Task Force on Socioeconomic Status.* http://www.apa.org/pi/ses/resources/publications/task-force-2006.pdf

American Psychological Association. (2015). Guidelines for psychological practice with transgender and gender nonconforming people. *American Psychologist, 70*(9), 832-864. https://doi.org/10.1037/a0039906

American Psychological Association. (2017a). *Ethical principles of psychologists and code of conduct* (2002, mended effective June 1, 2010, and January 1, 2017). https://www.apa.org/ethics/code/index.aspx

American Psychological Association. (2017b). *Multicultural guidelines: An ecological approach to context, identity, and intersectionality.* https://www.apa.org/about/policy/multicultural-guidelines.pdf

Anderson, R. E., & Stevenson, H. C. (2019). RECASTing racial stress and trauma: Theorizing the healing potential of racial socialization in families. *American Psychologist, 74*(1), 63-75. https://doi.org/10.1037/amp0000392

Anderson, S., Currie, C. L., & Copeland, J. L. (2016). Sedentary behavior among adults: The role of community belonging. *Preventive Medicine Reports, 4*, 238-241. https://doi.org/10.1016/j.pmedr.2016.06.014

Angelique, H. L., & Culley, M. R. (2014). To Fukushima with love: Lessons on long-term antinuclear citizen participation from Three Mile Island. *Journal of Community Psychology, 42*(2), 209-227. https://doi.org/10.1002/jcop.21605

Angelique, H., & Mulvey, A. (2012). Feminist community psychology: The dynamic co-creation of identities in multilayered contexts. *Journal of Community Psychology, 40*(1), 1-10. https://doi.org/10.1002/jcop.20515

Angelique, H. L., Reischl, T. M., & Davidson, W. S. (2002). Promoting political empowerment: Evaluation of an intervention with university students. *American Journal of Community Psychology, 30*(6), 815-833. https://doi.org/10.1023/A:1020205119306

Appelbaum, P. S. (1999). Law & psychiatry: Least restrictive alternative revisited: Olmstead's uncertain mandate for community-based care. *Psychiatric Services, 50*(10), 1271-1280. https://doi.org/10.1176/ps.50.10.1271

Arao, B., & Clemens, K. (2013). From safe spaces to brave spaces: A new way to frame dialogue around diversity and social justice. In L. Landreman (Ed.), *The art of effective facilitation: Reflections from social justice educators* (pp. 135-150). Stylus.

Arnstein, S. R. (1969). A ladder of citizen participation. *Journal of the American Institute of Planners, 35*(4), 216-224. https://doi.org/10.1080/01944366908977225

Astuto, J., & Allen, L. (2009). Home visitation and young children: An approach worth investing in? *Social Policy Report, 23*(4), 1-24. https://doi.org/dvsb

Ayunerak, P., Alstrom, D., Moses, C., Charlie, J. Sr., & Rasmus, S. M. (2014). Yup'ik culture and context in Southwest Alaska: Community member perspectives of tradition, social change, and prevention. *American Journal of Community Psychology, 54*(1-2), 91-99. https://doi.org/10.1007/s10464-014-9652-4

Baker, E. (1970, December). *Developing community leadership.* https://americanstudies.yale.edu/sites/default/files/files/baker_leadership.pdf

Balcazar, F. E., Suarez-Balcazar, Y., & Taylor-Ritzman, T. (2009). Cultural competence: Development of a conceptual framework. *Disability and Rehabilitation, 31*(14), 1153-1160. https://doi.org/b4qvk7

Bandura, A. (1986). *Social foundations of thought and action: A social cognitive theory.* Prentice Hall.

Banks, S., Armstrong, A., Carter, K., Graham, H., Hayward, P., Henry, A., Holland, T., Holmes, C., Lee, A., McNulty, A., Moore, N., Nayling, N., Stokow, A., & Strachan, A. (2013). Everyday ethics in community based participatory research. *Contemporary Social Science, 8*(3), 263-277. https://doi.org/10.1080/21582041.2013.769618

Barker, R., & Gump, P. (Eds.). (1964). *Big school, small school.* Stanford University Press.

Barr, S. M., Budge, S. L., & Adelson, J. L. (2016). Transgender community belongingness as a mediator between strength of transgender identity and well-being. *Journal of Counseling Psychology, 63*(1), 87-97. https://doi.org/10.1037/cou0000127

Barrera, M., Jr. (1986). Distinctions between social support concepts, measures, and models. *American Journal of Community Psychology, 14*(4), 413-445. https://doi.org/10.1007/BF00922627

Barrera, M., Jr. (2000). Social support research in community psychology. In J. Rappaport & E. Seidman (Eds.), *Handbook of community psychology* (pp. 215-245). Kluwer/Plenum. https://doi.org/10.1007/978-1-4615-4193-6_10

Barrera, M., Jr., Glasgow, R., McKay, H., Boles, S., & Feil, E. (2002). Do internet-based support interventions change perceptions of social support?: An experimental trial of approaches for supporting diabetes self-management. *American Journal of Community Psychology, 30*(5), 637-654. https://doi.org/10.1023/A:1016369114780

Barrera, M., Jr., Li, S. A., & Chassin, L. (1995). Effects of parental alcoholism and life stress on Hispanic and non-Hispanic Caucasian adolescents: A prospective study. *American Journal of Community Psychology, 23*(4), 479-507. https://doi.org/10.1007/BF02506965

Bartunek, J. M., & Keys, C. B. (1979). Participation in school decision making. *Urban Education, 14*(1), 52-75. https://doi.org/10.1177/0042085979141005

Bateman, H. V. (2002). Sense of community in the school. In A. Fisher, C.

Sonn, & B. Bishop (Eds.), *Psychological sense of community: Research, applications, and implications* (pp. 161-179). Kluwer/Plenum. https://doi.org/10.1007/978-1-4615-0719-2_9

Bathum, M. E., & Baumann, L. (2007). A sense of community among immigrant Latinas. *Family & Community Health, 30*(3), 167-177. https://doi.org/10.1097/01.FCH.0000277760.24290.de

Battjes, R. J., & Pickens, R. W. (Eds.). (1988). *Needle sharing among intravenous drug abusers: National and international perspectives* (National Institute on Drug Abuse Research Monograph Series 80). National Institute on Drug Abuse. https://archives.drugabuse.gov/sites/default/files/monograph80.pdf

Baum, A., & Fleming, I. (1993). Implications of psychological research on stress and technological accidents. *American Psychologist, 48*(6), 665-672. https://doi.org/10.1037/0003-066X.48.6.665

Baumrind, D. (1991). Parenting styles and adolescent development. In R. M. Lerner, A. C. Peterson, & J. Brooks-Gunn (Eds.), *Encyclopedia of adolescence* (Vol. 11, pp. 746-758). Garland.

Belenky, M., Clinchy, B., Goldberger, N., & Tarule, J. (1986). *Women's ways of knowing: The development of self, voice, and mind.* Basic Books.

Belfield, C., Bowden, A. B., Klapp, A., Levin, H., Shand, R., & Zander, S. (2015). The economic value of social and emotional learning. *Journal of Benefit-Cost Analysis, 6*(3), 508-544. https://doi.org/10.1017/bca.2015.55

Belfield, C. R., Nores, M., Barnett, S., & Schweinhart, J. (2006). The High/Scope Perry Preschool program: Cost-benefit analysis using data from the age-40 followup. *Journal of Human Resources, 41*(1), 162-190. https://doi.org/10.3368/jhr.XLI.1.162

Bell, J. (1995). *Understanding adultism: A key to developing positive youth-adult relationships.* The Freechild Project. https://www.nuatc.org/articles/pdf/understanding_adultism.pdf

Bellah, R., Madsen, R., Sullivan, W., Swidler, A., & Tipton, S. (1985). *Habits of the heart: Individualism and commitment in American life.* Harper & Row.

Bendezú, J. J., Pinderhughes, E. E., Hurley, S. M., McMahon, R. J., & Racz, S. J. (2018). Longitudinal relations among parental monitoring strategies, knowledge, and adolescent delinquency in a racially diverse at-risk sample. *Journal of Clinical Child & Adolescent Psychology, 47*(Suppl. 1), S21-S34. https://doi.org/10.1080/15374416.2016.1141358

Benjamin, L. T. Jr., & Crouse, E. M. (2002). The American Psychological Association's response to Brown v. Board of Education: The case of Kenneth B. Clark. *American Psychologist, 57*(1), 38-50. https://doi.org/10.1037/0003-066X.57.1.38

Bennett, C., Anderson, L., Cooper, S., Hassol, L., Klein, D., & Rosenblum, G. (1966). *Community psychology: A report of the Boston conference on the education of psychologists for community mental health.* Boston University.

Berger, P. L., & Neuhaus, R. J. (1977). *To empower people: The role of mediating structures in public policy.* American Enterprise Institute for Public Policy Research.

Berkowitz, B. (1987). *Local heroes.* Lexington Books.

Berkowitz, B. (1990). Who is being empowered? *Community Psychologist, 23*(3), 10-11.

Berkowitz, B. (1996). Personal and community sustainability. *American Journal of Community Psychology, 24*(4), 441-459. https://doi.org/10.1007/BF02506792

Berkowitz, B. (2000). Community and neighborhood organization. In J. Rappaport & E. Seidman (Eds.), *Handbook of community psychology* (pp. 331-357). Kluwer/Plenum. https://doi.org/10.1007/978-1-4615-4193-6_14

Bernard, J. (1973). *The sociology of community*. Scott, Foresman.

Berridge, V. (1996). *AIDS in the UK: The making of policy, 1981-1994*. Oxford University Press. https://doi.org/cb628q

Berry, J. W. (1970). Marginality, stress and ethnic identification in an acculturated aboriginal community. *Journal of Cross-Cultural Psychology, 1*(3), 239-252. https://doi.org/cwbxff

Berry, J. W. (1994). An ecological perspective on cultural and ethnic psychology. In E. Trickett, R. Watts, & D. Birman (Eds.), *Human diversity: Perspectives on people in context* (pp. 115-141). Jossey-Bass.

Berry, J. W. (2003). Conceptual approaches to acculturation. In K. Chun, P. Organista, & G. Marin (Eds.), *Acculturation: Advances in theory, measurement and applied research* (pp. 17-37). American Psychological Association. https://doi.org/10.1037/10472-004

Berry, J. W., & Sam, D. L. (1997). Acculturation and adaptation. In J. W. Berry, M. Segall, & C. Kagitçibasi (Eds.), *Handbook of cross-cultural psychology: Vol. 3. Social behavior and applications* (pp. 291-326). Allyn & Bacon.

Berryhill, J. C., & Linney, J. A. (2006). On the edge of diversity: Bringing African Americans and Latinos together in a neighborhood group. *American Journal of Community Psychology, 37*(3-4), 155-156. https://doi.org/10.1007/s10464-006-9012-0

Bess, K. (2015). Reframing coalitions as systems interventions: A network study exploring the contribution of a youth violence prevention coalition to broader system capacity. *American Journal of Community Psychology, 55*(3-4), 381-395. https://doi.org/10.1007/s10464-015-9715-1

Bess, K., Fisher, A., Sonn, C., & Bishop, B. (2002). Psychological conceptions of community: Theory, research, and application. In A. Fisher, C. Sonn, & B. Bishop (Eds.), *Psychological sense of community: Research, applications and implications* (pp. 3-22). Kluwer/Plenum. https://doi.org/10.1007/978-1-4615-0719-2_1

Bess, K., Prilleltensky, I., Perkins, D., & Collins, L. (2009). Participatory organizational change in communitybased health and human services: From tokenism to political engagement. *American Journal of Community Psychology, 43*(1-2), 134-148. https://doi.org/10.1007/s10464-008-9222-8

Betancourt, H., & López, S. R. (1993). The study of culture, ethnicity, and race in American psychology. *American Psychologist, 48*(6), 629-637. https://doi.org/10.1037/0003-066X.48.6.629

Beyers, J. M., Bates, J. E., Pettit, G. S., & Dodge, K. A. (2003). Neighborhood structure, parenting processes, and the development of youths' externalizing behaviors: A multilevel analysis. *American Journal of Community Psychology, 31*(1-2), 35-53. https://doi.org/10.1023/A:1023018502759

Bhana, A., Petersen, I., & Rochat, T. (2007). Community psychology in South Africa. In S. M. Reich, M. R. Riemer, I. Prilleltensky, & M. Montero (Eds.), *International community psychology: History and theories* (pp. 377-391). Springer. https://doi.org/10.1007/978-0-387-49500-2_21

Bierman, K., Cole, J. D., Dodge, K. A., Greenberg, M. T., Lochman, J. E., McMahon, R. J., & the Conduct Problems Prevention Research Group. (1997). Implementing a comprehensive program for the prevention of conduct problems in rural communities: The Fast Track experience. *American Journal of Community Psychology, 25*(4), 493-514. https://doi.org/10.1023/A:1024659622528

Biglan, A., Ary, D., Koehn, V., Levings, D., Smith, S., Wright, Z., James, L., & Henderson, J. (1996). Mobilizing positive reinforcement in communities to reduce youth access to tobacco. *American Journal of Community Psychology, 24*(5), 625-638. https://doi.org/10.1007/BF02509717

Binder, S. B., Baker, C. K., & Barile, J. P. (2015). Rebuild or relocate? Resilience and postdisaster decisionmaking after Hurricane Sandy. *American Journal of Community Psychology, 56*(1-2), 180-196. https://doi.org/10.1007/s10464-015-9727-x

Birman, D. (1994). Acculturation and human diversity in a multicultural society. In E. J. Trickett, R. J. Watts, & D. Birman (Eds.), *Human diversity: Perspectives on people in context* (pp. 261-283). Jossey-Bass.

Birman, D. (1998). Biculturalism and perceived competence of Latino immigrant adolescents. *American Journal of Community Psychology, 26*(3), 335-354. https://doi.org/10.1023/A:1022101219563

Birman, D., & Bray, E. (2017). Immigration, migration, and community psychology. In M. A. Bond, I. Serrano-García, & C. B. Keys, (Eds.), *APA handbook of community psychology: Vol. 2. Methods for community research and action for diverse groups and issues* (pp. 313-326). American Psychological Association. https://doi.org/10.1037/14954-018

Birman, D., Simon, C., Chan, W., & Tran, N. (2014). A life domains perspective on acculturation and psychological adjustment: A study of refugees from the former Soviet Union. *American Journal of Community Psychology, 53*(1-2), 60-72. https://doi.org/10.1007/s10464-013-9614-2

Birman, D., Trickett, E. J., & Buchanan, R. (2005). A tale of two cities: Replication of a study on the acculturation and adaptation of immigrant adolescents from the former Soviet Union in a different community context. *American Journal of Community Psychology, 35*(1-2), 83-101. https://doi.org/10.1007/s10464-005-1891-y

Birman, D., Trickett, E. J., & Vinokurov, A. (2002). Acculturation and adaptation of Soviet Jewish refugee adolescents: Predictors of adjustment across life domains. *American Journal of Community Psychology, 30*(5), 585-607. https://doi.org/10.1023/A:1016323213871

Bishop, B., Coakes, S., & D'Rozario, P. (2002). Sense of community in rural communities: A mixed methodological approach. In A. Fisher, C. Sonn, & B. Bishop (Eds.), *Psychological sense of community: Research, applications and implications* (pp. 271-290). Kluwer/Plenum. https://doi.org/10.1007/978-1-4615-0719-2_14

Black, S. (2007). Evaluation of the Olweus bullying prevention program: How the program can work for inner city youth. In D. L. White, B. C. Glenn, & A. Wimes (Eds.), *Proceedings of Persistently Safe Schools: The 2007 National Conference on Safe Schools* (pp. 25-36). Hamilton Fish Institute, George Washington University.

Blanchard, A., & Markus, L. (2004). The experienced "sense" of a virtual community: Characteristics and processes. *The Data Base for Advances in Information Systems, 35*(1), 64-79. https://doi.org/10.1145/968464.968470

Blight, M., Ruppel, E., & Schoenbauer, K. (2017). Sense of community on Twitter and Instagram: Exploring the roles of motives and parasocial relationships. *Cyberpsychology, Behavior, and Social Networking, 20*(5), 314-319. https://doi.org/10.1089/cyber.2016.0505

Bonanno, G. A. (2004). Loss, trauma, and human resilience: Have we underestimated the human capacity to thrive after extremely aversive events?. *American Psychologist, 59*(1), 20-28. https://doi.org/10.1037/0003-066X.59.1.20

Bond, G., Witheridge, T., Dincin, J., Wasmer, D., Webb, J., & De Graaf-Kaser, R. (1990). Assertive community treatment for frequent users of psychiatric hospitals in a large city: A controlled study. *American Journal of Community Psychology, 18*(6), 865-891. https://doi.org/10.1007/BF00938068

Bond, L. A., Belenky, M. F., & Weinstock, J. (2000). The Listening Partners program: An initiative toward feminist community psychology in action. *American Journal of Community Psychology, 28*(5), 697-730. https://doi.org/10.1023/a:1005149821279

Bond, M. A. (1989). Ethical dilemmas in context: Some preliminary questions. *American Journal of Community Psychology, 17*(3), 355-359. https://doi.org/10.1007/BF00931043

Bond, M. A. (1999). Gender, race, and class in organizational contexts. *American Journal of Community Psychology, 27*(3), 327-355. https://doi.org/10.1023/A:1022229926119

Bond, M. A., & Harrell, S. P. (2006). Diversity challenges in community research and action: The story of a special issue of AJCP. *American Journal of Community Psychology, 37*(3-4), 247-255. https://doi.org/10.1007/s10464-006-9013-z

Bond, M. A., Hill, J., Mulvey, A., & Terenzio, M. (Eds.). (2000a). Special issue part I: Feminism and community psychology. *American Journal of Community Psychology, 28*(5).

Bond, M. A., Hill, J., Mulvey, A., & Terenzio, M. (Eds.). (2000b). Special issue part II: Feminism and community psychology. *American Journal of Community Psychology, 28*(6),

Bond, M. A., & Keys, C. B. (1993). Empowerment, diversity, and collaboration: Promoting synergy on community boards. *American Journal of Community Psychology, 21*(1), 37-57. https://doi.org/10.1007/BF00938206

Bond, M. A., Serrano-García, I., & Keys, C. B. (2017). Community psychology for the 21st century. In M. A. Bond, I. Serrano-García, C. B. Keys, & M. Shinn (Eds.), *APA handbook of community psychology: Vol. 1. Theoretical foundations, core concepts, and emerging challenges* (pp. 3-20). American Psychological Association. https://doi.org/10.1037/14953-001

Bond, M. A., & Wasco, S. (2017). Gender as context: A framework for understanding and addressing gendered qualities in settings. In M. A. Bond, I. Serrano-García, C. B. Keys, & M. Shinn (Eds.), *APA handbook of community psychology: Vol. 1. Theoretical foundations, core concepts, and emerging challenges* (pp. 369-385). American Psychological Association. https://doi.org/10.1037/14953-018

Borkman, T. (1990). Self-help groups at the turning point: Emerging egalitarian alliances with the formal health care system?. *American Journal of Community Psychology, 18*(2), 321-332. https://doi.org/10.1007/BF00931307

Borkman, T. (Ed.). (1991). Self-help groups [Special issue]. *American Journal of Community Psychology, 19*(5).

Borkman, T., Karlsson, M., Munn-Giddings, C., & Smith, C. (2005). *Self-help organizations and mental health: Case studies.* Skondal Institute and University.

Borkman, T. J., Stunz, A., & Kaskutas, L. A. (2016). Developing an experiential definition of recovery: Participatory research with recovering substance abusers from multiple pathways. *Substance Use & Misuse, 51*(9), 1116-1129. https://doi.org/10.3109/10826084.2016.1160119

Boulding, E. (2000). *Cultures of peace: The hidden side of history.* Syracuse University Press.

Boulding, K. (1989). *Three faces of power.* Sage.

Bourdieu, P. (1977). *Outline of a theory of practice* (R. Nice, Trans.). Cambridge University Press. https://doi.org/10.1017/CBO9780511812507 (Original work published 1972)

Boyd, N. M. (2015). Organization theory in community contexts. *Journal of Community Psychology, 43*(6), 649-653. https://doi.org/10.1002/jcop.21767

Boyd, N. M., & Angelique, H. (2002). Rekindling the discourse: Organization studies in community psychology. *Journal of Community Psychology, 30*(4), 325-348. https://doi.org/10.1002/jcop.10011

Boyd, N. M., & Nowell, B. (2017). Testing a theory of sense of community and community responsibility in organizations: An empirical assessment of predictive capacity on employee well-being and organizational citizenship. *Journal of Community Psychology, 45*(2), 210-229. https://doi.org/10.1002/jcop.21843

Boyd, N. M., Nowell, B., Yang, Z., & Hano, M. C. (2018). Sense of community, sense of community responsibility, and public service motivation as predictors of employee well-being and engagement in public service organizations. *American Review of Public Administration, 48*(5), 428-443. https://doi.org/10.1177/0275074017692875

Bozick, R., Steele, J., Davis, L., & Turner, S. (2018). Does providing inmates with education improve postrelease outcomes? A meta-analysis of correctional education programs in the United States. *Journal of Experimental Criminology, 14*(3), 389-428. https://doi.org/10.1007/s11292-018-9334-6

Bradford, H. D. (2001). What went wrong with public housing in Chicago? A history of the Robert Taylor Homes. *Journal of the Illinois State Historical Society, 94*(1), 96-123.

Bradley, R., & Corwyn, R. (2002). Socioeconomic status and child development. *Annual Review of Psychology, 53*, 371-399. https://doi.org/10.1146/annurev.psych.53.100901.135233

Brady, L., Fryberg, S., & Shoda, Y. (2018). Expanding the interpretive power of psychological science by attending to culture. *Proceedings of the National Academy of Sciences, 115*(45), 11406-11413. https://doi.org/10.1073/pnas.1803526115

Braveman, P., Cubbin, C., Egerter, S., Williams, D., & Pamuk, E. (2010). Socioeconomic disparities in health in the United States: What the patterns tell us. *American Journal of Public Health, 100*(Suppl. 1), S186-S196. https://doi.org/10.2105/AJPH.2009.166082

Brewer, M. (1997). The social psychology of intergroup relations: Can research inform practice? *Journal of Social Issues, 53*(1), 197-211. https://doi.org/fmhxqd

Bringle, R., & Hatcher, J. (2002). Campus-community partnerships: The terms of engagement. *Journal of Social Issues, 58*(3), 503-516. https://doi.org/10.1111/1540-4560.00273

Brodsky, A. (1996). Resilient single mothers in risky neighborhoods: Negative psychological sense of community. *Journal of Community Psychology, 24*(4), 347-363. https://doi.org/dxhd75

Brodsky, A. (2000). The role of religion in the lives of resilient, urban, African American, single mothers. *Journal of Community Psychology, 28*(2), 199-219. https://doi.org/cjwn3h

Brodsky, A. (2003). *With all our strength: The revolutionary association of the women of Afghanistan.* Routledge.

Brodsky, A. (2009). Multiple psychological senses of community in Afghan context: Exploring commitment and sacrifice in an underground resistance community. *American Journal of Community Psychology, 44*(3-4), 176-187. https://doi.org/10.1007/s10464-009-9274-4

Brodsky, A., & Cattaneo, L. B. (2013). A transconceptual model of empowerment and resilience: Divergence, convergence and interactions in kindred community concepts. *American Journal of Community Psychology, 52*(3-4), 333-346. https://doi.org/10.1007/s10464-013-9599-x

Brodsky, A., & Faryal, T. (2006). No matter how hard you try, your feet still get wet: Insider and outsider perspectives. *American Journal of Community Psychology, 37*(3-4), 191-201. https://doi.org/10.1007/s10464-006-9015-x

Brodsky, A., Loomis, C., & Marx, C. (2002). Expanding the conceptualization of PSOC. In A. Fisher, C. Sonn, & B. Bishop (Eds.), *Psychological sense of community: Research, applications and implications* (pp. 319-336). Kluwer/Plenum. https://doi.org/10.1007/978-1-4615-0719-2_16

Brodsky, A., Mannarini, T., Buckingham, S., & Scheibler, J. (2017). Kindred spirits in scientific revolution: Qualitative methods in community psychology. In M. A. Bond, I. Serrano-García, & C. B. Keys, (Eds.), *APA handbook of community psychology: Vol. 2. Methods for* community research and action for diverse groups and issues (pp. 75-90). American Psychological Association. https://doi.org/10.1037/14954-005

Bronfenbrenner, U. (1979). *The ecology of human development: Experiments by nature and design.* Harvard University Press.

Brown, C. H., Guo, J., Singer, L. T., Downes, K., & Brinales, J. (2007). Examining the effects of school-based drug prevention programs on drug use in rural settings: Methodology and initial findings. *Journal of Rural Health, 23*(s1), 29-36. https://doi.org/fwrf4s

Brown, L. D., Feinberg, M. E., & Greenberg, M. T. (2010). Determinants of community coalition ability to support evidence-based programs. *Prevention Science, 11*(3), 287-297. https://doi.org/10.1007/s11121-010-0173-6

Brown, L. D., Shepherd, M. D., Merkle, E. C., Wituk, S. A., & Meisson, G. (2008). Understanding how participation in a consumer-run organization relates to recovery. *American Journal of Community Psychology, 42*(1-2), 167-178. https://doi.org/10.1007/s10464-008-9184-x

Brown v. Board of Education, 347 U.S. 483 (1954). https://www.oyez.org/cases/1940-1955/347us483

Buck, J. (2017). Retention remedy: Building a sense of community through appreciative inquiry. *Nursing Management, 48*(4), 9-12. https://doi.org/dqvk

Buckingham, S. L., Brodsky, A. E., Rochira, A., Fedi, A., Mannarini, T., Emery, L., Godsay, S., Miglietta, A., & Gattino, S. (2018). Shared communities: A multinational qualitative study of immigrant and receiving community members. *American Journal of Community Psychology, 62*(1-2), 23-40. https://doi.org/10.1002/ajcp.12255

Bullock, H. (2017). The widening economic divide: Economic disparities and classism as critical community context. In M. A. Bond, I. Serrano-García, C. B. Keys, & M. Shinn (Eds.), *APA handbook of community psychology: Vol. 1. Theoretical foundations, core concepts, and emerging challenges* (pp. 353-368). American Psychological Association. https://doi.org/10.1037/14953-017

Bullock, H., Wyche, K., & Williams, W. (2001). Media images of the poor. *Journal of Social Issues, 57*(2), 229-246. https://doi.org/10.1111/0022-4537.00210

Bulsara, M., Wood, L., Giles-Corti, B., & Bosch, D. (2007). More than a furry companion: The ripple effect of companion animals on neighborhood interactions and sense of community. *Society & Animals, 15*(1), 43-56. https://doi.org/10.1163/156853007X169333

Bureau of Justice Statistics. (2019). Prisoners in 2017. http://www.bjs.gov/index.cfm?ty=pbdetail&iid=6546

Bureau of Labor Statistics. (2016, January 15). *Women's earnings 83 percent of men's, but vary by occupation.* U.S. Department of Labor. https://www.bls.gov/opub/ted/2016/womens-earnings-83-percent-of-mens-butvary-by-occupation.htm

Burlew, A. K. (2003). Research with ethnic minorities: Conceptual, methodological, and analytical issues. In G. Bernal, J. Trimble, A. K. Burlew, & F. Leong (Eds.), *Handbook of racial and ethnic minority psychology* (pp. 179-197). Sage. https://doi.org/10.4135/9781412976008.n9

Butterfoss, F. D. (2007). *Coalitions and partnerships in community health.* Jossey-Bass.

Bybee, D., & Sullivan, C. (2002). The process through which an advocacy intervention resulted in positive change for battered women over time. *American Journal of Community Psychology, 30*(1), 103-132. https://doi.org/10.1023/A:1014376202459

Caldwell, C. H., Kohn-Wood, L. P., Schmeelk-Cone, K. H., Chavous, T. M., & Zimmerman, M. A. (2004). Racial discrimination and racial identity as risk or protective factors for violent behaviors in African American

young adults. *American Journal of Community Psychology, 33*(1-2), 91-105. https://doi.org/bq7hwm

Camic, P., Rhodes, J., & Yardley, L. (Eds.). (2003). *Qualitative research in psychology: Expanding perspectives in methodology and design.* American Psychological Association. https://doi.org/10.1037/10595-000

Campbell, R. (2016). "It's the way that you do it": Developing an ethical framework for community psychology research and action. *American Journal of Community Psychology, 58*(3-4), 294-302. https://doi.org/10.1002/ajcp.12037

Campbell, R., & Morris, M. (2017a). Complicating narratives: Defining and deconstructing ethical challenges in community psychology. *American Journal of Community Psychology, 60*(3-4), 491-501. https://doi.org/10.1002/ajcp.12177

Campbell, R., & Morris, M. (2017b). The stories we tell: Introduction to the special issue on ethical challenges in community psychology research and practice. *American Journal of Community Psychology, 60*(3-4), 299-301. https://doi.org/10.1002/ajcp.12178

Campbell, R., Patterson, D., & Bybee, D. (2011). Using mixed methods to evaluate a community intervention for sexual assault survivors: A methodological tale. *Violence Against Women, 17*(3), 376-388. https://doi.org/10.1177/1077801211398622

Campbell, R., Shaw, J., & Gregory, K. (2017). Giving voice-And the numbers, too: Mixed methods research in community psychology. In M. A. Bond, I. Serrano-García, & C. B. Keys, (Eds.), *APA handbook of community psychology: Vol. 2. Methods for community research and action for diverse groups and issues* (pp. 139-153). American Psychological Association. https://doi.org/10.1037/14954-009

Campbell, R., & Wasco, S. (2000). Feminist approaches to social science: Epistemological and methodological tenets. *American Journal of Community Psychology, 28*(6), 773-791. https://doi.org/10.1023/A:1005159716099

Campbell, W., Hester, R. K., Lenberg, K. L., & Delaney, H. D. (2016). Overcoming addictions, a web-based application, and SMART Recovery, an online and in-person mutual help group for problem drinkers, part 2: Six-month outcomes of a randomized controlled trial and qualitative feedback from participants. *Journal of Medical Internet Research, 18*(10), e262. https://doi.org/10.2196/jmir.5508

Caplan, G. (1961). *An approach to community mental health.* Grune and Stratton.

Caplan, G. (1964). *Principles of preventive psychiatry.* Basic Books.

Caplan, N., & Nelson, S. (1973). On being useful: The nature and consequences of psychological research on social problems. *American Psychologist, 28*(3), 199-211. https://doi.org/10.1037/h0034433

Carli, L. L. (1999). Gender, interpersonal power, and social influence. *Journal of Social Issues, 55*(1), 81-99. https://doi.org/10.1111/0022-4537.00106

Carli, L. L. (2001). Gender and social influence. *Journal of Social Issues, 57*(4), 725-741. https://doi.org/10.1111/0022-4537.00238

Carling, P. J. (1995). *Return to community: Building support systems for people with psychiatric disabilities.* Guilford Press.

Carrera, J., Key, K., Bailey, S., Hamm, J., Cuthbertson, C., Lewis, E., Woolford, S., DeLoney, E., Greene-Moton, E., Wallace, K., Robinson, D., Byers, I., Piechowski, P., Evans, L., McKay, A., Vereen, D., Sparks, A., & Calhoun, K. (2019). Community science as a pathway for resilience in response to a public health crisis in Flint, Michigan. *Social Sciences, 8*(3), 94. https://doi.org/10.3390/socsci8030094

Casale, M., Cluver, L., Crankshaw, T., Kuo, C., Lachman, J., & Wild, L. (2015). Direct and indirect effects of caregiver social support on adolescent psychological outcomes in two South African AIDS-affected communities. *American Journal of Community Psychology, 55*(3-4),

336-346. https://doi.org/10.1007/s10464-015-9705-3

Case, A. D. (2014). *More than meets the eye: Exploring a Black cultural center as a counterspace for African American college students* [Doctoral dissertation, University of Illinois at Urbana-Champaign]. Illinois Digital Environment for Access to Learning and Scholarship. http://hdl.handle.net/2142/50395

Case, A. D. (2017). Reflexivity in counterspaces fieldwork. *American Journal of Community Psychology, 60*(3-4), 398-405. https://doi.org/10.1002/ajcp.12196

Case, A. D., Eagle, D. E., Yao, J., & Proeschold-Bell, R. J. (2018). Disentangling race and socioeconomic status in health disparities research: An examination of Black and White clergy. *Journal of Racial and Ethnic Health Disparities, 5*(5), 1014-1022. https://doi.org/10.1007/s40615-017-0449-7

Case, A. D., & Hunter, C. D. (2012). Counterspaces: A unit of analysis for understanding the role of settings in marginalized individuals' adaptive responses to oppression. *American Journal of Community Psychology, 50*(1-2), 257-270. https://doi.org/10.1007/s10464-012-9497-7

Case, A. D., & Hunter, C. D. (2014). Counterspaces and the narrative identity work of offender-labeled African American youth. *Journal of Community Psychology, 42*(8), 907-923. https://doi.org/10.1002/jcop.21661

Case, A. D., Todd, N. R., & Kral, M. J. (2014). Ethnography in community psychology: Promises and tensions. *American Journal of Community Psychology, 54*(1-2), 60-71. https://doi.org/10.1007/s10464-014-9648-0

Castro, F. G., Barrera, M., Jr., & Martínez, C. R., Jr. (2004). The cultural adaptation of prevention interventions: Resolving tensions between fidelity and fit. *Prevention Science, 5*(1), 41-45. https://doi.org/fpttwq

Catalano, R. F., Hawkins, J. D., Berglund, M. L., Pollard, J. A., & Arthur, M. W. (2002). Prevention science and positive youth development: Competitive or cooperative frameworks? *Journal of Adolescent Health, 31*(6), 230-239. https://doi.org/fq2sx3

Cattaneo, L. B., Calton, J. M., & Brodsky, A. (2014). Status quo versus status quake: Putting the power back in empowerment. *Journal of Community Psychology, 42*(4), 433-446. https://doi.org/10.1002/jcop.21619

Caughey, M. O., O'Campo, P., & Brodsky, A. (1999). Neighborhoods, families, and children: Implications for policy and practice. *Journal of Community Psychology, 27*(5), 615-633. https://doi.org/cq43d4

Census Bureau. (n.d.). *Rural America.* https://gis-portal.data.census.gov/arcgis/apps/MapSeries/index.html?appid=7a41374f6b03456e9d138cb014711e01

Census Bureau. (2017). *American Community Survey demographic and housing estimates: 2017* [Table]. U.S. Department of Commerce. https://data.census.gov/cedsci/table?d=ACS%205-Year%20Estimates%20Data%20Profiles&table=DP05&tid=ACSDP5Y2017.DP05

Census Bureau. (2018, September 12). *Income and poverty in the United States: 2017.* U.S. Department of Commerce. https://www.census.gov/library/publications/2018/demo/p60-263.html

Census Bureau. (2020, April 6). *Historical poverty tables: People and families-1959 to 2018.* U.S. Department of Commerce. https://www.census.gov/data/tables/time-series/demo/income-poverty/historical-povertypeople.html

Center for Substance Abuse Prevention. (1998). *Preventing substance abuse among children and adolescents: Family-centered approaches.* Prevention Enhancement Protocol System (PEPS) (DHHS Publication No. SMA 3223). U.S. Government Printing Office.

Center on Budget and Policy Priorities. (2018). *A guide to statistics on historical trends in income inequality.* https://www.cbpp.org/research/poverty-and-inequality/a-guide-to-statistics-on-historical-trends-inincome-inequality

Centers for Disease Control and Prevention. (n.d.). *U.S. Public Health Service study at Tuskegee.* https://www.cdc.gov/tuskegee/timeline.htm

Centers for Disease Control and Prevention. (1982a, June 18). A cluster of Kaposi's sarcoma and pneumocystis carinii pneumonia among homosexual male residents of Los Angeles and Orange counties, California. *Morbidity and Mortality Weekly Report, 31*(23), 305-307.

Centers for Disease Control and Prevention. (1982b, September 24). Current trends update on acquiredimmune deficiency syndrome (AIDS)-United States. *Morbidity and Mortality Weekly Report, 31*(37), 507-508, 513-514.

Centers for Disease Control and Prevention. (2019a). *Centers for Disease Control and Prevention HIV prevention progress report, 2019.* https://www.cdc.gov/hiv/pdf/policies/progressreports/cdc-hivpreventionprogressreport.pdf

Centers for Disease Control and Prevention. (2019b). *Compendium of evidence-based interventions and best practices for HIV prevention.* https://www.cdc.gov/hiv/research/interventionresearch/compendium/rr/complete.html

Central Intelligence Agency. (n.d.). *The world factbook: Distribution of family income-GINI ndex.* https://www.cia.gov/library/publications/the-world-factbook/rankorder/2172rank.html

Chamberlin, J. (1978). *On our own: Patient-controlled alternatives to the mental health system.* McGraw-Hill.

Chan, W. Y., Cattaneo, L. B., Mak, W. W. S., & Lin, W.-Y. (2017). From moment to movement: Empowerment and resilience as a framework for collective action in Hong Kong. *American Journal of Community Psychology, 59*(1-2), 120-132. https://doi.org/10.1002/ajcp.12130

Chang, T., Yeh, C. J., & Krumboltz, J. D. (2001). Process and outcome evaluation of an on-line support group for Asian American male college students. *Journal of Counseling Psychology, 48*(3), 319-329. https://doi.org/10.1037/0022-0167.48.3.319

Chavis, D. M. (2001). The paradoxes and promise of community coalitions. *American Journal of Community Psychology, 29*(2), 309-320. https://doi.org/10.1023/A:1010343100379

Chavis, D. M., & Wandersman, A. (1990). Sense of community in the urban environment: A catalyst for participation and community development. *American Journal of Community Psychology, 18*(1), 55-81. https://doi.org/10.1007/BF00922689

Chelimsky, E. (1997). The coming transformation in evaluation. In E. Chilemsky & W. Shadish (Eds.), *Evaluation for the 21st century: A handbook* (pp. 1-26). Sage. https://doi.org/10.4135/9781483348896.n1

Cheng, S.-T., Chan, A. C. M., & Phillips, D. R. (2004). Quality of life in old age: An investigation of well older persons in Hong Kong. *Journal of Community Psychology, 32*(3), 309-326. https://doi.org/10.1002/jcop.20003

Cheng, S.-T., & Heller, K. (2009). Global aging: Challenges for community psychology. *American Journal of Community Psychology, 44*(1-2), 161-173. https://doi.org/10.1007/s10464-009-9244-x

Cherniss, C., & Deegan, G. (2000). The creation of alternative settings. In J. Rappaport & E. Seidman (Eds.), *Handbook of community psychology* (pp. 359-377). Kluwer/Plenum. https://doi.org/10.1007/978-1-4615-4193-6_15

Chetty, R., Grusky, D., Hell, M., Hendren, N., Manuca, R., & Narang, J. (2017). The fading American dream: Trends in absolute income mobility since 1940. *Science, 356*(6336), 398-406. https://doi.org/10.1126/science.aal4617

Chetty, R., Stepner, M., Abraham, S., Lin, S., Scuderi, B., Turner, N., Bergeron, A., & Culler, D. (2016). The association between income and life expectancy in the United States, 2001-2014. *Journal of the American Medical Association, 315*(16), 1750-1766. https://doi.org/10.1001/

jama.2016.4226

Chinman, M., Acosta, J., Ebener, P., Driver, J., Keith, J., & Peebles, D. (2013). Enhancing Quality Interventions Promoting Healthy Sexuality (EQUIPS): A novel application of translational research methods. *Clinical and Translational Science, 6*(3), 232-237. https://doi.org/10.1111/cts.12031

Chinman, M., Acosta, J., Ebener, P., Malone, P. S., & Slaughter, M. E. (2016). Can implementation support help community-based settings better deliver evidence-based sexual health promotion programs? A randomized trial of Getting To Outcomes. *Implementation Science, 11*(1), 78. https://doi.org/dwgf

Chinman, M., Acosta, J., Ebener, P., Malone, P. S., & Slaughter, M. E. (2018). A cluster-randomized trial of Getting to outcomes' impact on sexual health outcomes in community-based settings. *Prevention Science, 19*(4), 437-448. https://doi.org/10.1007/s11121-017-0845-6

Chinman, M., Acosta, J. D., Ebener, P., Sigel, C., & Keith, J. (2016). *Getting to outcomes: A guide for teen pregnancy prevention.* RAND Corporation. https://doi.org/10.7249/TL199

Chinman, M., Hunter, S. B., Ebener, P., Paddock, S. M., Stillman, L., Imm, P., & Wandersman, A. (2008). The getting to outcomes demonstration and evaluation: An illustration of the prevention support system. *American Journal of Community Psychology, 41*(3-4), 206-224. https://doi.org/10.1007/s10464-008-9163-2

Chinman, M., Imm, P., & Wandersman, A. (2004). *Getting to outcomes 2004: Promoting accountability through methods and tools for planning, implementation, and evaluation.* RAND Corporation.

Chinman, M., Kloos, B., O'Connell, M., & Davidson, L. (2002). Service providers' views of psychiatric mutual support groups. *Journal of Community Psychology, 30*(4), 349-366. https://doi.org/10.1002/jcop.10010

Chinman, M., Tremain, B., Imm, P., & Wandersman, A. (2009). Strengthening prevention performance using technology: A formative evaluation of interactive getting to outcomes. *American Journal of Orthopsychiatry, 79*(4), 469-481. https://doi.org/10.1037/a0016705

Chipuer, H. M., & Pretty, G. M. H. (1999). A review of the sense of community index: Current uses, factor structure, reliability, and further development. *Journal of Community Psychology, 27*(6), 643-658. https://doi.org/b86hj3

Chirowodza, A., van Rooyen, H., Joseph, P., Sikotoyi, S., Richter, L., & Coates, T. (2009). Using participatory methods and geographic information systems to prepare for an HIV community-based trial in Vulindela, South Africa. *Journal of Community Psychology, 37*(1), 41-57. https://doi.org/10.1002/jcop.20294

Christens, B. D. (2012). Toward relational empowerment. *American Journal of Community Psychology, 50*(1-2), 114-128. https://doi.org/10.1007/s10464-011-9483-5

Christens, B. D. (2019). *Community power and empowerment.* Oxford University Press. https://doi.org/10.1093/oso/9780190605582.001.0001

Christens, B. D., Connell, C. M., Faust, V., Haber, M. G., & the Council of Education Programs. (2015). Progress report: Competencies for community research and action. *Community Psychologist, 48*(4), 3-9.

Christens, B. D., Hanlin, C. E., & Speer, P. W. (2007). Getting the social organism thinking: Strategy for systems change. *American Journal of Community Psychology, 39*(3-4), 229-238. https://doi.org/10.1007/s10464-007-9119-y

Christens, B. D., Inzeo, P. T., & Faust, V. (2014). Channeling power across ecological systems: Social regularities in community organizing. *American Journal of Community Psychology, 53*(3-4), 419-431. https://doi.org/10.1007/s10464-013-9620-4

Christie, C., Baker, C., Cooper, R., Kennedy, P. J., Madras, B., & Bondi, P. (2017). *The president's commission on combating drug addiction and the opioid crisis* [Final report]. The President's Commission on Combating Drug Addiction and the Opioid Crisis.

Cicchetti, D., & Lynch, M. (1993). Toward an ecological/transactional model of community violence and child maltreatment: Consequences for children's development. *Psychiatry, 56,* 96-118. https://doi.org/10.1080/00332747.1993.11024624

Cicchetti, D., Rappaport, J., Sandler, I., & Weissberg, R. P. (2000). *The promotion of wellness in children and adolescents.* Child Welfare League of America.

Clark, D. (2004). *Stonewall: The riots that sparked the gay revolution.* St. Martin's Press.

Clark, K. (Ed.). (1953). Desegregation: An appraisal of the evidence [Special issue]. *Journal of Social Issues, 9*(4).

Clark, K., Chein, I., & Cook, S. (2004). The effects of segregation and the consequences of desegregation: A (September 1952) social science statement in the *Brown v. Board of Education of Topeka* supreme court case. *American Psychologist, 59*(6), 495-501. https://doi.org/10.1037/0003-066X.59.6.495 (Reprinted from "The effects of segregation and the consequences of desegregation" [Appendix to the appellants' briefs in *Brown v. Board of Education of Topeka, Kansas; Briggs v. Elliot; and Davis v. Prince Edward County, Virginia.* Signed by 29 other social scientists], September 22, 1952)

Clark, R., Anderson, N. B., Clark, V. R., & Williams, D. R. (1999). Racism as a stressor for African Americans: A biopsychosocial model. *American Psychologist, 54*(10), 805-816. https://doi.org/df7srj

Clark, S. (1986). *Ready from within: Septima Clark and the civil rights movement.* Wild Trees Press.

Cleveland, R. (2018). *A study of White racial identity development, meaning, experience, and expression in elite, White males* [Doctoral dissertation, George Washington University]. George Washington Scholar Space. https://scholarspace.library.gwu.edu/etd/c821gk02r

Coalition for Community Living. (n.d.). *Fairweather Lodge-Frequently asked questions.* Retrieved December 16, 2019, from https://www.theccl.org/Fairweather-Lodge

Cochran, J. C., Siennick, S. E., & Mears, D. P. (2018). Social exclusion and parental incarceration impacts on adolescents' networks and school engagement. *Journal of Marriage and the Family, 80*(2), 478-498. https://doi.org/10.1111/jomf.12464

Cohen, S. (2004). Social relationships and health. *American Psychologist, 59*(8), 676-684. https://doi.org/dxbvbz

Colby, A., & Damon, W. (1992). *Some do care: Contemporary lives of moral commitment.* Free Press.

Cole, E. R. (2009). Intersectionality and research in psychology. *American Psychologist, 64*(3), 170-180. https://doi.org/10.1037/a0014564

Coleman, J., & Hoffer, T. (1987). *Public and private schools: The impact of communities.* Basic Books.

Collaborative for Academic, Social, and Emotional Learning. (2006). *Cossitt school case study.* https://web.archive.org/web/20100705223217/http://www.casel.org/downloads/cossitt_casestudy.pdf

Collier-Thomas, B., & Franklin, V. P. (Eds.). (2001). *Sisters in the struggle: African American women in the civil rights-Black power movement.* NYU Press.

Collins, C., Neal, J., & Neal, Z. (2014). Transforming individual civic engagement into community collective efficacy: The role of bonding social capital. *American Journal of Community Psychology, 54*(3-4), 328-336. https://doi.org/10.1007/s10464-014-9675-x

Collins, F. S., & Mansoura, M. K. (2001). The human genome project: Revealing the shared inheritance of all humankind. *Cancer, 91*(Suppl. 1), 221-225. https://doi.org/bmxsm9

Collins, S. E., Clifasefi, S. L., Stanton, J., the LEAP Advisory Board, Straits, K. J. E., Gil-Kashiwabara, E., Rodriguez Espinosa, P., Nicasio, A. V., Andrasik, M. P., Hawes, S. M., Miller, K. A., Nelson, L. A., Orfaly, V. E., Duran, B. M., & Wallerstein, N. (2018). Community-Based Participatory Research (CBPR): Towards equitable involvement of community in psychology research. *American Psychologist, 73*(7), 884-898. https://doi.org/10.1037/amp0000167

Comas-Díaz, L., Lykes, M. B., & Alarcón, R. (1998). Ethnic conflict and the psychology of liberation in Guatemala, Peru, and Puerto Rico. *American Psychologist, 53*(7), 778-792. https://doi.org/10.1037/0003-066x.53.7.778

Condron, D. J. (2009). Social class, school and non-school environments, and Black/White inequalities in children's learning. *American Sociological Review, 74*(5), 685-708. https://doi.org/d7wmp6

Connor-Smith, J. K., & Flachsbart, C. (2007). Relations between personality and coping: A meta-analysis. *Journal of Personality and Social Psychology, 93*(6), 1080-1107. https://doi.org/frf2r2

Cooke, B., & Kothari, U. (2001). *Participation: The new tyranny?* Zed Books.

Cope, M. R., Currit, A., Flaherty, J., & Brown, R. B. (2016). Making sense of community action and voluntary participation-A multilevel test of multilevel hypotheses: Do communities act?. *Rural Sociology, 81*(1), 3-34. https://doi.org/10.1111/ruso.12085

Coppens, N., Page, R., & Thou, T. (2006). Reflections on the evaluation of a Cambodian youth dance program. *American Journal of Community Psychology, 37*(3-4), 175-182. https://doi.org/10.1007/s10464-006-9018-7

Corcoran, J., & Pillai, V. K. (2007). Effectiveness of secondary pregnancy prevention programs: A metaanalysis. *Research on Social Work Practice, 17*(1), 5-18. https://doi.org/cj3q7k

Cornell Empowerment Group. (1989). Empowerment and family support. *Networking Bulletin, 1,* 1-23.

Cortés, D. E., Rogler, L. H., & Malgady, R. G. (1994). Biculturality among Puerto Rican adults in the United States. *American Journal of Community Psychology, 22*(5), 685-706. https://doi.org/10.1007/BF02506900

Coulton, C., Korbin, J., Chan, T., & Su, M. (2001). Mapping residents' perceptions of neighborhood boundaries: A methodological note. *American Journal of Community Psychology, 29*(2), 371-383. https://doi.org/10.1023/A:1010303419034

Cowen, E. L. (1973). Social and community interventions. *Annual Review of Psychology, 24,* 423-472. https://doi.org/10.1146/annurev.ps.24.020173.002231

Cowen, E. L. (1991). In pursuit of wellness. *American Psychologist, 46*(4), 404-408. https://doi.org/10.1037/0003-066X.46.4.404

Cowen, E. L. (1994). The enhancement of psychological wellness: Challenges and opportunities. *American Journal of Community Psychology, 22*(2), 149-179. https://doi.org/chqb7j

Cowen, E. L. (2000a). Community psychology and routes to psychological wellness. In J. Rappaport & E. Seidman (Eds.), *Handbook of community psychology* (pp. 79-99). Kluwer/Plenum. https://doi.org/10.1007/978-1-4615-4193-6_4

Cowen, E. L. (2000b). Prevention, wellness enhancement, Y2K and thereafter. *Journal of Primary Prevention, 21*(1), 15-19. https://doi.org/10.1023/A:1007041011360

Cowen, E. L. (2000c). Psychological wellness: Some hopes for the future. In D. Cicchetti, J. Rappaport, I. N. Sandler, & R. P. Weissberg (Eds.), *The promotion of wellness in children and adolescents* (pp. 477-503). Child Welfare League of America Press.

Cowen, E. L., & Kilmer, R. (2002). "Positive psychology": Some plusses and some open issues. *Journal of Community Psychology, 30*(4), 449-460. https://doi.org/10.1002/jcop.10014

Cowen, E. L., McKim, B. J., & Weissberg, R. P. (1981). Bartenders as informal, interpersonal help-agents. *American Journal of Community Psychology, 9*(6), 715-729. https://doi.org/10.1007/BF00896251

Cowen, E. L., Pedersen, A., Babigian, H., Izzo, L. D., & Trost, M. A. (1973). Long-term follow-up of early detected vulnerable children. *Journal of Consulting and Clinical Psychology, 41*(3), 438-446. https://doi.org/10.1037/h0035373

Crenshaw, K. (1989). Demarginalizing the intersection of race and sex: A Black feminist critique of antidiscrimination doctrine, feminist theory and antiracist politics. *University of Chicago Legal Forum, 1989*(1), Article 8. https://chicagounbound.uchicago.edu/cgi/viewcontent.cgi?article=1052&context=uclf

Creswell, J., & Creswell, D. (2018). *Research design: Qualitative, quantitative, and mixed methods approaches* (5th ed.). Sage.

Crimp, D. (2011, December 6). Before Occupy: How AIDS activists seized control of the FDA in 1988. *The Atlantic.* https://www.theatlantic.com/health/archive/2011/12/before-occupy-how-aids-activists-seizedcontrol-of-the-fda-in-1988/249302/

Crosby, F. J., Iyer, A., Clayton, S., & Downing, R. A. (2003). Affirmative action: Psychological data and the policy debates. *American Psychologist, 58*(2), 93-115. https://doi.org/10.1037/0003-066X.58.2.93

Cruz, M. R., & Sonn, C. C. (2011). (De)colonizing culture in community psychology: Reflections from critical social science. *American Journal of Community Psychology, 47*(1-2), 203-214. https://doi.org/10.1007/s10464-010-9378-x

Cubbin, C., Kim, Y., Vohra-Gupta, S., & Margerison, C. (2020). Longitudinal measures of neighborhood poverty and income inequality are associated with adverse birth outcomes in Texas. *Social Science & Medicine, 245,* 112665. https://doi.org/10.1016/j.socscimed.2019.112665

Culley, M. R., & Hughey, J. (2008). Power and public participation in a hazardous waste dispute: A community case study. *American Journal of Community Psychology, 41*(1-2), 99-114. https://doi.org/10.1007/s10464-007-9157-5

Dalton, D. (1993). *Mahatma Gandhi: Nonviolent power in action.* Columbia University Press.

Dalton, J. H., & Wolfe, S. M. (2012). Competencies for community practice. *Community Psychologist, 45*(4), 7-14.

Dan, A., Campbell, R., Riger, S., & Strobel, M. (2003). Feminist panel: Discussing "psychology constructs the female". In J. G. Kelly (producer, director) (Ed.), *Exemplars of community psychology* [DVD set]. Society for Community Research and Action.

Dane, A. V., & Schneider, B. (1998). Program integrity in primary and early secondary prevention: Are implementation effects out of control?. *Clinical Psychology Review, 18*(1), 23-45. https://doi.org/b7m38p

Danzer, A. M., & Danzer, N. (2016). The long-run consequences of chernobyl: Evidence on subjective well-being, mental health and welfare. *Journal of Public Economics, 135,* 47-60. https://doi.org/10.1016/j.jpubeco.2016.01.001

DARE. (2008). *2008 annual report.*

Das, J. K., Salam, R. A., Arshad, A., Finkelstein, Y., & Bhutta, Z. A. (2016). Interventions for adolescent substance abuse: An overview of systematic reviews. *Journal of Adolescent Health, 59*(4)(Suppl.), S61-S75. https://doi.org/f88gbg

D'Augelli, A. R. (1994). Lesbian and gay male development: Steps toward an analysis of lesbians' and gay men's lives. In B. Greene & G. Herek (Eds.), *Contemporary perspectives in gay and lesbian psychology* (Vol. 1, pp. 118-132). Sage. https://doi.org/10.4135/9781483326757.n7

D'Augelli, A. R. (2006). Coming out, visibility, and creating change:

Empowering lesbian, gay, and bisexual people in a rural university community. *American Journal of Community Psychology, 37*(3-4), 365-376. https://doi.org/10.1007/s10464-006-9043-6

David, E. J. R., Schroeder, T. M., & Fernández, J. (2019). Internalized racism: A systematic review of the psychological literature on racism's most insidious consequence. *Journal of Social Issues, 75*(4), 1057-1086. https://doi.org/10.1111/josi.12350

De Groot, J. I. (2018). *Environmental psychology: An introduction.* John Wiley & Sons.

den Boer, P. C. A. M., Wiersma, D., & van den Bosch, R. J. (2004). Why is self-help neglected in the treatment of emotional disorders? A meta-analysis. *Psychological Medicine, 34*(6), 959-971. https://doi.org/10.1017/S003329170300179X

Denzin, N. K., & Lincoln, Y. S. (Eds.). (1994). *Handbook of qualitative research.* Sage Publications.

Department of Agriculture. (2019, April). *Official USDA food plans: Cost of food at home at four levels, U.S. average, March 2019.* https://fns-prod.azureedge.net/sites/default/files/media/file/CostofFoodMar2019.pdf

Department of Health and Human Services. (2010). *To live to see the great day that dawns: Preventing suicide by American Indian and Alaska Native youth and young adults.* DHHS Publication SMA (10)-4480, CMHS-NSPL-0196, Center for Mental Health Services, Substance Abuse and Mental Health Services Administration.

Department of Health and Human Services. (2017). *Maternal, infant, and early childhood home visiting program: Partnering with parents to help children succeed.* https://mchb.hrsa.gov/sites/default/files/mchb/MaternalChildHealthInitiatives/HomeVisiting/pdf/programbrief.pdf

Department of Housing and Urban Development. (n.d.). *HUD's Public Housing Program.* http://portal.hud.gov/portal/page/portal/HUD/topics/rental_assistance/phprog

Department of Housing and Urban Development. (2019). *Fair market rates.* https://www.huduser.gov/portal/datasets/fmr/fmrs/FY2019_code/select_Geography.odn

Department of Housing and Urban Development. (2020). *2018 annual homeless assessment report to Congress.* https://files.hudexchange.info/resources/documents/2018-AHAR-Part-1.pdf

Derzon, J. H., Sale, E., Springer, J. F., & Brounstein, P. (2005). Estimating intervention effectiveness: Synthetic projection of field evaluation results. *Journal of Primary Prevention, 26*(4), 321-343. https://doi.org/b88s9p

DeWolfe, D. J. (2000). *Training manual for mental health and human services workers in major disasters* (2nd ed.). U.S. Department of Health and Human Services.

Dinh, K. T., & Bond, M. A. (2008). The other side of acculturation: Changes among host individuals and communities in their adaptation to immigrant populations. *American Journal of Community Psychology, 42*(3-4), 283-285. https://doi.org/10.1007/s10464-008-9200-1

Dockett, K. H. (1999, June). *Engaged Buddhism and community psychology: Partners in social change* [Presentation]. Biennial Meeting of the Society for Community Research and Action, New Haven, CT.

Dockett, K. H. (2003). Buddhist empowerment: Individual, organizational, and societal transformation. In K. H. Dockett, G. R. Dudley-Grant, & C. P. Bankart (Eds.), *Psychology and Buddhism: From individual to global community* (pp. 173-196). Kluwer Academic/Plenum.

Dockett, K. H., Dudley-Grant, G. R., & Bankart, C. P. (2003). *Psychology and Buddhism: From individual to global community.* Kluwer Academic/Plenum.

Dohrenwend, B. S. (1978). Social stress and community psychology. *American Journal of Community Psychology, 6*(1), 1-14. https://doi.org/10.1007/BF00890095

Dokecki, P. R., Newbrough, J. R., & O'Gorman, R. T. (2001). Toward a community-oriented action research framework for spirituality: Community psychological and theological perspectives. *Journal of Community Psychology, 29*(5), 497-518. https://doi.org/10.1002/jcop.1033

Domlyn, A. M., & Wandersman, A. (2019). Community coalition readiness for implementing something new: Using a Delphi methodology. *Journal of Community Psychology, 47*(4), 882-897. https://doi.org/10.1002/jcop.22161

Doogan, N. J., Light, J. M., Stevens, E. B., & Jason, L. A. (2019). Quality of life as a predictor of social relationships in Oxford House. *Journal of Substance Abuse Treatment, 101*, 79-87. https://doi.org/10.1016/j.jsat.2019.03.006

Du Bois, W. E. B. (1986). The souls of black folk. In N. Huggins (Ed.), *W. E. B. Du Bois: Writings* (pp. 357-548). Library of America. (Original work published 1903)

DuBois, D. L. (2017). Prevention and promotion: Toward an improved framework for research and action. In M. A. Bond, I. Serrano-García, & C. B Keys (Eds.), *APA handbook of community psychology: Vol. 1. Methods for community research and action for diverse groups and issues* (pp. 233-252). American Psychological Association.

DuBois, D. L., Holloway, B. E., Valentine, J. C., & Cooper, H. (2002). Effectiveness of mentoring programs for youth: A meta-analytic review. *American Journal of Community Psychology, 30*(2), 157-197. https://doi.org/10.1023/A:1014628810714

DuBois, D. L., & Karcher, M. J. (2005). Youth mentoring: Theory, research, and practice. In D. L. DuBois & M. J. Karcher (Eds.), *Handbook of youth mentoring* (pp. 2-12). Sage Publications. https://doi.org/10.4135/9781412976664.n1

DuBois, D. L., & Silverthorn, N. (2005). Natural mentoring relationships and adolescent health: Evidence from a national study. *American Journal of Public Health, 95*(3), 518-524. https://doi.org/10.2105/AJPH.2003.031476

DuBois, D. L., Silverthorn, N., Pryce, J., Reeves, E., Sánchez, B., Silva, A., Ansu, A. A., Haqq, S., & Takehara, J. (2008). Mentorship: The girlpower program. In C. W. LeCroy & J. E. Mann (Eds.), *handbook of preventive and intervention programs for adolescent girls* (pp. 326-365). Wiley. https://doi.org/10.1002/9781118269848.ch11

Dudgeon, P., Mallard, J., Oxenham, D., & Fielder, J. (2002). Contemporary aboriginal perceptions of community. In A. Fisher, C. Sonn, & B. Bishop (Eds.), *Psychological sense of community: Research, applications and implications* (pp. 247-267). Kluwer/Plenum. https://doi.org/10.1007/978-1-4615-0719-2_13

Dudley Street Neighborhood Initiative. (n.d.). *DSNI historic timeline.* Retrieved December 16, 2019, from https://www.dsni.org/s/DSNI-Historic-Timeline-56ea.pdf

DuMont, K., Mitchell-Herzfeld, S., Greene, R., Lee, E., Lowenfels, A., Rodriguez, M., & Dorabawila, V. (2008). Healthy Families New York (HFNY) randomized trial: Effects on early child abuse and neglect. *Child Abuse & Neglect, 32*(3), 295-315. https://doi.org/10.1016/j.chiabu.2007.07.007

Duncan, T. E., Duncan, S. C., Okut, H., Strycker, L. A., & Hix-Small, H. (2003). A multilevel contextual model of neighborhood collective efficacy. *American Journal of Community Psychology, 32*(3-4), 245-252. https://doi.org/cqtdbg

Dupéré, V., & Perkins, D. D. (2007). Community types and mental health: A multilevel study of local environmental stress and coping. *American Journal of Community Psychology, 39*(1-2), 107-119. https://doi.org/10.1007/s10464-007-9099-y

Durkheim, É. (1993). *The division of labor in society* (G. Simpson, Trans.).

Free Press. (Original work published 1893)

Durlak, J. A., & DuPre, E. P. (2008). Implementation matters: A review of research on the influence of implementation on program outcomes and the factors affecting implementation. *American Journal of Community Psychology, 41*(3-4), 327-350. https://doi.org/gqg

Durlak, J. A., & Wells, A. M. (1997). Primary prevention mental health programs for children and adolescents: A meta-analytic review. *American Journal of Community Psychology, 25*(2), 115-152. https://doi.org/10.1023/A:1024654026646

Durlak, J. A., & Wells, A. M. (1998). Evaluation of indicated preventive intervention (secondary prevention) mental health programs for children and adolescents. *American Journal of Community Psychology, 26*(5), 775-802. https://doi.org/10.1023/A:1022162015815

Dutta, U. (2016). Prioritizing the local in an era of globalization: A proposal for decentering community psychology. *American Journal of Community Psychology, 58*(3-4), 329-338. https://doi.org/10.1002/ajcp.12047

Dutta, U. (2017). Creating inclusive identity narratives through participatory action research. *Journal of Community & Applied Social Psychology, 27*(6), 476-488. https://doi.org/10.1002/casp.2328

Dutta, U. (2018). Decolonizing "community" in community psychology. *American Journal of Community Psychology, 62*(3-4), 272-282. https://doi.org/10.1002/ajcp.12281

Dyson, M. P., Hartling, L., Shulhan, J., Chisholm, A., Milne, A., Sundar, P., Scott, S. D., & Newton, A. S. (2016). A systemic review of social media use to discuss and view deliberate self-harm acts. *PLOS ONE, 11*(5), e0155813. https://doi.org/10.1371/journal.pone.0155813

Eagly, A. H., & Carli, L. L. (2007). *Through the labyrinth: The truth about how women become leaders.* Harvard Business School Press.

Eagly, A. H., & Riger, S. (2014). Feminism and psychology: Critiques of methods and epistemology. *American Psychologist, 69*(7), 685-702. https://doi.org/10.1037/a0037372

Eby, L. T., Allen, T. D., Evans, S. C., Ng, T., & DuBois, D. L. (2008). Does mentoring matter? A multidisciplinary meta-analysis comparing mentored and non-mentored individuals. *Journal of Vocational Behavior, 72*(2), 254-267. https://doi.org/10.1016/j.jvb.2007.04.005

Economic Policy Institute. (2016). *The cost of childcare in Illinois.* https://www.epi.org/child-care-costs-in-theunited-states/#/IL

Edgerton, J. W. (2000). [Untitled videotape interview]. In J. G. Kelly (Ed.) *The history of community psychology: A video presentation of context and exemplars.* Society for Community Research and Action. https://vimeo.com/69635912

Edwards, R., Jumper-Thurman, P., Plested, B., Oetting, E., & Swanson, L. (2000). Community readiness: Research to practice. *Journal of Community Psychology, 28,* 291-307.

Elias, M. J. (1987). Establishing enduring prevention programs: Advancing the legacy of Swampscott. *American Journal of Community Psychology, 15*(5), 539-553. https://doi.org/10.1007/BF00929908

Elias, M. J. (1995). Primary prevention as health and social competence promotion. *Journal of Primary Prevention, 16*(1), 5-24. https://doi.org/10.1007/BF02407230

Elias, M. J., & Kamarinos, P. (2003, August 8). *Sustainability of school-based preventive social-emotional programs: A model site study* [Presentation]. Meeting of the American Psychological Association, Toronto, Canada.

Elias, M. J., Parker, S. J., Kash, V. M., & Dunkelblau, E. (2007). Social-emotional learning and character and moral education in children: Synergy of fundamental divergence in our schools? *Journal of Research in Character Education, 5*(2), 167-181.

Elias, M. J., & Zins, J. E. (Eds.). (2003). *Bullying, peer harassment, and victimization in the schools: The next generation of prevention.* Haworth.

Elias, M. J., Zins, J. E., Weissberg, R. P., Frey, K., Greenberg, M., Haynes, N., Kessler, R., Schwab-Stone, M., & Shriver, T. (1997). *Promoting social and emotional learning: Guidelines for educators.* Association for Supervision and Curriculum Development.

Ellis, L. A., Marsh, H. W., & Craven, R. G. (2009). Addressing the challenges faced by early adolescents: A mixed-method evaluation of the benefits of peer support. *American Journal of Community Psychology, 44*(1-2), 54-75. https://doi.org/10.1007/s10464-009-9251-y

Ennett, S. T., Rosenbaum, D. P., Flewelling, R. L., Bieler, G. S., Ringwalt, C. L., & Bailey, S. L. (1994). Longterm evaluation of drug abuse resistance education. *Addictive Behaviors, 19*(2), 113-125. https://doi.org/10.1016/0306-4603(94)90036-1

Evans, G. W. (2004). The environment of childhood poverty. *American Psychologist, 59*(2), 77-92. https://doi.org/10.1037/0003-066X.59.2.77

Evans, S. D. (2007). Youth sense of community: Voice and power in community contexts. *Journal of Community Psychology, 35*(6), 693-709. https://doi.org/10.1002/jcop.20173

Evans, S. D., Duckett, P., Lawthom, R., & Kivell, N. (2017). Positioning the critical in community psychology. In M. A. Bond, I. Serrano-García, and C. B. Keys (Eds.), *APA handbook of community psychology: Vol. 1. Theoretical foundations, core concepts, and emerging challenges* (pp. 107-127). American Psychological Association. https://doi.org/10.1037/14953-005

Evans, S. D., Hanlin, C., & Prilleltensky, I. (2007). Blending ameliorative and transformative approaches in human service organizations: A case study. *Journal of Community Psychology, 35*(3), 329-346. https://doi.org/10.1002/jcop.20151

Fairweather, G. W. (1979). Experimental development and dissemination of an alternative to psychiatric hospitalization. In R. Munoz, L. Snowden, & J. G. Kelly (Eds.), *Social and psychological research in community settings* (pp. 305-342). Jossey-Bass.

Fairweather, G. W. (1994). [Untitled videotape interview]. In J. G. Kelly (Ed.), *The history of community psychology: A video presentation of context and exemplars.* Society for Community Research and Action.

Fairweather, G. W., Sanders, D., Cressler, D., & Maynard, H. (1969). *Community life for the mentally ill: An alternative to institutional care.* Aldine.

Farrell, S. J., Aubry, T., & Coulombe, D. (2004). Neighborhoods and neighbors: Do they contribute to personal well-being? *Journal of Community Psychology, 32*(1), 9-25. https://doi.org/10.1002/jcop.10082

Faust, V., Christens, B., Sparks, S., & Hilgendorf, A. (2015). Exploring relationships among organizational capacity, collaboration, and network change. *Psychosocial Intervention, 24*(3), 125-131. https://doi.org/10.1016/j.psi.2015.09.002

Faust, V., Haber, M., Christens, B., & Legler, R. (2017). Intersections of competencies for practice and research in community psychology. *Global Journal of Community Psychology Practice, 8*(1), 1-13. https://doi.org/10.7728/0801201708

Fawcett, S. B., Paine-Andrews, A., Francisco, V., Schulz, J., Richter, K., Lewis, R., Williams, E., Harris, K., Berkley, J., Fisher, J., & López, C. (1995). Using empowerment theory in collaborative partnerships for community health and development. *American Journal of Community Psychology, 23*(5), 677-697. https://doi.org/10.1007/BF02506987

Fawcett, S. B., White, G., Balcazar, F., Suarez-Balcazar, Y., Mathews, R., Paine-Andrews, A., Seekins, T., & Smith, J. (1994). A contextual-behavioral model of empowerment: Case studies involving people with physical disabilities. *American Journal of Community Psychology, 22*(4), 471-496. https://doi.org/10.1007/BF02506890

Federal Bureau of Investigation. (2018) *Crime in the United States, 2017.*

https://ucr.fbi.gov/crime-in-theu.s/2017/crime-in-the-u.s.-2017

Feinberg, M., Greenberg, M., & Osgood, D. W. (2004). Readiness, functioning, and perceived effectiveness in community prevention coalitions: A study of communities that care. *American Journal of Community Psychology, 33*(3-4), 163-176. https://doi.org/10.1023/B:AJCP.0000027003.75394.2b

Felner, R., & Adan, A. (1988). The school transition environment project: An ecological intervention and evaluation. In R. Price, E. Cowen, R. Lorion, & J. Ramos-McKay (Eds.), *Fourteen ounces of prevention* (pp. 111-122). American Psychological Association. https://doi.org/10.1037/10064-009

Felton, C. (2004). Lessons learned since september 11th 2001 concerning the mental health impact of terrorism, appropriate response strategies and future preparedness. *Psychiatry: Interpersonal and Biological Processes, 67*(2), 147-152. https://doi.org/10.1521/psyc.67.2.147.35957

Fernández, J. S. (2018a). Decolonial pedagogy in community psychology: White students disrupting White innocence via a family portrait assignment. *American Journal of Community Psychology, 62*(3-4), 294-305. https://doi.org/10.1002/ajcp.12282

Fernández, J. S. (2018b). Toward an ethical reflective practice of a theory in the flesh: Embodied subjectivities in a youth participatory action research mural project. *American Journal of Community Psychology, 62*(1-2), 221-232. https://doi.org/10.1002/ajcp.12264

Fernández, J. S., Nguyen, A., & Langhout, R. D. (2015). "It's a puzzle!" Elementary school-aged youth conceptmapping the intersections of community narratives. *International Journal for Research on Extended Education, 3*(1), 24-38. https://doi.org/10.3224/ijree.v3i1.19579

Fetterman, D. (1996). Empowerment evaluation: An introduction to theory and practice. In D. Fetterman, S. Kaftarian, & A. Wandersman (Eds.), *Empowerment evaluation: Knowledge and tools for self-assessment and accountability* (pp. 3-46). Sage. https://doi.org/10.4135/9781452243573.n1

Fetterman, D. (2001). *Foundations of empowerment evaluation.* Sage.

Fetterman, D., & Wandersman, A. (Eds.). (2005). *Empowerment evaluation principles in practice.* Guilford Press.

Fiala, W., Bjorck, J., & Gorsuch, R. (2002). The religious support scale: Construction, validation, and cross-validation. *American Journal of Community Psychology, 30*, 761-786. https://doi.org/10.1023/A:1020264718397

Field, J. (2003). *Social capital.* Routledge.

Fields, A. M., Swan, S., & Kloos, B. (2010). "What it means to be a woman": Ambivalent sexism in female college students' experiences and attitudes. *Sex Roles, 62*(7-8), 554-567. https://doi.org/10.1007/s11199-009-9674-9

Figeuroa Sarriera, H. J., & González Hilario, B. (2017). Emerging technologies: Challenges and opportunities for community psychology. In M. A. Bond, I. Serrano-García, C. B. Keys, & M. Shinn (Eds.), *APA handbook of community psychology: Vol. 1. Methods for community research and action for diverse groups and issues* (pp. 469-484). American Psychological Association. https://doi.org/10.1037/14953-024

Fike, K. J., Ceballo, R., & Kennedy, T. M. (2019). The role of academic mentors for Latino/a adolescents exposed to community violence. *Journal of Community Psychology, 47*(6), 1329-1346. https://doi.org/10.1002/jcop.22189

Finckenauer, J. (1982). *Scared straight and the panacea phenomenon.* Prentice-Hall.

Fine, M., & Burns, A. (2003). Class notes: Toward a critical psychology of class and schooling. *Journal of Social Issues, 59*(4), 841-860. https://doi.org/dmgqsg

Fine, M., Torre, M. E., Boudin, K., Bowen, I., Clark, J., Hylton, D., Martínez, M., Roberts, R. A., Smart, P., & Upegui, D. (2003).

Participatory action research: From within and beyond prison bars. In P. M. Camic, J. E. Rhodes, & L. Yardley (Eds.), *Qualitative research in psychology: Expanding perspectives in methodology and design* (pp. 173-198). American Psychological Association. https://doi.org/10.1037/10595-010

Fisak, B. J., Jr., Richard, D., & Mann, A. (2011). The prevention of child and adolescent anxiety: A metaanalytic review. *Prevention Science, 12*(3), 255-268. https://doi.org/b7872j

Fisher, A., & Sonn, C. (2002). Psychological sense of community in Australia and the challenges of change. *Journal of Community Psychology, 30*(6), 597-609. https://doi.org/10.1002/jcop.10029

Fisher, D., Imm, P., Chinman, M., & Wandersman, A. (2006). *Getting to outcomes with developmental assets: Ten steps to measuring success in youth programs and communities.* Search Institute.

Fitzgerald, F. S. (1995). *The great Gatsby.* Simon & Schuster. (Original work published 1925)

Flaherty, J., Zwick, R., & Bouchey, H. (2014). Revisiting the sense of community index: Confirmatory factor analysis and invariance test. *Journal of Community Psychology, 42*(8), 947-963. https://doi.org/10.1002/jcop.21664

Flaspohler, P., Duffy, J., Wandersman, A., Stillman, L., & Maras, M. A. (2008). Unpacking capacity: An intersection of research-to-practice models and community-centered models. *American Journal of Community Psychology, 41*(3-4), 182-196. https://doi.org/10.1007/s10464-008-9162-3

Flaspohler, P., Lesesne, C. A., Puddy, R. W., Smith, E., & Wandersman, A. (2012). Advances in bridging research and practice: Introduction to the second special issue on the interactive system framework for dissemination and implementation. *American Journal of Community Psychology, 50*(3-4), 271-281. https://doi.org/10.1007/s10464-012-9545-3

Fleishman, J. A., Sherbourne, C. D., Cleary, P. D., Wu, A. W., Crystal, S., & Hays, R. D. (2003). Patterns of coping among persons with HIV infection: Configurations, correlates, and change. *American Journal of Community Psychology, 32*(1-2), 187-204. https://doi.org/fkpphz

Flores, W. V., & Benmayor, R. (1997). *Latino cultural citizenship: Claiming identity, space, and rights.* Beacon Press.

Florin, P. R., Chavis, D., Wandersman, A., & Rich, R. (1992). A systems approach to understanding and enhancing grassroots organizations: The Block booster project. In R. Levine & H. Fitzgerald (Eds.), *Analysis of dynamic psychological systems: Methods and applications* (Vol. 2, pp. 215-243). Plenum. https://doi.org/10.1007/978-1-4615-6440-9_9

Florin, P. R., & Wandersman, A. (1984). Cognitive social learning and participation in community development. *American Journal of Community Psychology, 12*(6), 689-708. https://doi.org/10.1007/BF00922619

Folkman, S., & Moskowitz, J. T. (2004). Coping: Promises and pitfalls. *Annual Review of Psychology, 55*, 745-774. https://doi.org/d3gc4p

Fondacaro, M., & Weinberg, D. (2002). Concepts of social justice in community psychology: Toward a social ecological epistemology. *American Journal of Community Psychology, 30*(4), 473-492. https://doi.org/10.1023/A:1015803817117

Forenza, B. (2016). Opportunity role structure, social support, and leadership: Process of foster youth advisory board participation. *Journal of Community Psychology, 44*(7), 904-918. https://doi.org/10.1002/jcop.21817

Foster-Fishman, P., Berkowitz, S. L., Lounsbury, D. W., Jacobson, S., & Allen, N. A. (2001). Building collaborative capacity in community coalitions: A review and integrative framework. *American Journal of Community Psychology, 29*(2), 241-261. https://doi.org/10.1023/

A:1010378613583

Foster-Fishman, P., Nowell, B., Deacon, Z., Nievar, M. A., & McCann, P. (2005). Using methods that matter: The impact of reflection, dialogue, and voice. *American Journal of Community Psychology, 36*(3-4), 275-291. https://doi.org/10.1007/s10464-005-8626-y

Foster-Fishman, P., Nowell, B., & Yang, H. (2007). Putting the system back into systems change: A framework for understanding and changing organizational and community systems. *American Journal of Community Psychology, 39*(3-4), 197-215. https://doi.org/10.1007/s10464-007-9109-0

Fowers, B. J., & Richardson, F. C. (1996). Why is multiculturalism good? *American Psychologist, 51*(6), 609-621. https://doi.org/10.1037/0003-066X.51.6.609

Fowler, P., & Todd, N. (2017). Methods for multiple levels of analysis: Capturing context, change, and changing context. In M. A. Bond, I. Serrano-García, & C. B. Keys, (Eds.), *APA handbook of community psychology: Vol. 2. Methods for community research and action for diverse groups and issues* (pp. 59-74). American Psychological Association. https://doi.org/10.1037/14954-004

Frable, D. (1997). Gender, racial, ethnic, sexual, and class identities. *Annual Review of Psychology, 48,* 139-162. https://doi.org/10.1146/annurev.psych.48.1.139

Francescato, D., Arcidiacono, C., Albanesi, C., & Mannarini, T. (2007). Community psychology in Italy: Past developments and future perspectives. In S. M. Reich, M. Riemer, I. Prilleltensky, & M. Montero (Eds.), *International community psychology: History and theories* (pp. 263-281). Springer. https://doi.org/10.1007/978-0-387-49500-2_13

Fredrickson, B. L. (1998). What good are positive emotions? *Review of General Psychology, 2*(3), 300-319. https://doi.org/10.1037/1089-2680.2.3.300

Fredrickson, B. L. (2001). The role of positive emotions in positive psychology: The broaden-and-build theory of positive emotions. *American Psychologist, 56*(3), 218-226. https://doi.org/10.1037/0003-066X.56.3.218

Freeman, H. L., Fryers, T., & Henderson, J. H. (1985). *Mental health services in Europe: 10 years on.* WHO Regional Office for Europe.

Freire, P. (1993). *Pedagogy of the oppressed* (Rev. ed.). Continuum. (Original work published 1970)

French, J. R. P., & Raven, B. (1959). The bases of social power. In D. Cartwright (Ed.), *Studies in social power* (pp. 150-167). Institute for Social Research.

Freund, J. (2013). The Homestead Act of 1862: The first entitlement program. *Journal of the West, 52*(2), 16-21.

Fryer, D., & Fagan, R. (2003). Toward a critical community psychological perspective on unemployment and mental health research. *American Journal of Community Psychology, 32*(1-2), 89-96. https://doi.org/10.1023/A:1025698924304

Gaffney, H., Ttofi, M. M., & Farrington, D. P. (2019). Evaluating the effectiveness of school-bullying prevention programs: An updated meta-analytical review. *Aggression and Violent Behavior, 45,* 111-133. https://doi.org/10.1016/j.avb.2018.07.001

Gallón, A. (2017, April 6). *When neighbors played volleyball over the U.S.-Mexico border fence.* Univision. https://www.univision.com/univision-news/culture/when-neighbors-played-volleyball-over-the-u-smexico-border-fence

Gao, Q., Kaushal, N., & Waldfogel, J. (2009). How have expansions in the earned income tax credit affected family expenditures? In J. Ziliak (Ed.), *Welfare reform and its long-term consequences for America's poor* (pp. 104-139). Cambridge University Press. https://doi.org/10.1017/CBO9780511605383.005

Garmezy, N. (1985) Stress-resistant children: The search for protective factors. In J. E. Stevenson (Ed.), *Recent research in developmental psychology* (pp. 213-233). Pergamon.

Gatz, M., & Cotton, B. (1994). Age as a dimension of diversity: The experience of being old. In E. J. Trickett, R. J. Watts, & D. Birman (Eds.), *Human diversity: Perspectives on people in context* (pp. 334-355). Jossey-Bass.

Gaventa, J. (1980). *Power and powerlessness: Quiescence and rebellion in an Appalachian valley.* University of Illinois Press.

Gaventa, J., & Barrett, G. (2012). Mapping the outcomes of civic engagement. *World Development, 40*(12), 2399-2410. https://doi.org/10.1016/j.worlddev.2012.05.014

Gearhart, M. C. (2019). Preventing neighborhood disorder: Comparing alternative models of collective efficacy theory using structural equation modeling. *American Journal of Community Psychology, 63*(1-2), 168-178. https://doi.org/10.1002/ajcp.12317

Gergen, K. (1973). Social psychology as history. *Journal of Personality and Social Psychology, 26*(2), 309-320. https://doi.org/10.1037/h0034436

Gergen, K. (2001). Psychological science in a postmodern context. *American Psychologist, 56*(10), 803-813. https://doi.org/10.1037/0003-066X.56.10.803

Giddens, A., Duneier, M., & Appelbaum, R. (2003). *Introduction to sociology* (4th ed.). Norton.

Gilens, M. (1996). Race and poverty in America: Public misperceptions and the American news media. *Public Opinion Quarterly, 60*(4), 515-541. https://doi.org/10.1086/297771

Gilliam, F. D., Jr., & Iyengar, S. (2000). Prime suspects: The influence of local television news on the viewing public. *American Journal of Political Science, 44*(3), 560-573. https://doi.org/10.2307/2669264

Gillock, K. L., & Reyes, O. (1996). High school transition-related changes in urban minority students' academic performance and perceptions of self and school environment. *Journal of Community Psychology, 24*(3), 245-261. https://doi.org/fjwpnz

Gist, R., & Lubin, B. (1989). *Psychosocial aspects of disaster.* John Wiley & Sons.

Glidewell, J. (1994). [Untitled videotape interview]. In J. G. Kelly (Ed.), *The history of community psychology: A video presentation of context and exemplars.* Society for Community Research and Action. https://vimeo.com/69635912

Glover, M., Dudgeon, P., & Huygens, I. (2005). Colonization and racism. In G. Nelson & I. Prilleltensky (Eds.), *Community psychology: In pursuit of liberation and well-being* (pp. 330-347). Palgrave Macmillan.

Goldston, S. (1994). [Untitled videotape interview]. In J. G. Kelly (Ed.), *The history of community psychology: A video presentation of context and exemplars.* Society for Community Research and Action. https://vimeo.com/69635912

Goldstrom, I. D., Campbell, J., Rogers, J. A., Lambert, D. B., Blacklow, B., Henderson, M. J., & Manderscheid, R. W. (2006). National estimates for mental health mutual support groups, self-help organizations, and consumer-operated services. *Administration and Policy in Mental Health and Mental Health Services Research, 33*(1), 92-103. https://doi.org/dxqb2z

Goleman, D. (1995). *Emotional intelligence.* Bantam.

Gomez, C., & Yoshikawa, H. (2017). A community psychology approach to structure and culture in family interventions. In M. A. Bond, I. Serrano-García, C. B. Keys, & M. Shinn (Eds.), *APA handbook of community psychology: Vol. 1. Theoretical foundations, core concepts, and emerging challenges* (pp. 337-352). American Psychological Association. https://doi.org/10.1037/14953-016

Gone, J. P. (2007). "We never was happy living like a Whiteman": Mental health disparities and the postcolonial predicament in American Indian communities. *American Journal of Community Psychology, 40*(3-4), 290-300. https://doi.org/10.1007/s10464-007-9136-x

Gone, J. P. (2008). Encountering professional psychology: Re-envisioning mental health services for native North America. In L. J. Kirmayer & G. G. Valaskakis (Eds.), *Healing traditions: The mental health of Aboriginal peoples in Canada* (pp. 419-439). UBC Press.

Gone, J. P. (2011). The red road to wellness: Cultural reclamation in a native first nations community treatment center. *American Journal of Community Psychology, 47*(1-2), 187-202. https://doi.org/10.1007/s10464-010-9373-2

Gone, J. P., & Alcántara, C. (2007). Identifying effective mental health interventions for American Indians and Alaska Natives: A review of the literature. *Cultural Diversity & Ethnic Minority Psychology, 13*(4), 356-363. https://doi.org/10.1037/1099-9809.13.4.356

Gone, J. P., Hartmann, W. E., Pomerville, A., Wendt, D. C., Klem, S. H., & Burrage, R. L. (2019). The impact of historical trauma on health outcomes for indigenous populations in the USA and Canada: A systematic review. *American Psychologist, 74*(1), 20-35. https://doi.org/10.1037/amp0000338

Gone, J. P., Hartmann, W. E., & Sprague, M. G. (2017). Wellness interventions for indigenous communities in the United States: Exemplars for action research. In M. A. Bond, I. Serrano-García, & C. B. Keys (Eds.), *APA handbook of community psychology: Vol. 2. Methods for community research and action for diverse groups and issues* (pp. 507-522). American Psychological Association. https://doi.org/10.1037/14954-030

Gonsiorek, J. C., & Weinrich, J. D. (1991). The definition and scope of sexual orientation. In J. C. Gonsiorek & J. D. Weinrich (Eds.), *Homosexuality: research implications for public policy* (pp. 1-12). Sage. https://doi.org/10.4135/9781483325422.n1

Gonzales, N. A., Cauce, A. M., Friedman, R. J., & Mason, C. A. (1996). Family, peer, and neighborhood influences on academic achievement among African-American adolescents: One-year prospective effects. *American Journal of Community Psychology, 24*(3), 365-387. https://doi.org/10.1007/BF02512027

Gonzalez, N., Moll, L. C., & Amanti, C. (2005). *Funds of knowledge: Theorizing practices in households, communities, and classrooms.* Lawrence Erlbaum Associates.

Goodkind, J., & Deacon, Z. (2004). Methodological issues in conducting research with refugee women: Principles for recognizing and re-centering the multiply marginalized. *Journal of Community Psychology, 32*(6), 721-739. https://doi.org/10.1002/jcop.20029

Goodkind, J., & Foster-Fishman, P. (2002). Integrating diversity and fostering interdependence: Ecological lessons learned about refugee participation in multiethnic communities. *Journal of Community Psychology, 30*(4), 389-409. https://doi.org/10.1002/jcop.10012

Goodman, R. M., & Steckler, A. (1989). A model for the institutionalization of health promotion programs. *Family & Community Health, 11*(4), 63-78. https://doi.org/dwgd

Gottlieb, B. H., & Peters, L. (1991). A national demographic portrait of mutual aid participants in Canada. *American Journal of Community Psychology, 19*(5), 651-666. https://doi.org/10.1007/BF00938037

Gould, D. B. (2009). *Moving politics: Emotion and ACT up's fight against AIDS in Chicago.* University of Chicago Press.

Gould, S. J. (1981). *The mismeasure of man.* Norton.

Government Accountability Office. (2018, March 22). *K-12 education: Discipline disparities for Black students, boys, and students with disabilities.* https://www.gao.gov/products/gao-18-258

Grabe, S. (2012). An empirical examination of women's

empowerment and transformative change in the context of international development. *American Journal of Community Psychology, 49*(1-2), 233-245. https://doi.org/10.1007/s10464-011-9453-y

Green, B. L., Chung, J. Y., Daroowalla, A., Kaltman, S., & DeBenedictis, C. (2006). Evaluating the cultural validity of the stressful life events screening questionnaire. *Violence Against Women, 12*(12), 1191-1213. https://doi.org/cz9wdk

Greene, M. (1995). *Releasing the imagination: Essays on education, the arts, and social change.* Jossey-Bass.

Greenfield, T., Stoneking, B., Humphreys, K., & Bond, J. (2008). A randomized trial of a mental health consumer-managed alternative to civil commitment for acute psychiatric crisis. *American Journal of Community Psychology, 42*(1-2), 135-144. https://doi.org/10.1007/s10464-008-9180-1

Greenwood, P., Model, K., Rydell, C. P., & Chiesa, J. (1998). *Diverting children from a life of crime: Measuring costs and benefits.* RAND Corporation.

Greenwood, R. M., Manning, R. M., O'Shaughnessy, B. R., Vargas-Moniz, M. J., Loubière, S., Spinnewijn, F., Lenzi, M., Wolf, J. R., Bokszczanin, A., Bernad, R., Källmén, H., Ornelas, J., & the HOME-EU Consortium Study Group. (2019). Homeless adults' recovery experiences in housing first and traditional services programs in seven European countries. *American Journal of Community Psychology.* Advance online publication. https://doi.org/10.1002/ajcp.12404.

Gridley, H., & Turner, C. (2010). Gender, power, and community psychology. In G. Nelson & I. Prilleltensky (Eds.), *Community psychology: In pursuit of well-being and liberation* (2nd ed., pp. 389-406). Macmillan.

Gridley, H., Turner, C., D'Arcy, C., Sampson, E, Madyaningrum, M. (2017). Community-based interventions to improve the lives of women and girls: Problems and possibilities. In M. A. Bond, I. Serrano-García, & C. B. Keys (Eds.), *APA handbook of community psychology: Vol. 2. Methods for community research and action for diverse groups and issues* (pp. 539-554). American Psychological Association. https://doi.org/10.1037/14954-032

Griffith, D. M., Childs, E. L., Eng, E., & Jeffries, V. (2007). Racism in organizations: The case of a county public health department. *Journal of Community Psychology, 35*(3), 287-302. https://doi.org/10.1002/jcop.20149

Grosvenor Performance Group. (n.d.). 10 reasons not to evaluate your program. https://www.grosvenor.com.au/resources/9-reasons-program-managers-shouldnt-evaluate-their-programs/

Gruber, J., & Trickett, E. J. (1987). Can we empower others? The paradox of empowerment in the governing of an alternative public school. *American Journal of Community Psychology, 15*(3), 353-371. https://doi.org/10.1007/BF00922703

Gubits, D., Shinn, M., Wood, M., Brown, S. R., Dastrup, S. R., & Bell, S. H. (2018). What interventions work best for families who experience homelessness? Impact estimates from the family options study. *Journal of Policy Analysis and Management, 37*(4), 835-866. https://doi.org/10.1002/pam.22071

Guerra, N. G., & Knox, L. (2008). How culture impacts the dissemination and implementation of innovation: A case study of the Families And Schools Together program (FAST) for preventing violence with immigrant Latino youth. *American Journal of Community Psychology, 41*(3-4), 304-313. https://doi.org/10.1007/s10464-008-9161-4

Gulcur, L., Stefancic, A., Shinn, M., Tsemberis, S., & Fischer, S. N. (2003). Housing, hospitalization, and cost outcomes for homeless individuals with psychiatric disabilities participating in continuum of care and housing first programmes. *Journal of Community & Applied Social*

Psychology, 13(2), 171-186. https://doi.org/10.1002/casp.723

Gurevitch, J., Koricheva, J., Nakagawa, S., & Stewart, G. (2018). Meta-analysis and the science of research synthesis. Nature, 555(7695), 175-182. https://doi.org/10.1038/nature25753

Haber, M., Cohen, J., Lucas, T., & Baltes, B. (2007). The relationship between self-reported received and perceived social support: A meta-analytic review. American Journal of Community Psychology, 39(1-2), 133-144. https://doi.org/10.1007/s10464-007-9100-9

Haertl, K. (2005). Factors influencing success in a fairweather model mental health program. American Journal of Psychiatric Rehabilitation, 28(4), 370-377. https://doi.org/10.2975/28.2005.370.377

Haertl, K. (2007). The Fairweather mental health housing model-A peer supportive environment: Implications for psychiatric rehabilitation. American Journal of Psychiatric Rehabilitation, 10(3), 149-162. https://doi.org/10.1080/15487760701508201

Haertl, K. (2016). Utilization-focused evaluation: Ten-year outcomes of a Fairweather model mental health program-Implications for occupational therapy. American Journal of Occupational Therapy, 70(4_Suppl. 1), 7011510196p1. https://doi.org/10.5014/ajot.2016.70s1-po2033

Hall, C. C. I. (1997). Cultural malpractice: The growing obsolescence of psychology with the changing U.S. population. American Psychologist, 52(6), 642-651. https://doi.org/10.1037/0003-066X.52.6.642

Hancock, A. B., & Rubin, B. A. (2015). Influence of communication partner's gender on language. Journal of Language and Social Psychology, 34(1), 46-64. https://doi.org/10.1177/0261927X14533197

Hanna-Attisha, M. (2018). What the eyes don't see: A story of crisis, resistance, and hope in an American city. One World Press.

Harper, C., Kuperminc, G., Weaver, S., Emshoff, J., & Erickson, S. (2014). Leveraged resources and systems changes in community collaborations. American Journal of Community Psychology, 54(3-4), 348-357. https://doi.org/10.1007/s10464-014-9678-7

Harper, G. W., Bangi, A., Contreras, R., Pedraza, A., Tolliver, M., & Vess, L. (2004). Diverse phases of collaboration: Working together to improve community-based HIV interventions for adolescents. American Journal of Community Psychology, 33(3-4), 193-204. https://doi.org/10.1023/B:AJCP.0000027005.03280.ee

Harper, G. W., Lardon, C., Rappaport, J., Bangi, A., Contreras, R., & Pedraza, A. (2004). Community narratives: The use of narrative ethnography in participatory community research. In L. A. Jason, C. Keys, Y. Suarez-Balcazar, R. Taylor, & M. Davis (Eds.), Participatory community research: Theories and methods in action (pp. 199-217). American Psychological Association. https://doi.org/10.1037/10726-011

Harper, G. W., & Wilson, B. D. M. (2017). Situating sexual orientation and gender identity diversity in context and communities. In M. Bond, I. Serrano-García, & C. Keys (Eds.), APA handbook of community psychology: Vol. 1. Theoretical foundations, core concepts, and emerging challenges (pp. 387-402). American Psychological Association. https://doi.org/10.1037/14953-019

Harrell, S. P. (2000). A multidimensional conceptualization of racism-related stress: Implications for the well-being of people of color. American Journal of Orthopsychiatry, 70(1), 42-57. https://doi.org/10.1037/h0087722

Hartmann, W. E., Wendt, D. C., Burrage, R. L., Pomerville, A., & Gone, J. P. (2019). American Indian historical trauma: Anticolonial prescriptions for healing, resilience, and survivance. American Psychologist, 74(1), 6-19. https://doi.org/10.1037/amp0000326

Hartup, W. W., & Stevens, N. (1997). Friendships and adaptation in the life course. Psychological Bulletin, 121(3), 355-370. https://doi.org/bzghzr

Hasford, J. (2016). Dominant cultural narratives, racism, and resistance in the workplace: A study of the experiences of young Black Canadians.

American Journal of Community Psychology, 57(1-2), 158-170. https://doi.org/10.1002/ajcp.12024

Haskins, A., & McCauley, E. (2019). Casualties of context? Risk of cognitive, behavioral and physical health difficulties among children living in high-incarceration neighborhoods. Journal of Public Health, 27(2), 175-183. https://doi.org/10.1007/s10389-018-0942-4

Hastings, J. F., & Snowden, L. R. (2019). African Americans and Caribbean Blacks: Perceived neighborhood disadvantage and depression. Journal of Community Psychology, 47(2), 227-237. https://doi.org/10.1002/jcop.22117

Hawe, P. (2017). The contribution of social ecological thinking to community psychology: Origins, practice, and research. In M. A. Bond, I. Serrano-García, C. B. Keys, & M. Shinn (Eds.), APA handbook of community psychology: Vol. 1. Theoretical foundations, core concepts, and emerging challenges (pp. 87-105). American Psychological Association. https://doi.org/10.1037/14953-004

Hawkins, J. D., Catalano, R. F., & associates. (1992). Communities that care: Action for drug abuse prevention. Jossey-Bass.

Hawkins, J. D., Jenson, J., Catalano, R., Fraser, M., Botvin, G., Shapiro, V., Brown, C., Beardslee, W., Brent, D., Leslie, L., Rotheram-Borus, M., Shea, P., Shih, A., Anthony, E., Haggerty, K., Bender, K., Gorman-Smith, D., Casey, E., & Stone, S. (2015). Unleashing the power of prevention. NAM Perspectives, 5(6). https://doi.org/10.31478/201506c

Hawkins, J. D., & Lam, T. (1987). Teacher practices, social development, and delinquency. In J. D. Burchard & S. N. Burchard (Eds.), Prevention of delinquent behavior (pp. 241-274). Sage.

Hayes, H., Scott, V., Abraczinskas, M., Scaccia, J., Stout, S., & Wandersman, A. (2016). A formative multimethod approach to evaluating training. Evaluation and Program Planning, 58, 199-207. https://doi.org/f8z39w

Hazel, K. L., & Mohatt, G. V. (2001). Cultural and spiritual pathways to sobriety: Informing substance abuse prevention and intervention for Native American communities. Journal of Community Psychology, 29(5), 541-562. https://doi.org/10.1002/jcop.1035

Hazel, K. L., & Onaga, E. (2003). Experimental social innovation and dissemination: The promise and its delivery. American Journal of Community Psychology, 32(3-4), 285-294. https://doi.org/10.1023/B:AJCP.0000044748.50885.2e

Health and Human Services Department. (2019). Annual update of the HHS poverty guidelines. https://www.federalregister.gov/documents/2019/02/01/2019-00621/annual-update-of-the-hhs-poverty-guidelines

Hebert, R., Zdaniuk, B., Schulz, R., & Scheier, M. (2009). Positive and negative religious coping and well-being in women with breast cancer. Journal of Palliative Medicine, 12(6), 537-545. https://doi.org/10.1089/jpm.2008.0250

Heckman, J. J., Moon, S. H., Pinto, R., Savelyev, P. A., & Yavitz, A. (2009). The rate of return to the high/scopeperry preschool program (National Bureau of Economic Research Working Paper No. 15471). https://doi.org/bcgzzw

Heilman, M. (2001). Description and prescription: How gender stereotypes prevent women's ascent up the organizational ladder. Journal of Social Issues, 57(4), 657-674. https://doi.org/10.1111/0022-4537.00234

Heinze, J. E., Krusky-Morey, A., Vagi, K. J., Reischl, T. M., Franzen, S., Pruett, N. K., Cunningham, R. M., & Zimmerman, M. A. (2018). Busy streets theory: The effects of community-engaged greening on violence. American Journal of Community Psychology, 62(1-2), 101-109. https://doi.org/10.1002/ajcp.12270

Heller, K., & Monahan, J. (1977). Psychology and community change. Dorsey.

Heller, K., Price, R., Reinharz, S., Riger, S., & Wandersman, A. (1984). *Psychology and community change* (2nd ed.). Dorsey.

Helm, S. (2003, June 4-7). *Rural health in Molokai: Land, people and empowerment* [Presentation]. Biennial Meeting of the Society for Community Research and Action, Las Vegas, NM.

Helms, J. E. (1994). The conceptualizations of racial identity and other "racial" constructs. In E. J. Trickett, R. J. Watts, & D. Birman (Eds.), *Human diversity: Perspectives on people in context* (pp. 285-310). Jossey-Bass.

Helms, J. E., & Carter, R. T. (1990). White Racial Identity Attitude Scale (Form WRIAS). In J. E. Helms (Ed.), *Black and White racial identity: Theory, research, and practice* (pp. 249-251). Greenwood.

Herrera, C., Grossman, J. B., Kauh, T. J., Feldman, A. F., & McMaken, J. (2007). *Making a difference in schools: The Big Brothers Big Sisters school-based mentoring impact study*. Public Private Ventures.

Hickey, S., & Mohan, G. (2005). *Participation: From tyranny to transformation? Exploring new approaches to participation in development*. Zed Books.

Hill, J. (1996). Psychological sense of community: Suggestions for future research. *Journal of Community Psychology, 24*(4), 431-438. https://doi.org/ch9w8c

Hill, J. (2000). A rationale for the integration of spirituality into community psychology. *Journal of Community Psychology, 28*(2), 139-149. https://doi.org/crfhjk

Hill, P. C., & Pargament, K. I. (2003). Advances in the conceptualization and measurement of religion and spirituality: Implications for physical and mental health research. *American Psychologist, 58*(1), 64-74. https://doi.org/10.1037/0003-066x.58.1.64

Hillier, J. (2002). Presumptive planning: From urban design to community creation in one move? In A. Fisher, C. Sonn, & B. Bishop (Eds.), *Psychological sense of community: Research, applications and implications* (pp. 43-67). Kluwer/Plenum. https://doi.org/10.1007/978-1-4615-0719-2_3

Hirsch, B. J., Engel-Levy, A., DuBois, D. L., & Hardesty, P. (1990). The role of social environments in social support. In B. R. Sarason, I. G. Sarason, & G. Pierce (Eds.), *Social support: An interactional view* (pp. 367-393). Wiley.

Hobfoll, S. E. (1998). Stress, culture, and community: The psychology and philosophy of stress. Plenum. https://doi.org/10.1007/978-1-4899-0115-6

Hobfoll, S. E., & Vaux, A. (1993). Social support: Social resources and social context. In L. Goldberger & S. Breznitz (Eds.), *Handbook of stress: Theoretical and clinical aspects* (2nd ed., pp. 685-705). Free Press.

Hochschild, J. (2003). Social class in public schools. *Journal of Social Issues, 59*(4), 821-840. https://doi.org/10.1046/j.0022-4537.2003.00092.x

Hollingshead, A., & Redlich, F. (1958). *Social class and mental illness: A community study*. Wiley. https://doi.org/10.1037/10645-000

Holmes, T. H., & Rahe, R. H. (1967). The social readjustment rating scale. *Journal of Psychosomatic Research, 11*(2), 213-218. https://doi.org/cw7wzk

Hooks, B. (1984). *Feminist theory: From margin to center*. South End Press.

Hope, E. C., Gugwor, R., Riddick, K. N., & Pender, K. N. (2019). Engaged against the machine: Institutional and cultural racial discrimination and racial identity as predictors of activism orientation among Black youth. *American Journal of Community Psychology, 63*(1-2), 61-72. https://doi.org/10.1002/ajcp.12303

Horowitz, J. L., & Garber, J. (2006). The prevention of depressive symptoms in children and adolescents: A meta-analytic review. *Journal of Consulting and Clinical Psychology, 74*(3), 401-415. https://doi.org/bzf78v

Horton, M. (1990). *The long haul: An autobiography*. Doubleday.

Horton, M., & Freire, P. (1990). *We make the road by walking: Conversations on education and social change*. Temple University Press.

Howard, K. S., & Brooks-Gunn, J. (2009). The role of home-visiting programs in prevention child abuse and neglect. *The Future of Children, 19*(2), 119-146. https://doi.org/10.1353/foc.0.0032

Hoy-Ellis, C., & Fredriksen-Goldsen, K. (2017). Depression among transgender older adults: General and minority stress. *American Journal of Community Psychology, 59*(3-4), 295-305. https://doi.org/10.1002/ajcp.12138

Hoynes, H., & Patel, A. (2015). *Effective policy for reducing inequality: The Earned Income Tax Credit and the distribution of income* (NBER Working Paper No. 21340). https://www.nber.org/papers/w21340 https://doi.org/10.3386/w21340

Hoyt-Meyers, L., Cowen, E. L., Work, W. C., Wyman, P. A., Magnus, K., Fagen, D. B., & Lotyczewski, B. S. (1995). Test correlates of resilient outcomes among highly stressed second-and third-grade urban children. *Journal of Community Psychology, 23*(4), 326-338. https://doi.org/djb7hc

Hughes, D., & DuMont, K. (1993). Using focus groups to facilitate culturally anchored research. *American Journal of Community Psychology, 21*(6), 775-806. https://doi.org/10.1007/bf00942247

Hughes, D., & Seidman, E. (2002). In pursuit of a culturally anchored methodology. In T. A. Revenson, A. R. D'Augelli, S. E. French, D. L. Hughes, D. Livert, E. Seidman, M. Shinn, & H. Yoshikawa (Eds.), *Ecological research to promote social change: Methodological advances from community psychology* (pp. 243-255). Kluwer Academic/Plenum. https://doi.org/10.1007/978-1-4615-0565-5_10

Humes, K. (2006). How the GI Bill shunted Blacks into vocational training. *Journal of Blacks in Higher Education, 53*, 92-104.

Humphreys, K. (1996). Clinical psychologists as psychotherapists: History, future, and alternatives. *American Psychologist, 51*(3), 190-197. https://doi.org/10.1037/0003-066x.51.3.190

Humphreys, K. (1997). Individual and social benefits of mutual aid self-help groups. *Social Policy, 27*(3), 12-19.

Humphreys, K. (2000). Community narratives and personal stories in alcoholics anonymous. *Journal of Community Psychology, 28*(5), 495-506. https://doi.org/b5xr9g

Humphreys, K., Finney, J. W., & Moos, R. H. (1994). Applying a stress and coping framework to research on mutual help organizations. *Journal of Community Psychology, 22*(4), 312-327. https://doi.org/d5nfgb

Humphreys, K., & Noke, J. M. (1997). The influence of posttreatment mutual help group participation on the friendship networks of substance abuse patients. *American Journal of Community Psychology, 25*(1), 1-16. https://doi.org/10.1023/A:1024613507082

Humphreys, K., & Rappaport, J. (1993). From the community mental health movement to the war on drugs: A study in the definition of social problems. *American Psychologist, 48*(8), 892-901. https://doi.org/10.1037/0003-066X.48.8.892

Humphreys, K., Wing, S., McCarty, D., Chappel, J., Gallant, L., Haberle, B., Horvath, A. T., Kaskutas, L. A., Kirk, T., Kivlahan, D., Laudet, A., McCrady, B. S., McLellan, A. T., Morgenstern, J., Townsend, M., & Weiss, R. (2004). Self-help organizations for alcohol and drug problems: Toward evidence-based practice and policy. *Journal of Substance Abuse Treatment, 26*(3), 151-158. https://doi.org/b8rnc9

Hunter, A., & Riger, S. (1986). The meaning of community in community mental health. *Journal of Community Psychology, 14*(1), 55-71. https://doi.org/d897kz

Hurtado, A. (1997). Understanding multiple group identities: Inserting women into cultural transformations. *Journal of Social Issues, 53*(2),

299-327. https://doi.org/10.1111/j.1540-4560.1997.tb02445.x

Huston, A., & Bentley, A. (2010). Human development in societal context. *Annual Review of Psychology, 61*, 411-437. https://doi.org/10.1146/annurev.psych.093008.100442

Ickovics, J., & Park, C. (Eds.). (1998). Thriving: Broadening the paradigm beyond illness to health [Special issue]. *Journal of Social Issues, 54*(2).

Illinois, O. (June 7, 2018). *Child-care chaos.* https://www.oneillinois.com/stories/2018/4/25/ccap?rq=Child Care Assistance Program

Illinois Department of Health and Human Services. (2018). *Supplemental nutrition assistance program.* https://www.dhs.state.il.us/OneNetLibrary/27897/documents/Brochures/124.pdf

Imm, P., Chinman, M., Wandersman, A., Rosenbloom, D., Guckenburg, S., & Leis, R. (2007). *Using the "getting to outcomes" approach to help communities prevent underage drinking.* RAND Corporation.

Institute for Criminal Policy Research. (n.d.). *World prison brief.* http://www.prisonstudies.org/world-prisonbrief-data

International Organization for Migration. (2018). *World migration report.* United Nations Migration Agency.

Iscoe, I., Bloom, B., & Spielberger, C. (Eds.). (1977). *Community psychology in transition: Proceedings of the national conference on training in community psychology.* Hemisphere.

Isenberg, D. H., Loomis, C., Humphreys, K., & Maton, K. (2004). Self-help research: Issues of power sharing. In L. A. Jason, C. Keys, Y. Suarez-Balcazar, R. Taylor, & M. Davis (Eds.), *Participatory community research: Theories and methods in action* (pp. 123-137). American Psychological Association. https://doi.org/10.1037/10726-007

Israel, N., & Toro, P. A. (2003). Promoting local action on poverty. *Community Psychologist, 36*(4), 35-37. https://www.scra27.org/files/1513/9016/0105/tcp03.Number4.pdf

itlmedia. (2009, June 30). A Stormé life [Video]. YouTube. https://youtu.be/XgCVNEiOwLs

Itzhaky, H., Zanbar, L., Levy, D., & Schwartz, C. (2015). The contribution of personal and community resources to well-being and sense of belonging to the community among community activists. *British Journal of Social Work, 45*(6), 1678-1698. https://doi.org/10.1093/bjsw/bct176

Jacobs, J. (1961). *The death and life of great American cities.* Random House.

Jacobs, M. (2017). Reproducing White settlers and eliminating natives: Settler colonialism, gender, and family history in the American West. *Journal of the West, 56*(4), 13-24.

Jagers, R. J., Mustafaa, F. N., & Noel, B. (2017). Cultural integrity and African American empowerment: Insights and practical implications for community psychology. In M. A. Bond, I. Serrano-García, & C. B. Keys, (Eds.), *APA handbook of community psychology: Vol. 2. Methods for community research and action for diverse groups and issues* (pp. 459-474). American Psychological Association. https://doi.org/10.1037/14954-027

Jahoda, M. (1980). *Current conceptions of positive mental health.* Arno Press. (Original work published 1958)

Jahoda, M., Lazarsfeld, P., & Zeisel, H. (1971). *Marienthal: The sociography of an unemployed community.* Tavistock. (Original work published 1933)

James, S. E., Johnson, J., Raghavan, C., Lemos, T., Smith, M., & Woolis, D. (2003). The violent matrix: A study of structural, interpersonal, and intrapersonal violence among a sample of poor women. *American Journal of Community Psychology, 31*(1-2), 129-141. https://doi.org/10.1023/A:1023082822323

Jason, L. A., Keys, C., Suarez-Balcazar, Y., Taylor, R., & Davis, M. (Eds.). (2004). *Participatory community research: Theories and methods in action.* American Psychological Association. https://doi.org/10.1037/10726-000

Jason, L. A., Olson, B. D., Ferrari, J. R., & Lo Sasso, A. T. (2006). Communal housing settings enhance substance abuse recovery. *American Journal of Public Health, 96*(10), 1727-1729. https://doi.org/10.2105/AJPH.2005.070839

Jason, L. A., Olson, B. D., & Harvey, R. (2015). Evaluating alternative aftercare models for ex-offenders. *Journal of Drug Issues, 45*(1), 53-68. https://doi.org/10.1177/0022042614552019

Jason, L. A., Stevens, E., & Light, J. (2016). The relationship of sense of community and trust to hope. *Journal of Community Psychology, 44*(3), 334-341. https://doi.org/10.1002/jcop.21771

Jason, L. A., Stevens, E., & Ram, D. (2015). Development of a three-factor psychological sense of community scale. *Journal of Community Psychology, 43*(8), 973-985. https://doi.org/10.1002/jcop.21726

Javdani, S., & Allen, N. E. (2011). Councils as empowering contexts: Mobilizing the front line to foster systems change in the response to intimate partner violence. *American Journal of Community Psychology, 48*(3-4), 208-221. https://doi.org/10.1007/s10464-010-9382-1

Javdani, S., Singh, S., & Sichel, C. E. (2017). Negotiating ethical paradoxes in conducting a randomized controlled trial: Aligning intervention science with participatory values. *American Journal of Community Psychology, 60*(3-4), 439-449. https://doi.org/10.1002/ajcp.12185

Johnson, K., Hays, C., Center, H., & Daley, C. (2004). Building capacity and sustainable prevention innovations: A sustainability planning model. *Evaluation and Program Planning, 27*(2), 135-149. https://doi.org/fdrfg9

Johnson, S. (2006). *The ghost map: The story of London's most terrifying epidemic—And how it changed science, cities and the modern world.* Riverhead Books.

Joint Commission on Mental Health and Mental Illness. (1961). *Action for mental health: Final report.* Basic Books.

Jolliffe, D., & Farrington, D. P. (2007). *A rapid evidence assessment of the impact of mentoring on re-offending: A summary.* Home Office.

Jones, J. M. (1994). Our similarities are different: Toward a psychology of affirmative diversity. In E. J. Trickett, R. J. Watts, & D. Birman (Eds.), *Human diversity: Perspectives on people in context* (pp. 27-45). Jossey-Bass.

Jones, J. M. (1997). *Prejudice and racism* (2nd ed.). McGraw-Hill.

Jones, J. M. (1998). Psychological knowledge and the new American dilemma of race. *Journal of Social Issues, 54*(4), 641-662. https://doi.org/cgqcf8

Jones, J. M. (2003). Constructing race and deconstructing racism: A cultural psychology approach. In G. Bernal, J. Trimble, K. Burlew, & F. Leong (Eds.), *Handbook of racial and ethnic minority psychology* (pp. 276-290). Sage. https://doi.org/10.4135/9781412976008.n14

Jones, K., Allen, M., Norris, F. H., & Miller, C. (2009). Piloting a new model of crisis counseling: Specialized crisis counseling services in Mississippi after Hurricane Katrina. *Administration and Policy in Mental Health and Mental Health Services Research, 36*(3), 195-205. https://doi.org/fg3v8n

Kaniasty, K., & Norris, F. H. (1995). In search of altruistic community: Patterns of social support mobilization following hurricane Hugo. *American Journal of Community Psychology, 23*(4), 447-477. https://doi.org/10.1007/BF02506964

Kanner, A. D., Coyne, J. C., Schaefer, C., & Lazarus, R. S. (1981). Comparison of two modes of stress measurement: Daily hassles and uplifts versus major life events. *Journal of Behavioral Medicine, 4*(1), 1-39. https://doi.org/10.1007/BF00844845

Karcher, M. J. (2008). The Study of Mentoring In the Learning Environment (SMILE): A randomized evaluation of the effectiveness of school-based mentoring. *Prevention Science, 9*(2), 99-113. https://doi.org/10.1007/s11121-008-0083-z

Kaskutas, L., Morgan, P., & Vaeth, P. (1991). Structural impediments in the development of community-based drug prevention programs for youth: Preliminary analysis from a qualitative formative evaluation study. *International Quarterly of Community Health Education, 12*(3), 169-182. https://doi.org/dgpvqp

Kasturirangan, A. (2008). Empowerment and programs designed to address domestic violence. *Violence Against Women, 14*(12), 1465-1475. https://doi.org/10.1177/1077801208325188

Katz, D., & Kahn, R. L. (1978). *The social psychology of organizations.* Wiley.

Katz, R. (1984). Empowerment and synergy: Expanding the community's healing resources. In J. Rappaport, C. Swift, & R. Hess (Eds.), *Studies in empowerment: Steps toward understanding and action* (pp. 210-226). Haworth Press.

Kaye, G. (2001). Grass roots involvement. *American Journal of Community Psychology, 29*(2), 269-275. https://doi.org/10.1023/A:1010382714491

Kaye, G., & Wolff, T. (Eds.). (1997). *From the ground up: A workbook on coalition building and community development.* AHEC/Community Partners.

Kelly, J. F. (2003). Self-help for substance-use disorders: History, effectiveness, knowledge gaps, and research opportunities. *Clinical Psychology Review, 23*(5), 639-663. https://doi.org/c8btr6

Kelly, J. F., Hoffman, L., Vilsaint, C., Weiss, R., Nierenberg, A., & Hoeppner, B. (2019). Peer support for mood disorder: Characteristics and benefits from attending the depression and bipolar Support alliance mutualhelp organization. *Journal of Affective Disorders, 255,* 127-135. https://doi.org/ggvf5v

Kelly, J. G. (1966). Ecological constraints on mental health services. *American Psychologist, 21*(6), 535-539. https://doi.org/10.1037/h0023598

Kelly, J. G. (1970a). Antidotes for arrogance: Training for community psychology. *American Psychologist, 25*(6), 524-531. https://doi.org/10.1037/h0029484

Kelly, J. G. (1970b). Toward an ecological conception of preventive interventions. In D. Adelson & B. Kalis (Eds.), *Community psychology and mental health* (pp. 126-145). Chandler.

Kelly, J. G. (1971). Qualities for the community psychologist. *American Psychologist, 26*(10), 897-903. https://doi.org/10.1037/h0032231

Kelly, J. G. (Ed.). (1979). *Adolescent boys in high school: A psychological study of coping and adaptation.* Erlbaum.

Kelly, J. G. (1986). Context and process: An ecological view of the interdependence of practice and research. *American Journal of Community Psychology, 14*(6), 581-589. https://doi.org/10.1007/bf00931335

Kelly, J. G. (1990). Changing contexts and the field of community psychology. *American Journal of Community Psychology, 18*(6), 769-792. https://doi.org/10.1007/BF00938064

Kelly, J. G. (2002). The spirit of community psychology. *American Journal of Community Psychology, 30*(1), 43-63. https://doi.org/10.1023/A:1014368000641

Kelly, J. G. (Producer, Director). (2003). *Exemplars of community psychology* [Film; DVD set]. Society for Community Research and Action.

Kelly, J. G. (2010). More thoughts: On the spirit of community psychology. *American Journal of Community Psychology, 45*(3-4), 272-284. https://doi.org/10.1007/s10464-010-9305-1

Kelly, J. G., Azelton, S., Burzette, R., & Mock, L. (1994). Creating social settings for diversity: An ecological thesis. In E. J. Trickett, R. J. Watts, & D. Birman (Eds.), *Human diversity: Perspectives on people in context* (pp. 424- 450). San Francisco: Jossey-Bass.

Kelly, J. G., Ryan, A. M., Altman, B. E., & Stelzner, S. P. (2000). Understanding and changing social systems: An ecological view. In J. Rappaport & E. Seidman (Eds.), *Handbook of community psychology* (pp. 133-159). Kluwer Academic/Plenum. https://doi.org/10.1007/978-1-4615-4193-6_7

Kennedy, H., DeChants, J., Bender, K., & Anyon, Y. (2019). More than data collectors: A systematic review of the environmental outcomes of youth inquiry approaches in the United States. *American Journal of Community Psychology, 63*(1-2), 208-226. https://doi.org/10.1002/ajcp.12321

Kessler, R. C., Mickelson, K. D., & Zhao, S. (1997). Patterns and correlates of self-help groups membership in the United States. *Social Policy, 27*(3), 27-46.

Keys, C. B., McConnell, E., Motley, D., Liao, C., & McAuliff, K. (2017). The what, the how, and who of empowerment: Reflections on an intellectual history. In M. A. Bond, I. Serrano-García, C. B. Keys, & M. Shinn (Eds.), *APA handbook of community psychology: Vol. 1. Theoretical foundations, core concepts, and emerging challenges* (pp. 213-231). American Psychological Association. https://doi.org/10.1037/14953-010

Keys, D. (1982). *Earth at omega: Passage to planetization.* Branden Press.

Kieffer, C. (1984). Citizen empowerment: A developmental perspective. In J. Rappaport, C. Swift, & R. Hess (Eds.), *Studies in empowerment: Steps toward understanding and action* (pp. 9-36). Haworth.

Kilburn, M. R., & Karoly, L. A. (2008). *The economics of early childhood policy: What the dismal science has to say about investing in children.* RAND Corporation. http://www.rand.org/pubs/occasional_papers/2008/RAND_OP227.pdf

Kilmer, R. P., Cowen, E. L., Wyman, P. A., Work, W. C., & Magnus, K. B. (1998). Differences in stressors experienced by urban African American, White, and Hispanic children. *Journal of Community Psychology, 26*(5), 415-428. https://doi.org/fgwxpq

Kim, I. J., & Lorion, R. P. (2006). Introduction to special issue: Addressing mental health disparities through culturally competent research and community-based practice. *Journal of Community Psychology, 34*(2), 117-120. https://doi.org/10.1002/jcop.20087

King, M. L., Jr. (1968). The role of the behavioral scientist in the civil rights movement. *American Psychologist, 23*(3), 180-186. https://doi.org/10.1037/h0025715

Kingod, N., Cleal, B., Wahlberg, A., & Husted, G. R. (2017). Online peer-to-peer communities in the daily lives of people with chronic illness: A qualitative systematic review. *Qualitative Health Research, 27*(1), 89-99. https://doi.org/10.1177/1049732316680203

Kitayama, S., & Marcus, H. R. (Eds.). (1994). *Emotion and culture: Empirical studies of mutual influence.* American Psychological Association. https://doi.org/10.1037/10152-000

Klaw, E., Huebsch, P. D., & Humphreys, K. (2000). Communication patterns in an on-line mutual help group for problem drinkers. *Journal of Community Psychology, 28*(5), 535-546. https://doi.org/bqjmnv

Klaw, E. L., & Rhodes, J. E. (1995). Mentor relationships and the career development of pregnant and parenting African-American teenagers. *Psychology of Women Quarterly, 19*(4), 551-562. https://doi.org/bb4qr3

Klein, D. C. (1995). [Untitled videotape interview]. In J. G. Kelly (Ed.), *The history of community psychology: A video presentation of context and exemplars.* Society for Community Research and Action.

Klein, D. C., & Lindemann, E. (1961). Preventive intervention in individual and family crisis situations. In G. Caplan (Ed.), *Prevention of mental disorders in children* (pp. 283-306). Basic Books.

Klein, K. J., Ralls, R. S., Smith-Major, V., & Douglas, C. (2000). Power and participation in the workplace. In J. Rappaport & E. Seidman (Eds.), *Handbook of community psychology* (pp. 273-295). Kluwer Academic/

Plenum. https://doi.org/10.1007/978-1-4615-4193-6_12

Kloos, B. (2010). Creating new possibilities for promoting liberation, well-being, and recovery: Learning from experiences of psychiatric consumers/survivors. In G. Nelson & I. Prilleltensky (Eds.), *Community psychology: In pursuit of well-being and liberation* (2nd ed., pp. 453-476). Macmillan.

Kloos, B. (2020). Addressing community-based challenges arising from mental health problems: Learning from experiences of psychiatric consumers/survivors. In M. Riemer, S. Reich, & S. Evans (Eds.), *Community psychology: In pursuit of well-being and liberation* (3rd ed., Chapter 21). Macmillan.

Kloos, B., & Moore, T. (2000). The prospect and purpose of locating community research and action in religious settings. *Journal of Community Psychology, 28*(2), 119-138. https://doi.org/bcqxnp

Kloos, B., & Shah, S. (2009). A social ecological approach to investigating relationships between housing and adaptive functioning for persons with serious mental illness. *Journal of Community Psychology, 44*(3-4), 316-326. https://doi.org/10.1007/s10464-009-9277-1

Knapp, S. J., & VandeCreek, L. D. (2012). *Practical ethics for psychologists: A positive approach* (2nd ed.). American Psychological Association.

Kohn-Wood, L. P., & Wilson, M. N. (2005). The context of caretaking in rural areas: Family factors influencing the level of functioning of serious mentally ill patients living at home. *American Journal of Community Psychology, 36*(1-2), 1-13. https://doi.org/c7z5rp

Kornbluh, M., Neal, J. W., & Ozer, E. J. (2016). Scaling-up youth-led social justice efforts through an online school-based social network. *American Journal of Community Psychology, 57*(3-4), 266-279. https://doi.org/10.1002/ajcp.12042

Kosciw, J., Palmer, N., & Kull, R. (2015). Reflecting resiliency: Openness about sexual orientation and/or gender identity and its relationship to well-being and educational outcomes for LGBT students. *American Journal of Community Psychology, 55*(1-2), 167-178. https://doi.org/10.1007/s10464-014-9642-6

Kral, G. (2006). Online communities for mutual help: Fears, fiction, and facts. In M. Murero & R. E. Rice (Eds.), *The Internet and health care: Theory, research, and practice* (pp. 215-232). Lawrence Erlbaum Associates.

Kral, M. J., García, J. I. R., Aber, M. S., Masood, N., Dutta, U., & Todd, N. R. (2011). Culture and community psychology: Toward a renewed and reimagined vision. *American Journal of Community Psychology, 47*(1-2), 46-57. https://doi.org/10.1007/s10464-010-9367-0

Kral, M. J., & Idlout, L. (2008). Community wellness and social action in the Canadian arctic: Collective agency as subjective well-being. In L. J. Kirmayer & G. G. Valaskakis (Eds.), *Healing traditions: The mental health of Aboriginal peoples in Canada* (pp. 315-336). UBC Press.

Kress, J. S., & Elias, M. J. (2000). Infusing community psychology and religion: Themes from an Action-Research project in Jewish identity development. *Journal of Community Psychology, 28*(2), 187-198. https://doi.org/dr37xm

Kretzmann, J. P., & McKnight, J. L. (1993). *Building communities from the inside out: A path toward finding and mobilizing a community's assets.* ACTA Publications.

Kriegel, L. S., Townley, G., Brusilovskiy, E., & Salzer, M. S. (2020). Neighbors as distal support for individuals with serious mental illnesses. *American Journal of Orthopsychiatry, 90*(1), 98-105. https://doi.org/10.1037/ort0000403

Kulis, S., Nieri, T., Yabiku, S., Stromwall, L. K., & Marsiglia, F. F. (2007). Promoting reduced and discontinued substance use among adolescent substance users: Effectiveness of a universal prevention program. *Prevention Science, 8*(1), 35-49. https://doi.org/10.1007/s11121-006-0052-3

Kumpfer, K. L., & Alvarado, R. (2003). Family-strengthening approaches for the prevention of youth problem behaviors. *American Psychologist, 58*(6-7), 457-465. https://doi.org/ckmnj2

Kuo, F. E., & Sullivan, W. C. (2001). Environment and crime in the inner city: Does vegetation reduce crime? *Environment and Behavior, 33*(3), 343-367. https://doi.org/10.1177/00139160121973025

Kuo, F. E., Sullivan, W. C., Coley, R. L., & Brunson, L. (1998). Fertile ground for community: Inner-city neighborhood common spaces. *American Journal of Community Psychology, 26*(6), 823-851. https://doi.org/10.1023/A:1022294028903

Kuperminc, G., Emshoff, J. G., Reiner, M. N., Secrest, L. A., Niolon, P., & Foster, J. D. (2005). Integration of mentoring with other programs and services. In D. L. DuBois & M. J. Karcher (Eds.), *Handbook of youth mentoring* (pp. 314-333). Sage. https://doi.org/10.4135/9781412976664.n21

Kwon, S. (2019). Perceived neighborhood disorder and psychological distress among Latino adults in the United States: Considering spousal/partner relationship. *Journal of Community Psychology.* Advance online publication. https://doi.org/10.1002/jcop.22288

Kyrouz, E. M., Humphreys, K., & Loomis, C. (2002). A review of research on the effectiveness of self-help mutual aid groups. In B. J. White & E. J. Madera (Eds.), *The self-help group sourcebook* (7th ed., pp. 71-85). American Self-Help Group Clearinghouse.

LaFromboise, T., Coleman, H. L. K., & Gerton, J. (1993). Psychological impact of biculturalism: Evidence and theory. *Psychological Bulletin, 114*(3), 395-412. https://doi.org/c6cvkq

Laing, C. M., & Moules, N. J. (2014). Children's cancer camps: A sense of community, a sense of family. *Journal of Family Nursing, 20*(2), 185-203. https://doi.org/10.1177/1074840714520717

Langhout, R. D. (2003). Reconceptualizing quantitative and qualitative methods: A case study dealing with place as an exemplar. *American Journal of Community Psychology, 32*(3-4), 229-244. https://doi.org/10.1023/B:AJCP.0000004744.09295.9b

Langhout, R. D. (2015). Considering community psychology competencies: A love letter to budding scholaractivists who wonder if they have what it takes. *American Journal of Community Psychology, 55*(3-4), 266-278. https://doi.org/10.1007/s10464-015-9711-5

Langhout, R. D. (2016). This is not a history lesson; this is agitation: A call for a methodology of diffraction in US-based community psychology. *American Journal of Community Psychology, 58*(3-4), 322-328. https://doi.org/10.1002/ajcp.12039

Langhout, R. D., Buckingham, S., Oberoi, A., Chávez, N., Rusch, D., Esposito, S., & Suarez-Balcazar, Y. (2018). Statement on the effects of deportation and forced separation on immigrants, their families, and communities. *American Journal of Community Psychology, 62*(1-2), 3-12. https://doi.org/10.1002/ajcp.12256

Langhout, R. D., Collins, C., & Ellison, E. (2014). Examining relational empowerment for elementary school students in a yPAR program. *American Journal of Community Psychology, 53*(3-4), 369-381. https://doi.org/10.1007/s10464-013-9617-z

Langhout, R. D., & Fernández, J. S. (2014). Empowerment evaluation conducted by 4th and 5th grade students. In D. Fetterman, S. Kaftarian, & A. Wandersman (Eds.), *Empowerment evaluation: Knowledge and tools for self-assessment, evaluation capacity building, and accountability* (pp. 193-232). Sage.

Langhout, R. D., & Thomas, E. (2010a). Children as protagonists: Participatory action research in collaboration with children [Special issue]. *American Journal of Community Psychology. 46*(1-2).

Langhout, R. D., & Thomas, E. (2010b). Imagining participatory action research in collaboration with children: An introduction. *American Journal of Community Psychology, 46*(1-2), 60-66. https://doi.org/10.1007/s10464-010-9321-1

Lappe, F. M., & DuBois, P. M. (1994). *The quickening of America: Rebuilding our nation, remaking our lives.* Jossey-Bass.

Lave, J., & Wenger, E. (1991). *Situated learning: Legitimate peripheral participation.* Cambridge University Press. https://doi.org/10.1017/CBO9780511815355

Lazarus, R. S., & Folkman, S. (1984). *Stress, appraisal, and coping.* Springer.

Lee, E., & Chan, K. (2009). Religious/spiritual and other adaptive coping strategies among Chinese American older immigrants. *Journal of Gerontological Social Work, 52*(5), 517-533. https://doi.org/10.1080/01634370902983203

Lehavot, K., Balsam, K., & Ibrahim-Wells, G. (2009). Redefining the American quilt: Definitions and experiences of community among ethnically diverse lesbian and bisexual women. *Journal of Community Psychology, 37*(4), 439-458. https://doi.org/10.1002/jcop.20305

Lehrner, A., & Allen, N. (2008). Social change movements and the struggle over meaning-making: A case study of domestic violence narratives. *American Journal of Community Psychology, 42*(3-4), 220-234. https://doi.org/10.1007/s10464-008-9199-3

Leijten, P., Gardner, F., Melendez-Torres, G. J., van Aar, J., Hutchings, J., Schulz, S., Knerr, W., & Overbeek, G. (2019). Meta-analyses: Key parenting program components for disruptive child behavior. *Journal of the American Academy of Child & Adolescent Psychiatry, 58*(2), 180-190. https://doi.org/10.1016/j.jaac.2018.07.900

Lenzi, M., Sharkey, J., Furlong, M. J., Mayworm, A., Hunnicutt, K., & Vieno, A. (2017). School sense of community, teacher support, and students' school safety perceptions. *American Journal of Community Psychology, 60*(3-4), 527-537. https://doi.org/10.1002/ajcp.12174

Lerner, R. M. (1995). *America's youth in crisis: Challenges and options for programs and policies.* Sage. https://doi.org/10.4135/9781483327167

Leventhal, T., Fauth, R. C., & Brooks-Gunn, J. (2005). Neighborhood poverty and public policy: A 5-year follow-up of children's educational outcomes in New York city moving to opportunity demonstration. *Developmental Psychology, 41*(6), 933-952. https://doi.org/c3hw5t

Levine, A. (1982). *Love canal: Science, politics, and people.* Heath.

Levine, M. (1981). *The history and politics of community mental health.* Oxford University Press.

Levine, M., & Levine, A. (1970). *A social history of helping services.* Oxford University Press.

Levine, M., & Levine, A. (1992). *Helping children: A social history.* Oxford University Press.

Levine, M., Perkins, D. D., & Perkins, D. V. (2005). *Principles of community psychology: Perspectives and applications* (3rd ed.). Oxford University Press.

Levine, M., & Perkins, D. V. (1987). *Principles of community psychology: Perspectives and applications.* Oxford University Press.

Lewin, K. (1935). *A dynamic theory of personality.* McGraw-Hill.

Lewis, J. (1998). *Walking with the wind: A memoir of the movement.* Simon & Schuster.

Lewis, J. A., Gee, P. M., Ho, C. L. L., & Miller, L. M. S. (2018). Understanding why older adults with type 2 diabetes join diabetes online communities: Semantic network analyses. *JMIR Aging, 1*(1), e10649.

Lieggio, M., Nelson, G., & Evans, S. (2010). Partnering with children diagnosed with mental health issues: Contributions of a sociology of childhood perspective to participatory action research. *American Journal of Community Psychology, 46*(1-2), 84-99. https://doi.org/10.1007/s10464-010-9323-z

Lilienfeld, S. O. (2007). Psychological treatments that cause harm. *Perspectives on Psychological Science, 2*(1), 53-70. https://doi.org/d8fdfn

Lim, Y. (2009). Can "refundable" state earned income tax credits explain child poverty in the American states?. *Journal of Children & Poverty, 15*(1), 39-53. https://doi.org/10.1080/10796120802685415

Limber, S. P., Olweus, D., Wang, W., Masiello, M., & Breivik, K. (2018). Evaluation of the Olweus bullying prevention program: A large scale study of U.S. students in grades 3-11. *Journal of School Psychology, 69,* 56-72. https://doi.org/10.1016/j.jsp.2018.04.004

Lin, Y., & Israel, T. (2012). Development and validation of a Psychological Sense of LGBT Community Scale. *Journal of Community Psychology, 40*(5), 573-587. https://doi.org/10.1002/jcop.21483

Lincoln, Y., & Guba, E. (1985). *Naturalistic inquiry.* Sage. https://doi.org/10.1016/0147-1767(85)90062-8

Linney, J. A. (1986). Court-ordered school desegregation: Shuffling the deck or playing a different game. In E. Seidman & J. Rappaport (Eds.), *Redefining social problems* (pp. 259-274). Plenum. https://doi.org/10.1007/978-1-4899-2236-6_15

Linney, J. A. (1989). Optimizing research strategies in the schools. In L. A. Bond & B. E. Compas (Eds.), *Primary prevention in the schools* (pp. 50-76). Sage.

Linney, J. A. (1990). Community psychology into the 1990s: Capitalizing opportunity and promoting innovation. *American Journal of Community Psychology, 18*(1), 1-17. https://doi.org/10.1007/BF00922686

Linney, J. A. (2000). Assessing ecological constructs and community context. In J. Rappaport & E. Seidman (Eds.), *Handbook of community psychology* (pp. 647-668). Kluwer/Plenum. https://doi.org/10.1007/978-1-4615-4193-6_27

Linney, J. A., & Reppucci, N. D. (1982). Research design and methods in community psychology. In P. Kendall & J. Butcher (Eds.), *Handbook of research methods in clinical psychology* (pp. 535-566). Wiley.

Linney, J. A., & Wandersman, A. (1991). *Prevention plus III: Assessing alcohol and other drug prevention programs at the school and community level: A four-step guide to useful program assessment.* U. S. Department of Health and Human Services, Office for Substance Abuse Prevention.

Lisker, J. (2016, May 8). Stonewall Inn raid enrages the homosexual community in 1969. *New York Daily News.* https://www.nydailynews.com/new-york/manhattan/stonewall-raid-enrages-homosexual-community-1969-article-1.2627685 (Original work published 1969)

Loeb, P. (1999). *Soul of a citizen: Living with conviction in a cynical time.* St. Martin's Press.

Lohmann, A., & McMurran, G. (2009). Resident-defined neighborhood mapping: Using GIS to analyze phenomenological neighborhoods. *Journal of Prevention & Intervention in the Community, 37*(1), 66-81. https://doi.org/10.1080/10852350802498714

Long, D., & Perkins, D. D. (2003). Confirmatory factor analysis of the sense of community index and development of a brief SCI. *Journal of Community Psychology, 31*(3), 279-296. https://doi.org/10.1002/jcop.10046

Lonner, W. (1994). Culture and human diversity. In E. J. Trickett, R. J. Watts, & D. Birman (Eds.), *Human diversity: Perspectives on people in context* (pp. 230-243). Jossey-Bass.

Loomis, C., & Wright, C. (2018). How many factors does the sense of community index assess? *Journal of Community Psychology, 46*(3), 383-396. https://doi.org/10.1002/jcop.21946

Lott, B. (2001). Low-income parents and the public schools. *Journal of Social Issues, 57*(2), 247-259. https://doi.org/10.1111/0022-4537.00211

Lott, B., & Bullock, H. (2001). Who are the poor? *Journal of Social Issues,*

57(2), 189-206. https://doi.org/10.1111/0022-4537.00208

Lounsbury, D. W., & Mitchell, S. G. (2009). Introduction to special issue on social ecological approaches to community health research and action. *American Journal of Community Psychology, 44*(3-4), 213-220. https://doi.org/10.1007/s10464-009-9266-4

Luke, D. (2005). Getting the big picture in community science: Methods that capture context. *American Journal of Community Psychology, 35*(3-4), 185-200. https://doi.org/10.1007/s10464-005-3397-z

Luke, D., Rappaport, J., & Seidman, E. (1991). Setting phenotypes in a mutual help organization: Expanding behavior setting theory. *American Journal of Community Psychology, 19*(1), 147-168. https://doi.org/10.1007/bf00942263

Lukes, S. (2005). *Power: A radical view* (2nd ed.). Palgrave Macmillan. https://doi.org/10.1007/978-0-230-80257-5

Lurie, S. & Goldbloom, D. S. (2015). More for the mind and its legacy. Canadian *Journal of Community Mental Health, 34*(4), 7-30. https://doi.org/10.7870/cjcmh-2015-007

Luthar, S. S., Cicchetti, D., & Becker, B. (2000). The construct of resilience: A critical evaluation and guidelines for future work. *Child Development, 71*(3), 543-562. https://doi.org/10.1111/1467-8624.00164

Lykes, M. B. (2017). Community-based and participatory action research: Community psychology collaborations within and across borders. In M. A. Bond, I. Serrano-García, & C. B. Keys, (Eds.), *APA handbook of community psychology: Vol. 2. Methods for community research and action for diverse groups and issues* (pp. 43-58). American Psychological Association. https://doi.org/10.1037/14954-003

Lykes, M. B., Terre Blanche, M. T., & Hamber, B. (2003). Narrating survival and change in Guatemala and South Africa: The politics of representation and a liberatory community psychology. *American Journal of Community Psychology, 31*(1-2), 79-90. https://doi.org/bf7rgd

Lyons, M. D., McQuillin, S. D., & Henderson, L. J. (2019). Finding the sweet spot: Investigating the effects of relationship closeness and instrumental activities in school-based mentoring. *American Journal of Community Psychology, 63*(1-2), 88-98. https://doi.org/10.1002/ajcp.12283

Maldonado-Torres, N. (2007). On the coloniality of being: Contributions to the development of a concept. *Cultural Studies, 21*(2-3), 240-270. https://doi.org/cf5z3c

Mammana-Lupo, V., Todd, N. R., & Houston, J. D. (2014). The role of sense of community and conflict in predicting congregational belonging. *Journal of Community Psychology, 42*(1), 99-118. https://doi.org/10.1002/jcop.21596

Mankowski, E. S., & Maton, K. I. (2010). A community psychology of men and masculinity: Historical and conceptual review. *American Journal of Community Psychology, 45*(1-2), 73-86. https://doi.org/10.1007/s10464-009-9288-y

Mann, J. M. (1989). AIDS: A worldwide pandemic. In M. Gottlieb, D. Jeffries, D. Mildvan, A. Pinching, & T. Quinn (Eds.), *Current topics in AIDS* (Vol. 2, pp. 1-10). John Wiley & Sons.

Mannarini, T., Rochira, A., & Talò, C. (2014). Negative psychological sense of community: Development of a measure and theoretical implications. *Journal of Community Psychology, 42*(6), 673-688. https://doi.org/10.1002/jcop.21645

Manning, M., Homel, R., & Smith, C. (2010). A meta-analysis of the effects of early developmental prevention programs in at-risk populations on non-health outcomes in adolescence. *Children and Youth Services Review, 32*(4), 506-519. https://doi.org/fqcvnj

Marecek, J., Fine, M., & Kidder, L. (1997). Working between worlds: Qualitative methods and social psychology. *Journal of Social Issues,* 53(4), 631-644. https://doi.org/drkbtb

Marrow, A. J. (1969). *The practical theorist.* Basic Books.

Marsella, A. J. (1998). Toward a "global-community psychology": Meeting the needs of a changing world. *American Psychologist, 53*(12), 1282-1291. https://doi.org/10.1037/0003-066X.53.12.1282

Martín-Baró, I. (1986). Hacia una psicología de la liberación [Toward a psychology of liberation]. *Boletín de Psicología* (El Salvador), *5*(22), 219-231.

Martín-Baró, I. (1994). *Writings for a liberation psychology* (A. Aron & S. Corne, Eds.). Harvard University Press.

Marx, R., & Kettrey, H. (2016). Gay-straight alliances are associated with lower levels of school-based victimization of LGBTQ+ youth: A systematic review and meta-analysis. *Journal of Youth and Adolescence, 45*(7), 1269-1282. https://doi.org/10.1007/s10964-016-0501-7

Mason, C., Chapman, D., & Scott, K. (1999). The identification of early risk factors for severe emotional disturbances and emotional handicaps: An epidemiological approach. *American Journal of Community Psychology, 27*(3), 357-381. https://doi.org/10.1023/A:1022281910190

Masten, A. S. (2001). Ordinary magic: Resilience processes in development. *American Psychologist, 56*(3), 227-238. https://doi.org/10.1037/0003-066X.56.3.227

Masten, A. S., & Powell, J. (2003). A resilience framework for research, policy, and practice. In S. Luthar (Ed.), *Resilience and vulnerability: Adaptation in the context of childhood adversities* (pp. 1-26). Cambridge University Press. https://doi.org/10.1017/CBO9780511615788.003

Maton, K. I. (1987). Patterns and psychological correlates of material support within a religious setting: The bidirectional support hypothesis. *American Journal of Community Psychology, 15*(2), 185-207. https://doi.org/10.1007/BF00919278

Maton, K. I. (1988). Social support, organizational characteristics, psychological well-being, and group appraisal in three self-help group populations. *American Journal of Community Psychology, 16*(1), 53-77. https://doi.org/10.1007/BF00906072

Maton, K. I. (2000). Making a difference: The social ecology of social transformation. *American Journal of Community Psychology, 28*(1), 25-57. https://doi.org/10.1023/A:1005190312887

Maton, K. I. (2001). Spirituality, religion, and community psychology: Historical perspective, positive potential, and challenges. *Journal of Community Psychology, 29*(5), 605-613. https://doi.org/10.1002/jcop.1039

Maton, K. I. (2008). Empowering community settings: Agents of individual development, community betterment, and positive social change. *American Journal of Community Psychology, 41*(1-2), 4-21. https://doi.org/10.1007/s10464-007-9148-6

Maton, K. I. (2016). *Influencing social policy: Applied psychology serving the public interest.* Oxford University Press. https://doi.org/10.1093/acprof:oso/9780199989973.001.0001

Maton, K. I., Humphreys, K., Jason, L. A., & Shinn, M. (2017). Community psychology in the policy arena. In M. A. Bond, I. Serrano-García, & C. B. Keys (Eds.), *APA handbook of community psychology: Vol. 2. Methods for community research and action for diverse groups and issues* (pp. 275-295). American Psychological Association. https://doi.org/10.1037/14954-016

Maton, K. I., & Salem, D. A. (1995). Organizational characteristics of empowering community settings: A multiple case study approach. *American Journal of Community Psychology, 23*(5), 631-656. https://doi.org/10.1007/BF02506985

Maton, K. I., Schellenbach, C., Leadbeater, B., & Solarz, A. (Eds.). (2004). *Investing in children, youth, families, and communities: Strengths-based research and policy.* American Psychological Association. https://doi.

org/10.1037/10660-000

Mattis, J., & Jagers, R. (2001). A relational framework for the study of religiosity and spirituality in the lives of African Americans. *Journal of Community Psychology, 29*(5), 519-539. https://doi.org/10.1002/jcop.1034

Maya Jariego, I. (2016). Ecological settings and theory of community action: "There is nothing more practical than a good theory" in community psychology. *Global Journal of Community Psychology Practice, 7*(2), 1-6. https://doi.org/10.7728/0702201605

Mayer, J., & Davidson, W. S. (2000). Dissemination of innovation as social change. In J. Rappaport & E. Seidman (Eds.), *Handbook of community psychology* (pp. 421-438). Kluwer Academic/Plenum. https://doi.org/10.1007/978-1-4615-4193-6_18

McChesney, K. Y. (1990). Family homelessness: A systemic problem. *Journal of Social Issues, 46*(4), 191-205. https://doi.org/10.1111/j.1540-4560.1990.tb01806.x

McConnell, E. A., Odahl-Ruan, C. A., Kozlowski, C., Shattell, M., & Todd, N. R. (2016). Trans women and Michfest: An ethnophenomenology of attendees' experiences. *Journal of Lesbian Studies, 20*(1), 8-28. https://doi.org/10.1080/10894160.2015.1076234

McConnell, E. A., Todd, N. R., Odahl-Ruan, C., & Shattell, M. (2016). Complicating counterspaces: Intersectionality and the Michigan Womyn's Music Festival. *American Journal of Community Psychology, 57*(3-4), 473-488. https://doi.org/10.1002/ajcp.12051

McDonald, K. E., & Keys, C. B. (2008). How the powerful decide: Access to research participation by those at the margins. *American Journal of Community Psychology, 42*(1-2), 79-93. https://doi.org/10.1007/s10464-008-9192-x

McDonald, K. E., Keys, C. B., & Balcazar, F. E. (2007). Disability, race/ethnicity and gender: Themes of cultural oppression, acts of individual resistance. *American Journal of Community Psychology, 39*(1-2), 145-161. https://doi.org/10.1007/s10464-007-9094-3

McDonald, K. E., Raymaker, D., & Gibbons, C. (2017). A call to consciousness: Community psychology and disability. In M. A. Bond, I. Serrano-García, C. B. Keys, & M. Shinn (Eds.), *APA handbook of community psychology: Vol. 1. Theoretical foundations, core concepts, and emerging challenges* (pp. 403-419). American Psychological Association. https://doi.org/10.1037/14953-020

McIntosh, P. (1998). White privilege and male privilege: A personal account of coming to see correspondences through work in women's studies. In M. L. Andersen & P. H. Collins (Eds.), *Race, class, and gender: An anthology* (3rd ed., pp. 94-105). Wadsworth.

McLaughlin, M., & Mitra, D. (2001). Theory-based change and change-based theory: Going deeper, going broader. *Journal of Educational Change, 2*(4), 301-323. https://doi.org/10.1023/A:1014616908334

McLoyd, V. C. (1998). Socioeconomic disadvantage and child development. *American Psychologist, 53*(2), 185-204. https://doi.org/10.1037/0003-066X.53.2.185

McMahon, S. D., & Wolfe, S. M. (2017). Career opportunities for community psychologists. In M. A. Bond, I. Serrano-García, & C. B. Keys (Eds.), *APA handbook of community psychology: Vol. 2. Methods for community research and action for diverse groups and issues* (pp. 645-659). American Psychological Association. https://doi.org/10.1037/14954-038

McMillan, B., Florin, P., Stevenson, J., Kerman, B., & Mitchell, R. E. (1995). Empowerment praxis in community coalitions. *American Journal of Community Psychology, 23*(5), 699-727. https://doi.org/10.1007/BF02506988

McMillan, D. (1996). Sense of community. *Journal of Community Psychology, 24*(4), 315-325. https://doi.org/10.1002/b35qjg

McMillan, D., & Chavis, D. (1986). Sense of community: Definition and theory. *Journal of Community Psychology, 14*(1), 6-23. https://doi.org/fvxz24

McNally, R., Bryant, R., & Ehlers, A. (2003). Does early psychological intervention promote recovery from posttraumatic stress? *Psychological Science in the Public Interest, 4*(2), 45-79. https://doi.org/10.1111/1529-1006.01421

McPherson, M., Smith-Lovin, L., & Cook, J. M. (2001). Birds of a feather: Homophily in social networks. *Annual Review of Sociology, 27*, 415-444. https://doi.org/10.1146/annurev.soc.27.1.415

Meissen, G., Hazel, K., Berkowitz, B., & Wolff, T. (2008). The story of the first ever Summit on Community Psychology Practice. *Community Psychologist, 41*(1), 40-41.

Melton, G. B. (1995). Bringing psychology to Capitol Hill: Briefings on child and family policy. *American Psychologist, 50*(9), 766-770. https://doi.org/10.1037/0003-066X.50.9.766

Melton, G. B. (2000). Community change, community stasis, and the law. In J. Rappaport & E. Seidman (Eds.), *Handbook of community psychology* (pp. 523-540). Kluwer Academic/Plenum. https://doi.org/10.1007/978-1-4615-4193-6_22

Mennis, J., Mason, M., & Ambrus, A. (2018). Urban greenspace is associated with reduced psychological stress among adolescents: A Geographic Ecological Momentary Assessment (GEMA) analysis of activity space. *Landscape and Urban Planning, 174*, 1-9. https://doi.org/10.1016/j.landurbplan.2018.02.008

Merrell, K. W., Gueldner, B. A., Ross, S. W., & Isava, D. M. (2008). How effective are school bullying intervention programs? A meta-analysis of intervention research. *School Psychology Quarterly, 23*(1), 26-42. https://doi.org/10.1037/1045-3830.23.1.26

Merrill, J., Pinsky, I., Killeya-Jones, L., Sloboda, Z., & Dilascio, T. (2006). Substance abuse prevention infrastructure: A survey-based study of the organizational structure and function of the D. A. R. E. program. *Substance Abuse Treatment, Prevention, and Policy, 1*, Article 25. https://doi.org/10.1186/1747-597X-1-25

Meyers, J. (2000). A community psychologist in the public policy arena. In J. Rappaport & E. Seidman (Eds.), *Handbook of community psychology* (pp. 761-764). Kluwer/Plenum.

Michalopoulos, C., Faucetta, K., Warren, A., & Mitchell, R. (2017). *Evidence on the long-term effects of home visiting programs: Laying the groundwork for long-term follow-up in the mother and infant home visiting program evaluation* (OPRE Report No. 2017-73). Office of Planning, Research and Evaluation, Administration for Children and Families, U.S. Department of Health and Human Services.

Michalopoulos, C., Lee, H., Duggan, A., Lundquist, E., Tso, A., Crowne, S., Burrell, L., Somers, J., Filene, J., & Knox, V. (2015). *The mother and infant home visiting program evaluation: Early findings on the maternal, infant, and early childhood home visiting program* (OPRE Report No. 2015-11). Office of Planning, Research and Evaluation, Administration for Children and Families, U.S. Department of Health and Human Services.

Milkman, R. (2017). A new political generation: Millennials and the post-2008 wave of protest. *American Sociological Review, 82*(1), 1-31. https://doi.org/10.1177/0003122416681031

Miller, J. B. (1976). *Toward a new psychology of women.* Beacon Press.

Miller, R., & Shinn, M. (2005). Learning from communities: Overcoming difficulties in dissemination of prevention and promotion efforts. *American Journal of Community Psychology, 35*(3-4), 169-183. https://doi.org/10.1007/s10464-005-3395-1

Mirowsky, J., & Ross, C. (1989). *Social causes of psychological distress.* Aldine de Gruyter.

Mishel, L., Bernstein, J., & Shierholz, H. (2009). *The state of working America 2008/2009.* Economic Policy Institute.

Mishel, L., & Schieder, J. (2017). *CEO pay remains high relative to the pay of typical workers and high-wage earners.* Economic Policy Institute. https://www.epi.org/publication/ceo-pay-remains-high-relative-to-thepay-of-typical-workers-and-high-wage-earners/

Moane, G. (2003). Bridging the personal and the political: Practices for a liberation psychology. *American Journal of Community Psychology, 31*(1-2), 91-101. https://doi.org/10.1023/A:1023026704576

Mock, M. (1999). Cultural competency: Acts of justice in community mental health. *Community Psychologist, 32*(1), 38-41.

Mohatt, G., Hazel, K., Allen, J., Stachelrodt, M., Hensel, C., & Fath, R. (2004). Unheard Alaska: Culturally anchored participatory action research on sobriety with Alaska Natives. *American Journal of Community Psychology, 33*(3-4), 263-273. https://doi.org/10.1023/B:AJCP.0000027011.12346.70

Montero, M. (1996). Parallel lives: Community psychology in Latin America and the United States. *American Journal of Community Psychology, 24*(5), 589-605. https://doi.org/10.1007/BF02509715

Montero, M. (Ed.). (2002). Conceptual and epistemological aspects in community social psychology [Special issue]. *American Journal of Community Psychology, 30*(4).

Montero, M. (2007). The political psychology of liberation: From politics to ethics and back. *Political Psychology, 28*(5), 517-533. https://doi.org/10.1111/j.1467-9221.2007.00588.x

Montero, M., Sonn, C. C., & Burton, M. (2017). Community psychology and liberation psychology: A creative synergy for an ethical and transformative praxis. In M. A. Bond, I. Serrano-García, C. B. Keys, & M. Shinn (Eds.), *APA handbook of community psychology: Vol. 1. Theoretical foundations, core concepts, and emerging challenges* (pp. 149-168). American Psychological Association. https://doi.org/10.1037/14953-007

Montero, M., & Varas-Díaz, N. (2007). Latin American community psychology: Development, implications, and challenges within a social change agenda. In S. M. Reich, M. Riemer, I. Prilleltensky, & M. Montero (Eds.), *International community psychology: History and theories* (pp. 63-98). Springer.

Moore, G. F., Audrey, S., Barker, M., Bond, L., Bonell, C., Hardeman, W., Moore, L., O'Cathain, A., Tinati, T., Wight, D., & Baird, J. (2015). Process evaluation of complex interventions: Medical research council guidance. *British Medical Journal, 350*, h1258. https://doi.org/10.1136/bmj.h1258

Moore, T. (1977). Social change and community psychology. In I. Iscoe, B. Bloom, & C. D. Spielberger (Eds.), *Community psychology in transition* (pp. 257-266). Hemisphere.

Moore, T., Kloos, B., & Rasmussen, R. (2001). A reunion of ideas: Complementary inquiry and collaborative interventions of spirituality, religion, and psychology. *Journal of Community Psychology, 29*(5), 487-495. https://doi.org/10.1002/jcop.1032

Moos, R. (1973). Conceptualizations of human environments. *American Psychologist, 28*(8), 652-665. https://doi.org/10.1037/h0035722

Moos, R. (1974). *Evaluating treatment environments: A social ecological approach.* Wiley.

Moos, R. (1984). Context and coping: Toward a unifying conceptual framework. *American Journal of Community Psychology, 12*(1), 5-36. https://doi.org/10.1007/BF00896933

Moos, R. (1994). *The social climate scales: A user's guide* (2nd ed.). Consulting Psychologists Press.

Moos, R. (2002). The mystery of human context and coping: An unraveling of clues. *American Journal of Community Psychology, 30*(1), 67-88.

https://doi.org/10.1023/A:1014372101550

Moos, R. (2003). Social contexts: Transcending their power and their fragility. *American Journal of Community Psychology, 31*(1-2), 1-13. https://doi.org/10.1023/A:1023041101850

Moos, R., & Holahan, C. J. (2003). Dispositional and contextual perspectives on coping: Toward an integrative framework. *Journal of Clinical Psychology, 59*(12), 1387-1403. https://doi.org/10.1002/jclp.10229

Moos, R., & Trickett, E. J. (1987). *Classroom environment scale manual* (2nd ed.). Consulting Psychologists Press.

Morgan, D. (2019). After triangulation, what next? [Editorial]. *Journal of Mixed Methods Research, 13*(1), 6-11. https://doi.org/10.1177/1558689818780596

Morris, M. (2015). Professional judgment and ethics. In V. C. Scott & S. M. Wolfe (Eds.), *Community psychology: Foundations for practice* (pp. 132-156). Sage. https://doi.org/10.4135/9781483398150.n5

Mozur, P. (2018, October 15). A genocide incited on Facebook, with posts from Myanmar's military. *New York Times.* https://nyti.ms/2QToYQA

Mrazek, P., & Haggerty, R. (1994). *Reducing risks for mental disorders: Frontiers for preventive intervention research.* National Academy Press.

Muehrer, P. (Ed.). (1997). Prevention research in rural settings [Special issue]. *American Journal of Community Psychology, 25*(4).

Mulder, P. L., Shellenberger, S., Streiegel, R., Jumper-Thurman, P., Danda, C. E., Kenkel, M. B., Constantine, M. G., Sears, S.F., Jr., Kalodner, M., & Hager, A. (1999). *The behavioral healthcare needs of rural women.* Rural Women's Work Group of the Rural Task Force of the American Psychological Association and the American Psychological Association's Committee on Rural Health. http://www.apa.org/pubs/info/reports/rural-women.pdf

Mulvey, A. (1988). Community psychology and feminism: Tensions and commonalities. *Journal of Community Psychology, 16*(1), 70-83. https://doi.org/fhrq3p

Mulvey, A. (2002). Gender, economic context, perceptions of safety, and quality of life: A case study of Lowell, Massachusetts (U.S.A.), 1982-96. *American Journal of Community Psychology, 30*(5), 655-679. https://doi.org/10.1023/A:1016321231618

Munn-Giddings, C., & Borkman, T. (2017). Self-help/ mutual aid as a psychosocial phenomenon. In S. Ramon & J. E. Williams (Eds.), *Mental health at the crossroads: The promise of the psychosocial approach* (pp. 153-170). Routledge.

Murray, C. D., & Fox, J. (2006). Do internet self-harm discussion groups alleviate or exacerbate self-harming behaviour? *Australian e-Journal for the Advancement of Mental Health, 5*(3), 225-233. https://doi.org/10.5172/jamh.5.3.225

Murray, H. (1938). *Explorations in personality.* Oxford University Press.

Myers, J. K., & Bean, L. L. (1968). *A decade later: A follow-up of social class and mental illness.* Wiley.

Nagler, M. (2001). *Is there no other way? The search for a nonviolent future.* Berkeley Hills Books.

Nation, M., Crusto, C., Wandersman, A., Kumpfer, K. L., Seybolt, D., Morrissey-Kane, E., & Davino, K. (2003). What works in prevention: Principles of effective prevention programs. *American Psychologist, 58*(6-7), 449-456. https://doi.org/10.1037/0003-066X.58.6-7.449

National Conference of State Legislatures. (2019). *Tax credits for working families: Earned Income Tax Credit (EITC).* http://www.ncsl.org/research/labor-and-employment/earned-income-tax-credits-for-workingfamilies.aspx

Neal, J. (2014). Exploring empowerment in settings: Mapping distributions of network power. *American Journal of Community Psychology, 53*, 394-406. https://doi.org/10.1007/s10464-013-9609-z

Neal, J., & Neal, Z. (2011). Power as a structural phenomenon. *American*

Journal of Community Psychology, 48(3-4), 157-167. https://doi.org/10.1007/s10464-010-9356-3

Neal, Z. (2017). Taking stock of the diversity and sense of community debate. *American Journal of Community Psychology, 59*(3-4), 255-260. https://doi.org/10.1002/ajcp.12132

Neal, Z., & Neal, J. (2014). The (in)compatibility of diversity and sense of community. *American Journal of Community Psychology, 53*(1-2), 1-12. https://doi.org/10.1007/s10464-013-9608-0

Neigher, W., & Fishman, D. (2004). Case studies in community practice. *Community Psychologist, 37*(2), 30-34. https://www.scra27.org/files/4913/9015/9175/tcp04.spring.pdf#page=30

Nelson, D. L., & Simmons, B. L. (2003). Health psychology and work stress: A more positive approach. In J. C. Quick & L. E. Tetrick (Eds.), *Handbook of occupational health psychology* (pp. 97-119). American Psychological Association. https://doi.org/10.1037/10474-005

Nelson, G., Kloos, B., & Ornelas, J. (Eds.). (2014). *Community psychology and community mental health: Towards transformative change.* Oxford University Press.

Nelson, G., Lavoie, F., & Mitchell, T. (2007). The history and theories of community psychology in Canada. In S. M. Reich, M. Reimer, I. Prilleltensky, & M. Montero (Eds.), *The history and theories of community psychology: An international perspective* (pp. 13-36). Springer.

Nelson, G., & Prilleltensky, I. (Eds.). (2010). *Community psychology: In pursuit of liberation and well-being* (2nd ed.). Palgrave Macmillan.

Nelson, G., Prilleltensky, I., & MacGillivary, H. (2001). Building value-based partnerships: Toward solidarity with oppressed groups. *American Journal of Community Psychology, 29*(5), 649-677. https://doi.org/10.1023/A:1010406400101

Nevid, J. S., & Rathus, S. A. (2016). *Psychology and the challenges of life* (13th ed.). Wiley.

New Freedom Commission on Mental Health. (2003). *Achieving the promise: Transforming mental health care in America* (Final report, DHHS Publication No. SMA-03-3832).

Newbrough, J. R. (1995). Toward community: A third position. *American Journal of Community Psychology, 23*(1), 9-37. https://doi.org/10.1007/BF02506921

Newbrough, J. R. (Ed.). (1996). Sense of community [Special issue]. *Journal of Community Psychology, 24*(4).

Newton, L., Rosen, A., Tennant, C., Hobbs, C., Lapsley, H. M., & Tribe, K. (2000). Deinstitutionalisation for long-term mental illness: An ethnographic study. *Australian and New Zealand Journal of Psychiatry, 34*(3), 484-490. https://doi.org/10.1080/j.1440-1614.2000.00733.x

Nicotera, N. (2007). Measuring neighborhood: A conundrum for human service researchers and practitioners. *American Journal of Community Psychology, 40*(1-2), 26-51. https://doi.org/10.1007/s10464-007-9124-1

Norris, F., Friedman, M., Watson, P., Byrne, C., Díaz, E., & Kaniasty, K. (2002). 60,000 disaster victims speak: Part I. An empirical review of the empirical literature, 1981-2001. *Psychiatry, 65*(3), 207-239. https://doi.org/10.1521/psyc.65.3.207.20173

Norris, F., Stevens, S., Pfefferbaum, B., Wyche, K., & Pfefferbaum, R. (2008). Community resilience as a metaphor, theory, set of capacities, and strategy for disaster readiness. *American Journal of Community Psychology, 41*(1-2), 127-150. https://doi.org/10.1007/s10464-007-9156-6

Northwest Regional Educational Laboratory. (1999). *Making the case: Measuring the impact of your mentoring program.* http://www.nwrel.org/mentoring/pdf/makingcase.pdf

Nowell, B., & Boyd, N. (2010). Viewing community as responsibility as well as resource: Deconstructing the theoretical roots of psychological sense of community. *Journal of Community Psychology, 38*(7), 828-841. https://doi.org/10.1002/jcop.20398

Nowell, B., & Boyd, N. (2014). Sense of community responsibility in community collaboratives: Advancing a theory of community as resource and responsibility. *American Journal of Community Psychology, 54*(3-4), 229-242. https://doi.org/10.1007/s10464-014-9667-x

Nowell, B., Izod, A., Ngaruiya, K., & Boyd, N. (2016). Public service motivation and sense of community responsibility: Comparing two motivational constructs in understanding leadership within community collaboratives. *Journal of Public Administration Research and Theory, 26*(4), 663-676. https://doi.org/10.1093/jopart/muv048

Nussbaum, M. C. (2000). *Women and human development: The capabilities approach.* Cambridge University Press. https://doi.org/10.1017/CBO9780511841286

Nussbaum, M. C. (2011). *Creating capabilities: The human development approach.* Harvard University Press. https://doi.org/10.4159/harvard.9780674061200

Oakford, P., Brumfield, C., Goldvale, C., Tatum, L., diZerega, M., & Patrick, F. (2019). *Investing in futures: Economic and fiscal benefits of postsecondary education in prison.* Vera Institute for Justice. https://storage.googleapis.com/vera-web-assets/downloads/Publications/investing-in-futures-education-in-prison/legacy_downloads/investing-in-futures.pdf

Obst, P., & Stafurik, J. (2010). Online we are all able bodied: Online psychological sense of community and social support found through membership of disability-specific websites promotes well-being for people living with a physical disability. *Journal of Community & Applied Social Psychology, 20*(6), 525-531. https://doi.org/10.1002/casp.1067

Obst, P., & White, K. (2004). Revisiting the sense of community index: A confirmatory factor analysis. *Journal of Community Psychology, 32*(6), 691-705. https://doi.org/10.1002/jcop.20027

O'Connor, E. L., Longman, U., White, K. M., & Obst, P. L. (2015). Sense of community, social identity and social support among players of Massively Multiplayer Online Games (MMOGs): A qualitative analysis. *Journal of Community & Applied Social Psychology, 25*(6), 459-473. https://doi.org/10.1002/casp.2224

O'Donnell, C. R. (2005, June 9-10). *Beyond diversity: Toward a cultural community psychology* [Presidential address]. Biennial Meeting of the Society for Community Research and Action, Champaign-Urbana, IL.

O'Donnell, C. R., & Tharp, R. G. (2012). Integrating cultural community psychology: Activity settings and the shared meanings of intersubjectivity. *American Journal of Community Psychology, 49*(1-2), 22-30. https://doi.org/10.1007/s10464-011-9434-1

O'Donnell, C. R., Tharp, R. G., & Wilson, K. (1993). Activity settings as the unit of analysis: A theoretical basis for community intervention and development. *American Journal of Community Psychology, 21*(4), 501-520. https://doi.org/10.1007/BF00942157

O'Donnell, C. R., & Yamauchi, L. (Eds.). (2005). *Culture and context in human behavior change: Theory, research, and applications.* Peter Lang.

Oesterle, S., Kullinski, M., Hawkins, D., Skinner, M., Guttmannova, K., & Rhew, I. (2018). Long-term effects of the communities that care trial on substance use, antisocial behavior, and violence through age 21 years. *American Journal of Public Health, 108*(5), 659-665. https://doi.org/10.2105/AJPH.2018.304320

Office of the Surgeon General. (2016). *Facing addiction in America: The surgeon general's report on alcohol, drugs, and health.* U.S. Department of Health and Human Services.

Ohlemacher, S. (2010, April 17). *Nearly half of US households escape fed income tax.* Associated Press. http://finance.yahoo.com/news/Nearlyhalf-of-US-households-apf-1105567323.html?x=0&.v=1

Ohmer, M. L. (2007). Citizen participation in neighborhood organizations and its relationship to volunteers' self-and collective efficacy and sense of community. *Social Work Research, 31*(2), 109-120. https://doi.org/10.1093/swr/31.2.109

Olweus, D. (1997). Bully/victim problems in school: Facts and intervention. *European Journal of Psychology of Education, 12*, 495-510. https://doi.org/10.1007/BF03172807

Olweus, D., & Limber, S. P. (2010). *Bullying in school: Evaluation and dissemination of the Olweus bullying prevention program. American Journal of Orthopsychiatry, 80*(1), 124-134. https://doi.org/fqbc47

Olweus, D., Limber, S., & Mihalic, S. (1999). *Blueprints for violence prevention: Vol. 10. The bullying prevention program.* Center for the Study and Prevention of Violence.

Olson, B. (2004, Fall). Thoughts on attending SCRA at the APA convention this year. *The Community Psychologist, 37*, 48-49.

O'Neil, J. (2014). *Men's gender role conflict: Psychological costs, consequences, and an agenda for change.* American Psychological Association.

O'Neill, P. (2005). The ethics of problem definition. *Canadian Psychology, 46*(1), 13-20. https://doi.org/10.1037/h0085819

Ortiz-Torres, B., Serrano-García, I., & Torres-Burgos, N. (2000). Subverting culture: Promoting HIV/AIDS prevention among Puerto Rican and Dominican women. *American Journal of Community Psychology, 28*(6), 859-881. https://doi.org/10.1023/A:1005167917916

Ostrove, J., & Cole, E. (2003). Privileging class: Toward a critical psychology of social class in the context of education. *Journal of Social Issues, 59*(4), 677-692. https://doi.org/10.1046/j.0022-4537.2003.00084.x

Ott, D. (2005, July 19). Revitalization efforts gets failing grade, survey says. *Philadelphia Inquirer*, B1, B6.

Oxley, D., & Barrera, M., Jr. (1984). Undermanning theory and the workplace: Implications of setting size for job satisfaction and social support. *Environment and Behavior, 16*(2), 211-234. https://doi.org/10.1177/0013916584162004

Ozer, E., & Russo, I. (2017). Development and context across the lifespan: A community psychology synthesis. In M. A. Bond, I. Serrano-García, C. B. Keys, & M. Shinn (Eds.), *APA handbook of community psychology: Vol. 1. Theoretical foundations, core concepts, and emerging challenges* (pp. 421-436). American Psychological Association. https://doi.org/10.1037/14953-021

Ozer, E., & Wright, D. (2012). Beyond school spirit: The effects of youth-led participatory action research in two urban high schools. *Journal of Research on Adolescence, 22*(2), 267-283. https://doi.org/10.1111/j.1532-7795.2012.00780.x

Padgett, D., Henwood, B. F., & Tsemberis, S. J. (2016). *Housing First: Ending homelessness, transforming systems, and changing lives.* Oxford University Press.

Pager, D. (2003). The mark of a criminal record. *American Journal of Sociology, 108*(5), 937-975. https://doi.org/10.1086/374403

Pargament, K. I. (1997). *The psychology of religion and coping: Theory, research, practice.* Guilford Press.

Pargament, K. I. (2008). The sacred character of community life. *American Journal of Community Psychology, 41*(1-2), 22-34. https://doi.org/10.1007/s10464-007-9150-z

Park, R. (1952). *Human communities: The city and human ecology.* Free Press.

Parrott, S., & Parrott, C. T. (2015). U.S. television's "mean world" for White women: The portrayal of gender and race on fictional crime dramas. *Sex Roles, 73*(1-2), 70-82. https://doi.org/10.1007/s11199-015-0505-x

Pascoe, E. A., & Smart Richman, L. (2009). Perceived discrimination and health: A meta-analytic review. *Psychological Bulletin, 135*(4), 531-554. https://doi.org/10.1037/a0016059

Patton, M. Q. (2006). Evaluation for the way we work. *Nonprofit Quarterly, 13*(1), 28-33. https://nonprofitquarterly.org/evaluation-for-the-way-we-work/

Patton, M. Q. (2008). *Utilization-focused evaluation* (4th ed.). Sage Publications.

Paxton, P. (2002). Social capital and democracy: An interdependent relationship. *American Sociological Review, 67*(2), 254-277. https://doi.org/10.2307/3088895

Paxton, P. (2007). Association membership and generalized trust: A multilevel model across 32 countries. *Social Forces, 86*(1), 47-76. https://doi.org/10.1353/sof.2007.0107

Payne, B. K., Vuletich, H. A., & Lundberg, K. B. (2017). The bias of crowds: How implicit bias bridges personal and systemic prejudice. *Psychological Inquiry, 28*(4), 233-248. https://doi.org/10.1080/1047840X.2017.1335568

Peasant, C., Parra, G. R., & Okwumabua, T. M. (2015). Condom negotiation: Findings and future directions. *Journal of Sex Research, 52*(4), 470-483. https://doi.org/dr2b

Pepler, D., & Slaby, R. (1994). Theoretical and developmental perspectives on youth and violence. In L. Eron, J. Gentry, & P. Schlegel (Eds.), *Reason to hope: A psychosocial perspective on violence and youth* (pp. 27-58). American Psychological Association. https://doi.org/10.1037/10164-001

Perisho Eccleston, S. M., & Perkins, D. D. (2019). The role of community psychology in Christian community development. *Journal of Community Psychology, 47*(2), 291-310. https://doi.org/10.1002/jcop.22121

Perkins, D. D., Brown, B. B., & Taylor, R. B. (1996). The ecology of empowerment: Predicting participation in community organizations. *Journal of Social Issues, 52*(1), 85-110. https://doi.org/fpfjth

Perkins, D. D., Crim, B., Silberman, P., & Brown, B. (2004). Community development as a response to community-level adversity: Ecological theory and strengths-based policy. In K. I. Maton, C. J. Schellenbach, B. J. Leadbeater, & A. L. Solarz (Eds.), *Investing in children, youth, families, and communities: Strengths-based research and policy* (pp. 321-340). American Psychological Association. https://doi.org/10.1037/10660-018

Perkins, D. D., Florin, P., Rich, R., Wandersman, A., & Chavis, D. M. (1990). Participation and the social and physical environment of residential blocks: Crime and community contexts. *American Journal of Community Psychology, 18*(1), 83-115. https://doi.org/10.1007/BF00922690

Perkins, D. D., Hughey, J., & Speer, P. (2002). Community psychology perspectives on social capital theory and community development practice. *Journal of the Community Development Society, 33*(1), 33-52. https://doi.org/10.1080/15575330209490141

Perkins, D. D., & Long, D. A. (2002). Neighborhood sense of community and social capital: A multi-level analysis. In A. Fisher, C. Sonn, & B. Bishop (Eds.), *Psychological sense of community: Research, applications and implications* (pp. 291-318). Kluwer/Plenum. https://doi.org/10.1007/978-1-4615-0719-2_15

Perkins, D. D., & Schensul, J. J. (2017). Interdisciplinary contributions to community psychology and transdisciplinary promise. In M. A. Bond, I. Serrano-García, C. B. Keys, & M. Shinn (Eds.), *APA handbook of community psychology: Vol. 1. Theoretical foundations, core concepts, and emerging challenges* (pp. 189-209). American Psychological Association. https://doi.org/10.1037/14953-009

Perkins, D. D., & Taylor, R. (1996). Ecological assessments of community disorder: Their relationship to fear of crime and theoretical implications. *American Journal of Community Psychology, 24*(1), 63-107. https://doi.

org/10.1007/bf02511883

Perkins, D. D., & Zimmerman, M. A. (1995). Empowerment theory, research and application. *American Journal of Community Psychology, 23*(5), 569-579. https://doi.org/10.1007/BF02506982

Perkins, D. V., Burns, T. F., Perry, J. C, & Nielsen, K. P. (1988). Behavior setting theory and community psychology: An analysis and critique. *Journal of Community Psychology, 16*(4), 355-372. https://doi.org/dfd4t4

Peterson, N. A., & Reid, R. J. (2003). Paths to psychological empowerment in an urban community: Sense of community and citizen participation in substance abuse prevention activities. *Journal of Community Psychology, 31*(1), 25-38. https://doi.org/10.1002/jcop.10034

Peterson, N. A., Speer, P. W., & McMillan, D. (2008). Validation of a brief sense of community scale: Confirmation of the principal theory of sense of community. *Journal of Community Psychology, 36*(1), 61-73. https://doi.org/10.1002/jcop.20217

Peterson, N. A., & Zimmerman, M. (2004). Beyond the individual: Toward a nomological network of organizational empowerment. *American Journal of Community Psychology, 34*(1-2), 129-145. https://doi.org/dmdm3j

Peterson, R. B. (2018). Taking it to the city: Urban-placed pedagogies in Detroit and Roxbury. *Journal of Environmental Studies and Sciences, 8*(3), 326-342. https://doi.org/10.1007/s13412-017-0455-4

Petrosino, A., Buehler, J., & Turpin-Petrosino, C. (2003). *"Scared Straight" and other juvenile awareness programs for preventing juvenile delinquency.* Campbell Collaboration. https://campbellcollaboration.org/better-evidence/juvenile-delinquency-scared-straight-etc-programmes.html

Phillips, D. (2000). Social policy and community psychology. In J. Rappaport & E. Seidman (Eds.), *Handbook of community psychology* (pp. 397-419). Kluwer/Plenum. https://doi.org/10.1007/978-1-4615-4193-6_17

Phinney, J. (1990). Ethnic identity in adolescents and adults: Review of research. *Psychological Bulletin, 108*(3), 499-514. https://doi.org/10.1037/0033-2909.108.3.499

Phinney, J. (2003). Ethnic identity and acculturation. In K. Chun, P. Organista, & G. Marin (Eds.), *Acculturation: Advances in theory, measurement, and applied research* (pp. 63-81). American Psychological Association. https://doi.org/10.1037/10472-006

Phinney, J. S. (1993). A three-stage model of ethnic identity development in adolescence. In M. Bernal & G. Knight (Eds.), *Ethnic identity: Formation and transmission among Hispanics and other minorities* (pp. 61-79). State University of New York Press.

Pianta, R., & Ansari, A. (2018). Does attendance in private schools predict outcomes at age 15? Evidence from a longitudinal study. *Educational Researcher, 47*(7), 419-434. https://doi.org/10.3102/0013189X18785632

Pickren, W., & Tomes, H. (2002). The legacy of Kenneth B. Clark to the APA: The board of social and ethical responsibility. *American Psychologist, 57*(1), 51-59. https://doi.org/10.1037/0003-066X.57.1.51

Pieterse, A. L., Todd, N. R., Neville, H. A., & Carter, R. T. (2012). Perceived racism and mental health among Black American adults: A meta-analytic review. *Journal of Counseling Psychology, 59*(1), 1-9. https://doi.org/10.1037/a0026208

Pistrang, N., Barker, C., & Humphreys, K. (2008). Mutual help groups for mental health problems: A review of effectiveness studies. *American Journal of Community Psychology, 42*(1-2), 110-121. https://doi.org/10.1007/s10464-008-9181-0

Plas, J. M., & Lewis, S. E. (1996). Environmental factors and sense of community in a planned town. *American Journal of Community Psychology, 24*(1), 109-143. https://doi.org/10.1007/BF02511884

Pokorny, S., Baptiste, D., Tolan, P., Hirsch, B., Talbot, B., Ji, P., Paikoff,

R., & Madison-Boyd, S. (2004). Prevention science: Participatory approaches and community case studies. In L. A. Jason, C. Keys, Y. Suarez-Balcazar, R. Taylor, & M. Davis (Eds.), *Participatory community research: Theories and methods in action* (pp. 87-104). American Psychological Association. https://doi.org/10.1037/10726-005

Ponce, A. N., & Rowe, M. (2018). Citizenship and community mental health care. *American Journal of Community Psychology, 61*(1-2), 22-31. https://doi.org/10.1002/ajcp.12218

Pool, B. (2009, October 16). Woman, 97, has a front seat to homelessness. *Los Angeles Times.* http://articles.latimes.com/2009/oct/16/local/me-bessie16

Portillo, N. (2012). The life of Ignacio Martín-Baró: A narrative account of a personal biographical journey. *Peace and Conflict: Journal of Peace Psychology, 18*(1), 77-87. https://doi-org.pallas2.tcl.sc.edu/10.1037/a0027066

Potts, R. G. (2003). Emancipatory education versus school-based prevention in African-American communities. *American Journal of Community Psychology, 31*(1-2), 173-183. https://doi.org/10.1023/A:1023039007302

Prelow, H. M., Danoff-Burg, S., Swenson, R. R., & Pulgiano, D. (2004). The impact of ecological risk and perceived discrimination on psychological adjustment of African American and European American youth. *Journal of Community Psychology, 32*(4), 375-389. https://doi.org/10.1002/jcop.20007

Prestby, J. E., Wandersman, A., Florin, P., Rich, R., & Chavis, D. (1990). Benefits, costs, incentive management and participation in voluntary organizations: A means to understanding and promoting empowerment. *American Journal of Community Psychology, 18*(1), 117-149. https://doi.org/10.1007/BF00922691

Pretty, G. M. H. (2002). Young people's development of the community-minded self: Considering community identity, community attachment, and sense of community. In A. Fisher, C. Sonn, & B. Bishop (Eds.), *Psychological sense of community: Research, applications, and implications* (pp. 183-203). Kluwer/Plenum.

Prezza, M., Amici, M., Roberti, T., & Tedeschi, G. (2001). Sense of community referred to the whole town: Its relations with neighboring, loneliness, life satisfaction, and area of residence. *Journal of Community Psychology, 29*(1), 29-52. https://doi.org/cxswrf

Price, R. (1989). Bearing witness. *American Journal of Community Psychology, 17*(2), 151-167. https://doi.org/10.1007/BF00931004

Price, R., & Lorion, R. (1989). Prevention programming as organizational reinvention: From research to implementation. In D. Shaffer, I. Phillips, & N. Enzer (Eds.), *Prevention of mental disorders, alcohol and other drug use in children and adolescents* (pp. 97-123). Department of Health and Human Services Publication No. ADM 89-1646.

Prilleltensky, I. (1997). Values, assumptions, and practices: Assessing the moral implications of psychological discourse and action. *American Psychologist, 52*(5), 517-535. https://doi.org/10.1037/0003-066X.52.5.517

Prilleltensky, I. (1999). Critical psychology foundations for the promotion of mental health. *Annual Review of Critical Psychology, 1*, 95-112. https://discourseunit.com/annual-review/1-1999/

Prilleltensky, I. (2001). Value-based praxis in community psychology: Moving toward social justice and social action. *American Journal of Community Psychology, 29*(5), 747-778. https://doi.org/10.1023/A:1010417201918

Prilleltensky, I. (2003). Understanding, resisting, and overcoming oppression: Toward psychopolitical validity. *American Journal of Community Psychology, 31*(1-2), 195-201. https://doi.org/10.1023/A:1023043108210

Prilleltensky, I. (2008). The role of power in wellness, oppression, and liberation: The promise of psychopolitical validity. *Journal of*

Community Psychology, 36(2), 116-136. https://doi.org/10.1002/jcop.20225

Prilleltensky, I. (2012). Wellness as fairness. *American Journal of Community Psychology, 49*(1-2), 1-21. https://doi.org/10.1007/s10464-011-9448-8

Prilleltensky, I., & Gonick, L. (1994). The discourse of oppression in the social sciences: Past, present, and future. In E. J. Trickett, R. J. Watts, & D. Birman (Eds.), *Human diversity: Perspectives on people in context* (pp. 145-177). Jossey-Bass.

Prilleltensky, I., & Nelson, G. (2002). *Doing psychology critically: Making a difference in diverse settings.* Palgrave Macmillan. https://doi.org/10.1007/978-1-4039-1462-0

Prilleltensky, I., & Nelson, G. (2009). Community psychology: Advancing social justice. In D. Fox, I. Prilleltensky, & S. Austin (Eds.), *Critical psychology: An introduction* (2nd ed., pp. 126-143). Sage Publications Ltd.

Primavera, J. (2004). You can't get there from here: Identifying process routes to replication. *American Journal of Community Psychology, 33*(3-4), 181-191. https://doi.org/10.1023/B:AJCP.0000027004.75119.f0

Primavera, J., & Brodsky, A. (Eds.). (2004). Process of community research and action [Special issue]. *American Journal of Community Psychology, 33*(3-4).

Prinz, R., Sanders, M., Shapiro, C., Whitaker, D., & Lutzker, J. (2009). Population-based prevention of child maltreatment: The U.S. triple P system population trial. *Prevention Science, 10*(1), 1-12. https://doi.org/10.1007/s11121-009-0123-3

Proescholdbell, R. J., Roosa, M. W., & Nemeroff, C. J. (2006). Component measures of psychological sense of community among gay men. *Journal of Community Psychology, 34*(1), 9-24. https://doi.org/10.1002/jcop.20080

Pruitt, A., Barile, J., Ogawa, T., Peralta, N., Bugg, R., Lau, J., Lamberton, T., Hall, C., & Mori, V. (2018). Housing first and photovoice: Transforming lives, communities, and systems. *American Journal of Community Psychology, 61*(1-2), 104-117. https://doi.org/10.1002/ajcp.12226

Putnam, R. (1996). The strange disappearance of civic America. *American Prospect, 24*, 34-43.

Putnam, R. (2000). *Bowling alone: The collapse and revival of American community.* Simon & Schuster.

Putnam, R., & Feldstein, L. (with Cohen, D.). (2003). *Better together: Restoring the American community.* Simon & Schuster.

Quillian, L., Pager, D., Hexel, O., & Midtbøen, A. H. (2017). Meta-analysis of field experiments shows no change in racial discrimination in hiring over time. *Proceedings of the National Academy of Sciences, 114*(41), 10870-10875. https://doi.org/10.1073/pnas.1706255114

Rahm, J. (2002). Emergent learning opportunities in an inner-city youth gardening program. *Journal of Research in Science Teaching, 39*(2), 164-184. https://doi.org/10.1002/tea.10015

Ramirez, J., Heredia, A., Cardoso, E., & Nolan, J. (n.d.). *Salinas: CHAMACOS youth council.* http://yparhub.berkeley.edu/in-action/salinas-chamacos-youth-council/

Rania, N., Migliorini, L., Zunino, A., & Lena, C. (2019). Psychological well-being and healthy communities: Women as makers of relational well-being by social street strategies. *Journal of Prevention & Intervention in the Community.* Advance online publication. https://doi.org/10.1080/10852352.2019.1624355

Rapkin, B. D., Weiss, E., Lounsbury, D., Michel, T., Gordon, A., Erb-Downward, J., Sabino-Laughlin, E., Carpenter, A., Schwartz, C. E., Bulone, L., & Kemeny, M. (2017). Reducing disparities in cancer screening and prevention through community-based participatory research partnerships with local libraries: A comprehensive dynamic trial. *American Journal of Community Psychology, 60*(1-2), 145-159. https://doi.org/10.1002/ajcp.12161

Raposa, E. B., Rhodes, J., Stams, G. J. J. M., Card, N., Burton, S., Schwartz, S., Sykes, L. A. Y., Kanchewa, S., Kupersmidt, J., & Hassain, S. (2019). The effects of youth mentoring programs: A meta-analysis of outcome studies. *Journal of Youth and Adolescence, 48*(3), 423-443. https://doi.org/10.1007/s10964-019-00982-8

Rappaport, J. (1977a). *Community psychology: Values, research, and action.* Holt, Rinehart, and Winston.

Rappaport, J. (1977b). From Noah to Babel: Relationships between conceptions, values, analysis levels, and social intervention strategies. In I. Iscoe, B. L. Bloom, & C. D. Spielberger (Eds.), *Community psychology in transition: Proceedings from the national conference on training in community psychology.* John Wiley & Sons.

Rappaport, J. (1981). In praise of paradox: A social policy of empowerment over prevention. *American Journal of Community Psychology, 9*(1), 1-25. https://doi.org/10.1007/BF00896357

Rappaport, J. (1987). Terms of empowerment/exemplars of prevention: Toward a theory for community psychology. *American Journal of Community Psychology, 15*(2), 121-148. https://doi.org/10.1007/BF00919275

Rappaport, J. (1993). Narrative studies, personal stories, and identity transformation in the mutual help context. *Journal of Applied Behavioral Science, 29*(2), 239-256. https://doi.org/10.1177/0021886393292007

Rappaport, J. (1995). Empowerment meets narrative: Listening to stories and creating settings. *American Journal of Community Psychology, 23*(5), 795-807. https://doi.org/10.1007/BF02506992

Rappaport, J. (2000). Community narratives: Tales of terror and joy. *American Journal of Community Psychology, 28*(1), 1-24. https://doi.org/10.1023/A:1005161528817

Rappaport, J., Davidson, W. S., Wilson, M. N., & Mitchell, A. (1975). Alternatives to blaming the victim or the environment: Our places to stand have not moved the earth. *American Psychologist, 30*(4), 525-528. https://doi.org/10.1037/h0078449

Rapping, E. (1997). There's self-help and then there's self-help: Women and the recovery movement. *Social Policy, 27*(3), 56-61.

Rasmussen, A., Aber, M., & Bhana, A. (2004). Adolescent coping and neighborhood violence: Perceptions, exposure, and urban youths' efforts to deal with danger. *American Journal of Community Psychology, 33*(1-2), 61-75. https://doi.org/c332ps

Ravitch, D. (2010). *The death and life of the great American school system: How testing and choice are undermining education.* Basic Books.

Reason, P., & Bradbury, H. (Eds.). (2001). *Handbook of action research: Participative inquiry and practice.* Sage.

Reich, S. M., Bishop, B. J., Carolissen, R., Dzidic, P., Portillo, N., Sasao, T., & Stark, W. (2017). Catalysts and connections: The (brief) history of community psychology throughout the world. In M. A. Bond, I. Serrano-García, & C. Keys (Eds.), *APA handbook of community psychology: Vol. 1. Theoretical foundations, core concepts, and emerging challenges* (pp. 21-66). American Psychological Association. https://doi.org/10.1037/14953-002

Reinharz, S. (1984). Alternative settings and social change. In K. Heller, R. Price, S. Reinharz, S. Riger, & A. Wandersman (Eds.), *Psychology and community change* (2nd ed., pp. 286-336). Dorsey.

Reinharz, S. (1994). Toward an ethnography of "voice" and "silence." In E. J. Trickett, R. J. Watts, & D. Birman (Eds.), *Human diversity: Perspectives on people in context* (pp. 178-200). Jossey-Bass.

Resnicow, K., Braithwaite, R., Ahluwalia, J., & Baranowski, T. (1999). Cultural sensitivity in public health: Defined and demystified. *Ethnicity*

& *Disease, 9*(1), 10-21.

Rheingold, H. (1993). *The virtual community: Homesteading on the electronic frontier*. MIT Press.

Rhodes, J. E. (2002). *Stand by me: The risks and rewards of mentoring today's youth*. Harvard University Press.

Rhodes, J. E., & DuBois, D. L. (2008). Mentoring relationships and programs for youth. *Current Directions in Psychological Science, 17*(4), 254-258. https://doi.org/10.1111/j.1467-8721.2008.00585.x

Rhodes, J. E., Spencer, R., Keller, T. E., Liang, B., & Noam, G. (2006). A model for the influence of mentoring relationships on youth development. *Journal of Community Psychology, 34*(6), 691-707. https://doi.org/10.1002/jcop.20124

Rhodes, J. E., & Woods, M. (1995). Comfort and conflict in the relationships of pregnant, minority adolescents: Social support as moderator of social strain. *Journal of Community Psychology, 23*(1), 74-84. https://doi.org/fbrjvs

Rich, R. C., Edelstein, M., Hallman, W., & Wandersman, A. (1995). Citizen participation and empowerment: The case of local environmental hazards. *American Journal of Community Psychology, 23*(5), 657-676. https://doi.org/10.1007/BF02506986

Rickard, K. M. (1990). The effect of feminist identity level on gender prejudice toward artists' illustrations. *Journal of Research in Personality, 24*(2), 145-162. https://doi.org/10.1016/0092-6566(90)90013-V

Ridgeway, C. L. (2001). Gender, status, and leadership. *Journal of Social Issues, 57*(4), 637-655. https://doi.org/10.1111/0022-4537.00233

Riessman, F. (1990). Restructuring help: A human services paradigm for the 1990s. *American Journal of Community Psychology, 18*(2), 221-230. https://doi.org/10.1007/BF00931302

Riessman, F., & Banks, E. C. (2001). A marriage of opposites: Self-help and the health care system. *American Psychologist, 56*(2), 173-174. https://doi.org/dfshdw

Riger, S. (1989). The politics of community intervention. *American Journal of Community Psychology, 17*(3), 379-383. https://doi.org/10.1007/BF00931046

Riger, S. (1990). Ways of knowing and organizational approaches to community research. In P. Tolan, C. Keys, F. Chertok, & L. Jason (Eds.), *Researching community psychology* (pp. 42-50). American Psychological Association. https://doi.org/10.1037/10073-004

Riger, S. (1992). Epistemological debates, feminist voices: Science, social values, and the study of women. *American Psychologist, 47*(6), 730-740. https://doi.org/10.1037/0003-066X.47.6.730

Riger, S. (1993). What's wrong with empowerment? *American Journal of Community Psychology, 21*(3), 279-292. https://doi.org/10.1007/BF00941504

Riger, S. (2001). Transforming community psychology. *American Journal of Community Psychology, 29*(1), 69-81. https://doi.org/10.1023/A:1005293228252

Riger, S. (2017). Feminism and community psychology: Compelling convergences. In M. A. Bond, I. Serrano-García, C. B. Keys, & M. Shinn (Eds.), *APA handbook of community psychology: Vol. 1. Theoretical foundations, core concepts, and emerging challenges* (pp. 129-148). American Psychological Association. https://psycnet.apa.org/doi/10.1037/14953-006

Rivers, I., & D'Augelli, A. R. (2001). The victimization of lesbian, gay, and bisexual youths. In A. R. D'Augelli & C. J. Patterson (Eds.), *Lesbian, gay, and bisexual identities and youth: Psychological perspectives* (pp. 199-223). Oxford.

RMC Research Corporation. (1995). *National diffusion network schoolwide promising practices: Report of a pilot effort*.

Robbins, B. (2014). *Modjeska Monteith Simkins: A South Carolina revolutionary*. South Carolina Progressive Network.

Robertson, N., & Masters-Awatere, B. (2007). Community Psychology in Aotearoa/New Zealand: Metiro whakamuri a- kia- hangai whakamua. In S. M. Reich, M. Riemer, I. Prilleltensky, & M. Montero (Eds.), *International community psychology: History and theories* (pp. 140-163). Springer. https://doi.org/10.1007/978-0-387-49500-2_7

Robinson, W. L. (1990). Data feedback and communication to the host setting. In P. Tolan, C. Keys, F. Chertok, & L. Jason (Eds.), *Researching community psychology: Issues of theory and methods* (pp. 193-195). American Psychological Association.

Rosanbalm, K. D., & Murray, D. W. (2017). *Promoting self-regulation in the first five years: A practice brief* (Office of Planning, Research, and Evaluation Brief No. 2017-79). Office of Planning, Research, and Evaluation, Administration for Children and Families, U.S. Department of Health and Human Services.

Rosario, M., Hunter, J., Maguen, S., Gwadz, M., & Smith, R. (2001). The coming-out process and its adaptational and health-related associations among gay, lesbian, and bisexual youths: Stipulation and exploration of a model. *American Journal of Community Psychology, 29*(1), 133-160. https://doi.org/10.1023/A:1005205630978

Rosmarin, D., Pargament, K., Krumrei, E., & Flannelly, K. (2009). Religious coping among Jews: Development and initial validation of the JCOPE. *Journal of Clinical Psychology, 65*(7), 670-683. https://doi.org/10.1002/jclp.20574

Ross, L. (1977). The intuitive psychologist and his shortcomings. In L. Berkowitz (Ed.), *Advances in experimental social psychology* (Vol. 10, pp. 173-220). Academic Press.

Rossi, P. H., Lipsey, M. W., & Henry, G. T. (2018). *Evaluation: A systematic approach* (8th ed.). Sage Publications.

Rotheram-Borus, M. J. (1988). Assertiveness training with children. In R. Price, E. Cowen, R. Lorion, & J. Ramos-McKay (Eds.), *Fourteen ounces of prevention* (pp. 83-97). American Psychological Association. https://doi.org/10.1037/10064-007

Rotter, J. B. (1954). *Social learning and clinical psychology*. Prentice-Hall. https://doi.org/10.1037/10788-000

Rotter, J. B. (1990). Internal versus external control of reinforcement: A case history of a variable. *American Psychologist, 45*(4), 489-493. https://doi.org/10.1037/0003-066x.45.4.489

Rowe, M., Kloos, B., Chinman, M., Davidson, L., & Cross, A. B. (2001). Homelessness, mental illness, and citizenship. *Social Policy and Administration, 35*(1), 14-31. https://doi.org/10.1111/1467-9515.00217

Rudkin, J. K. (2003). *Community psychology: Guiding principles and orienting concepts*. Prentice Hall.

Rudman, L. A., & Glick, P. (2001). Prescriptive gender stereotypes and backlash toward agentic women. *Journal of Social Issues, 57*(4), 743-762. https://doi.org/10.1111/0022-4537.00239

Ruiz, L., McMahon, S., & Jason, L. (2018). The role of neighborhood context and school climate in schoollevel academic achievement. *American Journal of Community Psychology, 61*(3-4), 296-309. https://doi.org/10.1002/ajcp.12234

Rutter, M. (1979). Protective factors in children's responses to stress and disadvantage. In M. W. Kent & J. E. Rolf (Eds.), *Primary prevention of psychopathology: Social competence in children: Vol. 3. Social competence in children* (pp. 49-74). University Press of New England.

Rutter, M., & Sroufe, L. A. (2000). Developmental psychopathology: Concepts and challenges. *Development and Psychopathology, 12*(3), 265-296. https://doi.org/br82p8

Ryan, W. (1971). *Blaming the victim*. Random House.

Ryan, W. (1981). *Equality*. Pantheon.

Ryan, W. (1994). Many cooks, brave men, apples, and oranges: How people think about equality. *American Journal of Community Psychology, 22*(1), 25-35. https://doi.org/10.1007/bf02506815

Sabina, C., Cuevas, C. A., & Schally, J. L. (2012). The cultural influences on help-seeking among a national sample of victimized Latino women. *American Journal of Community Psychology, 49*(3-4), 347-363. https://doi.org/10.1007/s10464-011-9462-x

Saegert, S. (1989). Unlikely leaders, extreme circumstances: Older Black women building community households. *American Journal of Community Psychology, 17*(3), 295-316. https://doi.org/10.1007/BF00931038

Saegert, S., & Carpiano, R. M. (2017). Social support and social capital: A theoretical synthesis using community psychology and community sociology approaches. In M. A. Bond, I. Serrano-García, C. B. Keys, & M. Shinn (Eds.), *APA handbook of community psychology: Vol. 1. Theoretical foundations, core concepts, and emerging challenges* (pp. 295-314). American Psychological Association. https://doi.org/10.1037/14953-014

Saegert, S., & Winkel, G. (1990). Environmental psychology. *Annual Review of Psychology, 41*, 441-477. https://doi.org/10.1146/annurev.ps.41.020190.002301

Saegert, S., & Winkel, G. (1996). Paths to community empowerment: Organizing at home. *American Journal of Community Psychology, 24*(4), 517-550. https://doi.org/10.1007/BF02506795

Saegert, S., & Winkel, G. (2004). Crime, social capital, and community participation. *American Journal of Community Psychology, 34*(3-4), 219-233. https://doi.org/10.1007/s10464-004-7416-2

Salem, D., Reischl, T., Gallacher, F., & Randall, K. (2000). The role of referent and expert power in mutual help. *American Journal of Community Psychology, 28*(3), 303-324. https://doi.org/10.1023/A:1005101320639

Salem, D., Reischl, T., & Randall, K. (2008). The effect of professional partnership on the development of a mutual-help organization. *American Journal of Community Psychology, 42*(1-2), 179-191. https://doi.org/10.1007/s10464-008-9193-9

Salina, D., Hill, J., Solarz, A., Lesondak, L., Razzano, L., & Dixon, D. (2004). Feminist perspectives: Empowerment behind bars. In L. A. Jason, C. Keys, Y. Suarez-Balcazar, R. Taylor, & M. Davis (Eds.), *Participatory community research: Theories and methods in action* (pp. 159-175). American Psychological Association. https://doi.org/10.1037/10726-009

Salo, C. D., & Birman, D. (2015). Acculturation and psychological adjustment of Vietnamese refugees: An ecological acculturation framework. *American Journal of Community Psychology, 56*(3-4), 395-407. https://doi.org/10.1007/s10464-015-9760-9

Salzer, M. S., McFadden, L., & Rappaport, J. (1994). Professional views of self-help groups. *Administration and Policy in Mental Health, 22*(2), 85-95. https://doi.org/10.1007/BF02106543

Sampaio, F., Barendregt, J., Feldman, I., Lee, Y., Sawyer, M., Dadds, M., Scott, J., & Mihalopoulos, C. (2018). Population cost-effectiveness of the Triple-P parenting programme for the treatment of conduct disorder: An economic modelling study. *European Child & Adolescent Psychiatry, 27*, 933-944. https://doi.org/10.1007/s00787-017-1100-1

Sánchez, B., Esparza, P., & Colón, Y. (2008). Natural mentoring under the microscope: An investigation of mentoring relationships and Latino adolescents' academic performance. *Journal of Community Psychology, 36*(4), 468-482. https://doi.org/10.1002/jcop.20250

Sánchez, B., Rivera, C., Liao, C. L., & Mroczkowski, A. L. (2017). Community psychology interventions and U.S. Latinos and Latinas. In M. A. Bond, I. Serrano-García, & C. B. Keys (Eds.), *APA handbook of community psychology: Vol. 2. Methods for community research and action for diverse groups and issues* (pp. 491-506). American

Psychological Association. https://doi.org/10.1037/14954-029

Sanders, M. (1999). Triple P-Positive Parenting Program: Towards an empirically validated multilevel parenting and family support strategy for the prevention of behavior and emotional problems in children. *Clinical Child and Family Psychology Review, 2*(2), 71-90. https://doi.org/10.1023/A:1021843613840

Sandler, I. N., Gensheimer, L., & Braver, S. (2000). Stress: Theory, research and action. In J. Rappaport & E. Seidman (Eds.), *Handbook of community psychology* (pp. 187-213). Kluwer/Plenum. https://doi.org/10.1007/978-1-4615-4193-6_9

Sarason, S. B. (1972). *The creation of settings and the future societies.* Jossey-Bass.

Sarason, S. B. (1974). *The psychological sense of community: Prospects for a community psychology.* Jossey-Bass.

Sarason, S. B. (1978). The nature of problem-solving in social action. *American Psychologist, 33*(4), 370-380. https://doi.org/10.1037/0003-066X.33.4.370

Sarason, S. B. (1982). *The culture of the school and the problem of change* (2nd ed.). Allyn & Bacon.

Sarason, S. B. (1988). *The making of an American psychologist: An autobiography.* Jossey-Bass.

Sarason, S. B. (1990). *The challenge of art to psychology.* Yale University Press.

Sarason, S. B. (1993). American psychology, and the needs for the transcendence and community. *American Journal of Community Psychology, 21*(2), 185-202. https://doi.org/10.1007/BF00941621

Sarason, S. B. (1994). The American worldview. In S. B. Sarason (Ed.), *Psychoanalysis, general custer, and the verdicts of history, and other essays on psychology in the social scene* (pp. 100-118). Jossey-Bass.

Sarason, S. B. (1995a). *Parental involvement and the political principle: Why the existing governance structure of schools should be abolished.* Jossey-Bass.

Sarason, S. B. (1995b). [Untitled videotape interview]. In J. G. Kelly (Ed.), *The history of community psychology: A video presentation of context and exemplars.* Society for Community Research and Action. https://vimeo.com/69635912

Sarason, S. B. (2003a). American psychology and the schools: A critique. *American Journal of Community Psychology, 32*(1-2), 99-106. https://doi.org/10.1023/A:1025603125213

Sarason, S. B. (2003b). The obligations of the moral-scientific stance. *American Journal of Community Psychology, 31*(3-4), 209-211. https://doi.org/10.1023/A:1023946301430

Sasao, T. (1999). Cultural competence promotion as a general prevention strategy in urban settings: Some lessons learned from working with Asian American adolescents. *Community Psychologist, 32*(1), 41-43.

Sasao, T., & Sue, S. (1993). Toward a culturally anchored ecological framework of research in ethnic-cultural communities. *American Journal of Community Psychology, 21*(6), 705-727. https://doi.org/10.1007/BF00942244

Sasao, T., & Yasuda, T. (2007). Historical and theoretical orientations of community psychology practice and research in Japan. In S. M. Reich, M. Riemer, I. Prilleltensky, & M. Montero (Eds.), *International community psychology: History and theories* (pp. 164- 179). Springer. https://doi.org/10.1007/978-0-387-49500-2_8

Satcher, D. (2001). *Youth violence: A report of the surgeon general.* http://www.surgeongeneral.gov/library/youthviolence/chapter5/sec4.html

Saul, J., Wandersman, A., Flaspohler, P., Duffy, J., Lubell, K., & Noonan, R. (Eds.). (2008). Research and action for bridging science and practice in prevention [Special Issue]. *American Journal of Community Psychology, 41*(3-4).

Scaccia, J. P., Cook, B. S., Lamont, A., Wandersman, A., Castellow, J., Katz, J., & Beidas, R. S. (2015). A practical implementation science heuristic for organizational readiness: R = MC2. *Journal of Community Psychology, 43*(2), 484-501. https://doi.org/10.1002/jcop.21698

Scales, P., Leffert, N., & Lerner, R. (2004). *Developmental assets: A synthesis of the scientific research on adolescent development.* Search Institute Press.

Scally, C., Batko, S., Popkin, S., & DuBois, N. (2018). *The case for more, not less: Shortfalls in federal housing assistance and gaps in evidence for proposed policy changes.* The Urban Institute. https://www.urban.org/sites/default/files/publication/95616/case_for_more_not_less.pdf

Scheier, M. F., Carver, C. S., & Bridges, M. W. (2001). Optimism, pessimism, and psychological well-being. In E. C. Chang (Ed.), *Optimism and pessimism: Implications for theory, research, and practice* (pp. 189-216). American Psychological Association. https://doi.org/10.1037/10385-009

Schembri, A. J. (2009). *Scared Straight programs: Jail and detention tours* [Booklet]. Florida Department of Juvenile Justice.

Schensul, J. J., & Trickett, E. (2009). Introduction to multi-level community based culturally situated interventions. *American Journal of Community Psychology, 43*(3-4), 232-240.

Schoggen, P. (1989). *Behavior settings.* Stanford University Press.

Schorr, L. (1997). *Common purpose: Strengthening families and neighborhoods to rebuild America.* Anchor Books.

Schultz, D. A., Shacht, R. L., Shanty, L. M., Dahlquist, L. M., Barry, R. A., Wiprovnick, A. E., Groth, E. C., Gaultney, W. M., Hunter, B. A., & DiClemente, C. C. (2019). The development and evaluation of a statewide training center for home visitors and supervisors. *American Journal of Community Psychology, 63*(3-4), 418-429. https://doi.org/10.1002/ajcp.12320

Schwartz, S., Syed, M., Yip, T., Knight, G., Umaña-Taylor, A., Rivas-Drake, D., Lee, R., & Ethnic and Racial Identity in the 21st Century Study Group. (2014). Methodological issues in ethnic and racial identity research with ethnic minority populations: Theoretical precision, measurement issues, and research designs. *Child Development, 85*(1), 58-76. https://doi.org/10.1111/cdev.12201

Schweinhart, L. J., Montie, J., Xiang, Z., Barnett, W. S., Belfield, C. R., & Nores, M. (2005). *Lifetime effects: The high/scope perry preschool study through age 40.* High/Scope Press.

Scott, J. T., Kilmer, R. P., Wang, C., Cook, J. R., & Haber, M. G. (2018). Natural environments near schools: Potential benefits for socio-emotional and behavioral development in early childhood. *American Journal of Community Psychology, 62*(3-4), 419-432. https://doi.org/10.1002/ajcp.12272

Scott, V. C., Alia, K., Scaccia, J., Ramaswamy, R., Stout, S., Leviton, L., Wandersman, A. (2020). Formative evaluation and complex health improvement initiatives: A learning system to improve theory, implementation, support, and evaluation. *American Journal of Evaluation, 41*(1), 89-106. https://doi.org/10.1177/1098214019868022

Scott, V. C., Kenworthy, T., Godly-Reynolds, E., Bastien, G., Scaccia, J., McMickens, C., Rachel, S., Cooper, S., Wrenn, G., & Wandersman, A. (2017). The Readiness for Integrated Care Questionnaire (RICQ): An instrument to assess readiness to integrate behavioral health and primary care. *American Journal of Orthopsychiatry, 87*(5), 520-530. https://doi.org/10.1037/ort0000270

Scott, V. C., & Wolfe, S. M. (Eds.). (2014). *Community psychology: Foundations for practice.* Sage Publications.

Scottham, K. M., Cooke, D. Y., Sellers, R. M., & Ford, K. (2010). Integrating process with content in understanding African American racial identity development. *Self and Identity, 9*(1), 19-40. https://doi.org/10.1080/15298860802505384

Search Institute. (2004). *40 developmental assets.* https://page.search-institute.org/40-developmental-assets

Seaton, E. K., Scottham, K. M., & Sellers, R. M. (2006). The status model of racial identity development in African American adolescents: Evidence of structure, trajectories, and well-being. *Child Development, 77*(5), 1416-1426. https://doi.org/d4xc7f

Seaton, E. K., Yip, T., & Sellers, R. M. (2009). A longitudinal examination of racial identity and racial discrimination among African American adolescents. *Child Development, 80*(2), 406-417. https://doi.org/fdrm34

Seedat, M., & Suffla, S. (2017). Community psychology and its (dis)contents, archival legacies and decolonisation. *South African Journal of Psychology, 47*(4), 421-431. https://doi.org/10.1177/0081246317741423

Seely Brown, J., & Duguid, P. (1993). Stolen knowledge. *Educational Technology, 33*(3), 10-15.

Segal, S. P. (2018). Self help organized through mutual assistance in helping communities. In R. A. Cnaan & C. Milofsky (Eds.), *Handbook of community movements and local organizations in the 21st century* (pp. 309-322). Springer. https://doi.org/dvfn

Seidman, E. (1988). Back to the future, community psychology: Unfolding a theory of social intervention. *American Journal of Community Psychology, 16*(1), 3-24. https://doi.org/10.1007/BF00906069

Seidman, E., Aber, J. L., Allen, L., & French, S. E. (1996). The impact of the transition to high school on the self-system and perceived social context of poor urban youth. *American Journal of Community Psychology, 24*(4), 489-515. https://doi.org/10.1007/BF02506794

Seidman, E., Aber, J. L., & French, S. E. (2004). The organization of schooling and adolescent development. In K. Maton, C. Schellenbach, B. Leadbeater, & A. Solarz (Eds.), *Investing in children, youth, families, and communities* (pp. 233-250). American Psychological Association. https://doi.org/10.1037/10660-013

Seidman, E., Allen, L., Aber, J. L., Mitchell, C., & Feinman, J. (1994). The impact of school transitions in early adolescence on the self-system and perceived social context of poor urban youth. *Child Development, 65*(2), 507-522. https://doi.org/10.2307/1131399

Seidman, E., & Cappella, E. (2017). Social settings as loci of intervention. In M. A. Bond, I. Serrano-García, & C. B. Keys (Eds.), *APA handbook of community psychology: Vol. 2. Methods for community research and action for diverse groups and issues* (pp. 235-254). American Psychological Association.

Seidman, E., & Rappaport, J. (1974). The educational pyramid: A paradigm for training, research, and manpower utilization in community. *American Journal of Community Psychology, 2*(2), 119-130. https://doi.org/10.1007/BF00878039

Seidman, E., & Rappaport, J. (Eds.). (1986). *Redefining social problems.* Plenum. https://doi.org/10.1007/978-1-4899-2236-6

Seidman, I. (2006). *Interviewing as qualitative research: A guide for researchers in education and the social sciences* (3rd ed.). Teachers College Press.

Sellers, R. M., Caldwell, C. H., Schmeelk-Cone, K. H., & Zimmerman, M. A. (2003). Racial identity, racial discrimination, perceived stress, and psychological distress among African American young adults. *Journal of Health and Social Behavior, 44*(3), 302-317. https://doi.org/10.2307/1519781

Sellers, R. M., Copeland-Linder, N., Martin, P. P., & Lewis, R. L. (2006). Racial identity matters: The relationship between racial discrimination and psychological functioning in African American adolescents. *Journal of Research on Adolescence, 16*(2), 187-216. https://doi.org/b478d7

Sellers, R. M., Rowley, S. A. J., Chavous, T. M., Shelton, J. N., & Smith, M. A. (1997). Multidimensional Inventory of Black identity: A preliminary investigation of reliability and construct validity. *Journal of Personality* and Social Psychology, 73(4), 805-815. https://doi.org/10.1037/0022-3514.73.4.805

Sellers, R. M., & Shelton, J. N. (2003). The role of racial identity in perceived racial discrimination. Journal of Personality and Social Psychology, 84(5), 1079-1092. https://doi.org/10.1037/0022-3514.84.5.1079

Sellers, R. M., Smith, M., Shelton, J. N., Rowley, S., & Chavous, T. (1998). Multidimensional model of racial identity: A reconceptualization of African American racial identity. Personality and Social Psychology Review, 2(1), 18-39. https://doi.org/10.1207/s15327957pspr0201_2

Serrano-García, I. (1994). The ethics of the powerful and the power of ethics. American Journal of Community Psychology, 22(1), 1-20. https://doi.org/10.1007/BF02506813

Serrano-García, I. (2020). Resilience, coloniality, and sovereign acts: The role of community activism. American Journal of Community Psychology, 65(1-2), 3-12. https://doi.org/10.1002/ajcp.12415

Shapiro, A. (Director). (1978). Scared straight! [Documentary]. Golden West Television.

Shapiro, D. H., Jr., Schwartz, C. E., & Astin, J. A. (1996). Controlling ourselves, controlling our world: Psychology's role in understanding positive and negative consequences of seeking and gaining control. American Psychologist, 51(12), 1213-1230. https://doi.org/bx2gsz

Shapiro, V., Oesterle, S., & Hawkins, J. D. (2015). Relating coalition capacity to the adoption of science-based prevention in communities: Evidence from a randomized trial of communities that care. American Journal of Community Psychology, 55(1-2), 1-12. https://doi.org/10.1007/s10464-014-9684-9

Shaw, C., & McKay, H. (1969). Juvenile delinquency and urban areas. University of Chicago Press.

Shaw, J., Campbell, R., Cain, D., & Feeney, H. (2017). Beyond surveys and scales: How rape myths manifest in sexual assault police records. Psychology of Violence, 7(4), 602-614. https://doi.org/10.1037/vio0000072

Sherman, L. W., Gottfredson, D. C., MacKennzie, D. L., Eck, J., Reuter, P., & Bushway, S. D. (1998). Preventing crime: What works, what doesn't, what's promising. U.S. Department of Justice, National Institute of Justice.

Sherriff, N., Hamilton, W., Wigmore, S., & Giambrone, B. (2011). "What do you say to them?": Investigating and supporting the needs of lesbian, gay, bisexual, trans, and questioning (LGBTQ) young people. Journal of Community Psychology, 39(8), 939-955. https://doi.org/10.1002/jcop.20479

Shiell, A., & Riley, T. (2017). Methods and methodology of systems analysis. In M. A. Bond, I. Serrano-García, & C. B. Keys, (Eds.), APA handbook of community psychology: Vol. 2. Methods for community research and action for diverse groups and issues (pp. 155-169). American Psychological Association. https://doi.org/10.1037/14954-010

Shin, J. H. (2014). Living independently as an ethnic minority elder: A relational perspective on the issues of aging and ethnic minorities. American Journal of Community Psychology, 53(3-4), 433-446. https://doi.org/10.1007/s10464-014-9650-6

Shinn, M. (1990). Mixing and matching: Levels of conceptualization, measurement, and statistical analysis in community research. In P. Tolan, C. Keys, F. Chertok, & L. Jason (Eds.), Researching community psychology (pp. 111-126). American Psychological Association. https://doi.org/10.1037/10073-010

Shinn, M. (1992). Homelessness: What is a psychologist to do? American Journal of Community Psychology, 20(1), 1-24. https://doi.org/10.1007/BF00942179

Shinn, M. (Ed.). (1996). Ecological assessment [Special issue]. American Journal of Community Psychology, 24(1).

Shinn, M. (2009). Ending homeless for families: The evidence for affordable housing. National Alliance to End Homelessness. http://www.endhomelessness.org/content/article/detail/2436

Shinn, M. (2015). Community psychology and the capabilities approach. American Journal of Community Psychology, 55(3-4), 243-252. https://doi.org/10.1007/s10464-015-9713-3

Shinn, M. (2016). Methods for influencing social policy: The role of social experiments. American Journal of Community Psychology, 58(3-4), 239-244. https://doi.org/10.1002/ajcp.12072

Shinn, M., Baumohl, J., & Hopper, K. (2001). The prevention of homelessness revisited. Analyses of Social Issues and Public Policy, 1(1), 95-127. https://doi.org/10.1111/1530-2415.00006

Shinn, M., & McCormack, M. M. (2017). Understanding and alleviating economic hardship: Contributions from community psychology. In M. A. Bond, I. Serrano-García, and C. B. Keys (Eds.), APA handbook of community psychology: Vol. 2. Methods for community research and action for diverse groups and issues (pp. 345-359). American Psychological Association. https://doi.org/10.1037/14954-020

Shinn, M., & Perkins, D. N. T. (2000). Contributions from organizational psychology. In J. Rappaport & E. Seidman (Eds.), Handbook of community psychology (pp. 615-641). Kluwer Academic/Plenum. https://doi.org/10.1007/978-1-4615-4193-6_26

Shinn, M., & Rapkin, B. (2000). Cross-level research without cross-ups in community psychology. In J. Rappaport & E. Seidman (Eds.), Handbook of community psychology (pp. 669-695). Kluwer/Plenum. https://doi.org/10.1007/978-1-4615-4193-6_28

Shinn, M., & Toohey, S. (2003). Community contexts of human welfare. Annual Review of Psychology, 54, 427-459. https://doi.org/10.1146/annurev.psych.54.101601.145052

Shinn, M., & Yoshikawa, H. (Eds.). (2008). Toward positive youth development: Transforming schools and community programs. Oxford University Press. https://doi.org/10.1093/acprof:oso/9780195327892.001.0001

Shriver, T. (1992). [Untitled video segment]. In T. Levine (Producer), The world of abnormal psychology: An ounce of prevention. A. H. Perlmutter.

Silva, J. M., & The Students for Diversity Now. (2018). #WEWANTSPACE: Developing student activism through a decolonial pedagogy. American Journal of Community Psychology, 62(3-4), 374-384. https://doi.org/10.1002/ajcp.12284

Silva, J. M., & The Students for Diversity Now. (n.d.). Demystifying decolonialization: A practical example from the classroom. https://www.communitypsychology.com/demystifying-decolonialization/

Silva, W. (1994). A brief history of prison higher education in the United States. In M. Williford (Ed.), Higher education in prison: A contradiction in terms? (pp. 17-31). The Oryx Press.

Simons, R., Johnson, C., Beaman, J., Conger, R., & Whitbeck, L. (1996). Parents and peer group as mediators of the effect of community structure on adolescent problem behavior. American Journal of Community Psychology, 24(1), 145-171. https://doi.org/10.1007/BF02511885

Singh, S., Granski, M., Victoria, M., & Javdani, S. (2018). The praxis of decoloniality in researcher training and community-based data collection. American Journal of Community Psychology, 62(3-4), 385-395. https://doi.org/10.1002/ajcp.12294

Sloan, T. (2002). Psicologia de la liberacion: Ignacio Martín-Baró. Interamerican Journal of Psychology, 36(1-2), 353-357.

Smedley, A., & Smedley, B. (2005). Race as biology is fiction, racism as social problem is real: Anthropological and historical perspectives on the social construction of race. American Psychologist, 60(1), 16-26. https://doi.org/10.1037/0003-066X.60.1.16

Smeeding, T., & Thevenot, C. (2016). Addressing child poverty: How does the United States compare with other nations? *Academic Pediatrics, 16*(3)(Suppl.), S67-S75. https://doi.org/10.1016/j.acap.2016.01.011

Smith, D. (2012). The American melting pot: A national myth in public and popular discourse. *National Identities, 14*(4), 387-402. https://doi.org/10.1080/14608944.2012.732054

Smith, J. (2006). At a crossroad: Standing still and moving forward. *American Journal of Community Psychology, 38*(1-2), 27-29. https://doi.org/10.1007/s10464-006-9058-z

Smith, R. S. (2008). The case of a city where 1 in 6 residents is a refugee: Ecological factors and host community adaptation in successful resettlement. *American Journal of Community Psychology, 42*(3-4), 328-342. https://doi.org/10.1007/s10464-008-9208-6

SmithBattle, L., Chantamit-o-pas, C., & Schneider, J. (2018). A meta-analysis of interventions to reduce repeat pregnancy and birth among teenagers. *Journal of Adolescent and Family Health, 9*(1), Article 4. https://scholar.utc.edu/jafh/vol9/iss1/4

Snowden, L. R. (1987). The peculiar successes of community psychology: Service delivery to ethnic minorities and the poor. *American Journal of Community Psychology, 15*(5), 575-586. https://doi.org/10.1007/BF00929910

Snowden, L. R. (2005). Racial, cultural and ethnic disparities in health and mental health: Toward theory and research at community levels. *American Journal of Community Psychology, 35*(1-2), 1-8. https://doi.org/10.1007/s10464-005-1882-z

Social Security Administration. (2017). *Wage statistics for 2017.* https://www.ssa.gov/cgi-bin/netcomp.cgi?year=2017

Solarz, A. L. (2001). Investing in children, families, and communities: Challenges for an interdivisional public policy collaboration. *American Journal of Community Psychology, 29*(1), 1-14. https://doi.org/10.1023/A:1005285425527

Solnit, R. (2012, August 20). Men explain things to me. *Guernica.* https://www.guernicamag.com/rebeccasolnit-men-explain-things-to-me/ (Original work published 2008)

Solórzano, D., Ceja, M., & Yosso, T. (2000). Critical race theory, racial microaggressions, and campus racial climate: The experiences of African American college students. *Journal of Negro Education, 2000*(1-2), 60-73.

Somerfield, M. R., & McCrea, R. R. (2000). Stress and coping research: Methodological challenges, theoretical advances, and clinical applications. *American Psychologist, 55*(6), 620-625. https://doi.org/brhdt2

Sonn, C. (2016). Swampscott in international context: Expanding our ecology of knowledge. *American Journal of Community Psychology, 58*(3-4), 309-313. https://doi.org/10.1002/ajcp.12038

Sonn, C. (2018). Mobilising decolonial approaches for community-engaged research for racial justice. *Australian Community Psychologist, 29*(1), 8-21.

Sonn, C., Arcidiacono, C., Dutta, U., Kiguwa, P., Kloos, B., & Maldonado, N. (2017). Beyond Disciplinary Boundaries: Speaking Back to Critical Knowledges, Liberation and Community. *South African Journal of Psychology, 47*(4), 448-458. https://doi.org/10.1177/0081246317737930

Sonn, C., & Fisher, A. (1996). Psychological sense of community in a politically constructed group. *Journal of Community Psychology, 24*(4), 417-430. https://doi.org/dnj3w9

Sonn, C., & Fisher, A. (1998). Sense of community: Community resilient responses to oppression and change. *Journal of Community Psychology, 26*(5), 457-472. https://doi.org/bscffc

Sonn, C., & Fisher, A. (2003). Identity and oppression: Differential responses to an in-between status. *American Journal of Community Psychology, 31*(1-2), 117-128. https://doi.org/10.1023/A:1023030805485

Sonn, C., & Fisher, A. (2010). Immigration and settlement: Confronting the challenges of cultural diversity. In G. Nelson & I. Prilleltensky (Eds.), *Community psychology: In pursuit of liberation and well-being* (2nd ed., pp. 371-388). Palgrave Macmillan.

Sonn, C., Stevens, G., & Duncan, N. (2013). Decolonization, critical methodologies, and why stories matter. In G. Stevens, N. Duncan, & D. Hook (Eds.), *Race, memory, and the apartheid archive: Studies in the psychosocial* (pp. 295-314). Palgrave Macmillan. https://doi.org/10.1057/9781137263902_15

Soriano, F. (1995). *Conducting needs assessments: A multidisciplinary approach.* Sage.

Spanierman, L. B., & Soble, J. R. (2010). Understanding whiteness: Previous approaches and possible directions in the study of White racial attitudes and identity. In J. G. Ponterotto, J. M. Casas, L. A. Suzuki, & C. M. Alexander (Eds.), *Handbook of multicultural counseling* (3rd ed., pp. 283-299). Sage.

Spanierman, L. B., Todd, N. R., & Anderson, C. J. (2009). Psychosocial costs of racism to Whites: Understanding patterns among university students. *Journal of Counseling Psychology, 56*(2), 239-252. https://doi.org/10.1037/a0015432

Spaulding, J., & Balch, P. (1983). A brief history of primary prevention in the twentieth century: 1908 to 1980. *American Journal of Community Psychology, 11*(1), 59-80. https://doi.org/10.1007/BF00898419

Speer, P. (2000). Intrapersonal and interactional empowerment: Implications for theory. *Journal of Community Psychology, 28*(1), 51-61. https://doi.org/bnt3mx

Speer, P. (2008). Altering patterns of relationship and participation: Youth organizing as a setting-level intervention. In M. Shinn & H. Yoshikawa (Eds.), *Toward positive youth development: Transforming schools and community programs* (pp. 213-228). Oxford University Press. https://doi.org/djnt65

Speer, P., & Hughey, J. (1995). Community organizing: An ecological route to empowerment and power. *American Journal of Community Psychology, 23*(5), 729-748. https://doi.org/10.1007/BF02506989

Speer, P., Hughey, J., Gensheimer, L., & Adams-Leavitt, W. (1995). Organizing for power: A comparative case study. *Journal of Community Psychology, 23*(1), 57-73. https://doi.org/cxmmwf

Spencer, R. (2006). Understanding the mentoring process between adolescents and adults. *Youth & Society, 37*(3), 287-315. https://doi.org/10.1177/0743558405278263

Sperry, D., Sperry, L., & Miller, P. (2019). Reexamining the verbal environments of children from different socioeconomic backgrounds. *Child Development, 90*(4), 1303-1318. https://doi.org/10.1111/cdev.13072

Stack, C. (1974). *All our kin: Strategies for survival in a Black community.* Harper. https://doi.org/10.1037/10073-008

Stake, R. (2003). Case studies. In N. Denzin & Y. Lincoln (Eds.), *Strategies of qualitative inquiry* (2nd ed., pp. 134-164). Sage.

Stanley, J. (2003). An applied collaborative training program for graduate students in community psychology: A case study of a community project working with lesbian, gay, bisexual, transgender, and questioning youth. *American Journal of Community Psychology, 31*(3-4), 253-265. https://doi.org/10.1023/A:1023958604156

Stark, W. (2012). Community psychology as a linking science: Potentials and challenges for transdisciplinary competencies. *Global Journal of Community Psychology Practice, 3*(1), 42-49. https://www.gjcpp.org/en/resource.php?issue=10&resource=45

Steele, C. M. (1997). A threat in the air: How stereotypes shape intellectual identity and performance. *American Psychologist, 52*(6), 613-629.

https://doi.org/10.1037/0003-066X.52.6.613

Stein, C. H., & Mankowski, E. S. (2004). Asking, witnessing, interpreting, knowing: Conducting qualitative research in community psychology. *American Journal of Community Psychology, 33*(1-2), 21-35. https://doi.org/10.1023/B:AJCP.0000014316.27091.e8

Sternberg, R. J., Grigorenko, E. L., & Kidd, K. K. (2005). Intelligence, race, and genetics. *American Psychologist, 60*(1), 46-59. https://doi.org/10.1037/0003-066X.60.1.46

Stetler, C. B., Legro, M. W., Wallace, C. M., Bowman, C., Guihan, M., Hagedorn, H., Kimmel, B., Sharp, N. D., & Smith, J. L. (2006). The role of formative evaluation in implementation research and the QUERI experience. *Journal of General Internal Medicine, 21*(2)(Suppl.), S1-S8. https://doi.org/10.1007/s11606-006-0267-9

Stice, E., Shaw, H., Bohon, C., Marti, C. N., & Rohde, P. (2009). A meta-analytic review of depression prevention programs for children and adolescents: Factors that predict magnitude of intervention effects. *Journal of Consulting and Clinical Psychology, 77*(3), 486-503. https://doi.org/10.1037/a0015168

Stivala, A., Robins, G., Kashima, Y., & Kirley, M. (2016). Diversity and community can coexist. *American Journal of Community Psychology, 57*(1-2), 243-254. https://doi.org/10.1002/ajcp.12021

Stone, C., Trisi, D., Sherman, A., & Taylor, R. (2018). *A guide to statistics on historical trends in income inequality.* Center for Budget and Policy Priorities. https://www.cbpp.org/sites/default/files/atoms/files/11-28-11pov_0.pdf

Stone, R. A., & Levine, A. G. (1985). Reactions to collective stress: Correlates of active citizen participation at love canal. *Prevention in Human Services, 4*(1-2), 153-177. https://doi.org/10.1080/10852358509511166

Stovall, A. J. (2005). The philosophical bases for Black cultural centers. In F. L. Hood (Ed.), *Black culture centers: Politics of survival and identity* (pp. 102-112). Third World Press.

Straub, R. O. (2019). *Health psychology* (6th ed.). Worth Publishers.

Suarez-Balcazar, Y. (1998, July). Are we addressing the racial divide?. *Community Psychologist, 31*(3), 12-13.

Suarez-Balcazar, Y., Davis, M., Ferrari, J., Nyden, P., Olson, B., Alvarez, J., Molloy, P., & Toro, P. (2004). University-community partnerships: A framework and an exemplar. In L. Jason, C. Keys, Y. Suarez-Balcazar, R. Taylor, & M. Davis (Eds.), *Participatory community research: Theories and methods in action* (pp. 105-120). American Psychological Association. https://doi.org/10.1037/10726-006

Substance Abuse and Mental Health Services Administration. (2014, January 28). *Intervention summary: Keepin' it REAL.* U.S. Department of Health and Human Services. https://web.archive.org/web/20150913055046/http://www.nrepp.samhsa.gov:80/ViewIntervention.aspx?id=133

Sue, D. W. (2004). Whiteness and ethnocentric monoculturalism: Making the "invisible" visible. *American Psychologist, 59*(8), 761-769. https://doi.org/10.1037/0003-066X.59.8.761

Sue, D. W. (2010). *Microaggressions in everyday life: Race, gender, and sexual orientation.* John Wiley & Sons.

Sue, D. W., Alsaidi, S., Awad, M. N., Glaeser, E., Calle, C. Z., & Mendez, N. (2019). Disarming racial microaggressions: Microintervention strategies for targets, White allies, and bystanders. *American Psychologist, 74*(1), 128-142. https://doi.org/10.1037/amp0000296

Sue, D. W., Capodilupo, C. M., Torino, G. C., Bucceri, J. M., Holder, A., Nadal, K. L., & Esquilin, M. (2007). Racial microaggressions in everyday life: Implications for clinical practice. *American Psychologist, 62*(4), 271-286. https://doi.org/dkmjk3

Suffla, S., & Seedat, M. (2015). Reflexivity, positionality, contexts and representation in African and Arab enactments of community psychology [Editorial]. *Journal of Community Psychology, 43*(1), 4-8.

https://doi.org/10.1002/jcop.21716

Suffla, S., Seedat, M., & Bawa, U. (2015). Reflexivity as enactment of critical community psychologies: Dilemmas of voice and positionality in a multi-country photovoice study. *Journal of Community Psychology, 43*(1), 9-21. https://doi.org/10.1002/jcop.21691

Suiter, S. V. (2017). Navigating community development conflicts: Contested visions of poverty & poverty alleviation. *American Journal of Community Psychology, 60*(3-4), 459-466. https://doi.org/10.1002/ajcp.12194

Sullivan, C. (2003). Using the ESID model to reduce intimate male violence against women. *American Journal of Community Psychology, 32*(3-4), 295-303. https://doi.org/10.1023/B:AJCP.0000004749.87629.a3

Sundquist, E. J. (Ed.). (1996). *The Oxford W. E. B. Du Bois reader.* Oxford University Press.

Sykes, C. (1992). *A nation of victims: The decay of the American character.* St. Martin's Press.

Talò, C., Mannarini, T., & Rochira, A. (2014). Sense of community and community participation: A metaanalytic review. *Social Indicators Research, 117,* 1-28. https://doi.org/10.1007/s11205-013-0347-2

Tandon, S. D., Azelton, L. S., Kelly, J. G., & Strickland, D. A. (1998). Constructing a tree for community leaders: Contexts and processes in collaborative inquiry. *American Journal of Community Psychology, 26*(4), 669-696. https://doi.org/10.1023/A:1022149123739

Tarakeshwar, N., Pargament, K. I., & Mahoney, A. (2003). Initial development of a measure of religious coping among Hindus. *Journal of Community Psychology, 31*(6), 607-628. https://doi.org/10.1002/jcop.10071

Tashea, J. (2015, November 5). *Why a campaign against coal was all about olives.* Mob Lab. https://mobilisationlab.org/stories/why-a-campaign-against-coal-was-all-about-olives/

Tatum, B. (1997). *Why are all the Black kids sitting together in the cafeteria?* Basic Books.

Tax Policy Center. (2018). *T18-0128 - Tax units with zero or negative income tax under current law, 2011-2028.* https://www.taxpolicycenter.org/model-estimates/tax-units-zero-or-negative-income-tax-liabilityseptember-2018/t18-0128-tax-units

Taylor, A., Wiley, A., Kuo, F., & Sullivan, W. (1998). Growing up in the inner city: Green spaces as places to grow. *Environment and Behavior, 30*(1), 3-27. https://doi.org/10.1177/0013916598301001

Taylor, R., Oberle, E., Durlak, J. A., & Weissberg, R. P. (2017). Promoting positive youth development through school-based social and emotional learning interventions. A meta-analysis of follow-up effects. *Child Development, 88*(4), 1156-1171. https://doi.org/10.1111/cdev.12864

Taylor-Ritzler, T., Balcazar, F., Dimpfl, S., Suarez-Balcazar, Y., Willis, C., & Schiff, R. (2008). Cultural competence training with organizations serving people with disabilities from diverse cultural backgrounds. *Journal of Vocational Rehabilitation, 29*(2), 77-91. https://content.iospress.com/articles/journal-ofvocational-rehabilitation/jvr00435

Tebes, J. K. (2005). Community science, philosophy of science, and the practice of research. *American Journal of Community Psychology, 35*(3-4), 213-230. https://doi.org/10.1007/s10464-005-3399-x

Tebes, J. K. (2017). Foundations for a philosophy of science of community psychology: Perspectivism, pragmatism, feminism, and critical theory. In M. A. Bond, I. Serrano-García, & C. B. Keys, (Eds.), *APA handbook of community psychology: Vol. 2. Methods for community research and action for diverse groups and issues* (pp. 21-40). American Psychological Association. https://doi.org/10.1037/14954-002

Tebes, J. K. (2018). Team science, justice, and the co-production of knowledge. *American Journal of Community Psychology, 62*(1-2), 13-22. https://doi.org/10.1002/ajcp.12252

Tebes, J. K., Thai, N. D., & Matlin, S. L. (2014). Twenty-first century science as a relational process: From Eureka! to team science and a place for community psychology. *American Journal of Community Psychology, 53*(3-4), 475-490. https://doi.org/10.1007/s10464-014-9625-7

Tedeschi, R. G., & Calhoun, L. G. (2004). Posttraumatic growth: Conceptual foundations and empirical evidence. *Psychological Inquiry, 15*(1), 1-18. https://doi.org/ff94pz

Terry, R., & Townley, G. (2019). Exploring the role of social support in promoting community integration: An integrated literature review. *American Journal of Community Psychology, 64*(3-4), 509-527. https://doi.org/10.1002/ajcp.12336

Thapar, A., & Rutter, M. (2019). Do natural experiments have an important future in the study of mental disorders? *Psychological Medicine, 49*(7), 1079-1088. https://doi.org/10.1017/S0033291718003896

Thoits, P. A. (1983). Multiple identities and psychological well-being: A reformulation and test of the social hypothesis. *American Sociological Review, 48*(2), 174-187. https://doi.org/10.2307/2095103

Thomas, D. (2018). *Black scholars matter: Development and validation of a campus racial climate measure for African American college students* [Dissertation, Georgia State University]. https://doi.org/dw7k

Thomas, E., Pate, S., & Ranson, A. (2015). The crosstown initiative: Art, community, and placemaking in Memphis. *American Journal of Community Psychology, 55*(1-2), 74-88. https://doi.org/10.1007/s10464-014-9691-x

Thomas, E., & Rappaport, J. (1996). Art as community narrative: A resource for social change. In M. B. Lykes, A. Banuazizi, R. Liem, & M. Morris (Eds.), *Myths about the powerless: Contesting social inequalities* (pp. 317-336). Temple University Press.

Thorn, B. E., & Dixon, K. E. (2007). Coping with chronic pain: A stress-appraisal coping model. In E. Martz & H. Livneh (Eds.), *Coping with chronic illness and disability: Theoretical, empirical, and clinical aspects* (pp. 313-335). Springer Science. https://doi.org/fssqh7

Tobler, N. S., Roona, M. R., Ochshorn, P., Marshall, D., Streke, A., & Stackpole, K. (2000). School-based adolescent drug prevention programs: 1998 meta-analysis. *Journal of Primary Prevention, 20*(4), 275-336. https://doi.org/c6tzs7

Todd, N. R. (2012). Religious networking organizations and social justice: An ethnographic case study. *American Journal of Community Psychology, 50*(1-2), 229-245. https://doi.org/10.1007/s10464-012-9493-y

Todd, N. R. (2017). A community psychology perspective on religion and religious settings. In M. A. Bond, I. Serrano-García, C. B. Keys, & M. Shinn (Eds.), *APA handbook of community psychology: Vol. 1. Theoretical foundations, core concepts, and emerging challenges* (pp. 437-452). American Psychological Association. https://doi.org/10.1037/14953-022

Todd, N. R., Boeh, B. A., Houston-Kolnik, J. D., & Suffrin, R. L. (2017). Interfaith groups as mediating structures for political action: A multilevel analysis. *American Journal of Community Psychology, 59*(1-2), 106-119. https://doi.org/10.1002/ajcp.12121

Todd, N. R., Spanierman, L. B., & Aber, M. S. (2010). White students reflecting on whiteness: Understanding emotional responses. *Journal of Diversity in Higher Education, 3*(2), 97-110. https://doi.org/10.1037/a0019299

Tolman, D., & Brydon-Miller, M. (Eds.). (2001). *From subjects to subjectivities: A handbook of interpretative and participatory methods.* NYU Press.

Tönnies, F. (1957). *Community and society* (C. P. Loomis, Trans.). Michigan State University Press. (Original work published 1887)

Tornatzky, L., & Fleischer, M. (1986, October). *Dissemination and/or implementation: The problem of complex socio-technical systems* [Paper presentation]. Meeting of the American Evaluation Association, Kansas City, MO.

Toro, P. (1998). A community psychologist's role in policy on homelessness in two cities. *Community Psychologist, 31*(1), 25-26. http://scra27.org/files/5313/9017/8537/tcp98.Number_1.pdf

Townley, G. (2017). Interdependent diversities: Reflections on the community-diversity dialectic. *American Journal of Community Psychology, 59*(3-4), 265-268. https://doi.org/10.1002/ajcp.12133

Townley, G., Brusilovskiy, E., Snethen, G., & Salzer, M. S. (2018). Using geospatial research methods to examine resource accessibility and availability as it relates to community participation of individuals with serious mental illnesses. *American Journal of Community Psychology, 61*(1-2), 47-61. https://doi.org/10.1002/ajcp.12216

Townley, G., & Kloos, B. (2009). Development of a measure of sense of community for individuals with serious mental illness residing in community settings. *Journal of Community Psychology, 37*(3), 362-380. https://doi.org/10.1002/jcop.20301

Townley, G., & Kloos, B. (2014). Mind over matter? The role of individual perceptions in understanding the social ecology of housing environments for individuals with psychiatric disabilities. *American Journal of Community Psychology, 54*(3-4), 205-218. https://doi.org/10.1007/s10464-014-9664-0

Townley, G., Kloos, B., Green, E. P., & Franco, M. (2011). Reconcilable differences? Human diversity, cultural relativity, and sense of community. *American Journal of Community Psychology, 47*(1-2), 69-85. https://doi.org/10.1007/s10464-010-9379-9

Townley, G., Pearson, L., Lehrwyn, J., Prophet, N., & Trauernicht, M. (2016). Utilizing participatory mapping and GIS to examine the activity spaces of homeless youth. *American Journal of Community Psychology, 57*(3-4), 404-414. https://doi.org/10.1002/ajcp.12060

Tran, N., & Chan, W. Y. (2017). A contemporary perspective on working with Asian and Asian American communities in the United States. In M. A. Bond, I. Serrano-García, & C. B. Keys, (Eds.), *APA handbook of community psychology: Vol. 2. Methods for community research and action for diverse groups and issues* (pp. 475-490). American Psychological Association. https://doi.org/10.1037/14954-028

Treitler, P., Petereson, N. A., Howell, T. H., & Powell, K. G. (2018). Measuring sense of community responsibility in community-based prevention coalition: An item response theory analysis. *American Journal of Community Psychology, 62*(1-2), 110-120. https://doi.org/10.1002/ajcp.12269

Trickett, E. J. (1984). Toward a distinctive community psychology: An ecological metaphor for the conduct of community research and the nature of training. *American Journal of Community Psychology, 12*(3), 261-279. https://doi.org/10.1007/BF00896748

Trickett, E. J. (1996). A future for community psychology: The contexts of diversity and the diversity of contexts. *American Journal of Community Psychology, 24*(2), 209-234. https://doi.org/10.1007/BF02510399

Trickett, E. J. (1997). Ecology and primary prevention: Reflections on a meta-analysis. *American Journal of Community Psychology, 25*(2), 197-205. https://doi.org/bcrdbp

Trickett, E. J. (2009). Community psychology: Individuals and interventions in community context. *Annual Review of Psychology, 60*, 395-419. https://doi.org/10.1146/annurev.psych.60.110707.163517

Trickett, E. J., Barone, C., & Watts, R. (2000). Contextual influences in mental health consultation: Toward an ecological perspective on radiating change. In J. Rappaport & E. Seidman (Eds.), *Handbook of community psychology* (pp. 303-330). Kluwer/Plenum. https://doi.org/10.1007/978-1-4615-4193-6_13

Trickett, E. J., & Espino, S. L. R. (2004). Collaboration and social inquiry: Multiple meanings of a construct and its role in creating useful and valid knowledge. *American Journal of Community Psychology, 34*(1-2), 1-69. https://doi.org/bdjw9j

Trickett, E. J., Kelly, J. G., & Todd, D. M. (1972). The social environment of the school: Guidelines for individual change and organizational redevelopment. In S. Golann & C. Eisdorfer (Eds.), *Handbook of community mental health* (pp. 331-406). Appleton-Century-Crofts.

Trickett, E. J., Trickett, P., Castro, J., & Schaffner, P. (1982). The independent school experience: Aspects of the normative environments of single-sex and coed secondary schools. *Journal of Educational Psychology, 74*(3), 374-381. https://doi.org/10.1037/0022-0663.74.3.374

Trickett, E. J., Watts, R. J., & Birman, D. (Eds.). (1994). *Human diversity: Perspectives on people in context.* Jossey-Bass.

Trimble, J., Helms, J., & Root, M. (2003). Social and psychological perspectives on ethnic and racial identity. In G. Bernal, J. Trimble, K. Burlew, & F. Leong (Eds.), *Handbook of racial and ethnic minority psychology* (pp. 239-275). Sage. https://doi.org/10.4135/9781412976008.n13

Trotter, J., & Allen, N. (2009). The good, the bad, and the ugly: Domestic violence survivors' experiences with their informal social networks. *American Journal of Community Psychology, 43*(3-4), 221-231. https://doi.org/10.1007/s10464-009-9232-1

Trout, L., McEachern, D., Mullany, A., White, L., & Wexler, L. (2018). Decoloniality as a framework for Indigenous youth suicide prevention pedagogy: Promoting community conversations about research to end suicide. *American Journal of Community Psychology, 62*(3-4), 396-405. https://doi.org/10.1002/ajcp.12293

Tsemberis, S. (2010). *Housing first: The pathways model to end homelessness for people with mental illness and addiction.* Hazelden.

Tsemberis, S., Gulcur, L., & Nakae, M. (2004). Housing first, consumer choice, and harm reduction for homeless individuals with a dual diagnosis. *American Journal of Public Health, 94*(4), 651-656. https://doi.org/10.2105/AJPH.94.4.651

Tseng, V., Chesir-Teran, D., Becker-Klein, R., Chan, M. L., Duran, V., Roberts, A., & Bardoliwalla, N. (2002). Promotion of social change: A conceptual framework. *American Journal of Community Psychology, 30*(3), 401-427. https://doi.org/10.1023/A:1015341220749

Tseng, V., & Seidman, E. (2007). A systems framework for understanding social settings. *American Journal of Community Psychology, 39*(3-4), 217-228. https://doi.org/10.1007/s10464-007-9101-8

Tseng, V., & Yoshikawa, H. (2008). Reconceptualizing acculturation: Ecological processes, historical contexts, and power inequities. *American Journal of Community Psychology, 42*(3-4), 355-358. https://doi.org/10.1007/s10464-008-9211-y

Ttofi, M., Farrington, D., & Baldry, A. (2008). *Effectiveness of programmes to reduce school bullying.* Swedish National Council for Crime Prevention. https://www.bra.se/download/18.cba82f7130f475a2f1800023387/1371914733490/2008_programs_reduce_school_bullying.pdf

Turner, H. (2007). The significance of employment for chronic stress and psychological distress among rural single mothers. *American Journal of Community Psychology, 40*(3-4), 181-193. https://doi.org/10.1007/s10464-007-9141-0

Turner, S., & Bound, J. (2003). Closing the gap or widening the divide: The effects of the G. I. Bill and World War II on the educational outcomes of Black Americans. *Journal of Economic History, 63*(1), 145-177. https://doi.org/10.1017/S0022050703001761

Ullman, S. E., & Townsend, S. M. (2008). What is an empowerment approach to working with sexual assault survivors? *Journal of Community Psychology, 36*(3), 299-312. https://doi.org/10.1002/jcop.20198

Unger, D., & Wandersman, A. (1983). Neighboring and its role in block organizations: An exploratory report. *American Journal of Community Psychology, 11*(3), 291-300. https://doi.org/10.1007/BF00893369

Unger, D., & Wandersman, A. (1985). The importance of neighbors: The social, cognitive, and affective components of neighboring. *American Journal of Community Psychology, 13*(2), 139-169. https://doi.org/10.1007/BF00905726

Unger, R. (2001). Marie Jahoda [obituary]. *American Psychologist, 56*(11), 1040-1041. https://doi.org/10.1037/0003-066x.56.11.1040

United Nations Educational, Scientific and Cultural Organization. (2017). *School violence and bullying: global status report.* https://unesdoc.unesco.org/ark:/48223/pf0000246970

Utsey, S. O., & Ponterotto, J. G. (1996). Development and validation of the Index of Race-Related Stress (IRRS). *Journal of Counseling Psychology, 43*(4), 490-501. https://doi.org/bgsdmd

Van Egeren, L., Huber, M., & Cantillon, D. (2003, June 4-7). *Mapping change: Using geographic information systems for research and action* [Poster presentation]. Biennial Meeting of the Society for Community Research and Action, Las Vegas, NM.

van Uchelen, C. (2000). Individualism, collectivism and community psychology. In J. Rappaport & E. Seidman (Eds.), *Handbook of community psychology* (pp. 65-78). Kluwer/Plenum. https://doi.org/10.1007/978-1-4615-4193-6_3

Vanden-Kiernan, M., D'Elio, M. A., O'Brien, R., Banks Tarullo, L., Zill, N., & Hubbell-McKey, R. (2010). Neighborhoods as a developmental context: A multilevel analysis of neighborhood effects on Head Start families and children. *American Journal of Community Psychology, 45*(1-2), 68-72. https://doi.org/10.1007/s10464-009-9279-z

Varas-Díaz, N., & Serrano-García, I. (2003). The challenge of a positive self-image in a colonial context: A psychology of liberation for the Puerto Rican experience. *American Journal of Community Psychology, 31*(1-2), 103-115. https://doi.org/10.1023/A:1023078721414

Velázquez, T., Rivera-Holguin, M., & Morote, R. (2017). Disasters and postdisasters: Lessons and challenges for community psychology. In M. A. Bond, I. Serrano-García, & C. B. Keys (Eds.), *APA handbook of community psychology: Vol. 2. Methods for community research and action for diverse groups and issues* (pp. 425-439). American Psychological Association. https://doi.org/10.1037/14954-025

Venkatesh, S. (2002). *American project: The rise and fall of a modern ghetto.* Harvard University Press.

Vinokur, A. D., & Selzer, M. L. (1975). Desirable versus undesirable life events: Their relationship to stress and mental distress. *Journal of Personality and Social Psychology, 32*(2), 329-337. https://doi.org/ctshqs

Viola, J. J., & Glantsman, O. (Eds.). (2017). *Diverse careers in community psychology.* Oxford University Press. https://doi.org/dw3h

Vivero, V. N., & Jenkins, S. R. (1999). Existential hazards of the multicultural individual: Defining and understanding "cultural homelessness". *Cultural Diversity and Ethnic Minority Psychology, 5*(1), 6-26. https://doi.org/10.1037/1099-9809.5.1.6

Vogel, L. (2015, April 21). *Dear sisters, amazon, festival family* [Status update]. Facebook. https://www.facebook.com/michfest/posts/10153186431364831

Vora, R. S., & Kinney, M. N. (2014). Connectedness, sense of community, and academic satisfaction in a novel community campus medical education model. *Academic Medicine, 89*(1), 182-187. https://doi.org/f5n9rf

Wagner, P., & Rabuy, B. (2017). *Following the money of mass incarceration.* Prison Policy Initiative. https://www.prisonpolicy.org/reports/money.

html

Walker, K., & Saito, R. (2011). You are here: Promoting youth spaces through community mapping. *Afterschool Matters, 14*, 30-39. https://www.niost.org/2011-Fall/youare-here-promoting-youth-spaces-throughcommunity-mapping

Walsh, J. P., & O'Connor, C. (2019). Social media and policing: A review of recent research. *Sociology Compass, 13*(1), e12648. https://doi.org/10.1111/soc4.12648

Walsh, R. (1987). A social historical note on the formal emergence of community psychology. *American Journal of Community Psychology, 15*(5), 523-529.

Wandersman, A. (1984). Citizen participation. In K. Heller, R. Price, S. Reinharz, S. Riger, & A. Wandersman (Eds.), *Psychology and community change* (2nd ed., pp. 337-379). Dorsey.

Wandersman, A. (1990). Prevention is a broad field: Toward a broad conceptual framework of prevention. In P. Mueherer (Ed.), *Conceptual research models for preventing mental disorders.* National Institute of Mental Health.

Wandersman, A. (2003). Community science: Bridging the gap between science and practice with community-centered models. *American Journal of Community Psychology, 31*(3-4), 227-242. https://doi.org/10.1023/A:1023954503247

Wandersman, A. (2009). Four keys to success (theory, implementation, evaluation, and resource/system support): High hopes and challenges in participation. *American Journal of Community Psychology, 43*(1-2), 3-21. https://doi.org/10.1007/s10464-008-9212-x

Wandersman, A., Alia, K., Cook, B., Hsu, L., & Ramaswamy, R. (2016). Evidence-based interventions are necessary but not sufficient for achieving outcomes in each setting in a complex world: Empowerment Evaluation, getting to outcomes, and demonstrating accountability. *American Journal of Evaluation, 37*(4), 544-561. https://doi.org/f9cd93

Wandersman, A., Coyne, S., Herndon, E., McKnight, K., & Morsbach, S. (2002). Clinical and community psychology: Case studies using integrative models. *Community Psychologist, 35*(3), 22-25. http://www.scra27.org/files/9213/9016/1506/tpc02.Number3.pdf

Wandersman, A., Duffy, J., Flaspohler, P., Noonan, R., Lubell, K., Stillman, L., Blachman, M., Dunville, R., & Saul, J. (2008). Bridging the gap between prevention research and practice: The interactive systems framework for dissemination and implementation. *American Journal of Community Psychology, 41*(3-4), 171-181. https://doi.org/10.1007/s10464-008-9174-z

Wandersman, A., & Florin, P. (2000). Citizen participation and community organizations. In J. Rappaport & E. Seidman (Eds.), *Handbook of community psychology* (pp. 247-272). Plenum. https://doi.org/10.1007/978-1-4615-4193-6_11

Wandersman, A., & Hallman, W. (1993). Are people acting irrationally? Understanding public concerns about environmental threats. *American Psychologist, 48*(6), 681-686. https://doi.org/10.1037/0003-066X.48.6.681

Wandersman, A., Imm, P., Chinman, M., & Kaftarian, S. (1999). *Getting to outcomes: Methods and tools for planning, evaluation, and accountability.* Center for Substance Abuse Prevention.

Wandersman, A., Imm, P., Chinman, M., & Kaftarian, S. (2000). Getting to outcomes: A results-based approach to accountability. *Evaluation and Program Planning, 23*(3), 389-395. https://doi.org/10.1016/S0149-7189(00)00028-8

Wandersman, A., Keener, D., Snell-Johns, J., Miller, R., Flaspohler, P., Livet-Dye, M., Mendez, J., Behrens, T., Bolson, B., & Robinson, L. (2004). Empowerment evaluation: Principles and action. In L. Jason, C. Keys, Y. Suarez-Balcazar, R. Taylor, & M. Davis (Eds.), *Participatory community*

research: Theories and methods in action (pp. 139-156). American Psychological Association. https://doi.org/10.1037/10726-008

Wandersman, A., Kloos, B., Linney, J. A., & Shinn, M. (2005). Science and community psychology: Enhancing the vitality of community research and action. *American Journal of Community Psychology, 35*(3-4), 105-106. https://doi.org/10.1007/s10464-005-3387-1

Wandersman, A., Morsbach, S. K., McKnight, K., Herndon, E., & Coyne, S. M. (2002). Clinical and community psychology: Complementarities and combinations. *Community Psychologist, 35*(3), 4-7. http://www.scra27.org/files/9213/9016/1506/tpc02.Number3.pdf

Wandersman, A., Snell-Johns, J., Lentz, B., Fetterman, D., Keener, D., Livet, M., Imm, P., & Flaspohler, P. (2005). The principles of empowerment evaluation. In D. Fetterman & A. Wandersman (Eds.), *Empowerment evaluation principles in practice* (pp. 27-41). Guilford Press.

Washington State Institute for Public Policy. (2018a). *Triple-P positive parenting program* (System). https://www.wsipp.wa.gov/BenefitCost/Program/79

Washington State Institute for Public Policy. (2018b). *Communities that care.* https://www.wsipp.wa.gov/BenefitCost/Program/115

Washington State Institute for Public Policy. (2018c). *Juvenile justice.* https://www.wsipp.wa.gov/BenefitCost?topicId=1

Washington State Institute for Public Policy. (2018d). *Adult criminal justice.* https://www.wsipp.wa.gov/BenefitCost?topicId=2

Wasserman, M. (2006). *Implementation of home visitation programs: Stories from the states.* Issue Brief No. 109. Chapin Hall Center for Children.

Waters, M. (1999). *Black identities: West Indian immigrant dreams and American realities.* Harvard University Press.

Watson, N. N., & Hunter, C. D. (2016). "I had to be strong": Tensions in the strong Black woman schema. *Journal of Black Psychology, 42*(5), 424-452. https://doi.org/10.1177/0095798415597093

Watson-Thompson, J., Fawcett, S., & Schultz, J. (2008). Differential effects of strategic planning on community changes in two urban neighborhood coalitions. *American Journal of Community Psychology, 42*(1-2), 25-38. https://doi.org/10.1007/s10464-008-9188-6

Watts, R. J. (1994). Paradigms of diversity. In E. J. Trickett, R. J. Watts, & D. Birman (Eds.), *Human diversity: Perspectives on people in context* (pp. 49-79). Jossey-Bass.

Watts, R. J. (2010). Advancing a community psychology of men. *American Journal of Community Psychology, 45*(1-2), 201-211. https://doi.org/10.1007/s10464-009-9281-5

Watts, R. J., & Serrano-García, I. (Eds.). (2003). *The psychology of liberation: Responses to oppression* [Special issue]. *American Journal of Community Psychology, 31*(1-2).

Watts, R. J., Williams, N. C., & Jagers, R. (2003). Sociopolitical development. *American Journal of Community Psychology, 31*(1-2), 185-194. https://doi.org/10.1023/A:1023091024140

Watzlawick, P., Weakland, J., & Fisch, R. (1974). *Change: Principles of problem formation and problem resolution.* Norton.

Weber, L. (2010). *Understanding race, class, gender, and sexuality: A conceptual framework.* Oxford University Press.

Weick, K. (1984). Small wins: Redefining the scale of social issues. *American Psychologist, 39*(1), 40-49. https://doi.org/dp8zw9

Weinstein, R. (2002a). Overcoming inequality in schooling: A call to action for community psychology. *American Journal of Community Psychology, 30*(1), 21-42. https://doi.org/10.1023/A:1014311816571

Weinstein, R. (2002b). *Reaching higher: The power of expectations in schooling.* Harvard University Press.

Weinstein, R. (2005, June). *Reaching higher in community psychology* [Seymour Sarason Award address]. Biennial Meeting of the Society for Community Research and Action, Champaign-Urbana, IL.

Weinstein, R., Soulé, C., Collins, F., Cone, J., Mehlhorn, M., & Simontacchi, K. (1991). Expectations and high school change: Teacher-researcher collaboration to prevent school failure. *American Journal of Community Psychology, 19*(3), 333-364.

Weissberg, R. P. (2019). Promoting the social and emotional learning of millions of children. *Perspectives on Psychological Science, 14*(1), 65-69. https://doi.org/10.1177/1745691618817756

Weissberg, R. P., & Durlak, J. (2006). *Meta-analysis of the effect of social-emotional learning and positive youth development programs on academic achievement and problem behaviors.* Collaborative for Academic, Social, and Emotional Learning.

Weissberg, R. P., Durlak, J. A., Domitrovich, C. E., & Gullotta, T. P. (2015). Social and emotional learning: Past, present, and future. In J. A. Durlak, C. E. Domitrovich, R. P. Weissberg, & T. P. Gullotta (Eds.), *Handbook of social and emotional learning: Research and practice* (pp. 3-19). Guilford Press.

Weissberg, R. P., Kumpfer, K. L., & Seligman, M. E. P. (2003). Prevention that works for children and youth: An introduction. *American Psychologist, 58*(6-7), 425-432. https://doi.org/10.1037/0003-066X.58.6-7.425

Weisstein, N. (1993). Psychology constructs the female: Or the fantasy life of the male psychologist (with some attention to the fantasies of his friends, the male biologist and the male anthropologist). *Feminism and Psychology, 3*(2), 194-210. https://doi.org/10.1177/0959353593032005 (Reprinted from Psychology constructs the female, by N. Weisstein, 1971, New England Free Press)

Werner, E. E. (1993). Risk, resilience, and recovery: Perspectives from the Kauai longitudinal study. *Development and Psychopathology, 5*(4), 503-515. https://doi.org/10.1017/S095457940000612X

Werner, E. E. (1996). Vulnerable but invincible: High risk children from birth to adulthood. *European Journal of Child and Adolescent Psychiatry, 5*(1)(Suppl.), 47-51. https://doi.org/10.1007/BF00538544

Werner, E. E. (2005). Resilience and recovery: Findings from the Kauai longitudinal study. *Research, Policy, and Practice in Children's Mental Health, 19*(1), 11-14. https://www.pathwaysrtc.pdx.edu/pdf/fpS0504.pdf

Wernick, L. J., Kulick, A., & Woodford, M. R. (2014). How theater with a transformative organizing framework cultivates individual and collective empowerment among LGBTQQ Youth. *Journal of Community Psychology, 42*(7), 838-853. https://doi.org/10.1002/jcop.21656

Wexler, L., Moses, J., Hopper, K., Joule, L., & Garoutte, J. (2013). Central role of relatedness in Alaska Native youth resilience: Preliminary themes from one site of the Circumpolar Indigenous Pathways to Adulthood (CIPA) study. *American Journal of Community Psychology, 52*(3-4), 393-405. https://doi.org/10.1007/s10464-013-9605-3

White, G. (2010). Ableism. In G. Nelson & I. Prilleltensky (Eds.), *Community psychology: In pursuit of liberation and well-being* (pp. 431-452). Palgrave Macmillan.

Wicker, A. (1973). Undermanning theory and research: Implications for the study of psychological and behavioral effects of excess populations. *Representative Research in Social Psychology, 4,* 185-206.

Wicker, A. (1979). Ecological psychology: Some recent and prospective developments. *American Psychologist, 34*(9), 755-765. https://doi.org/10.1037/0003-066X.34.9.755

Wicker, A. (1987). Behavior settings reconsidered: Temporal stages, resources, internal dynamics, and context. In D. Stokols & I. Altman (Eds.), *Handbook of environmental psychology* (Vol. 1, pp. 613-653). Wiley.

Wicker, A., & Sommer, R. (1993). The resident researcher: An alternative career model centered on community. *American Journal of Community*

Psychology, 21(4), 469-482. https://doi.org/10.1007/BF00942153

Wickes, R., Hipp, J. R., Sargeant, E., & Homel, R. (2013). Collective efficacy as a task specific process: Examining the relationship between social ties, neighborhood cohesion and the capacity to respond to violence, delinquency and civic problems. *American Journal of Community Psychology, 52*(1-2), 115-127. https://doi.org/10.1007/s10464-013-9582-6

Wiesenfeld, E. (1996). The concept of "we": A community social psychology myth? *Journal of Community Psychology, 24*(4), 337-346. https://doi.org/d9p8kq

Wilcox, B. L. (1981). Social support in adjusting to marital disruption: A network analysis. In B. Gottlieb (Ed.), *Social networks and social support* (pp. 97-116). Sage.

Wiley, A., & Rappaport, J. (2000). Empowerment, wellness, and the politics of development. In D. Cicchetti, J. Rappaport, I. Sandler, & R. Weissberg (Eds.), *The promotion of wellness in children and adolescents* (pp. 59-99). CWLA Press.

Williams, A. (2007). Support, expectations, awareness & influence: Reflections on youth & democracy articles. *Journal of Community Psychology, 35*(6), 811-814. https://doi.org/10.1002/jcop.20181

Williams, D. R., & Williams-Morris, R. (2000). Racism and mental health: The African American experience. *Ethnicity & Health, 5*(3-4), 243-268. https://doi.org/10.1080/713667453

Williams, M., & Husk, K. (2013). Can we, should we, measure ethnicity? *International Journal of Social Research Methodology, 16*(4), 285-300. https://doi.org/10.1080/13645579.2012.682794

Wilson, B. D. M., Harper, G. W., Hidalgo, M. A., Jamil, O. B., Torres, R. S., Fernández, I., & Adolescent Medicine Trials Network for HIV/AIDS Interventions. (2010). Negotiating dominant masculinity ideology: Strategies used by gay, bisexual, and questioning male adolescents. *American Journal of Community Psychology, 45*(1-2), 169-185. https://doi.org/10.1007/s10464-009-9291-3

Wilson, B. D. M., Hayes, E., Greene, G. J., Kelly, J. G., & Iscoe, I. (2003). Community psychology. In D. Freedheim (Ed.), *Handbook of psychology: Vol. 1. History of psychology* (pp. 431-449). John Wiley. https://doi.org/10.1002/0471264385.wei0121

Wingood, G. M., DiClemente, R. J., Villamizar, K., Er, D. L., DeVarona, M., Taveras, J., Painter, T. M., Lang, D. L., Hardin, J. W., Ullah, E., Stallworth, J., Purcell, D. W., & Jean, R. (2011). Efficacy of a health educator-delivered HIV prevention intervention for Latina women: A randomized controlled trial. *American Journal of Public Health, 101*(12), 2245-2252. https://doi.org/10.2105/AJPH.2011.300340

Wise, N. (2015). Placing sense of community. *Journal of Community Psychology, 43*(7), 920-929. https://doi.org/10.1002/jcop.21722

Wolff, T. (Ed.). (2001). Community coalition building: Contemporary practice and research [Special section]. *American Journal of Community Psychology, 29*(2), 165-329. https://doi.org/10.1023/A:1010314326787

Wolff, T. (2004). Collaborative solutions: Six key components. *Collaborative Solutions.* https://www.tomwolff.com/collaborative-solutions-fall04.html#components

Wolff, T. (2010). *The power of collaborative solutions: Six principles and effective tools for building healthy communities.* Jossey-Bass.

Wolff, T. (2014). Community psychology practice: Expanding the impact of psychology's work. *American Psychologist, 69*(8), 803-813. https://doi.org/10.1037/a0037426

Wolff, T., & Lee, P. (1997, June). *The Healthy Communities movement: An exciting new area for research and action by community psychologists* [Workshop]. Biennial Meeting of the Society for Community Research and Action, Columbia, SC.

Wolitski, R. J. (2003). What do we do when the crisis does not end?.

Community Psychologist, 36(4), 14-15. http://www.scra27.org/files/1513/9016/0105/tcp03.Number4.pdf

Wong, P. T. P., Wong, L. C. J., & Scott, C. (2006). Beyond stress and coping: The positive psychology of transformation. In P. T. P. Wong & L. C. J. Wong (Eds.), *Handbook of multicultural perspectives on stress and coping* (pp. 1-26). Springer. https://doi.org/10.1007/0-387-26238-5_1

Wright, P., & Kloos, B. (2007). Housing environment and mental health outcomes: A levels of analysis perspective. *Journal of Environmental Psychology, 27*(1), 79-89. https://doi.org/10.1016/j.jenvp.2006.12.001

Wright, R. (1996). The missing or misperceived effects of punishment: The coverage of deterrence in criminology textbooks, 1956 to 1965 and 1984 to 1993. *Journal of Criminal Justice Education, 7*(1), 1-22. https://doi.org/10.1080/10511259600083551

Wuthnow, R. (1994). *Sharing the journey: Support groups and America's new quest for community.* Free Press.

Xu, Q., Perkins, D. D., & Chow, J. C.-C. (2010). Sense of community, neighboring, and social capital as predictors of local political participation in China. *American Journal of Community Psychology, 45*(3-4), 259-271. https://doi.org/10.1007/s10464-010-9312-2

Ybarra, M. L., & Eaton, W. W. (2005). Internet-based mental health interventions. *Mental Health Services Research, 7*(2), 75-87. https://doi.org/dj2msj

Yip, T., Seaton, E. K., & Sellers, R. M. (2006). African American racial identity across the lifespan: Identity status, identity content, and depressive symptoms. *Child Development, 77*(5), 1504-1517. https://doi.org/fjfkmz

Yoshikawa, H., & Shinn, M. (2002). Facilitating change: Where and how should community psychology intervene? In T. A. Revenson, A. R. D'Augelli, S. E. French, D. L. Hughes, D. Livert, E. Seidman, M. Shinn, & H. Yoshikawa (Eds.), *A quarter century of community psychology: Readings from the American Journal of Community Psychology* (pp. 33-49). Plenum Publishers. https://doi.org/10.1007/978-1-4419-8646-7_2

Yoshikawa, H., Wilson, P., Hseuh, J., Rosman, E., Chin, J., & Kim, J. (2003). What front-line CBO staff can tell us about culturally anchored theories of behavior change in HIV prevention for Asian/Pacific Islanders. *American Journal of Community Psychology, 32*(1-2), 143-158. https://doi.org/10.1023/A:1025611327030

Zander, A. (1995). [Untitled videotape interview]. In J. G. Kelly (Ed.), *The history of community psychology: A video presentation of context and exemplars.* Society for Community Research and Action. https://vimeo.com/69635912

Zautra, A., & Bachrach, K. M. (2000). Psychological dysfunction and well-being: Public health and social indicator approaches. In J. Rappaport & E. Seidman (Eds.), *Handbook of community psychology* (pp. 165-185). Kluwer/Plenum. https://doi.org/10.1007/978-1-4615-4193-6_8

Zeldin, S., Krauss, S. E., Collura, J., Lucchesi, M., & Sulaiman, A. H. (2014). Conceptualizing and measuring youth-adult partnerships in community programs: A cross national study. *American Journal of Community Psychology, 54*(3-4), 337-347. https://doi.org/10.1007/s10464-014-9676-9

Zero Hour. (n.d.). *People's platform.* http://thisiszerohour.org/files/zh-peoples-platform-web.pdf

Zhang, Z., & Zhang, J. (2017). Perceived residential environment of neighborhood and subjective well-being among the elderly in China: A mediating role of sense of community. *Journal of Environmental Psychology, 51*, 82-94. https://doi.org/10.1016/j.jenvp.2017.03.004

Ziliak, J. (Ed.). (2009). *Welfare reform and its long-term consequences for America's poor.* Cambridge University Press. https://doi.org/10.1017/CBO9780511605383

Zimmerman, M. A. (2000). Empowerment theory: Psychological, organizational, and community levels of analysis. In J. Rappaport & E. Seidman (Eds.), *Handbook of community psychology* (pp. 43-63). Kluwer/Plenum. https://doi.org/10.1007/978-1-4615-4193-6_2

Zimmerman, M. A., Bingenheimer, J. B., & Notaro, P. C. (2002). Natural mentors and adolescent resiliency: A study with urban youth. *American Journal of Community Psychology, 30*(2), 221-243. https://doi.org/10.1023/A:1014632911622

Zins, J., Elias, M. J., & Maher, C. A. (Eds.). (2007). *Bullying, victimization, and peer harassment: A handbook of prevention and intervention.* Haworth Press.

Zins, J., Weissberg, R., Wang, M., & Walberg, H. J. (Eds.). (2004). *Building academic success on social and emotional learning: What does the research say?* Teachers College Press.

Zuckerman, M. (1990). Some dubious premises in research and theory on racial differences: Scientific, social, and ethical issues. *American Psychologist, 45*(12), 1297-1303. https://doi.org/10.1037/0003-066X.45.12.1297

Zych, I., Ortega-Ruiz, R., & Del Rey, R. (2015). Systematic review of theoretical studies on bullying and cyberbullying: Facts, knowledge, prevention, and intervention. *Aggression and Violent Behavior, 23*, 1-21. https://doi.org/10.1016/j.avb.2015.10.001

618

찾아보기

저자 소개

Bret Kloos, PhD, University of South Carolina의 심리학과 교수이자 임상-공동체심리학 분과장이다. 특히 임상 장면에서 간과되는 인간적 문제들을 개념화하고 조사·연구하면서 개입하는 데 공동체심리학을 응용한다. 정신건강 증진을 위해 정신과적 장애를 가진 사람에 대한 포용, 주거 문제, 상호 조력, 그리고 사회변화적 접근을 견지한다. NIMH를 비롯한 연방연구기금을 다수 수혜하였다. 지역사회 참여과정을 포함한 공동체심리학을 강의하고, SCRA 회장으로 섬긴 바 있다.

Jean Hill, PhD, New Mexico Highlands University 명예교수로, SCRA 회장 및 사무총장을 역임하였다. 학교기반의 예방 및 증진 프로그램을 다수 운영하였고, Communities That Care 모델에 따른 공동체 운동을 이끌었다. 공동체 의식, 공동체심리학에서 영성의 역할, 그리고 공동체심리학과 페미니즘의 교차지점 등에 관해 집필하였다.

Elizabeth Thomas, PhD, Rhodes College 심리학과 교수이자 도시학과 학과장을 맡고 있다. 공동체심리학, 연구 방법론, 도시과학을 가르치면서, 1학년부터 4학년까지 연구참여 과목을 지도하고 있다. 학부생들이 사회참여적 활동을 통해 배우는 내용, 공동체 구성에 있어서의 예술의 역할, 청년들과 연구 및 사회적 실천을 하는 데 있어서의 참여적 전략 등에 관해 연구한다. *The Community Psychologist* 편집인 및 SCRA의 총무이사를 역임하였다.

Andrew D. Case, PhD, University of North Carolina at Charlotte의 심리학과 조교수이자 공중보건학과 겸임교수이다. 공동체심리학, 건강심리학, 다양성 과목을 강의하며, 건강, 경제적 이동성, 그리고 사법제도에서의 불평등에 관한 공동체의 노력을 돕는다. 대항공간 및 건강에 있어서의 사회적 결정요인 등에 관해 연구한다. SCRA의 연구위원 및 *American Journal of Community Psychology*의 편집위원을 역임하였다.

Victoria C. Scott, PhD, University of North Carolina at Charlotte의 심리학과 조교수이다. 건강 문제에 있어서의 정의, 시스템 수준의 집합적 웰빙, 그리고 역량강화 등의 노력을 꾀한다. *Global Journal of Community Psychology Practice*를 시작하였고, *Community Psychology: Foundations for Practice*(2015)를 Susan M. Wolfe와 공동 편집하여 지역사회 활동가들을 독자층으로 확보하기 위해 노력하였다. SCRA의 사무국장을 역임하였다.

Abraham Wandersman, PhD, University of South Carolina의 명예특임교수이자 Wandersman Center의 대표이다. 2017년 퇴임 후에 Wandersman Center를 통해 프로그램 평가, 공동체심리학과 다학제적 연구 등을 동료들과 계속하고 있다. 공동체심리학 교과서 집필은 1984년 Ken Heller, Rick Price, Stephanie Riger, 그리고 Shula Reinharz와의 작업이 시작이었다. SCRA 회장을 역임하였다.

역자 소개

류승아(Ryu Seungah)
미국 노스캐롤라이나주립대학교(롤리) 심리학과 박사(공동체심리학 전공)
현 경남대학교 심리학과 부교수

정안숙(Jeong Ansuk)
미국 일리노이주립대학교(시카고) 심리학과 박사(공동체심리학 전공)
현 미국 드폴대학교(시카고) 심리학과 조교수

이종한(Yi Jonghan)
미국 미주리주립대학교(캔자스시티) 심리학과 박사(공동체심리학 전공)
(사)한국심리학회 회장 역임
현 대구대학교 심리학과 명예교수

공동체심리학(원서 4판)
-개인과 공동체의 연결-
Community Psychology:
Linking Individuals and Communities, Fourth Edition

2022년 7월 20일 1판 1쇄 인쇄
2022년 7월 25일 1판 1쇄 발행

지은이 • Bret Kloos · Jean Hill · Elizabeth Thomas · Andrew D. Case
　　　　Victoria C. Scott · Abraham Wandersman
옮긴이 • 류승아 · 정안숙 · 이종한
펴낸이 • 김진환
펴낸곳 • (주) **학 지사**
　　　　　04031 서울특별시 마포구 양화로 15길 20 마인드월드빌딩
대표전화 • 02)330-5114　　　팩스 • 02)324-2345
등록번호 • 제313-2006-000265호

홈페이지 • http://www.hakjisa.co.kr
페이스북 • https://www.facebook.com/hakjisabook

ISBN 978-89-997-2718-4　93180

정가 28,000원

출판미디어기업 **학 지사**
　간호보건의학출판 **학지사메디컬** www.hakjisamd.co.kr
　심리검사연구소 **인싸이트** www.inpsyt.co.kr
　학술논문서비스 **뉴논문** www.newnonmun.com
　교육연수원 **카운피아** www.counpia.com